霧社事件：台灣歷史和文化讀本

白睿文 Michael Berry 主編

以此書向台灣歷史和文學研究的先驅林瑞明教授致敬

目次

序論／Michael Berry（白睿文）·····························7

序幕：霧社事件的本土意義／郭明正（Dakis Pawan）、巴干・巴萬
　　（Bakan Pawan）、石岱崙（Darryl Sterk）·····················15

一、霧社事件的歷史記憶

殖民地「討伐」話語及措施在霧社暴動的發生及鎮壓中的作用／
　　華哲安（Toulouse-Antonin Roy）（門泊舟 譯）·················37

霧社事件與德固達雅和日本的關係史／保羅・D・巴克萊
　　（Paul D. Barclay）（陳姿瑾、侯弋颺 譯）·····················68

「以『蕃』制『蕃』」：「霧社事件」的前因／鄧相揚·············128

再傾聽他們的故事：思考「台灣原住民觀點的霧社事件」／
　　北村嘉惠 ·····························154

莫那・魯道之直系家譜／巴干・巴萬（Bakan Pawan）·········179

台灣原住民餘生後裔眼中的霧社事件／邱建堂（Takun Walis）·········213

「台灣原住民餘生後裔眼中的霧社事件」的回響／郭明正
　　（Dakis Pawan）·····························226

二、霧社事件的文化記憶

霧社1930：文化總論／白睿文（Michael Berry）
　　（李美燕、陳湘陽 譯）·····························235

論鍾肇政的「高山組曲」：川中島的戰火／林瑞明 …………… 299

霧社事件裡的身體與暴力／丁若柏（Robert Tierney）

　　（林芳如、侯弋颺 譯）………………………………………… 322

偶然提及的霧社事件：論津島佑子的《太過野蠻的》／

　　荊子馨（梁嘉俊 譯）…………………………………………… 344

霧社事件：前後／廖炳惠（周翠 譯）………………………… 357

不合時宜的沉思：《餘生》中的當代的視角、散步的哲學、

　　道德的思索／吳建亨（陳湘陽 譯）………………………… 371

前塵與前程：舞鶴的小說與湯湘竹的紀錄片的兩種「餘生」／

　　石岱崙（Darryl Sterk）……………………………………… 405

視覺震撼、改寫與再現：《賽德克・巴萊》的分析／劉俊雄 ……… 425

中間者之臉：《賽德克・巴萊》的原住民歷史研究者映像／

　　Nakao Eki Pacidal ………………………………………… 453

數位時代的歷史記憶：三個霧社事件平台的史學研究課題／

　　邱貴芬（陸棲雺 譯）…………………………………………… 494

三、創作者的霧社事件

在被殖民的傷痛中奮勇前進：關於我的敘事長詩〈霧社〉／

　　向陽 …………………………………………………………… 521

「霧社事件」與我／邱若龍 …………………………………… 529

記錄霧社事件：紀錄片《餘生》創作談／湯湘竹 ……………… 537

虛構小說與田野研究：訪談《餘生》作者舞鶴／白睿文、舞鶴 ……540

重金屬出草歌：訪問閃靈的林昶佐／白睿文、林昶佐 ⋯⋯⋯⋯⋯⋯548

黃金時段的霧社事件：萬仁談電視劇《風中緋櫻》／

　　白睿文、萬仁 ⋯⋯⋯⋯⋯⋯⋯⋯⋯⋯⋯⋯⋯⋯⋯⋯⋯⋯⋯557

從田野、文學到舞台／鄧相揚 ⋯⋯⋯⋯⋯⋯⋯⋯⋯⋯⋯⋯⋯565

無好人亦無壞人：訪《賽德克・巴萊》導演魏德聖／

　　托尼・雷恩（Tony Rayns）、魏德聖（白睿文 譯）⋯⋯⋯⋯576

延伸閱讀 ⋯⋯⋯⋯⋯⋯⋯⋯⋯⋯⋯⋯⋯⋯⋯⋯⋯⋯⋯⋯⋯⋯581

編者、作者、譯者小傳 ⋯⋯⋯⋯⋯⋯⋯⋯⋯⋯⋯⋯⋯⋯⋯⋯⋯584

白睿文

起源

　　我對霧社事件最初的了解是來自小說。2000年當我還在哥倫比亞大學攻讀博士期間,買到當時剛出版不久的長篇小說《餘生》。《餘生》收錄我導師王德威教授當時在麥田主編的一套書「當代小說家」,我每一本都會買來看,但《餘生》有些不同。讀完之後,馬上被舞鶴所描繪的川中島(今日的清流部落)吸引住了,也沒有辦法馬上從這段歷史擺脫出來。一方面是舞鶴獨特的小說觀和實驗性的文字,但除了小說的形式和風格之外,更吸引我是小說的背景──1930年所發生的「霧社事件」。當時便很想再深入,特別想多了解小說背後的那段歷史。之後就開始研究霧社事件的漫長過程。先是開始蒐集關於「霧社事件」的各種史料、書籍,和有關該事件的各種小說和其他作品。先看了鄧相揚在玉山社出版的一系列作品,包括《霧社事件》、《霧重雲深》,和《風中緋櫻》。後來又看了邱若龍的連環畫《霧社事件》和舞鶴在《餘生》提到的《台灣蕃人風俗誌》。

　　兩年後,在舞鶴的陪同之下,我第一次去了霧社:看了莫那‧魯

道的雕像和墓碑、走過山裡的小步道，還去了事件的發生地——霧社
小學，就在學校後面的操場待了許久。後來又去了清流部落：認識舞
鶴小說中的原形人物「飄人」和「姑娘」——我還把我帶來的一本《餘
生》送給姑娘，走過舞鶴在書中每天散步的小山路，在墓園看到那些
「磚頭書」，去找「餘生紀念碑」竟然已經找不到——被一個新建的水
泥碑代替了，還去看舞鶴寫《餘生》時住過的老房子，但已被拆遷
了。往後的十餘年裡，霧社和清流又去了幾次，每次去部落的樣貌都
有著巨大的變化：「餘生紀念碑」又換了一次，後來紀念碑旁出現了
一個「霧社事件餘生紀念館」、清流部落的村口多了一個巨大的賽德
克人馬賽克，當看到莫那・魯道墓後的小山坡上開一家「老莫の家」
的小咖啡廳時，不得不苦笑一下，感到歷史的荒謬和反諷。

　　漸漸地「霧社事件」走進了我的視角，變成我研究的對象之一。
先是因為翻譯舞鶴的長篇小說《餘生》，後來也在我的一本研究著作
《痛史：現代華語文學與電影的歷史創傷》加了一章分析霧社事件在
文學和電影的再現。既然這樣，我還是總覺得我所能做的還是相當有
限。因為「霧社事件」本來是個相當複雜的歷史事件，涉及到各種人
群——賽德克人、日本人，台灣平地人，而且對後半的日據時代
（1930-1945）有著決定性的影響，因此需要從各個不同的視角來切
入。為此便決定在加州大學洛杉磯分校召開第一個有關「霧社事件」
的國際研討會。「霧社1930：歷史、記憶、文化」三天的會議是2017
年10月9-11日召開，為了包含不同地區對霧社事件的不同看法，邀
請了來自世界各地的傑出學者，也特別請幾位賽德克族的學者——郭
明政和巴干・巴萬——來提供本土的視角。為了使得我們對「霧社事
件」的研究更加全面和多元性，也特別邀請了不同領域的學者從不同
的切入點討論霧社事件，包括：人類學、語言學、翻譯學、電影研
究、文學研究、口述歷史、史學研究等領域。三天的會議便展現對霧
社事件的許多新看法和新發現。後來也就是藉這次研討會的基礎來開

始編這本《霧社事件：台灣歷史和文化讀本》。

內容

此書試圖從不同的領域和視角來探索「霧社事件」在當代台灣的歷史地位。八十餘年以來，霧社事件的歷史意義一直不斷地被不同的政權來定義：日據時代，殖民政府用它來證明台灣原住民的「原始」和「野蠻」；國民黨時代，霧社事件被當作「抗日精神」的典範；民進黨時代，該事件和整個賽德克文化又用來強調台灣的「本土意識」和（與中國大陸不同的）「台灣身分」。這一路下來，有許多創作者用不同媒介和形式來探索「霧社事件」，包括紀錄片、電影、兒童書、連環畫、詩歌，和音樂。這種「被殖民」、「被表現」、「被神話」的歷史，使得「霧社事件」在現代台灣歷史中占有一種很特別的位置，同時使得「霧社事件」的歷史充滿矛盾和誤會。

此書將直面「霧社事件」在歷史和文化中的複雜性。本書的作者跨越不同的學術領域，包括人類學、翻譯學、歷史、口述歷史、電影、文學和文化研究。因為只有從不同的視角來面對「霧社事件」才可以呈現它的複雜性和多樣性。供稿的作者有來自美國、加拿大、香港、台灣、英國和日本的傑出學者，包括廖炳惠、邱貴芬、鄧相揚、北村嘉惠、荊子馨，和石岱崙。因為本書也想特別強調原住民學者在「霧社事件」研究的貢獻和重要性，其中的五篇論文是由原住民的學者撰寫的，另外也特別收錄賽德克作者郭明正跟巴干‧巴萬的對談和論文。因為巴干‧巴萬是莫那‧魯道的後裔，她的論文也收錄許多從未公開過的寶貴資料。

《霧社事件：台灣歷史和文化讀本》分成三個部分：一、「霧社事件的歷史記憶」，一共有七個章節主要探索霧社事件在歷史研究的領域；二、「霧社事件的文化記憶」，一共十個章節主要討論霧社事件在文化研究的脈絡裡的各種表現，包括電影、文學和網絡；三、

「創作者的霧社事件」，收錄八個訪談或「創作談」的短文，都是從創作者的角度回顧霧社事件為背景的各種作品的創作過程，包括詩歌、音樂專輯、長篇小說、電影等等。供稿的創作者包括魏德聖、舞鶴、向陽、林昶佐，和萬仁。

本書以郭明正和巴干・巴萬的對談「序幕：霧社事件的本土意義」開始展開討論。因為多年以來，霧社事件的歷史意義都由日本人和漢人來定義和指控，此書從序幕開始試圖把話語權和歷史視角轉回原住民的研究者。除了研究人的身分以外，郭明正和巴干・巴萬二位的家庭背景也是跟霧社事件的當事人有密切關係，因此可以從「學者」和「族人」兩種身分反思該事件。與談人石岱崙是少數研究賽德克語和翻譯的國際學者，他們討論的範圍包括族人對「霧社事件」的理解、賽德克學者對霧社事件的研究，和電影《賽德克・巴萊》對霧社事件在文化記憶的影響。

在「霧社事件的歷史記憶」的第一章〈殖民地『討伐』話語及措施在霧社暴動的發生及鎮壓中的作用〉華哲安（Toulouse-Antonin Roy）從日本和賽德克的關係出發，探索日本政府在事件的背後採取的各種壓迫的武器（包括概念、行為和暴力的工具）。第二章為拉法葉特學院的資深教授保羅・D・巴克萊（Paul Barclay）撰寫的〈霧社事件與德固達雅和日本的關係史〉。這篇精采的論文採取一個比較長遠的歷史觀來觀察德固達雅（Tgdaya）和日本的關係，從1895年一直到1930年代。通過論文Barclay試圖揭開「霧社事件」在1930年代的日本媒體論述的不足之處，而且探索霧社事件爆發之前多年以來醞釀的各種文化衝突。自從1990年代末，霧社事件研究在台灣最響亮的名字是鄧相揚先生。原來開診所的鄧先生多年以來一直做的田野調查最終的結果收錄他為霧社事件研究出版的三部曲《霧社事件》、《風中緋櫻》和《霧重雲深》，也多是霧社事件研究的必修課本。本書收錄鄧相揚的新論文〈「以『蕃』制『蕃』」：「霧社事件」的前因〉。文章

從日本政府的「以『蕃』制『蕃』」政策著手，討論殖民政策的各種不平等與其造成的後果。鄧相揚論文的主要貢獻在於其他研究者忽略的幾個環節，就是「霧社蕃膺懲事件」的原因和「生蕃近藤」的角色與影響。

　　接下來，日本學者北村嘉惠教授的〈再傾聽他們的故事：思考「台灣原住民觀點的霧社事件」〉試圖回歸台灣原住民的視角來理解霧社事件。主要的研究對象並非曾參加霧社事件的賽德克人，而是後來受到該事件的影響的其他原住民。從這樣的觀念出發，北村嘉惠教授讓我們思考一個單一的歷史事件在一個更廣泛的時間舞台上的歷史繁衍、演變和複雜性。本書第一部的最後三章節都是由賽德克人來重新思考霧社事件的不同面目。在〈莫那・魯道之直系家譜〉作者巴干・巴萬（Bakan Pawan）提供霧社事件的發起人莫那・魯道最為完整和細膩的家庭譜系，這也算是日後的研究者的寶貴史料。郭明正（Dakis Pawan）老師是電影《賽德克・巴萊》的主要翻譯和顧問，也是《又見真相》和《真相・巴萊》兩本書的作者。在此郭老師特別回應其表兄邱建堂（Takun Walis）先生的一次演講〈台灣原住民餘生後裔眼中的霧社事件〉。本書便收錄Takun Walis的原稿和Dakis Pawan的回應，都是從賽德克後裔的角度思考霧社事件的傳承和歷史代價。

　　《霧社事件：台灣歷史和文化讀本》的第二部主要是文化的層次討論霧社事件在文學、電影、紀錄片和網絡的不同呈現和再現。因為除了歷史研究之外，幾十年以來許多民眾對霧社事件的看法都是受到文化產品的重要影響，魏德聖的《賽德克・巴萊》也就是最明顯的例子。〈霧社1930：文化總論〉試圖提供霧社事件在台灣文化脈絡的一個整體概述，從張深切早期的電影劇本一直到閃靈的音樂專輯《賽德克・巴萊》。從文學史來看，書寫霧社事件最龐大的一次嘗試應該是鍾肇政在1980年代出版的一系列大河小說，包括《川中島》和《戰火》。本書特別收錄林瑞明教授分析鍾肇政霧社事件小說的論文〈論

鍾肇政的「高山組曲」：川中島的戰火〉。身為「國際事件」的霧社事件不只影響到華文文學，在日本的文學史也可以見到該事件和影響和歷史痕跡。丁若柏（Robert Tierney）、荊子馨，和廖炳惠的三篇論文都分別討論霧社事件為背景的幾篇主要的日文小說，包括中島地平的短篇小說〈霧之蕃社〉、大鹿卓的〈野蠻人〉、津島佑子的《太過野蠻的》，和佐藤春夫的《霧社》，也都是霧社事件在文化想像的重要例子。

　　新世紀以來針對霧社事件有幾部特別有影響的作品，文學領域最重要的作品為舞鶴的長篇小說《餘生》；電影領域最重要的作品為魏德聖導演的《賽德克‧巴萊》。在〈不合時宜的沉思：《餘生》中的當代的視角、散步的哲學、道德的思索〉裡國立清華大學的吳建亨教授討論舞鶴使用的「當代」概念、歷史創傷，與道德的局限。接下來，石岱崙（Darryl Sterk）教授把討論的範圍從舞鶴的《餘生》擴大到湯湘竹導演的紀錄片《餘生》。在〈前塵與前程：舞鶴的小說與湯湘竹的紀錄片的兩種『餘生』〉石教授通過兩部作品討論「英雄主義」、「歷史創傷」和「尋根之旅」。毫無疑問，2012年由吳宇森監製魏德聖指導的《賽德克‧巴萊》是幾十年以來，霧社事件最有影響力的文化再現。歷史史詩的大製作轟動整個台灣，創下不少紀錄也引起不少爭議。在此特別收錄兩篇論文，從不同視角討論《賽德克‧巴萊》：劉俊雄的〈視覺震撼、改寫與再現：《賽德克‧巴萊》的分析〉和Nakao Eki Pacidal的〈中間者之臉：《賽德克‧巴萊》的原住民歷史研究者映像〉。最終從電影跳到網絡，國立中興大學的邱貴芬教授獻論文〈數位時代的歷史記憶：三個霧社事件平台的史學研究課題〉。在論文中邱教授提出疑問：在數位的環境中，歷史文本有什麼構成？歷史敘述在數位的平台上又經過什麼樣的蛻變？

　　本書的第三部「創作者的霧社事件」可以視為第二部的延續，但重點不是放在學術論文而是放在創作人的現身說法。其中有四篇短文

的訪談錄，都是編者做的訪問。採訪的對象為《餘生》作者舞鶴、閃靈主唱林昶佐、《風中緋櫻》電視劇導演萬仁和《賽德克‧巴萊》導演魏德聖（後者由資深影評人托尼‧雷恩做的訪問）。除了四篇訪談以外，還有四篇「創作談」的短文，都是曾經藉霧社事件為背景進行創作的藝術家的現身說法，在此資深詩人向陽討論他早期的敘事長詩《霧社》、漫畫家邱若龍討論他特別有影響力的連環畫《霧社事件》的創作過程、紀錄片導演湯湘竹論《餘生》，還有鄧相揚提供他整個研究、創作和寫作的總述。

　　十幾年以來台灣出版過不少有關霧社事件的書籍，從邱若龍的連環畫《霧社事件》到鄧相揚的《風中緋櫻》又到2010年出版的《霧社事件日文史料翻譯》（上下冊），但《霧社事件：台灣歷史和文化讀本》是第一本如此廣泛的論文集。也是第一本收錄外國學者和台灣創作人對霧社事件的研究和看法。對台灣歷史、原住民研究、文化研究、後／殖民研究等領域都有新的見解和貢獻。希望這些論文、文章和訪談也可以為日後的霧社事件研究者提供更多的靈感和啟發。

致謝

　　編此書是個又複雜又漫長的過程，謝謝所有撰稿人的耐心和支持。也謝謝幾位接受採訪的文化人：萬仁、林昶佐、舞鶴和魏德聖。除了撰稿外，石岱崙、保羅‧D‧巴克萊和邱貴芬教授都提供了各方面的協助：石老師解決了很多語言方面的問題、巴克萊教授推薦北村嘉惠的論文而且還幫忙把該論文翻譯成英文，邱老師還推薦劉俊雄和Nakao Eki Pacidal有關《賽德克‧巴萊》的兩篇論文。謝謝他們的幫忙。

　　感謝為此書擔任翻譯的侯弋颺、陳姿瑾、梁嘉俊、林芳如、陳湘陽、門泊舟、李美燕、周翠、陸棲雯。在最後的編輯過程中，侯弋颺把全書稿看了一遍，進行了不少修改和修正，尤其是針對被翻譯的幾

篇論文。特別感謝弋颶的幫助。

　　本書的主要內容來自一個研討會，因此需要謝謝會議的贊助單位：加州大學洛杉磯分校（UCLA）的亞太中心、台灣研究計畫、人文院、日本研究中心、中國研究中心、亞洲語言文化系。另外還要向校外的幾個組織和單位的支持致謝，包括：台灣教育部、駐洛杉磯台北經濟文化辦事處、蔣經國基金會。在研討會期間周敏教授、Elizabeth Leicester、Aaron Miller和張楣楣有提供各種協助。也謝謝研討會的幾位主持人和與談人：史書美教授、石岱崙教授、平野克彌教授、廖炳惠教授、紀一新教授。還要謝謝UCLA人文院的史嘉伯（David Schaberg）院長與哈佛大學的王德威教授對此研究計畫的各種支持。

　　謝謝麥田出版社的林秀梅編輯和發行人凃玉雲女士、總經理陳逸瑛的支持，以及本書書封設計者許晉維先生。

　　在編書的過程中，一直希望能夠收錄林瑞明教授的大作〈論鍾肇政的「高山組曲」：川中島的戰火〉。多次寫信試圖跟林教授聯繫，但一直沒有音訊。一直到2018年11月9日才終於收到林老師的回復：「拙文被收錄，是我的榮幸。」不到兩個星期之後便意外地聽到林老師離世的消息。聯絡林老師的時候不知道他已生重病，一聽到消息感觸甚多，同時又感到歉疚因為曾在林老師病中來信打擾，但又特別感動因為林老師願意抽出寶貴的時間來回覆，還願意為此書供稿。一得知林老師過世一瞬間決定以此書來紀念林瑞明教授的開闊心靈和開放的研究精神，也算是一種報答。

2019年8月8日於洛杉磯

霧社事件的本土意義

郭明正（Dakis Pawan）、巴干・巴萬（Bakan Pawan）、石岱崙（Darryl Sterk）

石岱崙：我是石岱崙，我很榮幸主持這個開幕座談，就是霧社事件的文化意義。有關霧社事件最早的文獻都是日文的，戰後霧社事件的史料都是按照中國大陸來的外省人的觀點還有台灣人的觀點來寫，這幾十年才有族人的觀點漸漸進入我們的視點。那我們今天要開始了解族人怎麼看待霧社事件。那我們請到了郭明正老師**Dakis Pawan**，他是重量級的譯者，也是《賽德克・巴萊》這部電影最主要的譯者，然後他寫了兩本書，《真相・巴萊》和《又見真相》都是討論霧社事件的歷史。另外一位貴賓是巴干・巴萬，她也跟霧社事件有非常特殊的關係，是莫那・魯道的後裔，她現在在政治大學寫她的碩士論文。

　　我的第一個問題是「霧社事件」在族語要怎麼說？你們討論霧社事件會用「霧社事件」這個字嗎？還是會用日文？還是會用賽德克話？

郭明正：我先簡單的自我介紹，我來自台灣，我叫 Dakis Pawan ，但是我的漢名叫郭明正，很高興看到各位。那麼今天石岱崙問了一個問題，說你們是不是一直用「霧社事件」，就是不使用日語的 musha jiken。那麼，當然生活的、生長的背景，我父母親是受日本教育，我是受中華民國政府的教育。這個中間、就我父母親的關係我們就常常會用日語講霧社事件。那麼其實在我的長輩裡講霧社事件是：

> *Wada mkuni rudan ta cbeyo mesa*
> 曾經[1] 瘋掉 長輩 我們的 此前 說
> （他們）說我們的長輩曾經瘋掉

　　Mkuni 直接翻譯是「瘋掉」、「發瘋」，其實就是說，我氣到沒有辦法控制我的情緒，不過跟 EQ 沒有關係，那個是我氣到不得不打你，這個是 *mkuni* 的意思。那麼……這個只有在我們請教祖父輩時才會用這個語言，那其他的我們習慣用 *musha jiken*。

巴干・巴萬：大家好，首先我先自我介紹，我叫 Bakan Pawan（巴干・巴萬），我是莫那・魯道第四代的後代。台灣在 1995 年開始推廣族名復振，可以「回復傳統姓名」，而我一直到 2016 年，才回復我的傳統姓名 Bakan Pawan。這次很榮幸能被邀請至加州大學洛杉磯分校發表我的論文，今天之所以能夠來到這裡，是承蒙舞鶴老師的推薦，但是我今天卻沒有見到他出席，有點失望，在這裡我仍然要表達我對他的謝意。

1　石岱崙註：wada 其實是助動詞，表過去時態或完整時貌，類似台灣國語的「有」，譬如說：「他有說什麼嗎？」

關於主持人石岱崙老師問的第一個問題，「霧社事件」的族語怎麼說？我想郭明正大哥已經解釋得很清楚，賽德克語並沒有直接音譯「霧社事件」，而是用一句話來形容當時的狀況。我想補充的是，雖然部落的祖父母輩會用 mkuni[2] 或 mrrudu[3] 來形容當時整個部落族人的行為，但是在形容某個地點和日本人打起來的時候，他們是會用 mccebu[4] 來形容。例如：mccebu nami Butuc[5]……（我們在一文字高地打戰……）。若單純說「霧社事件」四個字的話，就如郭大哥所說的成長背景，我們的祖父輩是受日本教育，我們的父母親輩是受日本教育以及國民政府教育，而我們這一輩是受國民政府教育。從小從祖父母輩及父母親輩那裡耳濡目染的是「むしゃじけん」，如果我們這一輩的話會直接說「霧社事件」。

石岱崙：第二個問題是，你們個人的背景，你跟霧社事件的關係跟你學術研究有哪一些關聯？

郭明正：我也要跟各位報告，我跟白教授一樣，我不是學歷史文化的；我是台灣師範大學工業教育系畢業，我是學機械的。大約三十年前、在一個很偶然的機會認識了鄧相揚先生。鄧老師那時候正在研究我們霧社，他寫著有關霧社事件的著作。所以我認識他很幸運，也很不幸，被他拉下去，就一直走這個路線。那我不是要去研究霧社事件，我主要的是我想去了解我是誰，「*Ima ku ka yaku*？我是誰？」「賽德克」是什麼東西？「賽德克」是什麼？所

2　mkuni：「瘋掉」、「發瘋」。

3　mrrudu：指場面的混亂、東西的雜亂、心思的紊亂。

4　mccebu：互擊、對戰、戰爭／打仗。

5　Butuc 是地名，位於馬赫坡部落上方的山林。當時的日軍稱之為「一文字高地」。

以我就開始投入，重新回到部落去訪問我的祖父輩，我爸爸什麼都不懂，還好還有幾個族人，我祖父輩的，我就跟他們聊了以後我才知道。

因為人活著我一直想說，因為我從小念書，台灣人跟我講說你們是菲律賓來的，我很不高興。真的是這樣，我怎麼會是菲律賓咧？沒有關係啦，我們都是「南島民族」，無所謂，但那是後來我知道的。不過我一直想說，我是誰啊？這是我一直很想弄清楚的地方，所以……那麼因為霧社事件很多人在研究，再來日本的這個好像也很多。那麼我就跟鄧老師說，「好啦，我不要研究霧社事件……太難了，我要去認識我的歷史文化，我要進去。」進去了以後咧，因為我問那個祖父輩的，「你是哪一個部落的？你爸爸是誰？」

他們就開始講了。因為他爸爸就是在霧社事件中犧牲了。他就會講霧社事件，每一個都這樣。那麼每一次問他的時候，他們都掉眼淚。反正，就是這樣開始的。

石岱崙：巴干可以請你也回答同一個問題嗎？

巴干・巴萬：我為什麼會去研究霧社事件，我想這跟《賽德克・巴萊》這部電影有很大的關係。它促使著我要去研究「霧社事件」的原因是，明明「霧社事件」是我們清流部落的故事，而我們卻要從，例如：書籍、小說或電影來重新認識我們自己部落的生命史。尤其《賽德克・巴萊》上映後，我看到賽德克族因為日本人而相互出賣，因為日本人，出現了「抗日」與「親日」的字眼，這道裂痕也因為《賽德克・巴萊》在仁愛鄉又再度被掀起。

從小常看到一些學者或文化工作者到部落訪問或田野調查，去完成他們的著作，然後他們就成為研究「霧社事件」的菁英。

這三、四十年來在部落穿梭的學者或文化工作者已經多到數不清了，到現在對「霧社事件」有興趣的人，也都從各種不同的角度仍持續的在研究。

時至今日，「霧社事件」很多的詮釋權都掌握在別人的手上。但是我在想，我自己身為莫那・魯道的後代，是霧社事件的後裔，我要如何去取得這個知識的發言權的時候，我必須要先了解，我們祖先在日本進駐到仁愛鄉的時候，那個年代的狀況，所以我就去研究「霧社事件」。希望的就是，以後如果有機會，只要與「霧社事件」相關的論談，也希望都有清流部落以及莫那・魯道家族的聲音。讓外界能清楚的知道清流部落的老人家是如何講述霧社事件。

清流部落優秀的人非常多，就像郭大哥一樣，不是只有他，還有很多長輩、同輩及晚輩。但是研究「霧社事件」的人，真的很少。

為什麼部落那些優秀的人不願意研究「霧社事件」？他背後的原因除了不願意觸景傷情之外，最重要的是我們的祖父母輩也都不願意再提「霧社事件」，因為他們害怕再次被日本人「殲滅」，從此絕口不提「霧社事件」，導致我們後代自己也搞不清楚什麼是「霧社事件」。

時間過了這麼久，我個人認為，如果很多的詮釋權都掌握在別人手上的時候，裡面所談論的內容可能會跟我們的長輩講得不一樣，這裡面會牽涉到文化與習俗的不同，有可能因此而扭曲了事實，我不希望這樣，所以我就想說我要從清流部落老人的口述中，來研究及建構「霧社事件」。

石岱崙：已經有很多日本人去研究霧社事件，還有台灣人，那近幾十年才有族人研究，透過口述歷史來研究霧社事件，你們的研究改

變了我們對霧社事件的哪一些看法或哪一些認知？先請Dakis。

郭明正：我想說改變了多少，不敢說改變，多多少少會影響到居住在
　　台灣的人，也許也會影響到日本或者是中國。那麼我基本上就像
　　剛才我們巴干講的，還有石岱崙講的，過去霧社事件，我們不要
　　說，講不好聽就是詮釋權跟主體性（在他人的手裡），過去都是
　　這樣。我認識鄧相揚，雖然他一直用別族來敘述我（們賽德克
　　族），那他還是一直鼓勵我，也就是要表現我自己的主體性跟解
　　釋權，那是非常重要的。所以剛才巴干講說，一直以來講我們的
　　（歷史）都是別人（講的），我們從來沒有講。其實這個問題也在
　　我心中很久，所以我後來寫了兩本書，就是通過這兩書表達我的
　　主體性。就是說我們所看到的是日本的資料、第一手沒有錯，但
　　那是站在日本的角度，你從來沒有看過、沒有聽過我們被虐待、
　　被虐殺的狀況，你都不知道，那我都聽到了。那我這樣我會不會
　　恨日本人，每次人家問我這個，我說「不會」，他問為什麼，
　　「*ini so kiya Seediq*」就是「賽德克人不會一直記恨」的意思，有機
　　會再談。

　　　　台灣的學者專家，研究霧社事件也是以外面的（視角）來看
　　我們，我們是裡面的人，我一直很不喜歡我們都被研究，我從來
　　沒有研究過你們，不好意思喔（笑）。後來我改變了，為什麼，
　　有人來研究我很高興……，過去我很不喜歡，現在台灣語言學
　　的，或者學音樂的，都有。我自從踏入部落以後，他以為我很
　　會，其實我懂的有限，不過他們以為我很會，什麼都問我，那我
　　也只好知道的就……，那麼我接觸多了以後，很多台灣的教授就
　　跟我講，他說Dakis你不能這樣，我很討厭人家研究，四十歲左
　　右的時候。後來我改變了，我說對，因為他們講，他說哎呀你要
　　有國際觀啦，人家越研究你那會變成國際性，有英文的、有西班

牙文什麼，以後人家才會認識你們啦，欸我就說對喔，我就沒有
關係啦。

**石岱崙：巴干呢，你做霧社事件相關的研究改變了我們對霧社事件的
認知的哪一些地方？**

巴干‧巴萬：我不敢說要改變大家的認知，我只想有平衡的說法。首
先我先講那個日本的文獻，也就是日本針對「霧社事件」所寫的
報告書、紀錄及報紙（日日新報）等。那些文獻，實際上只是有
史料的性質，並不能完全把它當成是史料，因為報告書裡很多都
是日本官方自己的說法，有誰能認定熟是熟非？

因為清流部落老人家的口述，跟那些日本官方所寫的文獻卻
大不相同。如同郭大哥所說的，當我們的祖先被虐待、被當成是
畜生的時候，日本的官方文獻並無記載。因為我們原住民只有語
言，沒有文字，對於「霧社事件」的說辭，只有口述，沒有文字
記錄，如果只是一面的倒向日本的說法，這對清流部落──「霧
社事件」的後裔，非常不公平。

早期的研究者也只能從這些日本文獻來參考，並完成他們的
作品。裡面的內容，蠻多都是以日本人的觀點在寫的。當我自己
在看這些坊間書籍的時候，會覺得缺少了清流部落的聲音。我做
「霧社事件」相關的研究，主要就是要呈現清流部落的聲音，並
且留下記錄，因為只有留下記錄，才能讓我們的後代了解「霧社
事件」以及提供爾後的研究者，有更多不同面向的材料可以參
考。更重要的，我的研究可以讓大家開始省思「霧社事件」不是
只有日本人寫了就算，這其中有日本人跟仁愛鄉賽德克族的關
係，還有賽德克族跟賽德克族之間的關係，以及清流部落六個社
之間的關係。外人再怎麼研究「霧社事件」也都只是隔靴搔癢，

無法深入核心。儘管可以從不同的觀點來看「霧社事件」，但他終究是清流部落對抗日本的歷史故事，對於別的原住民族群、漢人及日本人在詮釋「霧社事件」時，應該也要將清流部落的聲音放進去。

石岱崙：郭老師跟巴干你們是屬於不同的輩分，郭老師是長輩，巴干是晚輩，我想問因為輩分不同，對霧社事件會有不同的觀點嗎？先請Dakis回答。

郭明正：其實我跟巴干是同輩，不過差了快一代，十五年，他是我小表妹，我們第五代，我就講一個Gaya（祖訓），第五代還不能結婚，她的孩子跟我的孩子能不能結婚，如果我們在也不行。所以一般人都說我們賽德克，或者是泰雅，五代以後才可以結婚，是不一定的。現在我跟她是第五代，我一大堆第五代的兄弟姊妹、表兄弟姊妹、堂兄弟姊妹在清流，我們的孩子都不可以結婚，那如果她（Bakan）的孩子跟我的孩子認識了能不能結婚，我如果跟她還在，就不可以結婚，超過五代（才可以）。那當然不同的世代或者是不同的輩分，是絕對不一樣的。第一個，我講我祖父，他只有受過賽德克教育，部落的教育、家庭的教育；那我爸爸是受日本教育；我是受中華民國的教育。那受教育之後，接收了外面的資訊之後，你就會不太一樣。就像我今天打領帶，外面披一個羊皮，那我的意思是說，你的思維會改變，因為受到很多外面的影響，我覺得不去談他對不對、好不好，那個不重要。那麼我們認為在我這個年代，我當然就要去學，譬如說英文我學不好，我的英文只能用考試，我不會講，非常抱歉，不然的話我現在英文也應該很會講。我的意思是，你需要的，隨著你年代的需要，覺得我要學，重點在這邊。所以，那對霧社事件的看法也一

樣。像我祖父輩的，你說日本人好不好，他一定氣得要命，那我
爸爸他們呢，（他一定覺得）日本人很好，那我呢，我就聽爸爸
的日本很好，我們就夾在中間。那我受的教育也是一樣，我從國
小到大學都一樣，都講中國的近代史，那都是抗日八年，恨透日
本人。不好意思喔，我是用我自己的經驗。那我回到部落，他們
都說日本人很好，我夾在中間，我還沒有神經病就不錯了。外面
一直罵日本，我回到部落是日本好，這是我的背景。那所以你問
我說恨不恨日本人，我不知道，我第三代了。那我們在部落裡影
響很大，因為我爸爸輩的都是講日本的名字喔，為了不要讓我們
聽懂他就講日語，到後面我日語也會聽懂，雖然講得不好，すこ
しだけわかります，はい（我只懂一點，是）。我沒有（正式）學
過日文喔，從小聽的就會。那麼我講一句，為什麼我會很佩服日
本人？我在部落從小的時候，反正你生活的工具跟用具，比較耐
用的那個叫日本製，nihonsei，日本製。那個很快壞掉的那個叫
taiwansei，台灣製。你從這一點就可以看得出來，我父母親是多
麼的崇拜日本。問題是他爸爸（我祖父）是跟日本人相殺打仗
的，那他爸爸從來沒有講，告訴他（我父親）我們（我祖父輩
們）跟日本人打過，沒有講，何況是我，我都沒有聽過。你看我
到四十歲我才知道霧社事件是什麼，是什麼狀況，我才知道說我
們（過去的歷史）。之前我以為霧社事件是今天住在霧社的人打
的，原來不是，原來是我們清流人打的，就是我的祖先。原來被
放逐到清流部落有298個人，到清流之後，兩三年內只剩下205
位，那我和巴干，我們都是那205位的後裔。

**石岱崙：謝謝你。那巴干可以請問你，你是晚輩，你比郭老師年輕十
五歲，你的觀點會有哪一些不同？**

巴干・巴萬：我跟郭大哥是同輩分的，他是我的表哥，他比我更懂什
麼是「霧社事件」，什麼是我們賽德克族的「Gaya」，[6]很多跟
「霧社事件」相關的口述，我都是請益他的，他也會毫不吝嗇的
告訴我以及教導我。對於「霧社事件」的觀點，我個人認為我們
的 Gaya 是影響「霧社事件」最重要的因素，從 Gaya 的觀點來看
「霧社事件」的話，很多為什麼我們會跟日本人一直不斷的有衝
突，很快就能迎刃而解。例如，馘首以及文面等，這是我們遵循
Gaya 的生活規範，一旦日本人禁止我們做這些事，我們就會反
抗，諸如此類的事，在那個年代不斷的發生。又例如，吉村克己
與莫那・魯道的長子達都・莫那在結婚喜慶中互毆事件，結婚喜
慶殺豬，看到貴賓經過，敬邀喝交杯酒，這是對吉村克己致上無
上的敬意及尊崇，這也是遵循我們的 Gaya，但是因為文化的差
異，造成誤解以致互毆。在《理蕃之友》裡面，日本警察在回顧
「霧社事件」的時候，也表示因為文化的差異太大了，而釀成了
「霧社事件」。

**石岱崙：你們會不會因為不同的性別，男女不同的性別，所以對霧社
事件會有不同的認識、不同的觀點？**

郭明正：基本上，聽老人家講的時候，我們決定要起義抗暴，不敢說
抗日，暴虐，就是暴政，就是對我們不好，那個日本政府。剛開
始啦，中間就應該還不錯。那麼決定我們要，簡單來說就是「殺
日本人」，「殺」好了，不然你們永遠聽不懂什麼叫「抗暴」、
「抗日」，搞不清楚。我的祖先決定要殺日本人的時候，就講好

6　Gaya 是賽德克族人必須共同遵守的生活規範及道德準則。簡單來說是賽德克族的族中
　　律法及社會規範，是本族的生存法則。亦可說是習慣法。

了，十六歲以下的不准參加，為了留根，以後你們會不會被日本人殺我不管，反正你不要給我參加。所以電影（《賽德克‧巴萊》）裡邊，如果說有小學生去刺殺日本老師，我要打問號。那麼只有男的才可以，十六歲以後、以下的都不能帶槍。到中間（那個階段）我們當然打不過（日本人），他用現代的軍隊對我們，那個武器是差太遠了。所以到中間，我們真的撐不下去的時候，女性就把孩子丟下去了，她的孩子喔，就是讓他死。那就，簡單講是不要給他吃飯，那個飯剩下的要給戰士，要給可以打仗的吃。那當然六十歲以後的，能參加的就參加，不要參加的也叫他們不要動，你們都不要動，就我們年輕的來幹就好了。所以，打起來，男的就是跟日本人戰鬥，那女的就照顧孩子，看有沒有延續族命的希望，就完全不一樣，所以那個看法是不同的。

石岱崙：那巴干呢？

巴干‧巴萬：是的，我相信「霧社事件」會因為不同的世代、不同的族群以及不同的性別等觀點，他們所論述的結果就會不同。我舉一個例子來說，小時候在部落，我聽到祖父母輩們提起「霧社事件」的時候，後面接著就是莫那‧魯道的名字，給我的感覺就好像是「霧社事件」等於莫那‧魯道。所以說到「霧社事件」很難不提起莫那‧魯道。但是因為不同的世代，同樣是清流部落的，不同「社」的後代，現在也會出現不同的聲音，他們會為了他們自己「社」的頭目抱不平。又我在做田野調查的時候，問到一位對「霧社事件」長期有關的長輩，因為是不同的世代，同樣是賽德克族的，但是在「霧社事件」發生時，他的「社」是選擇中立的。在他的研究，他自己覺得莫那‧魯道對霧社周邊不同族群的族人不是很友善也不公平。但是，他又說他的父親認為莫那‧魯

道是一位很好的人，因為他很照顧所有賽德克族 Tgdaya 的族人，他說他自己的父親非常崇拜莫那‧魯道。

我在做「霧社事件」研究的時候，看了幾部紀錄片，其中一部是很久以前的學者拍的，但是應該沒有發行出來。從中我發現到，其實我們賽德克族的歌詞是很有趣的。歌詞的內容就是在講當時「霧社事件」的狀況。這個紀錄片裡面，其中被訪問的是 Tiwas（傅阿有族老），他被要求唱傳統歌謠，他唱的是當初在打仗的時候，婦女們唱的歌，他們是怎麼唱的呢？裡面的歌詞是這樣說的，「各位勇士們，你們儘管的放心去打仗吧，不要擔心我們婦女跟小孩……」不好意思我會哭，因為這是我們祖先的故事。雖然當時我沒有身在其中，我聽了那首歌一樣非常難過。這表示當時的婦女們很偉大，有哪些戰爭是族人們抱著「寧為玉碎不為瓦全」的決心，全部都上吊自殺。

現在，在仁愛鄉有不同部落的族人，應該說是當時「親日派」族人的後裔，以女性的觀點在論述「霧社事件」，他的研究結果，顯然是以「親日派」的觀點來論述。最後矛頭都指向莫那‧魯道的不是。我想說的是，「霧社事件」如果不是抗日六個社的頭目都說好了，每個社都由自己的頭目帶領抗日，這麼大的事件，恐怕不是莫那‧魯道一個人就能決定的。

郭明正：因為我們是當事人，我從過去被訪問，我常常掉眼淚，到今天依然如故。那我也覺得很不好意思，那麼老了還會哭啊，所以我跟著拍《賽德克‧巴萊》的時候，因為有個他抓的情節很像我老人家說的，我哭了好幾次。那時我很怕年輕人看到那個老人家那麼愛哭，我就盡量不要在他們面前哭，不好意思。因為這個故事是我切身的故事。

巴干・巴萬：我要補充的一點就是說，我這次的論文沒有從這個歌謠面去切入，但是如果我有機會再進修的話，我會想從女孩子唱的傳統歌謠去研究，因為從裡面的歌詞中，可以探索出當時「霧社事件」的狀況。若要從傳統歌謠研究，你一定要會聽得懂母語，如果你聽不懂母語的話，你就不知道他歌詞裡隱藏了些什麼訊息。

石岱崙：那我們就來討論《賽德克・巴萊》。我讀了巴干的論文才發現莫那・魯道的父親其實死得很早，不像電影那樣是頭目。電影裡面的莫那・魯道的父親是頭目，在歷史上根本不是這回事。除此之外有沒有特別讓你頭痛的地方，這一部電影，特別讓你覺得魏德聖沒有尊重你們的歷史或你們的 Gaya。先請⋯⋯

郭明正：我是很榮幸被邀請（加入《賽德克・巴萊》的製作團隊），魏德聖魏導演在拍電影的時候我就是那個族語的指導啦。裡面的族語你聽不懂就問我就好了，那我就在現場。那麼我決定寫了一本書的時候，我寫第一本書叫《真相・巴萊》，就是那個跟著電影書出來的那本書，那麼他（魏德聖）也幫我很大的忙，我之所以會在遠流出版就是魏導幫我的，那是跟另外六本書一起出版的。那我直接跟導演講說我要寫這本書是要告訴我的族人，你演（拍）的很多地方是不對的，就是說跟我部落的老人家的說法是不同的。那我剛開始我大概寫了四個到六個，那後來我寫不下去。那就是因為我覺得不要在旁邊跟著人家（魏德聖）那麼辛苦而且領他的錢——我有領他的錢，我是工作人員啊——那這樣（又寫書指出電影的各種錯誤）不太厚道啦。所以我差不多寫了六個我就不講了。那人家說指電影的某一個片段問我「這個不對嗎？」我說。當然，你看電影的一分鐘問我，我可以講到尾啊，

（可以指出）哪裡不對啊，就這麼簡單。

　　那我們話說回來，他是電影，我一直在講，電影就歸電影，歷史要歸歷史。那人家說你逃避，本來就這樣啊不然咧，那就不要拍電影了啊！那講歷史講真的啊，你真的哪裡找，人都死了。我所問到的也是局部，所以我們常常跟清流的人說，最好你自己家裡的故事你自己講，那結合起來才是霧社事件。那我這邊還是跟巴干的看法一樣，別的族，比如賽德克族裡邊或者我們仁愛鄉的，布農族也好，或者是泰雅族也好，或者平埔也好，漢人也好，真正對日本人的就是清流的人，其他的那都沒有。你給我指指點點我就不爽。就是說，你沒有參加，你根本就在那邊，有時候幫日本人，你還講我們，那是不對啊。那我們不願意講，也不必講。不過呢，最好你適可而止。你講的話，你不要一直講，好像都是你對，我們不對，絕對歷史是沒有對錯啦，已經那樣了。只是說，你去解讀的時候，你也得公平一點，不要一直偏頗在局限的觀念，這樣是不好的。

石岱崙：巴干，你的觀點呢？你對《賽德克・巴萊》這部電影所表現的霧社事件有什麼看法？

巴干・巴萬：《賽德克・巴萊》是在2011年（民國一百年）的時候放映的電影。其實我還滿感謝魏德聖導演的，因為他這一踢喔，把「霧社事件」跟我們賽德克族Tgdaya都踢紅了。所以目前在台灣，沒有人不認識賽德克這個族群，連漢人的小孩子都會跟他媽媽講說，媽媽我要當賽德克族，因為看了《賽德克・巴萊》這部電影。

　　我現在要講的就是說，《賽德克・巴萊》是部商業電影，它的宣傳效果很厲害，它的劇情因為要達到商業效果，當然會跟史

實不符。在台灣，以前我們的歷史課本根本沒有在談「霧社事件」，雖然現在的教科書有「霧社事件」這件歷史故事，但是內容仍然是以日本資料為依據，對我們的下一代來說還是會模糊他們的認知。因為從以前，我們的祖先都不提「霧社事件」嘛，對我們的後代來說，還要從教科書、電影來了解自己部落的故事時，如果我們沒有先教育好我們的後代，告訴他們我們的 Gaya 是什麼的話，當他們看了《賽德克‧巴萊》的時候，會以為自己的祖先就是這樣愛打打殺殺的，然後就是很暴力、很血腥。但是，事實是這樣嗎？這打打殺殺背後的原因究竟是什麼？這才是真正要擔心的地方。

如果不論《賽德克‧巴萊》的劇情，我個人是滿感謝魏德聖啦，就是能夠讓「霧社事件」紅遍台灣的大街小巷，像「太魯閣事件」想要紅也沒得紅啊，基本上，我是心存感激的。

石岱崙：巴干，如果你去拍霧社事件，你會怎麼拍？會從哪一個觀點去拍？

巴干‧巴萬：如果要我拍「霧社事件」的話，我會從莫那‧魯道的女兒瑪紅‧莫那的角度去拍吧！因為瑪紅‧莫那是跟我家人相處最久的人，尤其是我的母親，出生不到一年就被瑪紅‧莫那收養，為的就是要傳承莫那‧魯道的香火，所以我對她非常的有感情、有感覺，相對的對莫那‧魯道就會比較陌生。我跟瑪紅‧莫那雖然相處才四年，她就過世了，但是對我的父母親、大哥及二哥來說，瑪紅‧莫那的苦他們都看在眼裡。她在清流部落的日子，因為思念他父母親、老公及小孩，似乎從來沒有離開過「霧社事件」，天天以淚洗面，每天哼著她的懷恩曲，唱出她的心聲，如果要我拍「霧社事件」，我會從瑪紅‧莫那這邊去切入。

**觀眾提問：你在採訪老人家做口述歷史的時候，他們在說明還是解釋
　　　　為什麼會爆發霧社事件，他們會討論近因還是遠因，他們會提到
　　　　哪一些造成霧社事件爆發的原因？**

郭明正： 第一個，如果你問到祖父輩的時候，他會談到日本人剛進
　　　來，都一樣喔，殖民者、殖民年代。現在是後殖民（時代），但
　　　殖民年代的時候，每一個殖民者都一樣，因為你不了解他，你一
　　　定是高壓的手段去侵略他，所以當初日本人1895年進來（台
　　　灣），一直到1910年才到霧社，那1910年左右，我們霧社跟他和
　　　解了，那後面還沒有耶。我的意思是說，他不得不用強力的手
　　　段，所以當初我祖父，我問我祖父和祖父輩的人，他講一講就掉
　　　眼淚，他說他的爸爸就是被殺了。而且有說他很小就當場看到他
　　　爸爸被殺，那個是（日本人）搜槍枝，我們所的人都有獵槍，不
　　　過我們的獵槍是從來不對部落的人，我們只有對打獵、獵物。那
　　　當然，我如果跟你部落發生戰爭，當然也可以當防禦的工具。接
　　　著呢，如果講到我們這一輩的人——像我爸爸——他們可能就會
　　　聽老人家講說，就會講近因比較多啦，就是因為日本人，我父親
　　　他們會聽長輩講的。他告訴我說日本人太過分所以我們才會發
　　　瘋，我們才會*mkuni*（賽德克語）。到後半段應該是1925年之前
　　　就開始，日本人要大肆的建設，這個仁愛鄉地區的時候——可能
　　　不只有仁愛鄉啦，所有的原住民地區（都要建設）——所以他要
　　　去砍木頭、鋪路造橋、蓋宿舍、蓋警察的宿舍、警察局等等。那
　　　個都要木材，所以我們就是牛馬，我們當牛當馬，就被逼著當勞
　　　役。山上沒有路啊，你要砍東西下來那個木頭不能受傷，所以我
　　　們實在沒有辦法，所以才（造成後來的反抗）。我們都會講近
　　　因。那當然很重要的一點就是祖先講的，他說，「這個是我的
　　　地，你幹麼進來，你什麼時候要走」，這樣耶，那個老人家常常

就跟我講說，「欸奇怪這個日本人到我們部落到我們*alang*（賽德克語）」，*alang*就是「國家」的意思啦。在我們的概念裡邊賽德克就是一個「國家」，在台灣原住民就是那樣的概念，你布農族就是一個國家。那我們的老人家說，「欸這個日本人幹麼到我這邊還不走，什麼時候要走。後來呢，二戰之後他走了，後來中華民國又來了，奇怪的是他們都那麼喜歡到我們部落。」

史書美：感謝兩位的報告，我在這邊教書，我叫史書美。今天聽到兩位報告我是非常感動的，然後我知道我們時間不多，所以我想直接就問一下，我今天聽兩位的報告，就有關詮釋權，去爭取這個詮釋權，這一點特別感動。剛才你們兩位報告的時候有提到很多，譬如說和日本人的看法不一樣，和台灣漢人的看法不一樣。那從兩位到目前為止研究的這些成果，您覺得最大的不同在什麼地方？譬如說用性別的觀點也好，或者是不同代的不同的觀點也好，假如人家問你們兩個和日本人的觀點有什麼不同，和漢人的觀點又有什麼不同，有沒有辦法做一個總結式的回答？

郭明正：第一點，就是說，到今天我個人我絕對不反對用各種的形式去呈現霧社事件，不管你是日本人，不管你是美國人，我都接受。那因為你的角度有你的角度，我沒有辦法跟你說不可以那樣。重點來了，不管你用小說，或者用漫畫，或者用電影，或者用連續劇，或者用舞台劇等等，應該要事先跟我部落的人說我要做這個事。（然後需要請教）你哪一點可以，你要告訴他我要做什麼，接著他可以接受的就可以接受了，就可以去呈現你的觀點，我都不反對。第二點，最重要的你如果要拍有關霧社事件——不管是用什麼方式去呈現——一定要先去理解我們的 Gaya（祖訓），你不從 Gaya 去切入的話，你永遠不了解我們，連我對

Gaya 都非常的不容易講。

巴干・巴萬：我現在讀的是民族所，我們會去我們研究的地方做田野
調查及參與觀察。我自己覺得應該是要從內部的觀點去切入這個
問題，而不是從外部的觀點去看霧社事件這樣子。每個人都可以
用不同的角度去研究霧社事件，不是日本人或漢人，如果問我說
跟日本人和漢人的研究觀點有什麼不同，其實剛剛郭大哥及我在
前面已經提及過了，Gaya 是本族一切的生活規範，若外族無法
理解本族的 Gaya 就來論及「霧社事件」的話，恐怕也只是我前面
所講的隔靴搔癢，你沒有辦法站在我們的立場來論述霧社事件，
或可能就依日本文獻就來定調「霧社事件」，或是以早期漢人的
研究，也有是以漢人為主要的要首，慫恿賽德克族來對抗日本，
但是部落的老人家都覺得不可思議。

**史書美：能否再說這個部落的聲音是什麼？是說因為眾聲喧譁，所以
沒有辦法對部落呈現一個比較抑制性的聲音……**

巴干・巴萬：我講的部落的聲音及眾聲喧譁，簡單來說就是現在仁愛
鄉部落的族人，也開始著手研究「霧社事件」，因為切入的角度
不同，族群不同，對「霧社事件」也有不同的評語，尤其是對莫
那・魯道。例如，姑目・荅芭絲的書，完全是從都達（Toda）群
的角度來預設立場，描述本身都達部落族人的集體記憶，而不是
我們清流部落的部落記憶。

　　但最終，不管他對「霧社事件」及莫那・魯道有何其他的說
法，我要說的是，實際參與抗日的人是清流部落的族人，如果你
是用親日的角度來看「霧社事件」的話，我都給予尊重，但是不
能偏頗，或言語上有攻擊我們清流部落。

郭明正：因為你了解他，我們那個原來的生活的本質的時候，你去呈現的話就不會有很大的差異。這樣的話呢，你不管怎麼去看，怎麼去解釋他的時候就不會跑掉。不要說那個是你說的這個是我說的。我要最後講一句喔，別人怎麼看我從來不放在心上，我也接受，不過我覺得你說的我要打問號，應該要直接跟我說，這樣我才可以接受，謝謝。

石岱崙：可以說 Gaya 在改變嗎？傳統的 Gaya 在當代一直在適應現代性嗎？

巴干・巴萬：我想是的。在我的祖父母輩之前傳統的 Gaya 是很深啦，現在的 Gaya，就像郭大哥說的，我們的祖父母輩是受日本教育的、我們的父母親輩是受日本教育及國民政府教育，而我們這輩開始，就一直受國民政府教育，我們八十七年來換了二個不同國家的政府執政，我們就像海綿一樣，一直在吸收不同文化的潮流思想，也漸漸的忘了自己的傳統文化。因為我們從小就一直被迫學習現代主流社會的生活規範，現在的 Gaya 也已經不是以前的傳統 Gaya 了，在我們的下一輩，也已經不知道什麼是我們的傳統 Gaya 了。

郭明正：對……

石岱崙：也許用簡單的話語來形容 Gaya 是比較難的，但這種概念正在現代性所帶來的挑戰之下，一直在改變。

一、霧社事件的歷史記憶

殖民地「討伐」話語及措施
在霧社暴動的發生及鎮壓中的作用

華哲安（Toulouse-Antonin Roy）

（門泊舟 譯）

前言

在過去幾十年中，霧社事件已在學界獲得了相當多的關注。但對於這一重大事件的分析卻並非限於二戰之後，而是可以一直追溯到暴動甫定的時期。1930 年 10 月 27 日，賽德克武士們襲擊了日本設在當地的行政機構。雖然這次暴動很快就被台灣總督府血腥鎮壓，但在暴動平息後的數日和數週裡，殖民地官員、軍方指戰員、記者，以及日本國內關注事件進展的各方人員，才在驚愕中慌忙拼湊出事件原委，試圖去解釋這樣一群據稱已然「開化」的原住民，何以發動了自 1919 年朝鮮半島「三一運動」之後最重大的反抗宗主國的起義。[1] 其時日本

1　關於霧社事件的爆發及其影響，從短小精悍的新聞報導到長篇累牘的政府報告都有細緻表述。這些文獻探究了導致叛亂的原因、參與叛亂的若干賽德克族群的歷史、軍隊的作戰部署，以及從 1930 年 10 月底到 11 月間每日發生的大小事件。這些文件大多已經做為一手文獻集結成冊，出版發行。詳見戴國輝編纂的《台灣霧社暴動事件：研究與資料》（東京：社會思想社，1981）。從軍事視角對一手文獻、日記及手稿進行綜述的研究，參見春山明哲編纂的《台灣霧社事件軍事關係資料》（東京：不二出版，1992）。對

各方面得出的一致結論是：叛亂是蕃人首領長久積累的不滿（如對於暴虐的警察、強制性的勞動和撫墾政策的不滿）最終以仇日情緒的形式爆發出來的結果。既然總督府將事件的主因歸結為一小波「凶蕃」對日本當局的仇視，那麼諸如「不服教化」、「反抗心」一類的詞語，也就成為了當時各種報告中的關鍵詞。[2] 在霧社事件結束後的幾十年中，日本和台灣的學者們紛紛將注意力投向這些政府報告與新聞報導上來，並由此產生了諸多著述。這些論著不光對霧社暴動前的各種社會事件進行「屍檢」式的剖析，更將其與日本在台灣高地的早期殖民政策聯繫起來，從而在更加廣泛的社會結構層面對霧社事件加以分析。[3] 這些研究認為，霧社暴動的導火線除了當時發生在其起義領袖如莫那・魯道等人——他們聲稱——身上的不愉快事件以外，更深層的根源在於原住民對日本在台灣高地推行了幾十年的「理蕃政策」的憤懣情緒，因為這些政策在社會經濟層面破壞、甚至摧毀了原住民團體固有的社會組織形式。近年來，隨著口述史研究漸漸發展成熟，霧社事件倖存者的證詞成為重要史料，學術討論也因此有了新的維度。[4] 乍看之下，圍繞霧社事件所展開的學術研究似乎已經鉅細靡遺，或者

　　於事件本身的概述，可參見藤崎濟之助《台灣的蕃族》一書中〈霧社事件的始末〉一章（東京：國史刊行會，1936）。另外，在這種「真相還原」類研究中同樣具有代表性意義的，是橋本白水的《霧社事件之考察》（東京：台灣政治研究會，1930）。

2　將事件歸結為原住民的「反抗心」，這種說法在1930年台灣軍司令部編刊的〈霧社事件史〉以及警務局編刊的〈霧社事件誌〉中均可看到。至於「凶蕃」一說，也可以在類似〈霧社事件的始末〉這樣的史料中找到。詳見〈霧社事件史〉，收入春山明哲編纂，《台灣霧社事件軍事關係資料》，頁18；〈霧社事件誌〉，收入戴國輝編纂，《台灣霧社蜂起事件：研究與資料》，頁370。另見〈霧社事件的始末〉，收入藤崎濟之助再版，《台灣的蕃族》，頁895-923。

3　這類從「結構層面」出發所做的歷史分析，可參見小島麗逸，〈日本帝國主義的台灣山地支配——到霧社蜂起事件為止〉，收錄於戴國輝主編，《台灣霧社蜂起事件：研究與資料》，頁47-83。

4　詳見林えいだい，《台灣祕話：霧社之反亂・民眾方的證言》（新評論，2002）。

說，霧社事件似乎已經成為歷史研究中一個「完全成熟」的領域，之後的工作便只剩下對事件進行細節上的補充，或者對之前所忽視的研究方向查漏補缺了。

然而，在霧社事件——尤其是緊隨其後的政府血腥報復行為——的背後，埋藏著日本對台灣原住民殖民統治的一條主線，即「討伐」不肯歸順的臣民。這一主線是在台灣各族群與日本殖民者的長期武裝對抗史中形成的，因而根深柢固。早在 1874 年日本遠征清廷的時候，類似於「征」或「征討」島民的說法，就曾為日軍在台灣島東南方部署兵力提供了說辭。即便是居住在台灣島上的非原住民，也曾一度成為日軍「討伐」的對象，而「討伐」的目的不過是為了鞏固帝國對台的控制權而已。在日治早期（1895–1898），總督府也曾鎮壓過島上的漢人武裝力量，日本官方稱之為針對「土匪」所展開的「討伐」行動。很快，「討伐」一詞就成了神通廣大的標籤，被安全部隊用來貼在各種針對原住民的軍警暴力行動上。[5]實施暴力有時是因為原住民衝撞了殖民政府及其設在當地的採掘、提煉工業，有時則純屬欲加之罪。這些名目繁多的軍事行動——或稱「懲罰」，或為「前進」，抑或

5　日文的「討伐」一詞，在英語裡可翻譯為「suppression（鎮壓）」或「subjugation（征服）」，但更準確的對應詞應該是「pacification」，專指針對殖民地人民所發動的一切形式的懲罰性軍事行動。鑑於此，筆者也選用了「pacification」一詞來指代日本安全部隊在台的暴力軍事行動。但另一方面，英語的「pacification」也含有日文「撫」的意思。例如，日本在台灣推行的「撫育」政策，在一些英文著作中便常常被翻譯為「pacification」，但這一政策並不直接牽涉到政治或軍事暴力。為了區分日本殖民者的暴力與非暴力戰略行為（二者在英語裡都可能被翻譯為「pacification」），筆者保留了「pacification」一詞來專指前者（「討伐」），而另用「benevolence」一詞來指代後者（例如「撫」和很多含有「撫」的複合詞）。唯一的例外是一些殖民地時期留下來的專有名詞，它們在英語中已然有了約定俗成的翻譯，如「Pacification-Reclamation Bureau（撫墾署）」，筆者就保留了「pacification」一詞用以指代非暴力的「撫」。但即便在術語層面做了如上區分，本文力圖證明的卻是這種界定的模糊性：暴力的「討伐」抑或非暴力的「撫育」，不過是同一指導思想的不同表現形式而已，二者之間並沒有不可逾越的邊界。

像在後來的霧社事件中那樣，被更加直白地稱為「掃蕩」——將日本對原住民土地的侵略粉飾為一種必不可少的「防禦性進攻」行為。[6]面對拒絕向帝國宣誓效忠的反叛分子，政府似乎只能以軍警圍剿了。

　　從1898年到1914年間，日本殖民政府為壟斷利潤豐厚的樟腦提煉工業，決定在原住民的林地上進行大量砍伐作業。隨著殖民政府發動的一系列「征討」行動，軍警開始大規模介入，之前打著「以攻為守」幌子的戰略擴張也開始更具進攻性。台灣東部的丘陵及山區零零散散地分布著一些軍事要塞，駐紮其中的衛戍部隊會時不時派出由幾十名警察、士兵和準軍事輔助作戰成員組成的小分隊，對原住民大本營發動突襲。突襲通常會採用投擲燃燒彈和進行遠距離炮轟的辦法，而襲擊的倖存者則會被重新安置在由政府重兵把守的聚居點內，或者在警察的嚴密監督下繼續生活。[7]在監控區內，政府強制原住民接受日文教育，並禁止其擁有武器，那些被原住民視為根基的風俗信仰（如文面、出草，等等）也不被允許。對同一部落的「征討」總是反覆多次的，因為統治者與被統治者的權力地位關係是需要通過暴力的軍事占領加以宣示和確認的。因此，每一個部落在最終屈服之前，都或已經歷了為時數週、數月、甚至數年的炮火轟炸。而當一個部落遲遲不肯向武力屈服的時候，政府又會對其實施物資封鎖，以期通過製造饑荒來削弱原住民的反抗意志。早在莫那・魯道和他的族人們被殖民地

6　「防禦性進攻」一詞，來源於歷史學家飛利浦・J・德洛里亞（Philip J. Deloria）的 *Indians in Unexpected Places*。在這本書中，德洛里亞關注印第安族群一直以來如何被刻畫成暴力的民族。他指出，正是這種刻板印象才使得美國白人定居者能夠一邊侵占印第安人的土地，一邊作出防禦性姿態。更多內容，參見 Philip J. Deloria, *Indian in Unexpected Places*（Lawrence: University Press of Kansas, 2004），20。

7　據估算，在1903年到1941年間，共有7,318個家庭，合計43,112人（將近原住民人口的半數）曾被重新安置在海拔較低的地區。詳見 Shu-Min Huang & Shao-Hua Liu, "Discrimination and incorporation of indigenous Taiwanese Austronesian people," *Asian Ethnicity*（2016）：4。

軍警列為打擊對象前，霧社地區的賽德克人就已經在這種軍事策略下遭受了長時間程度不等的「征討」。

　　在本文中，筆者不再將霧社事件視為一次「驚天響雷」式的突發事件，也不再將視角局限於那些引發暴動的最直接的外部條件及個人因素上。相反，筆者將從一些看似「離題」的歷史事件入手，去考察圍繞「征討」所建構起來的殖民話語及軍事行動是如何在日方、原住民，甚至也包含漢人的近半個世紀的對抗中延續、演繹，並且升級的，而霧社事件正是這一套話語及行動不斷發展的必然結果。毫無疑問，霧社起義的確是日本歷史上所經歷的反殖民主義暴動中最具劃時代意義的一起事件，但它的爆發，以及日本政府所採取的種族滅絕式的鎮壓，其禍根卻深植於長久以來殖民政府所奉行的程式化、常態化的暴力毀滅行動中。這些軍事政策的由來和發展已經遠遠超過狹義上的日本—賽德克族之間的矛盾。[8]在本文中，筆者將首次嘗試梳理一些

8　原住民部落名稱及地名略述：在殖民政府官方發布的〈霧社事件誌〉中，列出了隸屬於霧社地區的十一個部落的名字，它們是：波阿隆社（Boalun）、斯庫社（Suuku）、馬赫坡社（Mahebo）、塔羅灣社（Talowan）、荷戈社（Hogo）、羅多夫社（Lodofu）、塔卡南社（Takanan）、卡茲茲庫社（Kattuku）、巴蘭社（Paalan）、托幹社（Togan）、西巴烏社（Shibau）。其他文獻中也提到了另外一些部落，例如萬大社（Maninu）、白狗社（Shiroinu）、托洛庫社（Tolokku）、陶茲阿社（Tautua）。值得注意的是，殖民政府的官方文獻一再將居住在霧社地區（今台灣仁愛鄉）的原住民稱為「霧社蕃」。在「霧社」這一地區統稱下，各個「社」——如馬赫坡、荷戈、巴蘭——則用以指稱本地區的各個部落。儘管在日治時期，更加寬泛的民族名，如「賽德克族」，常被用來指稱以上這些地區的居民，但是在日治時期、國民黨時期，以及後白色恐怖時期的大多數時候，這些部落居民更多地被歸入了泰雅族（Atayal）。今天的賽德克族已經是獲得官方承認的民族，其下包含若干亞群體（Gaya）。根據其語言，被大致分為三個方言群體：德固達雅（Tgdaya）、都達（Toda）、德路固（Truku）。為方便行文，文中常會用到的「霧社」或「霧社部落」等詞專指當時居住在埔里鎮城牆以東的廣袤山區裡的原住民，他們構成了當時南投郡（今南投縣）轄下的「霧社」這一行政單位。文中一切與今天的通用行政區劃命名、部落命名不同的術語，是筆者為盡可能貼近史料文獻而有意為之，而非為抹殺賽德克族的歷史與其獨一無二的民族身分。詳見〈霧社事件誌〉，收入《台灣霧社蜂

軍事理念、行動以及鎮壓方式的「系譜」。正是這些方面的不斷建構，才最終導致了發生在霧社的一系列慘劇。

蕃、賊徒與土匪：台灣做為清─日過渡期的「化外之地」

在進一步考察「討伐」原住民政策的源起之前，我們或許應該回顧一下這一術語進入官方文獻與民間用語的初始階段，也就是日本帝國在台灣建立殖民統治的最早期。早在1874年，參與「征台之役」的日軍首次登島時，一套用來強調對原住民動武之必要性的話語就已具雛形。這比後來理蕃大臣們提出「征討」、「懲罰」，以及一系列其他類似概念的時間提前了幾十年。在1871年，一隊琉球漁民在台灣島東南遭遇海難，上岸後被排灣族領導下的部落聯盟中的人殺死。做為對此事件的回應，明治政府向此地區出兵，這也是後來廣為人知的日本「征討」清廷的開始。[9]儘管這一事件常常被稱為一次「征討」或「征台之役」，而非真正意義上的「討伐」，但日本開拓海外殖民地的首次嘗試已經暗示了一套話語和實踐的悄然誕生。根據這套話語，對殖民地人民進行報復性軍事打擊是完全正常的標準操作。

另外，這次遠征還標誌著日本將第一次與遠離帝國統治中心的原住民武裝遭遇，日軍也因此得以進行一些新的、非常規性的作戰實驗。為了報復戰鬥中的失利，日軍曾向瑯嶠半島上的排灣部落發動進

起事件：研究與資料》，頁362-363。

9　關於日軍遠征台灣事件，詳見 Robert Eskilden, "Of Civilization and Savages: The Mimetic Imperialism of Japan's 1874 Expedition to Taiwan," *American Historical Review*（107）2,（April 2007）：388-418。西方親歷者的口述文獻，也可見於 Robert Eskilden 編纂，《外國冒險家與南台灣的土著，1867-1874: 1874年日本出征台灣前後的西方文獻》（台北：中央研究院台灣史研究所，2005）。另見 Paul Barclay, *Outcasts of Empire: Japan's Rule on Taiwan's "Savage Border," 1874-1945*（Oakland: University of California Press, 2017），43-78。

攻，並頻繁使用「無差別打擊」的辦法，這與後來日本在「討伐」運動高峰期針對原住民所使用的打擊手段別無二致。舉例來說，在攻擊牡丹社和高士佛社的突襲行動中，日軍試圖向願意歸順西鄉從道的部落分發證明（一開始是以旗幟為標識）。一旦某個部落拿不出這樣的標識來證明自己的忠誠，它馬上就會被當作合法的「獵物」，遭受肆無忌憚的軍事打擊。在後來的各種軍事對抗——尤其是在針對賽德克人的軍事行動中——「原住民有罪在先」的預設成為日方的典型思維模式。[10]

同時，清廷的外交官與日本的談判者們開創了重要的法律先例，從而在正式的外交層面確認了這樣一種觀念，即台灣高地的原住民們不具備現代法制觀，文明世界的人們是無法用外交手段與之溝通的。因此不管發生任何衝突，高地首先就會遭到軍警的大舉進攻。在遠征期間，清廷大臣曾聲稱原住民居住的地區是「化外」之地，因而不受清帝國律法的轄制。李鴻章等外交大臣也曾以同樣的理由為清廷開脫責任，以期阻止明治政府向其索要賠款。然而，日方談判代表大久保利通卻有不同的看法。他認為，既然清廷「政教不及」，就說明這塊土地合該由別國接管。[11]所以，不管從哪個角度看，清政府提出的「化外」這一說法，都為日本後來將台灣原住民的土地視為「特別行政區域」大開方便之門。與清政府有名無實的治理所不同的是，日本最終是打算將這塊土地完全吞併在自己的版圖之中的。[12]在日治時期，政府將所有的原住民土地都置於員警的直接管控之下，原住民人口也與占多數的漢人口區別治理。這種做法的深遠用意在衝突爆發時期——尤其是在判斷應給予原住民何種待遇的時候——會凸顯出來。舉例來

10　Paul Barclay, *Outcasts of Empire*, 69–70。

11　同上，頁67。

12　松田京子在她的書中提出了將台灣高地收於日本統治之下的空間問題。詳見松田京子，《帝國的思考：日本帝國與台灣原住民》（東京：有志舍，2014）。

說，在1902年12月關於「蕃政問題」的台灣殖民政策報告中，日本官員持地六三郎描述了他對台灣原住民的印象。據他稱：從社會學角度看，蕃人確是人類，但從國際法角度看，卻與禽獸無異。[13]這種用「納入式排除（inclusive exception）」的觀點看待原住民及其土地的做法，即，既將其視為政體統治之下的一分子，卻同時也是被懸置於正常法律保護之外的個體的做法，為日後的「征討」話語和軍事行動提供了植根的土壤。[14]在「蕃地」，法律的缺位帶來的是長久的戰爭。既然國際外交公約與國家間的共識在「蕃人」這裡都得不到認可和遵循，那麼文明世界就只有借助暴力、恫嚇和國家恐怖主義與之對話了。

儘管在這次的對台遠征中，以懲罰為目的炫示軍事力量的戰爭策略已具雛形，但另一因素也是台灣隘勇線上暴力常態化的重要推手，這便是日治初期擁護清王朝的當地武裝力量與日軍之間的對抗。1895年初清政府割讓台灣之後，剛剛登島的日本政權曾遭到當地人的強烈抵抗。同年5月到10月，日軍在島上清剿出大約50,000清軍。短短數月中，反日武裝在曇花一現的「台灣民主國」旗幟下從無到有，以游擊戰的形式發動起義。儘管這些反日武裝在當年年底就遭到鎮壓和遣散，但他們卻在西部平原上繼續活躍，不斷挫敗著日本在台建設殖民地的企圖。在1895年到1898年間，日本政府將大部分精力和軍事資源都用在了鎮壓農村武裝起義上。不論從人員還是物資角度來說，搶奪海島和鎮壓游擊隊祕密武裝的戰鬥都是代價高昂的。疾病的肆虐便是一大因素，像瘧疾、傷寒、霍亂、痢疾這樣的熱帶疾病都在削弱著

---

13 Paul Barclay, *Outcasts of Empire,* 222。

14 關於「例外」這一概念及其在現代國家統治及法律中的作用，詳見喬治·阿甘本（Giorge Agamben），《例外狀態》（*State of Exception*）（Chicago: University of Chicago Press, 2010）。

帝國的武裝力量。[15]這也在一定程度上解釋了為什麼針對原住民的大規模「討伐」行動直到1900年之後才開始出現。

　　在政府和民間關於平原反游擊作戰的敘事中，中方武裝力量被頻繁冠以「賊徒」或「土匪」的稱謂。[16]這套話語對於起義軍的反帝國主義性質一味輕描淡寫，卻盡可能地讓讀者覺得他們不過是一群烏合之眾，在清政府撤出台灣後的權力真空中趁火打劫。通俗出版物也極力迎合這種觀點，將日軍對當地武裝開展的戰鬥描述成針對「土匪」或其他不法分子的清剿行動。竹越與三郎的《台灣統治志》就是一個典型例證。《台灣統治志》是出現最早的、對起義及其領導力量進行詳盡描述的著作之一。在這本書中，竹越與三郎認為起義軍「雖有推翻政府的意圖，但主要目的還是打家劫舍」。[17]儘管日軍現在所面對的是游擊隊而非排灣族武士，但在實施懲罰性軍事打擊時，日方卻沿襲了之前的「連坐」制度。1896年，正在台灣傳教的白若瑟（Jose Alvarez）神父就記錄了日軍在宜蘭地區製造的若干起血腥事件。為報復之前所遭受的襲擊，日軍對幾十名客家村民實施鞭刑並斬其首級。受害者不論軍民，同遭屠戮。[18]

　　在《帝國的思考：日本帝國與台灣原住民》一書的開篇，松田京子探究了「打家劫舍」、「揭竿而起」、「暴力反叛」這樣的故事主題如何塑造了日本民眾對台灣島民的最初印象，又如何決定了日本在日

15　葛超智（George Kerr），《福爾摩沙：被允許的革命和民政規則運動，1895-1945》（*Formosa: Licensed Revolution and Home Rule Movement, 1895-1945*）（Honolulu: The University of Hawaii Press, 1974），頁15、28-34。

16　首任台灣總督樺山資紀將軍在他接管台灣後所做的首次關於蕃務與國務的公開演講中就使用了「賊徒」一詞。詳見伊能嘉矩編纂，《理蕃誌稿：第一、二篇》（台北：台灣總督府警務局，1918），頁2。但是「土匪」一詞其實更加常見。

17　竹越與三郎，George Braithwaite 譯，《台灣統治志》（Longsman: Green and Co., 1907），頁92。

18　葛超智（George Kerr），*Formosa: Licensed Revolution and Home Rule Movement*，頁29。

後處理原住民問題時的態度。根據松田的研究，這場爭奪台灣島控制權的戰爭也是日本歷史上首次被媒體以圖片和文字兩種形式進行大規模報導的一場戰爭。舉個例子，日本國內的讀者每天都可以得到關於日軍在台灣農村開展的討伐行動的詳盡報導。圖文並茂的雜誌《風俗畫報》就曾圍繞著《台灣征討圖繪》、《台灣土匪掃攘圖繪》等等題目推出了一系列特刊。在這些報導中，松田還發現了另一類渲染著同樣感情色彩的故事主題，即描述敵我莫辨的複雜前線狀況的故事。狡猾的當地人對日軍「盛情款待」，實為誘敵深入，好將日軍行蹤出賣給叛黨——這樣的故事在當時比比皆是。正如一位軍官所說：「有時我們的人會借住在村長家……會口無遮攔地將我們的剿匪計畫和盤托出，到頭來卻發現村長自己就是個土匪。」[19]但漸漸地，台灣的形象從一個土匪遍地、亂黨橫行的「戰地」，演變為一片值得被帝國納入版圖的「新版」。既然日軍將自己刻畫成了「解放者」，就有必要在被殖民者中做出「土匪」和「良民」的區分，並聲稱日本殖民台灣正是代表了後者的意志。這一套將殖民地人民劃分為「可以感化的」和「冥頑不化的」兩種人的操作，成為討伐原住民時期的標誌性做法。但稍後我將會談到，日本對原住民的忠誠度和「可感化性」的衡量，卻是以並不相干的民族與文化特質為標準的。[20]

19　同上，頁31。

20　受民族學家伊能嘉矩的影響，當時的許多人都相信，按其清治時期受漢文化同化的歷史長短與程度深淺不同，台灣原住民可以被分為「可教化」和「不可教化」的兩類。泰雅族、德路固族，和賽德克族因為長期孤立於以中華文明為中心的秩序等級之外，因此尤其尚武，十分危險，應該加以特別防範。值得我們注意的是，將當地人分為「可以感化的」和「冥頑不化的」兩種「類型」的做法，和早期與中國軍隊作戰時將中國人按「好」與「壞」一分為二的做法實是異曲同工，其目的都是為之後使用暴力進行有策略、有規畫的辯護。關於「良民」與「敵人」話語的更多分析，見松田京子，《帝國的思考》，頁20-21。關於伊能嘉矩的著作及其對殖民地官僚體系的影響，見 Paul Barclay, "An Historian among the Anthropologists: The Inō Kanori Revival and the Legacy of Japanese

　　儘管在鎮壓台灣民主國的軍事行動中，日方並沒有使用明顯的、帶有種族歧視色彩的「野蠻性」等話語來貶低當地人，但殖民地人民卻又被描述成一群面目模糊、充滿敵意的烏合之眾。這種認識為日後武力鎮壓台灣原住民做了鋪墊。當平原上的「討伐」結束之後，「敵人」與「良民」之間原本就搖擺不定的分界線又隨著日軍一起向東推進，被用在內陸地區的原住民身上了。後來日軍對這一地區實行的政策將當地部落分為了「順從」與「反叛」兩類，並將當時人種分類學方面的研究做為制定政策的「理論依據」。另外，原住民部落後來也成為「搜索—毀滅」式的無差別軍事打擊的攻擊對象，這與馬關條約簽訂後，日本在中國農村展開的「掃蕩」極其相似。

「撫育」與「暴力」：討伐原住民政策的萌芽階段

　　隨著平原上的「剿匪」行動漸近尾聲，　種新的討伐話語和與之相應的軍事行動在東部高地的山腳下和較為深入山區的偏遠村莊中悄然展開了。這時，軍事打擊的目標已不再是台灣鄉村裡逍遙法外的「土匪」，而是阻撓帝國在台進行戰略資源開採的「生蕃」。這一資源便是樟腦。比起平原上的剿匪行動，山區裡的生產保衛戰要艱難得多。台灣的原住民聚居區是由幾十個以親緣關係或酋長制為核心的部落組成的，若干個這樣的部落又會聯合在一起，形成較大的聯盟（或社）。村社之間往往訂立了許多誓約，從而形成攻守同盟，或者約定好了共用狩獵場地。[21]持地六三郎在其1912年出版的《台灣殖民政策》一書中就曾感歎道：「蕃民的組織結構就像上百個各自為政的小國，

Colonial Ethnography in Taiwan," *Japanese Studies* 21（2001）。

21　對於原住民（尤其是泰雅族和賽德克族）的社會、政治，與文化社團的深入考察，詳見菊池一隆，《從台灣北部的泰雅族看近現代史——從日本殖民地時代到國民黨「白色恐怖」時代》（福岡：集廣舍，2017）；史國良（Scott Simon），*Sadyaq Balae! L' autochtonie Formosane dans tout ses états*,（Québec: Les Presses de l' Université Laval, 2014）。

這對我們的統治管理造成了巨大的困難。」[22]因為各族群要爭奪特權、政治資本和資源，部落內和部落間的衝突成了家常便飯。有鑑於此，日本方面最終決定採取「以蕃治蕃」的策略，時常親自介入部落之間由來已久的衝突，並將原住民的準軍事化武裝收編。[23]賽德克人對日方這一套複雜的政治運作並不陌生。在霧社掃蕩期間，警務局就曾雇用原住民中的「友好蕃丁」來跟蹤、抓捕，甚至屠殺起義領袖。[24]

　　面對隘勇線治理方略上的重重挑戰，台灣總督府需要一套新的體系來應對隨時可能爆發的殖民地動亂。為此，首任總督樺山資紀和民政局長水野遵研究了歷史上台灣山區的華—蕃互動，以為日本治台的借鑑。樺山在其關於原住民問題的首次聲明中就宣稱，「在過去的二百年中，原住民將中國人視為死敵」，而新政權的任務之一，便是要「教原住民學會服從。」[25]儘管他並沒有明確指出這種「服從教育」具體該如何貫徹，但同日治初期其他與之持相似觀點的人一樣，他們都傾向於強調原住民數百年來受外族侵略的歷史，認為這種長期壓迫所釀成的仇恨，長遠看來可能會轉化為一種仇日情緒。水野很快就在自己的文章中應和了這種論調，並據此起草了台灣總督府的理蕃政策。頗具諷刺意味的是，水野的這一草案正是參考了清治時期的駐台機構——「撫墾局」（一稱「撫墾署」）的規章制度寫成的。在1896年6

22　持地六三郎，《台灣殖民政策》（台北：南天書局，1998），頁342。

23　詳見鄧相揚「以蕃治蕃」一節。

24　當然，這種將原住民社會在「水準」方向上的組織起來的統治形式，雖然一方面使其為外來殖民者所操縱，但另一方面也限制了日本的殖民擴張。正如近年來的研究向我們所展示的那樣，與原住民「頭目」和其他「有勢力者」聯合力量，對殖民統治至關重要。殖民地官員也與當地婦女、充當翻譯角色的雙語者，以及其他各色人等建立起聯繫，從而形成了重要的情報搜集網絡。這種被 Paul Barclay 稱為「柔性外交（wet diplomacy）」的策略在日本對台灣高地進行政治、軍事入侵的早期是極其重要的。詳見 Paul Barclay, *Outcasts of Empire*，頁43-114。

25　伊能嘉矩編纂，《理蕃誌稿：第一、二篇》，頁2-3。

月，水野建議道：

事實上，台灣的未來和其工業發展的希望都在蕃民的土地上。
要促進這些事業的發展，就要讓蕃民們學會對我們的政府恭順，
要為他們營造適宜的居住條件，要把他們從野蠻狀態中解放出
來。而要征服這些野蠻人，就要恩威並行〔本文作者強調〕。[26]

和樺山一樣，水野在這份政策草稿的結尾部分也為日本當局敲響
了警鐘。他認為，日本的新臣民們對政府普遍持懷疑態度，更在與清
廷的長期對抗中形成了共同的「報仇雪恨」的強烈願望。[27]民間的「台
灣通」也時常在他們的著作中響應這種官方觀點，認為既然原住民對
外來者的敵意是與生俱來的，那麼政府如要整合台灣隘勇線上的社會
關係，自然是要以暴力手段為主的。竹越認為，隨著來自中國的移民
在台灣島上定居：

可憐的蕃民逐漸將所有的外來者視為天敵。而其骨子裡的殘暴
天性又因其所遭受的殘忍不公的待遇而愈演愈烈。最終，發生在
原住民和中國移民之間的衝突如此頻繁，以至於在過去的二百二
十年中無一日安寧。[28]

但是，竹越並不認為政府應該對原住民的「敵意」放任自流。考
慮到殖民地未來的發展方向，竹越做出了和之前的水野相同的預測：

26　伊能嘉矩編纂，《理蕃誌稿：第一、二篇》，頁3-4。這一段譯文的英文版引自Antonio
　　Tavares的 "Crystals from the Savage Forest: Imperialism and Capitalism in the Taiwan Camphor
　　Industry, 1800−1945,"（博士論文，普林斯頓大學，2004），頁181。

27　伊能嘉矩編纂，《理蕃誌稿：第一、二篇》，頁4。

28　竹越與三郎，《台灣統治志》，頁69。

武力鎮壓將必不可少，尤其是在安撫原住民的代價還無法估量的情況下：

> 如果我們有把握用十至二十年的時間將原住民置於政府掌控之中，那麼現行的政策在這樣一個時期段內或許是可行的。但是如果我們需要一個世紀才能完成這一任務，那就不得不訴諸其他辦法了，因為我們沒有那麼多的時間。這並不是說我們對蕃人毫無憐憫，但四千五百萬同胞的生計注定重於十萬四千個蕃人的利益。我們沒有時間去耐心等待，直至他們放棄野蠻的天性，自發地、真正地向我們表現出友好與善意。我們應該且亟需做的，是以強硬姿態直取其腹地，對所有被荒廢的土地進行開墾。[29]

在殖民話語中，對受害「蕃人」的同情和對使用武力之必要性的堅信不再是水火不容的對立面。相反，以暴制暴被認為是政府自我保全的唯一辦法。「撫育」政策是為了緩和蕃人暴烈的天性給統治帶來的威脅，甚至長遠來說，或許還能夠讓山地人民真正接納日本的宗主國地位。但如果原住民對天皇的良苦用心視而不見，那就合該受到懲罰。利誘失敗，殖民者就會立刻轉向另一個極端，用原住民唯一聽得懂的語言與之交流：暴力征討。而所謂「撫育」政策，表面上看似乎是為緩和隘勇線上的緊張局勢、促進樟腦提煉工業而採取的懷柔政策，但這一政策所掩蓋著的卻是一股毀滅性的暗流，即對原住民民族性的危險假設。

二十世紀伊始，「討伐」的話語已經發展出「撫育」與「暴力」這樣兩個極端方向。1896年的夏天，水野將自己的計畫付諸實踐，在清治時期留下的撫墾局遺址上建立起了十一個「撫墾署」。隨著機構的完善，政府的「撫育」政策也終於具體為一系列社會改造計畫：

29　同上，頁230。

如以筵席「款待」、拉攏當地長者、向原住民傳授定居農耕技術、設立特別貨棧以監視槍械和物資向高地流動的狀況，並鼓勵軍警學習當地土語。[30]但要完成這些計畫，撫墾署的資源可謂捉襟見肘：儘管當局曾承諾給予資金和警力上的支持，但實際上這些撫墾署內都只配備了為數不多的警員和翻譯。除此之外，已然歸順的部落後又時常倒戈相向，這也讓撫墾署的處境雪上加霜。1898年6月，撫墾署正式宣布解散，而殖民地的上層官員也徹底失去了以「款待」政策感化原住民的耐心。他們認為，這種政策不僅是對殖民地財政資源的極大浪費，更助長了「縱情酒色」的不良風氣，與王道教化的初衷背道而馳。[31]到了1902年，日本對其理蕃政策進行了全面修正，法律開始強勢介入原住民事務。與此同時，在重要的樟腦產區周邊，日本政府派駐了更多的警力和準軍事化部隊。清治時期的「化外之地」從此改頭換面，被殺傷性武器，如山砲、電網、地雷等重重包圍了起來。[32]在戰略上，日軍將台灣高地分為南北兩部分。聚居於東北方的泰雅族、賽德克族和太魯閣族在清治時期沒有受到漢文化的滲透，被認為更加「野

---

30 關於各個「撫墾署」轄區的詳細解析，見伊能嘉矩主編，《理蕃誌稿》，頁13–21。至於對這些機構的起源與其財政事務的詳盡綜述，參見北村嘉惠，《日本殖民地下的台灣先住民教育史》（札幌：北海道大學出版會），頁34–47。

31 Barclay 在他的文章中討論了隘勇線上的日本人和原住民如何通過「酒席文化」實現互動。詳見 Paul Barclay, "Gaining Trust and Friendship in Aborigine Country: Diplomacy, Drinking, and Debauchery on Japan's Southern Frontier." *Social Science Japan Journal* 6（1），2003: 77–96。

32 一份後來出版的報告描述了1910年至1919年間，軍方如何在劍拔弩張的準戰爭狀態下建立起警備線：「在防禦設施需被加固的地方，日軍會立起通了電的鐵絲網或者埋下地雷。這些設施對試圖進犯的蕃人起到了有效的警戒作用。在戰鬥過程中，手榴彈則非常常用。電話線被架設在警戒區周邊的道路沿線。在更為重要的區域，山砲和野戰炮也派上了用場，一門大炮往往足以抵擋數個部落的進攻。」參見台灣總督府蕃務本署，*Report on the Control of the Aborigines in Formosa*（台北：蕃務本署，1910），頁16。

蠻」，[33]也因此成為日軍懲罰性軍事打擊的重點對象。這些理念在1909年到1914年之間隨著佐久間左馬太的一系列理蕃措施被推向極致。在其任上，佐久間左馬太制定了一份「討伐北蕃五年計畫」，並為此撥款一千五百萬日圓，只為消滅以太魯閣族為主的最後的原住民反日力量。[34]

　　隨著「討伐」話語在機構層面、政治層面、軍事層面上得到認可，其具體措施也開始成熟起來。與此同時，為了占領更多的土地，衛戍部隊不斷深入山區腹地，與原住民村社頻繁遭遇——這也成為了發展「討伐」措施的重要推手之一。從1897年總督府還試圖貫徹恩威並施的雙面政策開始，直至1930年起義爆發前夕，霧社目睹了幾十年間政府對原住民態度的轉變，因此對這一套「討伐」話語和措施也不會陌生。在接下來的部分，我將暫停討論「撫育」、「暴力」這些寬泛的概念在官僚機構中的產生和發展，而是把注意力轉移到另一個問題上，即這些理念在中部台灣（也就是賽德克族的心臟地帶）是如何被落實到具體的軍事行動上的。最後，我將回到對霧社事件本身的討論上來，向讀者展示：圍繞著「討伐」所展開的話語及軍事行動，是如何一步步將霧社推向了1930年10月至11月間爆發的起義，又如何導致了事後日方瘋狂的反擊報復。

「討伐」戰略在霧社隘勇線上的演化

　　在1897年前後，日本的「蕃治」（savage administration）（riban）殖民建設首次擴張到了霧社一帶。其時，日方正打算修築一條鐵路將埔里與花蓮港連接起來，並為此派出一隻勘探隊伍，但其成員隨後卻遭遇不測。這一事件使日本開始對霧社地區的一眾部落實施懲罰性的貿

33　Paul Barclay, *Outcasts of Empire*, 28、222。

34　同上。

易封鎖。勘探任務是在陸軍大尉深堀安一郎的帶領下開展的。他與同行十四人於1897年1月出發，3月在埔里東北方的能高山裡失蹤。日方組織起搜救隊伍，並派出一名衛戍部隊長官與當地德固達雅族首領進行協商，想要取回勘探隊員們的遺骸。或許這位首領沒有積極配合調查，因而觸怒了日本人，但真正讓事件發展到無可挽回的地步的是，在深堀大尉失蹤後不久，一名樟腦提煉廠的工人也被當地人殺害了。[35] 賽德克人與日本的首次遭遇就引發了一系列不快，而官方則將這一切全部歸咎於賽德克一方，想方設法地讓外界認為賽德克人毫無與日方談判者對話的誠意。身兼政府官員和「御用」歷史學家雙重角色的藤崎濟之助，就是這種說辭的積極倡導者。據他聲稱，賽德克人在「深堀事件」之後便在「周邊地區以殘暴的方式廣泛施加他們的影響力」。[36] 儘管藤崎的言論是在事件過後很久才發表的，但其說辭卻和早先水野遵等人對原住民的刻畫驚人相似。由於這些學者的積極遊說，殖民地上層官僚逐漸形成了一種共識，認為原住民極具進攻性。但不管政府如何一廂情願地將「深堀事件」和其他類似案件描述為嗜血成性的原住民對無辜路人的隨機傷害，無法被忽略的事實是，這類事件在原住民聚居區邊緣的隘勇線上愈發頻繁起來。在1898年到1930年間，針對政府公務人員的襲擊會導致年均約600人死亡。而在官方史料中，這些案件則被諱飾為「蕃人的破壞活動」。[37] 政府之所以

35　Paul Barclay, *Outcasts of Empire*, 95-96。

36　藤崎濟之助，《台灣的蕃族》，頁679。在下面的討論中我將大量引用藤崎的著述。他1930年出版的《台灣的蕃族》一書，可以說是對之前若干年中各類政府文獻的「綜述」，書中的某些條目甚至是從伊能嘉矩編纂的《理蕃誌稿》中照搬過去的。儘管藤崎對於「霧社事件」導火線及事件本身的敘述並不一定翔實，但他描述事件時的用詞和對事件的定性都向我們表明：殖民地官員在對原住民使用武力的問題上已經形成了一系列帶著刻板印象的假設。

37　《理蕃概況》中一共記載了557人在原住民的「出草或抵抗行動中被殺」，而Davidson的記錄則提到了303起針對個人的襲擊，共造成635人傷亡。詳見《理蕃概況》（台北：台

將自己描述成不正當襲擊的受害者，是為了掩飾一個事實，即不斷擴張的樟腦工業對原住民狩獵土地的蠶食鯨吞已經導致日方和原住民之間的矛盾日益激化。只有把政府刻畫成受害者，才能使之後的軍事進攻師出有名。

在接下來的八年中，做為對「深堀事件」的報復，日方對霧社地區的鹽、槍枝和火藥都實行了管制，霧社因此進入了物資嚴重匱乏的時期。日方的這一辦法在1903年終見成效：在一次牽扯到荷戈、巴蘭兩社的爭端中，日本政府相機而動，終於將這一片長久以來的必爭之地部分地置於自己的控制之下。據記載，干卓萬社的布農族人曾邀請荷戈和巴蘭兩社的人在10月5日這一天進行一場和談，以化解長久以來為爭奪狩獵地盤而積蓄的仇恨。而荷戈、巴蘭兩社自1897年起就因貿易封鎖而長期處於物資匱乏的狀態，因此毫不猶豫地接受了邀請。在一場豐盛的酒宴之後，布農族武士突然對他們的賽德克客人們發動了襲擊。這次事件中共有一百人慘遭屠戮，大大削弱了霧社眾部落的「抵抗心」，於是霧社正式向政府請降。在之後的三年中，政府在霧社地區修築防禦工事的工程沒有再受到過任何形式的抵抗。對於霧社這樣一個依賴狩獵和刀耕火種的社團來說，失去一百名成年男性對其生息繁衍造成了難以彌補的創傷。[38]據學者們研究，這一事件甚至造成了霧社「性別秩序的錯亂」。[39]巧合的是，在分析霧社事件的起因時，日方軍官與當地新娘的結合也常被看作是事件的重要導火線之一。但目前我們還沒有足夠的證據，將這樣的婚姻結合與早年發生的各類屠殺事件所導致的性別失衡聯繫起來。

但在短暫的平靜之後，政府又不得不開發出新式的「討伐」手段

灣總督府警務局理蕃課，1935），頁70。

38 這一觀點引自藤崎濟之助，《台灣的蕃族》，頁679。

39 中川浩一等，《霧社事件——台灣高砂族之蜂起》（東京：三省堂，1980），頁97-98。

來對付霧社及其他地方愈發不太平的前線事態。如果說在「深堀事件」後不久，賽德克人對日本殖民者的步步進逼還尚有抵抗之力，那麼隨著樟腦經濟的擴張和平原地區反日運動低谷的到來，日軍終於騰出手來，將兵力集中在了盛產樟腦的中北部台灣腹地。於是，一面是越來越多的樟腦被運往山下的主要港口，另一面則可看到「討伐」部隊以愈發凶猛的態勢地向山上進發。但山區的攻堅戰其實打得十分艱難緩慢。每次開拔，部隊只能向前推進幾英里地，剛剛能夠震懾幾個小村莊、建立起警備設施，以保護周邊的幾個樟腦蒸餾廠的安全而已。在隘勇線上建立新的防禦工事，就意味著要將大量的人力和物資通過狹窄的山道運向山裡，這本身就已經是一項龐大的工程。更兼山區地形複雜，對於沒有豐富非常規戰鬥經驗的現代化軍隊來說，更是難上加難。日軍對原住民作戰的流程，主要是先用山砲進行遠距離炮轟，然後再派出由員警、軍隊、雇傭軍等混編起來的部隊對目標發動進攻。進攻的結果，往往是村莊大半成為瓦礫，有時連村裡的糧食儲備也會被銷毀。原住民要「歸順」，就要向總督府宣誓效忠。這樣的話，政府會「收押（押收）」村裡所有的狩獵用槍枝，還很有可能將村民重新安置在警備線以內的區域。這一「炮轟加占領」的模式通常會被重複若干次，尤其是當目標村落不處於任何前線軍事設施或員警崗哨的攻擊範圍內的時候。[40]但也並非所有的「討伐」戰役都採用這一種模式。有時，村莊被攻擊的後果只是長時間的武器收繳和物資封鎖。

　　當然，這些軍事行動在總督府的描述中總是與其實質大相逕庭。政府從來沒有「侵略」過一吋土地，只是「擴大」了自己的防禦半徑、「懲戒」了當地蕃人，或者像某些案例所顯示的那樣，為找出襲

40　據 Barclay 估計，在 1896 年到 1909 年之間，日方安全部隊與原住民之間發生過約 2,767 次軍事對峙。詳見 Paul Barclay, *Outcasts of Empire*, 97–114。

擊政府人員的嫌疑人而執行了「搜索任務」而已。官方文獻裡閃爍其
詞的言語和敘事為殖民報復行動提供了法理上的保護傘：當政府將軍
事進攻改頭換面說成是防禦行為時，日本掠奪海外土地和資源的長遠
規畫也被掩蓋了。這裡還值得一提的是，上述1903年由干卓萬社對
霧社發起攻擊而引發的日本軍事行動，常常被稱為「霧社蕃の帰順と
隘勇前進（霧社蕃的歸順與隘勇線前進）」。在這裡，蕃民的「歸順」
與隘勇線的「推進」成為同義詞；既然「教化」是由帝國的軍隊與其
基建工程帶來的，那麼對原住民的鎮壓也就順理成章地成為「宣揚教
化」的必然結果。但無論殖民地的規畫者和前線戰鬥的執行者們如何
從語言上掩蓋軍事行動的本質，其結果都是一樣的：原住民對其領地
的主權遭到踐踏、村舍被夷為平地、獵槍全被收繳、人們和其世代居
住的土地之間的聯繫被切斷、當地自然經濟已經到了崩潰的邊緣。

　　在1903年「干卓萬事件」發生之後，賽德克人已經屢次成為上述
各種軍事行動的打擊目標。其中值得我們細究的一次事件發生在
1910年底，日方安全部隊對若干村莊進行炮轟，以報復此前樟腦生
產基地所遭受的襲擊。當年10月底到11月初，南投廳長集結了超過
一千名軍警，並為部隊配備了幾個炮兵師，向包括萬大社、白狗社、
托洛庫社和陶茲阿社一帶的地區發動進攻。根據官方記載，上述部落
（包括26個村莊和1,050戶家庭）「近年來一直不服教化，時常捲入殺
戮當地人的案件中去。」[41]官方在「深堀事件」中的敘事手段在這裡故
技重施，責任被完全放在賽德克人一邊：是賽德克人一直以來表現出
了極強的進攻性，並且拒不停止殺戮行為，政府才不得不進行軍事防
禦和干涉。另據報導，在這一年早些時候，原本駐紮在霧社地區的安
全部隊曾被暫時調往宜蘭，以協助在那裡開展的針對卡奧灣人（屬泰
雅部落）的軍事行動。這一軍事部署為霧社的武士們提供了一個難得

41　藤崎濟之助，《台灣的蕃族》，頁705。

的機會，於是他們對位於日方封鎖線以內的設施發動了攻擊。事件發生後，南投廳長不但召回了被調往宜蘭的軍隊，更向霧社地區補充了額外的軍事力量，緊接著便指揮當地軍警鎮壓了尚處萌芽狀態的暴動。[42]但當討伐部隊重新集合之後，政府並沒有停手，而是開始了新一輪的「懲罰」行動。

12月15日，日軍先在三角峰上架設起遠程火炮，瞄準了下面的托洛庫社，然後又派出一名代表與村民交涉。據日方對事件的描述：交涉代表希望雙方舉行面對面的談判並停止敵對行為，但除了部落長老們的謾罵與拒不合作，他一無所獲。政府軍於17日上午向托洛庫社開火，並對其中三個村莊造成了嚴重破壞。當安全部隊的槍口將托洛庫人的家園團團圍住，又不加區別地將其住所一律夷為平地時，目睹了這一切的托洛庫人驚恐萬狀。藤崎的記錄讓我們得以一窺這恐怖的時刻：「在震驚與恐懼中，邪惡的蕃人們四散奔逃，躲進鄰近的山谷。」[43]21日中午，托洛庫社的一名成員手舉白旗，向警戒線靠近，請求投降。日方則承諾只要他們肯放下武器，政府就會停火。托洛庫人依令而行，而周邊凡是拒絕服從此命令的村莊全都遭到了炮火的猛攻，扛不多久也都投降了。此次軍事行動最終以收繳步槍1,200支告終。在對托洛庫社造成如此大規模深層次的破壞之後，日方終於獲得了一段較長的「和平時期」。但即便如此，在事件之後的若干年裡，小的衝突其實從未間斷。

隨著賽德克人被「招安」，政府的工作重點從武力征服轉移到文化馴服上。為此，日本政府開始在當地設立學校和行政辦公機關，而賽德克人則被迫承擔起這些勞心費力的建築工程。儘管火炮和軍隊被不間斷的軍警巡邏和強制性的日文教育所替代，但是當地人依舊極不

42　同上。

43　同上，頁706。

情願配合這樣的安排。如果說這種不情不願尚無明顯的苗頭的話，那它只是在等待下一次起義爆發的機會以求宣洩罷了。

霧社：最後的討伐？

1930年10月27日下午，血腥的大出草剛剛在霧社公學校的運動場上塵埃落定，政府的反攻行動已是箭在弦上。從諸多意義上講，霧社事件都可以被看作是日本的最後一次「討伐」行動，是台灣總督府以最殘暴的方式將其一貫奉行的理蕃原則推向極致的標誌。這條原則便是：對付原住民，暴力不可或缺。總體來說，1930年的事件與1903或1910年所發生過的討伐並無本質上的不同，只是這一次日方投入了化學毒劑、空中轟炸和更精良的作戰部隊，恐怖手段變本加厲，所以不管是從戰鬥力的投入還是從傷亡人數上來看，之前發生的若干次討伐，其規模與霧社事件都不可同日而語。但之前的小規模衝突也為政府使用暴力開闢了重要先例，從而鋪墊了1930年霧社起義後的凶殘軍事報復。再者，用壓倒性的軍事力量和現代化的武器裝備來對付一支簡陋的起義隊伍，這種做法也呼應了更早前的討伐戰略。根據這種戰略觀點，用快速精準的打擊手段迅速讓原住民「歸順」才是上策。另外，之前日方對種種衝突的諱飾也為其解釋這次事件提供了現成的腳本，於是事件被理所當然地描述成了渴望殺戮的「凶蕃」對無辜的日本平民痛下狠手的故事。正如我們已經注意到的那樣，這種橋段被套用在所有日軍與原住民的對峙事件上，將形形色色的原住民反殖民戰鬥描述為不正當的殺戮行為（不過這一次事件的死傷人數的確大到足夠引起日方的關切，並在事後對事件之所以發生的深層原因進行調查）。最後，衝突的結果也與之前的歷次事件無異：儘管霧社武士對日本人大開殺戒，但緊隨其後的軍事報復卻讓賽德克人付出了更大的代價。日軍從地面和空中對霧社的平民和起義軍展開了無差別攻擊。面對日軍的圍剿，霧社的起義領袖和其族人們除了集體自殺

之外已經別無選擇。

　　除了使用先前的「討伐」模式來應對霧社事件以外，官方也力圖套用之前「心懷不滿的蕃人」的話語來解釋霧社事件的發生，只不過這一次洩恨的對象不再是清廷或漢族入侵者，而是前線上的日本官兵。當然，正如日本學者中川浩一與和歌森民男所指出的那樣，參與起義的賽德克人有充足的理由仇視侵略者。在他們的開創性著作《霧社事件：台灣原住民的蜂擁群起》一書中，兩位學者深刻還原了賽德克社群在霧社事件開始之前已然一觸即發的反日情緒。為了在霧社及其周邊地區修建大型工程，日方強制當地人勞作以獲取建築作業不可或缺的木材，[44]於是苦役、毆打和爭吵每日都會發生在日本員警和原住民之間。加之原住民已然微薄的薪資又常常成為員警勒索回扣的對象，於是這種系統性的腐敗更給雙方惡劣的關係火上澆油。最終，「毆打吉村事件」成了引燃仇恨的導火線。吉村是馬赫坡社一名年輕的駐警。在某次日常巡邏中，他碰上了一戶村民正在舉行婚禮。後來的起義領袖莫那‧魯道和他的兒子們當時正好也在場，而後者則因為吉村所表現出的不敬行為而狠狠毆打了他。官方對於這次事件的標準解讀是：莫那和他的兒子們懼怕政府會追究他們的所作所為，於是決定索性趁此機會發動起義。[45]儘管二戰後的研究對這次事件的還原基本準確，也有一定的分析深度，但總體上沒能脫離日治時期政治宣傳的窠臼。[46]在事件剛剛塵埃落定時，各種文獻記載都傾向於將起義的爆發歸結為其領袖的個人恩怨。台灣軍司令部就在一份事後報告中將

44　中川浩一等，《霧社事件：台灣原住民的蜂擁群起》，頁88–89。

45　荊子馨（Leo Ching），《成為「日本人」：殖民地台灣與認同政治》（*Becoming Japanese: Colonial Taiwan and the Politics of Identity Formation*, Berkeley: University of California Press, 2001），頁141。

46　這一觀點詳見本書中Paul Barclay所著一章。

「馬赫坡社頭目的反抗心」列為起義的主要原因之一。[47]同樣，警務局編纂的「霧社事件誌」也以重要篇幅闡釋「馬赫坡社頭目莫那‧魯道的反抗心」。[48]總督府如此反覆強調賽德克首領們內心深處的仇恨，目的是為了說明後來的霧社大出草以及政府的反擊報復其實都在所難免。對霧社事件的這種解讀不得不令人聯想到之前樺山資紀和水野遵的理蕃觀點，即將台灣島民的反日反殖民鬥爭輕描淡寫為之前清廷理蕃不善的後遺症。不論有意迎合或是無心巧合，二者實有異曲同工之妙。同樣值得一提的是，對此事件進行報導的諸多出版物都使用了「騷亂」、「暴動」等字眼來描述莫那與其族人的起義，這與十九世紀九〇年代中期日本政府極力使用去政治化的語言來表述日本殖民行為的做法一脈相承。在當時，政府將台灣島上所有的反殖民擴張起義蔑稱為「不法行為」。

不論賽德克人製造大出草的動機在日本方面看來是何屬性，後者的回應保持了其迅速、血腥的一貫特點。起義的消息剛剛通過電報傳到當局，總督石塚英藏便馬上指示台中178名員警組成的營隊前往前線，又迅速從台北、台南、基隆調遣輔助力量前往支援。如果說起義進展尚不明晰、敵人行蹤也無從知曉的處境已經給日方帶來了壓力，那麼無端四起的謠言更讓日方進一步感到恐慌。這些謠言稱，莫那和他埔里的族人們馬上就要再次對日方發動進攻。於是，在下達調遣員警力量的命令之後，日方緊接著又集結了步兵、炮兵，和空中支援。在27日下午，主要兵力和周邊省分的支援力量從四面八方向霧社地區進發，約定在霧社行政大樓處會師，以保衛遭到洗劫的政府機關殘骸和受害者遺體。然後，軍隊從那裡向周圍參與暴亂的村莊分頭發動

---

47 〈霧社事件史〉，《台灣霧社事件軍事關係資料》，頁11。

48 〈霧社事件誌〉，《台灣霧社蜂起事件：研究與資料》，頁370。

進攻。[49]在向霧社推進的途中，日軍幾乎沒有遇到任何抵抗，並於29日上午毫不費力地恢復了對霧社地區的控制。另有從巴蘭、伊那戈和干卓萬地區召集來的大約155名「友蕃」也組成了「蕃人隊」，以輔助這次的收復行動。[50]霧社淪陷後，行動重點「轉為軍警合力掃蕩戰」。[51]至此，旨在對整個族群進行無差別打擊的逐村掃蕩拉開帷幕。

　　從29日至31日，討伐部隊向位於北面的白狗社和位於西面的基隆進發，各就各位，對霧社形成了合圍之勢。31日上午7：30，隨著一聲聲火炮響徹天空，日軍各作戰部隊同時向賽德克村莊發動進攻。羅多夫、荷戈、斯庫三社在兩小時後便被占領，之後不久塔羅灣社也宣告淪陷，而波阿隆社則抵抗到了大約正午時分，之後也終於淪陷。[52]在山砲和迫擊炮的掩護下，討伐部隊所向披靡，並將重點放在銷毀村裡的糧食儲備和破壞民居上，以圖徹底切斷亂黨在逃亡中的補給線。[53]此時，莫那和他的族人們已別無選擇，只好向馬赫坡社撤退，而馬赫坡也在11月2日被政府軍占領。失去了戰略大本營的賽德克武士們繼而向台灣中部山區的原始森林所形成的天然屏障中尋求庇護。官方報告援引這一帶「懸崖峭壁，密林叢生，人跡罕至」的情況，來說明為何「（軍警）不得不依賴炮火和空襲以在戰鬥中占據有利地位」。[54]隨著霧社眾部落先後投降，反攻行動的重點由地面戰轉移到空中。爆破榴彈混合著毒氣彈從天而降，給起義領袖和陪伴著他們

49　藤崎濟之助，〈霧社事件的始末〉，《台灣的蕃族》，頁916。

50　〈霧社事件誌〉，《台灣霧社蜂起事件：研究與資料》，頁421–422。

51　〈霧社事件誌〉，《台灣霧社蜂起事件：研究與資料》，頁424。

52　藤崎濟之助，〈霧社事件的始末〉，《台灣的蕃族》，頁919。

53　這一點在波阿隆社的淪陷中尤為明顯。31日，當霧社已然淪陷後，部隊便從基隆壓過來。據史料記載：「〔步兵和員警隊〕於中午突入波阿隆社，掃蕩凶蕃，並加以完全占領，燒毀蕃屋及糧食倉庫等，帶給敵人很大的損害〔……〕。」記載參見〈霧社事件誌〉，《台灣霧社蜂起事件：研究與資料》，頁425–426。

54　藤崎濟之助，〈霧社事件的始末〉，《台灣的蕃族》，頁919。

的家人們以最終的致命打擊。[55]

　　儘管霧社事件是東亞地區最早使用空中軍事力量的戰爭之一，但這種新式的戰略手段實則只是先前地面戰「焦土戰略」的延續。只要能讓原住民無條件投降，政府會不假思索地投入壓倒性的兵力，而絲毫不介意這些兵力是以何種形式、借何種手段參與到戰爭中去的。於是我們又看到了熟悉的「討伐」戰略的影子，唯一的不同是（打擊範圍更大、目標更加泛化的）新式武器也參與到戰鬥中來了。在事件爆發初期，總督府的軍機僅用於偵察行動，但短短幾天之後它們就被用來執行攻擊任務了。正如《霧社事件誌》裡所描述的那樣：「到11月20日為止，〔日軍〕在埔里街舊陸軍練兵場設立飛行基地，嗣後就從屏東機場連日出動幾架飛機，不斷地空襲凶蕃的根據地，投下如雨的炸彈，與地面的砲兵部隊合力粉碎敵陣到體無完膚的地步，赫赫武功，值得大書特書〔……〕」。[56]在30日發生的一次令人髮指的轟炸中，一枚炮彈落在馬赫坡社，當場「堆屍如山」。[57]而在接下來的幾天裡，為了將莫那的武裝隊伍趕盡殺絕，日軍又對馬赫坡社周邊的小型群落進行轟炸。[58]在這次高強度的空中轟炸中，和炮彈一起落下來的還有日方的政治宣傳單，其內容是要求當地人「和平投降」。[59]今天的我們已經可以確定，在這次持續了近一個月的慘烈空襲中，日軍向賽德克村莊投下了燃燒彈和化學武器（如催淚彈、芥子氣，以及其他化學毒劑）。儘管國際法明令禁止在戰爭中使用這一類武器，但來自殖民地行政機構高層的供述向我們表明，軍事行動的策畫者們十分樂意

55　關於部隊的行進路線，以及地面和空中討伐戰鬥的圖解，詳見林えいだい的《台灣殖民地統治史：山地原住民與霧社事件・高砂義勇隊》，頁60–77。

56　〈霧社事件誌〉，《台灣霧社蜂起事件：研究與資料》，頁424。

57　同上。

58　藤崎濟之助，〈霧社事件的始末〉，《台灣的蕃族》，頁919。

59　〈霧社事件誌〉，《台灣霧社蜂起事件：研究與資料》。

嘗試這些非法武器。例如，在起義爆發幾天之後，台中州知事曾給總督石塚去了一封信，大談傳統轟炸手段在台灣山區的收效如何不盡如人意。據他強調，這種地形或許正好可供日軍來嘗試一種「科學的攻擊法」，以求更有效地禦敵。[60]

隨著莫那・魯道的自殺，軍事敵對狀態也告一段落，於是石塚總督又回到了「撫育」的老調上。在紀念叛亂平定的諭告中，總督解釋道：「由來理蕃之方針，在於奉行一視同仁之聖旨，盡力啟發之，務使成為陛下真正忠良之赤子。」[61]當幾天前剛剛經歷戰火的霧社還是一片人間地獄的慘狀時，石塚已在為更多的「啟發」手段加諸此地而搖旗吶喊了。這使我們不得不反思，在日本殖民者的意識深處，究竟是什麼樣的思維模式在運作，以至於如此自相矛盾的立場和行為在他們眼中完全能夠自洽。如果說我們在早期的殖民地政策制定者身上，已經能夠看到一種奇怪的現象，即他們既同情「蕃民」的境況，同時又理性地闡釋著消滅或轉移蕃民的必要性，那麼霧社事件便是這一思維的典型例證。在這裡，親善撫育的人道主義情懷與慘絕人寰的軍事行動相輔相成，並行不悖。但歸根結柢，這只是最早期的「討伐」思維登峰造極之後的毀滅性結果。霧社事件絕不是碰巧發生在某時某地的地方性起義。在日治前期的幾十年間，日本殖民者與高地原住民之間已經發生了上千次暴力對抗，並在這些對抗中零星積攢起物質上和行政上的矛盾。這些矛盾最終在霧社集中爆發了。

結論

本文跳出歷史編纂學的框架，不再將霧社事件視為某個部落或某

60　林えいだい，《台灣祕話：霧社之反亂・民眾方的證言》，頁18–19。林えいだい認為，「科學」一詞可能是筆誤，知事想表達的應該是「化學」。

61　藤崎濟之助，〈霧社事件的始末〉，《台灣的蕃族》，頁921。

些政策驅使下的個別事件，也不止是提出一種新的框架去重新解讀起
義過程和其深層原因，而是要將這次起義放在更寬泛的背景下進行考
察，使之與世界殖民史形成對話。日方在台灣隘勇線上所表現出來的
對國際法的藐視、高度的暴力，和對專制力量的依賴，在世界殖民史
上都不是個案，霧社的經歷也與發生在近代其他殖民地的歷史事件多
有相似之處。心懷怨恨的被殖民者在絕望中揭竿而起，而等待他們的
只是殘暴血腥的政府鎮壓——這恐怕是所有殖民地人民的共同處境。
但究竟是什麼樣的考量，會讓殖民政府不假思索地迅速採取種族滅絕
式的暴力行為來鎮壓起義呢？哲學家喬治・阿甘本（Giorgio
Agamben）所提出的「例外狀態」公式或許能夠幫助我們回答這個問
題。阿甘本認為，「例外狀態」是現代國家實施統治的主流方法，即
通過頒布命令、宣布緊急狀態，以及執行其他既合乎法律、又凌駕於
法律之上的政策來實現專政。阿甘本提到了一種「門檻」狀態，即一
個臨界狀態。在這種狀態下，一個人一旦成為「例外」，便被同時置
於政治共同體的內部和外部了。阿甘本寫道：「其實，例外狀態既非
外在亦非內在於法律秩序。定義它的關鍵正在於把握「門檻」，即一
個臨界地帶。在這裡，內與外並非相互排斥，而是相互暈染的。」[62]正
是在這種臨界狀態下，法律通過對其自身的懸置發生效力，從而造就
了「赤裸生命」。阿甘本用「赤裸生命」一詞來指涉那些被剝奪了一
切政治權力、不受一切法律保護的人類生命的個體。當「例外」成為
法律新常態時，任何事情都是被允許的，任何措施都在主權者的選擇
範圍內。基於此，阿甘本提出了他著名的、也非常令人壓抑的論斷：
「當例外狀態成為統治原則時，就誕生了集中營」。[63]或許在這裡，我

62　阿甘本（Giorgio Agamben），《例外狀態》（*The State of Exception*），頁23。

63　阿甘本，《神聖人：至高權力與赤裸生命赤》（*Homo Sacer: Sovereign Power and Bare Life*,
　　Stanford: Stanford University Press, 1998），頁168-69。

們可以對這一論斷稍加修改，用「蕃地」來替代「集中營」一詞。儘管在阿甘本並沒有對殖民地的形成進行討論，但其以「赤裸生命」為核心對西方法律體系所做出的深刻批判，放在日治時期的台灣也同樣適用。圍繞著「討伐」所展開的殖民話語和行為，為阿甘本的理論提供了一個活生生的案例。在這裡，原住民既是帝國「撫育」親善的對象，同時又是被棄置於天皇法律保護之外的「亞人類」個體。這種「臨界狀態」──在政教感化與種族滅絕的夾縫中生存的狀態──正是賦予日本殖民者長久以來在隘勇線上實施暴力的權力、並最終導致霧社事件爆發的深層原因。

參考書目與文獻

英文書目

Agamben, Giorgio. *Homo Sacer: Sovereign Power and Bare Life.* Stanford: Stanford University Press, 1998.

──. *State of Exception.* Chicago: University of Chicago Press, 2010.

Barclay, Paul. "An Historian among the Anthropologists: The Inō Kanori Revival and the Legacy of Japanese Colonial Ethnography in Taiwan," *Japanese Studies* 21 (2001).

──. "Gaining Trust and Friendship in Aborigine Country: Diplomacy, Drinking, and Debauchery on Japan's Southern Frontier," *Social Science Japan Journal* 6 (1), 2003: 77–96.

──. *Outcasts of Empire: Japan's Rule on Taiwan's "Savage Border," 1874–1945*, Oakland: University of California Press, 2017.

Ching, Leo T. S. *Becoming "Japanese" : Colonial Taiwan and the Politics of Identity Formation.* Berkeley: University of California Press, 2001.

Deloria, Philip J. *Indian in Unexpected Places.* Lawrence: University Press of Kansas, 2004.

Eskilden, Robert. "Of Civilization and Savages: The Mimetic Imperialism of Japan' s 1874 Expedition to Taiwan," *American Historical Review* (107) 2, (April 2007): 388–418.

Huang, Shu-Min and Shao-Hua Liu, "Discrimination and incorporation of indigenous Taiwanese Austronesian people," *Asian Ethnicity* (2016): 4.

Kerr, George. *Formosa: Licensed Revolution and Home Rule Movement, 1895-1945.* Honolulu: The University of Hawaii Press, 1974.

Simon, Scott. *Sadyaq Balae! L' autochtonie Formosane dans tout ses états.* Québec: Les Presses de l' Université Laval, 2014.

Takekoshi, Yosaburo. *Japanese Rule in Formosa.* George Braithwaite, trans. London: Longmans, Green, and Company, 1907.

中文書目

Robert Eskilden（編纂），《外國冒險家與台灣的土著，1867-1874: 1874年日本出征台灣前後的西方文獻》。台北：中央研究院台灣史研究所，2005年。

持地六三郎，《台灣殖民政策》。台北：南天書局，1998年。

鄧相揚，〈「以『蕃』制『蕃』」：「霧社事件」的前因〉，《霧社事件：歷史和文化讀本》。台北：麥田，2020年。

日文書目

戴国煇（編）『台湾霧社蜂起事件：研究と資料』東京：社会思想社、1981年

春山明哲（編纂）『台灣霧社事件軍事關係資料』東京：不二出版、
　　1992年

橋本白水『霧社事件之考察』東京：台灣政治研究會、1930年。

林えいだい『台灣祕話：霧社之反亂・民眾方的證言』新評論、2002
　　年

林えいだい（編）『台灣殖民地統治史：山地原住民與霧社事件・高
　　砂義勇隊』福岡：梓書院

松田京子『帝國的思考：日本帝國與台灣原住民』東京：有志舍、
　　2014年

伊能嘉矩（編纂）『理蕃誌稿』台北：台灣總督府警務局、1918年

菊池一隆『從台灣北部的泰雅族看近現代史——從日本殖民地時代到
　　國民黨「白色恐怖」時代』福岡：集廣舍、2017年

北村嘉惠『日木殖民地下的台灣先住民教育史』札幌：北海道大學出
　　版會

台灣總督府蕃務本署『*Report on the Control of the Aborigines in
　　Formosa*』台北：蕃務本署、1910年

藤崎濟之助『台灣の蕃族』八月、1930年

『理蕃概況』台北：台灣總督府警務局理蕃課，1935年

中川浩一（等）『霧社事件——台灣高砂族之蜂起』東京：三省堂、
　　1980年

霧社事件與德固達雅和日本的關係史

保羅‧D‧巴克萊（Paul D. Barclay）

（陳姿瑾、侯弋颺譯）

前言

　　即使在日本武力將霧社反叛村莊夷為瓦礫後，大眾媒體仍持續稱讚日本將台灣「蕃界」心臟地帶納為己方的過程。在1931年5月，僅僅只在反叛被鎮壓之後的五個月，一則短文出現在通俗文化地理書《日本地理風俗大系》上：

　　霧社（Musha）是著名的霧社蕃的根據地，他們曾經大聲疾呼要進行頑強〔抵抗〕。

　　這蕃社，最終在明治四十三年（1910）南投廳時代的主要討伐戰役之後歸順。

　　現在，在員警的指導之下，霧社部落已經全部實行農耕和狩獵。霧社社內本身，設有公園，蕃童公學校，以及養蠶指導所等等。蕃童很開心地說著日語，甚至還在唱著日本國歌。因此，去年突然發生的霧社事件對於曾來和平的霧社旅行的人來說實在是超乎想像的震撼。對於台灣內陸的蕃社來說，霧社在理蕃事務

上、經濟〔發展〕上和基礎建設的〔改善〕方面都占據著重要的
位置。在霧社事件爆發之前，霧社這裡有大約三十個日本（內地
人）和台灣漢人（本島人）的家屋，更不用說還有一家日本旅
館。[1]

在1930年7月，反叛前四個月，一本由台灣總督府交通局所編寫
的「台灣鐵道旅行案內」盛讚了霧社1910年的投降、交通便利以及其
高度同化的程度。但是事件前的旅行記錄加上了一個關鍵的訊息。他
提醒讀者霧社是位於通往被稱做「立鷹」的砲台的路上。[2]所謂的「立
鷹」事實上代表著空中轟炸，在1930年反叛前的數十年間一直用來
壓制或威脅居住在北台灣的賽德克族。正是立鷹的山砲火力為在霧社
實行軍事管制鋪平了道路，同時它本身也是霧社得以發展旅遊產業的
先決條件。[3]儘管描述中顯然缺少了日本帝國以暴力和強制手段吞併霧
社的祕密，但用「震撼」來表述原住民起義之事卻並不少見。[4]
　　另一方面，並不是所有日本觀察者都對1930年10月27日的事件
感到驚訝。這些持反論者公開地責怪台灣總督府在統治德固達雅人
（Tgdaya）時的過犯（commission）與輕忽（omission）之罪。在隨著霧
社一帶戰鬥展開的論戰中，政府的辯護者對其批評者展開反擊，而這

1　仲摩照久（編），《日本地理風俗大系》第十五卷（東京：新光社，1931），頁304〔斜體
　　為作者所加重強調的〕。所有的日文材料都由作者自日文翻譯成英文，再由譯者對照日
　　文原文翻譯成中文。

2　台灣總督府交通局鐵道部（編），〈台灣鉄道旅行案內〉，1930年7月，收錄於栗原純
　　等，《近代台灣都市案內集成》第4卷（東京：ゆまに書房，2013），頁261。立鷹的城
　　堞高度為7,334呎，而霧社處於略高於海拔4,000呎之處。

3　同上，請見本卷華哲安（Toulouse-Antonin Roy）。

4　關於事件最好的英文敘述，請見：Leo T. S. Ching, "Savage Construction and Civility
　　Making: Japanese Colonialism and Taiwanese Aboriginal Representation," *Positions: East Asia
　　Cultures Critique* 8, no. 3（2000）: 797-799。

場關於霧社事件起因的公開辯論一直持續至今。[5]

　　這一章將重訪1930年代對於霧社事件意義的爭論，將大約在1930年帝國的都會看法和對霧社殖民統治的現實之間的落差放到一個更大的框架中。透過剝開已滲入當代日語陳述的修辭的層次和困惑，以及藉由後續學者的研究成果、口述歷史和新取得的檔案資料來填補現在故事的遺失部分，我將釐清自1895年到1915年之間德固達雅與日本關係的地形學（topography）。一份有關地理特徵和糧草彈藥的運輸補給細節的清楚資料是了解反叛前歷史的關鍵，同時這些資料也表明，對於1930年生活在台灣的台灣德固達雅人來說，「約三十個日本（內地人）和本島人居所、公園、公學校和養蠶推廣所」的出現是那麼的新奇、那麼的引人惱恨而又那麼的誘人。雖然反叛並不是完全地可預測，或注定要發生，但它仍然是帶有徵候的，也萬萬稱不上是令人震驚的。

媒體狂熱和霧社事件檔案

　　當日本員警和軍人還在忙著應付1930年10月27日的霧社起義時，有關這個所謂「事件」的歷史資料也開始逐漸豐富起來。在一星期多之後，台灣總督府和日本陸軍根據他們的版本所展開的故事投射到空白的媒體領域。然而，在1930年11月初，東京的政府官員和國家商業新聞組織開始注意並介入這一新聞熱潮。接踵而至的大量新聞報導、社論和各種申訴弄得台灣總督府措手不及，以至於未能夠將10月底在霧社發生的對員警、教師、學生和他們的家庭的攻擊定性為個人結仇的自發表現或是受壓抑的蕃民野蠻性的結果。[6]

5　關於對這爭論的深入分析，以及當時政府最徹底的日本批評者的仔細閱讀，請見Leo T. S. Ching, *Becoming "Japanese" : Colonial Taiwan and the Politics of Identity Formation* (Berkeley: University of California Press, 2001)，141–148。

6　松永正義，〈日本国内ジャーナリズムにおける霧社蜂起事件〉，《台灣霧社蜂起事件：

　　東京政府中民政和軍政之間爭奪資源的鬥爭，立憲政友會
（Seiyūkai party）將現任的立憲民政黨（Minseitō party）拉下馬的較
量，左翼反帝國主義的勢力，以及利益驅動等等，這些因素都促使官
方派遣調查員、記者和各黨派成員前往台灣以推翻總督府對反叛的觀
點。[7] 匆促來台的日本特派員，在抵達台灣之際，先與台北的政治聯絡
人會面，而許多人則擁進臨近戰場的埔里或日月潭，造成附近的日本
旅館一房難求。在他們短暫的停留期間，他們訪談官員、商人、外籍
人士和台灣的運動分子，了解有關原住民的風俗、殖民地的員警和持
續進行鎮壓的戰爭經過。自霧社第一次攻擊開始至1931年9月18日
滿洲事件（九一八事變）爆發，在這十一個月期間，日本和台灣圍繞
這次起義出版或歸檔了無數篇報紙專欄文章、69篇雜誌文章、15本
專著和9份翔實的文件。其後，雖然這一勢頭有所減弱，但是在1930
年代晚期新材料卻仍不斷出現。[8]

　　受到霧社事件最直接影響的政治結果是總督石塚英藏在1931年1
月16日辭職。因為霧社事件爆發之際，正值台灣總督命運更勝於以
往地繫於公共輿論的風向和東京政治競爭的變遷的時刻，所以日本人
眾媒體對於反叛之報導，會潛在地影響台灣居民。自1928年開始，
幾乎所有年過二十五歲的日本男性都有資格可以在國家選舉中投票。
時至1930年，日本的政黨政治系統以派系同盟的方式滲透到官僚和
貴族院。[9] 帝國也自豪於擁有四家廣為發行的全國報紙、許多地方新聞

　　　研究與資料》，戴國煇（編）（東京：社會思想社，1981），頁156-160。

7　春山明哲，〈昭和政治史における霧社蜂起事件〉，《台灣霧社蜂起事件：研究與資
　　料》，戴國煇（編）（東京：社會思想社，1981），頁132-136。

8　川原功，〈霧社蜂起事件関係文献目録〉，《台灣霧社蜂起事件：研究與資料》，戴國煇
　　（編）（東京：社會思想社，1981），頁581-598。

9　春山明哲，《昭和政治史》，頁136-137; Hunter, Janet, ed., *Concise Dictionary of Modern
　　Japanese History*（Berkeley, 1984），38、278-280; Richard Sims, *Japanese Political History
　　since the Meiji Renovation, 1868-2000*（New York: Palgrave, 2001），137-149。

報紙、一份辦得不錯的趣味高雅的報刊以及電報、郵政、港口和機場的網絡。日本媒體的報導範圍不但涵蓋了所有貴族院的審議和政治醜聞，它也相當快速的將資訊傳入了這個「新聞記者」的帝國（this empire of "newsbounds"）。[10]

此外，在1920年代的日本「大正民主」時期，台灣的總督職位逐漸從軍人手中轉移到了文官手中。六個不同的台灣文官總督皆在此十年期間得到指派。事實上，石塚英藏（Ishizuka Eizō）之所以獲得此職，是因為立憲民政黨為了要填補田中義一（Tanaka Giichi）在1929年7月突然離開所留下的空缺而成立了濱口雄幸（Hamaguchi Osachi）內閣，石塚英藏因而取代了親田中義一的立憲政友會的總督川村竹治（Kawamura Takeji）。因此，身為民政黨在台灣代言人的這位現任總督，正好成為政友會帶有政治意圖的霧社事件調查行動中最主要的箭靶。[11]

石塚英藏的辭職表明，日本殖民統治即便不能在形式上對其臣民負責，至少也要對更廣大的公眾負責，因為正是這個公眾為其提供了官僚，補充了士兵，建立了軍事守備，而這個投票大眾，在其邊緣，也反過來受到了台灣運動分子的影響。這個帶有很多缺點的人民主權（popular sovereignty）見解在內地（日本本島）煽動起了一個圍繞霧社事件的政治漩渦。這場短暫的騷亂（ruckus）不但把總督拉下台來，還給後代子孫留下無數重要的有關泰雅和賽德克族歷史和習俗的文章、統計資料和地圖的出版集、腐敗「理蕃行政機關」的無情寫照、殖民地勞力剝削的報告，以及對帝國軍隊對霧社起義的殘酷反應所進行的強烈譴責。

10　Louise Young, *Japan's Total Empire: Manchuria and the Culture of Wartime Imperialism*, （Berkeley: University of California Press, 1999）; Gregory J. Kasza, *The State and the Mass Media in Japan 1918-1945*（Berkeley: University of California Press, 1988）.

11　春山明哲，《昭和政治史》，頁132-140。

河野密（Kawano Mitsu）和河上丈太郎（Kawakami Jōtarō）曾對日本帝國主義在台灣的統治進行過犀利和系統性的批評，而荊子馨關於他們的研究則展示了這種1930年代的書寫所具有的一種當代感。在審查和員警庇護的狀況下，這些徹底的揭露能被書寫和出版都是非常不簡單的。[12] 然而，荊子馨指出，都市批評家（metropolitan critics）常常表達出一種對於反叛分子們的教條式支持，但對他們的特定生活經驗或願望卻沒有什麼興趣。[13] 針對殖民統治，一種不同的、比較細緻的傳記式批評從外圍產生並進入到論爭之中。

其中的一種聲音來自日本，這個人自稱為莫那・魯道（Mona Rudo）的代言人，他對莫那充滿同情。1930年12月20日，《台灣日日新報》發表了二十九集「了解霧社事件真相的關鍵：『生蕃近藤』氏的半生故事」（霧社騷擾の　相を開く一つの鍵！「生蕃近藤」氏の半生を物語る）系列報導的第一篇。這個近藤勝三郎（1873-?）在台灣生活的個人回憶錄系列是由一個在報社的作家記錄下來。[14] 不像有學問而善於論述的都市左翼作家（metropolitan leftist writers）河野密和河上丈太郎，他們在1931年從東京傳播他們對殖民統治的原則性批評，而年長的蕃通（*bantsū* "Aborigine hand"）近藤則是長於訴說冗長而專注自我的軼事。他是一個說故事的人，而不是有條理的思想家。儘管如此，做為一個自1890年代晚期就開始在台灣生活並熟稔殖民國家的底層運作的人，近藤還是讓我們的耐心和偶然而生的嫌惡有所補償（repays our patience and occasional disgust）。

根據這個回憶錄，近藤當時曾試圖去了解這次反叛的情況，但卻

12　Ching, "*Becoming Japanese*," 144-145.

13　也可見春山明哲，《昭和政治史》，松永正義，〈日本国内〉和北村嘉恵（此卷）有關更多重要的議題。

14　渡邊生，〈霧社騷擾の眞相を開く一つの鍵！「生蕃近藤」氏の半生を物語る〉，《台灣日日新報》，1930年12月20日，頁5。

被人阻止，儘管如此，他的觀點仍可以在某些總督府官員的反叛調查
資料中找得到。[15]近藤的回憶錄系列連載了五十六天出版（從1930年
12月20日到1931年2月15日），對霧社事件的歷史學建立了幾個里
程碑，將此置於一個更大的當代論爭中，形成極大的後續效應。在近
藤回憶錄的緒篇出現後十天（1930年12月30日），總督石塚英藏宣布
一個官方諭告來告知大眾對反叛的鎮壓。[16]接著，政府總督在1931年1
月6日發布了解釋反叛之因的白皮書。[17]在同一週，貴族院和日本國會
議員從東京抵達台灣同時對總督罪行進行平行調查。[18]最後，自1月16
日到1月20日，總督石塚英藏和他的祕書台灣總督府總務長官人見次
郎以及警務局長石井保和台中縣長水越幸一辭職，對情報系統的失敗
和管理不善而導致1930年10月27日的奇襲以示負責。

　　在近藤的故事面世前的一個月，警務局理蕃課長森田俊介曾於

15　渡邊生，〈霧社騷擾〉，1930年12月20日，頁5。在近藤回憶錄出現的同一天，他消化
　　過發言也出現在新聞。橋本白水，《ああ霧社事件》（台北：南國出版協會，1930），頁
　　147-151。白水明顯地從東台灣新報（the *Higashi Taiwan shinpō*）舉例。近藤敘述的摘要
　　也出現在官方調查的蒐集的訪中。經由山邊健太郎的努力，這些資料保存下來，最後
　　在1971年出土為世人所見，請見：山邊健太郎（編），《現代資料 22 台湾（二）》（東
　　京：みすず書房，1971），頁610-611。

16　〈霧社事件〉，《台灣時報》，1931年2月15日，頁92。

17　〈霧社事件的顛末〉是一個石塚英藏準備給國會證言的小冊子；1931年1月6號發出；
　　它重製從1月11日連續五天刊載在台灣日日新報；東京朝日新聞在1月7日摘要刊載了
　　主要發現。這附有石塚英藏12月30日的勸告（"admonition"）的新聞稿曾在權威藤崎濟
　　之助《台灣の蕃族》（東京：國史刊行會，1931）的修訂版中在1931年11月20日逐字轉
　　載，此時在石塚英藏被解職，新的原住民管理政策已經實施很久以後。

18　日本大眾黨（日本大眾黨 *Nihon Taishū-tō*）河上丈太郎和河野密，為了調查反叛起因，
　　在1931年1月6日抵達；貴族院的成員北村宗四郎在1931年1月8日到達台北，花了十
　　二天的時間進行事件的殖民調查。台灣經世新報社（編），《台灣大年表：明治28年—
　　昭和13年》（台北：南天書局，2001〔台灣經世新報社，1938〕），頁19、199；〈大眾党
　　で霧社事件調查〉，《東京朝日新聞》，1931年2月7日；森田俊介，《台湾の霧社事
　　件：真相と背景》（東京：伸共社，1976），頁253-254。

1930年11月18日在總督官邸舉行了一場新聞發布會。森田粗暴地否認伐木產業和與公共勞動相關的勞役問題是引起反叛的原因。他解釋說徭役對霧社的德固達雅（Tgdaya）人並不是新鮮事，因此勞動條件仍是一個爭論未決的問題。森田更進一步說，這些被定義為野蠻人的原住民對於報酬計算並不敏感，他從而排除了對貪污和薪資抽取的疑慮。儘管森田只是附帶地提到徭役使德固達雅人無法照料他們的耕地，但他的報告主要講述的是一個由文化懲罰的獵頭行動所引發的血腥欲望的故事，內容冗長，描寫詳細，駭人聽聞。森田還詳述了現在有名的 10月7 日「吉村毆打事件」，當時莫那・魯道（Mona Rudo）的兒子（Bassao Mona or Baso Mona）因在婚宴上受到輕慢而與一個日本巡警發生纏鬥。[19]某種程度上，近藤勝三郎的回憶錄是對森田辯解聲明的一個駁斥。[20]

　　近藤連載回憶錄強調敘事者與直接捲入了這場反叛的德固達雅（Tgdaya）人之間的連結。相對的，森田的調查者警官樺沢重次郎和石川源六[21]則站在沒反叛的一方。借助石塚英藏的翻譯，森田於1930年11月2日在櫻旅館聽取了巴蘭（Paalan or Paran）頭目瓦歷斯・布尼（Walis Bunay or Walis Buni）的證詞。[22]瓦歷斯已經拒絕加入反叛，巴蘭被認為是霧社十一個德固達雅居留地中「五個同盟的村莊」之一。據警務局理蕃課長森田俊介（Morita）說，巴蘭的頭人瓦歷斯・布尼表示，他和他的人民收到了為公共設施做勞役應得的報酬，沒有任何抱

19　譯者註：本文的原住民名字漢譯都皆由Bakan Bawan和Dakis Pawan（郭明正）的幫助下確認通用的譯名，在此致謝。賽德克族分為三群：Tgdaya、Toda和Truku，這三群的語言之發音有部分落差。本論文作者採用德路固（Truku）的語言來記錄，在翻譯的時候改成德固達雅（Tgdaya）的發音。在文中保留了Truku的發音，在後面加上Tgdaya的發音。

20　〈霧社暴動事件の原因と真相〉，《東京朝日新聞》，1930年11月20日，頁2。

21　森田俊介，《台湾の霧社事件》，頁158-159。

22　請見此卷北村一章中有更多對瓦歷斯・布尼(Walis Bunay)和他為何不加入反叛的決定的討論。

怨。也就是說，森田的報告與廣泛流傳的那個指出過分的勞動和赤裸裸的剝削是導致反抗的說法有所矛盾。[23]

　　就在森田與瓦歷斯·布尼見面的同一天（11月2日），有報導稱近藤訪談了莫那·魯道的摯友。近藤先後與兩個德固達雅女人同居。他與巴蘭的伊萬·羅勃（Iwan Robao）（1875-?）在1890年代末「結婚」，在1909年（與伊萬離婚後），他又與荷戈／固屋（Hogo／Gungu）的歐嬪·諾幹（Obin Nukan）結婚。[24]雖然在這個背景下使用親屬術語問題多多，但近藤至少與兩個主要德固達雅次部族中的權勢人物結成了政治姻親。他的弟弟近藤儀三郎與莫那·魯道的妹妹狄瓦斯（Chiwas）[25]在1909年結婚，這也讓近藤與莫那·魯道的馬赫坡村莊有了姻親的關係。[26]

　　近藤冒險故事的戲劇化序曲值得我們整段引用，因為憑藉著與德固達人的情感聯繫，它確立了近藤在德固達雅—日本跨文化聯姻這個政治和商業化體制背景中的「知情人地位」。

　　在11月2日的早晨，近藤聽說他的養女比拉·利雍（Pira Pixo or Bilaq Liyu）[27]，她是馬赫坡村莊利雍·拉巴哈（Piho Ryū）的親

23　森田俊介，《台湾の霧社事件》，頁166-167。

24　譯者註：荷戈（Hogo）/ 固屋（Gungu），據說日本人不會發Gungu的音，因此發成Hogo。

25　譯者註：Chiwas為泰雅族語，原名應為Tiwas。

26　Paul D. Barclay, *Outcasts of Empire: Japan' s Rule on Taiwan' s "Savage Border" 1874-1945* (Oakland: University of California Press, 2017), 130-137.

27　譯者註：Bakan Bawan指出本處文獻有誤，與史實有出入。Pira Pixo應該是Bilaq Liyu。比拉·利雍（Bilaq Liyu）當時是嫁給埔里「大日本製糖會社」的田中安太郎技師。而Bilaq Liyu有位兄長叫巴萬·利雍（Pawan Liyu）。莫那·魯道的妹妹狄瓦斯·魯道（Tiwas Rudo），原本嫁給近藤勝三郎的弟弟叫近藤儀三郎，後來近藤儀三郎失蹤後（也有人說回日本了），再嫁給Pawan Liyu。比拉·利雍（Bilaq Liyu）的父親名叫利雍·拉巴哈（Liyu Labah），依照原文獻記載，不符合賽德克族的命名規則。

生女兒，因與反叛有牽連而被拘留⋯⋯比拉・利雍（Pira Pixo）跟一個日本男人中田安太郎（Nakata Yasutarō）結婚⋯⋯比拉・利雍在過去幾年一直以寡婦和單親媽媽的身分生活，她在埔里的一個糖廠工作。當她和她的養父會面時，她與他已經有十三年沒見了，比拉・利雍無法抑制她的眼淚⋯⋯近藤不耐煩地盤問比拉，〔她回答〕：

「我充分了解霧社事件的原因。我與馬赫坡頭目莫那・魯道在上個月初會過面，當時他來到埔里買牛。莫那・魯道告訴我如果動亂爆發，近藤一定會過來，他要我傳達以下的口信。」

〔自從近藤兄弟來到埔里，員警還沒有表彰過⋯⋯他們同意借我們槍，這是先前承諾我們定居的附帶條件。因此，我一直麻煩不斷。因為一郎和二郎為〔殖民地〕員警工作，所有的村莊都知道日本員警不公平。即使其他的部落擁有許多火器，霧社部落卻根據協議不允許借火器，它們只能得到一、二顆子彈的彈藥。在這件事上，每個人都責怪我，我甚至還因此被打過。警察總是欺騙我們。即便是在立鷹駐在所戰役之後，我們也沒有得到一句感謝的話，這讓我感到非常難以去安撫我們部落的成員。更有甚者，因為這些〔與這次戰役相關的〕徭役工作如此繁重，田地也變得雜草叢生，農民生計堪憂。在這種狀況之下，民不聊生。〕[28]

森田對徭役給原住民造成的困難輕描淡寫，近藤卻詳述了德固達雅人的作物和農業是如何因為「公共勞役」而受到傷害。近藤斷定這是引起反叛的一個原因。同時，不像無產階級政黨黨煽動者河野密和川島，近藤的責難中並不特別突出石塚政府，或是更廣泛的日本殖民統治。相反地，近藤把賽德克人關於1930年無人照管田地的憤怒置

---

28 渡邊生，〈霧社騷擾〉，1930年12月20日，頁5，加上強調之處。

換到1909年的徭役——從而留下之前的行政機關也有過錯的可能性。[29]因此，近藤的陳述相較於都市評論家的某些評論而言顯得並不那麼激進，它對森田的粉飾說法起到了一種平衡作用。

近藤的回憶錄系列事實上宣稱霧社事件是因為幫助隘勇線延伸到立鷹（這地點曾在前言中所說的旅遊指南中提到）的德固達雅人受到總督的冷淡對待而激發的。這個立鷹防衛站控制了俯視德固達雅、都達（Toda）和德路固（Truku）居住地的數個砲台陣地中的一個。（請見地圖1和在此冊中的圖「盧茲—羅伊和鄧」。）

儘管近藤的回憶錄充滿虛構和欺騙，但是他的判斷是正確的，即與德固達雅人合作在立鷹上設立砲台（gun-nest）是一個里程碑，這保證了日本軍隊對霧社的優勢。在這些戰爭中，賽德克對地形的掌握是非常關鍵的，它將政府地理範圍擴大到預期的地方聯盟。根據回憶錄，這個合作要多虧了近藤與台灣原住民一起居住生活而得來的靈活外交手腕。

根據回憶錄，近藤之所以可以提供有關莫那的訊息，是因為他的養女，一個德固達雅女人比拉・利雍（她後來與一個叫田中〔Nakata〕的日本糖業工人結婚），洩漏了莫那在自殺前「最後的證言」，近藤宣稱他有好幾個「養女」。一個德固達雅的倖存者畢互・瓦歷斯（Piho Walis）在戰後回憶，除了伊萬和歐嬪以外，近藤和好幾個賽德克女人都有關係，而在立鷹戰役之後，他利用這些外延家庭（extended family）在國姓莊附近他所擁有的土地上做奴工（slave labor）。[30]阿威赫

29　在匿名的證詞中，目前尚不清楚近藤究竟是指1930年的徭役損失，或是1909年的徭役，請見：山邊健太郎，《現代資料》，頁611。在公共的證言中，近藤明確地將總督府的瀆職與1909年連繫起來。請見：橋本白水，《ああ霧社事件》，頁149；渡邊生，〈霧社騷擾〉，1930年12月20日，頁5。

30　ピホワリス〔高永清〕，《霧社緋桜の狂い咲き：虐殺事件生き残りの証言》，加藤実（譯）（東京：教文館，1988），頁13。

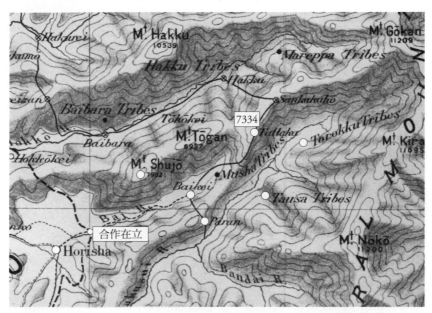

地圖 1

Horisha=Puli; Bai R.=Meixi River; Mt Shujō=Mt. Shoucheng; Baikei=Meixi;
Paran=Paalan; Torokku=Truku; Tausa=Toda; 7334=feet above sea-level

拔哈《證言霧社事件——台灣山地人的抗日蜂起》的編輯許介鱗指
出，近藤是一個「*rōnin*（浪人）」，[31]並將他描繪成一個把自己置入其與
賽德克跨文化聯姻政治經濟中的機會主義者。

　　儘管當代新聞把一些日本和德固達雅的聯姻稱做是夥伴關係，並
強調違反賽德克一夫一妻制的行為是令人憤怒的，可是與這種非典型
的婚姻關係或這種德固達雅女人與日本男人同居並生小孩的婚姻關係
的經歷相關的實際情境並未好好的記錄下來。由於日本殖民者和賽德
克族人之間的權力關係日趨不對稱，這些夾在其中的婚姻便陷入了賽

31　アウイヘッパハ、許介鱗（編），《証言霧社事件——台湾山地人の抗日蜂起》（東京：草
　　風館，1985），頁177。

德克內部年齡和性別等級的危機之中。因此，即使一個人在某些情況
下允許感情連結具有存在的可能性，人們還是不太情願使用像是「婚
姻」、「伴侶」和「姻親」這些語彙，因為他們都意識到，很多這種婚
姻即使不是剝削，也可以理解為是在脅迫情況下促成並維持的。

　　在這個戲劇性的開場證明了近藤是德固達雅人的知己之後，近藤
的故事回溯到早年台灣殖民統治，描述了臭名昭彰的深堀事件，而根
據近藤所述，這是所有麻煩的開始。

1897年左右日本和德固達雅的關係：來自埔里的觀點

　　根據近藤勝三郎所述，由十四人組成的深堀測繪隊於1987年2月
（在霧社附近）失蹤，這是1930年霧社反叛的遠因。在那個月的某一
天，一名日本陸軍上尉和十三名工作人員正在進行路線測勘，目的是
延伸跨越中央山脈的清代古道，以建設通往東岸花蓮的鐵路和公路，
而在行進過程中，在台灣中部未知山脈中的某處，他們被來自白狗
（Xalut）、德路固和／或都達的人殺害。[32]雖然在測繪隊被放棄搜索並
以宣告死亡結案超過一年後，其家庭已獲得陸軍發放的總共3,308日
圓的陣亡撫恤金，但深堀的神位仍要等到1933年才完成（還得感謝
近藤帶頭大力捐助）。[33]雖然近藤和其他人在1930年代把深堀描繪成戰
神，但是他在1897年的失蹤並未促成對殺人兇手的討伐行動。他的
死也沒有引起如在1895年底北白川宮能久親王死亡之後興建紀念碑
的那種熱潮。[34]

32　目前已有許多關於這次事件及其結果的討論。近期對此次事件著眼於史料的分析可參
　　見：東山京子，〈台湾領有期における対原住民政策：深堀泰一郎探検隊と長野義虎意
　　見書からの一考察〉，《社会科学研究》33, no. 2 (March 2012): 282–298。

33　〈マベボの岩窟に地蔵菩薩を祈る：生蕃近藤が法衣を纏い〉，《台湾日日新報》，1932年
　　10月28日，頁2。

34　駒込武，《世界史のなかの台湾植民地支配：台南長老教中学校からの視座》（東京：岩

　　然而，早在1900年，官方在內部報導中稱讚深堀想當然的英雄式的切腹自殺是「美麗」的，[35]而自1910年代以來在台灣出版的有關這次失蹤的敘事也將他的名字與英雄主義聯繫在一起。[36]在近藤有關霧社起義原因的故事中，這個對日本歷史的註腳被極為放大了。事實上，他用一個描寫深堀的勇氣和近藤對其念念不忘的故事改寫了德固達雅與日本關係的歷史。然而，通過重構深堀事件那個時期的德固達雅—日本人關係，我們發現，在開展測繪工作的1897年，除了在特別指定區之內，日本在台居住者和賽德克人鮮少有日常的接觸。測繪隊所遭遇的德固達雅人和其他賽德克人將其誤認為是清廷討代行動（punitive expedition），這是其來有自的。此外，如同我們所見，探險隊期待大量的德固達雅和平埔族的翻譯和搬運隊伍能繼續進入到德路固、都達和太魯閣的領域執行任務，這也顯示對當時「實務經驗」的不屑一顧。

　　指揮官賀來倉田在1908年撰寫的關於深堀測繪隊情況的尖銳簡報準確地反映了這些情況：

　　　　在深堀測繪隊的十八名測量員、工程師和官員中，僅有一位翻譯，而他既不會說台灣話，也不會說原住民語言，只能說漢語。他們往北行進，走向沒有人去過的地方，他們的地圖也不精確，還要面對很強大的部落，因此他們需要談判；埔里撫墾署邀請霧社的一個分支部落過來，要求他們給測繪隊領路，他們同意了……但是非霧社的村莊拒絕他們進入，而且霧社嚮導也不願意帶路，因此他們只能去到下一個城鎮；他們的計畫遭受阻礙；報

波書店，2015），頁295–297。

35　〈埔里社支署長北蕃巡視并故深堀大尉一行遭難遺物發見報告〉冊號4627文號2。

36　森丑之助[丙牛生]，〈深堀の瀧（一）〉，《台灣日日新報》，1910年9月18日，頁5。

導說深堀在極度的哀痛中自殺……現在仍不清楚這一隊人馬死亡
的確切地點。[37]

根據近藤勝三郎的陳述，霧社事件爆發前三十四年，在1896年
的夏天，他在埔里從事蕃產交易，由此開啟了他在台灣的事業，但這
一時間距深堀測繪隊於1897年1月抵達埔里郊區僅早了六個月。近藤
描述的關鍵是他曾經與深堀有所聯繫，而後者在1897年時斷言近藤
是一個傑出的翻譯，是深堀在賽德克當地翻譯的不二人選。這個說法
即便不是完全錯誤的話，也無疑是誇大其詞。雖然近藤是否參與深堀
探險隊是值得懷疑的，但是近藤在1989年底確實是以一個物品交換
人和伊萬〔羅勃〕[38]之夫留在了文字紀錄之中，在1900年他做為政府
雇用的都達／德路固翻譯而被記錄在案。[39]在1906年，近藤由於幫助
政府在守城大山架設面對霧社的武器裝備而賺取了70日圓的巨額獎
金。[40]簡而言之，雖然近藤所言並不嚴謹，甚至假造事件，但他仍根
據其多年為殖民政府擔任翻譯和間諜的經歷來抒發情緒。同樣重要的
是，他的故事充分地激發起記者、讀者，還有其他官員的共鳴，由此
表明他對往日的描述反映了1930年代早期日本公共輿論的需求。

根據他在事件後的回憶錄，近藤在1896年5月19日跟隨日本第
一個埔里社支廳的民政長官檜山鐵三郎一同到達埔里。根據這個記
事，在政府已搬到台中以等待叛亂分子攻城戰鬥結束之後，檜山和近
藤才回到埔里。在近藤的回憶中，他和檜山是在熟蕃（二元文化說漢
語的土著人，這裡指平埔族〔平地原住民〕）為主的居住區域裡僅有
的日本人。在1896年的夏天或秋天，檜山向近藤頒發了設立貿易站

37 賀来倉田，〈中央山脈橫斷（一）〉，《台灣日日新報》，1908年1月24日。

38 〈三十一年十二月中台中縣蕃人蕃地ニ關スル事務及情況報告〉冊號4595文號8。

39 〈明治三十三年八月中蕃人蕃地ニ關スル事務及情況台中縣報告〉冊號4623文號3。

40 Barclay, *Outcasts of Empire*, 136.

（近藤商店）的執照。透過語言學習、替軍隊跑腿，和伊萬・羅勃結婚以及進行所謂的蕃產交易，近藤很快地成為在1897年深堀測繪隊抵達前有能力使用賽德克語言的少數日本人。[41]

　　近藤回憶中有一些核心是真實的。比如，近藤說埔里的反抗日本起義迫使政府撤退，這是正確的。然而，這次官員和民眾的臨時撤離發生在1896年的6月和7月，是在近藤1896年5月所說的到達之後。[42]近藤把埔里描繪成平埔族的堡壘，這也是部分正確的。然而，他和檜山並不「孤單」。在那附近不僅駐紮有一支日軍守備部隊，埔里城附近的平埔族村莊裡還有得到日本官員承認而領有總理和社長之銜的頭領。這些人與日本官員精誠合作，領導平埔族的援軍擊退了在1896年7月間流竄於埔里的漢人反叛者。反叛襲擊事件之後，有一長串具名的平埔族人名單，根據社會階層而被增頒了數十個獎勵。此外，1897年在埔里城牆內的區域應約有400戶「大體識字的漢人家庭」。[43]

　　在1895年11月，檜山本人到達埔里進入埔里城及其周邊地區，清廷離開之後這片區域陷入混亂之中。在1895年末，在埔里防衛德固達雅人、泰雅和賽德克人的舊清軍營已被摧毀，擔任防衛任務的軍隊也已解散。對於這些民眾，也就是所謂的蕃人，檜山最初的理解是混亂的，這也是可以理解的。雖然埔里城的居民和其相關的平埔族城鎮將他們視為敵人，然而檜山在台北的靠山總督樺山資紀卻指示像檜山這樣的官員不要對抗原住民，因為害怕會引起對日本在台灣森林區發展事項的反抗。為了滿足這兩個支持者，檜山仿效他清廷前輩的做法，派遣「平埔族村莊原住民女人」到「北方部族」去，以邀請德固

41　渡邊生，〈霧社騷擾の真相を開く一つの鍵！「生蕃近藤」氏の半生を物語る(二)〉，《台灣日日新報》，1930年12月21日，頁5。

42　王學新（編），《埔里社退城日志》（南投：國史館台灣文獻館，2004），頁31。

43　王學新，《埔里社》，頁265-289、304。

達雅領袖到埔里來和談。[44]

在埔里盆地裡的平埔族村莊中，蜈蚣崙是德固達雅—日本交往活動中最重要的地方。蜈蚣崙夾在眉溪與蜈蚣崙山之間，位於埔里城東北約三公里處，有57戶人家和271個居民（見地圖1與2）。蜈蚣崙坐落在霧社高地內部和埔里平原之間，具有戰略意義。它也是清朝撫墾局前哨基地的所在地，用於處理德固達雅、都達和德路固人民的問題。

在日方文件中，居住在蜈蚣崙的賽德克女人通常被稱為「下山北方部族女人」。這些婦女穿梭往來於他們的賽德克家鄉和在埔里附近的平埔族城鎮之間，安排賽德克頭人和日本政府官員的會面，或拜訪親戚，或帶回如小米這類所需的主食（見附錄）。在埔里城外，除了蜈蚣崙還有其他四個居住著這些女性賽德克口譯員的平埔族定居點：牛眠山、守城份、烏牛欄和大湳莊（見地圖2）。

在日本統治早期，偶爾會有一小部分德固達雅的男人進入到埔里城裡，而除了蜈蚣崙外，大部分鄰近的平埔族和漢人定居地都禁止外人進入。[45]檜山的第一個有關埔里的對外報告描述了泰雅和賽德克人利用蜈蚣崙清代堡壘被拆除的優勢對平埔族定居地發動襲擊而將其焚為平地的過程。檜山還強調指出埔里盆地的村莊築寨防止來自山民的襲擊。出於同樣的原因，大批德固達雅隨從只有在冗長的事先談判之後才敢非常戒慎恐懼地走近埔里平原。在清朝統治期間，平埔族做為在漢原邊境上的緩衝部隊，武器裝備十分充足。[46]

近藤勝三郎對埔里附近獵頭活動的雙向交易所做的描述概括了圍繞著這些狹路相逢的緊張局勢：

44　王學新，《埔里社》，頁305。

45　王學新，《埔里社》，頁305。

46　王學新，《埔里社》，頁306。

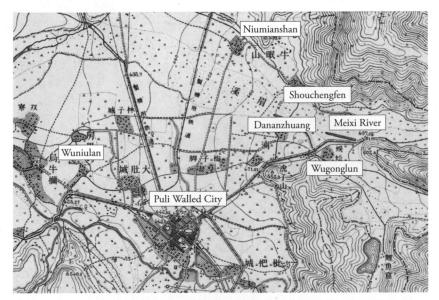

地圖 2

　　那時，陸蕃（*rikuban* 平地原住民）也實行獵頭，但與高山蕃
（*kōzanban* 山地原住民）的獵頭方式不一樣；平地原住民為利益
而獵頭。當他們獵取了一個高山蕃的頭，埔里四個陸蕃村莊中的
每一戶便可以獲得18升穀物（palay）做為謝禮。[47]

　　如同阿威・赫拔哈（Awi Heppeha）所說：「賽德克人不是平埔族
的朋友；他們獵了我們的人頭；但話又說回來，我們也獵他們的人
頭。」[48]

47　渡邊生，〈霧社騷擾の眞相を開く一つの鍵！「生蕃近藤」氏の半生を物語る(四)〉，
　　《台灣日日新報》，1931年1月12日，頁5。
48　アウイヘッパハ，《証言霧社事件》，頁20。

　　因此，交界城鎮蜈蚣崙是一個將政治獨立、文化獨特和互相敵對的人們聯繫起來的緩衝區，但是出於貿易、社群防衛也許還有好奇心的需求，他們被迫維持流暢的溝通管道與通道安全。從埔里的優勢來看，從蜈蚣崙沿著眉溪河往內陸和高地的下一站就是「霧社」或「霧大社」，而在日本統治早期，這個名字用來指稱眾多定居地和民族（地圖1）。檜山鐵三郎於1896年1月3日給總督水野遵寫了一封信，在這份寫於埔里新哨站的第二個報告「蕃人會見埔里社出張所報告」中，他把所接待的第一位原住民對話者稱做「北蕃總頭目和四大社之一的霧社社長」。在蜈蚣崙和「霧社」之間穿梭數日分發政府的禮物之後，檜山派出的女性翻譯員達成了一次五「小社長」來訪的安排。根據檜山的說法，德固達雅人因為害怕平埔族人而有所猶豫，但是在1895年12月24日守備部隊石原中尉（Lieutenant Ishihara）帶去烈酒並與五名小頭目照相之後，他們被說服組成更大的代表團前往蜈蚣崙。

　　包括了最重要的「酋長」（paramount chief）畢互・沙布（Pixo Sappo or Pihu Sapu）在內的大型代表團於指定日期12月31日到達蜈蚣崙。畢互・沙布帶著五名小頭目和一個三百人的隨從團一起到達。檜山在埔里城門外與他們會面，在經過一番簡短問候之後，他們便在蜈蚣崙取得供給並駐紮下來了。1896年1月1日，檜山沒有等到德固達雅人一行前來大院參加新年盛宴。然後檜山便出去尋找畢互・沙布。最後，在中午時分，大概在舊清蜈蚣崙的撫墾局所在地，這是德固達雅人一行堅持要求地會面地點，檜山透過翻譯宣讀了日本接管台灣的消息。檜山使用了勸告的語言，雖然是一種命令的語調，但卻必須讓他小心謹慎的客人感受到請求的態度。最後，依照德固達雅人的習慣，舉行了埋石儀式，雙方正式達成了協議，會見隨後結束。[49]

49　1896年1月3日桧山鉄三郎寫給水野遵的信件，參見〈蕃人會見埔里社出張所報告〉冊號35文號18；王岫生，〈台湾通信：生蕃訪問記〉，《読売新聞》，1896年2月24日。

　　在1896年底，畢互・沙布的女兒狄娃絲・畢互（Chiwas Pixo or Tiwas Pihu）與檜山鐵三郎結婚，這個消息使得他的名字出現在大眾月刊《風俗畫報》上。根據報導，婚禮是在城內（the walled city）舉行的，置辦了一場盛宴，屠宰了兩頭牛和幾隻豬。來自都達和德路固的婚禮不速之客在禮物適當分配上發生了暴力爭吵，這顯示畢互・沙布認為此婚姻應使他在與埔里城新的日本居住者關係中處於優勢地位。[50]

　　分配給原住民領袖的禮物是德固達雅—日本關係歷史中的核心。在很多情況下，許多關於致命的暴力行為的報導顯示出原住民對這些禮物所表現出的嚴肅態度，而日本官員卻把籌集資金和關注提供禮物做為建立聯盟的工具。這些禮物通常是在蕃產交易站可以獲得的物品。在這些商店，漢族、平埔族和後來的日本商人儲存鹽、火柴、蒸餾酒、種子和鐵器，以換取原住民生產的獸皮、茸角、肉類、手織布和食用或藥用植物。隨著台灣總督府進入貿易站商業的系統，它用交易貨品取代了過去的禮物；更有甚者，它以中止原住民獲取金屬和鹽的辦法來迫使他們服從政府的需求，因此在德固達雅和日本早期關係中，貿易、禮物和權術是密不可分的。

　　假使近藤真的在1897年1月深堀到埔里之前成為交易站營運商，那麼在經常提及其他口譯人員和交易站營運商的紀錄上卻不見他的名字。在1896年6月和7月埔里反叛突擊期間，按說是近藤剛抵達之後，檜山鐵三郎據稱在這場混亂中得利。他被控破毀和搶劫在他鄰近埔里南門外的住所的財產。檜山煽動他的支社員工從蜈蚣崙雇用平埔

50　入江英、橋本繁，〈台灣蕃地雜俗〉，《風俗画報》130 (1896): 29。檜山的婚禮必定發生在上述的1896年1月1日會議之後，因為在四月號的報知新聞（Hōchi Shinbun）報導了檜山和他美麗的妻子在那時終止了他們的婚姻，據說讓檜山心碎了。〈《時計》の化物がカチカチ鳴るので檜山鐵クン生蕃の花嫁に逃げらる〉，荒木昌保（編），《新聞が語る明治史》vol. 2（東京：原書房，1979〔《報知新聞》April 5, 1897〕），頁79。

族來毀壞鄰居屋子，隨後他將其地圈入來增加他自己家的規模。除了被指控濫用權力以外，檜山也被控與使用原住民貿易許可制度來為盜竊做掩護的敲詐者同流合污。1896年9月至1897年3月，檜山無視（或是很有可能是鼓勵）職員竹內忠治（Takeda Chūji）[51]、政府翻譯員河內圭司（Kawauchi Keishi）以及一名交易站營運商和蜈蚣崙住戶井上鼎（Inoue Kanae）一起以與原住民非法交易之罪逮捕為由，來威脅蜈蚣崙和守城份的居民。受到威脅的一方被這些日本流氓從住所中趕出去，他們的貨品被搶走，然後被這些日本流氓出售獲利。[52]

　　有充分的證據表明檜山、竹內、井上和河內濫用職權，所以他們分別被解雇、囚禁和罰款。在1896年6月和7月，日本若沒有平埔族部隊和地方領袖的幫助，抗日起義是很難被平息的。因此我們可以推斷，在1897年6月23日檜山和他的從屬之所以被判刑與解散，是因為軍隊與漢人和在埔里居住的平埔族的這一方進行了調解，以防止檜山的影響使局面進一步惡化並陷入混亂。順帶一提，近藤的名字甚至都沒有出現在那些與在埔里檜山相關從屬的審訊紀錄中，也沒有出現在檜山關於從埔里將叛亂分子逐出戰爭的長篇報告中，也就是說，在深堀到達埔里時，在政府官方紀錄中幾乎看不到近藤的蹤影。

　　直到1898年末，藤尚的名字才出現在書面記錄中，這是在檜山被開除後的兩個月之後了，而他的德固達雅妻子伊萬·羅勃卻在1897年中期就已經有案可查了。在1897年8月25日，傳奇性的民族學家、歷史學家和作家伊能嘉矩和他的調查合著作者粟野傳之丞（Awano Dennosuke）曾在蜈蚣崙停留。某位未具名的翻譯人員，理蕃辦公室官員橫山壯次郎（Yokoyama Shōjirō）（檜山暫時的繼任者），還

51　譯著註：在王學新，《埔里社》中記載是竹內忠治，但是在總督府記錄的檜山的職員表為竹田忠治。

52　王學新，《埔里社》，頁250-254。

有在蜈蚣崙領袖未莫杞（也許是味莫巳[53]）的斡旋下前來的四名賽德克女人（其中三個人是翻譯）──蜈蚣崙的伊萬、姑目（Kumo or Kumu）、鐵米（Taime or Temi）以及都達的拉瓦（Rawa or Lawa），他們都為伊能（Inō）和粟野（Awano）提供了幫助。他們要去的目的地是巴蘭，這是1896年前往蜈蚣崙與檜山鐵三郎和談中最重要的頭目畢互・沙布的家鄉。

　　這是一段艱難的長途跋涉，途中他們偶作停息，賽德克女人講些黃色笑話來活躍氣氛。到達之後，伊萬・羅勃把伊能嘉矩先後引見給了自己的父親基古（Tsitsòk）[54]和畢互・沙布，他各自住在中和上巴蘭的小村莊裡。伊能有關體制和民族（ethnonyms）的分類是至關重要的，它不僅解構了「霧社」這個詞，也提醒我們注意到，「巴蘭」還是一個總括性的表述，它本身就有待進一步解釋。伊能描述了檜山在發自埔里的第二封公函中所提到的「四大定居地」：Tēvō（被台灣漢人稱為霧社「Wushe」），Panngawan（被台灣漢人稱為萬社「Wanda」），Tautsa卓卡（Toda）和Torok 都魯各（Truku）。巴蘭「Pāran」（Paalan）定居地位於德固達雅Tēvō（Tgdaya）族群中，下轄三個小村莊，台灣漢人稱之為：上巴蘭upper（Ten上）、中巴蘭middle（Tyon中）和下巴蘭lower（Yē下）。這三個村莊的中文命名是基於村莊的海拔高度而不是其影響力。[55]撫墾署於1897年6月發布的一份報告將這三個定居地（Upper テンパーラン，Middle チョンパーラン，和Lower エパー

53　王學新，《埔里社》，頁265。

54　譯者註：本處記載人名有基本的問題，郭明正和Bakan Bawan 表示：Tsitsòk的賽德克語的羅馬拼音為Cicuk（基古）。賽德克的傳統命名方式為「子+父」或「子+母」為名。Iwan Robo是「子+母」的命名方式。又Iwan Robo的父親叫古洛河・努布路呼（Quluh Nbulux）。在此完全無法對應。

55　伊能嘉矩、森口雄稔（編），〈巡台日乘〉，《伊能嘉矩の台湾踏査日記》（台北：台灣風物雜誌社，1992），頁71。

ラン Paalan）的住戶數分別標注為40、30和80個，[56]將它們依人口為標準列入臨近埔里的平埔族定居地。[57]

伊能將檜山所提到的那個「最高領導」和「村莊頭目」歸類為頭人（touren），並以羅馬字母將他的名字記錄為 "Piosapo" [Pixo Sappo]（畢互·沙布）。[58]在日本手稿紀錄中出現的頭目／首領為 Piho Sappo（ピホサッポ），Piyosapo（ピヨサポ），Pihosapo（ピホサポ），Pihosabo（ピホサボ），Piho Sahho（ピホサッホ）；在印刷品中，記為 Biyausabō（ビヤウサボウ）。在日文紀錄中，「頭人」是一個不常見的稱謂，這表明中文術語直到1897年仍在蜈蚣崙和巴蘭廣為使用。雖然伊能仔細地提到了所有幫助過他的人和大部分提供消息的原住民的姓名，但是近藤的名字並沒有在伊能的日記中出現，也就是說直到1897年8月近藤尚未在官方圈子中為人所知。[59]

不管怎樣，在1898年12月辨務署（弁務署）的報導中出現了 "tsūji Iwan no otto taru Kondō Katsusaburō"（翻譯伊萬的丈夫近藤勝三郎）這個句子，確定了近藤在此時居住在埔里附近。在這段描述中，翻譯伊萬是主角，而近藤僅做為她的丈夫而提及，以將他置入德固達雅—日本的政治經濟關係中。近藤的妻子伊萬幾乎可以確定為「中村」巴蘭人基古的女兒伊萬·羅勃。近藤在1989年和另一個日期標明1990年3月31日的文件中被指為交易站的營運商。在1990年8月，他最後在南投長官（the Nantou Prefect）的筆記中被指為翻譯。

但是，在1897年8月伊萬·羅勃擔任伊能翻譯的時候，近藤很有

56　在1897年3月的人口，各地的戶數分別為：Wugonglun 蜈蚣崙 (57); Niumianshan 牛眠山 (63), Shouchengfen 守城份 (58), Wuniulan 烏牛欄 (63), and Dananzhuang 大湳庄 (46)。王學新，《埔里社》，頁308。

57　〈三十年五月中埔里社撫墾署事務報告〉冊號164文號13。

58　伊能嘉矩，〈巡台日乘〉，頁73。

59　伊能嘉矩，〈巡台日乘〉，頁70-79。

可能還不是一個翻譯。在1897年中期的一份報告中，埔里撫墾署署長橫山壯次郎表揚了三位領薪水的「原住民翻譯」（生蕃通事 *seiban tsūji*），希望能夠繼續留用這三個從檜山時期就開始從事翻譯工作的人員。這三位平埔族男人都和「來自高山北方部族的女人」結婚，橫山認為這些女人能說一口流利的台語（*dogo*）和他們的母語（*bango*），這幫助了她們丈夫的成功。[60]

我對原住民女性從1899年到1900年往返於埔里盆地和賽德克領地之間的101次行程所做的分析證實，橫山有不少女性賽德克族翻譯可以供其選擇。這個分析是根據十幾份辨務署（*benmusho*）的手稿紀錄做出的，它表明像伊萬・羅勃這樣的女性翻譯和使者通事蕃婦（*tsūji banpu*）和蕃婦（*banpu*）經常擔任調解日本與德固達雅的政客（Tgdaya politicians）和戰士之間的商業與外交事務。她們這個團體由四十名賽德克（Seediq）女性組成，她們都居住在蜈蚣崙、守成份、烏牛欄和大湳莊等平埔族定居地（請詳見附錄）。這些女人經常被派遣到她們在德固達雅領地的家鄉去做使者；經過二到五天的休息，她們會回到在埔里盆地的第二個家。為了「入蕃（*nyūban*）」，她們要獲得注明特定時間期限與理由的旅行許可證。她們在賽德克族領地的停留時間通常很短暫，而且明顯地多是待在與翻譯者家族相關的特定地點。雖然這四個平埔族村莊與賽德克族的各個定居地都有許多往來，但在那時，日本政府所在的埔里城卻與那個被通稱為「霧社」的實際地方並未發生直接聯繫。

此一證據表明，就1897年的所謂「未發現的」而言，其實賽德克人並未和台灣的其他地區相隔離。然而，在1890年代末和1900年代初，他們並沒有受到那些花了大量的時間和精力去獲得跟原住民會面

---

60 〈三十年五月中埔里社撫墾署事務報告〉冊號164文號13；〈三十年七月中埔里社撫墾署事務報告〉冊號164文號14。

的日本員警和小官員的召喚。到了1930年，員警習以為常地對賽德
克男人頤指氣使，下令建造學校、郵局、道路和電報線，因為此時日
本遊客正湧入霧社的一處溫泉勝地，這與先前的狀況截然不同，令人
感到觸目驚心。

自1931年回看1897年德固達雅和日本關係

在1897年伊萬・羅勃與伊能嘉矩在蜈蚣崙短暫接觸的三十年之
後，她的前夫近藤勝三郎開始以「深通蕃情」之姿出現在印刷品之
中。[61]在1928年10月15日，枠本誠一的《台灣祕話》（*Taiwan hiwa*）中
出現了一則速寫，描繪了近藤的冒險。[62]故事線從近藤離開基隆和台北
到「埔里社」（Puli-sha）開始。做為一位有執照的營運商，近藤以他
的語言天賦很快就精通了島語（*dogo*）和蕃語（*bango*），並將其很好
地用於自己的生意。不久，深堀上尉和他十三名從屬來到了埔里。根
據近藤的說法，他們在1896年12月24日離開埔里前往「霧社」。[63]近藤
想要加入這一項任務。但是，他在第一天的旅程就染上瘧疾；當深堀
的隊伍要往內地前進時，近藤被迫在「霧社蕃人頭目家」臥床休息。

根據台灣駐軍指揮官於1897年3月25日寫給日本內閣陸軍副大
臣兒玉源太郎（Kodama Gentarō）的報告描述，探險隊到訪了「中巴
蘭」（Tyon〔Middle〕Paalan）；[64]1931年，深堀泰一郎（Fukahori
Seinosuke）稱隊伍暫住在畢互・沙布[65]（他是「上巴蘭」的頭目）之

61　枠本誠一，《台灣祕話》（台北：日本及殖民社，1928），頁259。

62　生蕃近藤の入山物語。

63　深堀探險隊在1897年1月15日到達埔里，在1月18日到達中巴蘭；東山京子，〈台湾
　　領有期〉，頁284。

64　東山京子，〈台湾領有期〉，頁284。

65　藤崎濟之助，《台湾通俗歷史全集第五卷：深堀大尉》（台北：台湾通俗歷史全集刊行
　　會，1931），頁9。

處；1910年，森丑之助（Mori Ushinosuke）曾將部隊交由一個名為「巴萬・布呼克」（Bawan Pohoku or Pawan Pohok）的巴蘭頭目來安置。[66]對於這個回頭看來極其重要的一次行動，日本殖民政府檔案中有關此類的基本事實卻充斥著很多不一致的地方。如果1897年的陸軍報告是正確的，那麼探險隊就確實曾在伊萬・羅勃所在的原住民村莊（native village）停留過，但此時近藤與伊萬是否有婚姻關係仍不得而知。而在1928年的講述中，近藤仍沒有提到他和伊萬・羅勃的婚姻，這就不免令人好奇了。在他1928年的講述中，近藤事實上只提到了五個人：深堀上尉；沙都（Sadu）的德路固頭目巴索・布朗（Bassau Bōran or Baso Burang）[67]；兩位同行的日本商人，只知道他們的名字為伊藤（Itō）和永倉（Nagakura），以及一位叫做塔蘇・古拉斯（Tassu Kurasu）的年輕的德路固女人。[68]

值得注意的是，在1928年的故事版本中，近藤宣稱德路固女人塔蘇是他的妻子，而不是伊萬・羅勃。在1928年的故事裡並沒有具名的德固達雅重要人物（甚至都沒有莫那・魯道！），儘管近藤在稍後將自己定位為忠誠的德固達雅派。在1928年的講述中，近藤將自己描繪成了沙都頭目巴索・布朗的助手和「兒子」。[69]近藤回憶說，巴索是一位令人畏懼和尊敬的頭目。令人生畏的巴索甚至命令近藤留在沙都與其他的居民共同生活，讓自己開始成為戰士，這一切全都是為了贏得巴索的信任，讓他做埔里的貿易代表。近藤依言而行，其結果

66　森丑之助[丙牛生]，〈深堀の瀧（二）〉，《台灣日日新報》，1910年9月24日，頁5。

67　譯者註：Bassau Bōran，應為 Baso Buran 的誤記。

68　譯者註：Bakan Bawan 指出賽德克沒有 Tassu 這個名字，這個拼音可能在記錄時就出現問題。

69　當巴索・布朗（Bassau Bōran）1898年出現在辨務所的記錄上是「Kurasu」頭目的副酋長（vice-village-head），他1900年3月的報告上是沙都（Sadu）的土目（domoku，chief）。大熊廣筠在1900年4月的報告中記錄了三個沙都頭目。〈埔里社支署長北蕃巡視并故深堀大尉一行遭難遺物發見報告〉冊號4627文號2。

就是竹穿的耳洞以及他所講述的許多有關自己參加獵頭行動的荒誕不經的故事。[70]

　　雖然近藤後來所宣稱的德固達雅親屬並沒有在故事中出現，但是近藤確實利用他在「霧社」因瘧疾而療養這件事來對德固達雅人的心理施加影響。在近藤1928年的講述中，照顧近藤的「霧社頭目」（Musha headman [tōmoku]）在一個深堀探險隊員（他們沒有帶上近藤便向荷戈發進了）離開後留下的空屋中聽到滴答的聲音。那個頭目拿著燈籠進去查看，然後大喊近藤來看，他在柱子上找到一個懷錶。近藤試著跟頭目解釋這個器物，儘管如此，頭目仍然用他的砍刀砸碎了懷錶，目的是要消滅它惡魔般的聲音。[71]

　　兩年之後，在霧社事件之後的回憶錄中，近藤改變了在霧社照顧他的那個人的身分，在1928年的描述中他是一個沒有名字的頭目，現在有了Sazopo [Sappo] Chiwakku [Tsitsòk?]這個名字，[72] 還是「巴蘭頭目」的兒子（想必是伊能在1897年8月遇到的那個基古人〔Tsitsòk〕）。近藤回憶說他的妻子伊萬・羅勃在他療養期間也曾經相伴左右。在霧社事件後的一個更詳細版本的故事中，好幾個巴蘭居民都曾前來看望生病的近藤，因為他們十分擔心他的健康，直到有一天，他發現自己竟被遺棄了。伊萬・羅勃告訴近藤，人們害怕那個「滴答作響的日本人」。近藤聽罷，伸手從他的襯衫中拿出一個「型號18手錶」，向他的小舅沙布解釋「滴答聲響」的來源。據說，沙布驚嚇萬分，飛快地用一根竹竿把錶挑出門外，然後用棍棒打它。錶並未停止滴答作響，所以他就用一塊石頭砸碎了它，而其他的德固達雅男人則掀起了一陣騷動。這些受到驚嚇的人們從未見過錶，也無法理

70　枠本誠一，《台灣祕話》，頁264-266。

71　枠本誠一，《台灣祕話》，頁262。

72　或者可能是Sappo Tsitsòk。

喻，結果就把「半痊癒的」近藤趕出了巴蘭，讓他到埔里去休養。[73]

　　在霧社事件之後「滴答作響手錶的故事」的這個詳細版本中，近藤對讀者解釋說，蕃人對於「無形事物／活動」所抱有的恐懼感（katachi naki mono）促使他們產生騷亂。放在出版這個故事的1930年12月20日這個背景下，這種對原住民心理活動所進行的短暫的初步嘗試就變得容易理解了。我們在此回想一下，森田俊介就曾以「野蠻人不會計算」這種說法來反駁有關人們對工資太低和拖欠發薪的憤怒是引起反叛的根源這類報導。在近藤的案例中，「原住民心理」既被用來說明他被從巴蘭驅逐這件事是迷信影響的副作用所致，也被用來轉移人們對深堀大尉的負面看法，因為他在近藤的敘述中儼然變成了英雄。為了免除深堀一行人對自己應得懲罰所負有的責任，近藤重新使用了完全相同的措詞，但這是在一個不同環境中的「對無形事物的恐懼」。近藤歸罪於德路固人相信製作地圖是一項「通過奇怪手段進行的無形任務」（kitai na koto o suru katachi no nai shigoto）。根據近藤在1931年的講述，製作地圖是惡魔作祟的過程，它所帶來的恐懼和敬畏使得深堀的團隊免受德路固人的傷害。[74]因此，他們專橫跋扈的行徑這一極有可能為他們引來殺生之禍的行為反而被改頭換面為一種預防傷害的方法。

　　與此形成鮮明對比的是，其他的說法──包括近藤本人的──認為深堀在德路固的停留因為「地圖事件」而變得危險。在離開巴蘭之後，很有可能在巴索・布朗（近藤在1928年將其捧為名人的沙都頭目）的保護下，深堀的測繪隊在德路固大概停留了八到十天。根據大熊弘明（Ōkuma Hirotake）（1900）、近藤本人的其他出版物（1928）和

73　渡邊生，〈霧社騷擾の眞相を開く一つの鍵！「生蕃近藤」氏の半生を物語る(三)〉，《台灣日日新報》，1930年12月25日，頁5。

74　渡邊生，〈霧社騷擾の眞相を開く一つの鍵！「生蕃近藤」氏の半生を物語る(七)〉，1931年1月15日，頁5。

富永藤平（Tominaga Tōhei）（1936）[75]的分析，德路固人聚集在守衛嚴密的小屋周圍，圍觀日本隊員製作圖表。這些德路固的旁觀者或者遮擋從小窗進入的光線，或者干擾他們的工作，並因此而受到責罵；在這個故事的其中一個版本中，日本人甚至毆打了他們。根據近藤霧社事件前的故事所述，「原住民受好奇心的驅使而簇擁在〔窗戶〕周圍」，[76]但是他們並沒有表現出害怕。除去近藤寫於1931年的那個急就章版本以外，在有關這個故事的所有版本中，德路固人實際上是*出於憤怒*才反對深堀的，因為這些不速之客對他們的肉體施加了傷害。

距離反叛爆發約三個月之前，藤崎濟之助（Fujisaki Seinosuke）的大作《台灣の蕃族》（*Taiwan no banzoku*）在1930年8月出版，其中就收錄了近藤所講述的有關深堀探險隊的故事，而這個版本卻與他在事件之後所講述的故事形成鮮明對比。在藤崎自己所寫前言的敘述中，伊萬・羅勃是做為近藤的「同居配偶」（common law spouse）和蜈蚣崙居民而被提及的，而蜈蚣崙是其他「從霧社（德固達雅）山上下來的人」加入探險隊的地方。在1910年森丑之助對霧社事件的研究中，[77]這句話被刪除了，只是在伊萬的名字上添加了羅勃。富永藤平附上了十位德固達雅搬運工和嚮導，[78]而近藤在另一份報告中給出的數量為二十人。[79]因此，在這次任務的第一階段中，德固達雅人的數量有可能超過了日本人，這個事實為這次任務提供了不同解釋，有別於近藤在霧社事件之後所講述的那個有關日本人如何在蕃人的困境中展現男子氣概的故事。

在有關事件前的描述中，藤崎濟之助條將潘老龍（Pan Laolong or

75　富永藤平，〈噫乎深堀大尉〉，《理蕃の友》，1936年1月1日，頁3。

76　枠本誠一，《台灣祕話》，頁268；藤崎濟之助，《台灣の蕃族》，頁615。

77　丑之助，〈深堀の瀧（二）〉，頁5。

78　富永藤平，《噫乎深堀大尉》，頁3；藤崎濟之助，《台灣の蕃族》，頁606。

79　藤崎濟之助，《台湾通俗歷史》，頁34。

Pan-Rawrong）列為深堀的「蕃語通事（*bango tsūji* 原住民語口譯員）」，而伊萬・羅勃是潘的副通事（*fuku-tsūji*，合作口譯員）。根據藤崎的說法，潘來自埔里附近牛眠山的平埔族定居地。更重要的是，在藤崎冗長而詳細的報告中並未在任何一處提及近藤，而這項報告卻記錄了每一位參與任務的原住民翻譯和頭目。[80]

然而，在近藤後霧社事件的系列回憶錄中，他本人卻成了深堀測繪隊中「原住民翻譯」的首選。根據他的回憶，深堀是在近藤因病無法勝任翻譯工作的情況下才被迫雇用了伊萬・羅勃和潘老龍。另外，在這個記述中，近藤還設法將潘老龍誤寫成「熟蕃李阿龍」（Jukuban Li A' long）。[81]通過仔細閱讀總督的手稿紀錄，人們不難得出這種假設，即潘老龍不僅是此任務的當地首席翻譯，也很可能是唯一有資格勝任此工作的人。

埔里辦務所（弁務所*bcnmusho*）（地區辦公室）在1899年2月的手寫報告中也以伊萬的丈夫提及了近藤勝三郎的名字，而根據它的描述，牛眠山的潘老龍是一位清治時代留下的四十七歲的老練翻譯員。在這份報告中，據說潘老龍是能夠流暢使用各種語言的*唯一一位翻譯者*，他還熟悉埔里治下的「四大定居地（four big settlements）」（德固達雅、都達、德路固和萬大Wanda）的習俗（shūkan 習慣）。該報告明確地讚美了潘老龍，同時也含蓄地貶低了近藤，因為它抱怨說，除了老翻譯潘老龍以外，「那些可以說萬大（Wanda）話和德固達雅（Tgdaya）話的翻譯不能說德路固（Truku）話和都達（Toda）話，而那些可以說德路固話和都達話的翻譯卻不能說萬大話和德固達雅／話。」[82]

80　藤崎濟之助，《台灣の蕃族》，頁606-613。

81　近藤也推薦了一個來自中國泉州的男人，他在稍後的敘述出現叫做李阿龍。渡邊生，〈霧社騷擾の真相を開く一つの鍵！「生蕃近藤」氏の半生を物語る（八）〉，1930年1月16日，頁5。

82　〈三十一年十二月中台中縣蕃人蕃地ニ關スル事務及情況報告〉冊號4595文號8。

　　雖然1928年的枠本（Wakumoto）文件表明近藤在埔里學習了島語（台語），甚至包括一些蕃語（原住民語），但近藤在霧社事件之後所作的證語卻特別具體地指出，「近藤通曉德路固、都達、萬大和巴蘭這些地方的語言，並從當地的原住民那裡了解到有關情況……」[83]這一澄清涉及近藤大約在1930年時對四個具體原住民語言的掌握情況，其目的可能是想表明他無疑才是深堀在1897年的翻譯人選，儘管當代的文獻證實，近藤做為翻譯的地位只是在1900年才穩固下來。不管怎樣，根據近藤的說法，翻譯員伊萬和潘老龍與其他德固達雅搬運工一道離開了這個探險隊，因為他們認為闖入敵人的領地是非常魯莽的。

　　在他霧社事件後的回憶錄中，近藤將1897年伊萬、潘老龍和德固達雅搬運工離開深堀探險隊這件事上升為1930年反叛的長遠因素。在回憶錄中，近藤宣稱他成功地讓德固達雅人痛感羞愧而承擔了深堀死亡的責任；近藤甚至將德固達雅人對都達和德路固人發動的獵頭行動歸因於他們渴望對深堀犯下的過錯進行贖罪。近藤回憶起曾這樣責罵過某些德固達雅男性：

　　　　深堀上尉的探險隊要依靠你們；你們被送入山區以後……我們沒有接受到任何訊息。到底是怎麼一回事？我們不能沒有行動，繼續對（深堀的行蹤）一無所知。你們也應該（對他的失蹤）負有責任，所以去帶回一些有關於他們行蹤的消息吧！……在五月初的一天，霧社男子帶了兩個人頭到埔里營地來。那是德路固和都達部落男子的人頭。「你似乎在深堀上尉探險隊這件事上對我們表示懷疑。然而，我們卻絕非不忠。我們帶來了德路固人和都達人的兩個腦袋做為證明。請寬恕我們，不要發動討伐行動。」[84]

83　渡邊生，〈霧社騷擾（一）〉，1930年12月20日，頁5。

84　渡邊生，〈霧社騷擾（四）〉，1931年1月12日，頁5。

　　為了避免遭受1897年5月的討伐行動，德固達雅人是否真的帶了人頭給近藤或是其他的官員，這一點很難證實。如果符合政策的需要，日本官員也並非完全禁止在特定場合下進行的獵頭行動（1903年的姊妹原事件和1920年斯拉茂事件就是著名的例子）。然而近藤所講述的情節卻令人難以置信，因為它所設想的日本在德固達雅地區的統治程度也許反映的是1930年的情況，但1897年的情況卻並非如此。此外，任何德固達雅人都不太可能覺得需要對探險隊的死亡負有責任，因為這個探險隊為了要安排鄉村頭領與域外人士之間的會面便強迫口譯員去訪問他們已經建立的親屬網絡以外的區域，因此而蔑視了日本─賽德克協議中的每一項公約。

　　儘管如此，在1898年，如同基利・瓦岱（Chiri Wadai）[85]的案例所展現的那樣，埔里辦務署（Puli District Office）已經累積了足夠的力量控制交易物品，可以在一定程度上將其意志延伸到德固達雅的領地。根據近藤在霧社事件後的證詞，基利・瓦岱是卡茲庫（Katsukku）德固達雅村莊的人，他曾經獵取了一個日本木材工人的頭，起因於誤認他是一位台灣漢人。在近藤寫於霧社事件之後的記錄中，這個獵頭事件發生在1897年的6月19日。在知道受害者是日本人時，這個行兇者直接跑到近藤面前請求寬恕。隨後，憤怒的撫墾署署長（Pacification Office Chief）長野義虎（Nagano Yoshitora）要求以基利・瓦岱的頭來贖罪。在近藤的記述中，德固達雅人拒絕交出基利・瓦岱的頭，此舉迫使政府切斷貿易往來（從此一步一步走到1930年的最後攤牌。）[86]

　　事實上，根據辦務署（弁務署）的手寫紀錄，在1898年7月30日，一位來自卡丘固（Katsukku or Qacuq）的名叫基利・瓦岱的男人

85　譯者註：Bakan Bawan 指出 Chiri Wadai 在楊南郡紀錄是 Chiri Dawai，但是在賽德克裡也沒有這個名字，因此在此只根據Chiri Dawai的聲音翻成基利・瓦岱（Cili Waday）。

86　渡邊生，〈霧社騷擾（三）〉，1930年12月25日，頁5。

殺死了一位名叫中島泰吉（Nakajima Taikichi）的日本人。此後，埔里
社辦務署（並非近藤報告中的撫墾署〔Pacification Office〕）威脅進行
報復性貿易制裁。值得注意的是，1898年7月30日這一天距深堀探
險隊被宣告死亡之後十個月，[87]距長野義虎離開撫墾署之後逾一個
月。[88]即便由深堀之死所引發的貿易禁運確實迫使德固達雅領袖坐上
了談判桌，這和中島泰吉的死亡也是完全分開的兩回事，而且與後續
的麻煩事也相差了很多步驟。

　　中島泰吉在蜈蚣崙山腳下被殺。當屍體被發現後，一個蕃婦通事
（女原住民口譯員）被派往霧社的每一個首領處。最後，在1899年2月
19日，距中島的屍體被發現已經六個多月之後，辦務署官員發出一個
訊息，要求／允許[89]荷戈的首領巴萬・諾幹[90]和卡丘固的首領基利・鐵
木（Chiri Tomau or Cili Temu）率領三位德固達雅男人和十五位德固達雅
女人的隨從到蜈蚣崙來商談。2月20日，二十個人悉數抵達；在質詢
中，他們承認基利・瓦岱是兇手。日本辦務署的官員要求以基利・瓦
岱的人頭做為維持貿易關係的代價。二名德固達雅頭領在反覆談判之
後同意了這個要求。[91]5月21日，四名霧社的頭人和八十一名德固達雅
男人和女人抵達埔里——他們無疑是被安置在了蜈蚣崙舊清撫墾局的
房子裡。第二天，他們帶著基利・瓦岱的頭進入辦務署的大廣場。日

87　有軍事榮譽的葬禮在1897年9月26日於青山南庁的玉窓寺舉行。〈故深堀大尉の葬
　　儀〉，《読売新聞》，1897年9月28日，頁3。

88　撫墾署在1898年6月20日關閉，這也是長野義虎作為其負責人的最後一天。伊能嘉矩
　　（編），《理蕃誌稿第一卷》（台北：南天書局，1995〔台北：台灣總督府警察本署，
　　1918〕），頁126。

89　這些命令的語言是很曖昧的；一方面，他們指定幾個武裝的男人能夠陪伴頭人去埔
　　里，作為一個「許可」，但另一方面，既然這個提案經常地被拒絕，也可以想做是一
　　種形式的「請求」。

90　譯者註：Pawa Nokan，應為Pawan Nokan的誤記。

91　〈三十二年一月中台中縣蕃人蕃地ニ關スル事務及情況報告〉冊號4595文號9。

本高級官員和四名頭人舉行了埋石儀式，從此盡棄前嫌，重啟貿易。[92]

　　雖然近藤宣稱，中島被殺之後，嚇壞了的德固達雅人曾謙卑地請求他說情，但實際上，首先採取行動的是辦務署（弁務署），這一點從上述有關訴訟程序的詳細描述即可以看出。同樣的，1898年的報告列出了所有派往德固達雅村莊的日本使者的姓名，但卻未提及近藤。總而言之，此事花費了十個月的時間來派遣偵察員、翻譯員和使者到巴蘭、荷戈和卡丘固；在蜈蚣崙接待二十位德固達雅的先遣隨員；最後還要在埔里款待八十五位德固達雅的隨員訪客。這個事件給人們的「教訓」是，如果殺掉一個日本人，德固達雅定居地的人也要殺掉一個自己人並到某個政府要塞來將其頭顱贖回，而這一點是近藤在霧社事件之後的記述中所沒有的。在1903年的姊妹原事件和1920年的斯拉莫事件中，我們可以發現日本「熟悉情況人士」辦理的更大的不公正司法案件，這些案件沒有任何審訊、法官或是提供證據。近藤的回憶錄剛好掩蓋了這兩個事件。

　　像近藤這樣的敘事者的記憶，尤其是在事件發生三十年後，會顛倒歷史細節的順序，或提供錯誤資訊，其實一點也不讓人驚訝。然而，值得注意的是，近藤的出版商可以輕易就找到參考資料去糾正近藤大量的事實錯誤。有大量證據表明近藤頻繁背叛想像出來的親屬，而在1897年日本國家在德固達雅的影響也非常薄弱，在這種情況下，近藤將其所宣稱的難以置信的個人掌控和主宰能力以及德固達雅的幼稚行為都寫進了就算不太密切但至少也是熟悉的故事之中，這一點令人猶感不安。

　　儘管存在著許多前後矛盾、錯誤和不合情理的說法，但從1931年開始，近藤的著作還是千方百計地一點一點進入到了人們的言談話語當中。做為日本在台灣原住民政策的孜孜不倦的記錄者，藤崎濟之

---

92 〈三十二年二月中台中縣蕃人蕃地ニ關スル事務及情況報告〉冊號4595文號8。

助在1931年3月14日與近藤在台北會面，時值近藤回憶錄連載結束的一個月之後。此後，在近藤的影響下，藤崎修改了他自己對深堀探險隊的記述。[93]鈴木作太郎（Suzuki Sakutarō）在1932年的一份名為「台灣の蕃族研究」的綱要中重複使用了近藤系列回憶錄中的大部分內容，吉川哲（Yoshikawa Tetsu）則在其所著的《霧社事件の真相》（1935）一書中摘引了大量近藤的故事，[94]富永藤平的記述也反映出他十分熟悉藤崎濟之助的文本，而他更是在 1936年原住民警察新聞報《日本の友》（*Riban no tomo*）上發表文章，對近藤大為讚賞。在近藤把自己塞進史學著作的五年之後，富永藤平把近藤勝三郎（Kondō Katsusaburō）列為隨深堀探險隊在1897年離開埔里時的三個「蕃通（原住民翻譯員）」之首（其後為潘老龍和伊萬・羅勃）。富永還推測，如果當初近藤不是因患瘧疾病倒，而是繼續跟隨深堀探險隊的話，他就有可能防止災難的發生了。[95]

在1932年，受惠於他新贏得的名聲，近藤終於見到了深堀的遺孀和兒子，一來是慶祝深堀「戰死」三十五週年紀念，二來是親自帶領他們穿過深堀探險隊為之獻身的能高（Neng'gao）步道。近藤還做為嘉賓與深堀的家人一同參加了在台北鐵路飯店舉辦的紀念圓桌會議討論。[96]通過發動在花蓮建立深堀神社的捐贈活動，近藤持續成為頭條新聞，而這個神社定於1933年1月31日舉行第一次儀式。近藤利用自己在花蓮德路固夥伴的人際網絡獲得了稀有木頭，而依靠官方關

93　藤崎濟之助，《台湾通俗歷史》，頁34。

94　橫路啟子，〈日本統治時代台灣の理蕃政策と通訳者：「生蕃近藤」とその周辺を中心に〉，《日本統治期台湾における訳者及び「翻訳」活動：植民地統治と言語文化の錯綜関係》，楊承淑（編）（台北：國立台灣大學出版中心，2015），頁131-170。

95　冨永藤平，〈噫乎深堀大尉〉，頁3。

96　鈴木作太郎，《台灣の蕃族研究》（台北：南天書局，1988〔台北市：台灣史籍刊行會，1932〕），頁537-538。

係的幫忙，他於1932年在台北開了一家名為「生蕃近藤」（“Kondō the Barbarian”）的商店，出售「蕃香」（Aborigine Incense）以及其他一些紀念品。[97]近藤興風作浪的舉動還有，他承諾在馬赫坡（Mahebu or Mehebu）這個霧社事件爆發之處置放一尊地藏王菩薩，以此來為那些反抗日本統治的德固達雅人祈求教化。到了1937年，近藤的照片、伊萬・羅勃的照片以及近藤和深堀遺孀靜子（Sechiko）的照片都進入了井出季和太（Ide Kawata）撰寫的半官方性質的日本對殖民地台灣的治理歷史。[98]

　　近藤利用了媒體對霧社事件的狂熱情緒，將自己重新塑造成一個即使不是受人敬愛但也是值得信賴的「蕃族之王」（King of the Bantsū），因為他將深堀上尉再生成為一位尊貴的日本戰神，他在1897年2月切腹自殺而死，而非殞命於他的蠻族敵人。在他的敘述中，近藤讓深堀發表了許多演說，使他成為一個演說家和愛國者。近藤把自己描繪成一個忠誠的追隨者，是一個罹患瘧疾躺在陌生而野蠻的土地上時還夢想著與深堀一起工作的人。不顧生命、肢體和利益，近藤尋找著深堀的遺骸，然後又翻山越嶺去完成深堀的使命。近藤利用謠傳的所謂德固達雅人因辜負了深堀上尉的期望而產生的悔恨情緒，能夠在1909年動員一支部隊來打擊德路固人。（如下所述。）二十年之後，出於責任感，近藤接受了調查霧社事件的任務，隨後開始為深堀大尉尋求死後的正義。

　　事實上，近藤不太可能以非常有意義的方式參加深堀探險隊；他向調查者提供的知識都是他從他的熟人那裡蒐集而來的，這些人很可能包括伊萬・羅勃，她才是真正為探險隊工作的人，還有巴索・布朗，近藤很可能跟他住在一起，之後在1909年背叛了他。然而，有

---

97 〈マヘボの岩窟〉，頁2。

98 井出季和太，《台灣治績志》（台北：台灣日日新報社），頁278。

些作家像是藤崎濟之助，還有鈴木作太郎應該更清楚地了解情況，但他們都接受了近藤的說詞，因為如同近藤一樣，他們都希望講述一個故事來證明那些勇敢（martial valor）、忠誠和自我犧牲精神們這些崇高理想是日本對台灣原住民政策的核心。與那些渲染明治（Meiji）和大正（Taisho）時期日本殖民辭令的經濟發展的敘事不同，通過崇拜戰死英雄所表達出來的忠誠切合於1930年代的價值觀。自從大蕭條和滿洲事件之後，日本蔓延著對利益和資本主義的懷疑。[99]深堀故事避開了這些必勝主義的模式，但仍然是個必勝主義者。

從「霧社」角度來看德固達雅─日本關係

拓務省管理局長（Ministry of Colonial Affairs Secretary General）生駒隆常（Ikoma Takatsune）撰寫的報告很散亂，但其中的簡短敘述前言卻暴露出近藤回憶錄中的一個巨大缺失。生駒對台灣的實情調查任務與近藤自己的調查同時進行。生駒報告在1930年11月28日印刷出版，就在近藤回憶錄系列連載開始之前三週。如同近藤，生駒報告非常重視緊隨深堀上尉和他的隊員在1897年2月死亡之後的那場「貿易禁運」。[100]然而，近藤的敘述轉向了1903年姊妹原事件（姊妹ヶ原事件，Shimaigahara Incident）這一也許在霧社事件之前是德固達雅─日本關係中最令人痛苦而難忘的時刻，而生駒卻認為1903年的大屠殺既是深堀探險隊失蹤所導致的貿易禁運的合理結果，也是霧社於1905年末「投降」日本的先兆。

根據生駒報告，因為深堀事件之後所施行的貿易禁運造成的影響，德固達雅人渴求貿易夥伴。布農人承諾幫助巴蘭和荷戈打破禁鹽

99　Oleg Benesch, *Inventing the Way of the Samurai: Nationalism, Internationalism, and Bushidō in Modern Japan* (Oxford: Oxford University Press, 2014), 174-175.

100　生駒隆常，〈霧社蕃騷擾事件調查復命書〉，《台灣霧社蜂起事件：研究と資料》，戴國輝（編）（東京：社會思想社，1981），頁262。

令，但是隨後又在酒後背叛了他們。他們在干卓萬（Gantaban or Kantabang）這個地方取得了幾十個德固達雅的人頭，並在政府前哨站展示了他們的勝利品——德固達雅的人頭。[101] 根據生駒的說法，埔里的殖民地員警鼓勵干卓萬站（the Gantaban station）附近的布農（Bunun）人去殺死巴蘭和荷戈人，因為他們一直拒絕接受日本要求他們順從的命令（對於順從條件，生駒卻語焉不詳）。

　　生駒寫道，德固達雅在姊妹原的戰敗迫使霧社於1905年末接受投降條件：他們現在要參加徭役，修築防線，去幫助日本將隘勇線拓展到霧ヶ関（Kirigaseki）（見地圖1）。近藤在自己的回憶錄中寫道，由於德固達雅人天性獨立和純樸無知，他們並沒有馬上就順從日本。根據近藤的講述，在使用了無數計策的情況下，這道防線平靜地從埔里延伸到巴蘭。但是「平靜」一詞在這只限於日本與德固達雅人之間而已。由於近藤本人早先曾被萬大人襲擊，因此他的德固達雅朋友就幫助政府設立山砲並開始了無差別砲擊，最終迫使萬大於1905年投降。[102]

　　根據生駒和近藤所述，即便在1906年初他們已經開始參加為對抗其他原住民而進行的修建隘勇線的行動之後，德固達雅人仍然抱持著「惡劣的態度」並犯下更多的「獵頭暴行」。對於生駒（Ikoma）來說，隘勇線推進的下一階段即是政府操縱原住民部落之間的敵意以達到最終利益的又一例證。在生駒的敘述中，1908年7月8日在臨近埔里的霧ヶ関發生了一起謀殺案，同年的9月24日在三叉（Sancha）又發生了另一起。根據生駒的報告，德固達雅的代表把這些謀殺都歸咎於都達人，並為討伐行動提供他們的勞力做為服務。生駒寫道，政府懷疑事實上是德固達雅人犯下了這些謀殺案，然後利用政府來跟當地人報仇雪恨。但是由於霧社的（德固達雅人的）復仇願望與政府將隘

---

101 Barclay, Outcasts of Empire, 96-97.

102 渡邊生，〈霧社騷擾（四）〉，1931年6月12日，頁5。

勇線延長到立鷹（Tattaka）的計畫不謀而合，他們接受了霧社的提議並推進了修建隘勇線的行動，最後在立鷹的制高點上架設了火炮，從而在1909年2月底控管了都達、德路固和霧社。[103]

　　近藤從不同的角度講述了同樣這些事件。日本政府意識到，將隘勇線穿越德固達雅領地的中心地帶是一件非常困難的事，因此就要求近藤來從中斡旋以取得德固達雅的默許。根據近藤的說法，在他的敦促之下，德固達雅人認為政府為了深堀被謀殺一事正迫不及待地要對德路固和都達進行報復，因此受騙幫助了日本。為了實施這項計畫，近藤與伊萬・羅勃離了婚，以便和荷戈的歐嬪・諾幹結婚。政府為這個大型的婚禮慶祝活動提供了牲畜和酒，這個舉措鞏固了彼此之間的聯盟，近藤隨後帶領超過六百個達固達雅人做為往德路固和都達領土推進隘勇線的後援隊伍。在近藤的講述中，這些他所蒐集到的關於德路固擁有武器和位置的訊息都是他在1890年代末期做為「養子」取得巴索・布朗的信任所得到的回報。近藤在系列回憶錄中承認了自己對巴索的背叛，但就此而言，他也維護了更高的利益，即保持了對深堀和日本的忠誠。[104]

　　不論是在生駒嚴肅的官方報告中還是近藤更為生動的講述中，每次總督（the Government General）派遣員警和軍隊深入德固達雅領地並引發德固達雅人的報復時，霧社人都會受到背叛的指責，以此來為日本新攻勢辯護（請見本卷中「華哲安」一文）。在此敘事中的時間標誌是德固達雅人在1903年、1906年和1909年接受或拒絕「歸順」的提議。但是，正如我們已經確定的，「霧社」既不是一個地方，也不是一個政體；「霧社」怎麼會投降呢？

　　早在1899年10月，辦務署的長官們以「緊急需要」為由要求在蜈

---

103 生駒隆常，〈霧社蕃騷擾〉，頁262。

104 Barclay, *Outcasts of Empire*, 137–138.

蚋崙為原住民設立一個日語學習機構來促進溝通，同時也可用來指導原住民進行農耕和林業的工作。[105]過了三年多，警察局長藤田在蜆蚋崙的哨站與荷戈的頭目布呼克‧諾幹（Pō Nokan or Puhuk Nokan）進行談判，要求將德固達雅的兒童「送下山」去接受日本人的教育，以此做為「投降」的一個條件。[106]然而，德固達雅的第一個正式「投降」直到1905年底才出現。不同於1903年由藤田（Fujita）所提出的投降條件，1905年的條件並沒有提及教育，總體來說也比較溫和——只要求停止在隘勇線附近的獵頭行動以及使用旗幟來表明武裝的德固達雅人正在狩獵，而不是要攻擊官員。[107]實際上，德固達雅戰士延遲接受日本教育直到1911年，當時在馬赫坡員警分局（the Mehebu branch police station）附設了一所規模不大的蕃童教育所，為原住民兒童開設為期二年的日本語言教育。霧社的第一個為原住民兒童設立的四年制日語「公立學校」在1914年開學，地點在一個名為「霧社」的地方，[108]同一年在那裡還設立了霧社支廳（a branch station of civil administration for Musha）。[109]因此，只是在1914年霧社才具有被稱做一個地方的意義，因為這裡成了德固達雅人和日本人定期面對面交流的地方。

對於那些相信深堀英雄故事、近藤的掌控以及一個長達數十年的日本–德固達雅親密歷史的人而言，確實很難解釋霧社在1906年（或1910年）「撫蕃」（"pacification"）整整二十年或更久之後竟會發生這樣極端的「倒退」。但是從不同的觀點來看，如此之多的手無寸鐵的日本人聚集在與數百名德固達雅戰士咫尺之遙的地方，這真是極為諷刺

105〈三十二年五月中台中縣蕃人蕃地ニ關スル事務及情況報告〉冊號4596文號1。

106〈霧社蕃の帰順出願〉，《台灣日日新報》，1903年5月14日，頁2。

107 伊能嘉矩，《理蕃誌稿第一卷》，頁457。

108 宇野利玄，〈台湾における「蕃人」の教育〉，戴國煇（編），《台灣霧社蜂起事件：研究と資料》，頁96-98。

109 生駒隆常，〈霧社蕃騷擾〉，頁264。

之事（was a taunt too good to pass up）。畢竟這些人都曾是使用山砲轟炸、進行貿易禁運以及不分戰士和旁觀者、敵人和朋友的燒毀村莊以完成「尋找和摧毀任務」背後的面目不清的責任人。

　　阿威・赫拔哈（Awi Heppaha）在戰後的證言與戰前日本的說法分道揚鑣。根據他的敘述，霧社起義是反抗殖民統治的有組織叛亂，而不是日本統治的失敗或者是野蠻本能的展現。阿威的敘事從1897年的深堀探險隊開始，將其描繪成「間諜蒐集敵人的資訊」。[110]阿威補充說，在殺死間諜之後，賽德克人阻止了日本人進行調查。[111]雖然生駒和近藤認為「禁運」所造成的損害足以驅使德固達雅人落入1903年的干卓萬陷阱，但阿威說，其他通往花蓮的貿易路線仍是可行的。在阿威看來，德固達雅人的物質生活標準已經很低了，這使得埔里貿易站的關閉對他們來說並不具災難性。在這一點上，阿威與持地六三郎（Mochiji Rokusaburō）的見解一致，後者曾在1902年抱怨說貿易禁運很容易就被躲避開了，因此並沒有產生預期的苦難。[112]假如貿易的誘惑沒有那麼強烈，很難理解為什麼卡丘固和荷戈的頭目會放棄基利・瓦岱，或是為什麼這麼多頭領和使者會在1897年到1902年期間來到蜈蚣崙。無論如何，阿威承認，真正需要進口的是金屬，而不是鹽，這促使巴蘭和荷戈於1903年中了干卓萬圈套。

　　從德固達雅領地來看，正如阿威・赫拔哈所說，日本的管理機構不是在埔里，精確來說是在蜈蚣崙（Yakanron）:「這是埔里的郊區和日本推進到霧社領地的隘勇線前沿。」根據地圖1所示，蜈蚣崙的概

---

110 アウイヘッパハ，《証言霧社事件》，頁18。近藤他自己，在兩個證言中，談到德路固人 他們目擊深堀的人在畫圖表，開始懷疑深堀，以及他的行動是討代行動的前導。藤崎濟之助，《台灣通俗歷史》，頁36–37。

111 在軍隊和總督的手稿記錄中證明了阿威（Awi）的論點，清楚地表明調查拖到了1900年。據阿威說，正是這種拒絕合作促使首次關閉蜈蚣崙的貿易站。

112 宇野利玄，〈台灣における〉，90。

念是環繞賽德克領地的一連串為了強制解除武裝而修建的駐在所、堡壘和城垛鏈中的最後一環，而不是埔里的延伸（如圖2所示）。根據阿威‧赫拔哈的講述，日本員警不滿足於駐紮在蜈蚣崙，因為這裡是賽德克領地的邊緣，距被稱為「巴蘭」的主要居民聚集地二十公里以外。當日本軍隊試圖強行接近霧社時，他們在1902年的「人止關」（"Hitodome Pass〔人止關〕"）戰役中被阻擋下來。

為了解釋1902年的那場戰役，阿威把日本人他者化（Others）成賽德克的綽號：員警為長官（*bukkun or Bukung*）（根據Bukonsho命名），而士兵則為塔納哈‧托諾混（*tanaha tonfun* 紅頭敵人，以守備隊員軍帽命名）。對於研究霧社起義的學生來說，情勢現在被翻轉過來。日本語課本通常指稱德固達雅人為「蕃人」（banjin／fanren），因此當描寫殺戮時，主角僅僅在殺無名的「生蕃」。在阿威的敘述中，塔納哈‧托諾混（紅帽）變成一幫可以肆意屠殺的無名人群，因為他們是間諜和入侵者。這個敘事視角的轉變可以哥白尼革命做比擬。

人止關之役是由不同的德固達雅居住地居高臨下合力應戰的。地形的條件使得德固達雅人可以丟大石、推倒樹以及從看不見的堡壘中發起攻擊，把二百多個「紅帽」（日本人）打得落荒而逃，血染眉溪河。阿威的編輯許介鱗（Xu Chieh-lin）在這場戰役中加入了「中村上尉」（Captain Nakamura）這個名字；他將日期定為「1902年」。1902年5月1日，第37聯合旅指揮官給《東京朝日新聞》（*Tokyo Asahi Shinbun*）發去電報，報告說在蜈蚣崙附近的一次戰鬥有十八名日本人傷亡，另有二十名「生蕃人」（Seibanjin）傷亡。[113]這場戰役也被寫進了半官方的「台灣大年表」（Big Taiwan Timeline）編年史，其中也加上了中村上尉的名字，但是傷亡只有十七個人。[114]這必定是「人止關之

113〈台湾守備兵生蕃と戦う〉，《東京朝日新聞》，1902年5月2日，頁1。
114 台灣經世新報社，《台灣大年表》，頁46。

役」了。阿威宣稱，這是「日本人和賽德克人之間的第一場戰役。」

在阿威的記述中，日本軍隊因在人止關的慘敗而感到灰心喪氣，所以他們在蜈蚣崙以東的眉溪建立了軍事總部（請參見圖1），準備對巴蘭發動更多的討伐行動。事實上，東京報紙關於人止關的報導明確指出，日本帝國軍隊正在幫助埔里駐軍應對德固達雅人對日本統治發起的軍事挑戰。然而，在阿威的講述中，德固達雅人再次擊退了他們，這才使得日本在姊妹原（1903年12月）採取欺騙的伎倆來扳回一局。

正如畢互・瓦歷斯（1930年霧社事件真正的倖存者）一樣，阿威確認伊萬・羅勃是1903年姊妹原謀殺案的幫兇，在那個事件中有超過一百個男人被殺害。根據阿威的說法，引發姊妹原屠殺的原因與其說是賽德克為獲得鹽和日用品而對貿易站的依賴，不如說是日本軍隊的弱點、對埔里平原平埔族揮之不去的敵意以及奸詐的伊萬之合謀，而他也因此將她形容為巧舌如簧的蛇蠍美人。[115] 雖然阿威的說法沒有得到大量的補充說明、具體日期和文件的支持，但是與那些把1895年以後的日本放在主導者位置上的大量敘述相比，他的敘事結構實際上與當代的文獻資料更緊密相關。

當然，在1903年底之前，賽德克人並不受政府的管轄。《台灣民報》（*Taiwan Minpō*）在1902年12月報導說，一名原住民女性翻譯伊萬被派遣到巴蘭，在那裡她受到頭目（*toumu*）沙布的熱烈地歡迎。對居住在埔里的德固達雅女人來說，伊萬是一個非常普通的名字（見附錄1），所以我們無法說出這個信使是誰，但是我們可以推測上巴蘭的畢互・沙布接待了這次訪問。根據報紙報導，沙布告訴伊萬，巴蘭人願意為過去獵人頭的罪行（*tsumi*）贖罪以獲得鹽和其他的必需品，並願意接受如同平埔族一樣的待遇。因此，他提議帶他的人到蜈蚣崙山，點燃信號煙火，等待日本代表團。沙布補充說，他的人正與

---

115 アウイヘッパハ，《証言霧社事件》，頁17-21。

都達人交戰，因為最近一個都達人用矛刺死了一名手無寸鐵的德固達雅人，而最近還有兩名德固達雅人也被斬首了。[116] 人們可以將沙布的這番話解讀為德固達雅人不能單方面解除武裝的原因，而這是很多日本人要求「歸順」的條件中所規定的，或可解讀為德固達雅人為抵抗都達人而需要進口武器和金屬來進行自我防衛的原因。

　　三個月後，在1903年2月，荷戈的頭目布呼克‧諾幹帶著十多名德固達雅人來到蜈蚣崙駐在所與埔里警察局長藤田進行談判。日本人提出的「歸順」和恢復交易的條件包括：1）德固達雅人要把他們的孩子送到日本軍官處接受教育；2）隘勇線將延伸至眉溪上游蜈蚣崙以外四或五英里之處；3）金屬器皿、食品和彈藥不再在貿易站自由交易，但是會在表彰的場合做為禮物發放；而最後，4）德固達雅人要停止「相信『其他種族』會帶來厄運從而阻止他們進入的這一迷信習俗」，並讓其他人可以自由地進入山區領地。[117] 這些條件表明，在姊妹原事件前夕，日本人仍然困守於蜈蚣崙，從而證實了阿威的事件年表。

　　從阿威的角度來看，日本記者稱之為的「賽德克的迷信」事實上是祖靈的禁令，以保護他們的土地免受入侵。然而，根據阿威‧赫拔哈的證言，1905年和1906年隘勇線的延伸使得火炮架上了守城份（Shouchengfen）山，這奪走了德固達雅人大量的領土。對於這次討論具有特別意義的是阿威宣稱「在1906年投降之後，我們霧社的賽德克人變成名義上和實際上的霧社居民。」[118]

　　雖然在未來的五到十年裡，日本警察局、學校和溫泉旅館以及禁止文身和在家埋葬的政策才隨著俯瞰巴蘭和萬大的大山砲台的建立而得以實施，阿威寫到，但日本員警此時已經開始更加不受懲罰地搜查

116〈埔里社付近の蕃女〉，《台灣民報》，1902年12月19日，頁2。
117〈霧社蕃の帰順出願〉，1903年2月14日，頁2。
118 アウイヘッパハ，《証言霧社事件》，頁22–23。

賽德克人的住宅，並且當場處死隱藏武器的人，即便不是燒毀他們的房子以「殺雞儆猴」（恐嚇）。根據阿威的講述，當 1908 年下一個歸順的儀式來臨時，二十年的壓迫便開始了：監視、令人厭惡的長官視察接待要求；沒收農場的動物以及員警對原住民妻子傲慢的對待，而這一切都加劇了姊妹原事件所造成的怨恨。雖然近藤將 1905 年和 1906 年的運動說成是德固達雅人對萬大人攻擊近藤（一個德固達雅擁護者）的懲罰，以阿威觀點來說的，近藤也只是一個戴著紅帽子的壞員警。根據阿威的觀點，這些槍炮摧毀了一種生活方式。[119] 通過「住在這裡」的賽德克（Seediq）族主角的視角所作的重新敘述以及把紅帽子戴在外來的日本他者的頭上，阿威讓我們所看到的霧社起義就如同 20 世紀初期的日本員警所看到的被火焚燒的原住民家園：是的，令人遺憾；但說是震驚，一點也不。

結論

　　本論文認為，深堀上尉做為軍事之神和近藤勝三郎做為忠實的「原住民之手」（"Aborigine Hand"）的傳奇故事在很大程度上是緊接著霧社事件發生後的媒體狂熱所產生出來的副產品。在台灣鄉間發生了駭人聽聞的暴力襲擊日本平民的事件之後，近藤和他的編輯為閱讀大眾提供了一個故事，這個故事以溫和的方式推翻了政府令人難以置信的粉飾，同時向日本讀者保證至少還有幾位殖民者可以體現日本國民性的最佳品質。可以肯定的是，在接近台灣原住民方面，近藤勝三郎與別的殖民者花了同樣多的時間，並且最終贏得了受人尊敬的語言學家的聲譽。有時他稱讚德固達雅人、都達人和德魯固人的勇敢和誠實。近藤也指出日本帝國統治的缺點。但是他一再堅持認為他是日本政策的主要設計者並且早在 1896 年他就是德固達雅社會中令人敬畏、

---

119 アウイ・ヘッパハ，《証言霧社事件》，頁 22–28。

備受愛戴和尊敬的一員，這點是非常可疑的。

　　相較於近藤用不實故事贏得的很多支持者所暴露出來的這個更大問題而言，記憶中的微小錯誤或者把不實之詞置入歷史記錄這些事就顯得微不足道了。他那個在商業上獲得成功的回憶錄講述了生活在純樸、易變和童稚般的賽德克人之中的大膽、嚴厲和父親般的日本開拓者的故事，這在我們聽來可能顯得很可笑，但是我們並不是那些購買最新一期《台灣日日新報》的人，也不是昭和時代早期選舉的選民。近藤把德固達雅和日本關係描繪得像是一場劇情跌宕起伏的漫長的肥皂劇，它讓人們關注到日本演員以及他們的使命感、焦慮感和道德感，但同時卻完全湮沒了關乎台灣意願的不同聲音和訊息。

　　近藤在他內向和簡化的故事（物語 monogatari）中把自己預設為親密、熟悉和具有為別人做出最好判斷能力的人，這與其他民族主義者對我們現代世界的遙遠帝國中的占領者和被占領者之間的社會接合部的了解是一致的。從更廣泛的角度來看，人們可以說近藤是「德固達雅人的朋友」，這就如同占據冷戰話語的眾多美國民間英雄，他們也是美國慷慨援助群眾的「朋友」，而這些援助同時是以空中轟炸和其他野蠻方式送達的。南越的約翰・保羅・范恩（John Paul Vann）正提供了一個美國版的瘋狂「生蕃近藤」（"Seiban Kondō"）的例子。[120] 總之，1930 年霧社日本學校教師和員警與 1979 年居住在德黑蘭或是 2000 年科爾軍艦（the U.S.S. Cole）上的美國人之間的文化差異也許比我們想像的還要小。為了解決都市焦慮的問題，新聞報導、電影、非小說寫作和小說將帝國的許多舊址都弱化成了背景，因此這些視角無助於我們理解為什麼「我們」竭力相助的這些人會對「我們」——他們的恩人——暴力相對。

---

120 Neil Sheehan, *A Bright Shining Lie: John Paul Vann and America in Vietnam* (New York: Vintage, 1989).

附錄：賽德克女人從埔里盆地到霧社之間的旅行，1899年4月
　　　　至1900年4月

Attributed Name	Origin	Recorded Name	Age	Date of Trip	Destination
Hirra	守城份庄	ヒラツ	30	18990412	入蕃
Taime	蜈蚣崙庄	タイメ	30	18990415	入蕃
Birra Basau	蜈蚣崙庄	ビラッバサウ	25	18990419	入蕃
Birra Basau	大湳庄	ビラッバサウ	25	18990503	タカナン社
Puli Iwan	埔理社北門街	イワン	25	18990503	カワツク社
Bakan Guttsuru	守城份庄	バカン	25	18990504	パーラン社
Habau Sappo	守城份庄	ハバウ	19	18990504	パーラン社
Habau Sappo	守城份庄	ハバウ	16	18990504	パーラン社
Ruppi	守城份庄	ルピツ	20	18990504	パーラン社
Tepon	守城份庄	テポン	17	18990504	パーラン社
Uma Nabu	守城份庄	ウマ	26	18990504	パーラン社
Hirra	守城份庄	ヒラツ	30	18990510	入蕃
Ruppi	守城份庄	ルビツ	19	18990510	入蕃
Shouchengfen Iwan	守城份庄	イワン	24	18990510	入蕃
Habau Sappo	守城份庄	ハバウ	19	18990513	パーラン社
Shouchengfen Apai	守城份庄	アパイ	39	18990513	パーラン社
Tepon	守城份庄	テポン	17	18990513	パーラン社
Apai Kumo	蜈蚣崙庄	アパイ	23	18990515	パーラン社
Puli Iwan	埔理社北門街	イワン	25	18990515	パーラン社
Sapon	守城份庄	サポン	18	18990515	パーラン社
Taime	蜈蚣崙庄	タイメ	37	18990515	パーラン社

Duration（days）	Purpose of Trip	Source
3	n/a	4595/12 1899-10-01
n/a	食糧粟搬	4595/12 1899-10-01
n/a	食糧搬	4595/12 1899-10-01
3	食糧粟其他の食糧取寄の為	4596/1 1899-10-01
3	食糧粟其他の食糧取寄の為	4596/1 1899-10-01
3	食糧粟其他の食糧取寄の為	4596/1 1899-10-01
3	食糧粟其他の食糧取寄の為	4596/1 1899-10-01
3	食糧粟其他の食糧取寄の為	4596/1 1899-10-01
3	食糧粟其他の食糧取寄の為	4596/1 1899-10-01
3	食糧粟其他の食糧取寄の為	4596/1 1899-10-01
3	食糧粟其他の食糧取寄の為	4596/1 1899-10-01
n/a	二回に酋長召喚の為入蕃せしめたり	4596/1 1899-10-01
n/a	二回に酋長召喚の為入蕃せしめたり	4596/1 1899-10-01
n/a	二回に酋長召喚の為入蕃せしめたり	4596/1 1899-10-01
3	食糧粟其他の食糧取寄の為	4596/1 1899-10-01
3	食糧粟其他の食糧取寄の為	4596/1 1899-10-01
3	食糧粟其他の食糧取寄の為	4596/1 1899-10-01
4	食糧粟其他の食糧取寄の為	4596/1 1899-10-01
4	食糧粟其他の食糧取寄の為	4596/1 1899-10-01
4	食糧粟其他の食糧取寄の為	4596/1 1899-10-01
4	食糧粟其他の食糧取寄の為	4596/1 1899-10-01

Tebau Temu	蜈蚣崙庄	テバウテム	30	18990515	パーラン社
Uma Nabu	守城份庄	ウマ	26	18990515	パーラン社
Wugonglun Uma	蜈蚣崙庄	ウマ	19	18990515	パーラン社
Bakan Guttsuru	守城份庄	バカン	25	18990517	タカナン社
Birra Basau	大湳庄	ビラッバサウ	25	18990517	タカナン社
Habau Sappo	守城份庄	ハバウ	19	18990517	タカナン社
Hirra	守城份庄	ヒラツ	30	18990517	入蕃
Ruppi	守城份庄	ルビツ	19	18990517	入蕃
Shouchengfen Iwan	守城份庄	イワン	24	18990517	入蕃
Buriki	守城份庄	ブリキ	18	18990524	パーラン社
Sayon	烏牛欄庄	サーユン	28	18990524	パーラン社
Apai Kumo	蜈蚣崙庄	アパイ	20	18990525	パーラン社
Rubi Bakan	守城份庄	ルヒヴ	40	18990609	パーラン社
Hirra	守城份庄	ビラツ	30	18990622	霧大社
Iwan Rabao	蜈蚣崙庄	イワン	24	18990622	霧大社
Teshi	烏牛欄庄	テシ（？）	17	18990622	パーラン社
Iwan Pixo	守城份庄	イサンピット	30	18990629	霧社トウガン社
Shouchengfen Apai	守城份庄	アパイ	39	18990630	パーラン社及萬社ツケウシ社
Tepon	守城份庄	テイホン	17	18990630	パーラン社及萬社ツケウシ社
Apai Kumo	蜈蚣崙庄	アパイクモ	20	18990710	霧社
Bakan Guttsuru	守城份庄	バカンクッツル	25	18990710	霧社
Habau Sappo	守城份庄	ハバウサボ	19	18990710	霧社
Rabai Rubi	守城份庄	ラバイルビ	18	18990710	霧社
Rubi Bakan	守城份庄	ルイハカン	40	18990711	トウガン社
Uma Nabu	守城份庄	ウマナブ	26	18990711	トウガン社

4	食糧粟其他の食糧取寄の為	4596/1 1899-10-01
4	食糧粟其他の食糧取寄の為	4596/1 1899-10-01
4	食糧粟其他の食糧取寄の為	4596/1 1899-10-01
3	食糧粟其他の食糧取寄の為	4596/1 1899-10-01
3	食糧粟其他の食糧取寄の為	4596/1 1899-10-01
3	食糧粟其他の食糧取寄の為	4596/1 1899-10-01
n/a	二回に酋長召喚の為入蕃せしめたり	4596/1 1899-10-01
n/a	二回に酋長召喚の為入蕃せしめたり	4596/1 1899-10-01
n/a	二回に酋長召喚の為入蕃せしめたり	4596/1 1899-10-01
3	食糧粟其他の食糧取寄の為	4596/1 1899-10-01
3	食糧粟其他の食糧取寄の為	4596/1 1899-10-01
10	食糧粟其他の食糧取寄の為	4596/1 1899-10-01
2	自家用食糧取寄ノ為メ	4596/2 1899-10-01
3	蕃人兇行事件偵察の為め	4596/2 1899-10-01
3	蕃人兇行事件偵察の為め	4596/2 1899-10-01
3	郷里親戚の面会の為	4596/2 1899-10-01
5	家族の面会の為	4596/2 1899-10-01
3	食糧取寄せ	4596/2 1899-10-01
3	食糧取寄せ	4596/2 1899-10-01
4	食糧取寄せ	4596/2 1899-10-01
4	食糧取寄せ	4596/2 1899-10-01
4	食糧取寄せ	4596/2 1899-10-01
4	食糧取寄せ	4596/2 1899-10-01
5	家族の面会の為	4596/2 1899-10-01
5	家族の面会の為	4596/2 1899-10-01

Bira Kanega	守城份庄	ヒラクカ子ガ	35	18990719	霧社
Uma Birin the Younger	守城份庄	ウマヒリン	19	18990719	霧社
Apai Kumo	蜈蚣崙庄	アパイ	23	18990800	霧社
Apai Kumo	蜈蚣崙庄	アパイクモ	23	18990800	霧社
Bira Kanega	守城份庄	ヒラッカ	35	18990800	霧社
Biraku	大湳庄	ビラク	25	18990800	霧社
Iwan Pixo	守城份庄	イワンビット	30	18990800	霧社
Iwan Rabao	蜈蚣崙庄	イワンロバウ	24	18990800	霧社
Kumo Watan	埔里社	クモワタン	24	18990800	霧社
Robau Temu	蜈蚣崙庄	ロバウンム	30	18990800	霧社
Rubi Bakan	守城份庄	ルビバカン	40	18990800	霧社
Taime	蜈蚣崙庄	タイメリット	37	18990800	霧社
Temirawa	烏牛欄庄	テミラワ	17	18990800	霧社
Uma Birin the Younger	蜈蚣崙庄	ウマビリン	19	18990800	霧社
Yohai Sappo	蜈蚣崙庄	ヨハイサポ	12	18990800	霧社
Apai Kumo	蜈蚣崙庄	アパイクモ	23	18991021	霧社
Taime	蜈蚣崙庄	タイメリット	37	18991021	霧社
Bakan Guttsuru	守城份庄	パカングッツル	25	18991023	霧社パーラン社及トウガン社
Bira Kumo	蜈蚣崙庄	ビラクモ	16	18991023	霧社パーラン社及トウガン社
Robau Temu	蜈蚣崙庄	ロバウテム	30	18991023	霧社パーラン社及トウガン社
Uma Birin the Elder	蜈蚣崙庄	ウマピリン	29	18991023	霧社パーラン社及トウガン社

2	食糧取寄せ	4596/2 1899-10-01
2	食糧取寄せ	4596/2 1899-10-01
n/a	食料品取寄せ	4596/4 1899-11-01
n/a	食料品取寄せ	4596/4 1899-11-01
n/a	霧社酋長に伝達の件に付	4596/4 1899-11-01
n/a	食料品取寄せ	4596/4 1899-11-01
n/a	食料品取寄せ	4596/4 1899-11-01
n/a	食料品取寄せ	4596/4 1899-11-01
	食料品取寄せ	4596/4 1899-11-01
n/a	食料品取寄せ	4596/4 1899-11-01
n/a	霧社酋長に伝達の件に付	4596/4 1899-11-01
n/a	食料品取寄せ	4596/4 1899-11-01
n/a	食料品取寄せ	4596/4 1899-11-01
n/a	食料品取寄せ	4596/4 1899-11-01
n/a	食料品取寄せ	4596/4 1899-11-01
4	親戚訪問の為	4622/10 1900-01-01
4	親戚訪問の為	4622/10 1900-01-01
4	郷里霧社パーラン社及トウガン社	4622/10 1900-01-01
4	郷里霧社パーラン社及トウガン社	4622/10 1900-01-01
4	郷里霧社パーラン社及トウガン社	4622/10 1900-01-01
4	郷里霧社パーラン社及トウガン社	4622/10 1900-01-01

Hirra	通事蕃婦	ヒラツイリン		18991024	入蕃
Iwan Pixo	守城份庄	イワン		18991024	入蕃
Rubi	守城份庄	ルビ		18991024	入蕃
Rapai Rittok	蜈蚣崙庄	ラパイリットク	12	18991109	霧社
Rawa Robau	守城份庄	ラワロバウ	18	18991109	霧社
Rubi Bakan	守城份庄	ルビツバカン	40	18991109	霧社
Temirawa	烏牛欄庄	テミラワ	17	18991109	霧社
Uma Nabu	守城份庄	ウマナブ	26	18991109	霧社
Yohai Sappo	蜈蚣崙庄	ヨパイサポ	16	18991109	霧社
Iwan Pixo	守城份庄	イワン		18991115	入蕃
Apai Kumo	蜈蚣崙庄	アバイクモ	23	18991207	霧社
Iwan Rabao	蜈蚣崙庄	イワンロバウ	30	18991207	霧社
Temirun	蜈蚣崙庄	テミルルン	37	18991207	霧社
Uma Birin the Younger	蜈蚣崙庄	ウマピリン	17	18991207	霧社
Bira Kanega	守城份庄	ビラッカ子	35	18991212	霧社
Rubi Bakan	守城份庄	ルビバカン	40	18991212	霧社
Iwan Pixo	蜈蚣崙庄	イワンピト	30	18991225	霧社
Rapai Rittok	蜈蚣崙庄	ラパイ	12	18991225	霧社
Apai Kumo	蜈蚣崙庄	アパイ		19000119	霧社
Rubi Rawa	守城份庄	ルビラワ		19000119	霧社
Sabonha	蜈蚣崙庄	サボンハ		19000119	霧社
Apai Kumo	蜈蚣崙庄	アパイ	24	19000215	霧社及パーラン社
Temirun	蜈蚣崙庄	テミルン	38	19000215	霧社及パーラン社
Uma Birin the Elder	蜈蚣崙庄	ウマピリン	30	19000215	霧社及パーラン社
Bira Kanega	守城份庄	ビラカ子ガ	31	19000226	霧社

3	蕃人召喚の必要あり	4622/10 1900-01-01
3	蕃人召喚の必要あり	4622/10 1900-01-01
3	蕃人召喚の必要あり	4622/10 1900-01-01
n/a	親戚面會及び食糧取寄せ	4622/11 1900-01-01
	親戚面會及び食糧取寄せ	4622/11 1900-01-01
n/a	親戚面會及び食糧取寄せ	4622/11 1900-01-01
n/a	親戚面會及び食糧取寄せ	4622/11 1900-01-01
n/a	親戚面會及び食糧取寄せ	4622/11 1900-01-01
n/a	親戚面會及び食糧取寄せ	4622/11 1900-01-01
n/a	酋長召喚の必要あり	4622/11 1900-01-01
4	鄉里霧社親戚面會及び食糧取寄せ	4622/12 1900-02-01
4	鄉里霧社親戚面會及び食糧取寄せ	4622/12 1900-02-01
4	鄉里霧社親戚面會及び食糧取寄せ	4622/12 1900-02-01
4	鄉里霧社親戚面會及び食糧取寄せ	4622/12 1900-02-01
5	鄉里霧社	4622/12 1900-02-01
5	鄉里霧社	4622/12 1900-02-01
3	鄉里霧社	4622/12 1900-02-01
3	鄉里霧社	4622/12 1900-02-01
3	鄉里霧社	4625/6 1900-03-01
3	鄉里霧社	4625/6 1900-03-01
3	鄉里霧社	4625/6 1900-03-01
4	食糧取寄せ	4625/7 1900-04-01
4	食糧取寄せ	4625/7 1900-04-01
4	食糧取寄せ	4625/7 1900-04-01
4	食糧取寄せ	4625/7 1900-04-01

Iwan Pixo	守城份庄	イワンピット	36	19000226	霧社
Apai Nawi	守城份庄	アパイナオ	17	19000301	霧社
Habau Sappo	守城份庄	ババウサッポ	17	19000301	霧社
Rubi Bakan	守城份庄	ルビバカン	41	19000301	霧社
Uma Birin the Younger	蜈蚣崙庄	ウマピリン	18	19000317	霧社
Iwan Pixo	守城份庄	イワン	28	19000413	パーラン社
Puli Apai	埔理社	アパイ	23	19000417	パーラン社
Tehai	蜈蚣崙庄	テパイ	13	19000417	パーラン社
Wugonglun Uma	蜈蚣崙庄	ウム	19	19000417	パーラン社

參考書目與文獻

英文書目

Barclay, Paul D. *Outcasts of Empire: Japan's Rule on Taiwan's "Savage Border" 1874-1945*. Oakland: University of California Press, 2017.

Benesch, Oleg. *Inventing the Way of the Samurai: Nationalism, Internationalism, and Bushidō in Modern Japan*. Oxford: Oxford University Press, 2014.

Ching, Leo T. S. "Savage Construction and Civility Making: Japanese Colonialism and Taiwanese Aboriginal Representation," *Positions: East Asia Cultures Critique* 8, No. 3 (2000): 797-799.

——. Becoming "Japanese": Colonial Taiwan and the Politics of Identity Formation. Berkeley: University of California Press, 2001.

4	食糧取寄せ	4625/7 1900-04-01
3	郷里霧社	4625/8 1900-05-01
3	郷里霧社	4625/8 1900-05-01
3	郷里霧社	4625/8 1900-05-01
3	郷里霧社	4625/8 1900-05-01
3	郷里霧社	4625/9 1900-07-01
3	郷里霧社	4625/9 1900-07-01
3	郷里霧社	4625/9 1900-07-01
3	郷里霧社	4625/9 1900-07-01

Hunter, Janet, ed. *Concise Dictionary of Modern Japanese History*. Berkeley: University of California Press, 1984.

Kasza, Gregory J. *The State and the Mass Media in Japan 1918-1945*. Berkeley: University of California Press, 1988.

Sheehan, Neil. *A Bright Shining Lie: John Paul Vann and America in Vietnam*. New York: Vintage, 1989.

Sims, Richard. *Japanese Political History since the Meiji Renovation, 1868-2000*. New York: Palgrave, 2001.

Young, Louise. *Japan's Total Empire: Manchuria and the Culture of Wartime Imperialism*. Berkeley: University of California Press, 1999.

中文書目

北村嘉惠，〈再傾聽他們的故事：思考「台灣原住民觀點的霧社事件」〉，《霧社事件：歷史和文化讀本》。台北：麥田，2020年。

台灣經世新報社（編），〈台灣大年表：明治28年–昭和13年〉，《台灣經世新報社，1938》。台北：南天書局，2001年。

華哲安，〈殖民地「討伐」話語及措施在霧社暴動的發生及鎮壓中的作用〉，《霧社事件：台灣歷史和文化讀本》。台北：麥田，2020年。

王學新（編），《埔里社退城日誌》，南投：國史館台灣文獻館，2004年。

伊能嘉矩（編），《理蕃誌稿第一卷》。台北：南天書局，1995年。

日文書目

『「大衆党で霧社事件調査」──東京朝日新聞』1月7日、1931年

戴国煇（編）『台湾霧社蜂起事件：研究と資料』東京：社会思想社、1981年

東山京子『「台湾領有期における対原住民政策：深堀泰一郎探検隊と長野義虎意見書からの一考察」──社会科学研究』33, no. 2 (March 2012): 282–298.

渡邊生『「霧社騒擾の　相を開く一つの鍵！「生蕃近藤」氏の半生を物語る」──台湾日日新報』12月20日、1930年

──『「霧社騒擾の　相を開く一つの鍵！「生蕃近藤」氏の半生を物語る（二）」──台湾日日新報』12月21日、1930年

──『「霧社騒擾の　相を開く一つの鍵！「生蕃近藤」氏の半生を物語る（三）」──台湾日日新報』12月25日、1930年

──『「霧社騒擾の　相を開く一つの鍵！「生蕃近藤」氏の半生を

　　　物語る（四）」――台湾日日新報』1月12日、1931年

――『「霧社騷擾の　相を開く一つの鍵！「生蕃近藤」氏の半生を
　　　物語る（七）」――台湾日日新報』1月15日、1931年

――『「霧社騷擾の　相を開く一つの鍵！「生蕃近藤」氏の半生を
　　　物語る（八）」――台湾日日新報』1月16日、1930年

冨永藤平『「噫乎深堀大尉」――理蕃の友』1月1日、1936年

賀来倉田『「中央山脈横断（一）」――台湾日日新報』1月24日、
　　　1908年

横路啟子『「日本統治時代台湾の理蕃政策と通訳者：「生蕃近藤」と
　　　その周辺を中心に」――日本統治期台湾における訳者及び「翻
　　　訳」活動：植民地統治と言語文化の錯綜関係、楊承淑（編）』台
　　　北：国立台湾大学出版中心，2015年

荒木昌保（編）「『『時計』の化物がカチカチ鳴るので檜山鐵クン生蕃
　　　の花嫁に逃げらる』――新聞が語る明治史（第二巻）」東京：
　　　原書房，1979年

栗原純（編）『「台湾総督府交通局鉄道部（編）――台湾鉄道旅行案
　　　内（7月、1930）」――近代台湾都市案内集成（第四巻）』東
　　　京：ゆまに書房、2013年

鈴木作太郎『台灣の蕃族研究』台北：南天書局，1988年

駒込武『世界史のなかの台湾植民地支配：台南長老教中学校からの
　　　視座』東京：岩波書店、2015年

井出季和太『台湾治績志』台北：台湾日日新報社

橋本白水『ああ霧社事件』台北：南国出版協会、1930年

入江英、橋本繁『「台湾蕃地雑俗」――風俗画報：130』1896年

森丑之助[丙牛生]『「深堀の瀧（一）」――台湾日日新報』9月18日、
　　　1910年

――『「深堀の瀧（二）」――台湾日日新報』9月24日、1910年

森田俊介『台湾の霧社事件：真相と背景』東京：伸共社、1976年

山邊健太郎（編）『現代資料 22 台湾（二）』東京：みすず書房、1971
　　年

藤崎濟之助『台灣の蕃族』8月、1930年

──『台湾通俗歴史全集』台北：台湾通俗歴史全集刊行会、1931年

桝本誠一『台灣祕話』台北：日本及殖民社、1928年

王岬生『「台湾通信：生蕃訪問記」──読売新聞』2月24日、1896年

伊能嘉矩、森口雄稔（編）『「巡台日乘」──伊能嘉矩の台湾踏査日
　　記』台北：台湾風物雑誌社，1992年

仲摩照久（編）『日本地理風俗大系』第十五巻、東京：新光社、
　　1931年

『「霧社事件」──台湾時報』2月15日、1931年

『「深堀大尉義捐金」──東京朝日新聞』4月3日、1898年

『「台湾守備兵生蕃と戦う」──東京朝日新聞』5月2日、1902年

『「霧社暴動事件の原因と真相」──東京朝日新聞』11月20日、1930
　　年

ピホワリス［高永清］・加藤実（訳）『霧社緋桜の狂い咲き：虐殺事件
　　生き残りの証言』東京：教文館、1988年

アウイヘッパハ/許介鱗（編）『証言霧社事件－台湾山地人の抗日蜂
　　起』東京：草風館、1985年

「埔里社支署長北蕃巡視并故深堀大尉一行遭難遺物發見報告」冊號
　　4627文號2

「蕃人會見埔里社出張所報告」冊號35文號18

「三十年五月中埔里社撫墾署事務報告」冊號164文號13

「三十年七月中埔里社撫墾署事務報告」冊號164文號14

「三十一年十二月中台中縣蕃人蕃地ニ關スル事務及情況報告」冊號
　　4595文號8

「三十二年一月中台中縣蕃人蕃地ニ關スル事務及情況報告」冊號
　　4595文號9

「三十二年二月中台中縣蕃人蕃地ニ關スル事務及情況報告」冊號
　　4595文號8

「三十二年五月中台中縣蕃人蕃地ニ關スル事務及情況報告」冊號
　　4596文號1

「明治三十三年八月中蕃人蕃地ニ關スル事務及情況台中縣報告」冊
　　號4623文號3

『「故深堀大尉の葬儀」──読売新聞』9月28日、1897年

『「霧社蕃の帰順出願」──台湾日日新報』2月14日、1903年

『「マベボの岩窟に地蔵菩薩を祈る:生蕃近藤が法衣を纏い」──台
　　湾日日新報』10月28日、1932年

『「埔里社付近の蕃女」──台湾民報』12月19日、1902年

「以『蕃』制『蕃』」：
「霧社事件」的前因

鄧相揚

前言

　　爆發於1930年10月的台灣「霧社事件」，及後續1931年4月發生的「第二次霧社事件」，造成近一千名賽德克族（Seediq）德固達雅群（Tgdaya）族人的死亡，在日本殖民台灣統治五十餘年當中，留下了歷史污點，無法拭淨。

　　對於「霧社事件」發生的原因，台灣與日本的研究者大體完成調查與研究，並形成現今的研究體系與版本，另外賽德克族菁英的主體詮釋是另一觀點，應加以重視。唯，現今研究者似乎遺漏了某一環節，那就是本文要說明與論述的環節所在，其一為「霧社蕃膺懲事件」的原因；其二為「生蕃近藤」的角色與影響。

　　檢視歷史文獻與田調訪談，造成「霧社事件」有諸多原因，包括遠因與近因，這在「霧社事件」大量的研究論文與書籍出版當中，我們並不陌生。但，筆者認為：「霧社事件」的爆發，除了「理蕃」政策的失策之外，其最重大的原因，應是「深堀事件」引發的「霧社蕃膺懲事件」，日方膺懲的對象錯誤所致；亦因此引發了後續的事件，

期間，「生蕃近藤」如何駕馭官方？並運用自己與霧社各社群之間的關係，縱橫霧社長達二十二年（1896-1918），「霧社蕃膺懲事件」其前因並因此造成「霧社事件」和「第二次霧社事件」的後果。

「霧社事件」的前因

　　檢視歷史文獻與田調訪談，造成「霧社事件」有諸多原因，包括遠因與近因，唯在此之前，在霧社地區所發生一連串的歷史事件，皆屬「霧社事件」的誘因，亦即本文將論述的「霧社事件」的前因，這包括：「深堀事件」、「霧社蕃應膺懲事件」，與「生蕃近藤」的崛起。

一、深堀事件

　　明治二十九年（1896）台灣總督府軍務局陸軍部計畫調查台灣南北縱貫鐵路，及中央山脈東西橫貫道路，其中「中央山脈橫斷探險隊」命由陸軍步軍大尉正七位勳六等深堀安一郎為隊長。

　　「中央山脈橫斷探險隊」之成員包括總督府民政局技師、雇員、軍務局屬、通譯、人夫共十四人，一行人於明治三十年（1897）1月15日抵達埔里社，[1]埔里社撫墾署立刻安排，由有「生蕃近藤」之稱的近藤勝三郎、伊婉・羅勃（Iwan Lobo）夫婦，及「生蕃通事」潘老龍夫婦充當嚮導。[2]深堀大尉一行十八人，[3]於16日抵達賽德克族德固達雅的巴蘭（Paran）部落，[4]此時，近藤勝三郎的瘧疾發病，留在巴蘭社的

1　「深堀事件」與深堀安一郎大尉的事蹟，詳見丙牛生（森丑之助）所撰之〈深堀の瀧〉一文，刊登於《台灣日日新報》，明治四十三年（1910）9月18日至10月16日間連載。

2　牛眠山莊的巴宰族裔，為蕃產物交換業者，見藤崎濟之助，《台灣の蕃族》（東京：國史刊行會，1931年訂正增補版），頁606。

3　總督局軍務局派遣的成員共十四名，抵達埔里社後，增加蕃產交易人近藤勝三郎、伊婉・羅勃（Iwan Lobo）夫婦，及「生蕃通事」潘老龍夫婦充當嚮導，因而成員為十八名。

4　巴蘭（Paran）部落為德固達雅（Tgdaya）的主力部落，有 Alang Hunac、Alang Ckceka、

岳家療養。之後，探險隊由伊婉・羅勃和潘老龍夫婦充當嚮導，繼續往都達（Toda）、德路固（Turuku）前進。一行人抵達德路固後，伊婉・羅勃和「生蕃通事」潘老龍夫婦，發覺部落有異樣，顯得相當不安，伊婉・羅勃率先趁夜逃回巴蘭社，數日後，因探險隊需要生活物資的補給，1月28日派通事潘老龍夫婦回埔里社通報。

　　此後探險隊杳無消息，日人當局認為凶多吉少，埔里社撫墾署派遣技手竹田忠治入山探查深堀大尉一行下落，除了埔里社守備隊幾位士兵隨行外，由蜈蚣崙莊的蕃婦帶路及擔任通譯，[5]花了五天的時間並未尋獲深堀大尉一行的任何蹤跡。3月15日埔里社撫墾署竹田忠治，針對深堀大尉一行蹤跡調查提出覆命書，表達一無所獲。[6]

　　4月間埔里社守備隊又派出秋元源寬大尉、柿內雄三郎少尉帶領十二名士兵，組織一支「深堀大尉蹤跡探險隊」，於4月8日從台北出發，[7]抵埔里社後，於4月14日由埔里社出發，再進入霧社山區尋覓深堀大尉一行的蹤跡，於5月7日安返埔里社，5月18日返回台北，並提出〈深堀大尉／蹤跡探險報告〉，詳列探險之所見所聞，他們先在都達社群的Bukebon社頭目瓦利斯・打袞（Walis Takun）家，發現了一隻繡有「大塚安太郎」名字的縛腿、一副破了一個鏡片的眼鏡，以及一雙黑檀木筷子。接著，他們又在德路固社群的塔洛灣社（Truwan），找到了一隻麻質綁腿、一件藍色上衣、一件薄外套，[8]雖然發現了這些遺物，但還是無法找到深堀大尉探險隊一行十四名的蹤跡，推想

Alang Ruco、Alang Tntana等部落，通稱為巴蘭。

5　「蕃婦」一詞係指清末、日治初期，霧社地區原住民婦女嫁給平埔族群的男子為妻，而且受官方所聘，擔任翻譯工作者。

6　台灣文獻館。公4533-18。

7　1897年7月30日，〈生蕃探險隊第二軍〉，《讀売新聞》。

8　日本東京外國語大學アジア・アフリカ言語文化研究所（AA研）所藏了「小川尚義、淺井惠倫文庫」，「一般台灣南島語General Formosan Languages」OA95；（B）〈深堀大尉／蹤跡探險報告〉秋元源寬大尉、柿內雄三郎少尉報告，頁233-249。

可能遇害，此一事件稱為「深堀事件」。

「深堀事件」造成十四名日本人的失蹤，日人當局懷恨在心，一心一意計畫安排報仇之計，並對霧社地區實施「生計大封鎖」，禁止食鹽、鐵器，及生活物品的交易。約在同一期間，花蓮地區發生「新城事件」，[9]台灣總督府忙於處理討伐，無暇對「深堀事件」展開報復行動。直到明治三十三年（1900）3月24日，南投辦務署埔里社支署主記吉川淡、雇員高田義五郎、巡查部長中村喜十郎、巡查大堀久吾、物品交換人近藤勝三郎、入蕃志願者後藤五郎、通事的原住民妻子Birakku及其他六名，在德路固頭目Kurasutoppa及其他六名的嚮導下，往霧社方向出發了。[10]他們在德路固的部落探查一星期的時間，得到深堀大尉一行遭難的事實。

明治三十三年（1900）3月31日，埔里社支署長大熊廣筠警部向南投弁務署長矢野武平提出「巡視Turuku及Toda兩社及深堀大尉遭難遺物發現之報告」，[11]並再上呈到台中縣。4月14日台中縣知事木下周一，呈給台灣總督兒玉源太郎有關〈南投辦務署管內埔里社辦務支署長北蕃Turuku及Toda兩社巡視，及故深堀大尉一行遭難遺物發現報告〉。

二、霧社蕃膺懲事件

「深堀事件」造成十四名日本人的死亡，日人當局懷恨在心，一

9　明治二十九 年（1896）12 月，因日軍侮辱太魯閣族婦女，在漢人通事李阿隆協助、聯繫下，召集太魯閣族武士林各社男丁突襲新城分遣隊監視哨，共殺死官兵十三人，史稱「新城事件」。

10　台灣總督府公文類纂。

11　埔里社支署長警部大熊廣筠遺物發現報告書。資料來源：台灣總督府檔案 000046270020149。

心一意計畫安排報仇之計，除了進行「生計大封鎖」之外，[12]日人主導了「霧社蕃膺懲事件」，藉由「以蕃制蕃」狠毒伎倆，達到報復的目的。

明治三十六年（1903）10月間，日人當局透過近藤勝三郎、伊婉·羅勃夫婦的安排，與布農族（Bunun）卓社群的干卓萬社（Kantabang）、卓社，[13]取得祕密協定，由日方提供食鹽、鐵器等物資品給布農族人，然後再由伊婉·羅勃轉知德固達雅群的領導部落巴蘭社，雙方將於「姊妹原」進行交易，地點選在「姊妹原」，此地位在賽德克族、布農族，和泰雅族萬大社的交界處，賽德克族人稱之為「breenux Mktina」（布農平原）。[14]

長期陷在生活物資缺乏的德固達雅群族人，不疑有詐，亦沒有防範之心，於是派了巴蘭、荷戈（Gungu）、羅多夫（Drodux）等社百餘名壯丁，依約前到「姊妹原」進行交易，布農族人聲稱在交易之前，彼此禮尚往來，並同意雙方解除武裝，然後雙方開始飲宴，布農族人準備了豐富的酒食，德固達雅群族人已經多年未能如此暢飲，一番飲宴之後，有的德固達雅群族人已經酩酊大醉，二百餘名布農族壯丁持著槍枝和刀械將德固達雅群的壯丁層層包圍，然後展開集體殺戮，共有一百多人遭到屠殺，並且被馘首砍下首級，逃出虎口的德固達雅群族人僅有六、七名，倉皇失措回到部落。經此一浩劫，德固達雅群的

---

12 「深堀事件」之後，日本殖民當局對霧社地區，實施「生計大封鎖」，禁止食鹽及鐵器、槍彈等生活必需品進入霧社地區。

13 卓社群是布農族（Bunun）最北的一群，清代稱之為「干卓萬蕃」，分布在濁水溪上游沿岸山地，與賽德克族（Seediq）相鄰。日治時期，日人藉「集團移住」將其移居到過坑（仁愛鄉中正村）、曲冰（萬豐村）、武界（法治村）。

14 breenux Mktina（布農平原）即是日人所稱的「姊妹原」，是德固達雅群、泰雅族萬大群，與布農族三群的地界處，位在今日仁愛鄉萬豐村東北方約二公里的平野地，隔著濁水溪，東岸為妹原、西岸為姊原，合稱「姊妹原」。見郭明正，《又見真相：賽德克族與霧社事件》（台北：遠流，2012），頁121。

勢力大為衰退，其中又以巴蘭社最為慘重。此一事件日人稱做「霧社蕃膺懲事件」，德固達雅群族人則稱為「姊妹原屠殺事件」。[15]

三、「生蕃近藤」的崛起與角色

　　近藤勝三郎是日本德島縣人，出生於明治六年（1873），因參加日清甲午戰爭的遼東戰役，對日本新殖民地領土的台灣充滿著憧憬，解甲後返鄉從事商業販賣工作，對獻身台灣的「蕃情研究」躍躍欲試，時年二十三歲，於明治二十九年（1896）2月間，由日本經香港來台灣，5月間受埔里社弁務署長檜山鐵三郎（兼埔里社支廳長）之邀來到埔里社，之後近藤勝三郎在埔里社蜈蚣崙開設「近藤商店」，為方便經營蕃產交易，娶霧社德固達雅群巴蘭社頭目羅勃‧諾威（Robo Nawi）之女伊婉‧羅勃為妻，並學習賽德克語（德固達雅 Tgdaya、都達 Toda、德路固 Truku 三個語系），進入「蕃界」行動自如，不擔心會被出草，由於長年來穿梭於蕃界之中，與許多蕃社皆相當熟稔，尤其是德路固群的頭目巴索‧莫那（Baso Mona）因帶領社眾至埔里社進行交易，與近藤勝三郎結識，成為知己，頭目巴索‧莫那甚至把近藤勝三郎視為己子。[16]近藤勝三郎也因而獲得「生蕃近藤」的別稱。[17]

　　日人治台之初，在原住民部落普遍缺乏通譯人員，近藤勝三郎、伊婉‧羅勃夫婦就成為官方倚重的人才，由於時常遊走於部落間，此後近藤勝三郎也成為橫斷中央山脈的先導者，先後協助人類學家鳥居龍藏、森丑之助等人進行台灣中央山脈橫斷。

　　近藤勝三郎擔任深堀大尉探險隊的嚮導，他因中途在巴蘭社宿疾

15　鄧相揚，《霧社事件》（台北：玉山社，1998），頁32-33。

16　台灣日日新報社，〈老頭目の物語るアビッード〉，《台灣日日新報》，1929年8月23日第五版。

17　台灣日日新報社，〈真相を開く一つの健！「生蕃近藤」氏の半生を物語る（四）〉，《台灣日日新報》，1931年1月12日第五版。

瘧疾復發而脫隊，對於深堀大尉一行人的失蹤耿耿於懷，於是私自展開調查，他甚至長期居住在德路固群的索多（Sado）部落，也獲得一些探險隊成員的遺物和事件始末，之後，他憑著深堀安一郎的遺物「成田不動明王」守護袋，[18] 在木瓜溪畔建「深堀神社」以為紀念。[19] 他同時也安排深堀安一郎的妻子，進行一趟橫斷中央山脈道路之行。[20]

　　近藤勝三郎和妻子伊婉‧羅勃，不僅是「深堀事件」、「姊妹原屠殺事件」的最重要關係人，也是霧社地區長期「操縱蕃人」的人物，其中，影響最為深遠的就是近藤勝三郎在「內霧社隘勇線前進」的角色。

　　日人當局對於發生於明治二十九年（1896）的「深堀事件」一直懷恨在心，除了對霧社地區進行「生計大封鎖」，及主導「姊妹原屠殺事件」進行報復外，決定藉由隘勇線的前進，和構築各地之武備設施來箝制霧社地區的各社原住民族群，並藉由三角峰砲台的架設，砲轟德路固群、達到為「深堀事件」報仇的目的。

　　明治四十二年（1909）日人為藉由「內霧社隘勇線前進」，擬於賽德克族德固達雅的傳統領域境內立鷹山（2,219公尺）、三角峰（2,376公尺）等高點架設砲陣地，藉制控點砲轟都達群、德路固群的部落。

　　為了取得賽德克族德固達雅荷戈社之同意，明治四十二年（1909）元旦，理蕃當局安排近藤勝三郎娶頭目阿威‧諾幹（Awi

18　深堀安一郎大尉一行在奇萊溪上游遭到霧社原住民殺害，後來日本人為了感念其英勇殉職，近藤勝三郎於木瓜溪畔建「深堀神社」以為紀念。後來因颱風引發的山洪，使木瓜溪暴漲氾濫，神社被毀，後人便在殉職者之碑旁建一座小廟，重新奉祀不動明王像，這也就是現在花蓮「西寧寺」的由來。

19　台灣日日新報社，〈念願成就の為「生蕃近藤」の開店深堀神社建立資金 台北で蕃產品を販賣〉，《台灣日日新報》，1932年12月13日第二版。

20　台灣日日新報社，〈故深堀大尉未亡人 中央山脈橫斷の舉六十九歲の老齡しては 日本最初の記錄〉，《台灣日日新報》，1931年3月24日第二版。

Nokan）之妹歐嬪・諾幹（Obing Nokan）為第二任妻子，同時也安排其弟近藤儀三郎娶馬赫坡社頭目莫那・魯道（Mona Rudo）之妹狄娃絲・魯道（Tiwas Rudo）為妻，日人如願於立鷹、三角峰架設砲台，之後，先後向都達、德路固進行砲擊，迫其降服歸順。唯日人當局在事前曾以埔里社前往霧社途中之「霧ヶ關」土地贈與近藤勝三郎、近藤儀三郎兄弟為條件，但事後當局並未履行，引發近藤兄弟的不滿，後續近藤儀三郎被調派花蓮港廳服勤，後來失蹤，其妻狄娃絲・魯道返回馬赫坡社，引起莫那・魯道之不滿，是霧社事件發生的遠因之一。

　　在壓制霧社地區各族群的其他事件中，近藤扮演相當重要的角色。近藤勝三郎唆使德固達雅群配合日警攻擊都達群與德路固群，等到日警在山上安置砲台後，德固達雅群也只能臣服於日本的武力之下，這也是都達群與德固達雅群關係交惡的歷史背景。[21]

　　近藤勝三郎從明治二十九年（1896）到大正七年（1918）的二十三年間，活躍於霧社山區，踏遍德固達雅、都達、德路固、萬大（Plngawan）等諸群的部落，精通各族群之風土民情，及官方的「理蕃」事務，特別和各族群的頭目、勢力者都有深厚的交情，他被稱為「生蕃近藤」，其來有自。[22] 近藤勝三郎伊婉・羅勃夫婦替日人的「理蕃」事業，完成「深堀事件調查」、「生計大封鎖」、「霧社蕃膺懲事件」、「平地觀光」……等多項艱鉅任務。後續近藤勝三郎接受官方的

21　徐如林、楊南郡，《能高越嶺道——穿越時空之旅》（台北：行政院農業委員會林務局，2011）。

22　有關近藤勝三郎的生平事蹟，詳見保羅・D・巴克萊編、解說，〈「生蕃近藤」的物語：中央山脈橫斷に命を懸けた日本人の小傳〉，《台灣原住民研究第8號》，台灣原住民研究會編，頁105–151。及台灣日日新報社，〈眞相を開く 一つの鍵！「生蕃近藤」氏の半生を物語る〉（一）～（二十九），《台灣日日新報》，1930年10月20日–1931年2月25日連載。

密飭，在「霧社方面隘勇線前進」當中，擔任要角，後續由日人在三角峰設立砲台，砲轟各社部落，形成了德固達雅群、都達群、德路固群三群的複雜仇隙關係。

四、「霧社蕃膺懲事件」的影響

霧社地區的原住民族群，其族群與社群關係，向來複雜，日治之初，霧社地區被稱為「黑暗蕃地」就可想而知；[23]另有一核心問題，就是各族群與各社群之間，為了保有生活空間領域，以及祖靈、泛靈信仰層面，彼此相互馘首，是之，外人很難越雷池一步。

深堀大尉一行十四人，為了調查中部橫貫鐵路路線之踏查，被德路固群（Seejiq Truku）視為「越界患忌」，因而集體被殺。

埔里社支廳除了對霧社地區實施「生計大封鎖」外，更在「深堀事件」的六年後，進行「霧社蕃膺懲事件」，藉由「以蕃制蕃」狠毒手段，主導「原住民屠殺事件」，唯此一「霧社蕃膺懲事件」竟然殺錯對象，「深堀事件」應該報復的是德路固群，而非德固達雅群。

從歷史文獻探究，日治之初，日人當局尚無法辨別霧社地區複雜的族群與社群關係，就以日治之初埔里社廳首任廳長檜山鐵三郎而言，他為了謀和霧社地區的原住民族群關係，藉由「和蕃政策」的婚姻網絡，和德固達雅群（Seediq Tgdaya）的頭目 Biausbou（ビヤウサボウ）的十八歲女兒締結婚姻。成婚之日，透過通事邀來德固達雅群、都達群、德路固群的族人，下山前到埔里社參與婚宴。婚宴後，檜山鐵三郎送牛二隻、豬數隻、酒數壺，及赤黑布等物品，給即將返回霧社的某一族群。該族群則朝著霧社隘口的守城份莊而去，黃昏，守城份方面聽見槍聲頻響不斷，傳來訊息，守備隊立即武裝趕赴鎮探查，先是，前去偵察之憲兵回來報告云：「非土匪，出閣歸途之紛爭也。

23　劉枝萬，《台灣埔里鄉土志稿》第二卷，頁233。

吾人贈與禮物實非德固達雅群，而錯送給都達群，故德固達雅群眾人
憤慨之餘，截其歸途將贈與物品悉皆劫搶而去。」檜山鐵三郎聞之，
深恐鄰社抱恨，於是再給與都達、萬大、德路固等六社，各以牛一隻
及酒一壺相贈，故悅服歸山。然德固達雅群云：「新婦為德固達雅群
出嫁，爾等醉吟飽食何幸！況且受贈物品，皆託吾人之福，故應由吾
人受贈後，再分給爾等為妥。」而乘深夜襲擊大埔城台，不知何意搶
去一空。[24]

　　約在同一時期，發生了「深堀事件」，之後日人遂對霧社地區進
行「生計大封鎖」，受到波及的族群，包括德固達雅群、都達群、德
路固群等。明治三十六年（1903）年10月間，日人當局主導了「霧社
蕃膺懲事件」，本應報復的對象德路固群，結果遭到集體屠殺的反而
是德固達雅群，顯然當時日人當局對霧社地區的泰雅族（Atayal）、賽
德克族的諸社群並不熟悉，一概以「北蕃」稱之，故首當其衝的是霧
社的德固達雅群。[25]

　　「霧社蕃膺懲事件」之後，官方還聲稱，此一事件的始作俑者為
德固達雅群，謂：「『北蕃』為了消滅日本人，於是暗中聯絡干卓萬
社（Kantabang），伺機殺害日本人，結果反被干卓萬社設計。」然事
實並非如此，明治三十六年（1903）10月22日《台灣日日新報》，有
〈南北蕃鬥詳報〉一文之報導，可見端倪。

　　「南北兩蕃，大相鬥爭，結局南蕃一邊，干卓萬社及卓社，得其
勝利，屠北蕃霧社之壯丁百餘，攜其首級二十七個，獻出於埔里社支
廳。……北蕃霧社之被屠殺者百四人，其為南蕃干卓萬社馘首者七十

24　台灣蕃俗圖會，其二，《檜山氏生蕃女を娶て妾と為す》，《風俗畫報第130號》（明治
　　二十九年12月），頁29-30。另見劉枝萬，〈檜山氏娶蕃女為妾〉，《台灣埔里鄉土志稿
　　第二卷》，頁244-245。

25　直到明治四十二年（1909）「內霧社隘勇線」前進之後，日人在立鷹山、三角峰架設砲
　　台後，才對德路固群（Truku）展開砲轟。

三名，為卓社馘首者三十一名，當時南蕃獲戰勝之物品，干卓萬社則獲銃五十挺、刀九十三柄，槍百十枝。卓社則獲銃七挺、刀三十四柄、槍二十枝，此外尚有網袋百四十一件、蕃衣百二十領。而在南蕃一邊，毫無死傷者，全由霧社陷其術中之故。……」

「南蕃」屠「北蕃」霧社之壯丁104名，攜其首級27個，獻出於埔里社支廳。此即布農族干卓萬社及卓社向官方繳功的明證，同時也說明了此一事件的主指者為埔里社支廳。

因此利用「以蕃制蕃」的行動，在自己不損耗一兵一卒之下，同時削弱Paran與干卓萬社兩個族群的力量，好讓其在接收「蕃地」之後的阻力更少。

霧社地區到底有多少族群與社群？彼此之間的族群關係又是如何？對於日人當局來說，這確是相當複雜且棘手的問題，[26]對於「深堀事件」而將遭到處置的「霧社蕃膺懲事件」，日人官方到底如何處置？其對象又是那一社群？

在《理蕃誌稿》中〈南投廳霧社蕃ノ歸順〉一文中如下之記載：

南投廳下埔里社支廳管內屬於霧社蕃的各社（十二社），素來凶猛，勢威四鄰，對我政令不服從，31年1月中，台灣橫貫鐵道線探險隊，從埔里社進入蕃界，其目的為預定越過分水嶺，從奇萊方面而抵台東（花蓮港屬台東廳管轄），而抵該地域進行探查時，深堀陸軍大尉以下十四名，在中途遭到鏖殺，次31年中埔里社撫墾署長長野（義虎）一行，進入同蕃地踏查，並對該蕃地嚴重封鎖，做為膺懲。[27]

26　日人治台之初，對台灣原住民族的族群分類與分布相當生疏，之後雖然有人類學家投入研究，如伊能嘉矩、鳥居龍藏、森丑之助等學者的投入，但這些研究成果都是後來的事情。

27　台灣總督府員警本署，〈南投廳霧社蕃ノ歸順〉，《理蕃誌稿》（青史社），頁455。

　　從此段記載，日人誤把「深堀事件」要膺懲的對像是德固達雅群，而非德路固群。

　　日人當局雖然主導了「霧社蕃膺懲事件」的大屠殺，卻把發生的原因歸為族群之間宿仇。明治三十六年（1903）10月22日《台灣日日新報》的漢文版，刊登〈南北蕃鬥詳報〉一文報載：「……自北蕃先提議，欲聯合南北兩番社，以抵擋日本軍，南蕃佯許諾之……」，謂此一屠殺事件係為「北蕃」先提議，「南蕃」從之。台灣總督府警務局所編寫的《霧社事件誌》，[28]在〈霧社蕃的歸順〉一節也記載：「……於是哀求古來處於敵對關係的布農族干卓蕃，希望獲得物資的提供以便脫離困境，結果反而被他們乘機用詐……」。從這二段的記載，可以說明日人當局的說法，是因生計大封鎖，在缺乏生活物資之下，是德固達雅群向干卓萬社提議物資交易，設下圈套而被耍詐。顯然此一事件不是日人當局所指使，是族群之間的問題所致。

　　賽德克族人的觀點，則認為此一屠殺事件，係由日人當局透過擔任通譯與線民的伊婉‧羅勃所牽線，高永清（Pihu Walis、中山清）在《霧社緋桜の狂い咲き：虐殺事件生き殘りの証言》一書中有如下之記載：

　　　　伊婉‧羅勃（Iwan Robo）是歷史性的人物，明治三十一年1月中，出任深堀大尉「台灣中部橫越計畫」行動的嚮導；又於明治三十六年10月5日，受日本官府使喚，帶巴蘭社壯丁100人（100餘人）前往干卓萬，一口氣殺害了其中的95人（104人）。此次殺戮的理由是日本政府自明治二十九年起，幾次企圖占領霧社的行動，都因德固達雅群頑強抵抗而導致多人受害，占領困

─────────────

28　戴國煇編著、魏廷朝翻譯，《台灣霧社蜂起事件（研究與資料上、下）》（台北：國史館發行，2002）。

難，故想藉由大量殺害壯丁來削減其勢力。[29]

　　郭明正（Dakis Pawan）在《又見真相：賽德克族與霧社事件》也寫著：這場交易是透過巴蘭部落一名婦女居中証誘所促成，婦女名叫伊婉‧羅勃（Iwan Robo）。[30]實際上則是日方以慣用的「借刀殺人」伎倆，利用布農族人與德固達雅人間的競爭之心所獲得的「成果」，在日本的台灣殖民史中稱為「姊妹原事件」，實則為「姊妹原誘殺慘案」。[31]

　　事實上，此一屠殺事件乃是日人當局，藉由「以蕃制蕃」狠毒手段，主導「屠殺事件」，唯此一事件經探究得知，日本人竟然殺錯對象，主導「深堀事件」的主事者是德路固群的族人，而非德固達雅群，是之，日本人應該報復的是德路固群，而非德固達雅群。

霧社方面隘勇線前進及其影響

　　明治四十年（1907）1月，台灣總督佐久間左馬太提出了「蕃地經營方針」，此乃是「五年計畫理蕃事業」的前身，在「北蕃」地區，[32]進行大規模的隘勇線前進，與討伐行動並進的政策，這其中之一即是「甘諾」政策，就是以引誘方式，使「蕃人」甘心承諾其在境內設置隘勇線，等到警備措施建構完成後，即以雄厚的武備箝制「蕃人」，而使「蕃人」不敢再騷擾和引發抗日事端。[33]

29　高永清（ピホワリス），《霧社緋桜の狂い咲き：虐殺事件生き殘りの証言》（東京：教文館，1988）。

30　郭明正，《又見真相：賽德克族與霧社事件》（台北：遠流，2012），頁121。高永清（Pihu Walis、中山清）為「霧社事件」餘生者。

31　同上註，頁123。郭明正（Dakis Pawan）為「霧社事件」餘生者後裔。

32　「北蕃」即今日之泰雅族（Atayal）、賽德克族（Seediq）、太魯閣族（Truku/ Taroko）。

33　甘諾即「甘心承諾」，讓原住民甘心承諾在其境內設置隘勇線，然後以雄厚之武力壓制原住民，使其不敢再騷擾及引發抗日事端。見藤井志津枝，《日據前期台灣總督府的理

　　「霧社方面隘勇線前進」又稱為「內霧社方面隘勇線前進」，其目的在牽制東側的賽德克族、德固達雅群、都達群、德路固群，以及西側的泰雅族（Atayal），賽考列克群（Sekoleq）、巴力巴群（Malepa）與福骨群（Xalut、日人稱「白狗群」）。這一條隘勇線的完成，等於控制了霧社以北到合歡山方面全部社群的要害。

　　「霧社方面隘勇線前進」的路線，起自萬大社前（Plngawan）濁水溪畔，抵巴蘭分遣所後，由關頭分遣所下至眉溪與東眼溪匯流處，再溯溪越東眼山，直至哈奔溪（Habun，即眉溪上游）；並自此分為兩線，一線至塔茲達卡諾汗（Tataka Nohan、タダカノハ、立鷹），[34]一線至北港溪畔連接原有隘勇線。延長約36.76公里，並在立鷹、三角峰附近要地，[35]設置砲台來箝制他們。在此間設置5個隘勇監督所、24個隘勇分遣所、85個隘寮，設置警部1名、警部補4名、巡查31名、巡查補26名、隘勇365名，在此間延長與架設48.4公里的電話線，供警備之用。[36]

　　明治四十一年（1908）8月，台灣總督府警視總長大津麟平、[37]南投廳長能勢靖一、池田警部三人前來埔里社，以利益交換和近藤勝三郎取得協議，日人當局以埔里社至眉溪間之「霧ヶ關」，廣闊且肥沃的土地為條件，要近藤勝三郎入山去「蕃人操縱」，以利霧社隘勇線的推進。[38]

　　蕃政策》（台北：國立台灣師範大學歷史研究所博士論文，1987）。

34　賽德克語稱做「Tataka Nohan」，以日語發音為「タダカノハ、Tatsutaka」，再以日語發言寫成漢字「立鷹」，即現在仁愛鄉清境農場博望新村附近。詳見劉澤民〈南投縣仁愛鄉「立鷹」山名探源〉一文，《台灣文獻別冊46》（台北：國史館台灣文獻館）。

35　「三角峰」位於今仁愛鄉台大山地實驗農場翠峰分場內。

36　台灣日日新報社，〈南投隘線前進續〉，《台灣日日新報》，1908年2月20日第二版。

37　大津麟平於明治四十一年（1908）5月就任台灣總督府警視總長（1908年5月30日－1909年10月25日），進而擔任蕃務總長（1909年10月2日－1914年06月）。

38　台灣日日新報社，〈眞相を開く 一つの鍵！「生蕃近藤」氏の半生を物語る（二十

　　「霧ヶ關」的土地原是德固達雅群巴蘭社的傳統領域，[39]位在人止關的前緣，面積約有三十甲，[40]時常進出埔里社與霧社地區的近藤勝三郎，早就對這廣闊土地垂涎甚久。

　　10月上旬，近藤勝三郎入山到霧社去遂行理蕃當局的政策，他軟硬兼施，逼使召開德固達雅群各社頭目、勢力者會議，席間各社皆反對此一隘勇線的延長，近藤勝三郎對德固達雅群各社頭目說：「內霧社隘勇線（立鷹線）的延長，是針對都達群、德路固而來，藉此來制控這兩群的族人，這些武備措施，亦是要來仇討「深堀事件」所造成日人的傷亡。霧社蕃已歸順在日人的統治下，「歸順蕃」應和日人站在同一陣線上。」[41]

　　德固達雅群各社頭目不為所動，近藤勝三郎為了能完成此一任務，於是向德固達雅群主力部落頭目亦即荷戈社（Gungu、日人稱為Hogo）的頭目阿威・諾幹請求，[42]願意以「養子」名譽入贅到阿威・諾幹家，和其妹娥嬪・諾幹締結婚姻，亦即表示親善，藉婚姻來宣示誠意，以「蕃婦關係」充當人質，藉此以獲得德固達雅群各社的信服。

　　荷戈社是賽德克族德固達雅群的一社，德固達雅群是由十二個部落所組成的部落聯盟，而荷戈社亦是主要領導部落之一，亦即荷戈社是德固達雅群的主力部落，是四個血族Gaya（即Kdasic、Gungu、Ayu、Eyux）所組成的部落，勢力強盛，亦是日本人急於制服的對

二）〉，《台灣日日新報》，1931年2月2日第五版。

39　「霧ヶ關」即今之仁愛鄉南豐村俗稱「眉溪」的地方，附近之「本部溪」即日治初期之中央監督所，為當時隘勇線前進之指揮本部。

40　甲：台灣的面積計算單位。1甲 = 9,699.17 m2。

41　自「霧社蕃膺懲事件」之後，德固達雅群勢力大衰退，加上日人的「生計大封鎖」奏效，日人藉「眉原、萬大隘勇線」擴張完成，於明治三十九年（1905）5月31日脅迫德固達雅群舉行歸順典禮。

42　荷戈社阿威・諾幹為霧社事件時荷戈社頭目達多・諾幹（Tado Nokan）之兄。

象。[43]

　　荷戈社頭目阿威・諾幹不同意此一婚事，因近藤勝三郎早已和巴蘭社頭目羅勃・諾威的女兒伊婉・羅勃結婚，這是眾所皆知的事情，倘若把娥嬪・諾幹再嫁給近藤勝三郎，一夫兩妻這是有違賽德克的Gaya（律法），在部落社會也不被允許。近藤勝三郎心中早有盤算，直接向大家說，他即將與伊婉・羅勃離婚，並依賽德克族的Gaya向巴蘭社的頭目羅勃・諾威陪罪。

　　馬赫坡（Mehebu）雖然不是德固達雅群的主力部落，但頭目莫那・魯道的地位逐漸竄起，其勢力不容小覷，近藤勝三郎心裡有數，應該好好去說服莫那・魯道才是，讓他同意由其弟近藤儀三郎來娶莫那・魯道之妹狄娃絲・魯道為妻。

　　明治四十一年（1908）12月15日，南投廳當局，向霧社一帶賽德克族領域發動隘勇線前進，將隘勇線推進到立鷹、三角峰一帶，計畫與北港溪隘勇線連結。浩浩蕩蕩的隊伍從埔里社出發，溯眉溪、抵「霧ヶ關」時，12月17日在「霧ヶ關」設立本部。[44]由南投廳長司令官部下齋藤警部及早瀨警部補留守本部，員警本署山本大尉暨賀來倉太警視均在本部裡。統計各隊人員有警部5名、警部補8名、巡查75名、巡查補35名、隘勇548名、人夫625名，共1,296名。其使用火砲十二拇臼砲4門、九珊米臼砲3門、六珊米山砲3門、七珊米野砲2門。[45]

　　隘勇線逐步往霧社山區挺進，賽德克族人全被蒙在鼓裡，大軍即將壓境的消息杳無音訊，甚至德固達雅群的荷戈社、馬赫坡社還處在婚宴即將到來的喜慶當中。

43　巴蘭社為德固達雅群的主力領導部落，「霧社蕃膺懲事件」時，巴蘭社的壯丁死傷最多，其後勢力大為衰退，其主力領導地位由荷戈社取代。

44　台灣日日新報社，〈南投隘線前進〉，《台灣日日新報》，1908年12月18日第七版。

45　同上註。

　　明治四十二年（1909）1月1日，逢日本人迎接新正，南投廳為近藤勝三郎、近藤儀三郎兄弟的婚禮準備了六頭水牛、二十桶酒，攜往荷戈社和馬赫坡社去締結婚姻，結婚宴在荷戈社舉行，[46]德固達雅群的各社壯丁齊來參加，大肆慶祝，喜宴進行七天，族人無不盡歡，暢飲過後，接著準備戰爭。

　　近藤勝三郎帶著德固達雅群的各社壯丁647名，[47]加入到日人的隘勇線前進隊，大隊人馬布陣在立鷹隘勇線上，日人建立四個分遣所，備置警力及流動部隊，十八門山砲、臼砲、野砲分別定點安置妥當，砲口對準濁水溪上游的都達、德路固方向的部落進行砲擊，這兩群族人的部落先後遭到日人無情的砲轟，死傷慘重，自此，都達、德路固兩群全部陷落，而隘勇線則順利地往內山挺進，未遭到任何抵抗，而日人的武力則往馬力巴（Malepa）、福骨群（Xalut／白狗群）方面挺進，3月1日即據有躑躅ヶ岡的制控點，亦即馬力巴、福骨群，兩群之地亦陷入日人的制控。

　　立鷹及三角峰兩處要塞的占領，是霧社隘勇線前進的最大收穫，日人「理蕃」當局有如下之誇示：「在理蕃事業的發展上，建有此隘勇線，是確立將來經略山地的基礎。」

　　立鷹、三角峰砲台的設立及日人的砲擊，造成都達群、德路固群的族人大量傷亡，這兩群的族人對日人懷恨在心外，也怪起德固達雅群的族人，不該幫日人設置隘勇線和立鷹、三角峰砲台，因此彼此之間的仇怨愈是加深。明治四十二年（1909）4月15日，日人脅迫德路

46　台灣日日新報社，〈眞相を開く　一つの鍵！「生蕃近藤」氏の半生を物語る（二十三）〉，《台灣日日新報》，1931年2月4日第五版。

47　據《台灣日日新報》昭和6年（1931）2月5日第5版，〈眞相を開く　一つの鍵！「生蕃近藤」氏の半生を物語る（二十四）〉一文報載。近藤勝三郎為協助日人理蕃當局，在其婚宴後的1月10日（明治四十二年），他共召集了德固達雅群的各社壯丁647名，投入到此隘勇線前進的隊伍中，協助官方攻打德路固群，唯日本官方文獻未見有此段記載。

固群繳械歸順。[48]同年10月17日脅迫都達群族人舉行歸順典禮，[49]此後，霧社地區賽德克族德固達雅群、德路固群、都達群三社群，全部陷在日人的統治蹂躪下，但三社群的關係相當複雜且不睦。

日人占領立鷹、三角峰後，德固達雅群更為日人擔任起警備的任務，以防止都達、德路固兩群族人的來襲。為了制控起見，日人在這一隘勇線內設置了二門野砲、四門山砲和十門臼砲，此一砲台的設置，成了日人箝制霧社山區的最重要陣地。

日人在擴張「霧社隘勇線」時，德固達雅群同意了此一隘勇線的前進，接著日本人在隘勇線上設置警備設施，其中，立鷹、三角峰砲台的架設，對都達群、德路固群的威脅最大，亦在日人的砲轟下，兩群死傷慘重，導致彼此之間相互猜忌，仇隙加深。

唯日人當局在事前曾以埔里社前往霧社途中之「霧ヶ關」土地贈與近藤勝三郎、近藤儀三郎兄弟為條件，之後，理蕃當局並未履行「霧ヶ關」土地之授與，霧社支廳長近藤小次郎將土地的開發許可授與平井卯次郎，此後，近藤勝三郎、儀三郎兄弟甚為不悅，引發近藤兄弟的不滿，後續近藤儀三郎被調派花蓮港廳服勤，後來失蹤，其妻狄娃絲・魯道返回馬赫坡社，引起莫那・魯道之不滿，是霧社事件發生的遠因之一。

霧社方面之討伐

日人在進行「內霧社隘勇線」前進時，已選定立鷹及三角峰為砲台位置，分別對道澤群與德路固群進行砲轟，成效良好，並且順利逼迫道澤群與德路固群繳械歸順。

48　台灣總督府員警本署，〈南投廳霧社蕃ノ歸順〉，《理蕃誌稿》（青史社）。頁665。台灣總督府員警本署編，陳金田譯，《日治時期原住民行政志稿》（第一卷）（原名：《理蕃誌稿》），台灣省文獻委員會編印，頁567。

49　同上註，頁611-612。

　　日人理蕃當局，對於發生於明治三十年（1897）1月的「深堀事件」一直耿耿於懷，之後曾經於明治三十年（1897）至明治三十九年（1906），進行長達九年的「生計大封鎖」，禁止食鹽、鐵器及生活物品的交易，期間於明治三十六年（1903）10月5日，唆使布農族干卓萬社、卓社壯丁，藉由生計物資提供，在姊妹原之地，進行大屠殺，共殺害德固達雅群的壯丁104名。[50]但被膺懲的對象都是德固達雅群，反而殺害「深堀事件」十四名日人的德路固群，未被膺懲，如本文所述，此係日人在日治初期，無法進行民族社群識別，因而造成德固達雅群的無辜被殺，亦因此造成霧社地區賽德克族德固達雅群、都達群、德路固群三社群之間的相互猜忌，日人更藉由「以蕃制蕃」策略，來消弭三社群的勢力，達到統治及掠奪山地資源的目的。

　　經由近藤勝三郎、森丑之助等人的調查研究，日人理蕃當局已能識別霧社地區的各個族群與社群，發現「深堀事件」應膺懲的對象應是德路固群，於是，明治四十三年（1910）10月、11月間，藉由霧社地區所發生的襲擊腦寮、殺害隘勇、腦丁等零星事件，進行霧社地區的討伐，而討伐的對象為德路固群。霧社方面之討伐，主要在討伐德路固群，官方的文獻並沒有指明係為「深堀事件」報仇而來，但在《理蕃誌稿》意有所指的如下記載：「明治三十年（1897）間距埔里社二里之山間，扼制行軍回營之軍隊，使其蒙受幾乎全滅之損害，當時之迷夢，迄今尚未醒悟，時時顯示其不遜態度。」[51]

　　因此決定進行「霧社方面之討伐」，其要旨如下所述：

　　明治四十三年（1910）12月14日，久保南投廳長以警部以下一千有餘名編成討伐隊，分為六個部隊，另設砲隊、輸送隊，南投廳長親

50　台灣日日新報社，〈南北蕃鬮詳報〉，《台灣日日新報》，漢文版，明治三十六年（1903）10月22日，（第1644號）。

51　台灣總督府警務局編，宋建和譯，《日治時期原住民行政志稿》（第二卷〔下卷〕）（原名：《理蕃誌稿》），台灣省文獻委員會編印，頁133–134。

自擔任討伐隊長，以蕃務本署蕃務課長長倉用貞警部為副長，並同時任命隊長及分隊長等。

討伐隊本部設於眉溪隘勇監督所，部隊員則配置於三角峰、立鷹、眉溪、哈奔、巴蘭等各線，於三角峰、立鷹、巴蘭等各監督所及見晴、西袍、溪上、石牙山、關頭等各分遣所，則設砲台，嚴加警備。[52] 其中，擇定立鷹監督所東方二百公尺處，做為砲陣地，配備七公分口徑野砲一門、克式七公分半口徑山砲兼用砲二門，射擊德路固塔洛灣社（Truku-Truwan）及盧西塔雅（Lusi-daya）、玻希卡（Busi-Ska）、索多（Sado）三社；三角峰突出砲台則配備七公分口徑山砲一門，射擊德路固塔洛灣社及其附近；於三角峰監督所東側選定陣地，配備七公分口徑野砲一門、克式七公分半口徑山野兼用砲四門，砲擊武布西搭雅社、玻希卡索多，並設備可射擊立鷹砲台射程外之玻拉瑤（Blayaw）及立鷹砲台之死角內，並於櫻峰及三角峰配置十二公分口徑臼砲各一門，以備原住民來襲。[53] 另外，擇定立鷹監督所東方200公尺處，做為砲陣地，配備七公分口徑野砲一門、克式七公分半口徑山砲兼用砲二門，射擊德路固塔洛灣社及及盧西塔雅、玻希卡、索多三社，亦可射擊因成為三角峰砲台之死角，而致難以砲擊之濁水溪兩岸，及在該兩岸之原住民潛伏預測地點。

配備多數火砲以對德路固群之理由，在於起初開始砲擊之時，頓時施加猛烈砲擊，以極短時間內破壞其住屋及穀倉，使其糧食無法他遷，藉以嚇破其膽，迫促其投降。施加如之猛烈砲擊而致該社蒙受極大損害，比鄰各社亦望風哀願歸順，為易而可見之事。故發射彈數高達1,523發，展開蕃地空前之大砲擊。[54]

52　同上註，頁133-134。

53　同上註，頁141-142。

54　同上註，頁142

日人「以蕃制蕃」狠毒手段

日本政府為鞏固政治權力，不惜任何犧牲與代價，推展構築隘勇線和理蕃機構，以武力討伐解體原住民部落社會原有權力架構與平衡，並使用「以夷制夷」，或稱「以蕃制蕃」的狠毒伎倆，利用族群或社群之間的內部矛盾，使其相互衝突，削弱其力量，或挑起原住民各部落間的仇隙，藉相互殘殺之滅族理蕃手段，達到政治統治之目的。

日人治台之後，霧社地區儼然成為殺戮戰場，自明治三十年（1897）至昭和五年（1930）間，先後發生明治三十年（1897）「深堀事件」、明治三十六年（1903）「霧社蕃膺懲事件」、明治四十一年（1908）至明治四十二年（1909）「霧社隘勇線前進」、明治四十三年（1910）「霧社方面之討伐」、大正九年（1920）「薩拉矛事件」、昭和五年（1930）「霧社事件」、昭和六年（1931）「第二次霧社事件（保護蕃襲擊事件）」等，這些事件日人大多利用「以蕃制蕃」狠毒手段來處置，操弄族群或社群之間的矛盾，造成族群或社群之間的仇隙擴大，進而相互殺戮，日人則漁翁得利；自日人治台之後，在霧社地區所發生的每一事件皆唇齒相依，往往在一個事件發生後，因日本人的處理不當，接著又發生了另一個事件，從「深堀事件」、「生計大封鎖」到「霧社蕃膺懲事件」，正可說明此一現象。

表：日治時期霧社地區重大歷史事件

年代	事件名稱	涉及族群	原因	死亡人數
明治三十年（1897）	深堀事件	德路固群（Truku）→日本人	日本人越界遭德路固群（Truku）族人殺害。	日人14人。

明治三十六年（1903）	霧社蕃膺懲事件	布農族干卓萬（Kantabang）及卓社→德固達雅群	因「深堀事件」日本人指使布農族（Bunun）殺害德固達雅群。	德固達雅群104人。
明治四十一年至四十二年（1908～1909）	霧社隘勇線前進	德固達雅群→德路固群（Truku）、都達群（Toda）	架設立鷹、三角峰砲台，日本人指使德固達雅群殺害德路固群、都達群。	死亡人數不詳，估算約數百人。
明治四十三年（1910）	霧社方面之討伐	德路固群	日人利用三角峰砲台，砲擊德路固群。	德路固群死亡人數不詳，估算約數十人。
大正九年（1920）	薩拉矛事件	泰雅族（Atayal）薩拉矛群（Slamaw）→日本人 賽德克族→泰雅族薩拉矛群	因流行性感冒，爆發瘟疫，為了除穢，薩拉矛群族人殺7名日人及眷屬，後來日人徵召霧社各社群，討伐泰雅族薩拉矛群。	薩拉矛群（Slamaw）死亡人數不詳，估算約數百人。
昭和五年（1930）	霧社事件	德固達雅群→日本人、日本人→德固達雅群	日人苛政，德固達雅群六社殺害日人134人（另誤殺2名漢人），後日人出動軍警部隊討伐。	德固達雅群六社族人死亡644人。[55]
昭和六年（1931）	第二次霧社事件	都達群→德固達雅群	因霧社事件，加上日方的都達群頭目被殺，日人唆使都達群攻擊事件餘生者之保護蕃收容所。	德固達雅群216人遭難（被殺死及自殺者）。

結語

日人治台之初，理蕃當局對於發生於明治三十年（1897）1月的「深堀事件」耿耿於懷，之後曾於明治三十年（1897）至明治三十九年（1906），進行長達九年的「生計大封鎖」，禁止食鹽、鐵器，及生活物品的交易，並於明治三十六年（1903）年10月間於主導了「霧社蕃膺懲事件」，利用近藤勝三郎、伊婉・羅勃夫妻，唆使布農族干卓萬、卓社族人，暗中進行「霧社蕃膺懲事件」的殺戮，共有104名賽德克族德固達雅群的壯丁被屠殺，德固達雅群勢力因而衰退；「深堀事件」日人報復的對象應該是德路固群，而非德固達雅群，是之，因日方膺懲的對象錯誤，加上日人的「蕃人操縱」，造成霧社地區各族群之間的仇隙逐漸擴大，亦因此引發了後續的事件不斷，而「以蕃制蕃」伎倆，乃是日人「理蕃」政策慣用的手段。

素有「生蕃近藤」之稱的近藤勝三郎，憑其膽識，經營蕃產交易，先後娶德固達雅群主力部落巴蘭社、荷戈社頭目家女子為妻，學會霧社地區各族群之族語，成為官憲倚重的人才，他縱橫霧社地區各部落長達二十二年（1896-1918），[56]恃才傲物，並且操縱部落與日人的官憲事務，不僅造成霧社地區各族群之間的仇隙逐漸擴大，更使得霧社地區的原住民族群長年陷在戰爭的血泊中。

「內霧社隘勇線的前進」，以及立鷹山、三角峰砲台的設置，以及後續日人箝制霧社地區各族群的其他事件中，近藤勝三郎扮演相當重要的角色；其中影響最為深遠的就是立鷹山、三角峰砲台的設置，此

---

55 發動事件之初，抗日六部落的族人共計1,236名，至事件結束後的統計：死於刀槍者85名、被飛機轟炸死者137名、砲彈炸死34名、被「味方蕃」襲擊隊獵首級者87名、自縊身亡者296名、病死4名、被燒死1名。資料來源：戴國煇編著、魏廷朝翻譯，《台灣霧社蜂起事件（研究與資料 下）》（台北：國史館發行，2002），頁639。

56 近藤勝三郎因日人當局未將「霧ヶ關」三十餘甲的土地過戶給近藤勝三郎、近藤儀三郎兄弟，憤而離開霧社、埔里社，搬往花蓮，尋求發展機會。

後都達群與德路固群族人屢被日人砲轟，死傷慘重，這也是賽德克族族群之間關係交惡的歷史背景之一。

　　日人挾著霧社地區各族群之間的不睦與仇隙，展開「以蕃制蕃」的伎倆，駕馭族群或社群之間相互仇殺，日人則從中漁翁得利。其前因並因此造成「霧社事件」和「第二次霧社事件」的後果。

參考書目與文獻

英文書目

Barclay, Paul D.「生蕃近藤」の物語：中央山脈横断に命を懸けた日本人の小伝 (The Saga of 'Kondo the Barbarian': A Japanese Life Spent Crossing Taiwan's Central Mountains).『台湾原住民研究』(*Studies on Indigenous Peoples of Taiwan*) 8 (2004): 105–151.

——. "Cultural Brokerage and Interethnic Marriage in Colonial Taiwan: Japanese Subalterns and Their Aborigine Wives, 1895 – 1930," *Journal of Asian Studies*, 64: 2 (May 2005): 323–360.

中文書目

陳金田（譯），《日治時期原住民行政志稿》（第一卷），台灣總督府警察本署（編），（原名：《理蕃誌稿》）。台灣省文獻委員會編印。

陳文添，〈深堀大尉探險遇難事件〉，《台灣文獻別冊44》。南投：國史館台灣文獻館。

戴國煇（編著），魏廷朝（譯），《台灣霧社蜂起事件（研究與資料

上、下）》。台北：國史館發行，2002年。

鄧相揚，《霧重雲深：霧社事件後，一個泰雅家庭的故事》。台北：
　　玉山社，1998年。

——，《霧社事件》。台北：玉山社，1998年。

——，《風中緋櫻：霧社事件真相與花岡初子的故事》。台北：玉山
　　社，2000年。

郭明正，《又見真相：賽德克族與霧社事件》。台北：遠流，2012年。

蕭呈章，〈台灣縱貫鐵路擘劃史話〉，《台灣文獻別冊44》。南投：國
　　史館台灣文獻館。

徐如林、楊南郡，《能高越嶺道：穿越時空之旅》。台北：行政院農
　　業委員會林務局，2011年。

劉澤民，〈南投縣仁愛鄉「立鷹」山名探源〉，《台灣文獻別冊46》。
　　南投：國史館台灣文獻館。

劉枝萬，《台灣埔里鄉土志稿 第二卷》，作者鋼版油印本，1951年。

宋建和（譯），《日治時期原住民行政志稿》（第二卷下卷），台灣總
　　督府警務局（編），（原名：《理蕃誌稿》）。台灣省文獻委員會
　　編印。

藤井志津枝，《日據前期台灣總督府的理蕃政策》。台北：國立台灣
　　師範大學歷史研究所博士論文，1987年。

日文書目

『「官有原野預約開墾の為売渡すの件」──台灣總督府公文類纂
　　（1909-05-01）』冊號5237

『「開墾地成功売許可」──台灣總督府公文類纂（1914-09-01）』冊
　　號5866

『「官有原野貸渡許可」──台灣總督府公文類纂（1920-01-01）』冊
　　號6821

鳥居龍藏『「台灣中央山脈の横断」──太陽』第七卷第九號、東京博文館、8月5日、1901年、頁129-135

森丑之助[丙牛生]『「深堀の瀧(一至五)」──台湾日日新報』9月18日至10月16日、1910年

『「不動尊物語(一至八)」──台湾日日新報』12月23日至12月31日、1910年

『「霧社騷擾の　相を開く一つの鍵！「生蕃近藤」氏の半生を物語る(一至二十九)」──台湾日日新報』1930年12月20日至1931年2月15日

『「一般台灣南島語 General Formosan Languages」──小川尚義、淺井惠倫文庫』、日本東京外国語大学アジア・アフリカ言語文化研究所(AA研),OA95

『「深堀大尉ノ蹤跡探險報告」──秋元源寛大尉、柿內雄三郎少尉報告』、日本東京外国語大学アジア・アフリカ言語文化研究所,頁233-249

藤崎濟之助『台灣の蕃族』東京：國史刊行會、1931年訂正增補版

井出季和太『台灣治績志』台北：台灣日日新報社、1937年2月

高永清(Pihu Walis、中山清)『霧社緋桜の狂い咲き：虐殺事件生き残りの証言』東京：教文館、1988年

再傾聽他們的故事：
思考「台灣原住民觀點的霧社事件」

北村嘉惠

前言

　　本文章首先將闡述我個人對於「原住民觀點」或「台灣原住民觀點的霧社事件」此一主題的看法，[1] 再進行檢討既往有關霧社事件的書寫，來思考我們歷來如何關涉這歷史經驗的記憶和書寫的建構（重構），以及其中被排除的是什麼事情或問題。再來，透過解讀幾件具體資料，找尋線索以便打開新局面。

一、對於所謂「原住民觀點」的懷疑與緊張

（1）對於霧社事件的關注

　　根據河原功編「霧社蜂起事件關係文獻目錄」（1981），從霧社蜂起當時到該目錄編纂時的大約五十年間（1930年11月–1981年2

1　本文原先在2009年6月6日發表於日本台灣學會主辦之研討會〈台灣原住民觀點的霧社事件」，再刊登於《日本台灣學會報》第12號，2010年。

月），在台灣及日本出版的有關霧社事件文章有293件[2]。其中，1945年8月以後在日本出版的即有75件。另外，根據台灣近現代史研究會編「戰後日本における台灣近現代史研究文獻目錄」（1981），1945年8月以後日本國內所著台灣近現代史文獻有636件[3]。兩本目錄的收錄對象有若干不同，因此在數量上直接比較兩者有其界限，但大略而言，第二次世界大戰後日本所著有關霧社事件的文獻數量，約相當於同時期台灣近現代史相關文獻的一成以上。之後談到霧社事件的著作亦多，依管見所及，戰後日本有關霧社事件的文獻約多達300件[4]。

　　為何至今有關霧社事件的敘述如此的龐大且仍然陸續產生？既然已有這麼多人紛紛討論，我們為何再提霧社事件？或許是因為情況如此才有重新討論的必要性呢？

　　長久以來，有關台灣原住民族的議論僅集中於霧社事件，或者在有關殖民地台灣的敘述和記憶中霧社事件佔有突出的地位。對於這樣的情況，已由小林岳二提起問題，[5]筆者亦在《日本植民地下の台灣先住民教育史》（2008）一書中，指出這就是一個日本戰後歷史學的內

2　收錄對象包含有關霧社事件敘述之單行本、稿本、雜誌記事（不含新聞）。河原功編，〈霧社蜂起事件關係文獻目錄〉，戴國煇編著，《台灣霧社蜂起事件：研究と資料》（社會思想社，1981），頁581–598。之後雖日本國內出版了幾本關於台灣原住民族的文獻目錄，但有關霧社事件，本目錄的網羅性與眾不同。

3　收錄的對象的時間為1945年8月–1979年12月。台灣近現代史研究會編，〈戰後日本における台灣近現代史研究文獻目錄〉，《台灣近現代史研究》第3號，1981年1月，頁152–204。另外，同目錄的補遺及增補1987年12月以前的文獻目錄，收錄於同雜誌第6號。台灣近現代史研究會編，〈戰後日本における台灣近現代史研究文獻目錄Ⅱ〉，《台灣近現代史研究》第6號，1988年10月，頁235–270。

4　藉由本報告的撰寫彙整霧社事件相關文獻目錄，1945年8月以後日本國內外所著文獻，依管見所及約多達500件（新聞及部份影印本除外）。

5　小林岳二，〈"台灣原住民族"，模索していく民族像〉，《PRIME》第6號，1997年5月，頁54。

在問題。[6] 但，關心偏於霧社事件此事態深藏怎樣的問題，仍然未做深入討論。

另一方面，鄧相揚、簡鴻模、依婉・貝林、郭明正（Dakis Pawan）、姑目・荅芭絲（Kumu Tapas）等人，相繼出版了試圖以在霧社事件中保住性命而存活下來的個人記憶和觀點為線索，仔細追溯其家屬、部落、族群的歷史。[7]藉由這些著作，在以往霧社事件形象中無法定位的經驗或記憶的片斷，隱藏著彼此之間的緊張關係，呈現在我們的面前。這並不單是對於過往的歷史敘述加上了一些「新事實」，乃是向我們提出如何書寫台灣原住民族的歷史、文化與社會這樣的根本問題。

（2）對於「台灣原住民觀點」的提問

中川靜子描述他在1962年3月與友人兩人一起首次訪問霧社時的關心所在。[8]

> 我們期待直接跟當地的人們聽這個事件的故事。事件過後三十
> 多年的現在，或許參加蜂起的人們，已經都不在人世了。那麼，
> 他們的孩子們現在怎麼去看這個事件呢？這就是我們想要了解的。

6　北村嘉惠，《日本植民地下の台灣先住民教育史》（北海道大學出版會，2008），頁6。

7　鄧相揚，《霧重雲深：霧社事件後，一個泰雅家庭的故事》（玉山社，1998），鄧相揚著，下村作次郎監修，魚住悦子譯，《植民地台灣の原住民と日本人警察官の家族たち》（日本機關紙出版センター，2000），簡鴻模、依婉・貝林、郭明正編著，《清流部落生命史》（永望文化，2002），姑目・荅芭絲（Kumu Tapas），《部落記憶：霧社事件的口述歷史（Ⅰ）・（Ⅱ）》（翰蘆圖書，2004）等。另外，鄧相揚的著作為三本，簡鴻模等人的著作為四本，前者有日語版。上述為其一部分。

8　大田君枝、中川靜子，〈霧社をたずねて〉，《中國》第69號，1969年8月，頁4。本文章節錄自中川等人的記錄。其全文刊載於中川靜子，《日本帝國主義下的台灣霧社事件日中講座第八集》（日中友好協會（正統）永福支部，1970）一書中。

中川他們的文章，主要是以蜂起部落的餘生者之口述為構成的，可以說是日本戰後最早嘗試台灣原住民觀點的霧社事件書寫。日本戰敗後不久有一些曾住過台灣的日本人出版回憶錄之類，而透過這些著作將霧社事件視為「野蠻」且「突發性」的「叛亂」或「獵首」那種形象再產生出來。在此情況下，中川他們所記錄下的 Awi Hepah（田中愛二／高愛德）之話語：「霧社事件為有計畫性、思想性背景的革命」[9]，開啟了以後霧社事件研究的新方向。正如戴國煇等人回顧，因這次的旅行及其記錄而啟動了以霧社事件為主題的共同研究，後來結出了戴國煇編著《台灣霧社蜂起事件：研究と資料》（1981）等成果。

從那之後到至今，不少日本人到霧社去聽「當地人」講事件的故事，而試圖表現自己對於霧社的情感或體驗。從此來看，戰後日本有關霧社事件的記憶或證言，可以說是透過這些人聽取「當地人」的「聲音」之行為形成過來的。

正因為如此，個人對「台灣原住民觀點」這主題感到困難以及困惑。「以每個原住民的觀點來考察霧社事件的意義」而從此重新思考如何打開新的歷史敘述的可能性，這當然是一個重要的課題。不過，同時我們自己反思對於「台灣原住民觀點」的意欲亦相當重要。

開頭所述的本文目的是根據個人如上的問題意識而設定的。以下，對於深化霧社事件敘述的可能性進行探討，同時也討論以霧社事件為一個結聯點有何種問題顯現出來。

在「霧社事件」中存活下來

一、視點置於何處？

戰後以來，霧社蜂起以「在高山族長年、輝煌的反抗戰爭史上不

9　出生於荷戈社。事件當時為十四歲。未直接參加戰鬥，逃到山野之後投降。在警察下面，擔任審問投降者的口譯員，直接聽到參加蜂起的 Sediq・Tgdaya 的供述。

朽的事業」[10]的觀點引人注目。而正如上述中川的文章明白所示，當有人表示他願意從「原住民觀點」、「民眾觀點」理解霧社事件時，總有一個假設：「原住民」乃是「參加蜂起的人們」和「他們的孩子們」。

　　不過，當我們解讀霧社蜂起為Sediq（賽德克族）為了人的尊嚴而戰，那如何能夠理解沒有參加蜂起卻不可能與事件無關的Sediq？若我們只管用所謂「抗日蕃」、「味方蕃（友蕃）」等標籤來辨識事件過程和事件記憶時，其中遺漏掉的是什麼？套用「以蕃制蕃」這反覆使用過來的說法來指責統治者的殘酷對待較為簡單，然而卻可能會阻礙我們理解當時人們所面對的現實。

二、霧社事件與「姊妹原事件」

　　有幾個因素啟發我去思考這些問題，而其中之一是邱若龍所著《霧社事件》中的一個斷片（圖1）。馬赫坡社頭目莫那·魯道，在凝視著自己族人的命運而終於表明起義的決斷之後，派年輕人到鄰近的各社試圖說服共同打戰。對此，巴蘭社頭目瓦力斯·布尼就表示拒絕說：「你也知道本社壯丁早已傷亡殆盡……」。這句簡短的話語向我們提出一個問題；導致他下決心不參與蜂起的歷史過程究竟是如何？

　　在描述這場面的頁邊空白，有註明：「被日本人設計遭布農人殺害的大都是巴蘭社人。」於此邱若龍提起的是距此將近三十年前Sediq-Tgdaya（賽德克族德固達雅群）所蒙受的災禍。

　　1903年10月，在距霧社南方約十五公里、沿濁水溪的平原（姊妹原），受布農Kantaban族人慫恿而赴交易的Sediq-Tgdaya族人遭遇奇襲，而超過一百名的Sediq-Tgdaya壯丁被殺害。[11]總督府的文獻資料

10　戴國煇，〈霧社蜂起事件の概要と研究の今日的意味──台灣少数民族が問いかけるもの〉（前引戴國煇編著《台灣霧社蜂起事件》）。

11　有關姊妹原事件的犧牲者，根據資料可以作幾項說明。以下記載最主要者。①根據台灣總督府警務局編，《霧社事件誌》（發行年不詳），〈荷戈、巴蘭兩社蕃丁一百多名〉

中有記錄表示地方政府所扮演的角色；「埔里支廳為了報復前年同蕃
〔德固達亞群〕兇惡行為而加以唆使」[12]。對於這件被稱為「姊妹原的偷
襲」或者「姊妹原事件」的大慘案，雖然檢驗其歷史過程的資料很有
限，[13]但近年隨著深化對於霧社事件的理解，從新的角度加深認識。

　　此事件直到最近大多被視為1930年蜂起的導火線。其重點在於
以卑劣手段推進對於Sediq統治的日本人與面對未曾有的災禍之中一
步一步的累積憤怒的Sediq之構圖，而霧社事件被視為這種對立關係
導致的極點。對此，簡鴻模不單重視日本人與Sediq之間所釀成的緊
張關係，再進一步討論「為何霧社事件僅有六個社參與，有六個社
未配合參加起義」，而深入到姊妹原事件對Sediq-Tgdaya內部影響之

（前引《台灣霧社蜂起事件》，頁363），②根據《台灣日日新報》的新聞，〈土目被殺害
者有上巴蘭社サッポチック，荷戈社テリマミン，總土目ホウノカン的長男等，蕃丁
被殺害者一百多名〉（1903年12月24日），③根據アウイヘッパハ的〈證言〉，〈霧社總
頭目パワンノーカン的二男ウカンパワン所率領的巴蘭，ロードフ，荷戈的各社有勢
力者及壯丁一五〇人，赴姊妹原〉，〈有一三〇個セーダッカ被殺〉，Awi Hepah／許介
鱗編，《証言霧社事件》（草風館，1985），頁21–22，④根據郭明正的訪問，巴蘭社的
犧牲者最多，其次為トーガン，再其次還有荷戈，ロードフ的人。沒有マヘボ的人（前
引Kumu Tapas，頁101），⑤根據簡鴻模的訪問，犧牲者主要是巴蘭社。シーバウ社前
往姊妹原的四名之中有三名死亡。トーガン社因占夢師阻止前往姊妹原，故未有犧牲者
（前引簡鴻模〈Tgdaya的起源，遷徙與重大歷史事件〉，前引《中原部落生命史》，頁
28–29）。

12　台灣總督府〈祕　全島理蕃ニ關スル調查〉，《霧社事件ニ關スル參考書類》，1930，
　　《石塚英藏氏關係書類6》。本資料的一部分收錄於前引山邊健太郎編，《現代史資料
　　22　台灣2》，〈一七　蕃人的動搖及討伐的概略〉。

13　直接與此事件有關的資料除了註12和13所記載者之外，還有拓務省管理局長生駒高常
　　所著的〈霧社蕃騷擾事件調查復命書〉（1930年11月28日，前引《台灣霧社蜂起事件》
　　所收），〈南北兩蕃的大鬥爭〉（《台灣日日新報》，1903年10月8日），〈南北兩蕃大鬥
　　爭後報〉（《台日》，1903年10月9日），〈南北兩蕃大鬥爭的詳報（未曾有的出來事）〉
　　（《台日》，1903年10月21日），〈霧社蕃の歸順出願〉（《台日》，1903年12月24日）等。
　　另外，正如眾所周知，台灣總督府警務局編的《理蕃誌稿》為日本所作有關台灣原住民
　　統治史最基礎的資料之一，但裡面沒有找到有關此事件的記錄。

註：被日本人設計遭布農人殺害的大都是巴蘭社人。

圖1：邱若龍編繪《霧社事件》（時報文化，1980），頁120、125。

差異。

　　他指出：「姊妹原事件百年後的部落族譜調查，中原部落許多家族都無法溯源，追隨所得的年代和以Tongan社後裔為主的眉溪部落相距兩代之遙。」透過深入細緻的部落生命史調查浮現出來的這個事實，配合著以下所述的部落人們口述歷史，顯示著在以往只強調日本人與Sediq族人之間的對立構圖追尋不到的歷史層面。

三、記憶／口述歷史中的姊妹原事件

　　1954年出生於清流部落，在埔里教書的同時，長期以來在地從事自己族群文史工作的Dakis Pawan（郭明正），描敘老人們對於姊妹原事件的記憶如下。[14]

　　　假設有一百多個人全軍覆沒，這樣的狀況對我們過去的部落，假設沒有男性成員在家庭，女性要怎麼繼續生活呢？那是一個非常嚴重的社會問題。老人家跟我說：「他們回來以後，就知道說是發生事情，女性可以說是嚎啕大哭（mlingis palu balay sa），就是失去理智的哭嚎，怨天尤人，為什麼把我們痛打到這種程度。」那些女的還帶豬，跑到他們要經過的路，就是人子關〔人止關〕一帶的橋的上面，他們就走到那邊，一方面是跟她們的先生召魂，哀嚎，lmawa utux(呼喚亡靈的儀式)，因為我們死在那樣的狀況是一種mqdunoq(死於非命)，所以要把他召魂。Kari ta naq sediq u, hay lmawa utux niya, pruway balay（用賽德克語是透過召喚儀式，憐愛亡靈德意思）。[中略] 透過這種儀式，平息災難，不

14　前引Kumu Tapas，《部落記憶（II）》，頁102–103。郭明正1954年出生於清流（前引《清流部落史》，頁403）。另外，有關郭氏參照，Dakis Pawan／下村作次郎譯，〈Kari Alang Nu Gluban（清流部落簡史）〉，《日本台灣學會報》第12號，2010。

要再禍延下一代。所以聽說他們在那裡哭了幾天幾夜。Dmahul
儀式結束之後，回到部落，所以在那個事情發生之後，我看不只
是一個月，可能更長一年左右，一定是一段時間，女性失去家庭
的支柱，怎麼活下去。Pdaan ta kari Sediq da u kiya ka pgluk Snaw
kana ka dhiya desa（他們因此展開搶男人的行動）。去搶男人，因
為失去家庭的支柱，無論男人幾歲，凡是沒有婚姻的，也不管自
己幾歲，就是拉過來當她們的先生，變成是說女的去要求男人，
不是求婚狀態，而是 pgluk snaw kana ka dhiya（女人展開搶男人的
行動）。為什麼用 pgluk 這個字眼？[中略]一百個男人你去哪裡找
呢？所以會造成這樣 pgluk snaw（搶男人）。那個階段巴蘭地區，
如果頭目處理不好，可能就大亂，怎麼亂？可能社會產生亂倫的
現象，會有這樣的顧慮，因為 Gaya 特別說是到第幾代才可以結
婚，那時候就沒有辦法啦！所以他們到鄰近的部落找男人，
Paran、Droduh、Gungu 地區找男人。

　　為了回不來的丈夫哀悼而自殺的女人們相繼不斷，其中存活下來
的女人們就開始了她們艱苦的奮鬥。根據日本的文獻記錄，在1897
年 Paalan 社戶數及人口為 168 戶、770 多人，即為霧社地區最大的部
落（表1）。[15]當年整個 Tgdaya 群也只有537戶、約2,400人的規模。既
然如此，100名以上的壯年男性的突然死亡，對留下來的女人和小孩
來說，直接關係到如何活下去的問題，而對整個社會來說，也連繫到

15 鄧相揚著，魚住悅子譯，〈日本統治時代の霧社群（Tgdaya）の部落の変遷〉，《天理台
灣學會報》第17號，2008年6月。數據根據東京外國語大學AA研所藏的〈深堀大尉／
蹤跡探検報告〉。另外，根據1912年的森丑之助的調查，巴蘭社138戶，400餘人；
Sediq·Tgdaya群493戶，約1,700人（表2）。1897年到1912年之間，十五年間的數字變
動除了顯示姊妹原事件或連續不斷的戰鬥的激烈，同時也應考慮到由於調查手法以及
對實際情況的掌握的精準度之不同的反映吧。

如何才能維持Gaya的問題。[16]

表1：賽德克族德固達雅群各社人口變遷（各年末）

社名	年性別	1897	1912	1922	1929	1930	1931	1932	1942	現在的部落名稱
波亞倫	男	–	40	76	97	73	–	–	–	(清流)
波亞倫	女		27	85	95	65	–	–	–	(清流)
霧卡山	男	–	68	20	10	–	–	–	–	(清流)
霧卡山	女		60	15	10	–	–	–	–	(清流)
斯克	男	#	76	99	121	62	–	–	–	(清流)
斯克	女		79	93	110	63	–	¬	–	(清流)
馬赫坡	男	300	91	92	103	40	–	–	–	(清流)
馬赫坡	女		88	104	108	33	–	–	–	(清流)
塔洛灣	男	270+	16	17	13	10	–	–	–	(清流)
塔洛灣	女		12	21	15	13	–	–	–	(清流)
荷戈	男	200+	98	102	138	33	–	–	–	(清流)
荷戈	女		113	114	131	30	–	–	–	(清流)
羅多夫	男	110+	84	110	147	68	–	–	–	(清流)
羅多夫	女		86	103	138	78	–	–	–	(清流)
川中島	男	–	–	–	–	–	146	115	112	清流
川中島	女		–	–	–	–	129	117	140	清流
巴蘭	男	770+	211	222	280	270	273	258	–	(中原)
巴蘭	女		205	226	265	247	269	260	–	(中原)
塔卡南	男	410+	31	34	43	42	40	28	–	(中原)
塔卡南	女		25	23	31	28	30	22	–	(中原)
卡茲庫	男	300	57	46	53	53	53	44	–	(中原)
卡茲庫	女		79	47	62	62	56	54	–	(中原)
中原	男	–	–	–	–	–	–	–	324	中原
中原	女		–	–	–	–	–	–	318	中原

16　為了討論其慘禍所引起的巨大影響，必須更深入地了解當時在原住民社會喪夫的女人所面對的現實以及Gaya所面臨的嚴重情況。

土岡	男	#	53	62	77	84	83	84	96	眉溪
	女		51	82	81	79	83	82	98	
西袍	男	200+	15	10	22	23	24	23	35	
	女		17	19	28	26	26	29	37	
德固達雅群總計	男	大約 2,600	840	890	1,104	758	619	552	567	
	女		842	932	1,074	724	593	564	593	
參與蜂起的社小計	男		473	516	619	286	146	115	112	
	女		465	535	597	282	127	117	140	

註1：在未存在的社之欄中填入〔－〕，未調查的社之欄中填入〔#〕。

註2：在「參與蜂起的社小計」欄中填入七社（波亞倫社、霧卡山社、斯克社、馬赫坡社、塔洛灣社、荷戈社、羅多夫社）的總計。為了方便起見，在1929年以前亦填入這些七社的總計。

註3：在「現在的部落名稱」欄中填寫行政單位下面的部落名稱。

註4：關於在此提示的各社之變遷，其主要因素為如下：①波亞倫社和霧卡山社原屬於賽德克族道澤群，在1908年前後加入賽德克族德固達雅群的Gaya。②從1928年前後到1930年初霧卡山社逐漸遷移且合併到波亞倫社。③1931年5月總督府將參與蜂起的各社（波亞倫、霧卡山、斯克、馬赫坡、塔洛灣、荷戈、羅多夫）之剩餘者強制遷移到川中島。④從1939年到1940年，為了在濁水溪上流建設霧社水庫，總督府將巴蘭、塔卡南、卡茲庫各社強制遷移到中原。

資料來源：1897年：鄧相揚著，魚住悦子譯，〈日本統治時代の霧社群（タックダヤ）の部落の変遷〉，《天理台灣學會報》第17號，2008年6月。統計來源為東京外國語大學亞細亞・非洲語言文化研究所收藏的〈深堀大尉ノ蹤跡探檢報告〉。1912年：森丑之助，《台灣蕃族志　第一卷》（臨時台灣旧慣調查會，1917）。1922-42年：台灣總督府警務局，《蕃社戶口》（1923-43）。

以下的記載為1952年出生於中原部落的Tapas Nawi（林月秋）的口述。[17]

　　我民國四十一年出生的時候，一直到我有記憶，我的祖父母我都沒有看過，也沒有印象，連照片也都沒有，所以我都不知道他們的情形。我只記得我媽媽說過，我的祖母不會織布，但是很會放陷阱，他每次都到部落對面的山邊放陷阱捕老鼠，而且捕的非常多，有時候背不動，又折返部落叫我爸爸去幫忙她背回來。

　　在此所描述的為姊妹原事件後Paalan（巴蘭）社的情景。許多家庭失去了男人，特別是家中沒有人可以去打獵，只好靠被遺留下的女人和小孩在家旁或田裡放陷阱捕老鼠，藉其補充蛋白質。像簡鴻模推測，Tapas Nawi本身可能不清楚姊妹原事件的歷史。對他來說這不是事件的記憶，而是有關很會放陷阱捕老鼠的祖母的口傳故事。在此「事件後」存活下來的部落人的歷史被銘刻著。

　　這些口述所呈現的，不僅是一個「重大歷史事件」的姊妹原事件之重要性。那些女人們按照當時Sediq的習慣哀悼丈夫之死，為了打開一條活路而求得新的配偶、或辛辛苦苦確保糧食，在他們的身上我們能夠看到在隘勇線的擴張、砲台的設置、警察駐在所的開設、對鎮壓Tsulamo社部隊的編入等，日本一步一步地進入到Sediq社會過程中

17　前引《中原部落生命史》，頁765-769。在同書中，對於因與其他族群結婚等而離開部落的女性，也盡可能以電話進行訪問。

　　根據同書，Tapas Nawi的父親Awi Nawe・北川初男・林國輝，生於巴蘭，長於中原（1926-1972）。母親Bakan Nawi・永山フサ子・林秀妹，生於Truwan，長於清流（1925-2001）。Tapas Nawi的父系族譜只能上溯到曾祖母Rabe Toreh那一代，在姊妹原事件中犧牲的曾祖父的姓名不明。另一方面，母系族譜也只能上溯到曾祖父母那一代。祖父Awi Sapu因參加霧社事件而犧牲，祖母Ape Pawan雖帶著二個幼兒逃走，但移住到川中島後不到一年就過世了（《清流部落生命史》，頁9-10）。

所進行的歷史面貌。

　　其實，這樣的歷史經驗並不只限於在巴蘭社。如表2所示，在1910～20年代初期眉原、Tsulamao等族群有經歷了人口減到一半的歷史，1918～1919年世界性流行感冒的猖獗，對台灣原住民社會的影響也不小。甚至在1910年代到1940年代人口規模縮小的族群超過一半，這樣的情況也讓人想像各族群所經歷的嚴峻的歷史。這些經驗的累積，不管對於族群社會或每個原住民的意識和認識，應該都造成深刻影響。

　　邱若龍所描述的瓦力斯‧布尼，對照與決心蜂起的莫那‧魯道們之雄壯樣貌，顯露出一種意氣消沉的氣氛。雖然對於這樣的描繪尚有討論的餘地，但可以說他表現出台灣原住民至1930年的歷史過程中累積下來的經驗之一層面。在接連不斷的戰鬥經歷中，台灣原住民不斷地面對「該如何存活下去」這個問題。對於1930年蜂起計畫有何關聯，也必須理解為在那樣的情況下做出的一個決斷。

表2：霧社地區泰雅族、賽德克族之人口變遷（各年末）

民族	亞族	群	主要社名	年性別	1912	1922	1929	1930	1932	1942
泰雅	賽考列克	馬力巴	莫古波波，莫古里汗，等	男	460	334	385	383	399	415
				女	456	367	417	401	412	431
		白狗	馬西多巴翁帖比倫，等	男	214	210	233	234	265	257
				女	235	233	274	275	281	278
		薩拉矛	薩拉矛，卡瑤	男	215	105	98	100	95	102
				女	198	149	111	100	100	95
		斯卡瑤	斯卡瑤	男	90	90	123	126	137	185
				女	99	117	137	137	139	163
	澤敖利	萬大	萬大	男	279	239	254	250	246	276
				女	276	246	274	258	267	283
		眉原	眉原	男	161	99	110	115	110	104
				女	215	114	127	135	124	122

賽德克	賽德克	土魯閣	塔洛灣，玻拉瑤，等	男	395	477	496	467	488	532
				女	404	451	480	480	491	525
		道澤	魯給塔牙，洛沙，等	男	327	397	418	394	438	491
				女	324	401	398	399	445	507
		德奇塔雅	巴蘭，荷戈，等	男	840	890	1,104	758	552	567
				女	842	932	1,074	724	564	593

資料來源：森丑之助，《台灣蕃族志　第一卷》（臨時台灣舊慣調查會，1917）。1922-42年：台灣總督府警務局，《蕃社戶口》（1923-43）。

四、對於「味方蕃」的眼光

1930年10月，莫那‧魯道帶領的Sedeq-Tgdaya鋒起後不久，瓦力斯‧布尼派遣巴蘭社Iban Pilin等幾個人到埔里。[18]是為了報告有起事，同時也為了表明巴蘭社未參與蜂起的立場。據說當初埔里的警察根本沒有信以為真。[19]

隨著蜂起的概略逐漸清楚起來，總督府及台灣軍派屬於Sedeq-Tgdaya之中表明沒參與蜂起的Paalan、Tknan、Qacoq、Sipo、Tongan5社，從事偵察戰場且說服投降，甚至讓他們放火焚燒蜂起六社的糧倉、踏壞耕地等，擔任鎮壓蜂起的第一線。總督府內部雖對動員原住

18　根據Iban Piring（謝添木，生卒年不詳）的三女Seta Iban（張玉英，1919-）的回憶（前引《中原部落生命史》，頁346）。

　　根據Seta Iban的回憶，1930年10月霧社公學校運動會當天，她在隨著突然的槍聲之後而開始的混亂中逃竄，沒有見到父親就直接被同社的長老Bagah Nobing帶著一起逃回武界。因為父親沒有被找到，所以在蜂起之後不久，聽瓦力斯‧布尼的命令到埔里。

　　另外，Bagah Nobing（出生於巴蘭社Alang Ruco，在強制移住到中原以前於同地死亡。生卒年不詳）是1903年姊妹原事件時，少數跳入濁水溪從溪流中生還的生存者之一（前引《中原部落生命史》，頁330）。

19　根據Seta Iban的說法，因受到巴蘭社Sediq庇護的日本警察作證，巴蘭社的人們才好不容易保住性命。

民進行鎮壓戰「多少有異議」，[20]但若要日本警察隊和軍隊的死傷者限於最小限度，以及盡快掌控局勢，只能依靠鄰近的原住民。在有關鎮壓過程的龐大軍警資料中，亦有一些記錄可以窺看這些表明未參與蜂起的原住民動向。以下為1930年11月14日由警察隊記錄下來的。[21]

　　雖然巴蘭社蕃人目前從事勞役中，卻還庇護著其他〔抗日部落的〕蕃人等等，無法看到他們〔對日本〕的誠意，因此本日全都召集到分室前庭，由三輪隊長給予嚴厲訓戒。

　　另外在本日出發之際，發現他們把荷戈社蕃丁混入到勞役隊伍中，而那個蕃丁就在被拉到分室前時，乘隙自殺。

　　因巴蘭社的情況如上所述，正對其舉措進行十分嚴格的監視。

　　此記錄很明顯的表現出，統治者對自己所稱為「味方蕃（友蕃）」的人們如何看待，其不信任和警戒如何強烈。有不少蜂起部落的女性和小孩逃難到巴蘭社的親人之處，也有像上述幫蜂起部落的逃亡者混入到勞役隊伍那樣的關係。總督府還獲得了巴蘭社裡面也有一些男人參與襲擊日本人的消息。儘管日本官方企圖清楚辨別「敵蕃」與「友蕃」，但原住民內部關係確實複雜。因此，他們的「誠意」必須表現出來。他們始終處於試圖分清敵友的嚴峻監視下。

　　若我們忽略這種狀況，很難理解到家屬、親人、朋友或熟人被分斷為敵友而被驅使互殺，這殘酷的經驗。

20　台灣軍參謀部，《霧社事件陣中日誌　自昭和五年十月二十七日／至同年十二月二日》（春山明哲編，《霧社事件軍事關係資料》，不二出版，1992年所收），頁93-94。此外，還有服兵次郎〈霧社事件に就て〉（《偕行社記事》第679號，1931年4月。前引戴國煇編著《台灣霧社蜂起事件》所收，頁550）等，特別是還提及在當地的警察之中出現「異議」。

21　〈霧社騷擾事件搜索隊行動並蕃情〉，1930年11月14日條（《石塚英藏氏關係書類5》）。

在國家的框架內／夾縫中求生存

一、對樂信‧瓦旦（日野三郎‧林瑞昌）的審問記錄

　　接到霧社蜂起的消息之後不久，台灣總督府及日本政府警惕島內外的反應而企圖控制有關事件的消息情報。那是因為，對於為政者而言，蜂起這個事實的傳播本身則是可能會引起國內外蜂起的連鎖與連帶之嚴重問題。以下是在總督府所進行的民情調查記錄中，對新竹州角板山社出身的泰雅族人樂信‧瓦旦（渡井／日野三郎‧林瑞昌，1899-1954）的審問報告。[22]

　　　雖然我對於花岡一郎的行動無從知悉，但若他不得已之下參與兇惡行動的話，我只好痛惜他沒有膽力且意志薄弱。
　　　我擔憂的是，因為像花岡那樣人的出現而執政者是否會改變以往對蕃人教育的積極方針。

　　花岡一郎（達奇斯‧諾賓，1907-1930），曾就讀霧社蕃人公學校、埔里尋常高等小學校、台中師範學校講習科，1928年起以乙種巡查的身分服務於霧社管內，事件後不久和妻子一同自殺，而在上述的調查時被日本官方視為蜂起主謀者之一。另一方面，日野三郎（樂信‧瓦旦），曾就讀角板山蕃童教育所、桃園尋常高等小學校、台灣總督府醫學校（後來為台北醫學專門學校），1921年起在新竹州下的泰雅居住地從事以醫療為主的公務，這時剛好是與前一年結婚的日野Sagano之間生下長男茂紀（林茂成）不久。兩者都是生於日本統治

22　〈写　祕　霧社蕃人騷擾事件ニ伴フ民情ニ關スル件（第二報）〉，1930年11月11日，
　　警高甲第16469號，《石塚英藏氏關係書類五　霧社事件關係書類》（東京大學史料編纂
　　所所藏）。山邊健太郎編《現代史資料22　台湾2》（みすず書房，1971）中刊載經過部
　　分編集的相同資料。

下、被總督府視為「成績優秀」且「品行端正」而以公費進學、從事公職。

　　在與上述審問記錄的同時期，《台灣日日新報》將日野寫給派遣到霧社從事鎮壓行動的新竹州警部之部分書信，與報導花岡及其他族人們自殺的消息刊登在一起。[23]對於有註明「按照原文」的「書信」，目前無法確認其原文，也很難查證寫給個人的信是如何被刊登於報紙上。不過，值得注意的是，日野自己提及到在同年4月訪問霧社之事。報紙記載著：日野「憑直覺感到有點怪」、「也覺得不太想跟花岡碰面」就沒見到。日本官方不可能沒有掌握到在蜂起的前半年日野有前往霧社。從此來看，這些字面呈現出日野作為與花崗「同族」的先覺者承擔的沉重壓力。其實，報紙的論調對日野乍看是好意的，但整件事的報道本身顯露出日野的言行處於眾目睽睽的情況下。

　　日野，一方面迴避明確斷定或推測花岡是否有參與鋒起，另一方面抱著迫切的心情來觀看事態的發展。我們該如何去解讀這些由日本警官所記錄的語詞，就是對日野來說是等同於被審查忠誠可靠心的尋問記錄？我想，亦在思考「台灣原住民觀點的霧社事件」這主題時，這是個不能迴避的課題。[24]

二、戰後日本歷史學的眼光

　　山邊健太郎出版了包含括上述資料在內的有關霧社事件的官方資

---

23 〈高砂族の先覚者──公医日野君の手紙／《残念で堪まりません》と／昵懇の討伐隊長へ宛てゝ〉，《台灣日日新報》，1930年11月19日。〈昵懇の討伐隊長〉，即為1907年到任桃園廳巡查(警察)之後，歷任新竹州大溪郡高崗分室主任等，霧社事件當時為新竹州大湖郡警務課長之石田貞助警部。

24 對於關此資料的筆者解讀，請參考前引北村嘉惠《日本植民地下の台湾先住民教育史》的後記，以及北村嘉惠〈台湾先住民族の歴史経験と植民地戦争──ロシン・ワタンにおける「待機」〉，《思想》第1119號，2017年7月，頁24-45。

料，其中將樂信・瓦旦與對蜂起表示「同情」和「支援」的台灣民眾黨視為對立的立場而指出：「身為原住民受日本教育、開業當醫師的男人，不僅對這蜂起表示同情甚至加以批難」。[25]另外，宇野利玄試圖以原住民教育視角來檢討導致霧社事件的歷史過程，其中將日野等菁英視為靠著「意志」和「膽量」來作為統治者的「協力者(合作者)」，甚至期待日野（和其他菁英）做出「另一個選擇」。[26]

　　以上兩者都可以說是反映出戰後日本歷史學對霧社事件的主要關心。若將霧社蜂起視為「在輝煌的反抗戰爭史上不朽的事業」之觀點來看，日野的言行無非是應唾棄或應克服的對象。然而在1930年此一時點，如何能有「另一個選擇」？戰後研究者所期待的「另一個選擇」，對日野來說，或是對同時代的台灣原住民來說，意味著怎麼樣的情況？

三、台灣原住民與國家

　　到了1990年代以後，隨著追究白色恐怖真相與恢復受難者名譽的進展，才重新開始理解長久以來被忽略的樂信・瓦旦。[27]

　　樂信・瓦旦在剛被任命為「高砂族」的第一位總督府評議員（1945年4月）不久，面臨日本戰敗，而在國民政府下歷任鄉長、台灣省政府諮議、臨時省議會議員等。他正要認清新時代的形勢時，被台灣省保安司令部以「高山族共產黨匪諜叛亂罪」名目逮捕、關進監

25　山邊健太郎，〈解說〉（前引山邊健太郎編，《現代史資料22》），頁xxxv。

26　宇野利玄，〈台灣における〈蕃人〉教育〉（前引戴國煇編著，《台灣霧社蜂起事件》），頁105。

27　范燕秋，〈淪亡於二二八的原住民英靈〉（《自由時報》，1992年2月26–28日）為其開端。同文之後再收錄於紀念台灣省第一屆原住民省議員林公瑞昌（樂信・瓦旦）銅像落成揭幕典禮委員會編，《追思泰雅族英靈前省議員樂信・瓦旦（林瑞昌）》（同委員會，1993）。

牢、1954年被槍斃。在戒嚴令下連提都無法提及的的樂信‧瓦旦的相關資料，由他的長子林茂成來進行整理並公開。林茂成本身亦作為「匪諜」之子，歷經了長達約四十年的孤立與沉默。

林茂成描述他父親在霧社事件中的言行如下。[28]

　　若日警採取嚴重之報復行動，其後果不勘設想。因此；父親積極奔走與台灣總督府及台中州廳之間，建議日本政府勿採取嚴重之制裁，以免擴大事件，難於收拾殘局。結果日本政府限於極少部分之制裁而寬大處理善後，保護了一般同族之生命財產。

他以「限於極少部分」、「寬大」的詞語來形容導致Sediq-Tgdaya的人口減半之總督府的鎮壓戰。那或許是反映了他父親對現實的敏銳觀察，同時也是呈現在白色恐怖時代下存活下來的林茂成本人對歷史的理解。

在此要討論的不是台灣總督府與國民黨哪一個「比較好」或「比較殘酷」。相反地試圖顯示這種提問才極為空虛、甚至粗暴。為了進一步深入討論此問題，可作為參考的是吳叡人與范燕秋的研究。[29]他們利用近年來新開放的二二八事件及白色恐怖時期相關檔案，試圖從樂信‧瓦旦等原住民菁英的視角來思考台灣「戰後」的歷史涵義。他們的討論同時亦可以說是向日本社會對台灣原住民的研究關心只偏於

28　前引《追思泰雅族英靈前省議員樂信‧瓦旦（林瑞昌）》，頁27。

29　吳叡人，〈〈台灣高山族殺人事件〉：高一生，湯守仁，林瑞昌事件之政治史的初步重建〉，許雪姬編，《二二八事件60週年紀念論文集》，台北市政府文化局‧台北二二八紀念館，2008。范燕秋，〈樂信瓦旦與二二八事件中泰雅族的動態：探尋戰後初期台灣原住民菁英的政治實踐〉（同上）。吳叡人，〈台灣原住民自治主義的意識形態根源：樂信‧瓦旦與吾雍‧雅達烏猶卡那政治思想初探〉，洪麗完主編，《國家與原住民：亞太地區族群歷史研究》（台北：中央研究院台灣史研究所，2009）。

日本殖民統治的脈絡之情況提出問題。吳叡人，將1954年4月國民黨
對六位原住民菁英的槍殺視為「台灣高山族殺人事件」，追索國民
黨、共產黨台灣省工作委員會（山地工作委員會）及三名原住民菁英
的行動軌跡，來試圖重建這事件的過程。透過對國民黨所蒐集的「敵
情」資料以及只限於審判、定罪與執行過程（即闕如偵察、逮捕、審
訊、起訴過程）的檔案之細心且大膽的解讀描寫出來的是，由日本國
家培養的原住民菁英所身處的歷史結構。就是他們在兩個敵對國家
（State）的夾縫中，必須承受兩個國家對他們的雙重「期待」與質疑，
因此才終於成為清除的對象。

　　吳叡人指出，1948、49年之交，林瑞昌（樂信・瓦旦）曾與山地
工作委員會書記簡吉等人會面兩度時，事前主動向保密局報告此事。
並且，吳叡人進一步的推測，在中國本土國共內戰局勢加劇且台灣處
境轉很不確定的情況下，林瑞昌很有可能希望經由私下與簡吉等人持
續接觸、更清晰地掌握政局的進展方向。對於林瑞昌看似「雙重自
保」或機會主義的行動，吳叡人認為這是樂信・瓦旦堅定的信念——
盡可能避免自己的民族為了平地人的衝突再次成為犧牲者。並且他認
為：

　　　這是弱小者在夾縫中求生存的困境：他被迫做出了選擇（國民
　　黨），然而局勢又迫使他必須另外預留生路。他日後之被殺，恐
　　怕正是種因於這個片刻的游移與猶豫。[30]

　　此文充分描寫出在政權的過渡時期台灣原住民領袖所面對的現
實。

　　另外，如范燕秋也指出，樂信・瓦旦在國家體制內尋求生路的想

30　前引吳叡人，〈〈台灣高山族殺人事件〉〉，頁358。

法，在霧社事件的時候就已經很明確了。關於此點，上面所提及的日
本官方審問記錄顯示樂信・瓦旦在國家體制下作為一個民族尋求一線
生機苦鬥的痕跡。然而他自己走下的軌跡揭示出一個現實──不光是
試圖跳脫國家支配的結構，或是企圖「選擇」自己屬於的國家，都不
得不導致與國家暴力正面衝突。

　　吳叡人與范燕秋的研究，雖在各個論點存在著見解不同，[31]但都
開闢了需要繼續深入探討的重要問題：台灣原住民，作為個人及族
群，處在國家的框架內或不同國家的夾縫中，承受何種約束與要求過
來，且如何追求活路過來？這些問題仍然等我們去深入考究。

結論

　　正如以上所述，思考「台灣原住民觀點的霧社事件」是與反思自
己認為什麼可以忽略、什麼不可忽略此問題分不開的。將什麼事情看
成「事件」？透過該「事件」的重構，凸顯出的是誰的經驗和哪些架
構？為了啟動對於此「事件」的思考被召集回來的又是哪些記憶？為
了加深批判性思考，這些問題至關重要。

　　本文試圖重構，沒有參與1930年的霧社蜂起卻無法置身事外的
原住民經驗。這不單重新提示了另一個對霧社事件的解讀觀點，還闡
述了處於國家框架下或不同國家夾縫中，不斷面對窘境的原住民的歷
史經驗。這還促使我們不斷地反思自己對歷史的認識，特別是因為還
有許多至今沒有被塑成為歷史現象的事情與經驗。因此，我們必須不
斷地重新思考如何將個別檔案及記憶認定為一種歷史現實。

31　例如，導致林瑞昌被殺害的緣故，范燕秋看重林瑞昌等人的〈大豹社原社復歸陳情
　　書〉，林瑞昌等〈台北縣海山區三峽鎮大豹社原社復歸陳情書〉，1947年6月8日。特別
　　是其中有語詞寫說：「由於光復，我們也蒙受光復故鄉之喜，否則，光復於祖國之喜何
　　在？」而林瑞昌與一百個以上的連署人一起要求恢復故地大豹社，范視為因此觸犯了
　　當局的忌憚。

參考書目與文獻

中文書目

吳叡人，〈台灣原住民自治主義的意識形態根源：樂信‧瓦旦與吾
　　雍‧雅達烏猶卡那政治思想初探〉，洪麗完主編，《國家與原住
　　民：亞太地區族群歷史研究》。中央研究院台灣史研究所，2009
　　年。

——，〈〈台灣高山族殺人事件〉：高一生，湯守仁，林瑞昌事件之政
　　治史的初步重建〉，《二二八事件60週年紀念論文集》。台北市
　　政府文化局‧台北二二八紀念館，2008年。

邱若龍，《霧社事件》。台北：時報文化，1980年。

姑目‧荅芭絲（Kumu Tapas），《部落記憶：霧社事件的口述歷史
　　（Ⅰ）‧（Ⅱ）》。翰蘆圖書，2004年。

范燕秋，〈樂信瓦旦與二二八事件中泰雅族的動態：探尋戰後初期台
　　灣原住民菁英的政治實踐〉，《二二八事件60週年紀念論文
　　集》。台北市政府文化局‧台北二二八紀念館，2008年。

紀念台灣省第一屆原住民省議員林公瑞昌（樂信‧瓦旦）銅像落成揭
　　幕典禮委員會（編），《追思泰雅族英靈前省議員樂信‧瓦旦
　　（林瑞昌）》，1993年。

桃園縣文化局（編），《泰雅先知：樂信‧瓦旦》，桃園縣文化局，
　　2006年。

簡鴻模、依婉‧貝林、郭明正（編著），《清流部落生命史 Ltlutuc
　　Knkingan Sapah Alang Gluban》。永望文化，2002年。

簡鴻模、依婉‧貝林（編著），《中原部落生命史 Patis Ltlutuc Rudan
　　Knkingan Sapah Alang Nakahala》。永望文化，2003年。

鄧相揚，《霧重雲深：霧社事件後，一個泰雅家庭的故事》。玉山

社，1998年。

日文書目

『石塚英藏氏關係書類5　霧社事件關係書類』東京大學史料編纂所
　　收藏

『石塚英藏氏關係書類6　霧社事件參考書類（1）』東京大學史料編
　　纂所收藏

「特集 台灣原住民族にとっての霧社事件」『日本台灣學會報』第12
　　號、2010年

北村嘉惠『日本殖民地下の台灣先住民教育史』北海道大學出版會、
　　2008年

北村嘉惠「台灣先住民族の歷史經驗と殖民地戰爭 ―ロシン・ワタン
　　における「待機」」『思想』第1119號、2017年

小林岳二「"台湾原住民族"、模索していく民族像」『PRIME』第6
　　號、1997年

戴国輝（編）『台湾霧社蜂起事件　―研究と資料』社会思想社、
　　1981年

台灣近現代史研究會（編）「戰後日本における台灣近現代史研究文
　　獻目錄」『台灣近現代史研究』第3號、1981年

台灣近現代史研究會（編）「戰後日本における台灣近現代史研究文
　　獻目錄Ⅱ」『台灣近現代史研究』第6號、1988年

台灣總督府警務局『蕃社戶口』1923–1943年

鄧相揚（著）下村作次郎（監修）魚住悦子（譯）『殖民地台灣の原
　　住民と日本人警察官の家族たち』日本機關紙出版センター、
　　2000年

鄧相揚（著）魚住悦子（譯）「日本統治時代の霧社群（タックダ
　　ヤ）の部落の変遷」『天理台灣學會報』第17號、2008年

春山明哲（編）『台灣霧社事件軍事關係資料』不二出版、1992年
森丑之助『台灣蕃族志（第一卷）』臨時台灣旧慣調查會、1917年
山邊健太郎（編）『現代史資料22　台湾2』みすず書房、1971年

莫那・魯道之直系家譜

巴干・巴萬（Bakan Pawan）

前言

筆者以莫那・魯道後裔之身分來論述莫那・魯道之直系家族系譜，包括其父母親魯道・巴耶（Rudo Bae）與瑪紅・巴拉絲（Mahung Paras）、莫那・魯道（Mona Rudo）與巴干・瓦歷斯（Bakan Walis）、瑪紅・莫那[1]（Mahung Mona／張秀妹）與鐵目・比度[2]（Temu Pidu／張信介）以及露比・瑪紅[3]（Lubi Mahung／張呈妹）與巴萬・內勇（Pawan Neyung／劉忠仁）等四代的家族成員。筆者為莫那・魯道的外曾孫女，名為巴干・巴萬（Bakan Pawan），與莫那・魯道建立的關係基礎，可由莫那・魯道唯一倖存之女兒瑪紅・莫那與張呈妹的關係來論述。

為能讓讀者快速明瞭莫那・魯道家族所有成員的家庭結構，筆者除了繪製莫那・魯道直系家族系譜（如圖1）外，在文中亦插入簡易

---

1 瑪紅・莫那為莫那・魯道八位子女中，在霧社事件後，唯一倖存之小孩。

2 鐵目・比度（Temu Pidu），漢名張信介，是瑪紅・莫那的第二任丈夫。

3 張呈妹是瑪紅・莫那唯一收養的女兒，延續並傳承莫那・魯道直系家族命脈及香火。

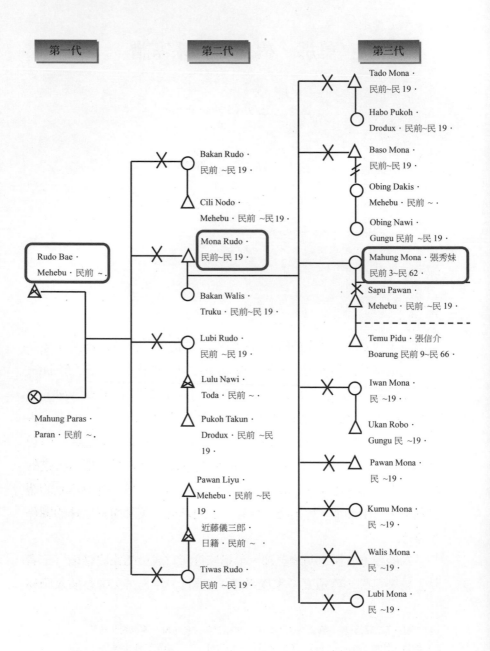

圖1：莫那‧魯道直系家族系譜

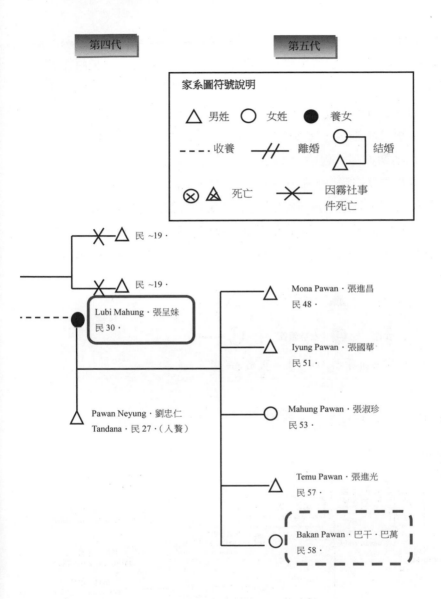

系譜，以供對照。圖2為系譜之符號說明，圖3為莫那‧魯道直系家族第一代至第五代的簡易系譜。再則，文中為求一致性，避免原住民名字及漢名交叉出現，以致混淆，除了在第一次出現時，筆者同時會標註其原住民姓名及漢名外（除了無漢名者），以下皆以漢名呈現。唯瑪紅‧莫那和鐵目‧比度（Temu Pidu）雖有漢名叫張秀妹和張信介，但為凸顯莫那‧魯道與瑪紅‧莫那的關係，又瑪紅‧莫那與鐵目‧比度為夫妻的關係，故在文中其三者均以原住民傳統姓名書寫。

　　關於莫那‧魯道的直系家族系譜，可由筆者的母親張呈妹提供一張甚不起眼的白紙，上面是她重新謄寫瑪紅‧莫那在世時，用日本片假名書寫其家庭大部分成員之名單（如圖4）。張呈妹如寶貝般珍視，

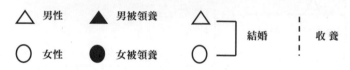

圖2：家系圖符號說明。由本研究者製圖。

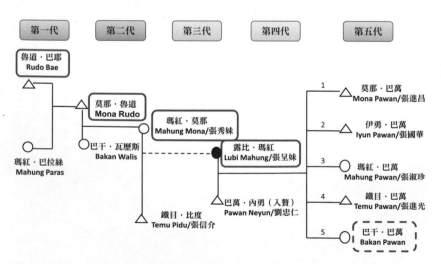

圖3：莫那‧魯道直系家族第一代至第五代簡易圖。由本研究者製圖。

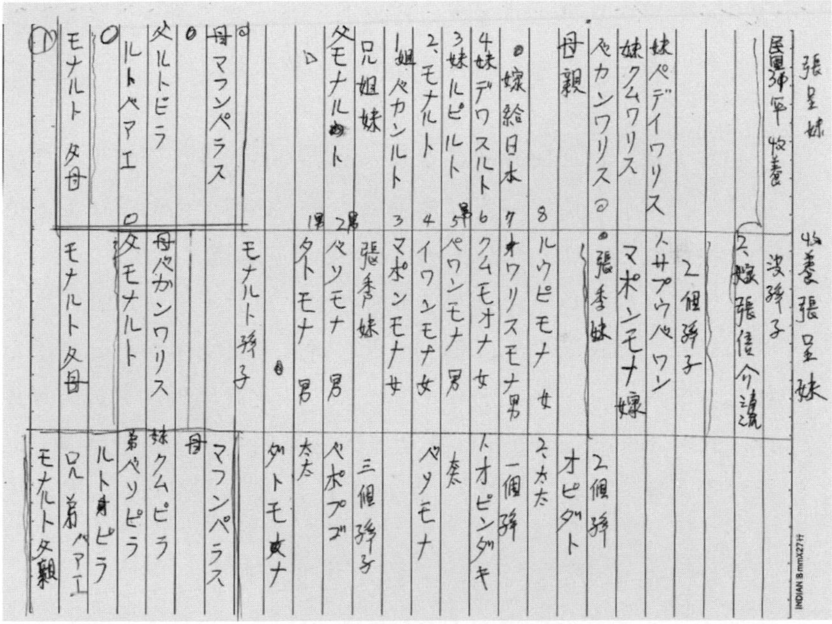

圖4：轉謄瑪紅‧莫那留下的家族系譜。張呈妹提供。

並告訴我們所有子女，莫忘本列祖列宗，即便筆者從未見過「他們」，「他們」也清清楚楚的烙印在我心裡。

　　張呈妹拿著一張用片假名轉謄瑪紅‧莫那所遺留下來的族譜，坐在客廳，戴著老花眼鏡，手上拿著一枝筆，教筆者如何看瑪紅‧莫那所留下來的系譜，裡面所呈現的內容，跟《清流部落生命史》不盡相同：

　　我媽媽有用片假名親自寫自己的家譜交代給我，包括從魯道‧巴耶（Rudo Bae）到莫那‧魯道的兄弟姊妹有四位，一直到我媽媽這邊的兄弟姊妹共有八位，她叫我不要丟了。她寫莫那‧魯道的父親是寫魯道‧巴耶跟魯道‧比拉（Rudo Bilaq），跟清流部落生命史寫的魯道‧鹿黑（Rudo Luhe）不一樣。我以前也沒有問

太多，我跟我媽媽坐在客廳的地板上，那時我正向她學習如何織布，我只是問她們的兄弟姊妹有多少，然後她就自己拿起筆開始寫了。

她寫魯道・巴耶同時也寫魯道・比拉，我覺得很奇怪，為什麼魯道・巴耶有兩個名字，可能是他父親「巴耶」比較早往生，後來才接母親「比拉」的名字。可是就是沒有魯道・鹿黑。

我媽媽寫的魯道・比拉有弟弟叫巴索・比拉（Baso Bilaq）跟妹妹叫姑目・比拉（Kumu Bilaq），也跟清流部落史不一樣。部落史把巴索寫成哥哥，然後沒有妹妹姑目。可是我媽媽沒有寫到孛烏陣・比拉（Ngucun Bilaq）。有的可能也漏寫了，我知道魯道・比拉跟孛烏陣・比拉是兄弟。（2013年10月27日張呈妹口述於清流自宅）

賽德克人的傳統名字採取「子父連名」或「子母連名」的方式。以魯道・巴耶的名字為例，魯道是他的名字，巴耶是其父親之名字，子名在前、父名在後，學者專家們稱之為「子父連名」，其意思有魯道・巴耶是巴耶的兒子。而比拉是魯道・巴耶母親的名字，所以他亦可稱為魯道・比拉，此時則為「子母連名」，也就是說魯道・比拉是比拉的兒子，子父或子母連名在賽德克社會是並行的（郭明正，2012，頁91）。

莫那・魯道直系家族成員的生命故事，主要是依據部落耆老的口述記憶，以及前輩們田野調查記錄及訪談的結果，來拼湊及建立其家庭成員之生活點滴。尤為當代，已經有越來越多的原住民族人在書寫各自民族之歷史故事，從中或許亦可補述不同的環節。莫那・魯道，在外界的觀點其評價褒貶不一，不論是大家印象中的英雄也好，是一代梟雄也罷，這都不是筆者真正所關心的，筆者更為執著的是，莫那・魯道是否有其感性、樸實及平凡的一面？當他卸下其頭目面具，

關起家門之後，真正屬於他真實的一面？就如筆者訪問邱若龍，建請他提供意見時，他說：「莫那‧魯道也是一個人，他也有他的情感面，這個部分在我們的研究裡面，好像沒有看到有人往這個方向去研究，你剛好是族人、又是家屬、你有這樣的經驗跟阿嬤（瑪紅‧莫那）相處，也許你可以去調查莫那‧魯道更多的面向，而不是只有霧社事件的發動者。他做為一個人、做為一個賽德克族、做為一個父親、先生的角度去探討他，還原他真實人生的一面。任何一個人，其實都想好好的過日子，讓他的族人也好、他的後代也好，可以平平安安的過日子，或只是想怎麼樣的過日子？最後為什麼走上這條路，那個絕對是很大的衝擊，或者是他那個內心的變化，讓他不得不選擇，這個是最難抉擇的一條路。我個人覺得說，也許以你可能，也只有你可以做得到。」[4]我們心自問，我能勝任嗎？這莫名的壓力，頓時讓筆者久久無法下筆。

魯道‧巴耶（Rudo Bae）與瑪紅‧巴拉絲（Mahung Paras）

一、父親魯道‧巴耶

　　魯道‧巴耶，為莫那‧魯道之父親，馬赫坡社人，在霧社事件發生前因病身亡。與瑪紅‧巴拉絲（Mahung Paras）育有四位子女。長女巴干‧魯道（Bakan Rudo）、長子莫那‧魯道（Mona Rudo）、次女露比‧魯道（Lubi Rudo）及三女狄瓦斯‧魯道（Tiwas Rudo）（如圖5）。

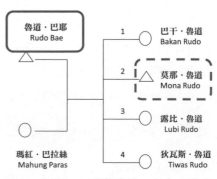

圖5：魯道‧巴耶家系圖。由本研究者製圖。

4　2016年4月20日邱若龍口述於永和工作室。

　　魯道‧巴耶亦可叫魯道‧比拉，但在《清流部落生命史》記載的為魯道‧鹿黑。由於魯道‧巴耶的腿形有點外八，人又高大，走起路來有點緩慢，因此綽號叫鹿黑（Luhe），而非如《清流部落生命史》記載的為魯道‧鹿黑。《清流部落生命史》內容雖然與瑪紅‧莫那所遺留的系譜內容有些出入，但至少到目前為止，它已算是記載最為詳盡的一本書，也是筆者在系譜方面，主要參考文獻之一。

　　除此之外，在部分日本及漢人研究之文獻中，更記錄著莫那‧魯道在其父親魯道‧巴耶去世之後，繼任頭目一職（日本在華暴行錄，1985，頁72，引自台灣總督府《霧社事件始末報告》；鄧相揚，1998，頁98；鄧相揚，2000，頁39；徐如林、楊南郡，2011，頁66），又魯道‧巴耶曾糾合霧社附近諸社企圖抗日，不幸大敗（劉枝萬，1951，頁67）等記事。究實而論，馬赫坡社的頭目是鐵目‧羅勃而非魯道‧巴耶，魯道‧巴耶在當代僅為馬赫坡社之族人。

二、母親瑪紅‧巴拉絲

　　瑪紅‧巴拉絲，莫那‧魯道之母親，巴蘭社人，關於她的記事可說是寥寥無幾。自從魯道‧巴耶過世以後，獨立扶養四位子女，於霧社事件前身亡。在政壇上曾經擔任仁愛鄉第六屆鄉長洪仁德及第四、五、六屆原住民族立法委員林春德，是瑪紅‧巴拉絲的妹妹姑目‧巴拉絲（Kumu Paras）的子孫後代。

莫那‧魯道（Mona Rudo）與巴干‧瓦歷斯（Bakan Walis）

一、莫那‧魯道

　　莫那‧魯道，馬赫坡社人，霧社事件發生時，年約五十歲。與其妻巴干‧瓦歷斯育有八位子女，長子達都‧莫那（Tado Mona）、次子

巴索‧莫那（Baso Mona）、長女瑪紅‧莫那（Mahung Mona）、次女伊萬‧莫那（Iwan Mona）、三子巴萬‧莫那（Pawan Mona）、三女姑目‧莫那（Kumu Mona）、四子瓦歷斯‧莫那（Walis Mona）及四女露比‧莫那（Lubi Mona）。除了瑪紅‧莫那外，其他皆在霧社事件戰役中身亡（如圖6）。

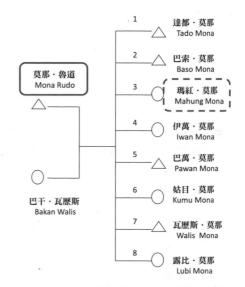

圖6：莫那‧魯道家系圖。由本研究者製圖。

在諸多文獻記載莫那‧魯道為1882年出生，但由本族耆老口述得知其為1880年出生（郭明正，2011，頁98），霧社事件發生時，年約五十歲，是家中獨子，父親早逝，隨之協助母親維持家計之重擔落入其肩。由於莫那‧魯道與當時的頭目鐵目‧羅勃是鄰居，自幼失怙的莫那‧魯道受到鐵目‧羅勃的栽培，開山墾殖的農務、游獵山林的技能等……，除了跟隨家族長輩學習外，鐵目‧羅勃是傳授他各種技能最大的恩人，[5]以奠定莫那‧魯道日後謀生及服務族群的基礎。

在傳統部落時代，分享是社會組織主要形態。私底下的莫那‧魯道，不過只是個平凡的賽德克人，時而與部落族人小酌，時而也與日本人比賽捽角及賽跑，但身為部落頭目，為保護部落族人安危，當然也會擔心他群的突襲行動：

5　郭明正，〈認識莫那‧魯道〉，《南投報導》，第19期，2003，頁15。

　　我與莫那‧魯道互為鄰居，我的年紀比較小，我算是晚輩。他有酒必與部落的青年分享。[6]

　　其實平常日本人也會禮讓莫那‧魯道三分。因為日本人喜歡角力比賽，有時日本員警也會跟莫那‧魯道交流，在溪流旁的沙子比賽角力，偶爾也比賽跑步，莫那‧魯道常常會贏。因為莫那‧魯道人高馬大的，跑步的速度飛快，所以日本人對莫那‧魯道還是很敬重的。這是我媽媽瑪紅‧莫那說的。（2014年1月11日張呈妹口述於清流自宅）

　　莫那‧魯道最怕我們都達部落的巴索‧諾明（Baso Nomin），他（巴索‧諾明）的父親是一個好人，勇氣十足。巴索‧諾明去獵取人頭的時候，巴索‧諾明他們就利用狗來防備他（莫那‧魯道）的突襲行動，一旦他（巴索‧諾明）的狗狂吠起來，他們（指莫那‧魯道他們）都會大聲喊叫說：「獵頭的巴索‧諾明來了。莫那‧魯道是很難追到的人。[7]

　　頭目除了肩負起整個傳統部落Gaya[8]的運作外，累積頭目本身的經濟基礎也是很重要的條件之一。傳統社會沒有所謂的通貨交易，一般皆以以物易物為主。莫那‧魯道擅長打獵，獵獲鹿茸與鹿鞭以換取水牛，因此莫那‧魯道的牛隻多達一百多隻：

6　溫克成口述於邱若龍，《Gaya 1930年的霧社事件與賽德克族》，1998。

7　姑目‧荅芭絲，《部落記憶——霧社事件的口述歷史（Ⅰ）》（台北：翰蘆圖書，2004），Takun Teymu都達人，口述於平靜部落，頁331。

8　Gaya是本賽德克族人必須共同遵守的生活規範及道德準則。簡單來說是賽德克族的族中律法、社會規範，是本族的生存法則。亦可說是習慣法。

　　瑪紅‧莫那說：我父親是個勤奮工作及擅長打獵的人，我的兩位哥哥達都‧莫那及巴索‧莫那是我父親的得力助手。他們在工作之餘，會去放陷阱，他們放陷阱也很厲害。為了獵取鹿茸與鹿鞭，他們會去白石山打獵，白石山那裡才有很多水鹿。水鹿會到水源區喝水，他們會在那裡等水鹿出現。只要去白石山打獵，就會去好幾天。因為鹿茸與鹿鞭可以換取牛隻。打到的鹿肉，他們會先用火烤乾，再帶回家，因為烤乾後會比較輕。

　　我曾經跟過一次，因為打獵要去好幾天，我是去幫忙煮飯的，那裡有山洞可以過夜，我就在那裡面撚麻紗。下山時，我還要幫忙背鹿肉回家。我父親的牛都是水牛，有一百多頭，有的母牛會生小牛，所以牛就越來越多，都放在山上自由放牧。（2014年1月11日張呈妹口述於清流自宅）

　　早期在半農半獵的社會組織，頭目除了擅長狩獵，在農務上的運作亦是不容忽視的。莫那‧魯道做為部落的領導人，從其換工與宴請部落的方式，就與眾不同。對於需要幫助的人，更是義不容辭。不同族群的領導人，其管理部落的態度與風格也不盡相同。因此對莫那‧魯道如此之作風，也因不同部落的族人有著不同的詮釋：

　　在馬赫坡部落，莫那‧魯道是專門去工作、狩獵的人，他勤奮工作及努力不懈的態度，在我們馬赫坡社是無話可說的。每到農忙時期，他用牛肉分給部落的族人做為工作的代價。但是，吃的是另外給。工作的代價跟食用的是不同一份，他全部落都給。這是以前我們馬赫坡社的傳統Gaya。[9]

9　溫克成口述於邱若龍，《Gaya 1930年的霧社事件與賽德克族》，1998。

　　莫那・魯道的妻子叫巴干・瓦歷斯，我的母親是姑目・瓦歷斯，巴干・瓦歷斯是我母親的妹妹。今天我要敘述的事情是我母親，以及我的丈夫告訴我的。

　　巴干・瓦歷斯的生活相當富裕，他們的牛群牧放在平坦的土地，他們養了很多豬，並且讓牠生了很多小豬。他們常常殺豬分食給部落的人，為了就是要讓他們幫他們從事開墾的工作。因此，莫那・魯道不會擔心沒有人在家裡幫忙，他經常上山打獵，一去就會待上很久的時間。他有幾個孩子會在家幫忙殺豬的工作，如果他們的農地要進行一些工作，例如，疏苗或是收割的工作，他們不會先詢問別人的意見，就會將一串一串的豬肉分送給別人，他們的意思就是拿到豬肉的人，一定到他們的農地幫忙工作。[10]

　　以前有一個跟莫那・魯道是同一部落，他們當中有一個貧窮的人家，他們沒有豬可以宴請部落裡的人，他就將他獵來的人頭交給莫那・魯道，由莫那・魯道來宴請部落裡的人。

　　莫那・魯道不是一個隨便的人，當人去幫他工作，就會分給豬肉做為代價，他將那些豬肉分給幫他工作的人。

　　莫那・魯道都會親切地對待每一個人，有一個卡丘固部落的人到溪谷去提水，遇見莫那・魯道的時候，他就跟著前往馬赫坡部落，莫那・魯道請他吃飯，沒有趕他走。有的人進到他們的領土就會把人趕走，他都會理會每一個人。

　　我的父親非常尊重莫那・魯道這個人，他不是一個隨便的人，無論什麼人他都會分享並善待他們。

10　姑目・苔芭絲，《部落記憶：霧社事件的口述歷史（Ⅰ）》（台北：翰蘆圖書，2004），Away Takun，都達人，口述於春陽部落，頁327。

　　部落的人獵取人頭回來，他們都交給莫那，因為很多人沒有牲畜宴請部落的人，因而使得部落有些貧窮人家，直接將所獵來的人頭交給莫那‧魯道，然後就由他殺牲畜請部落的人。最後是他得到了獵首的榮耀。[11]

　　莫那‧魯道在外族群眼中是一位非常剽悍的頭目，但在馬赫坡社族人的眼裡，他有高大強壯的體魄與威武的外表，讓人敬畏三分，事實上他是一位和藹可親、照顧族人，及受人敬重的頭目：

　　我問傅阿有說：「部落的族人都很怕莫那‧魯道嗎」？她說：「是的。」重點是她講一個故事，她說：「有人偷莫那‧魯道的牛，殺了並吃到肚子裡。」他們說：「莫那‧魯道那麼凶，怎麼辦？」傅阿有說：「不是這樣，莫那‧魯道對外部落的人會很凶，這是毋庸置疑的，但是對本部落之族人，他是非常照顧的。」（2015年7月12日郭明正口述於埔里自宅）

　　族老們常這樣形容莫那‧魯道：「他炯炯有神的雙眼，看了自會覺得害怕。」但是，他很喜歡小朋友，也喜歡跟小朋友們「哈拉」，所以小孩子不會怕他，因為小孩不懂事。[12]

　　莫那‧魯道這個人對部落是嚴格的，什麼時候嚴格？執行公務他是嚴格的，沒有執行公務時，是非常和藹可親的，分得非常清楚。

11　姑目‧荅芭絲，《部落記憶：霧社事件的口述歷史（Ⅰ）》（台北：翰蘆圖書，2004），RosiNabu德固達雅人，口述於巴蘭部落，頁331-336。
12　郭明正，《真相‧巴萊：《賽德克‧巴萊》的歷史真相與隨拍札記》（台北：遠流，2011），頁162。

　　高牧師說：「他聽他父親說的。」高牧師的父親說：「我們有一次的捕魚祭，馬赫坡那個溪流，一直到碧湖，以前沒有碧湖嘛，各部落就分段。」我們馬赫坡的就分馬赫坡那段，不過你拿到的魚分成兩份。一份是部落的，另一份是，如果是四個部落一起捕魚，那就四個部落一起分。

　　我們捕魚的方法很簡單，第一個是輪導的方式。當然像北港溪那樣大的河流就不行，眉原溪就可以。我們是用擋的，眉原溪這邊水量就比較少，就可以用手直接抓，Tmremux叫徒手抓魚；另一個就是放Cudu（路藤）毒魚，就是路藤放下去，然後到深的地方擋。高牧師說：「那時已經有網了。」就是去那裡擋並且收魚。

　　有一次，所有的德固達雅，包括巴蘭的一起捕魚。他們有分段，後來我們跟卡丘固社的一起捕魚，卡丘固社是高牧師的部落，就是霧社的對面，那我們的河段可能很近。高牧師說：「就是有部落的混混，懶惰的人，是卡丘固社的人。」後來經由莫那・魯道說：「譬如他的名字叫Dakis」，莫那・魯道說：「Dakis你來這裡，我們兩個合作。」莫那・魯道也是下去抓魚啊！他不是像老大站在那裡只會發號司令，不是那樣的。高牧師說：「是全部都一起。」莫那・魯道說：「Dakis我們捕到的魚一起放在這裡」，不過是全部要繳到前面，再來分的。所以說，高牧師自己的想法，他說：「他的父親是非常佩服莫那・魯道的人，他自己的感覺。」（2014年2月10日郭明正口述於埔里自宅）

　　以上所述，可由三方面進行分析：第一是馬赫坡社人對莫那・魯道帶領及照顧部落的能力與相處的態度，都是受族人認可及愛戴的。第二是在當代不同部落的族人，對他亦是敬佩及尊敬的，認為他不僅照顧馬赫坡社人，同時亦會照顧德固達雅其他社的族人。第三是霧社

事件之後，其不同部落的遺族後代與不同族群的族人，對於霧社事件演變至今，跨過兩個政權，因為名與利的爭議，更出現不同的詮釋。在這眾聲喧譁的年代，言論雖自由，但我們都不屬當代部落的族人，我們無法當判官去認定孰對孰錯。如果一個頭目沒有能力負責部落族人的生活，並肩負起部落的安危，就如同一個國家的總統沒有能力去統領一個國家時，就會經常被他國欺負，甚而被鯨吞蠶食。而此種狀況，至今在全世界仍持續上演，以前是如此，未來也不會停止。

二、妻子巴干‧瓦歷斯

巴干‧瓦歷斯，莫那‧魯道的妻子，是德路固群布拉瑤（Brayaw）子部落葛巴保（Kbabaw）部落的族人，其父瓦歷斯‧那威（Walis Nawi），是葛巴保部落的頭目。後來瓦歷斯‧那威帶領一批族人往今日仁愛鄉合作村靜觀一帶遷移，定居於布西達雅（Busi Daya）：

> 依沈明仁[13]口述：「巴干‧瓦歷斯的父親是瓦歷斯‧布郎[14]（Walis Burang），他是布拉瑤地區葛巴保部落頭目。後來瓦歷斯‧布郎帶領一波族人往今日仁愛鄉合作村靜觀一帶遷移，定居於布西達雅。」由於瓦歷斯‧布郎與當時的馬赫坡頭目鐵目‧羅勃熟識，透過兩位頭目的關係，莫那‧魯道才得以迎娶巴干‧瓦歷斯。[15]

13　沈明仁，1961年生，德路固（Truku）群，高雄師範大學教育系畢業，目前為南投縣瑞竹國中校長。

14　關於文中巴干‧瓦歷斯之父瓦歷斯‧那威，與本研究者在訪問沈明仁及仁愛鄉志所記載的名字並不相符，而巴干‧瓦歷斯父親之名叫瓦歷斯‧那威，而非瓦歷斯‧布郎。在此本研究者尊重原作者之記錄，仍引用其原文為瓦歷斯‧布郎。

15　郭明正，《真相‧巴萊：《賽德克‧巴萊》的歷史真相與隨拍札記》（台北：遠流，2011），頁103。

　　莫那・魯道的太太叫巴干・瓦歷斯，德路固人。她的父親叫瓦歷斯・那威，是布西達雅部落的頭目，現在靜觀上面的部落，這個部落在霧社事件時就已經沒有了。後來布西達雅沒有人了，就有一些布西斯卡（Busi Ska）跟布西（Busi）部落這邊的人，還有一些布拉瑤（Brayaw）部落的人，他們就占了原來是屬於巴干・瓦歷斯家族的土地。（2016年3月26日沈明仁口述於埔里自宅）

　　對於巴干・瓦歷斯之家世，筆者曾深入松林及親愛二部落，企圖建立其家譜，甚想深入探究瓦歷斯・那威頭目在霧社事件期間的立場如何？但筆者實際著手去執行時，並非想像中的那麼容易，但從報導人之口述中，尚可建立其兄弟姊妹的名字及人數：

　　我是都達的人，我的婆婆巴蝶雅・瓦歷斯（Badiq Walis）是巴干・瓦歷斯的大姊。她們有五位姊妹，最大的是Padiq、第二是Kumu、第三是Bilaq、第四是Bakan及第五是Sayun。
　　我有聽我婆婆說：「她有一個妹妹是嫁給莫那・魯道。」我婆婆巴蝶雅・瓦歷斯是在德路固結婚的，不是在松林。（2016年10月26日本研究者於清流電訪羅吳香花[16]）

　　巴干・瓦歷斯的兄弟姊妹都在松林。我的祖父是巴干・瓦歷斯的弟弟烏明・瓦歷斯（Umin Walis），我祖父還有一位弟弟叫鐵目・瓦歷斯（Temu Walis）。（2016年5月24日河鳳英[17]口述於埔

16　羅吳香花，1937年生，都達群，在部落從事農業工作。
17　河鳳英，1938年生，德路固群。為莫那・魯道之妻巴干・瓦歷斯的胞弟烏明・瓦歷斯之子孫後代。

里樹人路三兒子的家）

根據以上口述，可以
推論，瓦歷斯‧那威頭目
共有七位子女。長女巴蝶
兒‧瓦歷斯（Padiq Walis）、
二女姑目‧瓦歷斯（Kumu
Walis）、三女比拉‧瓦歷斯
（Bilaq Walis）、四女巴干‧
瓦歷斯（Bakan Walis）、五
女沙韻‧瓦歷斯（Sayun
Walis）、長子烏明‧瓦歷斯
（Umin Walis）及次子鐵
目‧瓦歷斯（Temu Walis）

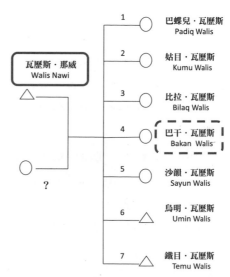

圖7：瓦歷斯‧那威家系圖。由本研究者
製圖。

（如圖7）。巴干‧瓦歷斯排行第四，除了巴干‧瓦歷斯死於霧社事
件，其他皆移居於今松林部落。

　　1930年起，日警將德路固群布拉瑤五部落的族人，逐漸遷往淺
山居住。大部分遂由頭目瓦歷斯‧那威移住廬山部落及松林部落，布
拉瑤原址逐被廢棄（沈明仁，2008，頁1832）。1930年8月5日，因
為日方為防止萬大與布農族卓社等兩群之衝突，日警將一部分布拉瑤
部落的族人遷居於松林部落[18]（沈明仁，2008，頁1834）。筆者推測，
瓦歷斯‧那威頭目，應該是此時舉家遷移至松林部落：

　　　　我嫁過去松林時，我還有碰到baki[19]瓦歷斯，與他相處差不多

18　松林部落介於萬大與布農族卓社（今仁愛鄉萬豐村）之間。

19　baki是賽德克族德固達雅語對男性長輩的尊稱。

有六個月的時間。因為他生病，那時的醫療也沒那麼發達，後來他就過世了。

baki瓦歷斯是頭目，來自布拉瑤部落。因為以前萬大的跟布農族的愛打架，所以日本人就把德路固的一些部落放在松林，就是界於萬大跟布農族的中間，然後他們的狀況才轉好的，也就比較沒有戰爭。

baki瓦歷斯，他們的家族在松林是第一大的家族，勢力很大，生活也過得很好，部落族人都聽他的話，尊敬他也敬畏他。很多事情族人都要詢問他的意見，如果以現在來講，他就是松林當時的鄉長，決策都是由他在決定的。（2016年10月26日本研究者於清流電訪羅吳香花）

經筆者田野調查之結果，巴干‧瓦歷斯的家人，在霧社事件之後皆安然無恙居住於松林部落。雖不得而知其家族在霧社事件是否有參與作戰？但若就以政治聯姻關係來分析，不可否認的，莫那‧魯道正漸漸的在擴大其政治勢力，在當代可說是極富政治遠見與理想存在的領導人。

瑪紅‧莫那（Mahung Mona）與鐵目‧比度（Temu Pidu）

一、瑪紅‧莫那在霧社事件之前的家系圖

瑪紅‧莫那（如圖8及9），為莫那‧魯道之長女，霧社事件時二十二歲，與馬赫坡社沙布‧巴萬（Sapu Pawan）結婚，育有二子。在《清流部落生命史》一書中記載其育有一男一女，與筆者田野調查的結果，有些許出入，其口述如下：

霧社事件以前，瑪紅‧莫那有生兩個小孩，我只聽她說過：

圖8：瑪紅・莫那照片（一）。張呈　　圖9：瑪紅・莫那照片（二）。張呈妹
妹提供。　　　　　　　　　　　　　提供。

「她生男的」，我沒有聽過她有生女兒。在霧社事件的時候，丟到
山崖裡了。（2013年10月26日張呈妹口述於清流自宅）

　　瑪紅的第一任老公是我公公的哥哥沙布・巴萬。我聽我公公
說：「她生兩個兒子。」霧社事件時，丟到山崖裡了。依婉・貝
林也是問的啦。瑪紅跟他老公把小孩丟到山崖，瑪紅上吊自殺，
她的老公就在樹底下舉槍自盡。（2016年5月8日陳徐笑妹[20]口述
於清流自宅）

　　由以上口述分析，文獻記載瑪紅・莫那所生子女與張呈妹及部落
族人所敘述的並不相符，故在此筆者以自身田調結果為主。因瑪紅・

20　陳徐笑妹，1942年生，霧社農校畢，為清流部落督洛度呼社之族人。在部落從事農業
　　工作。

莫那並無傳述孩子的名稱，因此無法得知其小孩之名字（如圖10），而在《清流部落生命史》中，所記載的名字，或許值得再進一步考究。在霧社事件時，瑪紅‧莫那的一家人，除了瑪紅‧莫那上吊獲救外，其餘三人全數於戰役中身亡。

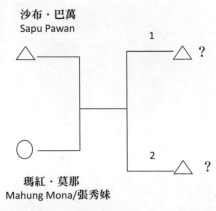

圖10：瑪紅‧莫那在霧社事件之前的家系圖。由本研究者製圖。

二、瑪紅‧莫那戶籍內登記收養的小孩

1931年5月6日，日方為了解構德固達雅群的社會組織及勢力，將抗日六社餘生，或被迫遷、或被驅逐於霧社地區，監禁於川中島。瑪紅‧莫那在日警的安排下，於1932年2月13日與坡阿崙社副頭目之子鐵目‧比度（Temu Pidu／漢名張信介）結婚。結婚十年左右，無任何子嗣。由於瑪紅‧莫那堅持收養頭目嫡系家族的小孩，因此於1943年1月25日登記收養張呈妹（露比‧瑪紅／Lubi Mahung）為女兒。張呈妹的親生父親為督洛度呼社頭目巴卡哈‧布果禾之長子邱安田（塔肯‧巴卡哈／Takun Baqah），親生母為邱寶秀（巴干‧瓦歷斯／Bakan Walis）：

> 露比‧瑪紅是頭目家族的小孩。瑪紅說：「她一定要收養頭目家族的小孩。」一般普通家庭的小孩，她不會想去收養，而且她非常喜歡露比‧瑪紅，她一定要收養她。就算開會，走到哪裡，她也會帶露比‧瑪紅一起開會、一起離開，瑪紅‧莫那很疼露比‧瑪紅。（2014年2月7日蔡專娥[21]口述於清流自宅）

　　瑪紅‧莫那收養我是因為我是頭目家族的小孩。她說：「無論如何她就是要收養頭目血源家族的小孩來傳宗接代。」畢竟瑪紅‧莫那是頭目莫那‧魯道的女兒。瑪紅‧莫那遷到清流之後，結婚十年都沒有小孩，所以就跟她從小一起長大的，也是鄰居的邱寶秀，收養了她的小孩。（2014年2月8日張呈妹口述於清流自宅）

　　有一次，我媽媽病得很嚴重，在埔里安東醫院住院。那時你媽媽大概才七、八個月大，我記得沒長幾顆牙，也還不會走路，那時其他的弟妹都還沒有出生。我牽著阿柳，背著你媽媽，我帶著她們要去找瑪紅。那時候我年紀也很小，不過才五、六歲而已。我們經過高元昌家下面那條路，那時底下還有一塊水田是人家的。當我們走到那邊的時候，剛好碰到瑪紅，她也正好要來找我們。那時她就直接把你媽媽給抱走了。她對我說：「我要把你妹妹抱走了。」她還說：「你爸爸已經答應她把你妹妹送給我了。」她這樣講。瑪紅就把你媽媽帶走，我跟阿柳也一起去她家，因為我們家沒有人照顧我們。那時我們都還很小，什麼也不知道。（2013年2月9日邱阿妹[22]口述於埔里自宅）

　　由以上口述，由於瑪紅‧莫那流著莫那‧魯道頭目的血源，又結婚多年無法生育，因而收養了張呈妹，亦可看出，瑪紅‧莫那與邱寶

21　蔡專娥遺老，1925年生，教育所，是清流部落固屋社之族人，霧社事件當時，年僅六歲，因此對霧社事件並沒有太多的記憶。長大後在川中島曾擔任日本女青年團的團長，亦是蔡志偉之祖母。

22　邱阿妹，1937年生，台中師專畢，教職退，是清流部落督洛度呼社之族人，亦是張呈妹之親生大姊。

秀家庭的互動良好，彼此相互照應。

　　然而在瑪紅・莫那的戶籍謄本裡登記的養子女中並非只有張呈妹一人。以當時遷到清流部落的家庭組織來看，失去父母親的及借住於親戚長輩者或有能力者的家中的小孩，比比皆是。或許瑪紅・莫那遺傳其父親莫那・魯道的風格，在清流部落仍有頭目女兒的風範。因此，張呈妹說：「Egu laqi meyah psqapah Mahung Mona cbeyo」（以前，有很多小孩來依靠瑪紅・莫那）。例如：

　　瑪紅・莫那說：「蔡茂琳的父親，因為早逝，所以他常常跟莫那・魯道上山耕作及打獵，在馬赫坡部落時代，都是由莫那・魯道幫忙照顧他們兄弟姊妹的生活。」瑪紅・莫那到清流後，與baki鐵目再結婚就一直沒有生小孩了。我在戶籍謄本上有看到蔡茂琳的弟弟巴索・那威（Baso Nawi）也在裡面。他來依靠瑪紅・莫那時已經十三歲了，可是他十四歲就死了。（2014年1月11日張呈妹口述於清流自宅）

　　梁金環（鐵米・內勇／Temi Neyung）是中原的人，也來過瑪紅・莫那這邊。在我小時候，她會幫忙照顧我，因為她來的時候，年齡已經很大了。瑪紅・莫那照顧過很多沒有父母親的小孩。

　　邱寶秀說：「在我小時候，梁金環會帶我去小河流游泳。」她們游泳，就把我放在岸上，我自己一個人坐在那裡一直哭，邱寶秀看到了就很心疼，她就把我帶走了。因為瑪紅・莫那常常忙於耕作，有時會忽略了我。她可能以為梁金環已經是小姐了，可以幫忙照顧我。

　　張盛政（達基斯・巴萬／Dakis Pawan）跟張盛敏都是來來去去

的。中原的烏幹‧迪比雅（Ukan Tipiaq）也有來過，他的爸爸媽媽很早死了。有很多沒有爸爸媽媽的小孩都會來瑪紅‧莫那這邊依靠一陣子後再離開。（2014年1月11日張呈妹口述於清流自宅）

baki鐵目跟bubu[23]瑪紅這對夫妻，在清流是很努力工作的人。有很多小孩沒有父母親，沒有人養的，他們會帶回家並且養他們。有的有登記戶籍，有的並沒有登記戶籍，等這些小孩長大了，有能力養活自己了，就會離開，獨立門戶，各自打拚。就像梁金環長大了，嫁人了，就去她老公家住了。瑪紅‧莫那只留我一人在她的身邊，她老了我照顧她，她生病住院時，都是我一個人在照顧她。（2014年5月31日張呈妹口述於清流自宅）

張盛政跟張盛敏有父母親，因為鐵目‧比度與他們的父親是兄弟。當他們家食物不夠吃時，張盛政及張盛敏兩兄弟，都會來瑪紅‧莫那家寄養一段時間，瑪紅‧莫那會幫忙照顧他們。他們的父母親原來是住在都達（Toda）部落，後來才搬到清流的，是瑪紅‧莫那和baki鐵目接來的。當他們父母狀況好點時，他們兩兄弟就又會回去。張盛政結婚時，還是在我們家院子請客的。（2014年5月31日張呈妹口述於清流自宅）

由以上口述分析，瑪紅‧莫那與鐵目‧比度幫助了許多部落無家可歸及需要協助的小孩，當這些小孩自己可以獨立求生存時，自然就會離開，建立屬於自己的家庭。圖11為瑪紅‧莫那遷到清流部落以後，戶籍內所登記的養子女姓名。

23　bubu是賽德克語的媽媽。

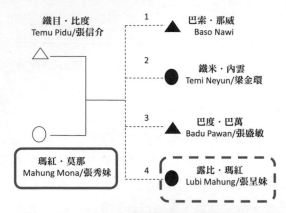

圖11：瑪紅・莫那遷到清流後，戶籍內登記的養
子女。由本研究者製圖。

根據圖11，依賽德克命名的方式來論述，巴索・**那威**（Baso Nawi）、鐵米・**內勇**（Temi Neyun）、巴度・**巴萬**（Badu Pawan）及露比・**瑪紅**（Lubi Mahung）各有其父親或母親的名字叫 Awi（阿威[24]）、Iyung（伊勇）、Pawan（巴萬）及 Mahung（瑪紅）。一般正式的領養關係，常可由子父聯名的命名方式中見其端倪，若未改名，則常是父母早逝，由其他親戚撫養長大，而非領養關係（簡鴻模、依婉・貝林，2002，頁40）。不論他們只是暫時來依靠或是收養與否，在戶籍謄本上所登記的都是養子女。筆者分述如下：

　　巴索・那威是瑪紅・莫那親戚的小孩，其父親在馬赫坡社時已經死亡，母親遷到清流一年後也死亡。巴索・那威遷到清流後第四年（1935年）在瑪紅・莫那戶籍資料登記為養子，那時他已經十三歲，但於1936年就過逝。

根據袁勇三[25]和高一弘[26]的敘述，度咖南（Tkanan）部落於1939

---

24 「阿威」為賽德克的名字，當子父聯名時，「阿威」在子的位置，要發原音，在父位時，發音需要轉為「那威」。「伊勇」及「內勇」亦同。

25 袁勇三，1938年出生，是巴蘭度咖南社頭目袁永清（度雅・巴萬／Duya Pawan）的小孩。在中原部落從事農業工作。

年遷到中原部落以後，袁勇三的父親曾經幫助並扶養梁金環三兄妹；
高一弘則認為中原之系譜書寫，是依據各家戶自己的記憶及現況書
寫，因此在《中原部落生命史》中的記錄，也只能當作參考的依據，
可以再更深入的研究：

> 梁金環三兄妹是我父親養大的，我的父親袁永清是度咖南社的
> 頭目。梁金環的父母親是在度咖南部落就過世了，那時我們中原
> 的還沒有遷過來。我們遷到中原以後，她姊姊袁秀梅（伊萬‧諾
> 幹／Iwan Nokan）嫁到清流，梁金環也就跟過去。她自己後來也
> 嫁給清流的梁守南（達都‧巴干／Tado Bakan），到清流以後，她
> 為什麼還會去瑪紅家，我就不清楚了。（2016年10月25日袁勇
> 三口述於中原自宅）。

> 我們是度咖南部落的族人，我的爺爺高玉輝（畢互‧諾幹／
> Pihu Nokan）有二個妹妹，一位是袁秀梅（Iwan Nokan／伊萬‧
> 諾幹），另一位是梁金環（鐵米‧內勇／Temi Ncyun），還有一位
> 最小的弟弟鐵目‧諾幹（Temu Nokan），他好像也有到清流，可
> 是他後來有回中原，是在中原過世的。梁金環是我爺爺的二妹，
> 傅玉秋的外婆袁秀梅，是我爺爺的大妹。

> 我們中原部落的戶籍原始資料已不可考，仁愛戶政說都全濕
> 了，沒有保存，你們清流的和眉溪的保存得比較好。

> 當初我們中原的部落史是給各家戶自己填寫，然後依婉‧貝林
> 他們再照我們自己寫的謄上去的，那發表會是這樣講的。我們應
> 該都姓袁的，因為我們有一位叔叔知識水準比較高，說我們是高
> 山來，未來子孫將會很多，也就是袁姓的會很多，為了要區隔，

26　高一弘，1971年出生，軍人退伍後，在中原部落從事文化推動的工作。

所以我們取姓高，有的姓古。在中原，袁、古、高算是同一個祖先。（2016年10月17日高一弘口述於清流瑪紅原宿）

由以上口述分析，梁金環是度咖南部落的族人，而非《清流部落生命史》中所記載的為馬赫坡部落的族人（簡鴻模、依婉・貝林、郭明正，2002，頁437–438）。梁金環的父親叫烏幹（Ukan）（簡鴻模、依婉・貝林，2003，頁670），按賽德克命名方式她應該叫鐵米・諾幹（Temi Nokan），就如同她的姊姊叫伊萬・諾幹一樣。但筆者經田野調查的結果，在清流部落的族人都稱呼她為「鐵米・內勇」，而非《清流部落生命史》中記載的為鐵米・瑪紅（Temi Mahung）（簡鴻模等，2002，頁437–438）。為何她的名字後面是接「內勇」？筆者曾經問過梁金環的次子梁光春，他也並不是很清楚，加上部落老人早已凋零，已經無可考。總之，梁金環在瑪紅・莫那的戶籍資料登記為養女時已經十八歲（1942年），1945年因結婚而除籍。

張盛敏是鐵目・比度的弟弟張西川（巴萬・比度／Pawan Pidu）的小孩。在霧社事件後，他的父母親一直住在都達部落。鐵目・比度與瑪紅・莫那認為在清流的生活狀況比在都達部落好，因此先接張盛政跟張盛敏過來清流住。之後他們的父母親，也被接到清流生活，因而其兩兄弟就回到其父母親的身邊。張盛敏在瑪紅・莫那的戶籍資料登記為養子時，已經十六歲（1955年），1957年時終止收養。

然而，瑪紅・莫那收養張呈妹的過程中，並不是那麼順利。因為她是趁張呈妹的生母邱寶秀住院時，將她抱走。邱寶秀曾透過派出所調解要將張呈妹帶回自己的身邊照顧，但最後仍然無法達成目的：

我是聽家中的長輩說的，那時候我媽媽是去埔里開刀住院。當

時我們都還很小，那時候你媽媽正會爬。以前哪裡有奶粉，沒有奶粉啊？除了母奶，都是用稀飯旁邊那個勾芡給她吃。她肚子餓了，就會一直哭，就算有姊姊，我們有什麼辦法呢？我們只能抱著她、背著她而已呀。

瑪紅‧莫那因為跟我媽媽是從小一起長大的，來到清流以後，她們還是經常往來。她常常會來看你媽媽，因為瑪紅‧莫那沒有小孩。她跟老奶奶說：「你們那麼多小孩子，這個小孩子給我啦，她還那麼小，又一直在哭，我會把她當成自己的小孩子對待的。」

後來她跟老奶奶有去派出所講好說要把你媽媽送給她。可是我爸爸媽媽不在呀！以前去山上工作，一去都去好幾天才回來，我媽媽又住院，老奶奶就這樣答應送給她了。當我媽媽出院時，她還不曉得小孩子已經送給瑪紅‧莫那了。當她知道的時候，她就去瑪紅‧莫那那邊要帶回來自己養，結果要不回來，因為瑪紅‧莫那不願意給。瑪紅‧莫那說：「她會把你媽媽當成自己的小孩一樣看待。」又說：「我們都住在同一個部落，請我媽媽放心」。

講是這樣講，我媽媽還是數度到川中島派出所申請調解，要將小孩子帶回自己的身邊來，派出所當然是幫忙瑪紅‧莫那，因為她沒有小孩，我們這裡多啊！我媽媽也有到埔里派出所反映，要將你媽媽帶回來，又不行吶。我媽媽是絕對捨不得的啊！（2016年1月28日邱阿柳[27]口述於中和自立路自宅）

瑪紅‧莫那雖然時常懷念其死去的家人與小孩而常常哭泣，但也因為收養了張呈妹，使得其生活有重心，而心情比較愉悅：

27　邱阿柳，1939年生，霧社農校畢，是清流部落督洛度呼社之族人，亦是張呈妹的親生二姊。

　　我那時候還小，瑪紅・莫那來跟我講話，她說：「她在迫不得已的情形下，把她的小孩丟到山谷裡面去了，她們死在那裡。」她還說：「其中有些小孩子大叫，媽媽不要把我丟到山谷裡呀。」噢〜瑪紅・莫那哭得很傷心。她最大的親戚是蔡茂琳，她去那邊也在哭。不久之後，她就收養你母親做她的女兒。她收養你母親之後，她的心情變得好很多。她常來找我父親、蔡茂琳及邱寶秀等。

　　之前她常去邱寶秀的家裡，就是一直想要收養小孩。反而我爸爸安慰她說：「以前我們瘋狂做的事情就不要再說了吧！過去就過去了。」我爸爸這樣跟她說。（2016年7月3日溫增才[28]口述於埔里自宅）

　　由以上口述分析，邱寶秀雖然與瑪紅・莫那交情甚篤，但邱寶秀並無意將張呈妹送給瑪紅・莫那收養，數次進出派出所[29]調解無效後，勉強同意好友瑪紅・莫那領養張呈妹的事實。但自從瑪紅・莫那收養了張呈妹後，生活便有了重心，心情也因此比較快樂。

露比・瑪紅（Lubi Mahung／張呈妹）與巴萬・內勇（Pawan Neyung／劉忠仁）

　　劉忠仁（巴萬・內勇／Pawan Neyun）與張呈妹於1959年1月25日在中原天主教堂舉行結婚儀式，當時天主教致贈十字架予劉忠仁與張呈妹，特地在十字架背面記錄結婚紀念日以示紀念（如圖12）。

　　而張呈妹與劉忠仁結婚，瑪紅・莫那唯一的條件就是要劉忠仁入

28　溫增才，1940年出生，高商補校畢，為清流部落馬赫坡社之族人。1960年進入仁愛鄉公所任職，曾任研考、人事室主任、祕書一職，現已退休。

29　川中島駐在所與埔里分駐所。

贅，主要的目的就是希望延續莫那‧魯道家族的命脈。本家族所有的發聲及決定權，幾乎都操之在瑪紅‧莫那的手上，相對的，個性質樸的鐵目‧比度只能默默的幫助並支持瑪紅‧莫那所有的決定。對於張呈妹與劉忠仁所生的五個子女，全是由瑪紅‧莫那親自照顧，並親自命其原住民的名字，以傳承莫那‧魯道直系家族之命脈：

圖12：劉忠仁與張呈妹於1959年結婚，天主教致贈十字架予以紀念。張呈妹提供。

以前啊，老人家都有習慣會將米粒放在嘴裡嚼一嚼，再餵食小孩。而你們五個，也包括我，都是瑪紅‧莫那這樣養大的。你們五個小孩的名字都是瑪紅‧莫那堅持要自己幫你們取的，而且她樂於其中。第一個生出的是男孩，她馬上取了她爸爸莫那的名字，因為這樣她父親的名字可以在我們家族代代相傳；第二個也是男的，她就取了中原劉忠仁爸爸的名字叫伊勇。雖然劉忠仁入贅，但在我們的傳統Gaya裡面，還是會取對方家族長輩的名字，以示尊敬；第三個是個女兒，她就幫她取了她自己瑪紅的名字；第四個也是男孩，瑪紅就幫他取了我養父鐵目‧比度的名字叫鐵目。對於baki鐵目，瑪紅‧莫那一直是懷著感恩的心，因為到清流以後，baki鐵目是最了解瑪紅的處境了，所以瑪紅‧莫那也取了他的名字；第五是個女兒，瑪紅就取了她媽媽的名字叫巴干。她說：「她想念她的父親，更想念她的母親。」（2014年2月

4日張呈妹口述於清流自宅）

　　瑪紅・莫那給我的命名就是他父親的名字叫做莫那，所以我的
原住民名字也叫做莫那。因為她取這個名字是有意義的，就是要
繼承她們莫那家族的香火。所以她很多地方就把我當成是，也絕
對是，在那個時候可能是她們家，我弟弟、妹妹還沒出生的時
候，唯一的可以繼承他們家的一個宗族的子孫。

　　在我小時候，她常背著我，走到哪裡都背著我。她會去找她的
姊妹淘聊天、去訴苦。清流部落，每一家都有訴不盡的傷心往
事，霧社事件不是只有莫那・魯道家族的事件，其實每一個家族
都有他們傷心的一面，所以他們幾個人湊在一起就會談起往事，
談起霧社事件，然後彼此互相訴苦，又彼此互相安慰，這樣過日
子的，幾乎每一天在上演，然後天天都是以淚洗面。

　　尤其是pai[30]瑪紅，她的家族算是最慘烈的，從她的父親、然後
她的兄弟、還有她自己的先生，以及她自己的孩子，全部都在那
一場事件就離開她的身邊了。所以她心中積蓄了很多的哀怨及思
念，那種憂鬱那種傷心的心情一天比一天嚴重，就是天天以淚洗
面，天天喝酒，有時候喝到醉了，她跌倒，我也跟著跌倒，這是
我印象最深刻的。（2014年2月4日張進昌口述於清流自宅）

　　由以上口述分析，瑪紅・莫那親自為張呈妹的五個小孩命其原住
民名字，皆有其實質的意義存在。尤其張呈妹生下的第一胎兒子張進
昌（莫那・巴萬／Mona Pawan），是瑪紅・莫那為了延續她父親的名
字而取的，以期望莫那・魯道家族後代源源不絕，代代相傳。而張呈
妹的五個小孩中，除了張進昌是莫那・魯道家族之名外，排行第三的

30　pai是賽德克族德固達雅語對婦女長輩的尊稱。

張淑珍（瑪紅‧巴萬／Mahung Pawan），以及排行第五的巴干‧巴萬（Bakan Pawan），也全是為了延續莫那‧魯道家族香火的火苗。圖13為莫那‧魯道第一代、第二代、第三代及第四代直系家族系譜。

根據圖13所示，莫那‧魯道與筆者的關係，可以由瑪紅‧莫那與張呈妹的關係建立並繁衍。關於外界質疑莫那‧魯道的後嗣止於瑪紅‧莫那，絕不可能有其他的直系後嗣（姑目‧荅芭絲，2004a，頁322）的疑惑？在法律上，自瑪紅‧莫那與張呈妹收養關係確立開始，即為法律上親屬關係，更遑論數十年的養育與照顧的恩情，張呈妹也一直在延續並傳承瑪紅‧莫那與莫那‧魯道家族之命脈，直到永遠（如圖14及15）。

結論

由於姑目‧荅芭絲所著之《部落記憶——霧社事件的口述歷史》詮釋莫那‧魯道的後嗣止於瑪紅‧莫那，以及部分部落族人認為瑪紅‧莫那所養子女不僅只有張呈妹，致使筆者認為建立莫那‧魯道直系家族系譜為當務之急。

瑪紅‧莫那與鐵目‧比度結婚十年左右，尚無任何子嗣。我們可以發現戶籍內登記有收養數名小孩，以賽德克命名的方式來論述，巴索‧**那威**、鐵米‧**內勇**、巴度‧**巴萬**及露比‧**瑪紅**各有其父親或母親的名字叫阿威、伊勇、巴萬及瑪紅。一般正式的收養關係，都是用子父或子母聯名的方式來命名，若未改名，則常是父母早逝，由其他親戚暫時撫養長大，而非領養關係。以上發現只有露比‧瑪紅（張呈妹）傳承瑪紅‧莫那的名字，顯而易見由露比‧瑪紅來傳承瑪紅‧莫那家族歷史是毫無疑問的。

由於瑪紅‧莫那來自頭目家族，當年收養露比‧瑪紅主要是瑪

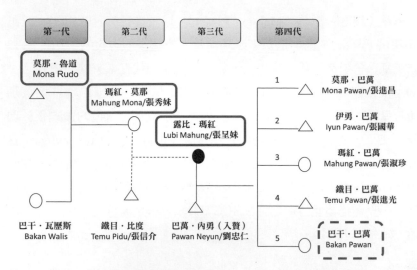

圖13：莫那‧魯道第一代至第四代直系家族系譜。由本研究者製圖。

圖14：瑪紅‧莫那全家福（一）。
第一排由左至右為瑪紅‧莫那、張進
昌、鐵目‧比度，第二排由左至右為
張國華、張呈妹及劉忠仁。（張呈妹
提供）

圖15：瑪紅‧莫那全家福（二）。
由左至右為張國華、瑪紅‧莫那、張
淑珍及張進昌。（張呈妹提供）

紅‧莫那堅持收養頭目嫡系家族的小孩，露比‧瑪紅的親生父親為督洛度呼社頭目巴卡哈‧布果禾之長子邱安田，其母親邱寶秀與瑪紅‧莫那又是手帕交，所以更堅定瑪紅‧莫那收養露比‧瑪紅的意願。

莫那‧魯道與筆者的關係，可由瑪紅‧莫那收養張呈妹的基礎開始。兩者為收養關係，在法律上，自瑪紅‧莫那與張呈妹收養關係確立後，即為法律上親屬關係，更遑論數十年的照顧與牽盼，瑪紅‧莫那與張呈妹一直在延續並傳承莫那‧魯道宗族之命脈。

參考書目與文獻

沈明仁（總編纂），《仁愛鄉志》。南投縣仁愛鄉：南投縣仁愛鄉公所，2008年。

姑目‧荅芭絲，《部落記憶：霧社事件的口述歷史（Ⅰ、Ⅱ）》。台北：翰蘆圖書，2004年。

邱若龍，《GAYA 1930年的霧社事件與賽德克族》。新北市：昇龍數位科技，2011年。

洪桂己（編），《日本在華暴行錄》。台北縣新店市：國史館，1985年。

徐如林、楊南郡，《能高越嶺道：穿越時空之旅》。台北：農委會林務局，2011年。

郭明正，〈認識莫那‧魯道〉，《南投報導》，第19期，2003年。

──，《真相‧巴萊：賽德克‧巴萊的歷史真相與隨拍札記》。台北：遠流，2011年。

──，《賽德克族與霧社事件：66個問與答，面對面訪問霧社事件餘

生遺族》。台北：遠流，2012年。

劉枝萬，《台灣日月潭史話（附霧社事件）》。埔里：劉枝萬，1951
年。

鄧相揚，《霧社事件》。台北：玉山社，1998年。

──，《風中緋櫻：霧社事件真相與花岡初子的故事》。台北：玉山
社，2000年。

簡鴻模、依婉・貝林，《中原部落生命史》。台北：永望文化，2003
年。

簡鴻模、依婉・貝林、郭明正，《清流部落生命史》。台北：永望文
化，2002年。

台灣原住民餘生後裔眼中的霧社事件

邱建堂（Takun Walis）

「Gaya」時代的快樂與喜悅

　　我族自稱 Seediq，「Seediq」是「人」的意思，由德固達雅（Tgdaya）、都達（Toda）及德路固（Truku）三個方言群所組成，幾千年來即優游生聚於台灣中部的霧社地區，是台灣古老的原住民族之一。日治之前，北方與強悍的泰雅族為鄰，依語言學家的推論千餘年前應同屬一族；南方與勇猛的布農族以萬大南溪為界；1814年埔里地區原住民遭漢人屠殺後，[1]西南與移住的平埔族群相接壤。

　　當時尚屬部落時代，各族皆有出草馘首的習俗，不同族群之間關係緊張且互不往來，閉鎖於各自的傳統領域。本族堅信「人身雖死，靈魂不滅」，自古崇信 utux[2]，恪遵族群的 Gaya[3]，雖無可供書寫的文字予以記載，卻是族人共同遵奉的規範，蘊涵於本族豐富又深奧的語言之中。凡我族人皆精通本族語言，亦必熟諳本族的 Gaya；凡我族人

1　清代史稱「郭百年」事件。

2　一指本族的祖靈；二指所有的神、鬼。

3　本族的文化與社會規範，是本族的生存法則。

皆堅信違反Gaya者必遭utux的懲罰。故舉凡農耕、狩獵、出草、治病、親屬關係、個人與部落的關係以及各部落之間的關係等等，均有嚴謹的Gaya規範。在敬畏utux、遵從Gaya的部落時代，族人依部落長老的生存經驗，延續族群的發展，常因獵場糾紛或恐遭外族馘首的危機，致使族人以「部落意識」為核心價值，形成一個堅強又團結的戰鬥生活團體，堅守自己明確的傳統領域。

日治之前，本族未曾遭受國家機制之統治，長久以來縱然四方強敵環伺，本族三個方言群之間互相通婚關係密切，除鞏固各自的傳統領域，也因人口之自然增長，約四百到五百年前，族人相繼橫越中央山脈，向今花蓮、宜蘭遷徙。本Tgdaya語群遷往花蓮之後，被同時遷至花蓮的德路固族（於2004年正名為「太魯閣族」）人稱做Pribo、日稱「木瓜蕃」，怎奈1908年間即遭受日方無情無理的剿滅。日治前，族人在地廣人稀的土地上，依Gaya的規範，過著傳統燒墾游獵、自給自足的傳統生活，以小米、甘藷為主食，享用獵不盡的獵物，與大自然共生共榮，可說是族人最快樂、最喜悅的時代。

強權統治之下——我族人究竟為誰而戰？

隨著世界所謂「文明人」的強勢民族，憑其船堅砲利的優勢，鯨吞蠶食、侵占、殖民世界各原住民族的土地，本族自難自決於被殖民的潮流漩渦中。當族人尚縱情於山林生活之際，我族的傳統領域已數度被不曾相識的族群私自轉讓了好幾回。近代有曾爭霸亞洲、心懷世界的大日本帝國，以堅強的意志、有效率的政府機制，急於有效統治所獲得的戰利品——台灣的每一寸土地，急於享用台灣的山林資源。對尚且過著農獵時代生活型態的本族而言，強權的到來象徵著部落時代的結束、族命劇變的開始。

1952年，我出生於霧社事件餘生迫遷的清流（川中島）之地，成長於「部落意識」混亂的年代。部落的祖父母輩歷經了悲壯的霧社事

件，是事件的倖存者，平日沉默寡言，卻常獨自吟唱著哀傷、悲愴的
傳統古調，似乎是思念著離世不久的親人或懷念生長的故鄉，而耆老
臉上的文面是本族傳統的族群標誌。部落的父母輩者生於日治時期，
受過日本六年的小學教育，也有曾遠赴菲律賓、新幾內亞等地為「日
皇」而戰，尚倖能保命返鄉的「高砂義勇隊」，彼等平時慣以日語交
談，以日本姓名相稱，唱日本歌曲或軍歌。

　　吾等戰後出生者則接受國民政府的黨國教育，由於師資缺乏，國
小畢業尚不能說上流暢的國語，於是以本族語交談，但語言中也夾雜
了許多父母輩們慣用的本族主要的外來語——日語。時值台灣軍事戒
嚴時期，外人進出部落須申請「入山證」，且有檢查哨檢視出入證，
部落宛若國中之國。當時全國瀰漫著反攻大陸、解救大陸同胞的軍國
思想，政府強化著救國教育，號召從軍報國；短短十餘年，部落青年
紛紛提早入伍且志願留營，學生投筆從戎，以進士校、軍校為榮。這
又是軍國主義政府的愚民政策、日治高砂義勇隊的翻版，真不知我族
人究竟為誰而戰？

迎回莫那‧魯道遺骸——首次為族群歷史掉淚

　　本族在日本、中國兩大強勢文化的蹂躪下，傳統文化遭受空前的
浩劫，原崇信 utux 的宗教觀，被扭曲為對統治者領導人的莫名崇
拜，部落意識淪為對統治者的國家意識。因部落族人三代之間成長的
時空背景不同，在意識形態作祟之下，本族的部落意識也隨之蛻變，
甚或瓦解。當時教育不甚普及，交通不便、民風純樸，部落作息趨於
保守，每逢部落有喜慶宴會，常由莫那‧魯道唯一倖存的女兒瑪紅‧
莫那（Mahung Mona），帶領著部落婦女演唱或表演傳統歌舞。迫遷
清流部落後，瑪紅‧莫那再嫁時未生育兒女，因而領養我姑媽，兩家
關係密切。

　　我曾祖父巴卡哈‧布果禾（Bagah Pukuh）係督羅度呼社（alang

Drodrx）頭目，事件後成為川中島社餘生族人的精神領袖。祖父則曾任國民政府第一任官派村長，記憶中有關部落事務，地方官員及其幹部必諮詢祖父的意見，以利行政事務之推展。少年時期我隨祖父上山狩獵，學習狩獵技能與狩獵的Gaya，時聞他談及過去的記憶。我也常於部落喜宴後聽到婦女先歡樂後哀怨的歌謠，或聽到男人酒後爭吵的對話，耳濡目染得知祖父母輩們曾各自擁有自己的部落，卻共同經歷了悲慘的事件。只是老人家們不願談及刻骨銘心的劫後餘生境遇，也為了後輩子孫有新的未來，均避談霧社事件，後輩的我們只知其然而不知其所以然。

1973年10月間，有幸隨族中長輩將莫那・魯道的遺骸迎回霧社安葬，莫那的遺骸於1934年被尋獲，日方暫置於埔里能高神社（今埔里信義幼稚園）內，經當時川中島遺老們的確認後，即由日方運至台灣大學人類研究所考古館供研究用。當時被日警點名協助指認的族老，主要有莫那家族唯一存活的瑪紅・莫那、起義六社僅存的頭目巴卡哈・布果禾、馬赫坡社副頭目之一莫那・希內（Mona Sine）以及其他起義六部落的族老。記得當時，國內新聞媒體、報章雜誌均廣泛報導有關莫那遺骸將迎回霧社故土安葬之事，專家學者也撰文論述有關霧社事件之始末，一時之間部落的祖父母輩們成了記者、學者競相採訪的對象。

由於族老不諳國語，我也義不容辭地居間翻譯。對於將莫那遺骸遷回故土安葬一事，自國民政府遷台後歷經二十八年之久始予以安葬，個人當時的感受相當不以為然，也對政府不尊重我原住民族的歷史、文化深感遺憾。依Gaya，集體出草是共同的意識，不論成敗均由族人共同分享與承受，而除了utux以外，本族人從未有過個人崇拜，也甚少提及失敗的經歷，紀念碑的建立應是警惕所有統治者應行仁政。

念台大三年級時，我與姑丈劉忠仁先生（瑪紅・莫那的女婿）自

本校考古館迎接「baki Mona」（baki為長輩之意）的骨骸，在近六小時的返鄉車程中，不時凝視著祖母所敘述、尚掛在莫那左手的銀環及身邊的兩把獵刀，刀鞘上還裝飾著被馘首者的髮絲。曾是雄霸中央山脈令人喪膽的族群、狩獵的能手，竟如野獸般地被日軍警獵殺，成了被獵狩的對象，想起這悲慘的命運，我首次為自己族群的歷史而掉淚。我遂決意打破禁忌，請教時已六十餘歲的祖父母輩以及耆老們有關事件的記憶，試著記錄本族的這段歷史。

「和蕃聯姻」與「姊妹原誘殺慘案」

本族與平埔族群同屬南島民族，在日人尚未進駐埔里之前，兩族雖關係緊張，但已有定時、定點以物易物的經濟活動。為生意往來之方便，已有平埔族人娶巴蘭社婦女為妻者，且精通本族語言；依Gaya，本族人非常重視姻親關係，對女婿在各部落經商交易有絕對的幫助。日人進駐埔里後，為掌握霧社地區各族群部落現況及其相互之間的關係，以利快速有效地統治我傳統領域，即循大清帝國統治平埔族之歷史先例，進行與頭目家族聯姻的「和蕃政策」，如近藤勝三郎與本族最大的主力部落巴蘭社頭目之女的婚姻即為一例，透過這層姻親關係，窺伺本族的動態和武裝戰鬥之能力。

其後，日軍警始漸次挺進霧社地區，1901年於觀音山一帶與本族首次交鋒，日方戰敗而退；1902年「人止關」之役，日方再度慘敗受阻於人止關之外。族人對不知名的入侵者，便以其軍帽帽緣為紅色之特徵而稱為Tanah Tunux，Tanah是紅色之意、Tunux是頭，直譯時為「紅頭者」，此即為本族人迄今仍稱日本人為「Tanah Tunux」的由來。日方不甘受阻於人止關外，遂對霧社地區進行經濟大封鎖，嚴禁民生物資如鹽、鐵器等進入山區，造成族人生計之極度不便。另外則暗中進行如何攻克霧社地區之陰謀，藉恢復民生物資交易之名，唆使原居住於卓社大山深處的布農族，於兩族交界處臨時搭建簡易交易

所，並透過本族嫁給異族（日本人）之婦女的遊說，誘使本族人前往交易，族人不察此為日人所設下的誘殺陷阱，百餘戰士依約攜物品前往交易。

尚不擅於飲酒的族人，在布農勇士熱情之招待下暢飲日本酒而醉，埋伏於四周的布農勇士在日警指揮下湧入交易所內狙殺我族人。據當時族老們的說法，能在九死一生的誘殺行動中，狼狽地逃回部落者不及五人，日稱「姊妹原事件」，實則應為「毒酒殺害事件」。[4] 對此事件，部落耆老一致指出，「功不可沒者」應屬巴蘭社（alang Paran）最信任的女婿近藤勝三郎。

史無前例地，霎時之間竟有本族百餘青、壯年男子慘遭馘首且武器盡失，因依約前去交易的族人當中，巴蘭社即占百分之九十以上，當時巴蘭部落哀嚎遍野的慘狀，本族人無不為之悲慟；噩耗傳來，頓失丈夫的婦女因而自殺者眾，本族最大部落巴蘭社之下部落（alang Hunac）近乎滅社。此後日軍警不費一兵一卒即順利占據霧社，「蕃日聯姻」的引狼入室，陷我頭目於不義，傳統領域之門戶為之大開。後來，近藤勝三郎再娶固屋社（Gungu；日稱Hogo）頭目之妹歐嬪．諾幹（Obing Nokan），其弟近藤儀三郎與馬赫坡社頭目莫那．魯道之妹狄瓦斯．魯道（Tiwas Rudo）通婚，兩社皆為本族的主力部落，其頭目以馘首名聞各社，自此共同抵禦外族、護衛傳統領域之機制瓦解，日人也因此得以深入內山，逐一征伐本族及其他原住民部落。

日軍警以絕對優勢之現代化武器及訓練有素的軍警人員，加上與主力部落頭目結為姻親關係，逐一征伐各部落，並全面沒收槍枝。槍枝係本族男子的第二生命，品質雖屬簡陋的點火式火藥槍，但卻是族人主要的狩獵工具，遇有外族入侵時亦可用於防衛。沒收槍枝期間，

4　前往交易倖存的族人說道：「日警唆使布農族人，以滲有毒液的酒招待我方族人後，再予以狙擊。」

日方對拒絕繳槍的族人一律格殺勿論，簡直將我族人視同動物一般看待，例如我曾祖父雖為督羅度呼社頭目，其狩獵團的最佳搭檔，就是他的岳父，因拒絕繳槍，日軍警當著在場族人的面前予以槍殺。

日軍警在內山部落的征伐行動極為蠻橫粗暴，毫無法律可言，順者為良蕃撫之，不順者為凶蕃殺之，視族人如野獸般殺害。日治時期的人口統計資料顯示，霧社蕃（Tgdaya 語群）原約有三千人以上，至1912年僅剩一千六百餘人；更內山的都達及德路固語群之狀況更為悲慘。霧社蕃原始部落度魯灣（alang Truwan）原二百七十餘人僅剩二十餘人、巴蘭原七百八十餘人剩四百餘人、度咖南（alang Tkanan）原四百餘人剩五十餘人、卡丘固（alang Qacuq）原三百餘人剩一百餘人，由本族人口之銳減，足證日軍警之殘暴，這是二十年後爆發霧社事件的遠因之一。依 Gaya，本族出草皆於部落以外行之，速取速回，族人不解日軍警何以侵入部落殺人甚至滅社？經過毀滅性的征討後，各部落被迫逐一「歸順」，而近藤勝三郎和近藤儀三郎於任務完成之後，亦隨即消失於霧社地區。

當牛馬使役與蠻風統治

經日軍警數年之征伐，部落男子銳減，槍枝也已沒收殆盡，日人認為族人已無反抗能力，可以完全制宰各部落，繼之以高壓蠻橫手段治理。自1908年興建霧社員警駐在所起至1930年間，年年大興土木，舉凡霧社地區各部落員警駐在所、學校、醫療所及農業講習所之設施，以及道路、橋梁等工程，如火如荼地相繼進行，我傳統領域內的高山檜木是日人最愛的建材，而部落族人便是搬運檜木的牛馬。年復一年砍伐巨木、搬運木材，禁止傳統祭儀活動，致使農獵難以為繼，生活作息劇變，令族人苦不堪言，反抗之心年年醞釀、積壓。終致各部落頭目於1911年間獲邀參訪日本國內之國防建設，體認日本人口眾多，武器精良，設有專門殺人的家（軍校），加上年年壓制著

青、壯族人殺日人之意圖，族老表示我們已死太多人，不能再反抗了。

頭目們傳述彼等在日本本國參訪的見聞，發覺日本國內的員警、軍人是多麼親切有禮，為何部落的員警是多麼的自大又蠻橫無理？日人在部落內教育本族孩童如何做一個現代化的皇民，然於現實的部落生活中，日警卻採高壓統治手段，終年過分地奴役、無端欺侮其父母，被派為公差之事務又多，族人們怨聲載道，殺日人之心從未間斷。為延續族人傳統，甚至集體罷課，將孩童藏匿山中私行文面以示抗議，但日人不為所動，繼續其蠻風統治。

事件當事者記憶之串聯

於1920年間，本族密謀反抗之事機敗露，日方除訓斥外，並拘留有密謀反抗意圖的部落頭目及勢力者。適逢北方泰雅族斯拉莫（Slamo，今台中梨山一帶）地區發生襲擊日警事件，日方唆使能高郡（今仁愛鄉）境內同為泰雅族的馬力巴（Mlipa）、母卡布布魯（Mkbubul）、馬卡那奇（Mknazi）、馬斯多本（Mstubun）等部落，由日警指揮前往征討；歷經五度骨肉相殘之悽慘戰役仍無法制服，終因馬斯多本頭目之傷亡而拒絕出征。日方遂脅迫曾密謀反抗而遭拘留的本族頭目、帶領部落族人前往征伐，在日警之策動與引導下，輪蕃陷入了違反Gaya的征伐行動，擴大了出草的規模，顛覆了傳統Gaya出草的目的。

此外，大興土木的奴役工作不減反增，日警沉醉於年年工程竣工的慶功宴，無視族人長期的痛苦。1928年，更為興建埔里武德殿的大工程而動用了本族所有人力，從二十餘公里外的守城大山伐木製材後搬運至埔里；族老說：「山頭由本Tgdaya群負責，依次由都達、德路固群族人接駁搬運到埔里……」，經年累月的使役，視族人為牛馬，動輒嚴懲議處。1930年為興建霧社寄宿學校工程，由十餘公里

外馬赫坡部落後山的製材場背運建材至霧社，馬赫坡是莫那·魯道的部落，族人常至莫那住處訴說二十餘年來的勞役之苦，倡議早日消滅跋扈的日本人，以恢復傳統作息。我祖父曾說過（時年二十四歲）「族人計畫很久了……」。只因頭目們了解日本人眾多且殘暴而反對，但年輕人已沉不住內心的憤懣，消滅日本人已是青年族人的共識。

　　Gaya時代，倫理分明，部落共同事務均由頭目及長老決定，是日人亂了本族的Gaya。恰逢莫那·魯道長子達都·莫那（Tado Mona）、次子巴索·莫那（Baso Mona）與跋扈自大的吉村警佐發生鬥毆事件，事後雖經莫那頭目率子向吉村大人賠罪，唯吉村警佐不僅不接受，且揚言從嚴究辦。達都·莫那說過「與其被日警抓去，不如先殺了他」，倡議多年的殺日意識，因吉村鬥毆事件成了導火線。而族人搬運建材之路線鄰近馬赫坡部落，滅日計畫很快傳遍各部落，二十餘年的怨憤，頭目如何也壓不住青年族人必死之決心。阿威·達多（Awi Tado，漢名曾少聰）說過：「事件前夕，部落附近山谷每晚均可聽到鬼靈哭泣之聲，族人預感將發生大難。」時任教於坡阿崙（alang Boarung）「蕃童教育所」的花岡一郎，帶領學童經馬赫坡部落至霧社參加運動會，族人若無其事的讓孩童跟隨他去。

　　二十七日清早，督羅度呼部落的族人向我曾祖父說：「今天是殺日本人的日子，你是頭目，去外面看看狀況如何？」當曾祖父行至途中，正遇見其妹夫達都·莫那的戰鬥隊伍自固屋社提著日警的頭顱前進，曾祖父一句「你們怎麼這麼做了呢？Ma namu so kiya di?」青年人終於爆發了忍辱二十餘年的Gaya大出草。1930年，日人已占駐霧社地區二十七年之久，二十餘年的皇民教育，培植了不少中堅幹部，甚至架空了傳統部落頭目的領導地位，但日警平日所建立的綿密員警情報反應系統，也因民怨已深、民心向背而失靈。這是日警過於自信本族人已慣於被奴役？還是他們（日警）已沉浸於年年立功升官的夢幻而毫無反省能力？

　　倘若日人對我族人多一點點尊重，不過於歧視（當時尚稱我族人為蕃人、不良蕃或凶蕃），不過於壓榨勞力，此悲劇應可避免。族人寧死也不願再過年年勞役的日子，也不願日日面對跋扈自大的日警；事件爆發之前，竟無一位本族人願意出賣族人，而向日方通報該次空前大出草的行動。事實上，在運動場上的滅日行動中，凡被勞役過的各族群青年都參與了義舉，甚至攻擊駐在所，日人恐反日事態擴大，決定即時策反、不去追究，俾利其施行「以蕃制蕃」的一慣伎倆。

　　族人自行燒毀部落糧倉（repun）後往馬赫坡社集中，以表達決一死戰之心志。首先迎戰日軍的是近藤勝三郎的第二個親家——固屋社頭目達多・諾幹，他是近藤勝三郎的ane（當事者與太太兄弟之間之稱呼），與日人於古聚落度魯灣（Truwan Tgdaya）交戰，日人縱以精良的武器、大砲攻擊，族人仍奮勇迎戰。此役的帶領頭目達多・諾幹雖因而為族英勇捐軀，也讓日軍見識到族人肉搏戰的勇猛犀利及不畏死的強勁纏鬥力。

　　另在布土茲（Butuc；日稱「一文字高地」）戰役，幾乎殲滅日軍的正是近藤儀三郎的親家，莫那・魯道長子達都及次子巴索所率領的勇士。是役，巴索雖因下巴中槍脫落，也不願連累族人而要求將其馘首，現場由其兄達都執行；事件中本族全無醫療設施，重傷者都選擇自殺了結生命，是因不願削弱我族的戰鬥力。此役也讓日人見識到族人叢林戰法的靈巧與飄忽不定，常殺敵於無形之間，族人咸認日軍若非仗其機槍、大砲、飛機之優勢，實不堪一擊。

　　唯一令族人束手無策的是日本軍機，當日本軍機首次飛在馬赫坡上空時，族人好奇地觀看會飛的房子（飛機）；再度臨空時，突然有人高喊「它的『孩子』掉下來了」，剎那間只聞「轟」的聲響，族人即血肉橫飛；所謂的「孩子」竟然是炸彈，讓族人見識到日軍新式武器的殺傷力。日軍於叢林戰受阻，遂施行其慣用的「以蕃制蕃」毒計，每日征調幾百名助日族人所組成的「襲擊隊」，以絕對的優勢掃蕩圍

攻我方；為急速獲得戰果，日方藉此毒計，一來可坐收漁翁之利，二來製造或加深族人之間的仇恨。

令人深惡痛絕的「以蕃制蕃」毒計

「以蕃制蕃」的毒計確實令族人震驚與憤怒，同樣受到日人二十餘年的欺侮，事件前也同意共同行動的其他部落族人，為何日人得以策反成功？除了響應馬赫坡社繼續與日人殊死戰的六部落外，全族人轉而協助日本人，使抗暴六部落族人的處境更為艱困。依 Gaya，同族不可互相馘首，日方論所馘取之首級加以行賞更是空前的創舉，至今族人相信那是日人威逼唆使所致。軍機炸彈事件後，婦孺避難至馬赫坡溪上游峽谷岩窟中，飢寒交迫的冬天，僅依靠老者或少年外出找尋食物，覓食者也成了襲擊隊馘首的對象。

都達襲擊隊的巴萬・那威（Pawan Nawi），在掃蕩波阿崙社附近耕地時擊落樹上的我方族人，欲馘首時赫然發現竟是自己親弟弟。在馬赫坡岩窟的族人，聽到助日襲擊隊在搜索並馘取留在自己耕作地老弱婦孺之首級時，抗暴六部落族人無不氣憤難忍。督羅度呼社的布呼克・瓦歷斯（Puhuk Walis）率十二名固屋社及督羅度呼社的勇士穿越日軍嚴密的封鎖線，回到督羅度呼社附近迎戰助日襲擊隊，在見晴農場（今清境農場）附近遭到都達屯巴拉哈社（alang Tnbarah）頭目泰目・瓦歷斯（Temu Walis）等五十四名襲擊隊的追擊。追至哈奔溪（yayung Habun）支流土布亞灣溪（ruru Tbyawan）時，我方後臨山谷峭壁已無路可退，布呼克・瓦歷斯等只得背壁一戰，我方十二人中的瓦歷斯・馬亨（Walis Mahung）站在中央高地時，被襲擊隊的哥哥看到，哥哥還高喊叫道「不要射殺我弟弟」。曾參與該戰役的阿威・達多（漢名曾少聰）說，他叔叔布呼克・瓦歷斯於槍戰時，左手指可同時挾帶數顆子彈，以利快速裝填子彈。由於我方占據有利的地理位置，屯巴拉哈頭目泰目・瓦歷斯以下十餘名襲擊隊員當場陣亡，十餘

名重傷。此役我方十二人雖無人傷亡，卻相對無語，氣氛凝重，毫無退敵致勝的喜悅，因陣亡的竟是自己熟悉的族人及敬重的頭目，無語問蒼天：「何以不是日本人呢？」十二人各自回到自己的耕作地，因思及骨肉相殘、家破人亡，不久傳來的卻是戰勝者自殺的槍聲，亦有上吊自殺身亡者。

在岩窟保護婦孺的蔡茂琳（Pawan Nawi）說過：「當布呼克‧瓦歷斯等十二名戰士離開岩窟時，彼等部落之婦女在岩窟森林中集體上吊自殺，有樹枝因負荷太重而折斷。」依Gaya，出草不一定會成功，出草前就如同與親人訣別，岩窟的婦孺本已飢寒交迫，為使男人出草無後顧之憂而集體上吊，常是他們別無選擇結束生命的方式。事件六十年後（1991年），蔡茂琳耆老以七十六歲高齡，帶領我及郭明正等四人前往岩窟探勘巡禮，除小徑蜿蜒難爬，青山綠水依舊，觸景傷感之餘，令蔡茂琳老人家痛心不已。

結語──當「utux與部落」面對「天皇與國家機制」

族人在霧社地區遭受日人二十七年的高壓統治，終以執行Gaya集體出草的方式結束煉獄般的生活。1931年5月6日，抗暴六部落餘生者298人迫遷至川中島社（國民政府改稱清流部落）；經日警長期祕密調查後，於1931年10月15日又逮捕23名、十五至五十五歲的部落男子，先於埔里郡役所獄中施以酷刑，後於1932年3月17日活埋於埔里荒郊野外，日人才結束對我族人之清算行動。

霧社事件又犧牲了我千餘族人的生命，族人的財產、土地盡失。事件後日人雖改變了統治的方式，並以「高砂族」稱呼原住民族，但我霧社蕃（Tgdaya語群）的部落已完全消失於霧社地區。人類進化、發展的立足點不同，各民族的生活方式、文化習俗、價值觀差異頗大。當本族的utux與部落面對日本的天皇與國家機制，各自執行自己

Gaya的結果，事件的發生是必然的。但無關是非，也無關了不了得與否，也無任何值得炫耀之處；與事件倖存的族老共同生活三、四十年，祖父母輩從沒教導子孫輩任何事件後的仇恨，只說「日本人太過分」。而本族三個語群在日人走了以後，已忘卻過去受日人操弄所發生的不愉快事件，依然通婚頻繁並攜手共創未來，而且我們今日的族稱是「賽德克族」。[5]

5　2009年作者應「日本台灣學會」之邀赴日本發表此篇論文，讓忝為事件後裔的古路邦部落（清流部落）的 Takun Walis 有此機會與大家會面話家常，也感謝天理大學下村作次郎教授、國際交流基金日本語專門委員魚住悅子講師、京都大學駒込武教授以及鄧相揚先生、Dakis Pawan（郭明正）的指導與鼓勵。

「台灣原住民餘生後裔眼中的霧社事件」 的回響

郭明正（Dakis Pawan）

前言

　　首先要說明的是，緣於家表兄 Takun Walis（邱建堂）[1]先生一篇針對「霧社事件」精采的演講內容，本文要以回應的方式與大家分享我對霧社事件粗淺的認識。家表兄 Takun Walis 曾於 2009 年 6 月間，受邀於「日本台灣學會」赴日演講，講題為——〈台灣原住民族にとっての霧社事件／台灣原住民餘生後裔眼中的霧社事件〉，[2]受到熱烈的回響。我以為家表兄 Takun Walis 演講稿的內容脈絡清晰、層次分明，是解讀何以會爆發「霧社事件」入門必讀的文稿。

1　邱建堂原名 Takun Walis，是「霧社事件」起義抗暴六社中，Drodux（督羅度呼）頭目 Bagah Pukuh（巴卡哈‧布果禾）的曾孫。1952 年出生於清流部落（川中島），台大經濟系畢業；曾任仁愛鄉公所祕書、仁愛鄉農會總幹事。

2　編按：本文曾刊載於「台灣與海洋亞洲」部落格（http://tw.myblog.yahoo.com/jw!uduCo2 SGHRYWIzLEAu0T/），亦曾收錄於《台灣與海洋亞洲研究通訊》第四期（2010 年 9 月），頁 41-47。今蒙邱建堂先生應允收錄於此，期望讓讀者從餘生族裔的角度，能對爆發「霧社事件」的梗概有更多的了解。

　　Takun在演講稿中，勾勒出本賽德克族（以下簡稱本族）近代史的演進，以及本族傳統文化受到劇烈衝擊後的丕變。他在本族的近代史上指出，1895年之前（即日本帝國尚未殖民台灣之前），我賽德克的祖先仍過著本族傳統部落時代的農獵生活形態，依循著本族的Gaya建立社會制度及社會規範，以Gaya為中心建構本族的價值觀與生命觀。部落時代是封閉的社會，我祖先於其傳統領域裡過著自給自足的生活，與周遭的他族／異族不相往來，秉持著「你不犯我、我不犯你」齊生共榮的自然生存法則，共同處在公平競爭的基點上各自繁衍茁壯。

　　由於部落時期是封閉的社會，部落族人凝聚著強烈的部落意識，再由部落意識形成族群意識。在Gaya的規範下，本族的部落及傳統領域是不容外族侵犯、不容異族入侵；部落意識維繫著部落的興盛，也延續著本族的運命。在本族的傳統領域裡，各部落是自立自主的，若與現今的國家體制相比照，部落猶如本族自治區域的最小單位。在本族的Gaya裡，獵首是神聖的、是遵循Gaya進行的，絕非隨意攻擊他族、恣意馘取人首；而且Gaya與本族所說的utux（神、鬼、靈魂）環環相扣，欲了解本族的Gaya應從認識utux著手。

　　在歷經日本帝國的統治及國民政府相繼地治理之後，本族的Gaya逐次地被瓦解、被解構；本族傳統的文化，包括語言、傳統樂舞、織布技藝、狩獵技能以及歲時祭儀，無聲無息地一一消失於統治者的主流文化之間。個人以為，日治時期爆發震撼國際的「霧社事件」，若歸結為「文化」的衝突我可以接受，但應視為本族對土地主權的強烈宣示更為貼切。因此，家表兄Takun Walis於其演講稿裡以──當「utux與部落」面對「天皇與國家機制」──做為結語，我非常地贊同，也一樣感受到他的無奈、悲愴與傷痛。

我出生於 alang Gluban

　　我1954年出生於台灣中部偏遠的一個原住民部落，日治時期稱做「川中島社」；二戰後，國民政府改稱為「清流部落」，我的族人稱之為 alang Gluban（古路邦部落）。古路邦部落原為泰雅族[3]的傳統領域，「霧社事件」結束後的第二年（1931年5月6日），日方將我霧社抗暴六部落餘生遺族迫遷至此，並依其地理特徵命名為川中島社；因鳥瞰古路邦部落時，恰有三條溪流略呈「川」字形流經古路邦部落台地及其周邊，故名為「川中之島」。

　　二戰後，日本戰敗改由國民政府接收、治理台灣，也將川中島社改稱「清流部落」，隸屬南投縣仁愛鄉互助村的行政轄區。至今，我霧社抗暴六部落遺族後裔，已在「川中島‧清流」部落生活了八十九年；如今，古路邦部落除兩、三戶是漢族外，皆為抗暴六部落遺族後裔，屬賽德克族[4]德固達雅人（本族德固達雅語群）。目前「川中島‧清流」部落約150戶，設籍在古路邦部落的族人約500人左右，有很多的部落族人因工作上的需要移居或暫居在外。

個人經歷及一些記憶

　　我在設於隔壁部落（相距約三公里）的互助國小完成小學教育。

3　目前經台灣政府認定的台灣原住民族有阿美族（Pancah/Amis）、排灣族（Paiwan/Payuan）、泰雅族（Tayal/Atayal）、布農族（Bunun）、卑南族（Puyuma/Punuyumayan）、魯凱族（Rukai/Drekay）、鄒族（Tsou/Cou）、賽夏族（Saisiyat）、雅美／達悟族（Yami/Tao）、邵族（Thao）、葛瑪蘭族（Kavalan/Kebalan）、太魯閣族（Truku）、撒奇萊雅族（Skizaya）、賽德克族（Seediq）、拉阿魯哇（Hla' alua）及卡那卡那富族（Kanakanavu）等十六族。

4　賽德克族依方言別又區分為都達（Toda）、德路固（Truku）及德固達雅（Tgdaya）三個方言支系。三個方言支系在通行的語言上是可以交流、溝通的，僅在字詞發音的聲腔上不盡相同。

當時若要繼續升學就要到鄰近或更遠的城市參加初級中學[5]的入學考試，考取後始可就讀初中；要讀高中要參加高中聯考，高中畢業要念大學又要參加大專聯招。我很幸運於1974年考上國立台灣師範大學，畢業後任教於省立埔里[6]高級工業職業學校，於2004年8月間自該校退休迄今。雖是如此，我求學的過程並非那麼地順遂，也曾落榜再重考。我這裡要表達的是，除小學六年在部落以外，十二歲（含）以後都在外面求學後就業；求學期間，寒暑假才回部落在家裡幫父母做農事。

自稍懂事以來，我成長的清流部落是以賽德克語／本族語為主、日語為輔做為溝通、交談的語言，部落裡幾乎沒有人會說國語／普通話。之所以如此，實因我父母輩的族人在日治時期接受日本教育，他／她們習於以日語交談和溝通；祖父母輩者，則沒受到殖民教育的影響，他／她們是最後一批接受本族傳統的家庭教育及部落教育；而我輩族人即開始接受國民政府的教育。換言之，我父母輩的族人與我輩族人，是在相近的不同時空裡接受了截然不同輩政治體制的洗禮，是福？是禍？或有待本族後代子孫去探討、研究。

再以我的部落經驗為例，也是我這一代賽德克人共同的歷史記憶，即「子孫三代對『父親』稱呼的歷史變遷」。我父親稱呼他父親（我祖父）為tama，tama是賽德克語，即父親之意；我稱呼我父親為tocang，tocang是日語借詞，也是父親之意；我兒子稱呼我為「爸爸」，爸爸是國語／普通話。此外，我以賽德克語稱呼我祖父為baki或tama rudan，baki與tama rudan都是祖父之意；我兒子則以閩南語稱呼我父親為akong（阿公）。由本族三代族人對「父親或祖父」這兩個稱呼用語的不一致，應可解讀為本族近代的歷史境遇。這般的現象，

5　台灣直到1968年始延長國民義務教育為九年；初級中學改稱國民中學，廢除初中聯考。

6　「埔里」是漢人居住的小城鎮，也是我們仁愛鄉原住民消費、購物及娛樂的城市。

說起來或聽起來似乎很有趣，卻不禁讓我為本族未來的族運感傷與憂心。

另外，讓我印象深刻的是，當時清流部落祖父母輩族老們的臉上有「奇怪」的黑色圖紋。[7]女者幾乎占滿了她們的臉頰及額頭，男者額頭及下顎各有一條約一個拇指寬、一個小指頭長對稱的黑色圖紋。我之所以覺得奇怪，是因為父、母輩以下的部落長輩及我輩族人們，則沒有任何圖紋；小時候我還天真地思量著「或許我當祖父之後臉上才會有圖紋」。直到我重回部落，想知道「Ima ku ka yaku? Maanu kesun Seediq？／我是誰？賽德克是什麼？」時，始知他／她們臉上的黑色圖紋是本族極為重要的族群標記及族群認同。那時我已近四十歲。

再者，在清流部落自幼即常聽到 musyazikeng（霧社事件）與 Mona Rudo（莫那‧魯道），而且兩者經常被連結在一起，猶如攣生兄弟般。當時我約略知道 Mona Rudo 是本族的男性名，而對 musyazikeng 就不知為何意。就因部落父執輩的長輩們是以日語的 musyazikeng 來表達「霧社事件」，對不諳日語的我來說，完全不知 musyazikeng 即為霧社事件。也因而我始終不知道霧社事件與我清流部落的血淚關係。

就讀初中時，我偶爾會由報章雜誌上看到與霧社事件的相關報導，也會偶然由電視新聞報導或其他節目裡收看到與霧社事件相關的報導，只因與我、或我部落沒有直接的關係，我就不會認真地看或認真地聽。但我對居住於霧社地區抵抗日本政權的原住民是敬服又景仰，因他們毅然決然地揭竿起義反制外來的入侵者，徹底宣告了我原住民捍衛鄉土與族親的決心。因我出生、成長在清流，我一直以為清

7　原來，他／她們臉上的黑色圖紋是本族極為重要的族群標記及族群認同，我們稱之為「文面」。部落時期，族中男子一定要獵取敵首而歸、女子則要嫻熟織布技能才可以取得文面的資格。因此，有人稱之為「黥面」是錯誤的。對台灣原住民族而言，泰雅族及太魯閣族亦屬泛文面族群。

流地區是我祖先世居之地。

　　直到1972年間，因花岡一郎（Dakis Nobing）是否應奉入台北圓山的忠烈祠，國內掀起一陣「花岡一郎忠奸之辯」的輿論，也掀開了清流部落耆老談論被視為禁忌的「霧社事件」。[8]至此我已可確定霧社事件與清流部落族人的關係，但對事件的人事物、事件經過及事件始末等等，依舊毫無所悉，即使是花岡一郎與花岡二郎（Dakis Nawi），我還以為可能是日本人且是兄弟？

賽德克文化歷史之召喚

　　或許是本族文化歷史的召喚，1990年9月底我生了一場大病，差一點帶走了我的小生命。請病假（時任教於埔里高工）療養期間，有幸結識正在撰寫與霧社事件相關著作的鄧相揚先生，經他的鼓勵及家表兄Takun Walis（邱建堂）的支持之下，療病一年、身體逐漸恢復後，即一腳栽入本族歷史文化的深淵。於日帝殖民政權治台的五十年之間，本族在不同的年代裡、無端地被捲入規模不一的莫名戰役中，逐次摧毀本族的傳統文化及社會結構，其中尤以爆發於1930年的「霧社事件」為最。

　　有人將霧社事件視為台灣原住民最後的「出草」行動，但不論由其規模的大小以及戰略或戰術上的運用、與本族傳統的獵首行動迥然不同，若視為大規模的獵首行動／出草行動是值得探討的。本族過去的獵首行動，是遵循Gaya而出動，並由部落的獵首團執行；由於本族的獵首團一向採取速戰速決的狙擊模式，故其獵首團員常不出十人。因此，若將結合六部落約350名壯士族人的霧社事件視為獵首行

8　我先祖於1931年5月6日迫遷川中島後，同年的10月15日日方發動了「十月清算」行動，又逮捕了二十三名疑似參與抗暴的族人處以殛刑。從此以後，清流部落的族人禁談霧社事件。

動，我是持著保留的態度，而我會以「反殖民的戰役或宣示主權的戰役」來看待。

部落時期，本族雖偶爾會因獵場與他族發生局部（小型、點狀）的爭奪戰，其規模皆無法與霧社事件相比擬；即使部落時期的台灣原住民之間、發生諸如此類的零星小爭戰，他們只為捍衛自己的家園及延綿族命，從未大規模侵略他族而奪其城池、強其土地，也從未欺壓弱小的族群令其臣服。人類的戰端發自人類的貪婪與私欲，不論邦、國或占地為王者，為擴展疆土、掠奪資源而興兵攻城掠地，從來就是「以大吃小、以強欺弱」罔顧生靈塗炭，至今依然循環不已且更勝以往，這般的「國家」行為，從不存在於本族 Gaya 的範疇裡。

最後我要說──「我迫遷川中島清流部落的霧社事件餘生耆老們，從未教導我等後輩子孫們一個『恨』念！即沒有教導我們要恨日本人，要恨事件中協助日本人狙殺我們的同族族人」。今居川中島清流部落的我輩族人 Tado Nawi 高信昭先生（事件當時 Gungu／Hogo 部落頭目的子孫）及家表兄 Takun Walis 邱建堂先生（事件當時 Drodux 部落頭目的子孫），也常以我引述的話語鼓勵川中島清流部落的晚輩族人「不要心存恨念」，因為這是我們事件餘生耆老們以身作則、潛移默化的教誨。

二、霧社事件的文化記憶

霧社1930：文化總論[1]

白睿文（Michael Berry）
（李美燕、陳湘陽 譯）

霧社緋櫻

霧社櫻崗上
緋紅的櫻花
似為一郎、二郎吶喊
又盛開了

一九三〇年十月
花岡一郎、二郎
頭目莫那・魯道
反抗日帝暴政
率眾英勇起義未成

飲恨而死

風和日麗下
一郎二郎悲憤的鮮血
似緋紅的櫻花
又怒放了

——巫永福（118-119）

探討出草行動

　　霧社事件是台灣近代史上最殘暴的歷史事件之一。歷年以來曾有許多作者、導演和藝術家試圖以各種形式紀念、反思或再現1930年的霧社事件，巫永福這首於1982年3月17日所創作的自由體詩〈霧社緋櫻〉，是這一系列作品的其中一個例子。霧社事件發生於受日本高壓殖民統治時期的台灣，即台灣被日本殖民三十五年之後，事實上長期以來各種形式的武裝抗日行動一直都被鎮壓著。但是在霧社的一個秋天早晨，一切都改變了。霧社是台灣中部一個四周環山的小鄉鎮，大部分為原住民部落。1930年10月27日是霧社國小舉辦一年一度運動會的日子。那時，泰雅族（Atayal）分支的賽德克族（Seediq）[2]的莫那‧魯道（Mona Rudao）帶領大約300名族人埋伏在那裡，他們屠殺了134人，幾乎都是占領霧社以及前來參觀運動會的日本人。運動會變成了暴力事件。日本政府對此事件反應劇烈。他們大規模部署1,303名士兵與最新穎的武器，包括國際間禁用的毒氣，甚至徵召親日的部落共同屠殺起義者並鎮壓暴動。在六個參與小學突襲事件的部

2　原先被歸類於泰雅族的分支，「賽德克族」終於在2008年4月23日成為中華民國政府承認的台灣原住民的一族。因為此章討論的文學作品（和此書的原英文版）都在2008年以前問世，書裡有時還用「泰雅人」稱發動霧社事件的「賽德克族」。為此特別說明。

落（最初估計數目超過1,200人）[3]中，於日本的軍事行動結束時共有644人喪生，其中有將近一半的人自殺，包括領導者——莫那‧魯道。[4]僅有561個泰雅族人存活下來，這些人大部分被分別囚禁在三處拘留所。

六個月後，另一個事件為這殘暴的鎮壓做了註腳——1931年4月24日，親日的道達群（Toda）聯合起來攻擊拘留所。許多史學家認為這是日本人策動的第二次霧社事件，此事件幾乎滅絕了參與事件的賽德克族。在攻擊行動中，216名拘留者被殺害，101名被斬首，293名倖存者被迫離開他們的原居地——霧社，並且被流放到川中島（今清流部落）。一1931年10月15、16兩天，所有的倖存者被傳喚到埔里參加「效忠儀式」，當時又有39名族人因涉嫌小學突襲事件而被捕。他們被判處一至三年的徒刑，但除了一位逃獄者外，全部死於獄中。這些隨著霧社事件而來的嚴酷鎮壓，引發了各界對於日本人宣稱要嘗試「傳播文明給野蠻人」的質疑。如阿努芭瑪‧雷歐（Anupama Rao）和史蒂芬‧皮爾斯（Steven Pierce）所說的——當殖民者為了達到目標而將暴力合理化，其整個殖民政策的合理性將受到質疑：

> 如果殖民主義是有關差異的管理——文明人統治未開化者，殖民政府所宣稱「必要的暴力」正好削弱了統治者合理化的文明優越性。使用武力統治「未開化者」似乎是唯一矯正他們行為的方法，但這本身就是個問題：暴力也顯然是一個文明政府的相對語。（Pierce，4）

3　參與霧社事件的六個部落為馬赫坡社（Mhebu）、塔洛灣社（Truwan）、波亞倫社（Boarung）、斯克社（Suku）、荷戈社（Gungu）以及羅多夫社（Drodux）。

4　在644名死者中，依鄧相揚（1998：86）敘述，85人死於戰爭，137人死於空襲，34人死於大砲轟炸，4人死於疾病，1人被燒死，87人被親日的族群馘首。在眾多自殺者中，有290人吊死，2人舉槍自盡，4人用刀或劍自戕。

在霧社事件之後，日本政府深深感受到這種矛盾，開始重新評估整體殖民方式。霧社事件之後，日本改變殖民政策，其在武力鎮壓中首次使用的武器（包括毒氣）也在一年後被證實其重要性——當日本殖民範圍擴展到中國大陸，並引發九一八事變的時候。

在許多記載霧社事件的作品中，特別描繪了這個神祕的、充滿領袖氣質的賽德克族馬赫坡社頭目莫那・魯道。他也就是霧社國小起義的領導者，自1945年起被尊為台灣反抗殖民主義的偉大英雄。而花岡一郎（Hanaoka IchirM）和花岡二郎（Hanaoka JirM）則是起義中角色較為曖昧的人物。他們是接受日本教育並被日本人扶養長大的泰雅族人，被譽為「模範蕃人」。他們的原名為達奇斯・諾賓（Dakis Nobing，一郎）和達奇斯・那威（Dakis Nawi，二郎），兩人皆被取了日本名並送到埔里的學校就讀。後來，一郎接受台灣原住民中最高的教育，自台中的一所師範學校畢業。他回到霧社為日本人工作，監督建築計畫。二郎畢業後也回到霧社擔任員警。兩人都娶了有相似日本背景的泰雅族女性，以配合日本人在原住民山區建立「模範家庭」的新政策。

當霧社事件爆發後，日本人起初認為，一郎和二郎應會扮演好他們的角色。但在屠殺事件之後，一郎和二郎隨即帶領全部21位家族成員集體自殺，兩人都穿著傳統的日本禮服。一郎以日本傳統的切腹自殺方式結束生命；二郎則吊死在樹上——一種賽德克族傳統的自殺方式。他們留下一份做決定時的遺言：

> 花岡倆
> 我等必須離開這世間，
> 因族人被迫服太多勞役，引起憤怒，所以發生這事件，
> 我等也被蕃眾拘捕，不知如何是好。
> 昭和五年拾月貳拾柒日上午九時，

　　蕃人守著各個據點，郡守以下職員全部在公學校死亡。[5]

（鄧相揚，1998：84）

　　花岡一郎與花岡二郎之死所留下的疑問比答案多。他們結束生命的方式——切腹和上吊似乎暗示著一種文化的精神分裂症：臨死前他們仍然掙扎該效忠泰雅族抑或養育他們的殖民帝國，而被緊張的情緒所縈繞。雖然大部分的台灣當代史家不認為花岡一郎和花岡二郎在起義中扮演重要的角色，但在過去的七十餘年間，他們的故事不斷地被重述，他們被定位為叛徒或英雄。霧社事件在歷史的想像中，一郎、二郎或諾賓、那威的定位象徵著圍繞整個事件複雜的文化政治，也成為重新審視這個傷痛的歷史事件的挑戰，並且掀起了有關國家認同和歷史敘述的深度問題。

　　霧社事件（包括日本的反擊）已成為台灣近代史上最具爭議的事件，隨著時間過去，此事件一次又一次地被重新詮釋、重新架構。甚至最初引發起義的各種情況也備受爭議。當代史學家追溯事件的起源，並歸納出相當多的可能因素，諸如原住民不滿有損其利益的殖民政策、日人對原住民文化儀式的禁止、剝削勞工、虐待工人、日本官員遺棄在「政治婚姻」殖民政策下結婚的泰雅族女性，以及其他種種事件，包括在事件發生前的幾個星期，一個族人和日本官員在一場婚禮中發生的衝突。[6]許多有關霧社事件的英文學術研究在 2000 年才開始

5　有未經證實的說法陳述，此自殺筆記為日人所偽造，為了使日本免於遭受更大的恥辱，並恢復帝國的榮譽。

6　有關「政治婚姻」政策更詳細的資料以及其在霧社事件中所扮演的角色，參見保羅・D・巴克萊（Paul D. Barclay）有關此時期異族通婚的重要著作《台灣殖民時期的文化交流和異族通婚：日本副官和他們的原住民妻子，1895–1930》（*Cultural Brokerage and Interethnic Marriage in Colonial Taiwan: Japanese Subalterns and Their Aborigine Wives, 1985–1930*）。

出現，而透過文學作品對這個事件的討論，主要局限於日本的原始資料，如荊子馨（Leo Ching，2001）與金百利‧科諾（Kimberly Kono，2006）。荊子馨致力研究日本殖民政策的戲劇性改變，在許多文學資料中呈現出殖民政策如何使部落的叛亂者變成義勇軍。金百利‧科諾則聚焦於類似的文化議題，透過坂口䙾子於1943年出版的短篇小說〈時計草〉，可以看出他所想表達的觀點。這部小說描述在霧社事件之後，一個有著日本和原住民血統的角色在追尋身分認同時所產生的危機。而王德威（2004，2011）則是個例外，他在重要的後現代小說中對於二十世紀中國文學，[7] 有關「馘首」的表述，提出延伸的分析。

　　本章的目的在於呈現批判的歷史，對於霧社事件在發生後的幾十年裡，在華人創造的文學和流行文化中的描繪提出批判，尤其著重一系列重要文本的探討。在過去七十五年間，霧社事件在大眾文化中的意象極端變形，並一再被重新創造以符合不同的政治、文化和歷史的議題。我致力於透過霧社事件所激發的文化表述來檢視此事件，並探索文化政治如何影響進而驅使國族創傷的書寫。在一場引人入勝的演出中，最初動搖這新殖民勢力核心的日本歷史創傷被轉化為華人的歷史創傷——一個戰後反殖民行動的例子。同時，一個特定的「部落的」起義被變形為「民族的」起義。這些被討論的作品不僅追溯這個過程，並且解釋華人或台灣人的後代如何將這些原住民重新納入想像的國家社群中。在橫跨數十年的歲月裡，各種不同的藝術媒介（小說、詩、圖像小說、電視影集和電影劇本）產生了，本章追蹤這些藝術家、作家以及影片製作人如何構思霧社事件，並探索這些作品所能告訴我們有關歷史的呈現、文化的認同與政治霸權的力量。

7　關於霧社事件的文學作品，毋庸置疑的是中文研究資料相對豐富許多。其中之一為李文茹的〈文學‧歷史‧性別——以性別角度探討霧社事件文學〉。如同荊子馨與金百利‧科諾，李文茹主要聚焦於日語文本之研究。

以敘述占用霧社：中國和台灣的介入

　　華人或台灣人的角色，透過一系列書寫霧社的作品，介入此事件的歷史敘事。整體而言，這些華人作家、製片人和藝術家以中國人或台灣人的角度，去審視此事件並將其融合為新的反殖民（反侵占）之民族論述，如此做法，對於霧社事件的歷史重建產生驚人的衝擊。這個章節以1949年的一部電影劇本作延伸討論，此劇本為中國人和台灣人對此起義的詮釋建立了基礎。在更深入的討論中，將霧社事件架構於一個更大的反占領（常常包括將國民黨政府的統治視為占領者）論述下，本土主義者的作品之前，我將先分析把霧社事件定位於國家主義者框架下的一系列抗日文本。本土主義者的作品意圖將1930年的事件視為原住民獨立運動的先驅。在此章節，筆者對於霧社事件提出一些非傳統的看法，並以再次檢視中國和台灣的介入做為結束。

《遍地紅》：張深切失落的電影影像

　　曾有不少創作者試圖把霧社事件置入流行文化的脈絡裡，但其中最早的一個嘗試是由小說家、劇作家兼行動主義者張深切（1904-1965）領隊。他與作曲家江文也同為台灣激進分子的知識分子，張深切曾在中國大陸生活多年並參加一系列的政治及文學組織。他身為日本殖民政府統治下的激進批判者，於1934年參加上海的台灣自治協會及組織廣東台灣革命青年團。之後，他轉向文化活動，編輯《台灣文藝》與《中國文藝》。1945年對日抗戰結束後，他回到台灣，兩年後竟成為二二八事件被迫害的對象，以參與共產黨活動為名被起訴。經歷此事件之後，張深切寫了《霧社櫻花遍地紅》——當時他是為西北影片公司而撰寫的電影文學劇本，1949年此劇本由《旁觀》連載。可惜他的劇本並沒有被搬上銀幕，而且一直到十幾年之後才出版單行本，同時又把書名縮短了，《遍地紅》在1961年終於問世。

　　《遍地紅》一開頭，便通過一群小孩的視角來呈現一個衝突，此衝突也可以被當作霧社事件本身的一個縮影。一群日童拿著指揮刀和空氣槍在玩耍；當他們天真地遊戲時，卻在一個小孩的建議之下，變成獵殺行動。有人說：「喂，我們老打鳥兒沒有意思，不如打生蕃做遊戲好不好？」「那麼從現在起，我們要開始討伐生蕃，前進！」（66）日童將原住民小孩當成獵物，隨意開槍，使泰雅族小孩驚慌逃竄，有些被擊中、摔倒、哭號。[8]唯一為他們伸張正義挺身而出的是一個「沒有帶什麼的台灣兒童，他長得特別文雅可愛」（65）。他批評日童，卻反被羞辱：「清國奴閉嘴！」（67）日童繼續毒打，把台灣兒童打得嘴角流出鮮紅的血。想像影片用這場孩童間的殘暴遊戲，來諷喻日本及其對台灣原住民殖民間的關係，也是1930年霧社事件的先兆。

　　尤其有趣的是這個台灣男童的出場，他是劇中唯一具「文雅可愛」特質、脫穎而出的角色，也是唯一勇於挑戰惡霸的人物。最後，他的努力徒勞無功，他「翻起身來，嘴角流著鮮紅的血，恨恨地注視日本兒童們的離去」（67）。但是在日本人和原住民的衝突中，「台灣人」的介入是張深切重新建構霧社事件重要的主題之一，在敘述過程中可看出此為被放大的主題。

　　將目光自片頭那場諷喻性的遊戲移開，劇本的前半段大力書寫日本殖民者和當地原住民間逐漸形成的緊張氣氛，這種緊張起因於勞力剝削與虐待、不公平的補償制度和日人的異族通婚政策——日本官員與泰雅女人結婚，但這種婚事經常是被壓迫的，而且到最後許多泰雅婦人是被日本丈夫遺棄的。主要人物包括具有領袖氣質，發動起義的莫那・魯道（在劇本中以莫那道稱之），[9]和接受日本教育的泰雅族人

8　此處顯現相當明顯的反諷。泰雅族，一個以出草儀式聞名的部族成為被獵者，而日本人反被轉變為真正的「野人」。

9　由於泰雅族沒有傳統的書寫資料，在關於霧社事件的各種文本中，原住民的名字和地名有數種中文字交替使用。因此在關於此事件的英文學術研究資料中，主要用語有不

花岡一郎和二郎，以及其他許多日本和原住民角色。張深切以極大的創作自由呈現此事件，其中主要偏離事實的是介紹台灣人角色朱辰同。他如同開幕戲中的台灣男孩，代表一種壓制暴力的正義之聲，最後加入「原住民兄弟」與日本人作戰。

在大屠殺時，出現了一些台灣人，但是沒有文件載明有台灣人參與策畫或執行霧社事件。[10] 張深切提供極少朱辰同的資料，但是他的首次出現，讓人瞥見張深切想要傳達的政治和族群的同盟關係。

朱辰同穿著山地服，面容瘦削，稍微沉吟了一下，開口說：「我和華里斯、莎波二位先生已經見過幾次面，知道你們都很痛恨日本人，急著要報仇，但是我希望大家要鎮靜，切忌不可『輕舉妄動』。我們得知道，我們要打倒的並不只是在這裡的日本員警，而是這裡全體的日本人，不，不只這裡全體的日本人，該是全台灣的日本人，我們非把在台灣的日本人全部趕出去不可！要不然，請你們想一想，我們殺了幾個員警，他們會派更多的員警來，又假如我們把平地的日本人都殺光了，他們還會從日本派更多的軍隊和員警來，他們人多，武器強，什麼飛機、大砲、機關槍皆有，都很厲害，我們打不過他們，反要被他們殺光……」（88）

這一段之所以引人注意，在於加入一名台灣人做為對話的一方，

同的拼法，如泰雅（Atayal）有時以「Tayal」出現，或者賽德克（Seediq）有時拼為「Sediq」。

10　1934年日本的一篇有關大屠殺的官方報告，的確將霧社事件列為是「台灣人策畫的」，被認定是促成暴動的潛在（無事實根據的）因素。官方報告的完整概述見荊子馨的著作《成為「日本人」：殖民地台灣與認同政治》（*Becoming "Japanese" : Colonial Taiwan and the Politics of Identity Formation*），頁141−143。

這人宣揚反日論述，對事件的規畫也極力促成。這不僅明顯背離史學家及口述紀錄裡的霧社事件，還在此歷史關鍵時刻加入鮮明的「台灣人」身影。朱辰同在言詞中和原住民同仇敵愾，雙方處於同一陣線，這點不斷強調「我們」一詞便可看得清楚——台灣的漢人其實沒有參與這起事件。[11] 同時，朱辰同顯然被描繪成「野蠻人」的軍師，文雅有禮且足智多謀，除了謀畫之外，甚至還教導語言，例如他詳細解釋何謂「輕舉妄動」。有趣的是，固然他努力著要「教化野蠻人」，但他的作為和心態，與想「教化」少數族群的日本殖民者，不無類似之處。

隨著起義之日接近，朱辰同不只提供「理性的聲音」，主張策略高於感情用事，還強調等候台灣人充分合作之重要：「所以我勸你們需要保持鎮靜，要有組織和計畫，並且要和我們平地人聯絡合作，等到時機成熟了，才可以發動。」（130）等候台灣人合作一策終不可行，但朱辰同仍跟隨莫那‧魯道，成為起義的規畫和領導中重要的一員：

　　——莫那英氣奮發，他抓住群眾心理激烈地喊道：「兄弟們，我們現在只要幹！」

　　群眾響應：「幹！」

　　——朱見大勢已定，蹴然說：「好，我們幹，第一，我們大家推戴莫那道當總指揮……」

　　——群眾呼萬歲，朱接著說：「第二，派皮陀莎波當先鋒，帶一小隊把通霧社的電話線全部切斷！」

　　——莎波應聲跑去，朱再說：「所有的武器都拿出來，分給沒有刀槍的人……」

11　不僅沒有中國人參與霧社事件，甚至有兩名中國漢人，因穿著日人服飾被誤認為日本人，被原住民部落的民眾攻擊致死。

　　──莫那以嚴肅的口氣發令：「我們立刻行動，凡日本人都殺死，員警所全部燒毀，台灣同胞一個人也不許殺傷，明天早晨須到達霧社！」

　　朱舉手喊道：「我們絕對服從首長的命令！」莫那：「隨時命令各社起義，殺掉日本人！」（134-135）

　　這一段將朱辰同置於起義的中心位置，為關鍵規畫師、戰略家、演說家，協同莫那·魯道行事。稍後，日軍逼近泰雅族，莫那·魯道堅持大規模自殺，但朱辰同最後說服莫那·魯道和其他人暫時撤退。電影劇本不斷強調朱辰同的文明理性和策略，高於莫那·魯道的拗蠻和魯莽，這就使得朱辰同這個角色引人興味，一下子讚揚莫那·魯道無疑是個領袖，一下子又在智計上把莫那·魯道比了下去。朱辰同在協助抗日起義的過程中，有助於把莫那·魯道妝點得近於日本人試著想栽培的「模範野蠻人」或「模範蕃人」。

　　除了點出中華文化和語言的優越，導入這樣的台灣人主角，也是早期把霧社事件台灣化重要的一步。朱辰同的存在不僅結合原住民的在地反抗和台灣人的抗日情感，也在新的台灣民族主義脈絡中重塑整起事件。《遍地紅》裡起義的目標延伸為「把所有日本人趕出台灣」，而且策畫其事的中國漢人深深自認是台灣人，整齣戲於是把莫那·魯道的部族意識擴充為一種新形態的民族意識。這種意識形態的跳躍，是霧社事件歷史定位上的重大轉折，深刻重構了此一歷史時刻。然而，張深切積極於重述、宣揚莫那·魯道故事的努力，實則強化了日本人於迫害台灣原住民時，所採用的種種族群刻板印象。朱辰同（當然，還有日本人）流露出的文化、種族、語言優越感甚至也迴盪在張深切的序文中：「霧社的山胞，固然是未啟發的野人，但他們因為未受到文明狡詐的渲染，所以他們異常純真而且富有人性……」（59）這種看法將原住民視為既未開化而且純潔，在很多方面反映出日本人

的觀點。就像日本殖民政策的目標在將野蠻人併入日本民族，張深切（失敗的）電影計畫則試著將野蠻人重新納入台灣（或中國？）民族論述。

張深切積極地聲張台灣獨立，其意圖最可能是將霧社事件納入台灣論述，而非大中國民族論述。但在1949年，如此立場實在大有問題，畢竟，由此往前推移四年，正值日本殖民統治結束、光復台灣；往前推移兩年，則是二二八事件、中國大陸新移民和台灣在地居民的族群緊張關係達到緊要關頭。雖諸般因素如晦暗、悲劇的基調；過度暴力（包含馘首、自殺、轟炸）；大規模戰爭場景所需的巨額預算，都可能不利於將劇本拍成電影，但在國民黨政權眼裡，唯一最大的「問題」應該是在二二八事件後此劇本題材令其不安。其實，張深切的電影劇本描寫受壓迫的被殖民者突然起而反抗，卻被殘忍的政府迅速而暴力地鎮壓，除了試著探討台灣殖民史上殘暴的一頁，也寄寓他對更近的那場叛亂的評論（張深切本人也是受害者）。多年之後，張深切對霧社事件的激進再詮釋，才在其他文化場域引發共鳴，而莫那‧魯道的奮鬥再度被置於更大的政治、歷史、族群奮鬥的脈絡中。

霧社事件和民族主義書寫

直到張深切的電影劇本出版幾十年後，歷經與日斷交，國民黨政府統治下才開始有了新的論述空間，最後得以重新透過文學檢視霧社事件。1977年有兩部關於霧社事件的長篇報導文學作品在台灣出版：陳渠川的《霧社事件》和李永熾的《不屈的山嶽：霧社事件》。這些文本將事件置於非常鮮明的中國論述裡，強調事件在漫長的反帝國主義和反殖民主義的論述裡，包括為反帝而奮鬥和犧牲的民族傳統裡。李永熾的《不屈的山嶽：霧社事件》是近代中國出版社「先烈先賢傳記叢刊」中的一本，於是莫那‧魯道戲劇性的故事便置身於中國先賢先烈之間，例如五四知識分子羅家倫，國民黨官員陳誠、張道藩、于

右任，革命烈士秋瑾。其敘事語氣經常輪換於長段的客觀歷史敘述、有關台灣原民部落的人類學背景知識，以及運用對話、動作等更富於文學性的手法。雖然書一開頭就概述泰雅族的各種宗教信念，例如創世神話，李永熾從一開始就很注意強調這些信念的「中國」根源和文化羈絆：

> 近年常從台灣各地發掘出黑陶文化和彩陶文化的遺物，證明先史時代台灣已有居民，並且在文化系統上是和中國大陸居民同一源流的。因此，不論過去認為台灣山地同胞是春秋越國遺民後裔也好，或者說是來自大陸別處也好，總而言之，他們是中華民族的一支，乃是無可置疑的。（Ⅰ）

張深切在歷史裡加入他自己創作的華人角色，進而有效漢化霧社事件，李永熾則自始便直接宣稱泰雅族（和所有其他的台灣原住民族）便是華人，將莫那‧魯道的個人經歷穩固地置於更大的中國歷史奮鬥與殉難的論述裡頭。

李永熾小說的主體可做為前傳來讀，焦點主要在攻擊公學校前那段時間裡醞釀的緊張和精心的計畫。只有到了小說最後幾頁，李永熾才實際描寫到起義和屠殺。全書絕大部分的關注主要在花岡二郎，以及花岡一郎在事件裡的複雜處境。荊子馨研究日本對霧社事件的小說及非小說敘事，觀察到大部分論述「長久以來一直穩固而持續地圍繞『野蠻』和『文明』的對立」（Ching，140）。這或多或少解釋了花岡一郎和花岡二郎這兩名受日本教育而成為殖民地模範原住民所受到的特別關注。他們有力地體現了由野蠻到文明的轉變，和在日本殖民政策中所牽扯的複雜和矛盾。

書中關注花岡一郎這位日本風格的原住民「長男」，這之所以令人驚訝，因為花岡一郎在書裡頭不是忠誠的殖民地臣民，反而是陰謀

算計的策畫者，其與莫那‧魯道一起仔細籌畫霧社事件的每一層面。這轉變不僅強調了起義的在地性質，也甚至凸顯出更大程度的民族意識和族群自尊。雖然花岡一郎和花岡二郎受日本教育而且是殖民體制下的官員，但是他們的忠誠和核心認同就書中所見，基本上依然是和泰雅以及更大的中華民族意識一致。

在《不屈的山嶽：霧社事件》裡，讀者會意外的發現竟然是一郎首倡起義：

> 「難道，就這樣忍下去？」
>
> 　一郎不禁又想起李興台說的那些話，這是民族差別待遇，是日本侵略者對被殖民者的必然態度。花岡一郎經過多日的掙扎、思索，早已下定決心，這時，他大膽對瓦利斯說：「現在沒有別的辦法，只有反抗！」
>
> 　他一面說一面注視批霍‧瓦利斯臉上的表情，瓦利斯一聽見「反抗」兩字，臉上不自覺露出興奮欣慰的神情。
>
> 　「對，對，我們只有反抗這一條路！」
>
> 　「不過，要反抗就必須抱定必死的決心，甚至全家都要犧牲。如果下不了這個決心，只好作罷。其次，事先一定要有周密計畫，有計畫才能長期奮鬥，才能讓世人都知道我們所以要反抗的原因，而不會被日本的宣傳扭曲了事實真相！」──（李永熾，95-96）

李永熾對這決定性時刻的敘述，包含許多歷史上構成霧社事件的重要細節。雖然不像張深切加入類似於朱辰同這樣的華人角色（如果，像作者所聲稱那般，各族原住民都是中華文化世系的一部分，那就沒有必要採用張深切的手法）來襄助攻擊的運籌，卻也號召抗日分子李興台這樣的漢人角色，做為啟發一郎反抗的哲學模範。有趣的

是，雖然莫那‧魯道傳統上被視為起義的「領袖」，在將整起事件轉化為敘事的過程中，似乎有種根本需求，得引進局外人（如台灣人朱辰同，或者受日本教育的花岡一郎）相助。這是否顯現，將純原住民塑造成真正的民族英雄俱教人不安的本質？還是，這只是單純反映了漢人沙文觀點，難以揣想莫那‧魯道是唯一的領袖？在《不屈的山嶽：霧社事件》裡，花岡一郎不僅策畫起義、籌謀取得日人武器，還決定在屠殺時放過中國人（因為他們也受日人剝削之害，命運與原住民相同）。在上述引言裡，有趣的是在設思起義之時，被虛構的花岡一郎其角色已預見在民族宣傳陰影下，歷史書寫的奸險企圖。諷刺的是，花岡一郎也被民族宣傳所挪用。[12]

對作者而言，重新詮釋花岡一郎的人生是最大挑戰，此困難在於如何調和花岡一郎穿著傳統和服切腹而死（附上日式遺書致歉）和中國民族主義者意圖將花岡一郎定位為抗日英雄。在《不屈的山嶽：霧社事件》裡，李永熾藉由精巧的敘事，將先前被視為是對泰雅族的最終反叛，重新定位成為（中華）民族自我犧牲的最後舉動。花岡一郎死前向莫那‧魯道說明自己的動機：

　　如果我們的屍體在戰場上被發現，一定會斷送了以後族人子弟受教育的機會，日本人會認為培育「蕃人」完全沒有意義，甚至於會移恨我們全族，而做出滅絕種族的事。我們大家都知道這次反抗並不能把日本征服者趕走，我們贏不了他們。所以，一定要為我們的後人著想，讓他們能有生路，讓他們能有繼續受教育的機會，讓他們能夠因為我們的犧牲而被當作人來看待，也讓他們

---

12 李永熾《不屈的山嶽：霧社事件》的副標題進一步暗示，聲稱莫那‧魯道是唯一、甚至是核心的起義英雄，實在教人不安。近代中國出版社「先烈先賢傳記叢刊」每一本書都以特定歷史人物的姓名作為副標題（如谷正倫、張道藩）。唯一的例外是李永熾這冊，並非莫那‧魯道這個名字為副標題，而是事件名。

　　將來能夠有替我們報仇的一日。所以，我和二郎決定用另外一種
　　死法，先走一步！——（李永熾，118-119）

　　莫那‧魯道反對這樣的決定，他認為這會玷污他們的歷史聲名，
而且他們會因此被視為叛徒。但是，為了讓族人未來留有尊嚴，花岡
一郎堅持更大的犧牲，不惜捨棄性命和榮譽。李永熾不把花岡一郎之
死寫成儀式性的自殺舉動（雖說他的確很寫實地描寫花岡一郎的自
殺，也仔細寫出在此之前，他如何殺了家人），反而寫成是經過操
弄、給日本觀眾看的戲。敘事裡甚至描述花岡一郎如何脫掉傳統泰雅
服飾（恰巧他的服飾被風吹到溪裡沖走），然後穿上傳統和服來完成
演出。然而，這裡有個詭異的重疊在作用著。花岡一郎把自殺搬演成
一場為日本民族盡忠的戲，李永熾同時也身陷他自己的文學戲碼，把
同樣一場自殺變成中華愛國情操的展現。李永熾無法抗拒宣傳家的衝
動而重新詮釋歷史，於是在花岡一郎身上投射新的民族主義觀點，這
和日本強加觀點之舉一樣是人為操弄。

　　陳渠川的《霧社事件》和李永熾的小說同年出版，裡頭也看得到
對花岡一郎、二郎舉動的激進歷史重詮。陳渠川無疑也把這兩個「模
範蕃人」定位成「模範中國民族主義者」，而把焦點擺在他們對日本
人的英勇反抗。小說裡甚至特別加了篇花岡一郎的中國同學李丁寫的
序，宣稱「花岡一郎屍骨已寒，然而我還深深地為這位愛國、愛同胞
的民族抗日英雄慷慨就義、殺身成仁而哀嘆。總之，花岡一郎確實表
現出我民族的凜然大義。我相信他的英烈事蹟、將永留青史，好讓後
代去追思憑弔！」（陳渠川，2-3）這種對花岡一郎、二郎英勇氣概的
強調，重寫了兩人的歷史定位，使莫那‧魯道不再是核心人物，而是
強調起義的「文明」特質。因為花岡一郎、二郎在族裡教育程度最
高、有高社會地位，對這兩人角色的強調，將霧社事件重新定位成經
過妥善計畫、協調的反殖民運動，而不是一群獵頭族領導的「野蠻」

起義。

　　張深切、李永熾、陳渠川等人的作品，將霧社事件置於大中國文化和歷史傳統之下，這種處理手法映照出中國大陸對此一事件的詮釋。在少數幾本談論起義的中國出版品裡，如1982年出版的《高山族簡史》，不論是原住民部落和中國的族群關聯，或是漢人在起義中的重要角色，都不曾被質疑。作者們在介紹事件時，將事件置於革命奮鬥、反抗的悠久歷史：「高山族人民在漢族人民的幫助和影響下，自覺地起來反抗日本帝國主義的鬥爭中，最著名的是1930年10月霧社高山族人民的抗日鬥爭。」（《高山族簡史》，102）在關於霧社事件的段落裡，從頭到尾都一致強調台灣原住民和漢人朋友、支持者間的長久歷史、團結和聯盟。

　　　台灣高山族人民的抗日鬥爭不是孤立的，他們經常和漢族人民一道對敵作戰，或得到漢族人民的支援。這種患難與共的兄弟友情，在高山族人民歷次反抗日本帝國主義的鬥爭中是屢見不鮮的。高山族和漢族人民不僅在長期的共同對敵鬥爭中增進了戰鬥友誼和民族團結，並且在勞動生產中和日常生活中也加強了友好往來。漢族商人經常深入高山族山區，帶著鹽、火柴、布匹、生產工具等生活必需品和生產材料與高山族人民進行交易，這對高山族人民的生產是有積極作用的。在日本帝國主義統治台灣五十年中，儘管鬥爭是艱苦的，道路是曲折的，但高山族和漢族人民的反抗鬥爭從未間斷過，一直堅持到抗日戰爭的勝利。（《高山族簡史》，111）

　　書裡講述到10月27日攻擊的實際狀況時，特別關注漢人不是攻擊的對象一事（然而，未提起有兩名漢人在起義中被殺）。作者以這件事來進一步「證明」原住民和中國人之團結一致：

在起義群眾攻占運動會場消滅全部敵人時，高山族人民對當地漢族人民則加以保護。這一行動不僅證明了在反對外國侵略者的鬥爭中，漢族人民和高山族人民戰鬥在一起，也證實了高山族人民從來就是同漢族人民一起反對外國侵略者的，這種在長期反對外國侵略者的鬥爭中凝結起來的戰鬥友誼是任何帝國主義都不能破壞的。（105-106）

《高山族簡史》在確認原住民和中國人的相互聯繫及支持時，甚至還將霧社事件定位為，激起中國人在1937年開始的對日抗戰，所採取抵抗立場的關鍵：

霧社大捷，它使日本統治者親自覺到高山族人民鐵拳的滋味，它大大地鼓舞了中國人民抗擊日本帝國主義的革命鬥志。當時，台灣同胞和祖國大陸人民獲知霧社起義的消息，對高山族人民的英勇行動，給予無比的同情和支持。（106）

書裡很多論述可以看出都是支持統一的宣傳，但《高山族簡史》畢竟是中國大陸少數談論霧社起義的官方出版物，所以我大幅徵引，呈現多重角度的參考。霧社事件的「中華特質」和中國影響，便是透過這些角度而顯著突出。這本書裡的陳述比先前探討過的文學作品，更明顯是為政策宣傳，但國民黨和共產黨的說辭，要是談到起義的核心歷史詮釋，就幾近相同，而且二者都很詭異地讓人想起日本的殖民策略和論述。

台灣本土對事件的建構，和李永熾、陳渠川以及中國大陸對事件的「中國特質」再現截然不同。在地觀點以張深切1949年的電影劇本為濫觴，後續的發展則有1950年代、1960年代兩部劇情長片，以及

鍾肇政等作家對霧社事件的文學描繪。

　　在台灣，於《遍地紅》之後霧社事件便乏人關注，這無疑是受到新冷戰權力架構的重大影響。在此架構下，台灣、日本和美國連成一線，對付中國大陸這個共產大國。但是，還是有些和張深切想法一致的台灣知識分子和製片家，想把他們的遠見傳承下來。這些努力並不出自國民黨政權的中央電影事業股份有限公司或其他「官方頻道」，而來自由個人出資的新興台語電影社群。何基明執導了第一部重要的台語票房賣座片，即1956年的《薛平貴與王寶釧》，這部片由位於台中的獨立電影製片公司華興製作。影片成功開啟全新的市場。《薛平貴與王寶釧》受到歡迎，何基明乘勢使力，藉台灣方言電影能賺錢這一點，吸引投資人資助他改編霧社事件成為電影史詩《青山碧血》。[13]這部1957年拍的電影，開場是日人壓迫的各種實例，而影片的高潮是1930年10月7日一場當地的婚禮，有　名日本警官在潔白手套染上血污後，殘忍地痛打一名泰雅男子。這件事成了引發起義的導火線，而影片的結尾便是134名日本人在公學校遭到屠殺。[14]

　　《青山碧血》是第一部反日台語片，在金馬影展上甚至榮獲最佳電影劇本（編劇為洪聰敏）。何基明拍攝這部片不辭勞苦，日治時期

13　1958年，何基明的華興公司還製作了一部得獎但不賣座的電影《血戰噍吧哖》。該片講述西來庵事件，進一步強化了何基明在意識形態上投入台灣民族主義和反日論述，後兩者在當時的國民黨主流論述都付之闕如。黃仁是少數注意到華興成就的學者。他寫道：「台語片當時的題材，普遍都屬民間故事，華興片廠卻能拍出《青山碧血》、《血戰噍吧哖》這兩部有名作精神的影片，表現台灣人當時如何抗日，尤其《青山碧血》拍攝山地同胞奮勇抗日，以後再也沒有人去注意，華興能從這個角度拍攝，很了不起，不顧電影的賣座還是去拍。」（《台語片時代》，103）。

14　歷史學家巴克利討論過日本巡佐吉村克己和達歐・莫那在10月7日時的事件。參照〈贏得信任和友誼的原住民國：外交，酗酒，放蕩在日本南部邊境〉（"'Gaining Confidence and Friendship' in Aborigine Country: Diplomacy, Drinking, and Debauchery on Japan's Southern Frontier"）。

就先到了霧社，還花了好幾年計畫電影如何拍攝。這過程充滿挑戰，就像黃仁所描述的：

> 可是當年要拍「霧社事件」可說非常困難，交通就是一大問題，當年山地沒有公路，汽車不能上山，一切器材的運輸，要靠人工翻山越嶺搬運，而且山地缺乏糧食、電力，夜間沒有電燈。幸好何基明決心要拍這部片，一切困難都沒有難倒他，導演兼工友自己來扛機器，其餘工作人員，個個身兼多項職務，包括女演員也不例外，克服一切困難。
>
> 終於，二十幾個電影人深入到高山拍片，不過，何基明在一切克難情況下雖然克服了許多困難，卻仍有不少他無法解決的困難，如飛機、大砲、軍隊、爆破等等，非軍方支援不可的戲。（黃仁，100-101）

　　缺乏政府和軍方的支持，何基明無力拍攝計畫好的續集來呈現日本對霧社事件的鎮壓。不管是限於現實還是政治考量，霧社事件殘暴的後續發展未能呈現，這在電影本身以及事件後來的再現歷史都造成重大的空白。1965年，洪信德發表另一部台語片《霧社風雲》，內容擴及起義後續，也強調了日本的鎮壓。該片的焦點是花岡一郎及花岡二郎，而前者被視為起義首領。這個觀點在其後對事件的文學及視覺再現中獲得回響。（黃仁，1994：107）黃仁觀察到，該片也凸顯泰雅族原住民的同情心和人文情懷。泰雅族原住民保護無辜的日本人可謂不遺餘力，反觀殖民者則下令地方醫院不得治療受傷的泰雅族民。《青山碧血》、《霧社風雲》今日不被關注，但兩部都是心血之作，試圖在清楚的台語聽覺脈絡下，重述霧社事件，為台灣觀眾留存這段歷史，如同許多年前張深切的努力。這兩部影片還可以被視為早期台灣製片家更大努力的一部分，它們意圖陳述鮮明的台灣歷史經驗，抵抗

受政府贊助的國語片霸權和這些影片傳遞的懷舊「中國」歷史觀點。

　　鍾肇政是台灣本土文學運動重要的一員，代表作為1960年的《魯冰花》和寫成於1976年的《台灣人三部曲》。他的作品常見於《台灣文藝》，很多重要作品最早便連載於該期刊。鍾肇政對霧社事件的著迷，其實萌芽於他在日治時期的成長過程。

　　　　根據極模糊的記憶裡的景象是這樣的：父親手拿著報紙，與鄰居的叔叔們正在談論不休。出現得最多的詞兒，是「蕃仔殺死了多少多少的日本仔，郡守也給幹掉了」，「天有目地有眼」，一連幾天都如此。他們的表情、語氣，似乎是興奮的，然而給予我的感受卻是恐怖的。我祇是一股勁兒地想，那大刀砍下去了，紅紅的血流出來了，人頭就像只石頭滾落在路旁。這麼可怕的事，怎麼會真地發生呢？而父親他們談論這些事，怎麼又是那麼地興奮呢。我簡直弄不清這一切，而心靈深處留下的，卻是那血淋淋的恐懼。（鍾肇政，7，377）

　　鍾肇政這段難忘的記憶，已經暗示著對霧社事件更為複雜的建構。這種建構以暴力和馘首等血腥事實，挑戰著蓬勃的民族主義歌誦。鍾肇政對心靈創傷感同身受，而「創造」出自己深刻所見的一切，也就使得這個段落清楚展示出，人的記憶乃是經過建構的。而當作者有意識地質疑，這段歷史如何在雀躍歡欣中呈現，文本的後設手法也隨著暴露。莫那‧魯道起義的精采故事，最終給了鍾肇政靈感寫出兩部關於霧社事件的大作。《馬黑坡風雲》最初發表於1971年10月26日到1972年1月11日，1973年出版成書。整整十年後，鍾肇政在1983年繼續霧社事件的文學記述，於是有「高山組曲」第一部和第二部：《川中島》和《戰火》。鍾肇政原本有意連同這兩本書寫成高山

三部曲，卻始終未完成。

《馬黑坡風雲》堅定地將霧社事件定位為新「台灣人」意識誕生的關鍵歷史時刻。台灣於世界地位之變動，在政治上顯現為中華民國於1972年將聯合國代表權輸給了中國大陸，以及1970年代中期與為數眾多的友邦斷交。《馬黑坡風雲》突然重提霧社事件，可視為作者試著把焦點擺回到本土台灣歷史的企圖。

姚嘉文的《霧社人止關》進一步強化霧社事件以台灣為中心的歷史定位。姚嘉文是寫作老手，代表作為七冊歷史小說《台灣七色記》，因身涉美麗島事件而入獄七年。《霧社人止關》一書的標題，指的是霧社那條惡名昭彰的分界線。非原住民到此止步，否則，小心有去無回。書裡描寫二二八事件後，一名滿洲男子和泰雅女子的愛情故事。焦點固然擺在二二八事件，但小說往回追溯，概述1786年林爽文事件、1930年霧社事件、1947年在埔里的反國民黨暴動，藉以反映霧社地區傷痕史。三個歷史事件，第一件反清、第二件反日、第三件反國民黨，姚嘉文將三者並置，把霧社事件放於新的歷史脈絡下，毫不遲疑地強調台灣於歷史上獨立自主、反抗外來占領者的姿態，哪管占領者是清朝、日本或是國民黨政權。

傷痛的痕跡：舞鶴與陳界仁

迄今最具挑戰性且備受讚揚的關於霧社事件的作品，是2000年出版的舞鶴的小說《餘生》。舞鶴本名陳國城，1951年出生於台南，知名台灣作家，以1974年得獎的短篇小說〈牡丹秋〉開始了他的創作生涯。接著發表涵蓋各種主題的短篇小說，直到1979年隱居淡水，長達十三年。隱居淡水期間，舞鶴停止發表作品，摒棄主流社會而深入鑽研台灣原住民的部落社會。1990年代初期，他繼續創作並出版了許多出色的作品，包括小說《思索阿邦‧卡露斯》和《餘生》，這兩部小說均取材於他在部落的親身經驗。《餘生》受到大眾的注目，

不僅因為小說前衛的、近乎意識流的風格，也因為此小說對於被遺忘許久的1930年霧社事件做了文學性的挖掘。《餘生》提供了文明與野蠻、精細且複雜的探究——跨越劃分歷史、事實與想像的界線。此小說囊括超過六項的重要文學獎項，可說是世紀末台灣最重要的小說。

　　整部小說意圖背離傳統的敘事手法——全書二百多頁沒有分段，而句號也少於二十處。如同作者在後記中所述，他主要探討三個主題：（一）莫那‧魯道發動「霧社事件」的正當性與適切性如何。兼及「第二次霧社事件」。（二）我租居部落的鄰居姑娘的追尋之行。（三）我在部落所訪見的餘生。（舞鶴《餘生》，265）這些主題提示了剖析小說結構的密碼，每個句點（新語句）代表主題的轉換。舞鶴也創造了他獨特的語言，結合意識流的敘述並嘗試融合不同語言。他將台語和泰雅腔的國語轉寫成中文文本，並經常極端錯置句子的文法結構。整本小說中，舞鶴用斷裂與倒裝的散文體，描述泰雅腔的國語並轉述他碰見的不同語言差異——從歷經五十年的中國統治卻仍說日語的族人到經常口吃、發音不清的畸人，以及說話反覆、含糊，令人難以理解的長老。舞鶴所呈現的語言暴力引發無數問題，同時如此呈現的暴力語言也提問無數關於國民政府計畫將原住民併入中國或台灣的文化脈絡所產生的問題。當中國化的政策在山區廣為推行時，早期有關霧社事件的文獻，將泰雅族—賽德克族定位為中國一脈相傳的歷史及文化之一部分。然而《餘生》中透露，誠如泰雅族人在中國化與現代化的壓力下，逐漸失去自己的信仰、文化和母語一般，被引進山區取代泰雅文化的中國文化及語言也難以扎根。貫穿整部小說支離破碎的語言，可解讀為自身文化被「中國」的意識形態切斷後所留下的語言疤痕。在《餘生》中，被強制加諸於泰雅族的想像中國（或台灣）已被證實為暴力。這種暴力並非將他們轉變為「好的中國公民」，而是使他們困在文化和語言的十字路口，進退兩難。因此，小說中激烈的語言表達手法不斷地提醒我們，原住民依然困在「中國」或「台

灣」的概念之間──一種吞噬並毀壞他們的理念所做的掙扎。

　　在前衛的文學結構中，舞鶴對於霧社事件的解讀，等同於破除因襲。如同鍾肇政的《川中島》，舞鶴的小說不直接切入霧社事件，而先探索倖存者與其家人的生活。猶如書名所暗示，《餘生》是描寫在一場瀕臨種族滅絕的大災難後，倖存者所付出的代價和他們劫後餘生的故事。書中的第一人稱敘述者，在1990年代後期親自到川中島，並斷續地居住了將近兩年時間，以調查他所指稱的霧社事件的「當代史」。這種說法源於敘述者的觀點：歷史不可能不受當代人時空的影響，此種定位基本上形塑了我們對於過去的觀點與詮釋。同時敘述者也有自省的看法，他對於自己也介入那段「當代史」十分敏感，這是理所當然的。也因此他成為舞鶴小說中的核心人物，不斷質疑併入「霧社事件」中的「第二次霧社事件」，並強烈意識到身為一個「局外人」所面對的挑戰。[15]在本章探討有關霧社事件的敘述作品中，漢文化的介入是相當常見的主題，但沒有一部作品比《餘生》更能置之於自我意識的框架下思索反省。

　　在舞鶴進行調查的過程中，他碰到了形形色色的賽德克人，包括鄰居姑娘──一個自由的靈魂，在一段失敗的婚姻和夜店小姐的生活

15　整本書中，第一人稱的敘述者沒有名字；這也反映在書中其他角色身上，他們同樣只被以暱名稱呼，極少使用專有名詞。在這一章節中，我反覆提到舞鶴就是敘述者，因為這本小說儼然是作者本身在霧社的經驗而引發靈感所寫的。我與舞鶴在2002年到霧社和川中島所做的研究之旅可以為證。在那趟旅程中，我們遇見了好幾個書中的「角色」。然而，文學所創造出來的角色與現實生活中的人物（包括敘述者）仍有所差距。出現於書中被文學賦予形體的霧社事件也適用此說法。《餘生》初版中霧社事件發生的時間點與事實不符，起義的時間被載為1931年10月27日，於真實事件與歷史之間創造虛構的距離。後來原作者舞鶴說明這不過是當時的筆誤（後來《餘生》再版時已改過來），雖然作者並沒有要刻意產生所謂的「虛構的距離」，筆者還是認為此筆誤是種「美麗的錯誤」。在小說出版之後，有三個頂尖的文學評論家繼續追蹤，將此真實的歷史事件記錄為1931年──可謂虛構小說重寫歷史的有趣註腳。

後，回歸川中島；她的弟弟飄人總是漫無目的的騎著摩托車四處遊蕩；宮本先生如今仍堅守日式生活以及武士道；還有沙波——一個曾在東南亞為日本作戰的泰雅「志願軍」。各個角色訴說的是在原住民部落生活的苦境——一種遠離台灣現代化及經濟奇蹟的生活，逐漸形成另一齣新悲劇的基調。即使，這些邊緣化的角色占了主要戲分，似乎取代聚焦於莫那・魯道與花岡兄弟的傳統霧社敘述，但那些傳統角色的影子仍然清晰可見。在作品的第一頁，姑娘就異想天開地宣告：「我是莫那・魯道的孫女。」（31）老達雅在稍後也做了類似的宣告，說自己是莫那・魯道的孫子。（61）表現出他們與賽德克英雄的深度關聯。

　　舞鶴於原住民保留地遇見的其他角色中，他特別敘述兩位在台北受教育的原住民知識分子：

　　　在我探訪事件的過程中，只有兩位人士對「事件」有不同的看法，同樣都屬賽德克人，同樣都在台北一流大學教育畢業的原住民菁英，同樣在部落擁有權位同樣將近中年，川中島的賽德克達雅人巴干認為歷史誤解了霧社事件的本質，「事件的本質是一項出草的傳統行為……」賽德克道澤人的達那夫進一步否定有「事件」的歷史存在，只有「霧社大型出草儀式」由馬赫坡社頭目主持，因此根本不存在「霧社事件」世人至今也必然忘了「儀式主持人莫那・魯道」。（舞鶴，2011：34-35）

　　即使花岡一郎與花岡二郎——兩位在事件發生時，擁有最高教育程度的泰雅族人有其重要性，我們也不能不了解對於巴干和達那夫——兩位在台灣教育體制下，擁有最高學歷的泰雅人的介紹，因為舞鶴意圖更深入探索一系列複雜的文化與後殖民政策，如何形塑新一代的知識分子。我們所認為的那些虛構的角色，是舞鶴根據在原住民部

落生活所遇見的真實人物而寫成的，這些角色經過文學化的詮釋，更能使他們與其在歷史上所對應的角色合而為一。舞鶴對於追溯歷史淵源甚感興趣，他想探討事件的本質，及其在暴政和剝削的陰影下繼續殘存的「餘生」。

　　雖然小說的背景設定於1990年代晚期，但舞鶴以不連貫的時間敘述，持續強調與過去的連結，以及過去投射到未來的悲劇力量。舞鶴透過「當代霧社事件」架構他的哲學書寫，將歷史事件和在現代情境中我們所認知的密不可分地結合在一起。來自過去無法消失的幽靈持續地爬進當下，當下被迫背負過去的重擔。當部落族人談論關於一位單身女性的醜聞時，舞鶴暗示事件與過去有所關聯：

　　　　他們對「妹妹的事」經過通知密謀作成決定立時付諸實行，這「妹妹的事」頗像當年的「事件」，只是謀定的內容差異有別，畢竟，歷史的傳承是其來有自的？（舞鶴，2011：82-83）

　　舞鶴進一步以這個角度重新評估霧社事件真正代表的意義：一次傳統的出草？抗日的叛亂？或者只是非正義的屠殺？

　　　　所以「當代霧社事件」或「霧社事件在當代」不是唬人的，它不僅是這本小說的主題而且是適切的歷史觀，我初初進入當代霧社事件，就發覺「屠殺的不義」可以對決「反抗的尊嚴」、「出草的儀式」，有可能就此顛覆了歷史霧社事件的「正當性」。（78）

　　舞鶴在此以當代看待人權的態度，公開挑戰長久以來有關霧社事件的歷史假設。事實上，所有歷史敘事聚焦於事件本身——史料、小說或電影皆強調關於榮耀或愛國的層面，一如反日行動或傳統的泰雅文化儀式，但舞鶴質疑這種屠殺的道德性。雖然以當代的眼光來看，

這似乎不是一種激進的態度，但在寫作有關霧社事件的漫長歷史中，《餘生》是唯一質疑這些詮釋的聲音。在小說結尾，舞鶴總結：當代作品無法斷言霧社事件的正當性。（260）然而由一位自由作家經過兩年的個人研究、歷史沉思、田野訪問，並在川中島田野和墓園小徑間徘徊後，所說出的結語絕非台灣複雜殖民史扉頁上的最後一言，特別具有深意。

舞鶴對於當代霧社事件的重新想像，有令人震驚的面向——他將事件的探查與不加避諱的性幻想並列。然而，我質疑貫穿整篇小說幾近荒謬主義的性描寫，並不代表具保守儒家思想的漢民族對原住民想像的、異種族的、性生活的看法。《餘生》整本書在語言及思想上，所強調的是代表與暴力的過往有更深沉及密切連結的某些事物。在其中一個段落，敘述者以一段「原始乳房」和「文明乳房」間的諷刺比較開始，隨後質疑自己在調查中將性行為排除：

> 為什麼我思索到「當代的歷史霧社事件」而從沒有想到「當代的歷史霧社性生活」，有無可能性生活蘊含在事件之中，不是表面的膚淺的，而是深沉的原始的「蘊含」，這樣一想又回歸到本來的思索了，暫停失眠，睡覺，不過逃不掉了有關「事件中的性生活」但待之小說未來吧……（84）

舞鶴探討性與暴力交錯的各種方式，從性為何可能是泰雅文化中（239）出草行動的一股推動力，到許多現代泰雅女人為了尋求「較好」的生活，到城市當妓女。舞鶴在川中島觀察到的，看似普遍的濫交、賣淫、酗酒和漫無目的的生活，只能被視為霧社事件遺留的部分傷痕。對舞鶴而言，霧社事件以及1931年的第二次霧社事件並不只是暴動爆發的獨立事件，而是泰雅語言、文化、傳統和榮耀被破壞的關鍵時刻。這促使泰雅族人從抗日英雄淪為蜂擁至城市賣身，或與東

南亞外勞一同從事低收入建築工作的弱勢族群。諷刺的歷史扭曲，清
楚刻畫殖民暴力與壓迫，轉變為經濟暴力與資本主義者的剝削。當一
位顧客把姑娘帶回房間審視時，說道，「祖先在霧社流了那麼多血，
想不到，子孫在飯店床上賣？」(149)

　　在舞鶴對霧社事件以及傳統泰雅出草行動的研究中，性與暴力、
熱情與痛苦的關聯充滿複雜難解的謎題。在作品中，他甚至探索獵人
和其蒐集「愛的頭顱」的複雜情感。根據舞鶴的說法，這種關係由恐
懼發展至親密，直到變成每日生活的一部分。出草之於部落的意義，
對所有的參與者來說是不言自明的，被割下的頭顱，不只是暴力的戰
利品也是心愛之物：

> 　　我割下你的頭，是為了我愛你，而你也一直知道有一個人愛你
> 到死，那天你才會在大雪的天氣走到枯松下，你幾乎沒有反抗，
> 你為愛而死，讓我們的人為愛唱歌跳舞到心碎，你就是我一生有
> 數的愛人了，只有你我才真正知道，許多我對你說的話，我從不
> 會也永遠不會對別人說，你才真的懂得我的心靈，我一生對你的
> 愛即使有一天你上了頭骨架，我走過一眼就認出你一眼就認出
> 我，我明早再帶新鮮酒飯來，你知道晚上我抱著妻子的時候，想
> 的是你、抱的是你——(163)

　　雖然這些描寫摻入舞鶴令人戰慄的黑色幽默，但它掩藏著性愛和
自我毀滅——歡樂（eros）與死亡（thanatos）之間深度的關聯。泰雅
的出草儀式代表泰雅男性的成年禮，出草之後通常接著會有狂歡的慶
典。在其他也有出草儀式的部落中，性別、性愛和繁殖的關係一直是
無數人類學研究的主題。[16]此處獵人和他的「愛人頭顱」間的關係，述

16　此類研究大多聚焦於東南亞有出草行為的社群。即便台灣慣例上被視為一個分離的地

及在狂喜及「在歡樂原則之外」的事物間，心理上深度的連結。如此可以解釋在無數段落中，舞鶴探詢的部落成員在出草中所見之美。舞鶴甚至更進一步回溯，最初泰雅的出草行為與性的關聯：

> 出草之成為歷史之必要其實是為了「性」割下人頸的血腥的恐怖可以刺激性上腺當夜男女夫妻就有蠻野的性交媾不然平日部落的性生活被看老了的山水弄得貧乏無力得很。（239）

但貫穿《餘生》，毫不掩飾的性幻想，只是該作品迥異觀點中的一個面向，這些觀點破除因襲，聚焦於解構歷史、文學敘事甚至國家主義和國家霸權。根據王德威的觀察，舞鶴是個被國家主義政權的腐敗權力「閹割」後來到川中島的負傷靈魂。（王，37）隨著敘述進展，明顯地，敘事者過著另一種傷痛劇變後支離破碎的餘生。對泰雅族人來說，兇手不只是日本殖民、剝削、強迫同化的沉重往事，也是後來中國人加諸於類似的同化政策：

> 研究終戰後漢人與原住民的互動關係，我預想「當代」必然質疑漢人的威權，放任政治力、文化力的侵入，毫無反省檢討的以「全面同化政策」為當然。（131-132）

理及文化區，ＤＮＡ測試發現了台灣與東南亞族群的關聯。根據最近的ＤＮＡ研究，台灣原住民與中國漢族相當不同。約翰・Ｓ・福利蘭德（Jonathan S. Friedlaender）最近的研究指出，波里尼西亞人（Polynesians）和密克羅尼西亞人（Micronesians）與台灣原住民有密切關係。更多資訊請參照 Friedlaender 教授線上期刊的研究：《科學基因學的大眾圖書館》（*Public Library of Science Genetics*，www.plogenetics.org）。更多有關東南亞部落中出草與性行為關係的資訊，參照珍奈特・霍斯金（Janet Hoskins）的《東南亞出草行為和社會想像》（*Headhunting and the Social Imagination in Southeast Asia*），頁18–24。

　　這麼說來，舞鶴認為他是這種強勢文化的另個受害者。即便敘述者可能有時把自己描述為有類似泰雅族的血統，他依然一再自覺他異地異鄉人的身分；一個在流放地蒐索歷史殘骸以及破碎記憶的局外人。因為泰雅族人在川中島承受的痛苦，遠遠超越霧社事件、第二次霧社事件以及數十年來中國人的文化宰制。經由舞鶴的敘述，其他形式的暴力神不知鬼不覺地滲入可見的歷史視野，從基督教傳教士取代傳統泰雅祖靈傳說與信仰，到年輕一代淪為廉價勞工和娼妓，到全新形式的漢族以及世界流行文化侵蝕當地語言和傳統，如台灣電視上的綜藝節目、卡拉OK、華語流行歌、麥當勞和7-11。因為許多「倖存者」生活在這新的創痛環境中，「事件」逐漸成為歷史記憶中被遺忘的一部分。有如一個角色告訴敘述者，「如果你沒有提起，我會完全忘了那事件」，在新的歷史不公義的襲擊之下，他們怎會記得？

　　小說中有幾個角色，如馬紅・莫那──莫那・魯道的長女，他們的故事成為敘述者了解霧社事件歷史代價的切入點：

> 事件後馬紅仍然生活在「事件」中，她從未忘卻或離開「事件」，雖然有各方面的人以言語或某種行動勸解或規範馬紅，但事件後卅幾年，直到她死，她從未一刻離開。（154）

　　1930年霧社事件的現場，甚至消耗了馬紅的「當代史」，直到數十年後她過世。霧社事件從一個夢魘轉換為活下去的理由，不斷縈繞著她，使她堅持下去。

> 最單純也是最深刻的悲傷都會被「時間」治癒。沒人問癒後的餘生怎麼過，「時間」所以治癒不了馬紅・莫那，是因為她的悲傷不單純，那種深刻而複雜的傷口「時間」也無能為力，但晚年的馬紅是幸福的，她沒有「餘生如何過」的問題，「事件」經由

傷口源源注入生命的能量讓馬紅有力氣一再嘗試回返「過去」，真實的她所經驗過的事件現場，「事件」就這樣充實而完整了馬紅・莫那的餘生。（184-185）

然而她的遺族，包括一個奇蹟似地逃到拉丁美洲的兒子，以及在海外爭取紀念此事件的泰雅裔拉丁孫女──標記事件發生後，如真似幻的故事之一。

《餘生》特別強調經常被忽略的第二次霧社事件，相當獨特。王德威確切地觀察到：「舞鶴卻以一種近乎『解構』的立場強調第二次霧社事件的發生，恰好可以拆解『原處』的第一次霧社事件的神話。誠如他一再所說，只有透過第二次事件的折射，我們才能理解第一次事件的複雜意義。」（王德威，2011：45）藉由他對具爭議性的第二次霧社事件的延伸討論和深思，舞鶴能夠追根究柢解釋無數的矛盾──事件的真相以及歷史如何被賦予神話特質。為何當第二次事件在數月後發生，被認為是場自相殘殺的血祭時，第一次事件卻能被解讀為一次純粹愛國、反殖民的起義？再說，第一次發生在小學對日本人的突襲與第二次對於「保護」泰雅族的收容所的攻擊，是否有本質上的不同？《餘生》遠遠超越先前的任何文學論述，打開歷史文獻的潘朵拉盒子，改變我們對1930年和1931年發生在那偏遠山村的事件的理解。

雖然原本的「餘生」是從霧社被驅逐到川中島，但七十年後，在《餘生》一書的結尾，敘述者和姑娘，以及幾個同伴，開始一段前往馬赫坡──莫那・魯道部落原居地的追尋之旅。初次旅程是由祖居的故土，被放逐到以日本城市命名的新拓居地，小說結尾的旅程不只是身體上的旅程，也是舞鶴歷史之旅的象徵。以實體上唯一霧社事件的殘骸──豎立在川中島山腳下謙默的「餘生紀念碑」起頭，舞鶴執行他對歷史史實及想像的挖掘，逐步接近「當代霧社事件」的真相。

雖然是在事件發生幾近七十年之後寫成的作品，舞鶴的《餘生》

與其他描寫該事件的文學作品有極大的不同。不只因為作品前衛的架構和形式，對過去殘骸的當代關注、對傳統歷史詮釋的挑戰，也因為最重要的——對悲痛和創傷強烈的傳達方式。有太多將霧社事件定位為反日本帝國主義之光榮起義的文本，留給事件背後潛藏的創傷和痛苦太少傾訴的空間。隨著莫那‧魯道被尊為傳奇勇士，領導族人群起反抗，為高貴的任務犧牲，後來被立碑豎像來紀念，霧社事件的悲劇特質被神話般的重述所遮掩。舞鶴未曾嘗試書寫或描繪1930年及1931年的真實事件，但他的小說提供傳達創傷最有力的管道——傳達被暴力粉碎及遭受難以言喻損失的生命創傷。從飄人在這個流放地漫無目的的遊蕩，宮本先生對身為殖民地臣民對昔日美好時光的懷舊之情，以及小說結尾宣稱他「餘生就這麼過——無思無想床上過」的泰雅老人，創傷被反射及折射的各種面向清晰可見。雖然舞鶴的敘述充滿古怪荒謬的幽默、無意義的癡人囈語，帶給我們的不是笑聲，而是透過結結巴巴的語言、粉碎的經驗以及支離破碎的餘生，所展現出來的歷史殘片，[17] 更加令人動容震撼。

另一項同樣對霧社事件破除因襲的解讀，透過視覺藝術家陳界仁的一張經過數位化的歷史照片呈現出來。

相片中有101顆出草所帶回的頭顱排列在地上，後面有一群獵人驕傲地坐著。原始影像並非來自霧社事件，而是第二次霧社事件——當日本人招募鄰近部落襲擊拘留所，殺害參與起義者時所拍攝的。原始影像中，泰雅族人的頭顱被放置於前方，後面有一位蹲坐的日本軍

17　鄭文堂的《夢幻部落》是另一個例子，他嘗試以流行文化表現創傷後的影響，影片以三個泰雅族人嘗試在當代台灣對抗孤寂、疏離、無根的感覺而生存下去的故事交織而成。雖然影片中未直接提及霧社事件，其實是在此起義發生七十年後，另一種對「餘生」的追尋。事實上，影片中幾場重要的鏡頭深受舞鶴《餘生》的影響，在2002年影片導演接受訪談時特別強調這一點。

陳界仁「魂魄暴亂」系列中的霧社事件。（圖片授權／陳界仁）

官，兩側站著勝利的出草獵人。在陳界仁的再創作中，他在照片中央
加入了一位滿身是血，部分肢體被支解的漢人（由日籍藝術家呈
現）。這種介入文本重新塑造的作品，不只實質上在被統治的原住民
和日本人中間加入了「中國主體」（或一個中國人的身體），也表達了
發自內心對肉體折磨的理解，這種理解，似乎無法從原始影像獵人的
臉孔和無表情的頭顱中看出。陳界仁不僅以高度批判及反思的手法，
強調中國人涉入霧社事件，也相當銳利地解構傳統中國歷史文獻對事
件的描繪。不同於其他文本所呈現的中國人及台灣人之涉入霧社事
件，如張深切小說中所加入的角色朱辰同，陳界仁之自我介入暴力，
可以解讀為另一種寓意的表現，有如中國的論述已介入原住民的論
述，在某方面來說，使自己成為暴力的主要目標。

　　如同他在「魂魄暴亂」（*Revolt in the Body and Soul*）系列中的其他作品，陳界仁在其他關於霧社事件的作品，也強調自我折磨或自相殘殺的暴力形式。重點並不在於起義的榮耀或原住民反抗的英雄主義，而在於最複雜的道德判斷模糊不清以及在許多原住民眼中羞恥的時刻──1931年第二次霧社事件。在此事件中，日本人以高壓統治，威脅並決議招募其他原住民部落獵下出草的頭顱。這起後續的屠殺發生在起義滿六個月之後，反映了日本政策「以夷制夷」的黑暗面。而不同於在多數中國論述中被定位為抗日英雄主義的第一次霧社事件，第二次霧社事件顯現出一種更複雜的暴力政治。1931年4月24日那次突襲的結果，近似魯迅對自相殘殺暴力循環的描寫，勝過任何崇高的反殖民奮鬥。雖然兩個事件皆因殖民環境所逼而發生──前者是一種反抗的反應，後者是一種被殖民力量操控的結果，兩個事件截然不同的爆發形式，接續的歷史事實以及參與者皆為同種族不同部落之人，只是進一步挑戰任何對台灣殖民歷史上，這血腥的一頁所提出的任何可能簡化的詮釋。

簡化歷史？：流行文化中的霧社事件

　　自從1990年代起，兩位對此事件現存的文化表述，最有貢獻的人物是本土自由歷史學家鄧相揚以及插畫家邱若龍。身為執業醫師的鄧相揚，在霧社附近長大並成為書寫霧社事件文化歷史的多產作家。他出版了一系列深入研究此事件的書籍，包括《風中緋櫻──霧社事件真相及花岡初子的故事》、《霧社事件》、《霧重雲深：霧社事件後，一個泰雅家庭》。藝術家邱若龍是《霧社事件：台灣原住民歷史漫畫》的作者及插畫家。這是一本266頁的圖文小說，深入描寫原住民起義的故事。1998年他導演了第一部以此事件為主題的紀錄劇情片《嘎雅──1930年的賽德克族與霧社事件》。

　　從1990年初版起，邱若龍的《霧社事件》由三家台灣出版商陸續

邱若龍描繪在小學發生的第一次出草。（圖片摘自《漫畫‧巴萊》／作者：邱若龍／遠流）

再版並在日本出版，成為描寫霧社事件最廣為流通的文獻之一。該書
深入描寫日本人的剝削行為和原住民間急速滋生的不滿。邱若龍在圖
文小說的中段，極力描寫發生在小學的突襲事件，包括對於第一次出
草的描摹。

　　邱若龍接著以近十張的馘首圖片展現，全然不避諱初次突襲的殘
酷。然而，被描摹的日本受害者，全都是男性軍官或政府官員。這是
異常的，因為泰雅族人在屠殺中不分男女老幼，除了男性軍官之外，
也殺害了極多的女性與兒童。這種表現手法成功貶低了遭殺害的日本
人的個性與人格，將他們全部化身為日本活生生的（或垂死的）殖民
機器。

　　邱氏以強調「醜惡」的外表，來進一步將日本人去人性化，他筆
下的日本人總是穿著官方制服，下顎的線條扭曲，幾近畸形，牙齒歪
斜，並顯得相當肥胖或非常瘦弱。如此的描繪與泰雅族人的形象完全
相反，邱若龍以清楚、粗黑的線條描繪原住民，他們都相當英俊並身
著乾淨的白色外衣，不同於日本軍官的黑色制服。如此強烈的種族刻
板印象，使殖民者與被殖民者在視覺表現中產生強烈的對比。漫畫書
中普遍使用類似的手法，以強調惡霸的負面特質，並使英雄的良善更
為突出，而邱若龍似乎努力嘗試提升更高的歷史準確度，由其著作附
加的敘事部分可以看出，如歷史人物圖表、注解以及附錄。甚至在
2004年，該書的副標訂為「台灣第一部原住民調查報告漫畫」。即使
他的作品牽涉種族政治，我們必然懷疑，邱若龍是否真正證實自己對
事件的想像性重述？用來解釋泰雅族起義的其中一個主因，一直都是
日本人的剝削以及不公平待遇，視泰雅族人為次等公民（或三等公
民，在統治漢人之後）。但在此書中，數十年後，藝術家呈現了同等
扭曲的種族表述，以逆轉曾遭受的不公義。

　　另一件有趣的事實是第二次霧社事件，只在全書的最後被提及，
並以同一張陳界仁為事件找尋靈感的駭人照片之粗略描述，做為對此

邱若龍《霧社事件》中誇大的種族描繪。（圖片摘自《漫畫‧巴萊》／作者：邱若龍／遠流）

事件的回應。即便初次出草以數十頁照片呈現栩栩如生的暴力——日人被槍殺、用刺刀刺死、馘首、刺傷，第二次霧社事件卻被限制在大家熟悉的——那張101顆頭顱戰利品成堆的駭人照片中。那張以原照片為素材的影像，也表現了原事件的延伸文本敘述。邱若龍決定在影像上使用文字書寫，進一步闡明這次原住民的自相殘殺，在霧社歷史與文化遺產中令人不安的定位。即使屠殺日本人是個可以被宣揚、潤

更無人道的是，日警當局為了斬草除根，或報個人私仇，於次年一九三一年四月二十五日上午一時，策動了「第二次霧社事件」，發動並借槍給於霧社討伐戰中和抗日賽德克族人結下仇的道澤社賽德克族人共兩百多名，夜襲了抗日賽德克族人的俘擄營。身無寸鐵又都是老弱婦孺的抗日賽德克族人一時無從抵抗，被殺一百一十六名，以「保護」「保護蕃」奇象徵性的以機關槍開火，來襲者竟沒有人中槍，事後還在道澤駐曾象徵性的以機關槍開火，來襲者竟沒有人中槍，事後還在道澤駐在所前和偷襲者及抗日賽德克族人的一百一十個首級合影。

邱若龍《霧社事件》中的第二次霧社事件。（圖片摘自《漫畫‧巴萊》／作者：邱若龍／遠流）

飾，甚至實際上慶祝的事件；但在三個拘留所的同類相殘，仍是一個在表述之外的創傷。

第二次霧社事件，永遠被封閉在呈現暴力戰利品的原照片中，並被流傳下來做為作家和藝術家的原始題材。陳界仁決定持續與原素材視覺對話；邱若龍則決定在原本已夠信實的表述加上相對應的文字，就此關閉而非開啟更進一步的檢視與對話。

鄧相揚與邱若龍已合作過數個計畫，目的在台灣流行文化中，提升大眾對霧社事件的認識。2004年文建會與公共電視攜手製作以鄧相揚的作品改編的電視短劇。邱若龍擔任該劇的行政顧問以及共同作者。該劇導演為新台灣電影運動中一位主要成員──萬仁。《風中緋櫻──霧社事件》這齣連續劇在黃金時段播出，總長度超過十七小時，比起先前意圖使大眾認識這個歷史上的傷痛時刻的作品，贏得更廣大的台灣觀眾群。片中的敘事由一位年輕的歷史系學生擔綱，他旅行到霧社和川中島以尋找一些關於過去的答案。最後他找到了花岡初

子，他開始重述霧社事件發生時那痛苦、折磨的生活。這時鏡頭切換，全劇進入故事的倒述以及花岡初子憂鬱的旁白。敘述從1920年開始，即事件發生的十年前，探索花岡一郎與花岡二郎求學時期至離開霧社到埔里，追求其他教育機會的情況。他們的故事被其他鏡頭中斷，鏡頭切到泰雅族人被剝削的細節以及產生不滿的畫面，其間發生了幾次失敗的反動。敘述者接著詳述1930年的起義；1931年的第二次霧社事件；以及以「效忠儀式」的名義，發生在1931年10月15日的最後屠殺。

《風中緋櫻──霧社事件》因為是在黃金時段播出的連續劇，在表現暴力的手法上必須運用得宜。第一次霧社事件是戲劇的焦點，劇中有相當長的時間描繪發生在小學的屠殺。出草的動作對許多人來說已成為反動的具體化行為；大部分不在螢幕上呈現，而以暴力的戰利品展現。描繪第二次霧社事件也以相似的手法開始──道澤群突然襲擊拘留所，接著出現一些短暫的衝突鏡頭後，隨即切換畫面。第一次

第二次霧社事件出草的原始照片，在萬仁的《風中緋櫻──霧社事件》中重現。（圖片授權／公共電視）

也是劇中唯一的一次，鏡頭插入一張黑白照片。這突然的轉換再度提及殘酷、非人性的「照片真相」，無論如何在想像的領域之外存在著真相。萬仁將照片在銀幕上呈現，配上花岡初子的旁白，述說暴力：「經過第二次霧社事件，反抗日本的霧社六個部落，1,400人中，只存活不到300人。然而對這些劫後餘生的人而言，死亡的陰影始終揮之不去。」(《風中緋櫻》第十八集)

如同先前李永熾和陳渠川的作品，《風中緋櫻──霧社事件》聚焦於花岡一郎和花岡二郎。在劇中不將他們塑造為愛國主義的英雄，而採用更具人文主義的手法──強調他們的焦慮、掙扎及沮喪。雖然從服裝、言語和日常生活看來，一郎和二郎似乎已完全日本化；但他們的日本同事仍然鄙視他們，將他們視為身分較低的臣民。同樣地，員警的新職位使他們被其他族人排斥，將他們視為帝國權力的走狗。隨著劇情的發展，一場責任與忠貞的拉鋸戰在他們身上上演，尤其是一郎，在霧社事件發生前夕，被部落中高漲的反日情緒所折磨。

如此的身分認同危機，在起義之前一次與莫那‧魯道的會面中達到高峰。當一郎請求莫那‧魯道放棄任何叛亂的計畫時，莫那便把問題踢回給一郎二郎，反問他們自己的種族認同：

一郎：「莫那，如果你真的有造反的念頭，請你打消。」

二郎：「莫那，你絕對不能有造反的企圖！日本人不會坐視不管的！」

莫那‧魯道：「一郎，二郎，你們現在到底是以賽德克人的身分跟我說話？還是以日本員警身分跟我說話？山豬在被圍捕的時候，都還懂得放手一搏！我只問你們兩個，你們身上流的是賽德克人的血嗎？」

二郎：「不管怎麼樣，都不應該用造反的手段啊！部落需要的是建設。你要改革，也要一步一步來才對。」

萬仁《風中緋櫻》中，花岡一郎和花岡二郎的自殺筆記。（圖片授權／公共
電視）

　　一郎：「莫那，我不會再說服你了，既然族人已經有了選擇，
　　那我和二郎也會有所抉擇。」（《風中緋櫻》第十二集）

　　在《風中緋櫻——霧社事件》中，花岡一郎和花岡二郎的最後決
定，其實是一種無從決定。他們既沒有向日本官方通報即將發生的起
義，也沒有正式參與起義。在10月27日的屠殺中，一郎激動不安，
困惑地在暴亂中尋找他的妻子。花岡兄弟的不動作，使他們在屠殺發
生之後處境更加危險，因為日本官方懷疑他們是事件的主謀。一郎和
二郎被培育他們長大的殖民帝國和有血緣關係的部落族人所撕裂而選
擇自殺。

　　在影集結束前幾集、兩位主角過世後，製作人引介了一個新角色
中山清。如同花岡兄弟，中山清是一個受日本教育的「模範蕃」。他
很尊敬一郎和二郎，在學校時將他們當成自己看齊的對象。透過中山
清這個角色，《風中緋櫻——霧社事件》能夠繼續清楚訴說效忠原住
民部落抑或日本，與花岡兄弟一樣處於夾在文化裂縫中的人物內心掙
扎。如此的焦慮在中山清於屠殺事件之後，被命令清點道澤群所砍下
的人頭，以向日本人領取報酬時清晰可見。

　　另一個環繞霧社的歷史對話的新人物是日本教師村田老師。村田

在故事前段即出場；他是少數對原住民的痛苦表示同情的角色之一。
他以對泰雅兒童的無私奉獻解構日本人，完全不同於剝削人民的殖民
者的刻板印象。村田最後離開霧社，但在事件結束後幾年又以記者的
角色出現。他以國際正義發聲，揭發日本政府的惡行：包括使用國際
間禁用的毒氣，以及在沒有公平審判的情況下集體屠殺囚犯。一次又
一次，當村田高聲抗議：「人民有權利知道！」時被強行趕出會場。
最後，他的聲音因為日本官方的威脅而完全沉寂。然而在故事的尾
聲，當他準備離開川中島前往日本，與花岡初子告別之時，他最後的
表白發人省思：

> 　　請你原諒，原諒日本人的錯誤！初子，你知道日本人不輕易道
> 歉的。但是，為了你們族人所遭遇到的一切，為了我們日本人所
> 做的一切，我覺得日本人應該道歉。對不起。而我居然還教導你
> 們學習日本的文明，學習當一個日本人！但是日本人做錯了，尤
> 其是第二次霧社事件，更是不可原諒的錯誤！我們日本人對賽德
> 克族人做得太過分了。真的很對不起。現在一切已經安定下來
> 了，希望你們以這次霧社事件的見證者身分，好好的活下去。那
> 麼，我走了。（《風中緋櫻》第十九集）

　　村田的話，不只是寫給他過去的學生的個人心聲，也是日本國對
於在殘酷鎮壓中，所遭受苦難的原住民的道歉。這封信鼓勵敘述者，
透過證言來面對自己的創傷。然而，這封信是虛構的，是編劇編造出
來，做為受難者以及有苦無處訴的被折磨者的情感宣洩。

　　《風中緋櫻——霧社事件》裡最吸引人的角色之一是阮文雄，他
與敘述者、花岡一郎及二郎在埔里就學時，就有很深厚的交情。阮文
雄實際上是個支持台灣獨立的行動主義者。他參與了不少政治集會，
在影集的前幾集中，當他們還是學生的時候，他經常與花岡兄弟投入

政治辯論。不顧家人的忠告，阮文雄持續進行政治活動，直到緝拿他的逮捕令發布為止。他被捕之後，被日本人嚴刑拷打、虐待，直到他跛了一隻腳之後才被釋回，交由家人監管。然而，阮文雄仍然不願就此停止。他仍持續參與祕密政治會議且遭二次拘禁，他也在最後一次被逮捕後，在日本官方的政治壓迫下消失了。

　　當花岡一郎與二郎後來在面對反抗族人或歸順殖民者之間做抉擇時，阮文雄的教導深深地影響了他們。但阮文雄的影響就更大的層面而言，是他為台灣自治和政治自由所付出的努力，等同於馬赫坡社的賽德克人莫那‧魯道與其他五個部族所做的奮鬥。於是，原住民的起義和支持台灣獨立的活動彼此之間，因此有效地建立了歷史連結。然而，更令人玩味的是，阮文雄在這整個歷史框架裡的地位。在這事件最後的結尾，終於揭開了這個為追尋史實旅行到霧社和川中島，也因此開啟這一連串歷史的漢學歷史家的身分。他叫阮政一，他的叔公即是阮文雄，一個長久以來被遺忘、為台獨奮鬥的殉道者。而就在阮政一成為盛裝花岡初子故事的容器時——初子太晚實現她的日本老師的一個要求——實際上阮政一真正期盼的是關於他叔公的訊息，好讓他可以拼湊出自己家族的歷史。因此，當霧社事件成為貫穿這些史實的中心時，這個微妙的框架介面，讓這場原住民的反叛成為一條線索，重新編寫一個真正「台灣愛國者」生命中遺失的篇章。《風中緋櫻——霧社事件》不只使霧社事件再度成為被關注的焦點，也使這段有爭議的歷史，被重新納入一個明顯是「台灣人」的歷史計畫。

　　另一項鄧相揚與邱若龍更令人驚訝的合作，則是《莫那‧魯道》這本於2006年12月出版的書。他們兩人第二次合作的驚人之處，在於媒介的選擇——這是一本童書。不同於邱若龍以往明確鎖定成人和青少年為讀者群而受歡迎的連環畫圖像小說（graphic novel），這次《莫那‧魯道》以超大印刷字體呈現，書中充滿色彩繽紛的插畫，還附上注音符號。由於血腥的起義有一百多個日本人被殺害（許多是被

馘首的），再加上更血腥的鎮壓──近乎大屠殺──許多原住民叛亂
者最後不是以集體自殺結束，就是被砍頭、砲彈轟炸或被毒瓦斯毒
死，因此童書似乎很難適當成為如此內容的傳播媒介。鄧相揚（作
者）和邱若龍（插畫者）很巧妙地處理這個題材，極力避免直接描述
初次起義的暴力場面。他們以一連串刻板乏味的敘述代替，以最普
通、隱晦的詞彙描繪暴力：

在頭目莫那・魯道領導下，詳加計畫，默默進行並選擇最有利
的時機，對日本人採取激烈的抗爭。（12）

他們攻陷各地員警駐在所，掠奪武器彈藥，最後並攻進正在霧
社舉行的聯合運動會會場，造成日本人很大的傷亡。（15）

對於大屠殺的描述，在接下來的部分較為詳盡，除了用更多篇幅
列舉攻擊時所使用的武器，也出現更多描述性的語彙（例如「大規
模、血腥屠殺」），甚至還使用了擬聲法創造出更加生動的效果：

反抗行動造成日方極大的震驚！日本政府並不檢討自己的行
為，馬上進行報復行動。
嗡嗡嗡……
飛機在山中盤旋。
隆隆隆……
大砲聲在山谷中響起。
日本人出動了火力強大的軍警部隊，和現代化的裝備，對只有
傳統武器的山地部落進行大規模的血腥屠殺。（16）

除了一些矛盾之外（例如前一頁所提及，在這次的抗日行動中，

二十圓硬幣。

其實反叛者裝備了日本的現代槍械及彈藥），這本書還有個更明顯的瑕疵：那就是鄧相揚和邱若龍簡化了這個在近代台灣史上極度殘酷以及複雜的時刻。因而讓年輕讀者對莫那・魯道產生敬意，讚美革命本身即是暴力的事實，並且鼓吹自殺勝於投降。

　　本書的副標題——二十圓硬幣上的英雄，顯現了這個文本的另一項教育功能：教導孩子們這個裝飾在硬幣上的新臉孔之事蹟。2001年，台灣政府開始鑄造刻有莫那・魯道頭像的貳拾圓硬幣，為台灣未來創造出新的政治頭像，讓這位原住民領袖成為介於蔣介石（拾圓硬幣頭像）和孫逸仙（伍拾圓硬幣頭像）之間，另一個在硬幣上永垂不

朽的政治人物。莫那‧魯道硬幣的出現，證明了霧社事件重新被提起，其象徵不只代表大眾流行文化的轉變，也代表政治文化的轉變，同時一系列新建的國家紀念碑，也奉獻給這位部落領袖。1997年，在霧社的一個山丘上，接近莫那‧魯道長眠之處，豎立了一座如同人身大小的莫那‧魯道雕像，俯視著國民小學。2003年，在川中島（今日的清流部落）的紀念堂上，另一座雕像完成了，這個地方是日本鎮壓行動之後，倖存者被放逐之處。

　　儘管從1949年到1980年代前期，即有少數以霧社事件為主題的著作陸陸續續地發表，但一直到1990年代晚期，重新以這1930年發生的不幸事件為主題的大眾文化作品才開始大量出現。有關二二八事件的表述，在1989年解嚴之後開始大量出現。而和二二八事件創傷的表述不同的是，對於霧社事件的描寫似乎和2000年的政黨輪替密不可分，主張獨立的民主進步黨在選戰中打敗了主張回歸大陸的陣營而取得執政權（事實上，在1996年，前總統李登輝先生就已經開始這項計畫）。為了支持這個新的政治路線，在建立一套新台灣歷史論述的過程中，一種不同於以往的歷史觀點開始出現，這樣的新思維與過去主張台灣歷史的主體性，以中國歷史為主要論述內容的文化一體，有所切割。因此，台灣原住民的文化、歷史和傳統突然成為民進黨文化政策中的重要成分。莫那‧魯道以及霧社事件就是這個新的國族想像。

　　自從張深切於西元1949年欲將霧社事件翻拍成電影，其所付出的一切努力都付諸流水之後，這個悲慘故事的表述便將固有的視覺影像記錄下來。如亞倫‧費得曼（Allen Feldman）所言：「因為視覺挪用通常蘊含暴力的可能性，所以成為駕馭他人的轉喻詞：政治權力在於虎視眈眈，完全併吞政治傾斜的實體，在滲透併吞過程中，屈從顯露無疑。」（Feldman，428）自從1990年代晚期開始，上述對重塑霧社事件顯得格外貼切。從萬仁的電視連續劇到邱若龍的連環畫圖像小說

和紀錄片，這種血腥的「反殖民」馘首行動，對一個新的政治激進論述而言，變成一種特別有力的象徵。而另一個試圖將霧社事件帶入視覺文化的作品，就是魏德聖於2004年所籌備的《賽德克‧巴萊》。當時開始籌備該片的時候，魏德聖較著名的作品就是他擔任副導演時參與的台灣超自然驚悚影片《雙瞳》。他砸下超過200萬台幣為這個計畫拍攝的史詩電影製作一段五分鐘的預告片。但奇怪的是，魏德聖籌備拍這部電影時重蹈覆轍，有如五十多年前另一部電影《遍地紅》，一直無法籌措到足夠的經費來製作，所以只好將電影改為小說出版（由原來的劇本改編而來）。[18]張深切和魏德聖兩人試圖將霧社事件拍成電影的動作，不只說明了人們想以視覺模式記錄霧社事件的欲望，另外也說明了有關重現此事件所面臨的挑戰。雖然對這兩位導演而言，政治和經濟是最大的挑戰，但這些未被翻拍成電影的版本，可視為重新製作創傷故事所遭遇的困難之具體象徵。

　　另一個令人好奇的有關霧社事件視覺想像的面向，即其中特別強烈的櫻花意象。「霧社事件」這個名字來自日軍總部對於10月30日、也就是起義後第三天，在台灣所發生的事件的描述，就連相關的圖像標誌也有著濃濃的日本味，特別是日本櫻花的挪用為主要的象徵物。由張深切執導、原名《霧社櫻花遍地紅》的電影，以及巫永福所作的詩；從以櫻花的意象來象徵花岡一郎與花岡二郎不合時宜的犧牲

18　魏德聖計畫改編劇本拍攝影片，還架設網站 www.seediqbale.com，這個網站提供霧社事件、影片的細節，甚至提供投資者的資訊。後來魏德聖的處女作《海角七號》成功之後，魏導演便全力投入《賽德克‧巴萊》的工作。經過一個漫長且充滿波折的製作過程，《賽德克‧巴萊》的上下集《太陽旗》與《彩虹橋》終於在2011年9月9日和30日分別公映。之後還有多種有關霧社事件和《賽德克‧巴萊》的書籍出版，包括《電影‧巴萊》、《賽德克：莫那‧魯道》、《真相‧巴萊》、《賽德克巴萊：史實全紀錄》、《導演‧巴萊》等書。電影《賽德克‧巴萊》使得過去在台灣比較陌生的霧社事件突然間變成了家喻戶曉的一個歷史事件。之後出土的新史料，包括《霧社事件：日文史料翻譯》也為霧社事件研究在台灣打開了新的一頁。

〈霧社緋櫻〉到鄧相揚的作品《風中緋櫻——霧社事件真相及花岡初子的故事》，櫻花都代表著那些英雄般犧牲、英年早逝的泰雅族人。櫻花在日本文化中有著深度的意涵，日本人將其象徵為倏忽即逝之美。雖然櫻花樹在亞洲各地都可以看到，但櫻花和日本的關聯性，強烈到讓韓國在遭受日本殖民之後，憤而將境內所有的櫻花樹全部移除殆盡，因為櫻花樹的存在彷彿提醒韓國人，日本人還在身旁。但在霧社事件的背景下，櫻花不斷地被當成激烈反抗的化身。在有關霧社事件的文化圖騰研究中，櫻花爭議性的地位，如受日本教育的花岡一郎和花岡二郎般，他們很明顯是「日本人」，但在中國作家的筆下，他們卻是這場「反日」屠殺的指標性人物。

重金屬搖滾出草行動？閃靈與殖民統治之歷史記憶

在種種再現霧社事件最獨特的方式中，並非藉由文學、電影、連環畫圖像小說或電視劇的詮釋方式，而是以台灣創新的重金屬樂團、一張史詩概念專輯（concept album）的形態呈現，1995年所成立的「閃靈」（ChthoniC）是一個獨特的象徵。「閃靈」是一個東西方混合體，結合了尖叫、電吉他與中國傳統樂器二胡。在現場表演時，這個樂團所使用的舞台道具及妝容打扮，似乎同時受惠於美國硬搖滾樂團「吻」（KISS）和傳統京劇。在他們的演藝生涯中，閃靈的成員透過他們的歌詞和音樂行動主義，清楚地表達他們的政治立場，如2002年發行的精選集《反中國併吞》，以及他們於2006年所組織的「台灣魂SAY YES TO TAIWAN 二二八紀念演唱會」，已經在台灣年輕一代的聽眾間，注入了一種新形態的台灣國家主義。完全對立於主宰台灣流行音樂而非關政治的抒情歌，閃靈開創了一類哥德式絃樂金屬搖滾，並達到前所未有的政治參與程度。

花了三年時間所製作的《賽德克‧巴萊》的原創中文版，於2005年發行。這張專輯的歌曲編年記錄了起義（〈大出草〉）、日本鎮壓

（〈泣神〉）、集體自殺（〈虹橋赴〉）和放逐川中島（〈川中島之禁〉）。
歌詞以優美的古典中文交織日語和本土方言，當他們對著刺耳的電吉
他和雙低音鼓尖聲嘶吼時，歌聲幾乎令人難以理解，彷彿要傳達對此
事件的憤怒及其殘暴的事實。

Breaths cut off, as their heads fall	附鼻息 隨影遊離
Shades formed as shadows shorten	貼身形 斷生斬首
Hunting knives hew down	蕃刀刈落
Harvesting deaths	竹箭飛悚
Woods shroud warrior attacks	動 林木藏殘影
Gun smoke marks their hurried passing	硝煙 匯山河怒集
Breeze sweeps away sadness	愴 悲風掃秋息
Clearing the road to fiery hell	揭揚 恨燃煉獄
War cries signaling the cleansing of enemies	斥喝 雪怨快意
Headless bodies	雠敵 魂奔魄悸
Litter the ground	首落遍地 駐所血洗[19]

　　作詞者兼演唱者林昶佐（Freddy）透過這些歌詞段落，不只提示
了最初賽德克戰士在周遭環境掩護下作戰的自然寫實畫面，也美化了
這種原始暴力。將歌詞以古文詩體呈現，是閃靈重現霧社事件的關鍵
元素。透過這個過程將暴力進一步抽象化，並賦予一個新的文本架
構，以強調它在歷史敘事的古典體系中所占有的地位。
　　這個樂團為促銷專輯而製作的音樂錄影帶，在當時氛圍下，使文

19　這首歌詞並非直接翻譯，而是從〈大出草〉擷取的，左邊為英文版，右邊為中文版。

閃靈的《賽德克巴萊》音樂專輯封面。（左）中文版，（右）英文版。（圖片授權／閃靈樂團）

化政治更形錯綜複雜。〈半屍‧橫氣山林〉這首歌追溯了集體自殺餘波，以及泰雅靈魂到幽冥世界的旅程。音樂錄影帶鏡頭交切，團員們畫著全副舞台濃妝，戲劇化重新創作了大屠殺的場景（有些畫面借用魏德聖的短片試播片段）。文面的泰雅戰士與臉上畫著精細屍妝的樂團團員並列，創造了一個可行且饒有趣味的對話，這是原始部落儀式與當代哥德次文化所撞擊產生的火花。就在這音樂錄影帶的高潮，這個死去的泰雅戰士，最後終於驕傲地站在虹橋之前——在神話中，泰雅族人相信他們的靈魂可藉此路徑前往神聖之樹，與他們的祖靈相會。但是觀眾的視線並非被帶往那裡，而是被帶回閃靈的一場現場演唱會，此時高空鏡頭下降，拍攝樂團以自己的音樂詮釋出草行動。那麼閃靈（英文團名「ChthoniC」，很諷刺的，這名稱源自於希臘文「地神」之意）是否將自己定位為泰雅族精神上的祖靈，或是啟蒙者呢？

　　反抗和叛逆一直都是搖滾樂（及其後之重金屬）的中心主題。霧社事件這場歷史起義反叛的層次，正好理想體現這類反動態度。然而

第二次霧社事件卻被傳統部族神話替代了。閃靈以黑金屬的哥德文化（一種歐洲主要的黑金屬次類型音樂，以極快的節奏、複雜的作曲結構和偏好神祕的超自然主題著稱）、泰雅族的傳說和宗教信仰來強調（發揮）這場傳奇起義內在的暴力。在《賽德克·巴萊》裡明顯缺席的兩個角色是花岡一郎和花岡二郎，這兩位人物已被證實在這場事件早期的表述中，有著關鍵地位。顯然閃靈對這兩個在霧社事件中定位曖昧的角色不感興趣；相反地，他們將重點放在莫那·魯道，讓他在開場歌曲快結束時隆重出場：

> 岩靈群木賦新生　養息　匯萬丈天嶺
> 承襲萬代英風起　千華　列侍眾神迎
> 宣　新生鳴　戰神靈　卸封印
> 濺光影　駁色激　音旋盪　眾神迎
>
> 今降世　將存萬世正氣
> 永留世　長眷顧吾族島嶼
> （英文的部分歌詞為：Birth prophesied, destined for sublimity/ The seal is broken, the way is cleared, Mona comes.）

　　閃靈版的霧社事件把莫那描述成一個半神戰士領袖，被差遣來帶領他的族人從日本人的嚴刑鞭笞之下脫逃出來。「莫那的到來」似乎影射耶穌的來臨，這種比喻在〈岩木之子〉的音樂錄影帶裡更表現無遺。拍攝時，團員在一個赫然聳現的十字架前演出，使莫那·魯道的死等同於耶穌被釘死十字架。這是一個對於這場起義的新觀點，再次強調了傳統泰雅族的民俗信仰以及基督教的象徵意義與莫那·魯道毋庸爭議的地位。所有民族和歷史難以定論之處都被去除了（例如花岡一郎與二郎與第二次霧社事件），因為這些事只是偏離這個神話框架

罷了。如同卡利‧塔爾所觀察到的，「塑造創傷神話依靠減輕創傷事件成為一套故事的標準化敘述（被說過二次及三次的傳說變成重新提出這個創傷的「故事」），在這個過程中，能將一個驚駭且無法控制的事件，轉化成一個令人平和接受而能被掌控的敘事。」(Tal，6) 閃靈的神話也能被解讀為一種讓霧社事件回歸到它原始根源的企圖。泰雅族人有一個口傳文化傳統：「口傳文化的實踐模式是，將神話傳說、民間故事代代相傳，其獨特的文化形式與內涵，亦跟著保留下來。」（謝肇禎，120）所以閃靈的重述，也許在表面上看似粗略簡化這事件的關鍵歷史層面，但從另一層次來看，可以說是修復了傳統泰雅口傳文化最基本的神話空間。透過這個新的敘事，閃靈呈現了令人好奇的雙重色彩，在傳統原住民神話中，賦予台灣國家主義、新國族神話的意涵。莫那‧魯道是一個英雄，在掙扎之中重生，挺身對抗過去的日本殖民武力，以及正壯大且不斷逼近的中國霸權陰影。

　　或許最出人意表的發展，就是在幾十年之後，嘗試以大眾文化來定位霧社事件。包括一本連環畫圖像小說、一本童書、四部影片計畫、一部電視連續劇，還有數不清的小說和事件簿，然而唯一最具影響力的文本是搬上國際舞台的重金屬歌劇。2006年這張以霧社事件為主題的閃靈概念專輯，重新編曲並重新包裝——填上英文歌詞在國際市場發行。這張新版的《賽德克‧巴萊》（Seediq Bale）在歐洲、美洲和日本有多人作評，閃靈並於2007年帶著這張專輯裡莫那‧魯道的史詩傳奇巡迴演出，繼歐洲和日本的演出後，又和資深重金屬搖滾藝人奧茲‧歐斯朋（Ozzy Osbourne）一起巡迴演唱，登上令人夢寐以求的舞台，在美國十七個城市數十萬人面前演唱《賽德克‧巴萊》。這個關於反日的一個馘首事件以音樂舞台劇重現，主要以美國青少年為訴求，提供數以千計的觀眾大眾娛樂和精神發洩管道，也許這是霧社事件之後最令人驚訝的轉折，但這卻是為持續因應不同政治、歷史和文化議題不斷被重複表述的複雜歷史的最後

一個篇章。[20]

　　過了四分之三世紀之後，還是有許多問題圍繞著霧社事件。然而文化論述常視何種政治評論蔚為風潮而以清楚的文字定論這場事件，如此一來真相往往會變得更複雜。相關的論述始於引發原住民起義最初的歷史武力衝突和日方的回應，繼而引發種族和國家認同的問題，這是文化和政治結構為了政治目的而將歷史創傷挪用的方式，也是歷史傷痛所產生的問題。

　　到底是什麼讓霧社事件成為「中國的」或「台灣的」傷痛？就在這場主要介於原住民和日本殖民統治者之間的衝突發生時，霧社事件把國族論述的邊界向外擴展，使位居在台灣外圍領土，傳統上被邊緣化的原住民族群重新成為外界好奇的焦點。如此一來，便迫使我們重新省思種族和國家界限的觀念。到底哪些人才應該是歷史記憶的保存者呢？暴力可以施加到何種程度，或者藉由「他人」再重新建構成為國族論述？重新建構歷史傷痛以服務國族的議程是如何的種族意涵呢？[21] 在這樣複雜的歷史背景之下，層層循環的犧牲（經由剝削與殖民）、暴力（霧社事件）與二度受害（第二次霧社事件）之中，是什麼構成了歷史創傷呢？霧社事件與第二次霧社事件的殘酷明顯可見，如馘首、背叛、切腹、集體上吊、毒氣以及少數生還者多年夢魘的恐怖文化。好幾部關於霧社事件的作品展現了英雄主義、犧牲、殉道，和新國族精神的發聲。然而，創傷哪裡去了？還有，泰雅族人的聲音

20　那些質疑廣受歡迎的閃靈樂團干涉霧社事件歷史所造成影響的人，只需要聽台灣總統陳水扁在第十四屆金曲獎頒發給他們「最受歡迎搖滾樂團獎項」時所致的介紹詞就可知道。他評論道：「阿扁深信音樂遠比任何政客的言語更為有力。」身為主唱和作詞者的林昶佐受獎時也強調，他感謝「祖國台灣」。

21　這並非影射所有關於霧社事件的文化著作皆以利用這場事件做為政治宣傳的工具為出發點。其中有些作品所討論的，顯然有更多利他的目標。他們企圖更正歷史並且以文學正義的形式為常被誤解的暴行解釋。然而，在這個過程中，許多著作有意識或無意識地注入一套很清楚的政治及種族觀點，與中國及台灣的國家意識形態見解一致。

又何在呢？

在傳統泰雅文化裡，出草不會與痛苦和傷害聯想在一起，反而是一個所有年輕男性必須經歷的重要儀式。唯有把所獵首級獻出時，男孩才會被認可成為真正的男人，這個過程會以文面刺青留下紀念。在日本人強制禁止台灣原住民的出草習俗之前，只有文面的男子才有資格結婚。[22] 只有成功通過這項儀式考驗的男子才能得到一套手工特製的衣服和樂器。在人頭被取下之後（通常是從別的族人身上取來的），族人會執行一系列繁複華麗的儀式，包括舞蹈、音樂和慶典。經由這個過程，能讓被馘首的靈魂真正回來保護獵殺他的戰士。於獵殺後紋在臉上的刺青，是由不斷重複刺傷皮膚留下永久疤痕所形成的，實際上疤痕就是暴力。在日本人禁止出草行動之後，導致當時整個泰雅男性世代的人格地位停滯在青少年時期，因而使他們感到自卑。這可被視為造成10月27日動亂爆發的一個重要因素，其他因素還有剝削、虐待以及其他形式的暴行。傳統出草習俗被多年來施行削弱部族男性氣勢的政策所剝奪，這當然不能被單純視為霧社事件的導火線，部族政策和數千年部落傳統的「國族」和「反殖民主義」等問題必須一併被考慮進去。

正當種族和國家認同問題成為辯論的源頭，霧社，這個大屠殺的地點，也成為一個備受爭論，或者更貼切地說，是一個被抹滅的歷史空間。這個原本被日本人稱為成功實施殖民政策的「模範村落」，在一夜之間劇變為台灣日治時期歷史上最大規模反抗事件的地點。最後，霧社竟成為山林風景區，以擁有古色古香的茶館和令人身心舒緩的溫泉著稱。泰雅部落的生還者則從他們在霧社的祖傳家園被驅逐到川中島，一個在山區與日本的川中島市同名的小村落。那個城市在1553年到1564年之間發生過五次著名的戰役。迫使生還者從他們的

---

22 黥面也是女性成長的重要象徵。只有精通傳統編織技巧的女性才有黥面的權利。

老家，也是暴力事件發生的地點遷移，很顯然地，日本人有改寫歷史的企圖。這可被視為一種「反地誌學」的形式，藉此將曾發生過暴力的地點抹滅。再重新規畫的霧社地圖中，流放政策和在地圖上更名（川中島最後被改名為清流）都是強烈的手段，如此手段不僅反駁曾發生過的事件，也否認事件發生的地點。

許多敘述霧社事件的中文著作裡，悲愴性的層面（第二次霧社事件是最強力的展現）都已被輕描淡寫，對於泰雅戰士的死以歌功頌德的方式呈現，將他們的死亡形塑成一種為了中國或台灣國族的殉難行為。關於這個事件的種種文化歷史研究，雖然已成為偉大的英雄敘事，但卻讓人無法不注意到原住民的聲音不見了。有些人試圖把原住民的觀點重新置入這段歷史論述，許多論述都是以視覺文化的形式，來反駁文字表述所缺少的部分。其中一個就是之前所提到的陳界仁的作品，他將自己置身於中心，經驗暴力事件並為沉默的原住民重新爭取他們的地位。但幾乎絕大多數關於霧社事件的作品都是由華人所寫，由泰雅族或其他原住民部族的人所寫的著作仍是少之又少。[23]

有一些非常明確的歷史和文化因由能部分解釋缺乏原住民著述的理由：語言（大部分原住民語言和方言沒有書寫系統）、教育（原住民受教育的機會較缺乏），以及口傳歷史的傳統優先於書寫歷史的原住民文化。還有其他更深層的理由，包括記憶歷史和紀念災難的文化

23　僅有少數屈指可數的故事由泰雅作家所寫，例如游霸士・撓給赫（田敏忠）的〈Out of the Brush〉（關於在日治期間泰雅族出草的故事，但沒有直接提及霧社事件），被收錄在陶忘機（John Balcom）和黃瑛姿（Ying-tsih Hwang）共同編輯的英譯選集《台灣原住民作家：故事、散文及詩選》（*Indigenous Writers of Taiwan: An Anthology of Stories, Essays, and Poems*）。絕大多數以泰雅族觀點看霧社事件的都是口傳歷史，例如阿威赫拔哈口述，許介鱗編著的《阿威赫拔哈的霧社事件證言》和姑目・荅芭絲的《部落記憶：霧社事件的口述歷史》。後者的標題提供了一個顯著的基督教觀點，把整個口述歷史置入宗教的受難與救贖的故事框架裡。

傳統基本上有相異之處。當漢人和日本人都視出草為充滿原始思想與異國色彩的野蠻儀式（這助長了尤其是視覺表述的大量作品），對於泰雅族人而言，出草是他們宗教與文化生活中基本的一部分，完全融入他們的部族社會，但是缺乏強烈的原住民文化對於此事件的反應。還有一個更明顯的原因，在第一次霧社事件期間，日本人在霧社幾近滅絕的屠殺，以及接踵而來的集體自殺，不論哪一方都只有很少的生還者留存。在真正存活並對於此事件有些了解的少數原住民部落中，最大的部族就是親日的道澤社，他們就是帶頭攻擊拘留所的人。但是由於第二次霧社事件已被淡化、否認，或僅僅不被當成正史記載，道澤社的聲音也大都聽不到了。

　　在一些中文作家所寫的小說或影片中，我們甚至可以發現有關原住民的表述是沉默的，這種沉默顯示此事件在歷史敘事中的極端不協調。在萬仁攝製的電視連續劇《風中緋櫻──霧社事件》的開頭，可以看到一個來自平地的年輕歷史系學生在他試圖訪問當地人有關1930年的「霧社」事件時，立刻面臨抗拒與靜默。他所聯繫到的第一個人，是一位文面的年長男性，這個男人承認在他年輕時，曾經在部落的出草儀式中砍下三個人的頭，但在外來者問到霧社事件以及莫那・魯道時，他立刻充滿敵意。這位長者露出被冒犯的神情，責備這個外來者不該插手干涉自己所不了解的事情。最後，他將這位年輕男人趕走，甚至威脅他說：「你懂什麼嗎？你幹麼不懂還要問！你來問個什麼東西啊?!你來這裡問什麼呀？你再來這樣你就會被出草！」（《風中緋櫻》第一集）當劇中主角遇到了一位正在當地商店工作的泰雅中年婦女時，似乎得到比較友善的對待，但是情況一樣在他問及霧社事件時發生了劇烈的轉變，她宣稱：「霧社事件的事我不懂！這個事我不太了解！我不知道這個！」（《風中緋櫻》第一集）然後她便轉頭看電視，不再理會那位外來者的詢問。

　　這一個據稱令國家十分自豪的事件，竟然讓泰雅族人表現出令人

萬仁《風中緋櫻》中，抗拒與靜默的泰雅原住民。（圖片授權／公共電視）

難以理解的抗拒，同樣的情形也表現在一些更令人深省的敘述中。在舞鶴的傑作《餘生》中，當敘事者詢問一位年輕的泰雅女孩有關這事件時，她以嘲弄的口吻回答：

> 「我們原住民這麼小有什麼好研究的，你們漢人可以研究的可多呢，為什麼不回去研究你們自己？」顯然她喝了酒，但那柔和的語腔又顯示她的詰問不是胡鬧，「先研究漢人呀，漢人才值得好好研究，」沒有人插話，可以覺知她是部落中的「前進女性」，她的話不僅打了漢人同時封了自己人的嘴，她又端了一碗飛鼠湯到我面前，「好好研究清楚大漢的民族性，無聊時晃到山上看看我們這些小番怎麼生活在你們大漢之中，」她回頭吩咐一個男人宰雞，說來了可愛的平地人要研究她，她要請客。（舞鶴，2011：39-40）

她尖銳的話語帶著諷刺及強烈的主觀，她的族人已經被剝削了數十年，一開始在日本的統治之下，勞力剝削、土地占有，以及被當成日本人徵召為士兵，之後，在中國人的統治之下，淪為廉價勞工、性

工作者，以及政治工具。現在似乎連他們的歷史記憶都被剝奪。當敘事者繼續向一位部落長老詢問時，他得到了相同的答覆。

> 「我是來看霧社事件的劫後餘生的，但首先我要明瞭當代的霧社事件，」婦人口譯給長老聽，長老頻頻點頭又跟我對喝了一杯酒，婦人說眼前的長老是部落的第一寶貝，多少研究歷史霧社事件的人士採訪過他，事件發生那時他讀小學四年級，殺戮發生時他正在操場，「霧社事件是過去的歷史，真實是什麼情形長老也說得差不多，」婦人的丈夫接了一句，「你要了解的當代霧社事件可能是另外一回事了，」我說是，那是我自己審視歷史的當代觀點，因為沒有「歷史的歷史」，真實只存在「當代的歷史」，婦人打斷我的話，說長老難得在此，剛喝酒的朋友和姑娘不知瘋到哪裡去了，趁雞湯還熱，不妨請長老說幾句話，「請我來說是喝飛鼠湯，」長老端正坐姿臉容，「幸好還有雞湯補，不然怎麼談得我們的故鄉霧社發生的斷腸事件，」婦人解釋說，事件中的人大多斷了頭，老人自嘲說他當場被砍斷了腸至今八十四歲還接不起斷腸，晚上睡覺的時候腸子就會爬出來蜿蜒著山路爬回當時的小學操場，「我不想重講事件本身發生的事實和原因，因為詳細的事情發生經過六、七十年來也被發掘整理得差不多，」老人只懂母語與日語，他用日語講，聲腔靜淡，大部分由婦人的丈夫口譯，婦人掌托著腮大部分時間凝望著屋旁西方的天空。（舞鶴，2011：41-42）

　　如同《風中緋櫻》、《餘生》以及其他許多文本中所描寫的，當地人對於霧社事件的反應，其實反映出當我們在面臨過去那段暴力行為時，會遭遇到的基本阻礙。魯迅〈祝福〉中被害者被迫重複敘述他們的故事，一開始娛樂了觀眾，但後來故事變成了煩擾觀眾的陳腔濫

調。與此不同的是，霧社事件的被害者對此事件似乎難以啟齒。[24]他們的反應混合了恥辱、憤怒以及冒犯；但取而代之的是一群局外的觀眾強迫性地深入調查、找尋答案，並創造出有關這創傷、屬於他們自己的版本。

在這段期間，霧社事件歷史中的極度矛盾變得顯而易見。如同《凌遲考》中的被害者，他們的聲音會永遠地被壓制，那些泰雅族的被害者又是如何呢？在所有根據霧社事件創作的文學作品中，只有很少部分試著真實地呈現犧牲者的聲音，這些犧牲者包括在初次起義行動中被殺害的泰雅人和日本人。除了舞鶴的《餘生》之外，所有中國和台灣的文化論述幾乎沒有提到有134個日本人也在該事件中犧牲了。在台灣，一般的假設是：所有日本人都應該被歸納入殖民剝削這一個「原罪」之內，即使小孩或是於殖民時期之後出生的皆同。儘管已經有許多文本試著為這　段日本歷史創傷發聲，將矛頭轉向日本殖民政府，但是原住民的聲音顯然還是缺席。[25]這樣的裂隙不只存在於歷史和記憶之間、原住民和外來者之間、自身和他者之間、緘默和表述之間，同時，非常確定地，也存在於被殖民者和殖民者之間。然而，殖民事實上是對於記憶的殖民。原住民對於創傷的沉默，結果卻是他們的歷史不斷地被中國人以及台灣人所挪用，他們的記憶被書寫、繪畫、拍攝影片以及在電視上播放，重回那段歷史。和所有形式的殖民一樣，都是打著「文明教化野蠻」的旗幟，這裡提到的文化殖民同樣也是透過（通常是最好的意圖）替原住民表達他們自己不願意

24　在魯迅著名的小說〈祝福〉中，祥林嫂唯一的兒子被狼叼走吃掉，無法從喪子之痛回復的她不斷地向他人重述這一個悲慘的故事。儘管一開始她確實贏得了村人的同情與憐憫，然而，日復一日，不斷重複的敘述只帶給她嘲弄、蔑視以及疏離。

25　近幾年來，儘管已經有許多出版品從泰雅人的角度提供了霧社事件第一手的描述，但卻幾乎沒有人以小說、影片或是其他創意性媒體來處理這件歷史事件。除此之外，即使有一些口述歷史的記錄出版，但卻還是由漢族的編輯以及出版商處理或出版。

前總統陳水扁（左）和高光華（右）於莫那・魯道之墓前合影。（圖片摘自／玉山社《風中緋櫻》）

或是無法表達的那一段歷史。然而，潛伏在這些表述背後的是一股更強勢的力量，紀念原住民所遭遇的不正義實際上變成了政治工具，成為推展中國或台灣政治議程的工具。

　　這張照片是在莫那・魯道的墓前拍攝的，該墳墓坐落於一個小山丘上，可以鳥瞰整個霧社小學的景致，在霧社事件所涉及的政治、種

族及歷史層面上，這張照片都扮演著重要的角色。照片右側是花岡二郎的兒子阿威‧拉奇斯，他的日文名字是花岡初男。在霧社事件發生幾十年後，花岡初男認為他應該以一個全新的文化與種族身分來調解困擾他父親許久的文化衝突問題。在1945年國民黨撤退來台之後，阿威‧拉奇斯有了一個新的名字叫做高光華，意思是「光榮的中華民族」。站在穿著西式服裝的高光華身旁，身穿傳統泰雅族服飾的是當年台灣的總統陳水扁。當陳水扁認同泰雅族人的身分並認定霧社事件為根源於台灣文化之歷史與文化傳統的同時，高光華以及多數台灣原住民便被併入中國與台灣文化的霸權勢力之內。我們只能猜想莫那‧魯道從天上俯視這樣極端的變化會有什麼感想：就像已經被馴化的「野蠻人」與主流的漢文化緊密結合，台灣人也將他們文化中最「野蠻」的例子——霧社事件——當成新國家展望的發聲。[26]

　　二十一世紀初，當蔣中正與過去許多政治雕像被拆除之後，[27] 霧社事件重新成為新台灣身分的根源而它的靈魂在新的出草幻想中重生。「野蠻的獵首者」莫那‧魯道在逝世超過七十五年後的今天，被豎立起來成為台灣未來的新偶像。對泰雅族男性而言，成功的出草行動並在臉上刺青以為紀念是進入成年的象徵，而霧社事件的爆發對台灣的意義便是幫助台灣從一個飽受奴役的殖民地進化到一個擁有「現代」國族意識的國家，而這樣的改變是受到「原住民」部落居民勇氣的激發並反映在歷史大屠殺所留下的傷疤上。

26　更多有關台灣本土服飾的流變可以參見沈艾娣（Henrietta Harrison）所著《帝國方圓的衣著與政權：台灣原住民的服飾》（*Clothing and Power on the Periphery of Empire: The Costumes of the Indigenous People of Taiwan*）。

27　2007年2月，陳水扁所屬的民主進步黨通過一個決議，主要是將許多蔣中正的雕像或肖像從公園、歷史遺跡以及公共場所移除。「中正紀念堂」也被重新命名為「台灣民主紀念館」。

參考書目與文獻

英文書目

Balcom, John and Yingtsih Balcom (eds.). *Indigenous Writers of Taiwan: An Anthology of Stories, Essays, & Poems*. New York: Columbia University Press, 2005.

Barclay, Paul D.. "Cultural Brokerage and Interethnic Marriage in Colonial Taiwan: Japanese Subalterns and Their Aborigine Wives, 1895–1930" in *The Journal of Asian Studies* 64, No. 2 (May 2005): 323–360.

——. " 'Gaining Confidence and Friendship' in Aborigine Country: Diplomacy, Drinking, and Debauchery on Japan' s Southern Frontier," *Social Science Japan Journal* Vol. 6, No. 1, 2003.

Ching, Leo T.S.. *Becoming "Japanese" : Colonial Taiwan and the Politics of Identity Formation*. Berkeley: University of California Press, 2001.

Feldman, Allen. "Violence and Vision: The Prosthetics and Aesthetics of Terror," in Fernando Coronil and Julie Skurski, eds., *States of Violence*. Ann Arbor: University of Michigan Press, 2006: 425–468.

Hoskins, Janet (ed.). *Headhunting and the Social Imagination in Southeast Asia*. Stanford: Stanford University Press, 1996.

Harrison, Henrietta. "Clothing and Power on the Periphery of Empire: The Costumes of the Indigenous People of Taiwan" in *positions* 11:2, 2003: 331–360.

Kono, Kimberly Tae. "Writing Colonial Lineage in Sakaguchi Reiko' s 'Tokeiso' " in *The Journal of Japanese Studies*, Vol. 32, November 1, Winter 2006: 83–117.

Wang, David Der-wei. *The Monster That is History: History, Violence, and*

Fictional Writing in Twentieth-Century China. Berkeley: University of California Press, 2004.

中文書目

《高山族簡史》。福建：福建人民出版社，1982年。

《尋找電影中的台北1950-1990》。台北：金馬影展，1995年。

《原住民：被壓迫者的吶喊》。台北：台灣原住民權利促進會，1987年。

阿威赫拔哈口述，許介鱗編寫，林道生翻譯，《阿威赫拔哈的霧社事件證言》。台北：台原，2000年。

陳渠川，《霧社事件》。台北：地球，1977年。

鄧相揚，《風中緋櫻：霧社事件真相與花岡初子的故事》。台北：玉山社，2000年。

——，《霧社事件》。台北：玉山社，1998年。

——，《霧重雲深：霧社事件後，一個泰雅家庭的故事》。台北：玉山社，1998年。

鄧相揚原著，萬仁導演，《風中緋櫻：霧社事件：劇本影像書》。台北：玉山社，2004年。

電影資料館口述電視史小組，《台語片時代》。台北：國家電影資料館，1994年。

姑目・荅芭絲，《部落記憶：霧社事件的口述歷史》。台北市：翰蘆圖書，2004年。

黃仁，《電影與政治宣傳》。台北：萬象圖書，1994年。

——，《悲情台語片》。台北：萬象圖書，1994年。

李文茹，〈文學，歷史，性別：以性別角度探討霧社事件〉刊登在《山海的文學世界》。台北：山海文化，2005年。

李永熾，《不屈的山嶽：霧社事件》。台北：中國時報，1996年。

林瑞明，〈論鍾肇政的「高山組曲」：川中島的戰火〉。台南：國立成

　　　功大學：http://email.ncku.edu.tw/~z6908003/art_music_05.htm。

鈴木質著，林川夫編，《台灣蕃人風俗誌》。台北：武陵，1991年。

明立國，《台灣原住民的祭禮》。台北：台原，1989年。

邱若龍，《霧社事件：台灣原住民歷史漫畫》。台北：台灣原住民文
　　　教基金會，2001年。

────，《霧社事件：台灣第一步原住民調查報告漫畫》。台北：玉山
　　　社，2004年。

阮昌銳、李子寧、吳佰祿、馬騰嶽，《文面，馘首，泰雅文化》。台
　　　北：國立台灣博物館，1999年。

許世楷、施正鋒等編，《霧社事件：台灣人的集體記憶》。台北：前
　　　衛，2001年。

魏德聖、嚴云農，《賽德克‧巴萊》。台北：平裝本，2004年。

舞鶴，《拾骨》。高雄：春暉，1995年。

────，《思索阿邦卡露斯》。台北：麥田，2002年。

────，《餘生》（新版）。台北：麥田，2011年。

────，《鬼兒與阿妖》。台北：麥田，2000年。

────，《悲傷》。台北：麥田，2001年。

吳錦發編選，《悲情的山林：台灣山地小說選》。台中：晨星，1987年。

巫永福，《霧社緋櫻》。台北：歷史刊物，1990年。

謝肇禎，《群慾亂舞：舞鶴小說中的性政治》。台北：麥田，2003年。

姚嘉文，《霧社人止關》。台北：前衛，2006年。

張深切，《張深切全集，卷八：遍地紅──霧社事件（影劇小說）婚
　　　變（影劇腳本）》。台北：文經社，1998年。

中川浩一、和歌森民男編，《霧社事件：突發的大悲劇》。台北：武
　　　陵，1997年。

鍾肇政，《鍾肇政全集》（卷7，9，30，31）。桃園：桃園縣政府文化
　　　中心，2000年。

論鍾肇政的「高山組曲」：
川中島的戰火

林瑞明

　　本文透過鍾肇政的原住民小說《川中島》與《戰火》，以馘首問題、頭目權力問題的消逝，和教育與近代化為主題，分析日治時期台灣原住民認同的轉移。鍾肇政藉前後兩代泰雅族知識分子的眼光，來觀察高砂族與日本統治者之間無形的競爭。在《川中島》中，原住民與日本員警的關係是主奴關係，泰雅族被不合理的勞役制度所壓迫。但是到了《戰火》時，鍾肇政寫出了南洋戰場上，高砂族得到了戰爭平等的待遇，也取得與日本內地人一較高下的機會。高砂義勇隊在戰場上的表現不僅優於殖民主，甚至逆轉了被殖民者的地位。

前言

　　鍾肇政漫長的創作過程中，對原住民的關懷是他重要的主題之一。從 1971 年 10 月 26 日在《台灣新生報副刊》連載《馬黑坡風雲》[1]開始；1973 年 1 月 14 日在《聯合副刊》連載的《台灣高山故事新編》；1979 年 4 月長篇小說《馬利科彎英雄傳》，至今天論文討論的重點

1　連載時間至 1972 年 1 月 11 日，1973 年 9 月由台灣商務印書館結集出版。

《川中島》與《戰火》兩部小說，而後他又於《世界日報》發表《卑南平原》。鍾肇政對原住民的關懷起步很早，雖然未能完成所謂「高山三部曲」但是不減他對以原住民為主題的文學創作之重視。

鍾肇政的小說向來有濃厚的歷史意味，尤其描寫日治時期的台灣知識分子的心境小說，為數不少。呂赫若、陳火泉、王昶雄、吳濁流……等等都留下許多質與量兼俱的佳作，但是對於原住民的知識人則是相當缺乏，所以本文想以同化政策為主軸來看這兩本小說，並以畢荷・瓦利斯的回憶錄、《理蕃の友》、[2]等重要史料為互相參照，本文也與作者鍾肇政一樣以畢荷為主要對象來觀察在川中島的同化政策。

研究回顧

最早對《川中島》與《戰火》寫評論的是當時尚在獄中的呂昱，呂昱他在《台灣時報副刊》中以〈解開苛政下隱忍圖存的奧祕──評鍾肇政的「川中島」〉一文，認為：鍾肇政修正了他在《馬黑坡風雲》一書中為了貼近史實，固而貶損了文學價值的做法，同樣以霧社事件為對象，但是在《川中島》一書中展現了作者的高度想像力，將材料打散、分解而又重新組合，在創作技巧上是《馬黑坡風雲》無法比擬的。在內容上，呂昱認為鍾肇政從畢荷・瓦利斯個人內心的徬徨苦悶，對日本亦恩亦仇、有愛有恨的雙重理念摩擦，而擴及全體族人的茫然與苦哀。但是呂昱認為即使熱愛高山同胞的鍾肇政，不免依舊有著漢人的侷限，例如缺少對神話的大量運用，所以呂昱認為鍾肇政也

---

2 《理蕃の友》是研究在霧社事件之後，台灣原住民的重要史料，它是由台灣總督府警務局理蕃課負責編輯，昭和七年（1932）1月創刊，昭和十八年（1943）12月廢刊，十二年總共發行了一四四號，是理蕃課的機關誌。《理蕃の友》的發行也是霧社事件後，台灣總督府重新制定理蕃改革的一環。參見近藤正己，〈「理蕃の友」解題──「理蕃政策大綱」から皇民化政策へ〉，收於台灣總督府警務局理蕃課編，《「理蕃の友」別冊──解題・總目次・索引》（東京：綠蔭書房，1993年10月），頁3-4。

只是隔牆觀望，並未跨出種族間的高牆。[3]

　　接著在1985年《台灣文藝》雜誌上，舉辦了一個「高山組曲」的座談會，出席會議的有林深靖、林芳玫、魏貽君、陳為祥，他們四人對這兩本小說解讀角度各有不同，一般都肯定鍾肇政為原住民寫小說的努力，不過，對於書中人物的形象塑造則較為平面，不夠深入，特別是對女性角色如巴堪、馬紅……等等，比較傳統式的看法。[4]

　　歷史學出身的林德政也為《川中島》寫了簡短的書評，林德政認為這種具有歷史時空背景的小說常常更能描繪出歷史事件複雜的本質，鍾肇政在建構高山民族的抗日歷史，有他特殊的貢獻。小說不從正面描述日人殘暴的統治，在矛盾之中隱約襯托出日人殖民統治的罪惡，是作者高明的地方。林德政認為從吳濁流的《亞細亞的孤兒》以降，迄黃春明的《莎喲娜啦·再見》，以台灣史為背景的小說都帶有無奈的色彩，這本《川中島》是少數具有希望氛圍的小說。[5]

　　錢鴻鈞在〈高山組曲第二部《戰火》──日本精神與塞達卡精神〉及其後的精華版〈解讀鍾肇政作品《戰火》〉一文中探討日本精神和塞達卡精神兩者的關係。錢鴻均將《戰火》視為歷史文獻，做為了解高砂義勇隊的認同是什麼這樣的角度出發，指出高砂義勇隊所發揮出來的精神，說是原住民精神，不如說是因為現代教育下的國家意識的影響，而轉化成的日本精神。錢鴻鈞特別反駁呂昱的說法，而認為以鍾肇政的成長環境、日文運用、思考方式等與高砂義勇隊相同，從某

3　呂昱，〈解開苛政下隱忍圖存的奧祕──評鍾肇政的「川中島」〉，《台灣時報》，1983
　　年12月12日。收於鍾肇政全集9《川中島·戰火·靈潭恨》（桃園：桃園縣文化局，
　　2000年12月），頁225-233。

4　呂昱策畫，陳丹橘整理，〈山地文學發展的可能性──「高山組曲」討論會〉，《台灣
　　文藝》97期，1985年11月，頁191-203。

5　林德政，〈霧社抗日精神的延續──評介鍾肇政著「川中島」〉，《文訊》19期，1985年
　　8月，頁92-97。

個角度看，鍾肇政是比高砂義勇隊的下一代更能了解義勇隊的。[6]而《戰火》詮釋的重點應該在：（1）高砂義勇隊的認同是什麼。（2）怎樣的環境、時代造就這種認同行為。（3）進一步探討原住民精神的本質。[7]

《川中島》與《戰火》內容簡介

《川中島》延續《馬黑坡風雲》以霧社事件發生後，僅僅只剩下298人的霧社遺族，日本統治者以「保護」為名，強迫離開自己的故鄉，遷移到名為川中島的地方。作者以畢荷・瓦利斯（小說中——高峰浩；日名——中山清；漢名——高永清）親歷霧社事件的青少年之眼，敘述族人在這塊比父祖之地還要寬敞許多的地方，族人逐漸以農耕的方式取代過往打獵維生，在物質日漸豐富的情形下，日本文化也藉著強勢統治的手段，逐漸凌駕傳統文化。鍾肇政藉由小說中靈魂人物畢荷・瓦利斯的內心交戰來呈現出兩種文化的矛盾與相通部分。

第二部《戰火》則將時間拉到日治末期皇民化運動如火如荼時期，霧社事件發生時還是小孩子的阿外，在十一年後成為一名不折不扣的「皇國青年」，一口標準「國語」（日語），並參加高砂義勇隊，在太平洋戰爭中再度展現原住民馘首的精神，鍾肇政並特別將來自布農族的林兵長的思想與行動，塑造為原住民的典型。

小說中的同化教育

畢荷・瓦利斯是繼花岡一郎與花岡二郎之後，日本統治者極力栽培的泰雅魯，畢荷除了接受日語教育外，他也受到小島源治巡查與安

6　錢鴻鈞，〈解讀鍾肇政作品《戰火》〉，《台灣文學評論》2：3，2002年7月，頁136-143。

7　錢鴻鈞，〈高山組曲第二部《戰火》——日本精神與塞達卡精神〉，《台灣文藝》179期，2001年12月，頁45。

達健治，霧社分社的外勤巡查部長杉山……等人的照顧，特別是小島源治的次男重雄，當時是霧社小學校五年級的學生與同六年級的畢荷感情非常好，[8]而產生了類似父子關係的特殊情感。除了教育所畢業後被安排進了霧社小學校，並在霧社神設祭中演出「軍神廣瀨中佐」，而得到極高的評價：

> 「高峰實在不錯，該是花岡一郎第二吧。」
> 「不，高峰絕不比花岡差，將來會更有前途的。」
> 「的確。今年，高峰與馬紅可是一對霧社的明星啊！」
> （《川中島》，蘭亭版，頁55）

畢荷得天獨厚的能進入小學校就讀，除了由老師帶來的教育知識外，畢荷長期與日本人的相處，特別是在小學校階段，只有畢荷是原住民，可以想見這兩種迥異的文化價值體系，必在他身上產生諸多矛盾。在大正九年（1920）的「薩拉矛事件」，[9]薩拉矛社殺死了

8　ピホワリス著，加藤実編譯，《霧社緋桜の狂い咲き──虐殺事件生き殘りの証言》（東京：教文館株式會社，1988年1月），頁186。

9　1919年元月時，流行性感冒在部落間蔓延，甚至延續到北勢群，病死者不計其數。族人認為是異族所造成，因此為了驅逐外族，並取得首級以為法物，故族人常常出草，造成日本理蕃的壓力。所以日人在隘勇線架設通電鐵絲網，並以員警飛行班實施蕃地偵察飛行。但因流行區域擴大，日人的阻嚇作用不大。在11月23日，薩拉矛群發動了襲警事件，有兩位巡查受傷，但對一值想要革除馘首習慣的日人，於是出動武力對薩拉矛群進行帶有懲罰意味的攻擊。12月3日又發生襲警事件，造成三名巡查的死傷。一連串的衝突造成了第二年的薩拉矛事件。到了1920年9月，薩拉矛與斯卡謠兩群族人殺死七名日警及眷屬。日警強迫霧社的馬赫坡社、荷歌社、斯克社、波亞倫社等等成為「味方蕃」，在為期兩個月的時間中，莫那‧魯道所率領的馬赫坡社與塔達歐‧諾幹所率領的荷歌社族人成為這次事件的主力。參見鄧相揚，《風中緋櫻──霧社事件真相及花岡初子的故事》（台北：玉山社，2000年10月），頁45-46；鷲巢敦哉，鷲巢敦哉著作集Ⅱ《台灣員警四十年史話》（東京：綠蔭書房，2000年12月），頁354-360。

數名日本員警，而當時荷戈社是屬於「味方蕃」（「友蕃」），也就是畢荷其實的背景是在親日的背景下成長的，直到霧社事件前夕。日本同化教育政策與泰雅族傳統有許多衝突，在小說中鍾肇政提出了幾個主要的問題：

一、關於馘首問題

原住民馘首的習俗其實一直遭到漢人及其後來的日本人強烈的污名化，在畢荷的受教育的過程中，這可能是讓他最苦惱的部分：

> 可是「突奴」（日本人）卻說那是迷信、野蠻，而且還定了一個誡律：馘首是犯法的，殺人者須償命。在學校裡，他從小就被灌輸了否定「人頭」的想法。（《川中島》，蘭亭版，頁81）

畢荷看到被割下的人頭覺得噁心，從這樣的舉動畢荷可以說是被日本同化了，畢荷最早在《理蕃の友》上發表的文章就曾提到：他必須盡到隨著「國語」（日語）的普及，隨之而來的則能夠將「蕃族」的陋習改善的責任。[10] 而這種出草的陋習如果繼續存在是無法期望高砂族進化的，希望族人能早日在日警的指導下趕快覺醒。[11]

二、頭目權力的消逝

除了布農族以外，頭目是台灣各族原住民的領袖，但是在日本人來了以後卻產生了許多「大人」。

> 在村人們心中，頭目是絕對的。但是，另一種「絕對的」人物

10　中山清，〈國語普及に就いて〉，《理蕃の友》，1933年6月號，頁8。

11　中山清，〈斯の陋習を打破せよ〉，《理蕃の友》，1934年6月號，頁6。

出現了，就是村子裡駐在所的員警：巡查、巡查部長，這些員警
還兼教育所的「先生」。他們沒有一個不是比頭目更高更大，甚
至有些大的駐在所還有警部補，分室還有警部。再上去，還有警
視哩！還有更上面的，郡守、州知事都是。不，還有更上面的，
是總督。都是在雲端上的，看也看不見的。但是，這還不是最高
的，最高的是天皇陛下，是太陽，是神。……這一切，都是畢荷
在教育所裡學到的。到了小學校，學得更徹底了。先生們都說，
頭目們都是野蠻人，因為他們沒有受到皇國的教化，祇懂得馘人
頭。（《川中島》，蘭亭版，頁82）

這一段引文，作者很清楚指出了加在原住民身上的令人喘不過氣
來的一層層的統治者，而原本在村民心目中的頭目卻是連最下級的巡
查都比不上，更不用說「看也看不見的」總督與天皇陛下了。由此延
伸而來的統治權威則是對日本員警的言聽計從：

誰向突奴說過不字呢？突奴的話，也就是命令。那也是天皇陛
下的命令。命令要絕對服從。這就是他自從進了蕃童教育所以後
的六年間來，不住地被灌輸的知識中最重要的一項。（《川中
島》，蘭亭版，頁148）

三、教育與近代化

畢荷做為事件發生前後，日本政府極力栽培的知識青年，在學校
教育的過程中，新事物對畢荷吸引力就消滅了殖民性：

那真是嶄新的世界呢。除了「國語」、史、地外，差不多都是
以前僅略有所聞，卻從來也沒碰過的功課。好比英語，哇，這就
是所謂的「橫文字」了。每一個字母都有片假名的注音。才二十

六個。然後，由若干個字母排成一個有意義的字。……畢荷有了
重大的發現：不算太艱難哩。此外，還有許多陌生的功課，例如
「漢文」啦，代數啦，物理啦，化學啦。並且，每一本講義都按
著進度排列。……乍一接觸到新世界，事事物物，無不新鮮有
趣，不但吸引了畢荷無盡的興致，還在他心中燃起挑戰的烈焰，
信心與決心也隨之益發堅固。（《川中島》，蘭亭版，頁181-182）

　　畢荷被命為警手之後，在工作之餘，為了專門學校的檢定考試，
畢荷從杉山那裡借來講義苦讀。畢荷接受新式教育，如果檢定考合格
那將會超越了花岡一郎與二郎兄弟，而之後月入十五圓的收入，更是
另其他村人所不及的。

畢荷與小島源治

　　畢荷與小島源治的關係，是整部作品中最複雜、最具衝突性的，
而他們衝突的來源也是源自同化政策教育下的結果，小島源治是當時
套乍（一般稱為道澤）駐在所主任，他的二兒子重雄與畢荷是同班同
學，雖然畢荷出身荷戈社，是參加霧社事件的六社之一，卻對畢荷照
顧有加。特別是霧社事件後，在小島家的溫情下，畢荷才沒被擊倒：

　　　高峰，你要堅強地活下去。不幸的事件已經發生了，這是大家
　　求取新生的時候。你的族人需要你，重雄也需要你這個朋友。還
　　有，我們一家人也需要你，國家更需要你哩。（《川中島》，蘭亭
　　版，頁103）

不僅如此，小島太太也是：

　　　她經常地勸畢荷，要放寬心，要進食，簡直把他當作家裡的一

分子。（《川中島》，蘭亭版，頁 103）

　　但是，隨著畢荷發現第二次霧社事件幕後的主使者竟是小島與樺澤時，他對小島的觀點完全改變了：

　　畢荷在想著剛才聽到的話：小島是魔鬼。他是魔鬼嗎？那圓胖胖的臉，圓胖胖的腦袋。他在一群殺氣騰騰的套乍社眾前面，那麼鎮靜，那麼豪邁。（《川中島》，蘭亭版，頁 171-172）

　　可是，就當畢荷做如是想的同時，另一種聲音又在他腦海中出現：

　　可是，小島不但救了他的命，還對他那麼好。一家人，小島家的歐巴桑，到重雄、正雄，都對他那麼好，幾乎把他當成一家人看待。沒有小島源治，早就沒有他畢荷・瓦利斯了。還有，第二次事件，也是小島救了他的。（《川中島》，蘭亭版，頁 172）

　　在畢荷尚未發現小島是第二次霧社事件的主謀之前，兩者關係類似父子感情，但是，在「個人救命之恩」與「殺族人之仇」兩者之間是小說中的精采之處，畢荷不停地在小島是人呢？還是魔鬼的問題上反覆思考。當畢荷被通知成為一名警手時，畢荷腦海中浮起的是：

　　是他！這一定是小島巡查部長為他爭取的、安排的。除了小島，還有誰會這樣地關心他、愛護他呢？那麼自然地，小島那圓胖胖的臉、身材，在他眼前映現。那笑容好像也是圓圓的，還飽含著慈愛。還有那歐巴桑、重雄，以及那位被馘去了頭的正雄，也都一塊浮現了。（《川中島》，蘭亭版，頁 178）

　　但是這樣的一位「魔鬼」，卻是他的救命恩人，也是替畢荷介紹到令族人稱羨的警手工作。[12] 在經過反覆的思考之後，畢荷似乎有了初步的答案：

> 是因為小島是魔鬼嗎？他明明也是你的恩人。沒有他，沒有他，早就沒有你畢荷·
> 瓦利斯了。或者：因為你們「突奴」都是魔鬼？
> 畢荷猛地搖搖頭，好像要甩掉這種想法似的。他自己比誰都知道，這種話根本就是大逆不道，絕對無法說出口來。（《川中島》，蘭亭版，頁179）

　　畢荷的想法終究是慢慢地成形了：他對小島一家人有無限的感激，對於他生活與工作上的照顧的恩情，某個程度上是壓過發動二次霧社事件的仇恨。這樣的情感問題也是畢荷崇拜的花岡一郎與二郎之前面臨過的，而這樣的問題放大來看，也是殖民地知識分子共同的一份情感「困擾」吧！個人情感與民族情感有衝突的時候，以畢荷的狀況而言，若他選擇了仇恨這一邊，不就辜負了小島對他的一番盛情，有恩不報，難道不也是背離了原住民的精神嗎？但是最後，畢荷還是把仇恨壓下去，而且其實還為他找了一個他之所以為魔鬼的理由：奴突都是魔鬼，小島是因為具有日本人的身分才是魔鬼，而不是小島本身就是，這也證明了畢荷對小島及其一家人是帶有濃厚的感恩之情。

12　警手這項工作，是員警層級的最低階，當時月薪為十五圓，充當日本人的雜役，但是穿著日本員警的衣服與鞋子，過著日本式的生活，在原住民的社會充當原住民嚮往日本的指標。參見藤井志津枝，《理蕃──日本治理台灣的計策》（台北：文英堂出版社，2001年10月二版一刷），頁273。

從畢荷到阿外

　　若說《川中島》是以畢荷的角度敘述的，那高山組曲第二部《戰火》則以阿外（山下太郎），這位高砂義勇隊的一員，敘述在南洋戰場上與日軍並肩作戰的情形。畢荷與阿外大約相差十歲，霧社事件發生時，阿外不過是八、九歲的小孩子，隨著小說《戰火》的時空拉到皇民化進行的如火如荼的1940年代，更可看到同化政策的影響。

　　《戰火》以昭和十九年（1944）「川中島青年學校」冠蓋雲集，開校典禮的日子的場面為開頭，並在典禮上出現了川中島知名的佐塚昌南，這位英勇的高砂義勇隊成員，這也帶出了《戰火》這部小說是以高砂義勇隊的表現為主題，《戰火》大致可分成兩個主題：前半段是描述川中島地區十多年來的生活與形貌的改變，後半段則是高砂義勇隊在戰場上的表現。

　　這時的畢荷已經是一位公醫[13]了，在川中島是有史以來學歷最高的知識分子，而這十多年的歲月，此時畢荷的想法也有著些許的差距。或許更正確的說是心態上的差距，畢荷當初被小島與杉山慈惠考專檢或是普通文官，但他發現這兩條路根本是行不通的，畢荷想起了他所崇拜的花岡兄弟，念完師範學校，得不到應得的「國民學校訓導」，只不過是「乙種巡查」而已。花岡的不幸再一次在畢荷的身上發生，此時畢荷已不再相信日本人為他所設下的美好願景，雖然不過才二十八歲，但是現實生活的因素，《戰火》中的畢荷已不再如《川

13　公醫制度是1896年6月開始實施，由後藤新平所創，公醫是日本政府為了要解決偏遠地區的醫療問題，後藤創立的構想是：希望公醫能夠像醫療傳教士一樣負起偏遠地區的醫療責任，公醫就依據總督府指派，到各地去工作，但除了醫療之外，還要負起教導防疫、衛生觀念等等。公醫比較特別的是必須對台灣的流行傳染病很熟悉，所以公醫是讓日本時代台灣的醫療網從點到面的重要制度。請參閱莊永明著，《台灣醫學史——以台大醫院為主軸》（台北：遠流，1998年6月），頁156-158；鷲巢敦哉，鷲巢敦哉著作集II《台灣員警四十年史話》，頁392-394。

中島》中的畢荷是有朝氣的，雖然目睹日本人對族人的虐殺，但是青少年時期的畢荷依舊願意相信他是有大好光景的。《戰火》中畢荷不過經過十年，但是我們看到的畢荷，有如龍瑛宗《植有木瓜樹的小鎮》的陳友三，是一種全然絕望的心情。鍾肇政在兩部小說中，分別寫出了畢荷不同的感受。

新世代的泰雅魯

　　十多年來川中島的變化，特別是教育對新世代的泰雅魯的影響，在《戰火》的小說中的第一章，以川中島青年學校的開校典禮為背景，出現的幾乎都是在霧社事件中犧牲泰雅魯的第二代，小說中的要角阿外・他利、佐塚昌男、佐塚佐和子，首先看看鍾肇政對於他們的敘述：

　　一、阿外・他利

　　在貴賓席上敬陪末座的，也是足以教人大感驚奇的人物。要認出這人，可就不那麼容易了。但是，細心的人還是可以看出在充滿眉宇間的一股堅毅之氣的底下，還留有當年調皮、精靈的痕跡。那是三兄弟的老大阿外・他利。如今他是大大有名的高砂青年山下太郎。（《戰火》，蘭亭版，頁23）

　　二、佐塚昌男[14]

　　還有一位極「出色」的人物，是在場唯一穿軍服的人，領子上別著上等兵階章，戰鬥帽還是簇新的。此人姓佐塚名昌男，是霧

14　在《理蕃の友》中是佐塚昌雄，參見佐塚昌雄，〈戰線だより〉，《理蕃の友》，昭和十三年（1938）12月號，頁8；〈戰線だよりB〉，《理蕃の友》，昭和十四年（1939）2月號，頁3。男與雄的日文發音同樣都是お。

社一帶唯一的高砂族「在鄉軍人」。……一九三七年間，這孩子屆滿二十歲，奉召入伍，還是到內地的「故鄉」宇都宮砲兵第二十聯隊去報到的。（《戰火》，蘭亭版，頁24）

三、佐塚佐和子

倒是他的姊姊佐塚佐和子，事件後被送到「內地」進了音樂學校，成了一名歌星，三四年前回台巡迴演唱，其中一首「莎央之鐘」[15]大為轟動，榨出了無數人們的眼淚。（《戰火》，蘭亭版，頁25）

四、高峰新作（花岡新作）

新作從隊中站了出來，不算高大壯碩——這也難怪，還是個不折不扣的少年哩，不過倒的確是眉清目秀，自然中有一股英氣。那動作，不管是從隊伍中以小跑步出來的樣子，站定後的「不動姿勢」（立正）、敬禮等等，無一不是標準的「帝國陸軍禮式」，中規中矩極了。……那純正的「國語」，說得流暢極了！幾乎使

---

15 「莎央之鐘」原名是「サヨンの鐘」，是昭和十三年（1938）現在宜蘭縣蘇澳南澳利有亨社的泰雅族名叫サヨン的學生，她的利有亨社教育所老師田北正記收到召集令，サヨン自願在河水暴漲的危險狀態下，替老師扛行李，而サヨン卻在涉過溪水從橋上跌落到溪水中，最後只打撈到田北的行李，並沒有找到サヨン，因而サヨン被認定溺斃。這位十七歲的泰雅少女為了老師而犧牲性命的消息在9月27日的《台灣日日新報》有一則標題為「蕃婦跌落溪流，行蹤不明」的簡短報導，這樣的故事當然是台灣總督府宣傳的好材料，多位官員都曾到サヨン的家中慰問，特別是第十八任的總督長谷川清在昭和十六年（1941）4月14日，為了表彰サヨン的愛國行為，特別製作了一隻銅鈴狀的鐘給利有亨社以資紀念。這樣的故事又特別邀請當時紅透半邊天的李香蘭主演，更增加此故事的效用。關於サヨンの鐘，請參見周婉窈，〈「莎勇之鐘」的故事及其周邊波瀾〉，收於《海行兮的年代——日本殖民統治末期台灣史論集》（台北：允晨出版社，2003年2月），頁13-16。〈愛國乙女サヨンの鐘〉，《理蕃の友》，昭和十六年（1941）9月號，頁5-8。《台灣日日新報》，昭和十六年（1941）9月29日，第七版。

人不敢相信，在深山僻地，也有這麼了不起的小孩。(《戰火》，蘭亭版，頁29)

首先從這幾位在泰雅魯眼中傑出的青年，可以看出他們評判的標準逐漸改變中，從傳統馘首的數量多寡，到現在以身為高砂義勇隊、進入日本內地歌壇為榮，特別是阿利，他的父親在霧社事件中為日本人所殺，母親自殺，這樣心境的轉變，及其內心的掙扎又有些類似。

作者接著再從「景」出發，經過十餘年川中島在社眾的辛勤耕作下，呈現出完全不同的風貌：

> 站在所前台階上，往正面望過去，便可感覺出，歲月確實給這各地方帶來了幾許變化。田裡禾苗長得相當高了，一片碧綠，與遠方山巒的蒼翠，適成鮮明對比。……唯獨原先那些茅草頂的破陋「改良蕃屋」，全部失去了蹤跡，取代的是一棟棟小巧玲瓏，看起來十分牢靠的房子。屋頂是「日本瓦」，外牆是水泥基、木板牆，屋裡的地板還是打水泥的。……換一種說法，他們在熬過了最初的幾年艱辛歲月之後，終於漸漸有了能力，來蓋成這種相當不錯的住宅。他們的確是從那以後有了較為安全的生活。(《戰火》，蘭亭版，頁25-26)

在這裡鍾肇政一開始描繪的川中島與一般歷史強調日本苛政的筆法不同，他選擇這樣的開場白，閱讀上是正面的筆調，不過從以下的情節，隨著畢荷、阿外、林兵長等人將小說的場景拉到南洋戰場上的時候，就原住民來說才是真正平等的被對待。

絕望中的出口

《戰火》前半段中，畢荷心態的轉變最值得探討，這時的畢荷已經是一名地位崇高的公醫了，但是就畢荷而言，這樣的工作是他想要的嗎？我們可以參照畢荷的回憶來做個比較：

> 他是靠幾本「中學講義錄」，完全獨學自修打起了基礎。起先，他的目標是「專檢」，——有了這樣的學力，也可以去考「普通文官」，乃至再進一步攻「高等文官」。考取「普文」，那就有「判任官」的任用資格，萬一「高文」也及格，那就真不得了，有被任命為「奏任官」，也就是「高等官」的資格。（《戰火》，蘭亭版，頁38）

畢荷做為泰雅魯的知識分子，雖然也受到小島源治、安達健治等人的幫助，但在殖民體制下，做為一個日本統治者最鄙視的「生蕃」，畢荷在另一個面向上，他更能體會到不平等的待遇與統治方式：

> 然而，他漸漸地明白了這兩條路幾乎都是絕望的。顯而易見，一個高砂族，絕無可能得到符合資格的任命。……一年過去了，兩年過去了，三年也過去了。這其間，所裡的甲種巡查走了，也來了新的，就是沒有高峰浩的份。（《戰火》，蘭亭版，頁39-40）

而這樣的心態是境遇是普遍存在於當時的知識分子上的。但是畢荷繼續的努力，走向公醫這樣的路途：

> 為了工作上的需要，常常與中原社[16]的公醫接觸，他於是發現

到有另外一條可能的出路，就是考「現地開業醫」。這是靠檢定
而取得開業資格的醫師……這一次的奮鬥，足足繼續了五年之
久，在昭和十七年（一九四二）被任命為中原社公醫。[17]（《戰火》，
蘭亭版，41-42）

其實當公醫並非畢荷的本願，在《戰火》中畢荷雖然三十歲不
到，但是在追求理想的過程中，深刻體會到差別待遇，以畢荷的地位
都如此不公平，更何況是一般社眾呢？他們深受勞役、工作上、求學
上的不平等對待，找不到出路。

高砂義勇隊剛好提供了這樣的一個機會，一個出口，特別是高砂
義勇隊的戰場是遠在太平洋的小島上，提供了發揮他們所長同時也是
壓抑許久的心情，當阿外移到摩羅泰島，在這原始森林裡，其實更像
他們的故鄉：

不知誰說出來的，這裡比原來的地方更近故鄉了。不少夥伴還

16　昭和十四年（1939），日人在日月潭發電工事第二期完工後，為引入濁水溪的溪水至日
　　月潭，興建了萬大水庫，原居於此的巴蘭社群的耕地遭到淹沒，日人又將巴蘭社群的
　　族人遷到北港溪中游台地，取名為中原社。參閱鄧相揚，《風中緋櫻——霧社事件真相
　　及花岡初子的故事》，頁131。

17　在真實人物畢荷日後的回憶錄中還提到：在但我尚不恢心斷念做官、改變希望、向日
　　人主管請願要從事醫療工作，准我拜師武界診療所醫師川內良田市學習防虐工作、由
　　此以後盡最大努力可以說不眠不休、研究醫療業務、有時往台灣大學醫學部參加醫療
　　技術講習會結識醫界人士……在這樣苦學過程中、日政府也認定我對工作異常認真學
　　習也確有心得、民國二十八年（昭和十四年）升任雇員民國三十年（昭和十六年）再升
　　任台中州巡查也是從事山地醫療保健工作，但我並不喜歡做員警官做日警走狗、再奮
　　再勵研習醫療專業、民國三十一年（昭和十七年）應考台灣總督府第二屆乙種醫師試驗
　　三百餘人應考者中傍名前茅合格在內、我即決心辭去巡查職務、同年同月就任台灣公
　　醫專業醫療工作。引自ピホワリス（高永清）著，加藤実編譯，《霧社緋桜の狂い咲き
　　——虐殺事件生き殘りの証言》（東京：教文館），頁179-180。

為此表示欣喜。（《戰火》，蘭亭版，頁132）

　　也因為更像故鄉，對原住民而言，更容易讓他們發揮所長，在原始森林中作戰反而讓原住民與日本殖民與被殖民的關係剛好是逆轉過來，原住民在此不但受到他們所認為的一視同仁，更進一步，指導起平日地位高於他們的日本兵：

　　「小隊長殿，你的劈刺的劍道，在部隊裡是第一，學問也好，是鬼軍曹、鬼曹長，我們都承認，但在這樣的山林裡，我敢說還不行。山是我們高砂族的天下哩。」……

　　「是這樣的。看看附近的幾棵比較大的樹，不是那方向的樹枝較大較茂盛嗎？這就是東和南啦。這個方向，是北，是枝椏最小的。細細看，就可以看出來了。」……

　　「有的。我除了地形觀察以外，時時留心著，有什麼可以吃的？有多少？如何弄到手？」（《戰火》，蘭亭版，頁145-148）

　　原本居於領導地位的日本軍曹長，到了沼澤叢林區有再好的武器裝備，一切都派不上用場，如不能判斷方向、找不到食物來源，而這種最基本的求生技術卻是原住民最擅長的。使得和田曹長也不得不為自己過去輕視「生蕃」而感到慚愧不已：

　　「明白了。」和田曹長把小隊長的威嚴一古腦摔脫了，感動地說：「我都能相信你了。你們真是好部下，也是不折不扣的帝國軍人了。你們是我所看到過的最純真、最誠樸，而且是最忠心、最勇敢的一群。能跟你們在一起，這是我的幸福哩。」……

　　「是我衷心的話，一點也不假。說出來是很見笑的，過去我祇知道你們是台灣深山裡的野人，而且是馘首族。不少人都以為不

小心會被你們把頭給砍去了。真是大錯特錯了，慚愧！」（《戰火》，蘭亭版，頁149-150）

對於長期受到不平等待遇的「蕃人」聽到和田曹長這一番話，必能更增加高砂義勇隊對日本的認同，但也只有在戰場上，他們才能體會平等的待遇，與在高山完全不同。阿外完全感受到在高山與日本員警的關係是「主奴」，並且是不被當成人看的奴隸。然而在軍中，軍階分明，對每一個兵都一樣，不會因為你是日本人、高砂族、台灣人而有所不同。高砂族與日本人完全平等了，這是他們最大的心靈慰藉，也是驅使他們願意為日本天皇、日本帝國犧牲的原因。（《戰火》，蘭亭版，頁153-154，181）

除了能得到平等對待之外，原住民更進一步表現出高於內地人的企圖心，鍾肇政特別塑造出布農族出身的林兵長，有意無意在「炫耀」著原住民與生俱來的優勢：

嚴厲的掃蕩，使摩羅泰的白天成了美軍的天下；神出鬼沒的挺身攻擊，形成高砂族人在夜裡揚眉吐氣。高砂族兵真可以傲視整個南洋戰場上的日軍。不僅執行作戰任務時如此，就是非戰鬥時間，他們也可以表現出驚人的適應能力。他們來去自如，行動快如閃電。他們巧妙地捕捉山野裡的野獸及河裡的魚族，所以極度的糧食缺乏所造成的飢餓也難不倒他們。（《戰火》，蘭亭版，頁226）

在這之前，林兵長向和田曹長說明如何辨別方向，如何獲取食物來源，在阿外看來都是帶有炫耀高內地人一截的意味。文中強調日本兵對高砂族能「輕易」發現地雷，找到安全的路感到不可思議時，對

阿外與林兵長等等來自慣於打獵的民族是理所當然，鍾肇政在南洋戰場上的描寫，與其說寫出了高砂民族的血淚生活，不如說是寫出了高砂民族在南洋戰場上的解脫，所得到的平等待遇與內地人一較高下的機會。

在霍米‧巴巴（Homi K. Bhabha）的後殖民論述中，殖民主與被殖者之間不全然是上下絕對的關係，往往殖民主和被殖民者的關係相當含混矛盾。殖民政權看似無所不能，它仍無法完全掌控被殖民者，阻止其嘲仿（mimicry）或撥用殖民主的形象及權威。霍米‧巴巴打破傳統殖民／被殖民，主人／奴隸二元穩定結構。而強調雜種文化如何透過生產創造的方式顛覆種族純淨性與文化優先權。[18]有時看似在底層的被殖者反過來去影響殖民主，站在殖民主的頭上。另外，霍米‧巴巴也強調殖民主與被殖民者相互滲透的過程，也就是殖民主體間的揉雜（hybridity），這種過程其實就是一種逆轉策略。在《戰火》的小說中，鍾肇政筆下的林兵長與他的上司和田就是如此，或者說高砂義勇隊皆是如此。高砂義勇隊在戰場上的表現反而優於他的殖民主，而逆轉了被殖民的地位。

結論

鍾肇政的高山組曲《川中島》與《戰火》如實地描述了在霧社事件後，殘存的泰雅魯的生活，鍾肇政其實並沒有花太多心力在川中島地區生活的狀況，他藉著前後兩代泰雅魯的知識分子的眼睛來觀察「無形的戰火」，高砂族與日本統治者無形的競爭，在《川中島》中，日本統治者靠著有利的政治地位、優越的武力與教育同化方式，日本的帝國文化逐漸侵蝕著泰雅族的傳統文化，特別是小說中的主角畢

18　黃宗慧，〈雜的痛苦與／或雜的希望——從巴巴的揉雜理論談起〉，《英美文學評論》2期，1995，頁87-88。

荷，看到人頭覺得惡心、這已經很明顯被日本教育所影響，回頭質疑泰雅鹹首文化的意義。在《川中島》的畢荷是一位18歲青年，在日人小島源治巡查、安達健治等人的安排下，正準備往理想的仕途大步邁去。但同時，這群恩人，卻同時又是策畫第二次霧社事件殺害他同胞的「魔鬼」。

在《川中島》中出現的原住民與日本員警的關係是主奴關係，泰雅魯的被不合理的勞役、制度所壓迫，然而在時空拉到1940年代戰爭末期的川中島，許多在兩次霧社事件中犧牲的泰雅魯的第二代，在「志願兵」的風潮下，爭相寫血書，熱切地想成為高砂義勇隊的一員。鍾肇政非常精確地描繪出這批高砂義勇隊在戰場上渴望獲得平等待遇的心態，甚至是要比內地人更像皇軍的心理像。在摩羅泰島上，來自布農族的林兵長，可說是最典型的例子，不管是否在戰場上，他的表現讓內地人開始反省過去對高砂民族只是鹹首族的看法，他的表現比日本人更優異。

呂昱認為在《戰火》的結尾之處的寫法對於人性過於信賴，對於歷史延續的命運太過樂觀，是一個不成功的休止符。[19] 但是，以這群在戰場上通過考驗的原住民，經歷過這次戰爭帶給他們的不只是悲傷的部分，他們在戰場上優於內地軍的表現，帶給他們相當的信心，就如同鍾肇政形容林兵長：「林兵長會活過去的，並且也像過去的好長一段歲月那樣，他必定是個最堅強最勇敢的生存者。」（《戰火》，蘭亭版，頁280）

《川中島》與舞鶴的《餘生》；《戰火》與《活著回來》（原名：《獵女犯》）的創作題材相似，但是視角卻不盡然相同，《川中島》是以荷戈社出身的秀異分子畢荷為出發點，舞鶴是以霧社事件殘存下來的社

---

19 呂昱，〈歷史就是歷史──評鍾肇政的《戰火》〉，收於「高山組曲」‧第二部‧《戰火》，頁484。

眾為資料而寫成《餘生》。《活著回來》則是陳千武的血淚經驗，鍾肇政藉由多次到川中島的訪問，當然也訪問了最重要的畢荷，而完成了這樣的作品。在完成作品後數年，由於新的資料的出土，鍾肇政對這高山組曲的寫法也產生不同的看法，[20]也許不像《濁流三部曲》是自傳性的小說，鍾肇政必須建立在其他資料上，所以當有新出土資料時，鍾肇政心裡必定有另一種的寫法。在「高山組曲」的〈自序〉中，鍾肇政有所遺憾地寫道：

> 其實，在我的計畫中，「高山組曲」應該是三部曲的構成，易言之還有最後一部未曾下筆。當時，是打算一口氣寫完的，可是到了第二部《戰火》完成，我發現到第三部的資料還不全──豈啻不全，可以說種種缺漏到了比比皆是、無以下筆的地步，於是我祇好在《戰火》脫稿後，暫告一段落。在第三部裡，照預定是要寫到光復後的激盪時代，我甚至也排定了到若干深山地區去訪問、調查的日期與步驟，都因為種種緣故，未克實行。如今，算是時過境遷，而阻礙我前往的因素仍在，故而我這第三部依然懸宕著，下筆之日，遙遙無期，使我那再次到山裡去流浪的思念，魂牽夢縈，無時獲釋。[21]

在鍾肇政完成《川中島》與《戰火》之後，有三份重要日文史料出土，[22]而且這三份史料幾乎都否定了鍾肇政筆下的「畢荷像」。雖然

20　鍾肇政，〈霧社的真實──兼介阿烏伊·黑巴哈《證言霧社事件》〉，《自立晚報》，民國77年11月3日。另收於鍾肇政全集21《隨筆集（五）》（桃園：桃園縣文化局，民國91年11月），頁222-229。

21　鍾肇政，《川中島》、《戰火》之〈自序〉（台北：蘭亭，1985年4月），頁4。

22　這三份即是阿威赫拔哈口述的《阿威赫拔哈的霧社事件證言》，ピホワリス著，加藤実編譯，《霧社緋桜狂い咲き──虐殺事件生き残りの証言》以及《理蕃の友》。

鍾肇政成功地描繪出一個在泰雅與日本文化之間的原住民知識人的苦悶與無奈，但恐怕也有些仍待他進一步處理的複雜面向，必須進行更深入的訪問調查。可惜最後終沒能實行，以致高山三部曲缺少了壓卷之作，這是鍾肇政的遺憾，也是台灣文壇的遺憾，仍有待於後起之秀繼續未竟之業。[23]

　　本文原發表於《大河之歌：鍾肇政文學國際學術會議論文集》，桃園縣文化局，頁189-214。

參考書目與文獻

中文書目

陳宏銘、莊紫蓉、錢鴻鈞編輯，鍾肇政著，《鍾肇政全集21：隨筆集（五）》。桃園：桃園縣文化局，2002年。

──，《鍾肇政全集9：川中島‧戰火‧靈潭恨》。桃園：桃園縣文化局，2000年12月。

藤井志津枝，《理蕃：日本治理台灣的計策》。台北：文英堂，2001年10月。

鄧相揚，《風中緋櫻：霧社事件真相與花岡初子的故事》。台北：玉山社，2000年。

莊永明，《台灣醫療史：以台大醫院為主軸》。台北：遠流，1998年。

鍾肇政，《川中島》。台北：蘭亭書店，1985年。

23　本文初稿完成，賴國立成功大學歷史學系博士生林瑛琪，初步整理小說內容與歷史實材，迭經平日課堂上的理論探索、討論，始克成稿，特此致謝。

鍾肇政，《戰火》。台北：蘭亭書店，1985年。

周婉窈，〈「莎勇之鐘」的故事及其周邊波瀾〉，收於周婉窈著《海行
　　兮的年代：日本殖民統治末期台灣是史論集》。台北：允晨，
　　2003年2月，頁13-31。

錢鴻鈞，〈高山組曲第二部《戰火》：日本精神與塞達卡精神〉，《台
　　灣文藝》179期，2001年12月，頁44-77。

——，〈高山組曲第二部《戰火》：日本精神與塞達卡精神（續）〉，
　　《台灣文藝》180，2002年2月，頁94-111。

——，〈解讀鍾肇政作品《戰火》〉，《台灣文學評論》2：3，2002年7
　　月，頁136-143。

黃宗慧，〈雜的痛苦與／或雜的希望：從巴巴的揉雜理論談起〉，《英
　　美文學評論》2期，1995年，頁87-100。

呂昱策劃，陳丹橘整理，〈山地文學發展的可能性：「高山組曲」討
　　論會〉，《台灣文藝》97期，1985年11月，頁191-203。

林德政，〈霧社抗日精神的延續：評介鍾肇政著「川中島」〉，《文訊》
　　19期，1985年8月，頁92-97。

日文書目

中島利郎、吉原丈司（編）、鷲巢敦哉（著）『鷲巢敦哉著作集II
　　——台灣警察四十年史話』東京、2000年12月

台灣總督府警務局理蕃課（編）『理蕃の友』東京：綠蔭書房、1993
　　年10月

ピホワリス（高永清）著、加藤実（編譯）『霧社緋桜の狂い咲き－虐
　　殺事件生き残りの証言』東京：教文館、1988年1月

近藤正己『「理蕃の友」解題——「理蕃政策大綱から皇民化政策へ」
　　——理蕃の友（1別冊－解題・總目次・索引）』東京：綠蔭書
　　房，頁3-14

霧社事件裡的身體與暴力

丁若柏（Robert Tierney）

（林芳如、侯弋颺 譯）

　　1930年10月27日，賽德克族於當時做為同化模範的霧社，殺害了134名為參與運動會而聚集的「日本人」（包含兩名被誤認的本島人）。日軍做為反擊所發起的報復性攻擊，更導致千餘人死亡。關於霧社事件的理解，歷來多著眼於其代表野蠻教化任務的破滅與日本殖民政策破產的一面，但在日本作家所書寫的文學作品中，傾向於描寫原住民反抗者天真無邪的「原始」，而非他們血腥的「野蠻」。中島地平於1939年發表的短篇小說〈霧之蕃社〉中，對殖民制度下原住民所懷抱的憤懣不平提供了歷史性的考察，但卻將原住民拒絕強加其上的文明教化並選擇走向野蠻的根本原因歸結為生理狀態的失衡。1935年，大鹿卓的〈野蠻人〉則將霧社事件中的暴力詩意化，小說中「野蠻人」所指的是一位派駐殖民地的年輕日本員警，他藉性越界（sexual transgression）與暴力發洩內心衝動。他雖然游走於野蠻，卻反對原住民妻子與日式生活同化。1960年，吉屋信子的短篇小說〈蕃社之落日〉，由女性山地傳教士的視角述說霧社事件。與前幾部小說相似，主角為一名年輕原住民男子的身體所著迷。這名男子事前警告她逃離霧社，最後在暴動中殞命。在這篇論文中，我將檢視描寫1930年霧

社事件的日語文學作品裡與血液傳承及先天決定論相關的書寫。重點是，這些作家對先天決定的態度不無矛盾。表面上看似擁護先天決定論，卻不乏對先天身體論的懷疑，特別是以服飾與膚色做為定義原始核心內涵的不信任。他們作品中對表象與穿著的論述削弱了血做為連結的必然，暗示所謂的「原始」或許僅是表面偽裝，藉以掩飾實質的空蕩無存。

日本殖民論述中「原始他者」的形象

在《原始激情》一書中，瑪麗安娜・托爾賈夫尼克（Marianna Torgovnick）寫道：「二十世紀初，當一個生活無虞的男人對他的男性氣概或健康產生焦慮，或對現代世界適應不良，有個處方蔚成主流──前往非洲、南太平洋，或任何被認為屬於『原始』的異國。」[1]此書中關於西方生活無虞者的說法，同樣亦適用於日本作家。因為後者不但表現出相似的鬱悶，更進一步將「原始性」聯繫為被殖民者先天身體繼承的特質，而不是來自文化本身。原始身體帶來活力、健康，與生命力，正與殖民者因文明消耗而神經衰弱的身體做為對比。原始族群只為強烈甚至暴力的欲望、甚至智力與意志無法駕馭的直覺所驅動。最重要的是，他們無法被殖民同化政策控制或受文明影響而轉變。他們被禁錮於自己的身體，不能改變也無法進化，天生的生物性決定了他們的命運。

與原始身體相關的論述，常見於許多以霧社事件為主題的文學作品。1930年，由賽德克族原住民發起，無差別攻擊日本男人、婦女和兒童的這起原住民動亂事件，是日本殖民台灣五十年間程度最為嚴

1　瑪麗安娜・托爾賈夫尼克（Marianna Torgovnick），《原始激情：男人・女人・狂喜追求》（*Primitive Passions: Men, Women, And the Quest for Ecstasy*）（芝加哥大學出版社〔University of Chicago Press〕，1997），頁23。

重的叛亂。由於事件發生在堪稱日本殖民文明政策象徵的模範村莊，主事者又來自最融入同化政策的部落之一，讓這起事件在日本國內引起高度關注與激辯，直接導致台北首要的兩名殖民行政長官下台。日本軍方於後續數月更大量投入空中武力、毒氣瓦斯等現代軍事武器強力鎮壓。

雖然這些「叛亂分子」成為殖民政府以武力強制鎮壓的對象，但在許多日本人的認知中，他們卻是原始活力與淳樸價值的象徵。托爾賈夫尼克指出，西方關於原始的修辭中，有兩種言說並行不悖：一種是以聯繫「我們」與「我們試圖看作他者的『他們』」之間關係為目標的「欲望」論述，另一種是殖民者以教化被殖民者為目的的「控制」論述。[2] 從日本當時再現台灣原住民的論述來看，我們或許亦可發現相似的雙重性和矛盾態度。孩童、婦女與戰士，做為三種再現未開化他者的基本典型，各自隱含著與之互補的對應物：成人對比於未開化的小孩、丈夫對比於原住民妻子，以及現代國民對應於傳統武士。就像時間旅行一般，對原住民的懷舊想像，讓來自殖民地的成人尋回早已失落、沉睡於身體裡的童年。在原住民妻子身上，日本男性尋得順從而得以重申其男性氣概和建立互補的羅曼史關係。在原住民勇士的驍勇之中，現代的日本公民得以重新「發現」日本的過去。簡言之，成長與歷史轉變的過程，使現代身體在時間和心理上都和野蠻產生了距離。

1931年，霧社事件後，台灣總督府警務局理蕃課為了推動殖民政策的改革，發行了《理蕃之友》雜誌。專欄中有不少由駐守隘勇線的員警執筆的文章，其中常有形容原住民為居住於原始仙境，「無邪而純潔」的孩童及「令人憐愛的生物」的描述。一篇介紹泰雅族的文章寫道：「如果不是受到世間的負面影響，（他們）絕對是不懂得算

2　同前引，頁 245。

計狡詐、非常單純和正直地成長的一群人。我不禁感到，我們才是一群招人憎惡和值得憐憫的人。他們不耍花招，嚴加管束」[3] 這種對高山族的烏托邦想像，與早期日本官員視原住民為「無知難馴」、亟需政府嚴加管理的態度恰成對比。由此可看出，帝國中心不僅在觀念上對童年的認知有所改變，更出現將其引申為「原始」，意即人類童年狀態的傾向。

另一方面，在早期殖民階段，日本員警藉由與部落首長之女之間的策略性通婚，建立深入部落的觸角。後期在書寫部落的作家筆下，原住民女性則成為內地男性高山困苦生活中的療癒泉源與情感庇護。如中村地平在《蕃界之女》中，描寫來自東京、苦於精神衰弱的藝術家為一名「渾身滿溢著柔軟與力量、動物般的生命力充溢於身體每個角落」[4] 的原住民女子所吸引。在這篇小說中，野蠻總是洋溢著旺盛的健康氣息，而文明卻一直與神經衰弱症為伍。

另外有些作者擁護的是部落的男性英勇與武士道精神。1895 至 1920 年代活躍於台灣的人類學家森丑之助，如此讚揚部落中的武士道精神：

> 他們不但英勇地挺身反抗意圖征服他們的敵人，甚至在明知將被殺死、擊敗、失去武器而無法抵禦，或反抗終將無功而返的情況下，仍使盡全力戰鬥到最後一刻。在他們的觀念裡，土地是歷代祖先奮戰保護而來的，因此面臨其他原住民部落或種族的迫害或攻擊時，全力保衛祖先留下的土地是他們的責任。[5]

3　山路勝彥，《台灣の植民統治：〈無主の野蠻人〉という言說の展開》（東京：日本図書センター，2004），頁 100-101。（譯者註：根據山路勝彥一書，原文應為總督府林業技士賀田直治於 1914 年的報告書所寫。）

4　中村地平，〈蕃界の女〉，《台灣小說集》（東京：ゆまに書房，2000），頁 213-214。

5　森丑之助，《台灣蕃族志》，臨時台灣舊慣調查會，1917，頁 24-25。

即使是採取武力反抗日本統治的時候，許多原住民寧自殺也不願不名譽地苟活的決心，仍受到不少日本人尊敬。而日本人將原住民視為傳統武士的方式，亦等同於使前者脫離其自身的歷史，將其認定為日本早期現代性的階段，重新安置於日本的歷史脈絡之中。

中村地平對霧社事件的解析

前述的霸權話語（hegemonic discourse），亦常為1930年代的作家們在書寫霧社事件相關文學作品時所借用。1939年，曾於1930年代在台灣就讀高中並在其晚年回到台灣居住的中村地平，以台灣原住民為主題發表了數篇小說，包括首部以小說方式書寫霧社事件的〈霧之蕃社〉。中村地平是日本浪漫派的成員，《總督府蠻族調查報告書傳說編》一書中亦收錄他所抄寫的原住民口述傳說。[6]他於1930年代末返回台灣，此時的原住民早已被「靖綏」，「蠻荒邊境」如今也被改造成了休閒和旅遊勝地，供遊客洗溫泉澡和在新設立的國家公園裡遠足。1939年，他將好幾篇小說的背景設在了台灣原住民地區，其中就包括描寫霧社事件的〈霧之蕃社〉，而這篇小說也成為他於1940年根據牡丹社事件[7]而創作的〈長耳國漂流記〉的先聲，原因是作者始終遊走於揭示歷史真實的編年史風格與小說本身的心理分析和敘事風格之間。故事以第三人稱敘述，雖然沒有主人公和敘事視角，但卻不乏歷史記錄中所常見的對緣由所做的解釋和推測。

6　〈人類形成〉（原文：〈人類造成〉）和〈太陽征伐〉皆經重印收於中村的《台灣小說集》中。受德國浪漫思潮影響，中村認為神話是文學的最高形式，因為它最清楚地反映特定文化的民族和地區認同。詳見岡林稔，〈後記〉，《台灣小說集》（東京：ゆまに書房，2000），頁4。

7　在牡丹社事件中，一艘載有75人的沖繩船隻在台灣東部海岸傾覆，54名倖存者被原住民殺死。1874年，日本明治政府派遣軍艦討伐殺害船員的「野蠻人」，並重申日本對琉球王國的控制。

　　〈霧之蕃社〉中對霧社事件的敘述，基本上和官方說法相去不遠，差別在於小說在調性上對原住民有更多同情。關於事件領導者莫那‧魯道，他的妹妹幾十年前被日本員警拋棄，因此立場轉變，成為殖民統治的反抗者，其心理狀態與動機在小說中有相當仔細的描繪。如阮斐娜所言，此小說對導致原住民領袖挺身反抗的重要生活事件提出闡釋，因而成功地還原「暴動中的人性」。[8]可惜的是，由於中村將創作的焦點放在個人心理動機的解讀，不免對致使事件形成的結構性與象徵性的暴力有所忽略。事實上，在官方本身甚或批判官方的論述中，都不乏關於歧視、強制勞動，和原住民妻子遭日本丈夫拋棄等結構性因素的討論。而在霧社之後，如「生蕃」這類歧視字眼被較為中性的「高砂族」取代等措施，也表現出官方對語言象徵暴力的理解。相較之下，中村較不關注反抗者的集體憤懣與政治動機，而是更聚焦在他們的身體上。

　　對中村來說，霧社事件意味著肉體和心靈上往「人性初始階段」的退化。或更具體地說，暴力代表在日本同化政策裡受壓抑的底層長期鬱積的精力與衝動的最終爆發。不過，在如此模式下，一般來說應會帶來回復年輕精力的效果，中村卻形容這是走向衰老的過程：「恐怕是日本的理蕃政策太過成功，在他們的素樸野性逐漸轉向文明之際，屈服與衰弱是迫不得已的結果。蕃人之族的凶暴性與原始力，和初老的婦女逐漸失去女性生理機能一樣，已從頂點開始逐漸下降了……（略）從而，如同眼見自己年華逝去的婦女，因對青春的嚮往與執著而產生的生理性焦慮煩悶，時常會做一些脫出常軌的事。蕃人們也是受到那燃餘的、如殘燭一般的野性和凶暴性驅使，進行了最後

8　Kleeman, Faye Yuan. *Under an Imperial Sun: Japanese Colonial Literature of Taiwan and the South. Honolulu,* HI: U Hawaii Press, 2003, 30.（阮斐娜，《帝國的太陽下：日本的台灣及南方殖民地文學》〔台北：麥田，2010〕。）

一場與文明的絕望之戰——這是一種不適合他們天性的生活形式。」[9]
有趣的是，當大部分作家都強調叛亂分子戰士般凶暴的一面時，中村
卻將他們的反叛行動陰性化，以女性更年期為類比，將叛亂貶為非理
性的、本能式的情感宣洩。而文中其他關於颱風和火山爆發的比喻，
更削弱了行動本身的政治與歷史意義。

　　即使如此，中村本人亦對邏輯上的薄弱有所自覺，知道這不足以
完整解釋叛亂發生在做為模範村莊的霧社，且由同化程度最高的泰雅
族人起事的原因。事實上，他亦承認這起原住民叛亂並非僅是退化的
表現，尤其看到原住民為了進行如此複雜的軍事行動所表現出的「非
凡的團隊合作、規畫和保密的能力」時，他表示「內地的相關人士皆
不得不由衷感嘆，賦予他們的文明卻帶來如此諷刺的結果。」[10]換句話
說，中村地平亦同意事件的根本原因與其說是無法抑制的本能爆發，
毋寧說是日本殖民政策本身間接導致的結果。中村解釋原為同化政策
榜樣的花岡一郎和二郎之死時，即是遵循此邏輯。兩位花岡並非血緣
上的兄弟，但可說同為日本殖民制度之「子」：一路接受日式教育，
成人以後成為員警。霧社事發後，許多日本人都對這對「兄弟」在事
件裡的位置相當困惑。究竟他們是參與策畫整起事件的叛徒，或是因
無力阻止族人而引咎自殺的始終效忠於天皇的忠貞子民？

　　中村地平謹慎地在兩種相反理論之間取得平衡。他將兩位花岡描
寫成不斷被對族人的愛（「人情」）與對國家的社會責任（「義理」）兩
種相反方向拉扯的人物。從穿著到自殺儀式，都表現出這兩個方向的
分歧。準備自殺之前，兩人皆脫去原住民服飾，換穿日式服裝，卻選
擇了不同的自殺方式——著日式正裝的一郎切腹，二郎則遵循原住民

9　中村地平，〈霧の蕃社〉，《台灣小說集》（東京：ゆまに書房，2000），頁39。（譯者
　　註：譯文引自郭凡嘉譯，邱雅芳監修，〈霧之蕃社〉，《聯合文學》323期，頁66。）

10　同前引，頁42-43。（譯者註：同前引，頁67。）

傳統，縊死於樹林。一郎之死成為他實踐文明的表徵，如小說中某一角色所言：「一郎的切腹不正是教育的結果嗎。」然而，更重要的是，切腹是屬於日本過去的儀式：

> 身穿銘仙織物的單衣、頭綁白絲卷的一郎，以一尺五寸長的日本刀先砍下了孩子的頭，接著自己切腹自殺。其後彷彿為了紀念他似的，身穿日本和服的妻子將孩子放置在自己和丈夫之間，隨後自刎而死。[11]

　　兩位花岡之死的背景情況淡化了他們參與霧社事件的實際動機。他們倆雖畢業於培養教授的台中師範學校，但卻因為並非日裔而沒有得到晉升。這種在工作中所遭受的歧視待遇原本應該成為他們反叛日本殖民政府的動機。於是最終，這個場景象徵的並非花岡一郎從野蠻人到現代國家公民的轉化，而是他如何成為遵循日本傳統武士文化的「神聖野蠻人」。總結來說，中村地平的作品主要運用血、本能和無可抵禦的自然命運的論述，來解釋霧社事件的發生。不過，在討論軍事行動前的縝密規畫時，中村亦透露出對先天生物決定論的質疑與曖昧。於先決身體論之外，他對於服裝做為原住民認同的一種標示和象徵亦有所關注，尤其顯現在他對兩位花岡之死的描寫。

日本人的「黑暗之心」

　　大鹿卓（1898-1959）於1935年創作了《野蠻人》，這部描寫一個日本人來到台灣原住民地區「同化」的小說從1,218個參選篇目中脫穎而出，被《中央公論》選為最佳，刊登在二月期上。大鹿卓是享有盛名的詩人金子光晴的弟弟，1898年出生於愛知縣，家裡從事清

11　同前引，頁60。（譯者註：同前引，並參照原文修改略有出入之處，頁71。）

酒釀造，頗為殷實。他的一部分童年時光是在台灣度過的。通過哥哥
的關係，他參加了各種詩歌團體，並發表了一部名為《兵隊》的選
集，但他最為人知的還是一系列講述台灣故事的小說。《野蠻人》是
他創作的最著名的作品，雖然他在其中含蓄地批評了日本對原住民的
政策，但卻無意對原住民起義的政治根源進行解釋。和〈霧之蕃社〉
不同，大鹿卓的短篇小說〈野蠻人〉並未直接對霧社事件提出解釋，
而是將故事背景設定於霧社事件發生十年前的薩拉矛事件。即使如
此，這本發表於1935年的小說，仍明顯可看出是做為霧社事件的回
應而寫。小說標題裡的「野蠻人」，指向的也並非屬於「他者」的原
住民，而是挖掘內心野蠻的日本英雄。大鹿卓的主人公顯然與那些想
要在非洲、南太平洋和南美洲尋求肉體和精神重生的西方作家有某些
相似之處。文學評論家川村湊曾指出，將「野蠻人」納入帝國之後，
日本人亦開始往內探索「野蠻性」。[12]

　　山口正孝（Yamaguchi Masao）將大鹿卓的《野蠻人》比做日本的
《黑暗之心》。[13]由於大鹿卓很可能並未讀過康拉德的這部小說，因為
我們還不能說他是有意要把康拉德作品的日本版本創作成為對帝國主
義的諷刺和撻伐。康拉德的那部作品在敘事和情節方面層次複雜，因
此寓意含混。如果說「日本的《黑暗之心》」這一說法仍不乏道理，
其原因並非在於作者的創作意圖，而是在於作者進行創作的話語環
境。實際上，在當時的日本話語中，日本針對那些「野蠻人」所進行
的教化使命與西方國家在非洲的教化使命是並行不悖的。人種學者伊
能嘉矩將台灣的腹地描繪成「闇黑台灣」（ankoku Taiwan），由此將自
己視為亨利・莫頓・斯坦利（Henry Morton Stanley）這一類的歐洲

12　川村湊，《南洋・樺太の日本文學》（東京：築摩書房，1994），頁35。

13　文化人類學家山口正孝在與山村湊和Karatani Kojin進行對話時作出了這個比較，〈帝國主義與現代日本〉，*Shinpojiumu I*, Tokyo: Ōda Shuppan, 1994, 21。

人，而將台灣原住民與黑非洲的「野蠻人」等量齊觀。大鹿卓在寫作這部小說時，他有可能汲取了這種有關「黑暗」和「光明」、文明和野蠻的現成話語，因為它們已經進入了人們的日常生活。

　　小說中確實反映出對理蕃政策與日本現代文明日益增長的幻滅。發表〈野蠻人〉的同一年，大鹿在日本內地《行動》雜誌上刊載短文〈泰雅族的生活〉，其中描述泰雅族的方式，與前面曾提及的殖民員警頗為相似。他形容泰雅族人：「……維持著符合他們天性的生活方式……，有著純潔的心和素樸本性，心中沒有任何不正當的存在，……對於心靈已受到文明腐蝕的我們而言，有這些與我們共處於同一國度，仍保留著原始生活形態的人存在，是相當珍貴的……我們文明人不但不該以這些野蠻人為恥，更沒有理由教育他們對自己感到羞恥。一旦殖民當局明白這個基本原則，不要在理蕃時犯下致命錯誤，又何須犧牲如此多寶貴生命呢？」以此邏輯來看，大鹿認為霧社事件的主因，在於日本採取錯誤政策，教育原住民以其本性為恥，讓他們捨棄了傳統的生活習俗。[14]

　　〈野蠻人〉描寫小說主角田澤，原是假期返鄉的大學生，於父親在築豐經營的礦場捲入勞資糾紛。在未與礦工組織代表小宮商談的情況下，他鼓動礦工引水淹沒了其中一處礦坑，卻遭到小宮「背叛」。小宮向身為礦場老闆的父親告密，後者勃然大怒之下決定將田澤放逐到台灣。換言之，主角本來是企圖破壞資本主義父親的反抗者，到達台灣之後，卻變成駐守白狗巡查站的山地員警。他於是發現自己處在相當矛盾的位置：做為員警，他是山地的最高權威者；做為反抗者，又讓他直覺地為轄下部落的原始生活所吸引。當田澤的反抗姿態從帝國中心置換到殖民地，他對父親權威的反抗，轉換成更廣泛地對「文明」的抵抗，以及對血脈與男性氣概的嶄新道德標準的追求。

14　大鹿卓，〈タイヤル族の生活〉，《行動》，1935年8月號，頁60–63。

　　抵達白狗村不久，態度友善的駐在所所長井野便告誡田澤：「雖說是這樣野蠻的土地，忍耐之餘，只要習慣了野蠻，或自己變成野蠻的一分子，意外地可以生活得不錯……」[15]井野在此實際上為主人公的轉變提供了公式，暗示田澤將「成為野蠻人」。田澤墮落為野蠻，與他在空間上從本土到邊緣殖民地的移動有關。在台灣，他可以自由地沉湎於在帝國中心不會被允許的行為。然而，移動也包含時間性的方向，意即從現下回溯到過去。在台灣這塊土地上，田澤遇見日本帝國裡住著的古老蠻族，同時也重新發現身體裡汩汩流著祖先的血。在抵達村落數週後，田澤參與對反抗部落的討伐，砍下了敵方戰士的首級。他想像著自己重新獲得了與史前祖先的血脈連結：「他對能在人類原始的鬥爭與大自然狂野的生命力中鍛鍊自己感到興奮。祖先的血正汩汩在他的血管裡流著。越過了多少世代，祖先狂暴的熱血在他身體裡復甦了。他的眼睛炯炯發亮，在心裡說著絕對不會在精神上輸給他們那些蕃人。」[16]在這裡，斬首成為田澤的成年禮，讓他得以穿越回過去的時空，與種族上的祖先重新建立連結。

　　田澤追尋「黑暗之心」的旅程中，有兩場極端暴力的場景特別關鍵：一是取一名原住民男子的首級，二是對一名原住民女子的強暴。成為英雄的第一場轉變發生在田澤砍下敵方原住民的首級。他原本對此感到羞恥而隨手將首級棄於草叢，卻被一名原住民男子當成「戰利品」帶回村莊。當他目睹一名原住民女孩向此頭顱祭拜時，心中大受震撼：

　　　　首級不知已被誰清洗過並安置於樹枝架起的棚架之上……她往

15　大鹿卓，〈野蠻人〉，收錄於河原功編，《野蠻人》（東京：ゆまに出版，2000〔1935〕），頁5。

16　同前引，頁35-36。

他身邊走來，一臉平靜地喃喃自語著，仔細一聽原來是祝禱：「喚汝父母兄弟之首前來，願汝一家相會。」……在這還未滿十五歲的泰伊莫娜莫面前，他為如被打倒一般確切地明白了自己精神上的脆弱。……和她相比，自己怎麼說起來都只不過是移植過來的貧弱樹枝啊。」[17]

如果泰伊莫娜莫的野性是「一棵有著不屈不撓精神的大樹」，田澤則只能是羸弱的嫁接和移植物。終究，他仍受限於自身的自覺，追求對回歸原始的追求是有意識的，因此他的野蠻只能是空想或扮演的程度。發現自己完全輸給原住民女孩所擁有的真實野蠻後，田澤明白他的嘗試仍不夠徹底與真實。「我會害怕她是因為自己的野蠻性還不上不下。」田澤甚至提出了這樣的辯解。但很快地那就不再是辯解，而是一把騷動他血液的鞭子。……他在寢床上翻來覆去喊著，「要變得野蠻！」、「成為野蠻人！」

要達成目標，田澤必須放棄他的日本認同，徹底成為部落的一分子，並娶原住民女子為妻。他在故事開頭就被一位名為泰伊茉莉卡露的原住民女孩吸引，認為她身上「有種單純的、動物般的東西，讓她和內地女子完全不同」。更重要的是她擁有他從來沒有體會過的「純潔之心」。泰伊茉莉卡露是井野妻子的妹妹，同樣也是部落首長之女。田澤雖感受到自己和泰伊茉莉卡露之間有著無法跨越的隔閡，卻以強暴為手段，完成了往野蠻人的轉變。隔天，他立刻搬到她的部落，換穿原住民服飾，在臉上塗抹泥灰，開始期待著和原住民男子們一起參與狩獵。

故事結尾，田澤向族人們宣告：「我也是野蠻人，不會輸的喔。」他已完全地變成「本地人」，並對自己「成為野蠻人」而感到驕傲。

17　同前引，頁29-30。

然而，最終他的追求並未為他帶來解放，而是另一種形式的禁錮。

> 蕃丁們認出他後發出了讚嘆聲，拍著手此起彼落地叫著「轉過
> 來！」、「秀一下後面！」、「走幾步看看！」田澤一邊為被征服
> 者原來壓抑著這麼多熱情深受感動，一邊照著他們所說的行
> 動。……
> ……（田澤）被他們的氣勢撞得一下子跌在草地裡，蕃人們漸
> 漸和他隔著一段距離圍成人牆。沐浴在青色薄暮下，田澤突從人
> 牆裡起身。然後他像隻被困在籠子裡的野獸，不停左右奔跑
> 著。[18]

在此場景中，田澤被一群原住民男子團團圍住，讓他感覺像是
「困在籠子裡的野獸」。這裡刻意顛倒了原住民村莊的圖像，將原本部
落被圍困於日本的層層防線與殖民員警的監視之中，如同處在巨大牢
籠裡的景象倒反過來。田澤成為服從聽話（subjugated）的野蠻人，置
身於被征服（conquered）的人群之間。以此畫面做為整個故事的結
尾，直指日本殖民統治所孕育的「野蠻性」形式，可說是再適切不過
的收束。實際上，主人公尋求解放野蠻自我，結果卻變成殖民注意牢
籠中的一名囚徒。

扮裝政治

人們很可能會把《野蠻人》看作是一部違規作品，因為它宣揚了
主人公逃離文明、擁抱暴力和性慾的行為。作為對這一闡釋的支持，
人們可以提出的證據包括，在台灣，殖民地當局禁止發行這部作品，
而在日本，宗主國警察部門下令對這部作品進行大量審查刪改後才准

18　同前引，頁58。

予發表。遵照審查條例，《中央公論》的編輯將有問題的段落以黑色塗去，以至於書中的一些部分難以理解。他們還刪除了書中任何涉及日本軍隊鎮壓原住民起義的描述。除此之外，人們還可以指出作者對殖民政策所提出的含蓄批評，以及他對軍事鎮壓原住民所做的直白描寫。

　　田澤對原住民野性的浪漫化，與之前殖民當局、人種學家、記者和藝術家的說法並無二致。白狗村的警長從一開始就對田澤的尚古傾向加以鼓勵。這種原始主義將不可或缺的情感性格灌輸給殖民地行政人員，使得他們自願執行殖民地政府發出的理性和明確的命令，這種做法實際上確實也強化了政府對原住民的政策。他追求泰伊茉莉卡露，等於對當局安排的婚姻形式的首肯。事實上，清領台灣時即鼓吹漢語通譯與部落首領女兒的通婚，日本殖民當局亦承繼此方式，在二十世紀初開始推行由政府媒介，讓日本員警與原住民首領的姊妹或女兒通婚的政策。田澤的婚姻，亦是由警方首長仲介他成為酋長的近親。井野和他的原住民妻子安排了兩人的首次會面，鼓勵他們培養感情，進而進行策略聯姻。此外，殖民當局通常會邀請「友蕃」加入對叛亂部落的鎮壓。出草雖被明文禁止，若友蕃取下敵方首級，卻會得到表揚甚至獎賞。[19] 當田澤砍下敵方首級後從戰場歸來，井野並未譴責他的「野蠻」，反而稱讚並承諾回饋：「首次出征就有如此獵物，這下可以威風回白狗村了。」[20] 田澤將自己的行動定位成對文明的反抗，但同時也成為馴服於殖民者操縱之下的棋子。

　　前文雖強調大鹿卓這部小說充斥著以身體與血液為根本的先天決定論，然而這邊也需要特別說明，小說中文明與野蠻的區分仍有相當

19　在1920年薩拉茅事件中，日本當局動員了「友蕃」平定叛亂並鼓勵他們取敵方首級，以煽動他們的尚武精神。霧社事件後，當局對砍下敵方首級的友方給予獎賞。參見中川浩一，《霧社事件：台灣高砂族の蜂起》（東京：三省堂，1980），頁131–32。

20　大鹿卓，〈野蠻人〉，收錄於河原功編，《野蠻人》，頁27。

薄弱之處。藉由「穿上」野蠻人的外表，田澤讓自己變成野蠻人，就像他在抵達台灣時，藉換上員警制服而成為殖民者。如果只看田澤本身，我們或許可以得到只要表面上的換裝即能取得新身分的結論。但〈野蠻人〉小說中關於裝扮的政治，尚有更複雜的意義，是不容忽略的。事實上，它在呈現小說中英雄藉殘虐暴力取回內在野性的主題之外，更為我們說明了此故事的政治性所在。田澤的換裝，雖動搖了他做為殖民者身分的穩固性，仍沒有完全取消殖民者與被殖民者之間的界線。首先，扮裝仍是屬於殖民者的特權；在小說中，更只有田澤個人得以享有。他主張自己有權擁有多項認同。藉由融合他質性（otherness），他得以擴展自己的認同邊界，如同日本將異地納入帝國擴張的版圖。

　　要了解田澤對身分跨越權力的掌控，從他對妻子試圖改變裝扮的反應可見一斑。和田澤結婚之後，泰伊茉莉卡露開始穿和服、撲白粉，一部分是因為她認為這會是丈夫的期待，另一部分則是因為她期望能藉由裝扮得和殖民者更為相近，來表現自己教養上的提升。然而，田澤並不樂見妻子的改變，而是感到驚恐萬分。

　　　一股讓人聯想到內地女人的香味撲鼻而來。
　　　「什麼嘛，擦了白粉啊？」他再次細看她抹粉的臉頰，突然伸手按捺。
　　　「既然我成了你的妻子……」她膽怯地偷看他發怒的臉色。
　　　「給我丟掉那種東西！」
　　　但泰伊茉莉卡露不能理解他為何如此生氣。他把呆站的她拉到面前，聲音愈發粗暴。「身上的和服也給我脫掉，回去蕃社換上蕃布再來！」[21]

21　同前引，頁53。

　　田澤對泰伊茉莉卡露必須保持原本樣貌的堅持，是對她提升社會地位的一種阻絕，藉此維持自己做為殖民者和丈夫的雙重權威。如此一來，做為殖民者，他得以繼續將她限定為被殖民者；而做為泰伊茉莉卡露的丈夫，他展現了規定妻子性別角色的權威。如果田澤的換裝權利，是他做為日本人殖民者男性，在性別和民族關係中的權力表現，對妻子擁有同等權利的否定，則代表他有權獨斷決定她的身分認同。妻子必須符合他屬意的模式，不被允許超出「蕃婦」的範疇。[22]田澤將此正當化為對妻子的解放，讓她能「成為她自己」。在他看來，妻子想成為日本人的努力代表她的真實身分有所缺失。否定她擁有改換裝扮的權利，是為了讓她「回歸」本真的、野性的自我。

　　總結來說，中村地平和大鹿卓的相同之處，在於兩者都視「野蠻性」為內含於原住民身體的特性。前者診斷霧社事件為原住民身體在日本同化政策的長期壓迫下所導致的生理自然反應。後者的情況較為複雜，故事中的「野蠻人」所指的是日本殖民者，並非原住民。選擇成為野蠻人的田澤相信，如此能讓他取回祖先血脈。然而，與可以自由選擇的田澤相反，原住民的野蠻性被視為生理上的宿命，一種恆久不變也無法消去的身體屬性。當田澤第一次見到泰伊茉莉卡露，大鹿描寫她穿著「一襲束著紅色腰帶的深藍色木棉和衣，卻完全沒有襯映她帶著動物般光澤的肌膚，反而讓人更一目了然看出她是個蕃社的小姑娘」。泰伊茉莉卡露皮膚上的動物光澤劃破了服飾所提供的偽裝，凸顯了藏在衣物遮蔽之下的肌膚。而正是那肌膚，讓田澤「不禁聯想到森林中樹木和野獸的姿態」。[23]兩位作者對原始主義政治的討論，都將「野蠻性」做為身體上的生物特性視為前提，但兩人在文本中對此

22　安・麥克林托克在《帝國皮革》一書中創造了「種族變裝」這一表述，在這本書中，她對英國帝國主義中的種族、性別和階級進行了研究。安・麥克林托克，《帝國皮革：殖民環境中的種族、性別與性意識》（紐約：勞特利奇出版社，1995），頁69-70。

23　同前引，頁6。

假定了不同的形式。中村認為霧社事件是野蠻身體徹底降服於日本文明優勢前的最終爆發，但從事件經過縝密規畫來看，勝利早已屬於文明。花岡一郎以日本服飾的穿著和切腹儀式，在最後重申他對日本文化的降服，但他並非做為當代日本人被看待，而是藉著對過去武士的模仿，被看作日本人的祖先。相較之下，大鹿認為原住民同化於日本典範，對他們自己的身分認同是種背叛。他明顯地希望能建立更革新及審慎的殖民統治，「讓他們回歸原始野性的自然」。不過，在故事中田澤雖解放了他內在的野蠻，卻只允許妻子擁有唯一一種認同：那經由丈夫原始主義式的懷舊濾鏡所映出的一種恆久不變的「野蠻」。

大同小異；後殖民原始主義

　　吉屋信子在1960年創作的短篇小說〈蕃社之落日〉，不僅在標題指涉在小說發表十五年前的日本帝國的末日，故事中亦和戰前帝國主義劃分距離：「那是個我們日本人張揚傲慢的時代。」她回憶起早年利用父親在殖民地鐵路上的工作之便，曾在日本帝國廣袤的各地之間旅行，現在回到東京，從一個幻滅的單身女子的視角，講述了霧社事件的經過。小說是從一位年輕天主教傳教婦的視角，以第一人稱書寫個人的精神形成過程。出生於滿洲的敘事者受到英國傳教士傑克森的奉獻精神啟發而成為教徒，移居台灣後在當地的一所絕大多數學生都是本島人的宗教學校接受培訓，後於1920年代末前往霧社生蕃部落從事傳教士工作。[24]在滿洲國期間，她從雜誌上讀到了一篇描寫英國傳教士醫生傑克森的故事，說他於1911年在滿洲國救治瘟疫病人時逝世，這讓她第一次被基督教所吸引。在做學生時，她就萌生了這樣

24　〈蕃社の落日〉首次發表於〈文藝春秋（Bungeishunjū）〉第71期，1960年3月出版。通過敘述者的自述可以得知她與吉屋信子的相似之處並不多：「我對文學少有興趣，閱讀小說也從未給我留下任何深刻的印象。」吉屋信子，〈蕃社の落日〉，收錄於《吉屋信子全集》（vol. 10）（東京：朝日新聞社，1970），頁329-342。

的念頭:「深入那些山區村落,尋找過著原始生活的生蕃。我已經期盼了很久,希望能在那裡傳福音,就像當年傑克森所做的。」在她向生蕃傳福音的夢想之下,隱含有壯士精神和自我奉獻的渴望。「侍奉蕃人就如同侍奉上帝。他們若患瘧疾,我希望能奉獻我的身體去照顧他們,直到染病倒下的那一刻。這就是我的理想。」[25]

即使父親以「生蕃都是些獵人頭的野人」為由反對她的計畫,最後仍讓步同意,讓她在以比較安全、同化程度較高、旅客也可自由前往的模範村莊霧社為據點的前提下前往蕃地傳道。根據他父親的一位朋友的說法,「大多數生蕃本性暴烈,仍然保持出草風俗,但隨著帝國臣民運動的展開,他們現在也發生了變化。[26]人們都說他們易怒、記恨,但這也說明他們感情深厚,珍惜與朋友和家人的密切關係。甚至可以說,在民族危急關頭,他們馬上就會拿起武器,奔赴沙場,不惜犧牲。」[27]從一開始,霧社就被描繪成原住民領地上的一片安全祥和的淨土,是一個貼近文明的旅遊勝地。

日本帝國垮台十多年之後,以敘述者事後的觀點來寫,她極力將種種事件放入更為宏大的歷史背景之中。在開篇的幾頁中,她提醒讀者注意到許多與她生活密切相關的個人與政治的交織的過程,比如在她接受洗禮的那一天台灣銀行破產了,還有她進入傳教士學校的那一天正好是張作霖被刺殺的日子,並點明「他是被日本陸軍設計謀殺的謠言也傳到了台灣」[28]。在小說中,她始終與戰前帝國主義及其支持者保持距離:「那時,我們日本人真的很傲慢(ibatte iru)。」在去台灣的船上,她滿懷幻滅之情看著各種告示,同船還有一群塗脂抹粉的女

25　同前引,頁332-33。

26　帝國化的提法屬於時間誤植,因為這些政策的實施時間在1930年代末,遠在霧社事件之後。

27　同前引,頁333。

28　同前引,頁331。

子，她們都是去台灣的妓院和餐館工作的，目的是為那些單身前往殖民地政府任職的高官提供娛樂和服務。「她要去的這個島嶼住著在總督府實行統治的自鳴得意的日本官員，還有在豪華餐館工作的女子，以及一些士兵。真令人沮喪！！」[29]

除了殖民者的傲慢，她還批評日本人缺乏宗教信仰。傑克森之所以獻身救治滿洲國的瘟疫病人，是因為他篤信上帝。反觀日本人，他們參加中日戰爭和中俄戰爭並犧牲生命，是因為他們錯把天皇當做了上帝。正是通過這一遭致反感的比較，敘述者才能在台灣殖民者群體中出淤泥而不染。她在〈蕃社之落日〉中所標明的立場，類似於瑪麗・路易斯・普拉特（Mary Louise Pratt）在十九世紀歐洲遊記作品中所發現的「反征服敘事」。這些作家運用「代表策略，使得歐洲資產階級國民可以在實施歐洲霸權的同時仍置身事外」。[30]一如普拉特所關注的那個超然的博物學旅行家和那位傷感小說的脆弱敘述者，這個年輕的日本傳教士即便在宣揚基督教的優越性的同時，仍能跳脫出殖民者和被殖民者這一二元對立，藉此而在這個殖民敘事中建立了自己的清白之身。

傳教工作讓敘事者發現了一個可以暫時和帝國保持距離的「第三空間」。當她哼唱著基督教聖歌走在通往霧社的路上，原住民紛紛向她鞠躬，把她看作是基督教傳教士和教師，而非殖民者。[31]在這第三空間裡，她邂逅了名為「哈韻」的原住民男子。哈韻精通日語且喜愛日文流行歌曲，很快地和她成為朋友並擔任她的翻譯，協助她熟悉原住民信仰及習俗。她則為這名美少年的肉體所吸引，認為他身上有著「來自菲律賓族裔的特徵」。在下山途中，健碩的哈韻抬起擋路的樹

29　同前引，頁328。

30　瑪麗・路易斯・普拉特，《帝國的目光：遊記與文化轉移》（倫敦：勞特利奇出版社，1992），頁7、38–85。

31　吉屋信子，1975，頁334。

幹，將它們扔下山谷，此情此景不禁讓敘述者想起了「她在擁擠的台北電影院裡看過的泰山歷險記」[32]。在一個兩人行走於陡峭山路的場景中如此描寫著：「哈韻以雄壯的臂膀輕輕地抱起我，一路送到平坦的道路上。從他的胸口傳到我的肩膀，經由我薄薄的連身裙透來的他的體溫，混著年輕人身上特有的汗臭體味，滲進我整個身體，簡直動彈不得。」[33]儘管這些描寫表達了對哈韻這個年輕人的肉慾，但這部作品仍不同於那些表現男人尋求在原住民女子的懷抱中使自己的文明肉體重獲新生的殖民地時期小說，〈蕃社之落日〉將日本女子與原住民男子之間的關係表現得更為平等，後者更像是一個保護者和嚮導，而非戀人。

哈韻認為敘事者和其他日本人有所不同。尤其當他警告她不要在運動會當天留在村子參加聚會時，更向她坦承對殖民統治的不滿。在對後事所設計的一個預兆中，我們從故事的開片就了解到，哈韻與殖民地警察局僱員花岡一郎一樣，都是來自荷戈社。敘事者曾天真地問後者，為什麼在台中師範學校畢業後沒有去當教師，他低聲地說：「我們與從日本來的人待遇不同 (naichi)」[34]。哈韻不僅對敘述者直言不諱，而且還保護她免遭霧社事件的暴力之害。當她表示想要都逗留到第二天早上以便參加運動大會時，他警告她不要留在霧社：「你不該看到這種事的發生 (sensei wa miru kotonai yo)。」[35]

霧社事發後，敘事者陷入驚恐狀態，恢復神智後向獄中囚犯們詢問哈韻的去向，並前往霧社去調查那些基督教皈依者的命運，才得知他參加了莫那‧魯道之子所率領的隊伍奮戰，負傷後死於村莊大火。她的父親由於害怕霧社地區發生進一步暴亂，逼迫她返回台北。多年

32　同前引，頁337。

33　同前引，頁337。

34　同前引，頁335。

35　同前引，頁338。

後，她在東京寫下，台灣已經從日本的版圖中消失了，「她想在山區村寨當一名傳教士的夢想也在霧社消失了」，然而，哈韻的鬼魂仍縈繞在她的身旁。「當我還是一個女孩的時候，就被傳教士醫生傑克森的自我犧牲精神所吸引，走上了傳教之路」，「對哈韻的無限追憶將會伴隨著我逐漸老去……」。[36] 如同敘事者仍困於這名年輕原住民男子的鬼魂，吉屋信子的文本也依然飄蕩著殖民者原始論述的幽魂。

參考書目與文獻

英文書目

Kleeman, Faye Yuan. *Under an Imperial Sun: Japanese Colonial Literature of Taiwan and the South*. Honolulu, HI: U Hawaii Press, 2003.

McClintock, Anne. *Imperial Leather: Race, Gender and Sexuality in the Colonial Context*. NY: Routledge, 1995.

Torgovnick, Marianna. *Gone Primitive: Savage Intellects, Modern Lives*. Chicago, IL: University of Chicago Press, 1990.

——. *Primary Passions: Men, Women, And the Quest for Ecstasy*. University of Chicago Press, 1997.

中文書目

中村地平著，郭凡嘉譯，邱雅芳監修，〈霧之蕃社〉，《聯合文學》323期（2011年9月），頁56-73。

大鹿卓著，蔡建鑫譯，〈野蠻人〉，收錄於王德威、黃英哲編，《華麗

36　同前引，頁342。

島的冒險：日治時期日本作家的台灣故事》。台北：麥田，2010
　　年。頁75-121。

日文書目

川村湊『南洋・樺太の日本文学』東京：筑摩書房、1994年

森丑之助『台湾蕃族志』臨時台湾旧慣調査会、1917年

中川浩一『霧社事件：台湾高砂族の蜂起』東京：三省堂、1980年

中村地平『「蕃界の女」——台湾小説集』東京：ゆまに書房、2000
　　年

——『「霧の蕃社」——台湾小説集』東京：ゆまに書房、2000年

岡林稔『「後記」——台湾小説集』東京：ゆまに書房、2000年

大鹿卓『「タイヤル族の生活」——行動』1935年8月號，頁60-63

——『「野蛮人」——野蛮人（河原功編）』東京：ゆまに出版、2000
　　年

山路勝彦『台湾の植民統治：「無主の野蛮人」という言説の展開』
　　東京：日本図書センター、2004年

吉屋信子『「蕃社の落日」——吉屋信子全集（vol.10）』東京：朝日
　　新聞社、1975年、頁329-342

偶然提及的霧社事件：
論津島佑子的《太過野蠻的》

荊子馨

（梁嘉俊 譯）

一

為什麼霧社事件這一巴迪烏式的事件在八十八年後的今天仍然令人著迷？我們該如何理解在流行文化與學術研究中，對這一事件的反覆調查、解釋，以及戲劇化的欲望？如果說上述行為的重複代表的是集體創傷的週期性發作，其壓抑的核心又是什麼？如果每一次的重申都代表了漸進的、由社會歷史所決定的、相互矛盾的視點，那我們是否已超脫了帝國主義、民族主義的挪用（appropriation）而獲得了某種暫時性的救贖？簡言之，在政治的無意識和對歷史的修正之間，霧社事件（或其後果）能否幫助我們想像超越了殖民者／被殖民者、國家／受害者、文明／野蠻等二元對立的一種和解的政治？周婉窈認為，自1987年解嚴以來，戰後台灣對於霧社事件的闡釋有著顯著的轉變。[1] 她指出，過去線性的敘述（這些敘述主要從非原住民的角度出發）如今已被複數的網狀分析所替代了。這些網狀的分析縱橫交錯，

1　參見周婉窈（2010）。

相互作用，而沒有預先確定軌跡。相比在戰後時期日本和台灣的漢族作家所採取的從外向內窺視的主流模式，如今的視點較之過去的更為開放和多元，並且強調從內部向外部的移動。周婉窈認為像姑目・荅芭絲（Kumu Tapas）等原住民研究者和活動家對提高從原住民的角度對霧社事件及其後果的認識之複雜和多元程度做出了巨大的貢獻。她指出這些原住民的聲音不僅擴充了至今為止被日本和漢族台灣人所壟斷的對該事件的闡釋，而且也暴露了所謂「歷史檔案」的局限性。口頭敘述以及原住民的習俗和法規（亦被稱為 Gaya）不再是被隨意忽視的無關緊要的瑣碎，而變成了從賽德克族人的文化構成中理解霧社事件的有效且正統的「檔案」。筆者認為周婉窈的觀點是對將理性和歷史性優先於情感和神話的傳統知識生產方式的嚴肅挑戰。

　　周婉窈的論文是在由魏德聖導演的《賽德克・巴萊》（2011）上映的不久前發表的。基於對導演會採取一種「局內人」視角的確信，她曾表示她對這部電影的上映抱有很大的期待。她認為魏德聖導演會利用賽德克族的文化來詮釋莫那・魯道（據稱是霧社事件起義的領袖）及其族人對日本人的血腥抵抗。筆者並不知曉周婉窈對這部電影的實際評價，本稿的目的亦不在於探討這部電影。筆者在此想指出的是：雖然這部電影試圖採取賽德克族人的視點，但因其仍囿於從公認的敘事來講述霧社事件，因此儘管這部電影大獲成功，筆者仍不免感到冗長而無趣。或許筆者並非這部電影的目標觀眾，因為這部電影不僅票房告捷，而且重新點燃了公眾對於霧社事件的興趣。如果說魏德聖的《賽德克・巴萊》是對霧社事件的男性主義、歷史主義的表現的話，日本作家津島佑子的《太過野蠻的》[2]（2008）則將霧社事件偶然性地（incidentally）發散，以敘述一個生活在1930年代日治台灣的女性遭

2　本書於2011年被譯為中文。參見津島佑子著，吳佩珍譯，《太過野蠻的》（台北：印刻文學，2011），本稿中的引文參考了吳的翻譯，但有些許出入。

遇，以及她的姪女在2005年前往台灣中部山區旅行的平行故事。如果說魏德聖的電影追求的是歷史的準確性和現實性，那麼津島的小說則穿越了時空，同時包含了歷史、神話、傳說而不將其中任何一個置於其他之上。如果《賽德克·巴萊》表現的主要是對殖民統治的充滿男性特質的鬥爭，那麼《太過野蠻的》則通過一個女性的人生經驗審視殖民主義下家庭生活的壓迫性。如果說電影通過回溯的方式再現了霧社事件，那麼小說則通過偶然提及霧社事件來構建一種新的敘事，這種敘事所想像的未來性超越了現在對於認可和救贖的鬥爭。筆者認為津島的作品一方面嚴厲批判了移民殖民主義（settler colonialism）下家庭生活的親密性（intimacy），一方面則清晰地表現了一種虛構的，跨越世代的親密性，這種親密性通過將生產神話的本土知識做為允許一種別樣的、非集權的和解得以發生的首要場所而取代了歷史殖民主義。

偶然提及的霧社事件這一想法並非要貶低該事件的歷史意義或其複雜矛盾的後果。儘管有一定的戲劇化，但類似魏德聖的電影那樣的歷史調查排除了任何得以想像不同的未來和世界的別種敘事的可能性。另一方面，雖然是從日本人（儘管是殖民女性）的立場出發，津島的小說沒有將霧社事件視為日本殖民主義創傷和台灣／漢族／原住民抵抗的主要場所的中心，而是描繪了一個基於本土神話和虛構人物的，偶然且部分連接著的社會和民族。偶然性地觸及霧社事件意味著從迄今為止占統治地位的參照點，即殖民主義、民族主義的話語（discourse）轉向被邊緣化的主體（包括殖民者的女性，台灣女性，原住民），從而形成一種無關乎民族與種族的親密性。

二

近來的批判性殖民研究愈發重視殖民統治的複雜性、衝突性、矛盾性，以及不完全性。這些研究摒棄了摩尼教式的對殖民世界的劃

分，轉而重視殖民主體的形成。儘管存在著異常真實的暴力和征服，但殖民主體的形成同時包括了殖民者與被殖民者以及他們的內在化和相互性。研究中較為多產的一個方面是殖民統治下大範圍的動向（或者說宏觀政治）與其實踐的親密性場所（或用史托勒〔Ann Stoler〕沿襲傅柯所說的「殖民統治的微觀物理學」或者說「殖民政治的感性網格」[3]）之間的聯繫。史托勒這樣定義親密性：「所謂『親密性』的概念是一種對於熟悉的，必須的，基於性關係的描述性標識。人們把『性關係』和『熟悉感』當成所謂種族的內在本質的一種『間接標誌』，這種內在本質將親密性戰略性地置於帝國政治的內部，這也是為什麼殖民政府如此擔心其結果和過程的原因」（2002：9）。然而，正如駱里山（Lisa Lowe）指出的，「親密性」的概念可以擴展到更寬泛的歷史和空間的連接性上。在資本主義和殖民主義的語境下，駱里山所提出的「多價親密性」（multivalent of intimacy）也涵蓋了「鄰近空間和聯繫」，在這種鄰近關係中，奴隸社會不僅生產了使西歐和北美的資本主義共和制國家得以存在的利益，而且在美洲種植園的殖民制生產關係也成為了「歐洲哲學得以思考人類自由的普遍性的可能存在的條件，儘管這種哲學恰恰排除了被殖民者的自由」（2006：193）。殖民統治下的親密性也體現在「奴隸，契約勞工，以及混血的自由人之間的種種聯繫」（203）。殖民政府因恐懼可能會破壞種植園結構的叛亂而竭力避免這樣的聯繫。

　　而在東亞，親密性的概念成為了日本殖民欲望的基礎，同時也揭示了其後殖民語境下的糾葛。無論是「內鮮一體」或「內台融合」這樣的口號，還是像「親日」這樣充滿爭議的分類或大東亞共榮圈的想法，對殖民者與被殖民者之間的感性聯合（affective union）的重視向來是日本殖民政策中同化與皇民化意識形態中不可或缺的一部分。在

3　參見 Stoler, *Carnal Knowledge and Imperial Power: Race and the Intimate in Colonial Rule*, p. 7。

台灣，日本員警和台灣原住民部落族長的女兒之間的通婚可以看作是殖民主義下「性外交」的例子。莊司總一1940年的小說《陳夫人》描述了一個日本女人在嫁入一戶頗有名望的台灣大家庭後忍受種種艱難和歧視，終於成功將陳家轉化為崇拜天皇，忠於帝國的家庭。在後殖民時期，傾向日本的或者和日本人較為親密的人統統被稱為「通敵者」或「叛徒」，而絕不屬於「抵抗」或「愛國」這樣的獨立後的民族主義話語。從這方面來說，日治時期下台灣人的「奴役心態」導致了國民黨接管政權所強制的「再中國化」。這樣的「再中國化」實際上再現了「台灣」對「中國」、「本省人」對「外省人」這樣帶有殖民性質的二元對立。而且，這種對立往往將前者視為不真實的、變態的、外來的、甚至是具有潛在顛覆性的。戰後的中國後殖民專制統治導致許多台灣人懷念起日本的統治、哀歎日本的衰敗、並苦惱中國的崛起。[4]

然而，很少有作品從日本女性殖民者的角度來考察殖民家庭生活的問題。和歐洲的情況類似，日本女性殖民者「所經歷的種族統治地位和內部社會差異之間的分裂與男性完全不同，而這正是由她們模糊的立場所導致的。她們一方面屬於殖民等級體系的下層，另一方面卻又代表了帝國權力」（Stoler, 2002: 41）。津島的小說不僅刻畫了一個殖民家庭內部的合同式親密（婚姻與性）的暴力性，並且也想像了一種在喪失了親人的同時卻從國家與殖民統治中解放出來的人與人之間的烏托邦式的親密性。

津島做為一個關注女性欲望、喪子經驗，及日本社會中的父權壓迫的作家而知名。從1990年代中期開始，津島的小說常常通過邊緣化的人物和被壓制的事件來探討日本的帝國主義的過去和戰爭造成的創傷。從小說末尾的引用和參考文獻的附表中就可清晰看出她對歷史

---

4   參見Leo Ching（2012）。

的接觸。儘管人們預期小說家對寫作內容做過必要的研究，但與研究者不同的是，小說家很少會在他們的作品中承認他們使用二手資料。《太過野蠻的》是從兩名日本女性（更準確的說是一個日本殖民女性和她的姪女）的角度來敘述的，她們交錯的時間線揭示了殖民家庭生活的窒息感以及本土景觀的開放性。在此，筆者想簡單地介紹小說內容。《太過野蠻的》（2008）講述了兩位女性的故事。美霞（美世）是生活在1930年代台灣的殖民家庭的主婦，而莉莉（茉莉子）則是美霞的姪女。小說中，莉莉在2005年的夏天來到台灣，她一邊追尋美霞的步伐，一邊嘗試緩解自己喪子的苦痛。小說交替敘述了美霞給丈夫明彥的信，美霞的日記，以及莉莉的遊記，通過這樣的方式，這部小說跨越了1930年代早期和2005年兩個時間來講述美霞在殖民地的生活，而莉莉則常常通過她自己的思考補充了美霞的敘事。穿插於這兩種時間的是原住民的各種民間傳說、信仰、習俗，及最為重要的1930年的霧社事件。標題中野蠻或殘暴的概念所指涉的不僅僅是原住民的暴動、殖民政府的政策或對賽德克族人的大規模報復，也暗含了對「人的性關係及與之相關的愛、婚姻，以及人的存在本身」的隱喻。《太過野蠻的》之所以是對殖民主義的有效批判的原因正在於其不僅重視殖民地的宏觀政治，而且小說也關注殖民生活的微觀物理學。從治理術（governmentality）到家庭生活，從父權制到性慾（sexuality），該小說所創造的殖民擴張的糾纏故事中的種種感受、情感、痛苦與危難的狀態都縈繞並徘徊於殖民歷史及其後殖民遺產的描述性邊緣之中。

三

　　1931年夏天，美霞在前往台灣的船上回憶起了她和她的弟妹在位於日本中部的故鄉韮崎的家中如何聽說了霧社事件時的消息，又是如何和震驚的大眾一樣密切關注此事件的發展的。正如小說中通過他

們的對話所描述的那樣，對於日本人來說，這場屠殺有幾個使人感到恐懼的原因。首先，人們驚訝於竟然有那麼多忠誠的同胞們生活和工作在如此未開化的山區。那些忠於職守的日本人在毫無理性的「野蠻人」手中慘遭屠戮令人們倍感苦痛。一些日本人哀歎道：「野蠻人永遠都是野蠻人。」其次，當媒體報導日本人被無差別地屠殺時，人們不禁想知道為什麼連女人和孩子都被殺害了。「實在是太殘忍了」，不少人如此想道。最後，原住民的集體自殺（尤其是並無血緣關係的花岡一郎和花岡二郎及其家人）給日本人留下了深刻的印象。許多日本人吃驚的想：「野蠻人竟也懂得忠誠。」美霞的弟妹問她是否害怕前往台灣，因為那裡還有許多的「野蠻人」，更何況他們的領導者莫那·魯道仍然在逃。他們甚至還開玩笑地想美霞會不會冒險進入山區去尋找莫那！諷刺的是，他們的玩笑頗具先見之明，因為美霞的活動範圍被局限在殖民地，因此她無法探索日本城鎮以外的區域。美霞在山區所未能見證的要留待她的姪女莉莉在後殖民時期的旅行中去想像。美霞所感到的與宗主國之間的疏離感也將會隨著殖民家庭生活的壓迫感而改變。

美霞是做為所謂的「內地婦人」（即來自日本本土的婦女）來到台灣的。她不顧將來的婆婆的反對以及丈夫對其母的經濟依賴而對殖民地生活抱有著極大樂觀。台北這一被稱為「東洋的巴黎」的城市代表了一個「生活和學習的新起點」，在這個新起點上，他們可以構築一個「甜蜜的家庭」（2008：上冊33）。這一典型的浪漫化的殖民者想像很快就隨著殖民都市的種種限制和對婚後生活的幻滅而煙消雲散了。在台北，美霞雖然很想去「原住民的土地」（上冊61）冒險一番，但卻不得不將自己局限於日本人的群體。美霞的姪女莉莉前往台灣的動機之一就是去走訪美霞做為一個殖民家庭的主婦想去而無法去的山地地區。莉莉寫到：「對美霞來說，新高山（玉山）和台灣似乎比東京還要遙遠，簡直是幻影一般的地方。」（上冊189）最終，美霞所得出

的結論是對於殖民者來說，殖民地永遠不可能成為日本，同樣地，日本也不可能成為殖民地。因此，帝國內部的相互關係或和諧共存亦無可能（下冊203）。美霞被局限在殖民地內部的活動範圍導致她在家庭內淪為丈夫明彥的傭人和助手。明彥做為一個頗具抱負的社會學家，同時也在翻譯涂爾幹（Émile Durkheim）的著作，而美霞的「工作」則是編輯和索引，儘管她的勞動既得不到報酬，也得不到承認。

　　在流產過一次以後，美霞又懷孕了。隨著明彥因他的學術研究而更加頻繁地前往日本和帝國的其他地方（滿洲和朝鮮），美霞發現自己比以前更被孤立在她的殖民地居所。與此同時，她生下了兒子文彥。可是文彥在他二歲生日之前突然夭折，美霞也回到了在韮崎的父母家中。喪子的經歷使得美霞在恢復的過程中逐漸意識到明彥對她的損失和性（sexuality）的淡漠冷酷的態度。當明彥對美霞再來月經一事表示歡欣時，她不禁想道：「我的月經可不是你的東西。別為了你自己的方便而高興！」（下冊197）並且在明彥進入她的身體時仍緊緊握住保險套。最終，美霞懷著複雜的心情和不穩定的精神狀態回到了台北，但她卻因為被害妄想（persecution complex）而幾乎無法住在自己家裡，因為這會讓她想起文彥的死。在台灣中部的一次毀滅性地震後，[5] 當明彥開玩笑地提起離開台灣前往京城（即首爾）或哈爾濱時，美霞開始把明彥稱為明彥2。美霞的不斷累積的哀痛使得她開始在當地的商店行竊。當她因自己小小的犯罪而被抓住時，當局卻懷疑她屬於一個地下間諜組織。她於是被即刻送回日本。幾個月後，美霞死於由瘧疾引發的併發症。她離世時僅三十歲，此時距離她踏上殖民地台灣的土地僅僅過去了四年。

　　美霞的敘述中穿插著霧社事件的新聞報導以及類似「雲豹」與「黃蝶」的原住民傳說，這些民間傳說預示著傳說中的動物的力量和

5　譯註：指1935年新竹—台中地震。

死者靈魂的無所不在。隨著霧社事件及其餘波的發展，美霞感到急於報復的日本殖民地當局也同樣的野蠻。他們不僅賄賂敵對的族群去屠殺賽德克族人，更將他們隔離在營地。與此同時，美霞對賽德克族的領袖莫那‧魯道則懷有一種親近感，並時常將他與自己死去的父親相提並論。美霞對莫那‧魯道抱有的父女般的認同也來自於「失去自己的領地」（上冊342）的共同結果。莫那因殖民統治而失去自己的領土與威信，而美霞則因家長制的強權而失去她在家庭內的地位。

　　美霞對莫那懷有的親切感不僅是情感層面的，而且也暗含了對於明彥（以及明彥2）所代表的社會學統計計算的批判。正如岡村知子（2013）所指出的，在1930年代，幾部重要的社會學著作相繼發表，而明彥做為學者的聲譽也不斷提高。來自德國，法國和美國的翻譯作品成為了日本社會學界的主流。從1940年代開始，類似松本潤一郎的《戰時社會文化》和岡村重夫的《戰爭社會學》將大東亞共榮圈的思想與社會學聯繫起來，並肯定了日本對亞洲諸國的侵略。在小說中，明彥代表著當時社會學保守主義的中立價值觀。明彥所信奉的保守主義將辯證法看作是一種危險而加以拒絕，因此與美霞在殖民地遭遇的種種衝突在本質上是相矛盾的。明彥的母親從東京派遣了一位「女傭」阿龜來照顧他們的起居，而美霞卻覺得自己的領域受到了婆婆的侵蝕，她也因此感到她不僅被迫遠離自己的丈夫，甚至也遠離了自己誕下的新生兒。美霞正是在這段艱難的時期聽說了莫那‧魯道的遺體在霧社事件的三年後終於被發現的消息。津島寫道：

　　　　失去了自己領土的美霞不自覺地被莫那‧魯道所吸引。更準確的說是被他死去的軀體所吸引。對美霞來說，她有著明彥的母親永遠無法看見或者觸碰的一隅。女傭阿龜或咳嗽個不停的明彥也不可以。

　　　　遺憾的是，美霞只是個日本人，而不是莫那的族人。雖然美霞

　　知道自己無法忽視這樣的現實，可她卻擅自想像著化為半白骨半木乃伊的莫那會毫不在乎地接納她（329）。

　　美霞開始將自己的處境與被從大陸來的漢人驅趕到山區而失去自己的領地，然後又被日本人所侵略的莫那・魯道重疊起來。從「歷史」上來說，做為日本女性的美霞和做為原住民族長的莫那・魯道總是被置於加害者與受害者的對立的兩極上。然而，從他們失去屬於自己的「領域」之時，小說提示了一個不被「占有」和「領地」這樣的現代概念所束縛的嶄新世界（岡村，2013：143）。美霞從莫那所繼承的正是被生者奪去「自己領域」的死者的靈魂，而奪取死者靈魂的生者卻又經歷著同樣的失去。美霞所失去的是她兩歲的兒子文彥。不管美霞多麼想把死者的靈魂想像成具有超越民族的普遍性，她仍然告訴自己這樣的願望不過是一種「方便的理論」。

　　正如殖民地永遠不可能成為宗主國，宗主國也永遠不可能成為殖民地一樣，美霞對莫那的認同即使不完全是虛幻的，充其量也只是暫時的。只要「民族」或「種族」這樣的系統和共同體所創造的矛盾和對立還存在，那麼各方就永遠不可能共用那些因衝突而殞命的死者的靈魂。然而，美霞卻通過當地傭人文蘭體驗到了一種暫時超越了殖民主義邏輯的可能性與感受性。文蘭不僅悲歎文彥的夭折，而且美霞正是在這個台灣女人的懷中才第一次哭泣著哀悼自己孩子的逝去。死者的靈魂並不能脫離他們生前的國際或種族構成，但對於哀悼者來說，在一個「矛盾不再是矛盾的世界裡」克服理性的高牆卻是可能的。如果說「歷史」禁止了美霞對於從屬親密性（subaltern affinity）的願望，那麼在「神話」中至少可以去想像這樣的可能性。

四

　　如果說傅柯的《知識考古學》提出了檔案（archive）是一種確定

所有陳述（enunciation）形式的系統的理論的話，那他的《聲名狼藉者的生活》則描繪了一個逃避了陳述的實際檔案。該論文是對如何以保持情感力量的方式表現被遮蔽生活的反思，在此過程中傅柯得出的結論是傳奇（legend）這一文體。他將傳奇定義為「一種虛構與真實之間的模稜兩可」（傅柯，2002：80）。檔案因而成為了傳奇與歷史相互交織的空間。因此，正是津島佑子對史學史（historiography）和神話學（mythography）同時抱有的關注而使得小說得以想像一種超越殖民主義的非民族、非種族的親密關係。美霞的人生和思想中的一大部分是通過她的姪女莉莉在美霞死後七十多年前往台灣中部的旅行中通過夢境、個人反思，以及猜測的形式來敘述的。讀者們很快知道莉莉不僅長相酷似美霞，而且就像美霞在殖民地台灣失去了她的幼子，莉莉也在交通事故中失去了她十一歲的兒子。除了想要了解美霞在殖民地時期的生活，莉莉前往台灣的另一個目的便是想要減輕（或者用她自己的話說「等它淡去」）自己的喪子之痛。實際上，讀者正是通過莉莉到山區的旅行，她和一個年長的原住民女性的交往，以及陪同莉莉一起旅行的楊先生才了解到類似「雲豹」和「黃蝶」這樣構建了別樣的精神與神話世界的原住民傳說與習俗。

　　在小說的最後，兩條時間線融為一體，美霞與莉莉的世界匯成一個夢境片段：「這是莉莉的夢還是美霞的？這兩者是一樣的。區分她們的夢境既無可能，也無必要。」（下冊334）之後，他們的行列中加入了楊先生，後者與莫那·魯道，他的妹妹狄瓦斯，還有年僅十五歲就殞命的台灣人女傭梅梅合為一體，無從分別。他們所共有的是失去親密的年輕生命的體驗。每個人的背上都背負著一個嬰兒，而陪伴著他們的則是一條帶著「雲豹」影子的黑狗。他們踏上了修復天邊掛著三個太陽的世界的旅程。這三個太陽的故事隱涉的正是小說之前所提到的原住民神話中人類征伐多餘太陽所做的努力。因為太陽遠離人類世界，所以每個人在踏上前往日落之地的遙遠征程時都會背負一個嬰

兒。當這群年輕力壯的男子終於到達太陽的時候，他們已經變得年老體衰，虛弱不堪。然而，他們所背負的幼兒此時已成長為能夠征伐太陽的男子漢。在消滅多餘的太陽，世界恢復正常以後，他們重又踏上歸途，可是當他們終於回到故鄉時，他們自己也變得垂垂老矣。莉莉一行重複的正是這一旅程，只是他們面對的是三個太陽，而不是原住民神話中的兩個。在此，親密性（intimacy）由生者，死者，以及尚未出生者所共同界定。這一行人也未必由同一民族，部落，甚至種族的人所組成，且他們所背負的嬰兒亦未必與他們有血親關係。這類似於駱里山所稱做的「被殖民者之間變化無常的聯繫」（2006：203）。他們所共有既是一種失落感，同時也是的勇往直前去「修復世界」的使命感。更為重要的是，去實現或修正世界需要的是將年輕人聯繫起來的跨越世代的努力，這樣的努力終將超越殖民者與被殖民者、內地與外地，以及死者與生者間的對立。

參考書目與文獻

英文書目

Ching, Leo T S. "Colonial Nostalgia or Postcolonial Anxiety: The Dōsan Generation in Between "Restoration" and "Defeat." In King, Richard, Cody Poulton, and Katsuhiko Endo. *Sino-Japanese Transculturation: From the Late Nineteenth Century to the End of the Pacific War.* Lexington Books, 2012.

Lowe, Lisa. "The Intimacies of Four Continents," *Haunted by Empire: Geographies of Intimacy in North American History.* Ed. Ann Laura

Stoler. Durham: Duke University Press, 2006.

Okamura, Tomoko. "On Tsushima Yuko's *Exceedingly Barbaric*." Association for Japanese Literary Studies 89: 139–153.

Stoler, Ann Laura. *Carnal Knowledge and Imperial Power: Race and the Intimate in Colonial Rule*, Berkeley: University of California Press, 2002.

中文書目

周婉窈，〈試論戰後台灣關於霧社事件的詮釋〉，《台灣風物》第60卷第3期 (2010): 11–57。

日文書目

津島祐子『あまりに野蛮な』東京：講談社、2008年

霧社事件：前後

廖炳惠

（周翠 譯）

　　為了全面了解霧社事件這一台灣日治時期針對原住民最可怕也最具創傷性的鎮壓活動的意義和影響，我建議我們應該參照若干更早的殖民對抗事件，再根據道德能動性和政治經濟狀況探索之後的發展。這樣，我們可以更好地將這一事件與施加於原住民的諸多惡行聯繫在一起。研究者多年來已然對霧社慘案進行了詳細地記錄，並重構了殖民暴政的圖景。大部分研究者將霧社事件做為一個從軟性溫和的互惠外交轉向殘酷鎮壓、教化蠻荒、預示正規本土自治道路，或是追蹤生命的遺跡、歌誦倖存之道的核心事件（巴克萊，2018；鄧相揚，1998；郭明正，2012；史國良，2015）。然而，我們不應僅強調此事件而忽略了其他同樣重要的類似事件的證言。在此，我提議用一種跨地域的比較研究方法去處理圍繞著霧社事件所產生的全球性殖民和新殖民的罪惡。

　　當然，這並不是要削弱霧社事件的重要性。儘管流行趨勢嘗試通過小說和電影來簡化或者曲解這段歷史，但正如白睿文（Michael Berry）、荊子馨和鄧相揚所證，這場事件如同一個刑場用以懲罰、規訓當地居民。這是一場統治的變革，也是一段耗時長久的痛苦追憶與

哀悼。據記載，當時殖民地及大都會的政治家和知識分子都為這場由日本殖民當局發動的空前的暴力鎮壓所震驚：日本軍、政方動用了1,305名政府官員和1,303人的軍隊，在1,048個漢人和331名其他原住民的協助下追捕莫那・魯道和他的追隨者。[1] 日方甚至投放空投炸彈，並使用了國際公約中明文禁用的化學氣體。[2] 這場大規模的衝突導致了魯道部落的87人被殺頭，另85人被槍殺，171人死於轟炸，並有296人為了免遭侮辱而自縊。（魏德聖的電影《賽德克・巴萊》重現了這場戰鬥的盛大的場面，令人目不暇給。）然而，其結果和意義並非毫無爭議，因為倖存者被重新安置，原住民被重新命名（比如高砂族，此名用以對其勇敢、高尚致意）。同時，文化適應和同化政策也開始在有衝突的群落中產生影響。

　　史國良（Scott Simon）在其文章 "Making Natives: Japan and the Creation of Indigenous Formosa" 中提到日本殖民當局傾力於台灣的樟腦經濟，並從1914年起引用了新的資本主義生產形式。因此「台灣原住民承受著殖民環境下全球範圍內相同的舉措：人口轉移、儲備生產、傳統法轉型、自然資源競爭……殖民主義將他們從以血親為基礎，通過狩獵和刀耕火種獲取生存必需品的生產模式轉為以市場為基礎，生產工業產品，旨在積累資本積累的生產模式」。[3] 史國良通過強調對殖民統治及強加的新生產模式的不滿，而非魯道與一個日本員警的私人恩怨，整理出了導致莫那・魯道及300名賽德克勇士在1930年10月27日攻擊十二個員警署這一騷亂的各種歷史動因（史國良，88；

1　鄧相揚，《霧社事件》（台北：玉山社，1998），頁72-86。

2　周婉窈，〈試論戰後台灣關於霧社事件的詮釋〉，《台灣風物》第60卷第3期（2010），頁18。

3　Scott Simon, " Making Natives: Japan and the Creation of Indigenous Formosa," *Japanese Taiwan: Colonial Rule and its Contested Legacy*, ed. Morris Andrew D, (London: Bloomsbury, 2015), 79.

Barclay，2018：43-44）。他將之後的倖存者移置視為日本殖民統治當局「削減原住民土地，同時限制他們的活動，使其臣服於國家權力」的計畫之一（史國良，89）。史國良與塔瓦雷斯（Tavares）持相同觀點，認為台灣原住民在清政府統治下已享有相對的自治，這一狀況一直延續到日方接管台灣島，開始移植資本主義和新的財產所有權形式，特別是樟腦產業的土地開墾。在史國良的分析裡，正是因為「在原住民財產所有權方面缺乏明晰和一以貫之的實踐，誘發了樟腦領域的爭端和暴力反抗。」（史國良，82）

　　史國良在利益爭端可能構成暴力這一層面上的分析是部分正確的。他將霧社事件呈現在移置與合併、遷徙與取締台灣原住民這一日本地緣政治計畫的重要交點之中。於史國良而言，日本「必須發動軍事行動以使山區部族臣服，並獲得山地資源」。（史國良，84）甚至在1930年的霧社事件之前，日本殖民當局已經向「蠻族蕃人」宣戰，也即1914年那場曠日持久也最為激烈的太魯閣戰役。1914年5月日軍從西部的霧社和東部的花蓮兩個方向抵達太魯閣。這場戰鬥範圍更廣，參戰將士達6,000名，並有29個砲兵部隊，19台坦克，甚至動用了戰艦補給。[4]傷亡人數雖然沒有1930年那麼慘烈，但卻同樣的駭人聽聞。而官方記錄並未記載原住民損失。可是日本殖民者與部落民之間的這些戰鬥就主要是為了土地掠奪和樟腦壟斷嗎？要是這樣的戰鬥可以追溯到更早期那些涉及經濟、外交、宗教等多個跨地域機構的橫跨東亞的海上對抗和競爭呢？我們是否可以從這些事件中汲取一些迥然不同的世界圖景，而在這些圖景中日本僅只是關鍵角色中的一環？特別是當這些日本殖民官員自己正是跨越地域的旅行者時，他們制定因地制宜的政治立場和戰略以應對當下的生命政治條件，但也因此陷入更大的勢力與反抗網絡之中，一邊還擔心著不能成功鎮壓發生在中

4　瓦歷斯‧諾幹、余光弘，《台灣原住民史》（南投：台灣文獻館，2002），頁154。

國、朝鮮（如1919年3月1日的國殤抗爭，傷亡多達7,500人）或者滿洲的暴動會危及他們回國後在東京的前途。

最近由歐陽泰（Tonio Andrade）和杭行整理蒐集的關於江海遊走族和武士等與東亞早期現代海上貿易相關的人物的論文合集可能是極具啟發性的。歐陽泰和杭行都認為鄭家王朝於十七世紀在亞洲建立的跨地域紐帶幫助穩固了經濟政策，確保了快速的經濟增長，這與後來亞洲四小龍所獲得的成就很類似。但是，不僅是使節和護衛、聯繫和合作網、地圖和跨文化外交在這其中扮演了至關重要的角色，競爭、較量、神祕組織以及反抗也使得海上航線更具活力和吸引力。從這一意義上說，1871年發生的牡丹社事件可以說將當時的許多跨地域力量納入了世界歷史，而這一事件早於霧社事件近六十年。在後來的外交文書中，1874年對台戰爭中來自美國和其他國家的顧問裡，准將李仙得（Charles W. Le Gendre）、美國海軍少校克沙勒（Douglas Cassel）、美國海軍上尉瓦生（James R. Wasson）和曼遜博士（Dr. P. Manson），以及英國大使威妥瑪（Thomas F. Wade）扮演了斡旋人的角色。華南沿海地區高官雖被知會，但也被故意設計以延宕時間，從而使島上的入侵更為順利。[5]

1871，牡丹社事件

1871年10月29日，幾十名日本官員結束了他們在琉球的公務後登上了兩艘前往日本的船隻，但在歸途中他們遭遇了颱風並因此迷航。一艘載有66名乘客（大多為琉球人）的船隻隨水漂流，最終在11月6日登陸台灣南端位於屏東的牡丹社地域。在徘徊於山林之中一整天之後，他們到達了部落所在的村莊。開始，當地人給予他們食物和飲水並提供了避難居所。第二天，牡丹社人外出打獵並示意日本漂

5　林修澈，《牡丹社事件》（台北：原住民族委員會，2017），頁30。

民停留在此地。但是日本官員和水手們考慮到自己被扣為人質，驚慌逃離。此舉激怒了牡丹社人，他們進而將這些流亡者一一捕獲。（牡丹社的後裔說：襲擊者其實來自另一部落Kuskus高士佛）[6]截止當天傍晚，僅有12名日本人倖存，他們向當地的台灣家庭尋求了庇護。這12人在12月29日被送抵台南，1872年6月在護送下經由福建返回日本。

　　為了報復，日本決定在1874年5月10日發動攻擊。這次軍事行動由270名海軍參與，增援大約3,000人（清政府官方記載的15,000人可能過於誇大了），由海軍上將和政治家領導，他們中的一些人後來成為了台灣的殖民官員或者東京上議院的領導者。這場戰鬥斷斷續續進行了六個月，以部落頭目及其子的死亡和雙方的損失慘重告終。在外國外交官和傳教士，如克沙勒、威妥瑪等的調停下，其他部落達成和解，牡丹社最終也向日本軍方投降。日本政府在攻打台灣牡丹社的過程中竟然邀請了李仙得、克沙勒、瓦生這樣的美國軍官擔當顧問，並部署高級軍事將領和議會多數黨領袖做為指揮官，這樣的舉動是不同尋常的。這場戰事使得一些歐洲國家藉由原住民之名插手干預。因此，清政府決定將台灣併入福建省以推進其現代化進程。十一年後，清王朝承認戰敗，將台灣割讓給日本。

　　李仙得在這場戰事中扮演著至關重要的角色。1871年，他出任美國駐廈門領事，之後又充當日方的協調人。事實上，他是建議清廷逮捕並懲處那些殺害了至少42名日籍琉球人的原住民的第一批人之一。清政府和美國大使雙雙否決了他的提議。沮喪萬分的李仙得致信美國總統格蘭特將軍（General Grant），抱怨他居於北京的上司鏤斐迪（Frederick F. Low）。格蘭特總統見信頗受感動，重新任命李仙得為美國駐阿根廷大使。正是在前往南美的途中，李仙得在東京逗留，會見

6　同上，頁98。

了眾多日本政治領袖。（之後，他留在亞洲，並在朝鮮謀得另一重要職務。）他敦促新的日本朋友們入侵甚至攻占台灣，因為牡丹社事件給予了日本攻打台灣一個符合國際法的絕佳藉口，特別是在「英國和俄羅斯正忙於處理土耳其帝國的所謂『東方問題』，目前尚無暇顧及在亞細亞的侵略」（林修澈85）的時候。

　　更早之前（1867年3月到9月），李仙得曾處理過一件發生在東海岸名為「羅發號」的對抗台灣原住民的騷亂。在這樁事件中，美國船員和他們的家庭成員被原住民割首出草。因此，李仙得力圖遊說他的日本同事為死者報仇，甚至在1874年的襲擊中自願充當軍事顧問的行為也就不足為奇了。日方領導者對於李仙得所言的占領台灣以及建立日本的「東方」的完美時機頗為關注。但他們還是花了二十年的時間才實現了「南進」的夢想。隨著日本軍方深入部落地域，英、美政府出於不願在當地出現新對手的目的也介入其中。他們希望日方和清廷達成協議和解。由於數百名士兵因氣候問題患病，被熱帶疾病如瘧疾、蚊蟲叮咬、神經衰弱等所折磨，日本政府也發現攻占全島成本過高。台灣的高熱和潮濕使得殖民計畫難以維繫——至少，需待到帝國準備好再次發動戰爭。

　　李仙得是眾多助力改變台灣與亞太鄰邦關係的歷史軌跡的外國遊客和帝國官員之一。他處理台灣「蠻荒蕃人」的個人經歷可能已經預示了1914年（太魯閣）和1930年（霧社事件）的一系列武力鎮壓和報復事件。他的行跡和其影響非常值得經受跨地域的檢視，因為他並非唯一一個自家鄉遷往廈門、屏東、東京和其他地域的人。在許多方面，李仙得等人的行跡和變化繪製也改變了現代亞洲的航跡。例如，1898年到1906年時任民政長官的後藤新平對台灣的現代化進程起到了推動作用。1934年後，他又成為了建立滿鐵的核心人物。在章太炎流亡於台灣的八個月裡，他在自己任職編輯的《日日新報》的中文專欄中發表了很多關於日本友人為期更好的未來而往來於台灣的詩和

隨筆。例如，1898 年 12 月 16 日，章太炎寫了一篇短評回應一位日本友人於離開這方小小的殖民島嶼返回家園前夜的沉思。他提及，這些「暫入南方」瘴島的孤獨遊魂們「煙波久慕海鷗群」，[7] 很快便與處在相似離散困境中的同事們熟識起來。「他們熱切地握手相交，但馬上便揚帆到遙遠的大都會去實現自己的雄心壯志。」[8] 就像佐藤春夫所記述得那樣，正是通過這些旅行者的眼睛，我們得以更好地理解小事件何以構成歷史。

1920，佐藤春夫的霧社

正如流傳於日治台灣的俗語所言，「三天一小亂，五天一大亂。」不僅是叛亂分子、知識菁英、部落頭目領導著各種抗議，佛教徒和道德社團從 1895 年開始也不斷與台灣殖民當局產生摩擦。1930 年的霧社事件規模最大，卻可能並非首例。事實上，1914 年 5 月的太魯閣起義被證明是更為嚴峻也更具破壞性的。但對於當地人，甚至是日本殖民統治者而言，圍繞著霧社的一系列事件卻似乎是更具創傷性的。這一點在一位日本作家的作品中明晰可見。他於 1920 年來台旅行三個月，並在這場被報導的反抗日方的暴亂發生後，見證記錄了他所看到的霧社。

佐藤春夫（1892-1964）是日本後明治時期的傑出作家。他持之以恆地書寫台灣，以此揭示關於此島及其居民的另類視野。1920 年夏日，佐藤在遭到一位友人的妻子拒絕後鬱屈難遣。悲痛之際，一位中學時的同窗出面邀請他訪台三個月。這位曾經的同學似乎已頗為發達，還認識了不少在台的殖民高官——這些人中，內政部長繼而為佐

7　章太炎，《日日新報》，1898 年 11 月 4 日。

8　Ping-hui Liao, "Travels in Modern China," *Oxford Handbook of Modern Chinese Literature*, ed. Carlos Rojas and Andreas Bachner（New York: Oxford University Press, 2016），41.

藤安排行程，以便他可以盡可能舒適地在島上逗留。在這之後長達二
十年的時光中，佐藤寫作了一系列故事，並將之整理成一個合集，命
名為《霧社》（1925；1943）重新發行。在這本書中，他表達了一種異
域風情和關於台灣的批判性立場。[9]他用細緻而發人深省的筆觸記錄了
他在台灣的見聞。在台灣，他是一個旅行者，亦是一個「買辦」。他
一方面享有各種特權，另一方面又抱持一種分裂且不協調的世界主義
觀念。他比較了習俗和話語實踐在日本人與台灣人之間的不同。除此
以外，他還著迷於原住民天方夜譚式的故事——哥德式的浪漫小說
《女誡扇綺譚》可能是其中最為著名的作品。

　　在很多層面上，佐藤的遊記與其他殖民地見聞的記述並無不同，
均涉及繁多的主題，像是異域記憶、帝國之眼、種族歧視，甚至閹
割、性別偏見、詳盡的當地文物與景點清單、熱帶神經衰弱、錯位
感、內部文化批判，甚至反征服等等。儘管佐藤以平民的身分遊覽台
灣，但是他對台灣殖民政府給他提供的慷慨支持，確保他入住奢華旅
店，為他聯絡當地那些難以為遊客所接觸到的文人雅士等行為頗感欣
慰。一個生動的例子發生在他花費幾天時間遊覽台灣的中央山脈之後
去辦理旅店入住時。旅店老闆獲知佐藤是殖民長官的尊貴客人後，為
他提供了一個更為舒適的房間，佐藤對此似乎感到驚喜交加。正如在
《殖民地之旅》中所記述的，佐藤起初在台中遭到了旅店侍者的惡劣
待遇。這位侍者「用懷疑的眼光」直瞪著他，然後把他安排在「西照
日正射到障子上，連窗簾都沒有的一間——想來大概是平常不使用的
房間」[10]裡。他不得不多次按鈴催促女侍為他提供冷飲。在他抱怨難

9　霧社被佐藤春夫指認為一個旅遊景點和一個發生暴亂的小鎮，而非1930年事變的發生
　　地：1930年，隨著莫那‧魯道這位泰雅族頭目率眾族人襲擊曾發生姦犯少女事件的日
　　軍駐防區，日軍濫用武力報復、屠殺原住民部落。佐藤遊記的引述均來自邱若山的最
　　新完整中譯本（2016年第二版）。

10　佐藤春夫，邱若山譯，《殖民地之旅》（台北：前衛，2016），頁288。

以忍受的高溫並表示希望換個房間時，這位女侍者譏諷道：「你從山中下到平地來，所以不管是哪個房間都會感到熱的。」（佐藤春夫，288）情況在佐藤向當地州廳通告了自己的到來以後發生了轉變。他不僅得到了一個專門的嚮導以及參加一次官方宴會的邀請，還升級到一個帶門廊，有茶桌、香菸組和酒具的大套房。在頌揚優越的條件以及使用殖民網絡來發揮自己的優勢以便獲取一手材料的方面，佐藤可能與他的日本同事並無不同。但是因為他的旅程是在台灣嚴酷的氣候條件下進行的，他形成了一種重台灣甚於日本的迥然不同的身分立場，認為前者更務實、更具生命力。他觀察到，台灣的極端氣候使得當地居民能夠有準備地面對不期然的挑戰：人們在以一種永續的方式勞作、生存。

　　佐藤停留在台中的日子（1920年9月27日到10月1日）是他遊覽霧社之後的短短幾天。在那，他被視為高貴的顯赫人士，受到兒童合唱團的歡迎，並被護送著前往山頂的茶舍。他從茶舍女老闆那裡聽到了一個令人毛骨悚然的故事。這是關於最近的一樁慘案的傳說。最近幾名日本員警和他們的家庭成員慘遭割頭出草。原住民兇手殘忍地剖開了員警署長夫人的肚子，取出了死於腹中的胎兒。佐藤疑惑，這是何等狂熱的仇恨與瘋狂才驅使原住民犯下如此窮凶極惡的罪行？佐藤的敘述無疑揭示了一種混雜了好奇與焦慮的複雜心態。他對於原住民兒童完善並提升自己，以超越殖民教育的局限，獲得解放甚至救贖殖民者的狀況頗為驚詫，而同時他又持續性地感到不安和受困。佐藤描述下的當地是原始、廉價、質樸的，但他也發現自己對當地人為何還會進行一些特定的儀式，比如分享食物、砍頭等等，疑惑不解。故事以敘述者和隱含作者在台北聽取專家根據原住民的信仰體系對原住民部落進行的人類學解讀作結。據說原住民在殖民地等級秩序問題上存在問題，特別是對殖民實踐中將一個宗族之外的人強加於他們的頭目之上頗感憂慮。他們也會退還無禮或者無用的物件。藉由這種非正式

的討論所獲得的部分當地知識讓佐藤能夠體驗到道德的覺醒。他的故事在對無動於衷地空投炸彈和使用噴氣式戰鬥機消滅原住民的評論中完結。他引用了一位官員的話，「從內地來的旅行者總是在僅僅一瞥蕃山之後，就感覺到蕃人像詩一樣令人喜愛，但是，對統治者而言，實在是沒有比他們更棘手的東西了。」（佐藤春夫，202）關於七名日本人被殺事件，他覺得這得上溯到至少十年前日本人施予原住民的獸行。「蕃人在開戰之前，習慣把在和平時曾經接受的敵人的贈物悉數整理好，丟到敵地的邊境，表示不承認其恩惠而宣戰……總之，一般蕃人的習慣一切被漠視，也因此而屢屢激怒了他們，或者明明可以預知的事變也毫無察覺。」（佐藤春夫，204）所以，如在霧社所見，他們到底為何用這樣野蠻的方式屠殺一個日本女人和她未出世的孩子呢？佐藤的回答是：以「新野蠻主義」回應、反饋帝國自己的野蠻之舉。

1996，抽出蠻荒之刃

史國良討論了霧社事件的餘波與以紀念，特別是1990年代興起的原住民自治運動的形式出現的台灣民族主義想像之間的關係。鮑梅立（Melissa Brown）等多位研究者多年來致力於寫作新人種志這一項目，以期構建一個全新的台灣混合身分認同。然而，及至1987年這個標誌著台灣後殖民時期開始的關鍵點，原住民作者如瓦歷斯・諾幹（1961- ）仍譏諷道：「1996年，以為又回到天皇的土地。」[11]在瓦歷斯的小說和散文中，他往往將他那迷茫的敘述者——一個他家園的異鄉客——放置在那個民進黨示威者與國民黨員警如兩頭狂暴的公牛角力

11　John Balcom and Yingtsih Balcom, ed., *Indigenous Writers of Taiwan: An Anthology of Stories, Essays, and Poems*,（New York: Columbia University Press, 2005），167.（中文原文出自瓦歷斯・諾幹的詩歌《伊能再踏查》，譯者註。）

互殘般武力相接的十字街頭。而原住民則被遺棄於幽暗，無關國家何去何從。對於瓦歷斯和許多台灣的原住民研究者而言，霧社事件是接連不斷的差別對待與流離失所過程中的一部分。對此，原住民不得不以時常抽出他們的蠻荒之刃準備下一場對抗的方式加以應對處理。凝視著變換不斷又漸行漸遠的地平線，即使為市場力量所左右、被同室操戈所削弱，他們仍不得不傲然屹立，捍衛祖先的領地與尊嚴。這可能也是瓦歷斯最近多寫作如全球差異和戰爭這些足以影響台灣以至今天世界許多地區的少數群體及移民生計的話題的原因。

　　在霧社事件這一主題上，瓦歷斯和余光弘（2002）整理了有關日方試圖移置甚至摧毀位於南投的泰雅族和其他原住民的歷史文獻。雖說也有建立原住民自治區、重塑傳統的嘗試，但原住民的土地還是不斷折損於殖民以及新殖民政權，這還不說地震、颱風、泥石流和人禍的影響。在全球範圍內，原住民和他們的盟友們正在殊死拚搏，而本土以及跨地域的大眾媒介卻毫無建樹。2013年，日本NHK播出了《世界中的日本》（*Japan in the World*）的第一集。這部紀錄片以台灣老兵聚集在神社前高唱讚歌致敬日本天皇開篇。為了證明日本在台的殖民現代性如何先進、進步又高效，影片濃墨重彩地用倫敦世博會上的「人類動物園」（Human Zoo）這一展台向歐洲同行們比對了日本在原住民部落裡獲得的成就，以凸顯教化原住民最為積極的影響。但卻全然不顧霧社事件，甚至也未曾提及那些在世博會上被展覽的原住民返回台灣後，因為不能承受差恥、凌辱和傷害選擇了自盡。

　　於我而言，在利用二十世紀八〇年代在地化運動的民族群體中，原住民作家在反對漢文化主導的道德和政治威權方面是最強有力的，特別是在1997年9月21日的大地震破壞了他們的家園和生計之後。但是，隨著原住民人口日益少於來自東南亞的外國新娘和合同工的總數，對弱裔化的憂心一直是那些關於土地所有權和部落自治的批判性寫作的核心。比如，孫大川提醒我們，儘管身分認同政治和地方主義

從1987年開始就做為引人注目的焦點出現在公共話語之中，但是原住民文學的繁榮卻是異常脆弱的，因為原住民的語言文字正在經歷一個艱難的起步，甚至遭受著來自部落社群內部的掣肘。孫大川問到，時下興起的原住民文化是否已近暮色而非黎明呢？對於未來，不少作者似乎和孫大川抱有同樣的悲觀觀點（Balcom，xxi）。例如收錄在*Indigenous Writers of Taiwan: An Anthology of Stories, Essays, and Poems*的幾篇小說的題目均令人擔憂地含有「最後的」日子這樣陰霾的字眼，這好似反駁了台灣許多文學歷史學家使用（或言之濫用？）的那引以為豪的「後殖民」或者「後現代」體系。畢竟，在泥石流或者暴風雨摧毀整個部落迫使原住民離開祖宅而殊死拚搏面前，後現代的酷兒和女同性戀話語是如此的蒼白無力。

　　然而雖有恐懼，但彩虹意象仍被不斷調用藉以象徵希望。很多原住民文學放大了傳說中的「女獵手」和「母親」的形象──利格拉樂‧阿烏（1969- ）的作品即為其中一例。事實上，佐藤春夫在遊於深山之中時，也曾震驚於發現原住民堅韌不拔的品質。他也時常勾勒彩虹的意象，一再複述原住民返還神話家園的故事。夏曼‧藍波安（1957- ），這位擅長描寫自然和海洋景觀的傑出作家，通常將他的敘述者置於極端矛盾的境地中。在現代性的污濁之鏡裡，他會猝不及防地將自我指認為異鄉客：「有很多的青年族人在台灣流浪多年後，在回鄉省親的三、四天裡，長輩們在他身上聞到的盡是胭脂粉味、古龍水以及濃濃的酒氣味，而沒有一滴海水的魚腥味。」夏曼繼續道：「母親如此質疑我的能力，不是因為我染上以上的惡習，而是我在她眼中是漢人的體能非雅美人的肌肉，遠離樹木的、沒有土壤味的人。」（Balcom，718）[12]

12　中文原文出自夏曼‧藍波安，《冷海情深：海洋朝聖者》（台北：聯合文學，1997），頁55。譯者註。

因此，原住民詩人莫那能（1956- ）寫到：

> 如果你是山地人
> 就擦乾被血淚沾濕的身體……
> 就引動高原的聲帶
> 像拚命咆嘯的浪濤
> 怒唱深絕的悲痛……
> 就展現你生命的爆烈
> 像火藥埋在地底
> 威猛地炸開虛偽的包裝（Balcom，160）[13]

　　驟然揭開現代性和治理術的謎題，原住民能做的「就只剩下一線生機——背山而戰」。他們的聲音迴盪在山間水畔，在大都會的街頭巷尾聲勢浩大起來。這些，可能正是霧社的遺贈。

參考書目與文獻

英文書目

Andrade, Tonio, and Xing Hang, ed. *Sea Rovers, Silver, and Samurai: Maritime East Asia in Global History: 1550–1700*. Honolulu: University of Hawaii Press, 2016.

Balcom, John, and Balcom, Yingtsih, ed. *Indigenous Writers of Taiwan*. New York: Columbia University Press, 2005.

13　中文原文出自莫那能的詩歌，《如果你是山地人》。譯者註。

Barclay, Paul D. *Outcasts of Empire: Japan's Rule on Taiwan's "Savage Border," 1874-1945*. Berkeley: University of California Press, 2018.

Berry, Michael. *A History of Pain: Trauma in Modern Chinese Literature and Film*. New York: Columbia University Press, 2008.

Ching, Leo T.S. *Becoming Japanese: Colonial Taiwan and the Politics of Identity Formation*. Berkeley: University of California Press, 2001.

Liao, Ping-hui. "Travels in Modern China," *Oxford Handbook of Modern Chinese Literature*. Ed. Carlos Rojas and Andreas Bachner. New York: Oxford University Press, 2016. 39-51.

Simon, Scott. "Making Natives: Japan and the Creation of Indigenous Formosa," *Japanese Taiwan: Colonial Rule and its Contested Legacy*. Ed. Andrew D. Morris. London: Bloomsbury, 2015. 75-92.

中文書目

鄧相揚，《霧社事件》。台北：玉山社，1998年。

郭明正，《又見真相：賽德克族與霧社事件》。台北：遠流，2012年。

林修澈，《牡丹社事件》。台北：原住民族委員會，2017年。

佐藤春夫著，邱若山譯，《殖民地之旅》。台北：前衛，2016年。

瓦歷斯・諾幹，余光弘，《台灣原住民史》。南投：台灣文獻館，2002年。

周婉窈，〈試論戰後台灣關於霧社事件的詮釋〉，《台灣風物》第60卷第3期 (2010): 11-57。

不合時宜的沉思：
《餘生》中的當代的視角、散步的哲學、道德的思索

吳建亨

（陳湘陽　譯）

前言

　　書寫不能離開一貫的文體文法讓文字有胡言亂語的自由嗎，胡言
亂語是為了說出真實還是真實滲透文字讓書寫成其亂語胡言，沒有
胡言亂語的自由儼然書寫就失去了根本的自由那麼書寫的動作就被
「工具」化了，不給書寫自由奢談什麼生命自由（229/289-90）。[1]

　　舞鶴的《餘生》自 1999 年出版以來，便吸引了大量的追隨者，
但也招來許多批評，集中反映在其對霧社事件的描寫充滿爭議、對原
住民及其苦難的再現問題重重、對性與暴力過分關注以及頗為費解的
書寫風格。讓我以阿多諾（Theodor Adorno）的名言為開端，嘗試回
應這些控訴：「在奧茲維茲（Auschwitz）之後寫詩是野蠻的。」這一
定論就書寫創傷的倫理性提出了一系列的問題。[2]它首先關切的是，文

1　前頁碼《餘生》；後頁碼白睿文（Michael Berry）譯本。

2　關於書寫傷痕以及傷痕書寫的區別，參見 Dominick LaCapra, *Writing History, Writing Trauma*, Chap. 6。

學在書寫他人的痛苦時，如何避免參與壓迫的架構。如阿多諾所言：
「文化批評今天發現自己正面對文明與野蠻辯證的最後階段……。只
要批判性的知識將自身局限於自我滿足的沉思當中，便無法與這個挑
戰抗衡。」（*Prisms*, 34）在阿多諾的構想中，當文學做為文化器物並
「局限於自我滿足的沉思當中」時，便會難以避免地複製一種讓國家
社會主義的野蠻成為可能的文化，使其永存不朽。因此需要討論的問
題便是**思考或寫作是否能超越其自身的可能狀況，並有效地批評其所
發源的文化，亦即先一步犯下了難以想像殘暴行為的文化**。如果阿多
諾在做初步評判時維持悲觀的態度，他稍後便會修正自己的立場，承
認「常年承受的苦難擁有表達的權利，一如被刑求的人需要尖叫」
（《否定的辯證法》，362），並進一步認定文學能夠表達此種苦難的能
力（"Commitment" 188）。費爾曼（Shoshana Felman）提到，阿多諾修
正後的立場，在寫作和創傷之間制定出一種更加「疑難」（aporetic）
的關係（40）。不同於阿多諾最初回應中的那種否定性關係，文學在
第二種構想中發現自己處於一種道德上進退兩難的境地，只能書寫那
些無法書寫的，抑或見證那些不可能見證的。

　　然而，如果寫作已經成為必要，那麼如何才能寫出痛苦和苦難的
文學，卻不參與阻斷對野蠻文化進行徹底批判的具體化過程？如果文
學旨在進行這樣的工作，便無法繼續以一種遲滯的狀態繼續存在，而
必須重新發明自己，方能避免沉浸於感性之中，抑或具體化為純粹的
風格塑造（stylization），「淹沒了受害者的尖叫」。因此，阿多諾寫
道，「如果思考要成為真實……就必須反叛自己來思考。」（Negative
Dialectics 365）反叛著思考去思考並不會打開通往不思考的通道，而
是指定一種思考模式來思考事物當前狀態的未思考的部分。因此，若
要文學反叛其本身來思考及書寫，它便必須擺脫已習得的智慧的舒適
圈，包含語言及文學傳統，並揚棄尋找一個確定意義的探索工作。這
便是真正的思考往往與當下**脫節**的原因，且真正的思考象徵一種內在

與生俱來的超越可能，超越了其所源自的可能狀況。

　　進一步來說，費爾曼的解釋中有另一個有趣的論點：她在釐清傷痕書寫中理論性的道德兩難時，也將思考的反身行為刻畫為「當代思考的工作」（40，斜體為筆者所加）。那麼「當代」的意義是什麼呢？「當代」的問題長期以來都是哲學論述的重要主題。舉例來說，它構成了班雅明（Walter Benjamin）歷史哲學的骨幹，以「不合時宜」的姿態出現在尼采（Friedrich Nietzsche）的著作中，也以書寫的形式出現在德希達（Jacques Derrida）的論著中（Düttmann 12-15）。這些理論性的探討，儘管方法及細節大相逕庭，但都傾向將當代放置在本體論的層級上，以指出「**位於**現在」而非「**屬於**現在」的時間維度。為了節省篇幅，我們利用阿岡本（Giorgio Agamben）精簡的定義，來引導針對當代的理論性考察：

> 那些真正「當代」的人，真正屬於他們時代的人，是那些無法與時代完美配合，亦無法適應時代需求的人。這樣看來，他們與自己的時代毫無關聯。但正是因為這樣的狀況，正是透過這種脫節和時空錯置，他們比其他人更能看清並掌握自己的時代……〔當代〕便是透過一種脫節和時空錯置來依附於自己時代的關係。（"What is the Contemporary?" 40-41）

　　或許我們可以說，當代便是當下的無意識，把一個時代的確定性暴露於深淵般的虛無。因此**當代比它所處的時代更入時**，不該以任何嚴格的反對形式來反對其所處的時代；藉著將當下的既予性懸在一旁，當代創造出自己的時間性，包括所有的偏見和假設，再一次搖撼它們，再將它們丟進一種不斷改變的配置當中。如此看來，「當代」擁有不受時間影響的特質，因為參與這種思考行動的人們可以稱彼此為「當代人」，即便他們屬於不同的世界和不同的年代。「當代」因此

不是對於一種狀態的描述，而是一種不斷抗拒思想具體化的思考模式。簡而言之，「當代」指的便是成為**思考中的一個事件**，而閱讀《餘生》的其中一種方式，便是將其視為由許多思考的馬賽克所組成，而這些馬賽克形成了一系列不合時宜的沉思，沉思著「當代」的意義。

並非唯一的「當代」

　　上述對傷痕書寫道德，以及當代的討論十分重要，不只提供我們一個框架來欣賞舞鶴以進行傷痕書寫的極端手法，更讓我們能進行數種重要的區辨，稍後在強調《餘生》中的幾個道德議題時能有所助益。一些探討這部小說的最新論著往往模糊了這數種區辨，並將整個本體論的蘊含意義帶入當代或當代觀點的輪廓之中；筆者個人認為，這些意義並非必然存在其中。[3]這樣的誤解肇因於兩種分析層面的合併；這樣的狀況很容易理解，因為小說中的手法經常糾結在一塊並彼此結合，只為讀者留下相當稀薄的一層，可用來區辨的軌跡。另一個原因在於，contemporaneity 是翻譯「同時性」的數種可能中的其中一種；「同時性」是作者在後記中提供的一個重要線索，讓我們能了解整部小說的結構，也與小說中「當代」的輪廓直接相關。[4]然而本研究議論的方向正好相反，筆者認為一種重要的區辨，存在於小說中的「當代」，以及「當代」的哲學意義之間。若沒有這樣的區辨，我們很

3　見陳春燕（Chen Chun-yen），"Being-in-Common in Postcolonial Taiwan" 及李育霖〈川中島的歷史：論舞鶴《餘生》中的時間與內蘊倫理〉。陳春燕的著作是至今對《餘生》最系統化的理論論述。她極具特色的解讀產生的問題——或者說洞見，如果我們接受她批判性質疑賦予自身的任務（亦即在後殖民台灣的身分政治中找一條出路），便是她的分析比較是儂曦式（Jean-Luc Nancy）的閱讀，文本層次不一定說得通。換句話說，她的解讀聚焦於特定的儂曦式閱讀情境，卻輕描淡寫其他可能牴觸本體論解讀的片刻，使舞鶴近乎成為儂曦的讀者；對此，陳春燕文章結尾亦有察覺，並提醒讀者注意。

4　其他可能的翻譯還有 simultaneity 和 synchronicity。

可能會忽略這兩種秩序的交互作用帶來的重要道德議題。我的論點是，《餘生》提出了兩種論述上的顛覆——其中一種透過「當代」的輪廓，而另一種則在更根本的層次上，透過一種稱為「以心會心」的交流來欣賞自然美感。正是透過對這種對自然萬物秩序的審美欣賞，我們才能接近「當代」的軌跡，一如在阿岡本和其他哲學論述中的探討。

　　所謂的「當代視角」賦予了這部小說廣為人知的批評要旨——質疑先前霧社事件的歷史評論中一致認同的事物和觀點，並以散落在小說中各處，經常以告白形式呈現的美感欣賞，來加強「當代視角」的批評聲量；這樣的美感欣賞可以併入「散步的哲學」的標題之下。「當代」輪廓的應用得到廣泛關注和讚賞，因其將霧社事件連續的殖民、民族及原住民論述中的意識形態底蘊詮釋出來。藉由提出關於書寫歷史的過程中選材、意圖和詮釋的問題，「當代」迫使讀者深思：不同政權的接連統治，從殖民到半殖民和後殖民，大體上來說只是掌權者的更替，而非殖民意識形態的劇烈轉變，因為原住民族群持續被**排除**在國家政體之外（僅在特定的日子因為特定活動受到尊重），活在一次又一次用不同意識形態的筆墨寫下的相同殖民劇本之下。

　　話雖如此，「當代」絕非針對這個創傷事件唯一良知的聲音。敘事者召喚出「當代」的權威，僅是要讓一種位階更高的權威來削弱它。在敘事者調查霧社事件的過程中，「當代」構成了理解的視域，但它逐漸變形為一種凶惡的存在，最後被對大自然的美感欣賞，抑或斐德利克・葛霍（Frédéric Gros）所稱「隨散步而來的暫時自由狀態」所取代（3）。散步的哲學禁得起反思前和對話前的內部經驗，和自然成為一體，與尊嚴或憎恨等世俗事物毫無關聯，因而被想像為一種可行的倫理，由那些度過餘生的人們來實踐。即便散步的哲學未曾被系統化地闡述，當與拉岡的精神分析放置在一塊，或放置在海德格的「放讓」（Gelassenheit）中時，即能估量其激進程度。本研究認為一種

道德的模糊性正好出現在這兩種秩序的交界處：對自然的訴求散發出一種顯而易見的超越感，超越了「當代」所植基的歷史；因此，由「當代」提出的重要倫理政治含意的問題，與散步的哲學便只有相當淺薄的關聯。這種未解的緊張關係持續到小說的結尾：老人在敘事者在步出川中島時迎接他，說明了妥適度過餘生的倫理，卻也同時警告「在我們的山谷外有更大的力量約束著我們」（249/321）。[5]

《餘生》概覽

《餘生》是一部虛構的自傳，敘述作者於 1997 年及 1998 年夏天移居台灣中部山區的經驗。第一人稱敘事者探索原住民後裔的生存狀況，他們的父母或祖父母曾參與一場對抗日本殖民者的血腥戰爭。戰敗的結果導致部落倖存的成員被迫從馬赫坡遷移至附近的川中島保留地。

霧社事件最突出的特點在於反抗者所採取的方式。賽德克族以出草的方式來反叛殖民力量。「出草」極度野蠻的特性震驚了文明化的殖民者，他們以軍事動員的方式來回應——使用現代化的飛機和國際上禁止的毒氣，而結果幾乎與種族滅絕無異。日本的第一波攻擊便殺害了參與霧社事件的大部分族人，而事件的倖存者大都是婦女和孩童，他們稍後在拘留所遭到敵對的道澤社屠殺。若沒有日本當局的同意，道澤社的突襲便不可能發生，而這個事件通常稱為「第二霧社事件」。

與其他文學再現中抒寫「尊嚴」和「反叛」的頌讚式敘事背道而馳的是，《餘生》在熟悉的解釋框架之外爬梳霧社事件，並強迫讀者直接面對事件被嚴重忽略的一些面向、它的殘骸和來生，特別是那些事件的倖存者，或在事件發生後出生的人們。儘管小說聚焦於現今泰

5　第一個頁碼是原著中的頁數，第二個則是白睿文翻譯本中的頁數。

雅部落存在的狀況，但過去的事件仍無時無刻在川中島的現時狀況之上徘徊不去，成為文化傳承不斷衰落的提醒，也是研究及訪談進行的背景。因此，隨著這個事件繼續被研究、紀念、哀悼、排除、壓抑、甚至再次經歷（如馬紅的狀況），它仍與現在產生一種不安的共鳴，就這一點而言，《餘生》既是對事件前歷史的積極調查，也是對事件後歷史的深度反思，這兩個面向之間的互動、交會和重疊，藉由敘事者在山中旅居而完整呈現。

　　至少是這些理由，命令讀者踏上他們不熟悉的領域：在這裡，對霧社事件的討論並非關於或屬於其本身，然而總是與現在和未來相關。整部小說於是呈現出一種錯綜複雜的時間結構，過去的創傷（第一和第二次霧社事件）與現在的存在狀況（即敘事者在保留地所目擊的「餘生」）交織，並始終指向一個創傷式的（traumatropic）未來（姑娘以及敘事者的任務），在小說的結尾仍懸而未決。[6]隨著三條敘事主線同時展開，形成一個斷裂式的時間叢集，使過去、現在和未來皆互相牽動，小說的倫理圈變得相當多角度（multiangulated），只能透過作者在後記中所稱的「餘生的同時性」經驗來爬梳了。

《餘生》：文本與脈絡

　　　當代叫當代歷史提醒我不能讓可疑或猶可議的事件成為「過去式」永遠，必要把它扒出來在當代的陽光下曝曬到「現在式」，過去的歷史就此變得活生生成為當代歷史的一支。（85/62tm）

霧社事件發生於1930年10月27日。根據官方史料，本次事件是

6　根據 Merriam-Webster 線上辭典，traumatropism 的定義是「（植物的根莖）器官因受傷而改變方向」。關於傷痕研究中的 traumatropism（或頌揚負面的莊嚴，或對憂鬱、難以形容或再現的經驗的著迷的傾向），參見 Dominick La Capra, *History and Its Limits*, Chap. 3。

日本殖民史上最後一次原住民起義，也是對抗日本殖民最血腥的事件之一。長久以來，霧社事件在官方史料中被刻畫成「反殖民行動」，其中的領導者莫那·魯道則被神化為抗日的模範英雄。接下來的幾個政權都將這場反殖民行動工具化為政治宣傳，而這點在《餘生》中受到批判。《餘生》中的敘事者採用當代觀點，並對事件的「正當性」和「適切性」提出質疑，解構國家意識形態的連貫性。[7]敘事者藉由當代視角跨越鋪張的官方論述，由倖存者的角度檢視霧社事件。這些倖存者親眼目睹事件的經過，並在他們逐漸消失的文化中感受事件帶來的重大影響。

儘管英雄主義的論述被理直氣壯地揚棄，對莫那·魯道的政治性決定（反抗殖民的不公義）的辯論則較為迂迴。在小說中的一處，敘事者揣測在叛亂行為中達到最高點的憤怒，是否與出草行為相同，源自某種原始的衝動，因二者皆起源於人性天生的暴力（63-64），但這條思考線路並沒有繼續，因為敘事者隨即轉向一種人道論述，揚棄任何侵犯生命神聖性的暴力行為。關於「合理性」及「適切性」辯論峰迴路轉，因著「當代」既不支持也不否認「尊嚴」在將霧社事件合理化的過程中扮演的角色，而來到一個辯證上的僵局（116），接著來到一種「暫時性整合」，將事件定義為一場「政治性的出草」（176; 204-205tm），最終得出的結論則像個要將學校報告草草收尾的藉口（對於「當代」和對敘事者年少時的疑問皆然），而非對該議題的結語，敘事

7　見白睿文，*A History of Pain*, Chap. 1。在他對霧社事件文化再現的分析中，白睿文說明霧社事件如何被不同意識形態傾向的漢族作家單方面地賦予現代革命性的意義。在文化再現的層次上，國民黨政府和本土主義者對霧社事件的再現並未真的改變對原住民的殖民刻板印象。這些原住民叛亂者被冠上「高貴的野人」的角色，在政治上並未成熟，因此亟需漢族角色的引導。相反地，舞鶴的《餘生》「是個質疑這系列詮釋的悠長的聲音」（76）。

者接著決定要「無思無想」地度過餘生。[8]

　　在《餘生》中，作者策動了衝突的觀點（例如：反抗的尊嚴 vs. 出草的儀式）之間一系列的對峙，暗中削弱官方的史料記載；作者也利用其他修辭法來拆解官方敘事中冠冕堂皇的意識形態，其中最有效的莫過於敘事者不斷將「餘生紀念碑」和官方的「霧社紀念碑」並置。由前者做為官方論述的「反記憶」，顯然「官方紀念碑旁的莫那·魯道既是歷史的英雄，也是當代的大玩偶」（117/113）。[9]因此《餘生》可以解讀為在國家核准的紀念儀式的歌功頌德背後，對此病態認知的批判性揭露。[10]

　　不同於傳統的史料敘述，《餘生》有意識地強調歷史書寫中的措辭要素（rhetorical element）。藉由敘事者和川中島泰雅後裔的對話式互動，舞鶴揭露了歷史書寫中的難題和困境（aporia）。對舞鶴而言，歷史並非一種致力於揭露真相的修復事業；主體觀察客體的歷史觀點皆已受到主觀涉入和脈絡變動的制約——從某個歷史片刻中可用的研究模式、由族裔、性別、階級、年齡決定的社會關係，到主體本身的情感投入，因此研究位置的客觀性皆已有所偏移，不論多麼細微；研究者在研究狀況中的存在，以及和研究對象之間的摹寫關係造成了這樣的偏移。[11]如此一來，「當代」將傳統史料的假設問題化，以客觀之名宣稱的「真相」便無法自持。因此每段敘述都有修改的空間、每個

8　我英譯「暫時性的整合時」選擇了一個辯證上的用語，以符合告知「當代」的主要方式。

9　對照 Michel Foucault, "Nietzsche, Genealogy, History"。關於舞鶴《餘生》中尼采「反記憶（counter-memory）」和「有效歷史（effective history）」的概念，參見李育霖。

10　關於認知的病態，參見 Kelly Oliver, *Witnessing: Beyond Recognition*。

11　Michel Foucault 在他對尼采的詮釋中指出，知識的主體渴望遠離歷史事件的畛域，卻發現科學意識的形式臣服於「直覺、激情和質問者的奉獻、細微之處的殘酷，以及惡意」——簡而言之臣服於知識意志（162）。可以說正是這種知識意志被以自身意識被帶進《餘生》的開口處。

結論都變得懸而未決，因為「在當代的陽光之下曝曬」的一切都鎖進了沒有結論的對話式互動。在「當代」的推論下顯露出來的，未嘗是對客觀事實或真相的發掘；讀者隨著敘事者的步調前進，好奇地發問、一面沉思一面消化，並暫時性地得出結論，一切都以「想像的真實」之名進行（141/151）。這樣一種強烈質疑的立場，以及對自身發言位置的高度意識，讓《餘生》成為一部佳作，將文學和歷史共有的想像結構明確地書寫出來。

除了敘事者調查事件的過程中對不同論點的持續辯證，《餘生》也將各式各樣的文學技巧展露無遺。整部小說是一長段不間斷的敘事，沒有任何章節或段落，疊印書寫形式上的持續性，似乎是為了補償我們對於過去僅能有片段性的掌握。其他新穎之處還包括作者以奇特的方式使用標點符號、將粗俗和高雅的事物連結、將對他人諷刺的距離感與同理的關心並置、在嚴肅之中插入無稽的幽默、藉由詩意的破格來歌頌藝術想像的自由、從現實到想像的瞬間昇華、觀察與臆測之間的不斷切換、結合句式的不規則和語言的粗俗化。[12]這些風格上的創新對不熟悉這種風格的讀者讀來相當喪志，且容易產生作者沉迷於晦澀風格的印象，楊凱麟稱之為「硬蕊書寫」。[13]然而《餘生》中的風格實驗主義並非為其本身而設計，重點在於為需要有人聆聽的痛苦發聲。以下的分析精準地道出舞鶴美學風格中的社會批評：

12　例如標準說法「阿彌陀佛」被雜種化（bastardization）為「阿米肚佛」（58），將精神層次的事物貶低至身體層次。而敘事者將「史料」貶低為「屎料」的動作中，同音字「史」和「屎」促成了語意上的沉陷，並質疑史料記載模式中被認定的客觀性（119）。藉由用「屎」來替代「史」，身體元素以及所有隨之而來的關聯（例如：欲望、熱情、本能、痛苦、享樂等）顛覆了在史料的客觀記載模式中認定的平衡。

13　楊凱麟聚焦於舞鶴書寫中的語言元素。藉著他對德勒茲（Deleuze）理論的嫻熟與清楚的呈現，他的分析是篇複雜而值得閱讀的論著。

　　舞鶴呈現的語言暴力針對國民政府欲將原住民融入該中國抑或台灣政體的計畫，提出諸多疑問……。遍布整部小說的，殘缺的語言可解讀為一種語言上的傷疤，標示出原住民文化被「中國」的意識形態截斷之處。但在《餘生》中，強加於泰雅族人身上的「想像的中國（或想像的台灣）」顯然是暴力的；它讓族人受困於語言和文化的十字路口，而非將他們轉變為「良好的中國臣民」。因此，小說中激進的語言策略便不斷點出原住民族努力遵循「中國」和「台灣」概念的各種方式，而這個概念已讓他們殘缺，甚至毀滅。（白睿文，73）

　　這部小說因此能解讀為對各類社會議題持續不斷的評論──從國家暴力、國有化、商業化、環境剝削到一切事務的歧異化，都攸關於在全球資本的橫行和漢文化的霸權之下，少數原住民的生存。如此看來，1930 年導致霧社事件的殖民的不公不義，在後殖民台灣找到了鏡像；同化的暴力繼續施加影響，即便不如以往強烈，其在不同層面以不同形式作用，造成的非人道結果如出一轍。一如老狼所言，將一個人與他的文化精神疏遠，無論強迫與否，都等同於另一種形式的殺戮（242）。

　　敘事者和姑娘的表妹之間的互動進一步強調這種形式上較為溫和的殺戮，造成的破壞和創傷一樣嚴重：

　　我反省我當初來是抱著「研究弱勢族群」的心理，特別是針對他們歷史上發生一次著名的政治事件，我長這麼大從沒想到我們漢人是可以研究、值得研究的……我聽出來婦人的最後一句話中有深沉的埋怨，「無聊時晃來看看我們小蕃怎樣生活在你們大漢之中，」這是被掌控、被同化者的自我嘲謔，其中埋藏沉澱了多少被強制同化的悲哀。（51/13-14tm）

　　隨著研究者成為被研究的對象，敘事者察覺到自己較優越的主體位置，並被迫將所有情境變因都納入考量，包括漢人與原住民不同的生活經驗和不同部落、世代、職業之間，以及敘事者和族人之間的權力差異；他被迫修正自己的位置、擴增不同視角並拓展研究範圍，例如加入漢人、白色恐怖以及性生活等值得研究的對象。簡而言之，敘事者在研究事件時發覺了漢族象徵世界的限制，並取得了對當地原住民異質性的意識（例如：在一個小社群中不同的從屬關係）。

　　敘事者的確在軍隊和國民黨政權下受盡集體主義的壓迫，來到川中島時已經是個「受傷的靈魂」(37)，如王德威所言，但讀者也被迫察覺一個事實——即便心靈受到創傷，敘事者仍是以社會和文化上較優越的身分來到川中島；儘管敘事者顯然不願利用自己的身分占什麼便宜，他身為漢族研究者的事實已賦予他一個優勢地位；他無法擺脫且須隨時自我警惕。

　　除了敘事者對語言與意義流動主權規範的批判，「同化」的議題稍後浮現，成為過去碰觸現在的焦點。由起義失敗所引發的「極度的傾斜」指的是 1930 年代至今，同化過程的劇烈加速。這個比喻多次被喚起，質疑學校老師（表丈）和其他人不斷引用的關於「尊嚴」的主張，做為霧社事件的正當理由。對表丈這樣的人來說，霧社事件的正當性和適切性毋庸置疑，主要出於心理因素而非道德或政治因素（124-125/124-125）。然而「當代」（留意敘事者在此處僅是它的管道）並不會在情緒的基礎上安定下來（133/137）。「當代」盡其全力，拒絕接受任何不爭的事物，甚至連該種理由據說擁有集體的治療功能，也不例外；相反地，「當代」促使我們深思：以這麼巨大的代價來維護自己的尊嚴是否值得？這個代價造成的深厚影響，如今仍能強烈感受，隨著涉事者的後代繼續往受辱的深淵沉淪。

　　當然，我們可以質疑這樣的結果論，質疑「當代」對事件的評

價，並堅稱族人的戰敗和接踵而至的文化征服並非偶然相關；然而重點在於，兩者在時間上被定義為平行的事件。如此一來，過去和現在便透過墮落和貧窮，負面地連結在一起。川中島社區今天的麻痺清楚詮釋了長期的邊緣化對台灣原住民造成的影響，隨著多重的力量——歷史、政治、經濟、文化和社會，集體並持續地在他們身上造成不人道的影響。

可議的當代（The Contemporary in Question）

> 所有生命的激情，所有反抗的尊嚴，都淹沒在無人無時間的密林迷霧中，對步道上擦身而過的人它不再具有「時間性的意義」，它向著永恆墮入，當代必要再度進入密林迷霧打破那份靜止嗎？（63/30tm）

暫且不論嵌在「當代」的輪廓中的批判，我認為「當代」也是自我解構的展演——不僅是（透過觀點的增殖）自我修正，也是一種激烈許多的自我分解。

一如白睿文正確的觀察，當代「指的是敘事者的觀點：真正的歷史不可能獨立於我們當下身處的歷史位置，而位置從根本上形塑了我們的觀點和對過去的詮釋」（73）。不若其他評論者對「當代」的本體論框架，白睿文簡潔的定義在文本上更說得通。這暗示著「當代」是一種嚴格的認識論範疇，輪替地做為一個認識論或後設認識論的質問，且不具有其他評論者賦予的本體特質。然而這個主張並非反對用本體論解讀小說，而是對小說中本體場域的位置有不同看法。在《餘生》中，「當代」將自己呈現為一種特定的參考框架，其中一個年代的價值、假設和偏見被建造在它自己的歷史論述中；當代也是對自身歷史定位的一種反思意識。因此，在質疑兩個對霧社事件主流詮釋的「正當性」和「適切性」時，「當代」做為自身年代

的產物，也應該接受同樣的質疑過程。[14] 換句話說，如果「在當代的陽光下」每件事情都該受到質疑，那麼這個原則也應該套用到「當代」本身；如果「當代」禁止任何事物具體化成為「過去式」，那麼「當代」所支持的「存有第一義」，做為一個先驗原則，也應該接受相同的批評檢驗。

由於「當代」標示出情境理解的界線，它自身的歷史性使其拆解霧社事件政治詮釋的原則——生命神聖性的原則——岌岌可危。根據這個第一原則，「『屠殺』的本質是一樣的，不論其過程或數字，每一次屠殺就是生命背叛生命本身⋯⋯當代的歷史也不得不在此譴責『霧社事件中的莫那・魯道』」（55/18）。換句話說，「存有第一義」植基於對生命肉體性的保存。然而這個基礎原則在班雅明的〈暴力的批判〉（Critique of Violence）中受到挑戰。班雅明針對人類存在的總和，超越其肉體性的辯護，值得完整的引用：

> 「存在比正義的存在地位更高」這個命題，是錯誤而可恥的，如果這裡的存在指的僅是生命的話⋯⋯然而，它包含了一個有力的真理，如果說「存在」，或者說「生命」更好⋯⋯意謂的是人之為「人」的不可還原的、總體的條件的話⋯⋯無論如何，不能說人和他身上的純粹的生命是一樣的，也不能說他和他的條件和性質中的任何一種一樣，甚至是他的身體人格的獨特性。無論人多麼神聖，在他的條件之中，他易受其他同胞傷害的身體性的生命並無神聖可言。那麼，從本質上區分動物和植物的生命的是什麼？而即便這些東西是神聖的，它們也不可能僅因為活著，僅因

14　如 Paul Hamilton 所言：「這種〔歷史學家〕對過去的重新詮釋創造了阻礙當下理解的方式，拆解任何它假想出來的客觀有利位置，將其放置在與其出發訪視過去相同的，重新評估的需求之中」（113）。

為存在於生命之中就是神聖的。追溯生命之神聖性的信條的起源可能極具價值。也許，實際上也很可能，它是相對晚近的，最後一次錯誤的嘗試——弱化了的西方傳統尋找它丟失在宇宙論的深奧中的聖人。（自古以來所有反對謀殺的宗教戒律並不成為反駁的理由，因為這些東西是建立在觀念上，而非現代理論的基礎之上）。最後，這種關於人的神聖性的觀念也為這樣的反思奠定了基礎：這裡被宣告為神聖的，根據古代的神話思想，乃是被標記的罪的承載者：生命本身。（251）

此段落中有兩件事引人注目，第一是班雅明針對「在整體狀況中的生命」以及「裸命」（mere life）之間的區辨。如班雅明所言：「無論如何，不能說人和他身上的純粹的生命是一樣的。」在存有第一義中呈現的生命，是以其赤裸及肉慾的特性來理解。這正是「生命神聖性」的原則所產生的問題：它將人類化約至其身體存活的功能，不僅屏除了莫那·魯道在做出決定之前，思考過的尊嚴問題，更將人類迻譯為易受暴力傷害的客體——做為古代神話思想中罪的承載者，抑或納粹德國種族屠殺的目標。

第二，班雅明推斷「生命神聖性」可能是一種較晚近的現象，一種現代人文主義的論述，與古代的反戰論述有所不同。若班雅明是正確的，「當代」無法避免受其同時代的整理氛圍影響，亦即二十世紀對於針對人類的犯罪的集體焦慮。[15]由此看來，前述的先驗原則被揭露為一種特定歷史意識的產物。拉卡普拉（LaCapra）以同樣的方式表示，「生命神聖性」的絕對化將暴力視為對形上還原論制式又野蠻的屈服，不論其採取的形式及其功用。此外，「有人也許會推測，『生命神聖性』的想法堅不可破，因著對納粹『不值得活的生命』概念的

15　關於「地點」（place）在書寫歷史中根本的角色，參見 Michel de Certeau, 60-69。

恐懼，也因著『現代性』價值更廣義的相對化，似乎將生命放任為絕對價值和『神聖性』殘餘的容器。」（《歷史及其限制》〔 History and Its Limits 〕94n11）拉卡普拉（和班雅明）對「生命神聖性」原則的推斷能為小說指涉的「加害於人類的犯罪」佐證，這種犯罪在二十世紀的裝束下，採取了壓迫性集體主義的形式，並被敘事者引用做為個人的創傷（國民黨政權下象徵性的閹割），以及世界歷史的創傷（二十世紀的法西斯主義和共產主義）。[16] 如此論之，看似先驗的一個原則，最後較接近傅柯所指涉的「歷史先驗」。[17]

　　當「生命神聖性」內部的緊張和矛盾開始在推理過程中浮現時，這個原則便進一步受到質疑。在第一個方法中，敘事者斷言「存有在所有存在之先」（102/89tm），這個命題比「存在先於本質」這句格言更領先一步。[18]「當代」斷定生命最初的原則是存在，而任何傷害存在的方式都應受質疑。以此論之，霧社事件以尊嚴之名而宣稱的正當性便站不住腳，因為斷定這種尊嚴的代價是數百人的性命。隨著敘事者藉由將「生命神聖性」的原則以「個體自主」的概念進一步擴充，來探討霧社事件儀式上的正當性時，「存有」和「存在」的關係變得更加複雜。我們必須銘記在心，霧社事件的政治性和儀式性詮釋在兩個不同立場下遭到揚棄。在質疑政治性詮釋時，「當代」訴諸「生命神聖性」，將其做為首要原則。在當代面對儀式性詮釋的挑戰時，這個原則並不足以質疑事件做為一個原始習俗的正當性與適切性。我們在

16　關於壓迫性集體主義，見43、225/1、283。

17　舉例來說，可參見 Archaeology of Knowledge, "Historical a priori and the Archive"。

18　白睿文的翻譯並未分辨「存有」與「存在」，前者通常譯為 being，後者譯為 existence。例如白睿文將「存有在所有存在之先」譯為 before all forms of existence everything must first come into being（89），將「當代以『存有』為第一義」（117）譯為 "coming into existence" is the foremost meaning of contemporary（113）。我對「存有」和「存在」的翻譯則謹守領域內的慣例。

後頭會詳細討論此處在解釋上的不一致。但若非敘事者建立一個推測性的系譜來追溯出草行為的發展，這樣的轉變就不會發生：從獵人本能的攻擊性，到在大規模地宣洩原始和殘暴的欲望中達到高潮的集體狂歡——因此有了大量的暗喻，關於性、暴力、集體出神，以及酒神式的與自然的結合，皆暗示著被集體瘋狂吞噬的個人性（individuality）。[19]

　　加入出草習俗的推測性歷史，可能有兩大重要功能。第一個功能無異於佛洛伊德「原始部族」或尼采系譜中「殘忍的本能」，亦即做為一個啟發式的工具，協助了解出草行為的發展及人們對它的著迷。更重要的是，這樣的推測性歷史也提供了一個「真實」的形象，與稍後的散步哲學相對照並受其調節，對那些度過餘生的人們而言是個「另類型原始儀式」。

　　現在「當代」的宏偉之中出現了另一條裂隙。儘管「個體自主性」的概念被用來強化「存有第一義」，事實上卻削弱了不少。考慮以下的段落：

　　　　我的當代也嘗試以「個體的主體性」質疑「出草的正常性」，我以「個體自主」簡稱「個體的自主性」這樣的學術詞彙，個體自主便是人存在同時自己做自己的主人，如是自主的個體是存有的第一優先，任何忽視或抹殺「個體自主」即是讓存有空洞無實義，那麼人存有的一切可能也隨之破滅。（212/261tm）

　　在這個段落中，「個體自主性」明確地位於存在的層級（「個體自主便是人存在同時自己做自己的主人」）且被視為「存有的第一優先」（「如是自主的個體是存有的第一優先」），我理解為「存有在世界上

19　關於敘事者對出草儀式推測性的系譜，見142-143/152-155。

（或在出現時）最顯著的表現形式」。[20] 兩個問題隨即自其本身浮現：
（1）莫那‧魯道的決定不正是對「個體自主性」的肯定嗎？為何他的
決定先被第一個原則否定，卻又被「個體自主性」原則不正當地認可
呢？這是否暗示了「當代」內在的矛盾？（2）「個體自主性」的概念
是否由第一個原則而來，因此並非必要？抑或它是第一個原則所依存
的？隨著所有徵象都指向兩個原則的密不可分，「個體自主性」便導
致了一種相互感染的邏輯，等同於「存有總是已經以『存在』的形式
存有於世界上」。因此，我們必須在談論「存有」的同時也說「**在那
兒**存有」──一種受制於不同歷史和政治力量之中的存在，或如班雅
明所說，一種意謂「不可化約而稱為『人』的總體狀況」的存在。這
再次導致了「當代」內部的矛盾，因為由存有第一義支持的，存有高
過於存在的階層，事實上仰賴德希達（Jacques Derrida）所稱的「補充
邏輯」，亦即表面上次要或衍生之物最後成為一種不可或缺的可能狀
況；因此，用來駁斥尊嚴主張的原則包含對這個主張的正當化。

　　但未解之疑仍然存在：「當代」為何需要訴諸「個體自主性」的
概念來駁斥儀式上的主張？小說中並未給出任何解釋，但我們可以合
理猜測，敘事者被迫在個體自主性的立場之上推理，因為出草做為一
種原始習俗已經存在了數個世紀，並使原住民族的文化更加豐富，與
莫那‧魯道做出的政治決定不同。這樣的文化傳承和對「真實」的體
驗甚至使敘事者著迷：「即使是一個靜靜的旁觀者也會被那種『融入
非人類』的場景所觸動，**狂歡到最後跳動的不是人類的心臟而是源自
地球的脈動……狂歡的可貴在於它的本質，不僅一掃『雛形社會化』**

20　在結論的報告之中可以發現明顯的不一致，其中敘事者將「個體自主性」寫成了「存有
　　自主」，而根據稍早的敘述應為「存在自主」。有趣的是，白睿文將「存有自主」譯為
　　the autonomy of existence（247/317）。

的枷鎖，回歸原始自然的懷抱，猶如內在火山的爆發，熔漿四處流蕩」（143/154-155，粗體為筆者所加）。

這種對「真實」的體驗象徵回歸自然，而其點燃的原始激情讓敘事者對「出草」的態度轉為矛盾。一方面來說，這樣的行為因為侵犯生命的神聖性而使他厭惡。另一方面，他情不自禁地為出草所承載的強烈原始激情所吸引。因此敘事者宣稱他對原始時代裡揮下刀刃的動作沒有疑慮：「在原始時代我毫不遲疑揮下『出草』的刀，在文明的當代我費力思索這『屠殺』的刀揮得正當嗎？」（64/32）敘事者因此認為除了訪問曾參與第二次霧社事件的道澤獵頭者外，也必須以二手的方式見證獵頭者曾經體驗的「真實」：「但我必要出門到深山親眼見過『出草的人』活生生在陽光下哼著出草歌，握過他割過人頭頸的手，感覺他手腕的脈動，我的文字才會越過『研究』洶湧而出。」（157/177）

若存有第一義被用來駁斥儀式性的詮釋，會因為一個簡單的原因而無效：出草中承載的狂喜比起任何人類事物都還龐大且強烈許多；在面對驅動整個地球的宇宙物質時，生命本身便顯得黯淡；如存有第一義所言：「存有超越存在」，出草便提供一種宇宙規模的，本能性的沉浸，隨即矮化了「存有第一義」，因其生命觀仍然受限於人類以及保存生命本身。[21]

敘事者稍後總結，儘管這種對「真實」的體驗是他希望緊握的，

---

21 同時必須提及的是，本能性的驅力未曾是純淨的，而往往已經包含在一種交換的關係之中。隨著敘事者追溯到真實的原點，這種被聲稱為純淨的本能攻擊性已被自我利益和社群利益的考量所污染。當這樣的想法與相關的利益逐漸在執行者身上成形時，行為本身以「神聖化」獵人和「物化」被獵者的形式獲得了抽象及物質的面向。隨著時間過去，這種儀式的發展愈加具防衛性，並捲入一種惡性循環，隨著儀式的黑暗面（亦即對砍頭的著迷以及完成儀式的狂喜變得太過強烈，使執行者揚棄起先對該儀式執行方式的規範）被更頻繁、強迫而瘋狂的行為掩蓋，最後便導致它的正常化，進入了每天發生的事件之中，而被提升成儀式性的行為。

其在數個世紀以來採取及發展的形式卻是他想拋棄的：「『出草』豐富了島國的內涵，**這是不能竄改的歷史事實**，但是如果『出草』是迷失方向而走錯了路，那麼**有可能創生另類型「原始儀式」同樣可以豐富島國的內涵，這是不必壓抑的歷史想像**」（225/282tm，粗體為筆者所加）。我們稍後會探討這個「另類型原始儀式」的內容。現在值得注意的是，仰賴「個體自主性」的論述讓敘事者能將批評轉向壓迫的集體主義，同時承認出草儀式為島國帶來更豐富的文化，並為「另類型原始儀式」留下空間，提供另一種接觸「真實」又無損「個體自主性」的方式。

還有另一點值得一提：敘事者持續將「當代」做為理解的集散點，但態度上有相當細微卻能夠察覺的轉變。起先敘事者執意地認為「當代」是個理解的總體性平面，也是一種解構主權對意義規範的重要工具。如他所宣稱：「沒有『歷史的歷史』，真實只存在『當代的歷史』。」（52/15tm）但這種志在必得的語氣在小說進行的過程中逐漸減弱，最後被一種被動的屈服態度取代：「我出生在當代，成長在當代，教養在當代，渾身在當代，我只能在當代發聲。」（116/112）換句話說，**如果敘事者在前面認可了當代，現在則是當代認可了他**。這個觀點上的轉變，在事件相對於餘生的地位改變上最顯而易見：調查以「必須觸及的因緣」之名開始（185/219tm），然而敘事者在川中島與「**餘生**」的偶爾相遇，現在被具體化為「當代」所強加的「報告」或「作業」，或被當作一份令人不得安寧的「任務」，讓敘事者想拋在一旁，享受單純散步的快樂（85/63; 141/152）。

當敘事者開始區辨「**餘生**」的經驗和為「當代」所告知的調查時，「當代」的瓦解最為顯著。「**餘生**」未曾被明確地定義，但它與多種內在情況及許多人、物體和現象廣泛相關。舉例來說，「**餘生**」包含達到內心的寧靜，不受俗慮干擾；它最激進的層面也是被動的，超越了主動性和被動性的簡單對立；它與鹿的眼睛、雞的啼叫、孩童

嬉戲的形象、「餘生紀念碑」旁一個小學生的塑像、溪流、跋山涉水、月光、寒冷的山氣、在周遭自然環境中的漫步息息相關——這一切都說明了一種心理上和情感上的交流，稱為「以心會心」；最重要的，這被稱為一種**本能**的，無思無想的生活方式。

這樣的區辨簡單來說就是**餘生**和事件之間的區辨；無須思考和需要思考之間的區辨：

> 「餘生」是不用思索的，它活生生就在眼前，每天下午放學孩童的笑語遊戲，我思索的是「事件」它已逐漸僵死如化石，我重新自歷史的傷口把它捧出來放在窗前的書桌一一檢視，我分明即便在我身處的餘生之地這樣的思索也是無關實際的，但「思索」有它內在的力量，直覺是與生俱來的本能之後是一種累積、一種強度，思索是稍稍遲來的本能之後同樣是一種累積、一種強韌，它可能因外在的因素而修正，但不會止歇，甚至思索對象的一無意義和了無價值也無礙於思索，只有它內在的動力熄火之時「思索」才會到了終結。（212/261-262tm）

在這個綿密的段落中，**餘生**和思索／調查之間置入了一種非對立性的區辨。小說似乎暗示餘生是一種不需要思索，或甚至無法思索的直覺，而正是餘生的不思索能做為可能性的狀況（「思索是稍稍遲來的本能」）和思考的不可能性（「只有它內在的動力熄火之時『思索』才會到了終結」）。以下引述兩個相關段落來支持這個論點：

> 我所以會寫下這些帶著激情的文字，無非藉著「事件」在小說中面對自我多年來的擺盪作一個誠懇的思索，作一個也許不可能確認的確認——在最終「不思不想」之前作一回盡力的思索。（64/32tm）

注意此處的重點在於思索的**開端**，條件在於餘生的不思索（不思不想）被暫時懸置。在第二個段落中：

　　我不是凌空俯視看到模糊的整體，便是夾在事物的間隙仔細看到了局部，兩者湊合起來便是我從事的工作嗎，我願望我散步島國只深深的凝視而不作任何紀錄、批判或結論，但這樣的散步可能嗎？我們的文化教育不允許人「無所為的永久散步」，無所為是為了有所為作準備，或者在無所為之中有了所為……我必須對「事件」作個總結。（246/316tm）

在以上兩個段落中，一個置疑的結構定義了**餘生**和思索之間的關係。第一個段落中，「思索」在「不思不想」到來以前做出最後的努力，思索這個創傷事件。第二個段落給予讀者一個廣泛的印象：**餘生**只能在思索停止時完全體驗（「深深的凝視而不作任何記錄、批判或結論」）。既便該段落在調查和餘生、思索與不思索之間呈現了相同的置疑結構（「無所為是為了有所為作準備，或者在無所為之中有了所為」），現在的重點在於「當代」的局限，最後則在於它的停止或崩解。[22]

這個重點的轉移發生在某一個準確的片刻，亦即「當代」逐漸成為一種凶惡的存在，指揮敘事者採許最適切的推理模式，並藉此濫用思考的自由，將自身轉化為一種壓迫性的思考機器，在無止盡的問題化之中狂歡。此刻「調查」已不再植基於與**餘生**之間的置疑關係（做為其必然的附加結果），而成為其自身的結束。也許就是在這個片刻，思索耗盡了它內在的動力並終結（「只有它內在的動力熄火之時

22　與康德（Kant）美學批判的比較（「無目的的符合目的性」的想法）可做為進一步探索的可能途徑。

『思索』才會到了終結」）；或許也是在這個片刻，敘事者急忙想收束整個調查（我必須對「事件」作個總結），不是因為已經沒有任何事物需要考察，而是因為他漸漸領悟整件事的徒勞無功——他從來沒能靠著「當代」來到事件的核心：「歷史只記錄『事件來去』無能觸及真實感覺。」（232/293tm）

　　如果歷史無法接觸真實，在「當代」瓦解之後還有其他選擇嗎？這個問題的答案是解開《餘生》道德和政治意涵的關鍵。我將在下一個部分探討敘事者做為散步者或漫遊者的角色，遠比其他角色更和**餘生**的概念息息相關，**餘生**的概念也為重新想像一個「其他原始儀式」提供了基礎。

散步的哲學

　　「你曾經有過那樣最好的經驗嗎？」姑娘低頭畫地好久，「沒有，沒有一次真正有夠，但我相信有像大洪水的流、大火山的爆，那才值得生命過一生」……問題真有那樣「大洪水流、大火山爆」的性極境嗎，在我的人生路途上我也幾度質疑，在我餘生之時我仍不知道這問題的「真實」是什麼，並不一定需要答案，只期望生命顯示真實而不是草草應付人生，漸漸的內在要自己不特別期望什麼，來到的用心體會如是而已……這種肉體性慾的原始真實竟只能靠「以心會心」來溝通了解，不也是一種生命的荒謬，人生的悲傷嗎？（166-169/190-193tm）

　　前文中我們提到《餘生》的語言有種從自足的表意空間溢出的內在傾向。「當代」所採取的策略偏好意義的增殖，運用交互比對與交互驗證優游於廣袤的可能詮釋途徑（由對話、訪談、觀察，以及同時包含日間素材真實與虛構反思的備忘錄所組成）中。我在這裡想要強調的是，餘生的經驗在小說中構成了另一層次的討論，而這是一種遠

離理性思慮、理論發展依然深為不足的層次。的確，餘生的「事件」
與「經驗」的探察關係密切，兩者的意義也都只能透過彼此來闡明。
但這兩種向度的重要性互有出入，隨著小說的進展也開始浮出水面，
後項經驗顯然逐漸突出占據了敘述重心，而前者隨著其限制與虛弱愈
形明顯，慢慢地沒入了背景。

　　想要揭開餘生的內在意義，我們應該從勾勒出敘事者口中「真實
或真實的感覺」（the real）的輪廓開始。首先，「真實」並非客觀的現
實或歷史的事實。事實上，根據敘事者的理解，「真實」極為類似精
神分析理論中所說的「真實」（the real），其相似之處大到小說中「真
實」的概念，幾乎是照著拉岡學說從早期到後期的軌跡進行演變。

　　拉岡學派的精神分析中，對於「真實」有兩種不同的概念表達。
拉岡在1950年代時將「真實」定義為抗拒意象之物；這時期的「真
實」被設想為一種龐大的實體（物自體 das Ding/Thing-in-itself），導
致意象躊躇失策。根據這種觀點，「真實」不僅先於語言、文明與社
會體化（societalization），同時也被置於其反面。因此，回歸「真實」
表示從語言與社會的異化作用中解放。不過後期的拉岡則抗拒定立一
種原始實體的誘惑，這種原始實體會阻撓其後想要達成意象的企圖；
取而代之的是，「真實」被設想為一種間際或「將一個人以及同樣的
客體從其自身分開的極微差異」，而這種間際的物質化稱做「小對體」
（objet petit a）或「真實」的細片（齊澤克〔Slavoj Zizek〕，《視差之見》
Parallax View 18）。

　　不過從「物自體」到「小對體」的轉移，並非意味「絕爽」就被
零碎的規範化了，彷彿是失落之「物」的可悲複製品。拉岡的姿態更
為基進：在「物自體」與「小對體」的關係中，是限制先於超驗。標
準的讀法是將「真實」設想為一種龐大的實體，而小客體乃其剩餘
物，是其現象的替代物。因此分隔「小對體」與「物」的間際無法彌
補，因為兩者隸屬不同論域：現象的與本體的。因此人只能退而求其

次，安於一種弱化、仕紳化的享受，同時假設有全然享受（絕爽）的存在，後者同時是衡量在現象界獲得的享受之所以顯得「仕紳化」與「淡化」的標準。根據齊澤克的說法，這一點漏失了拉岡學說中「真實」的悖論：

> 某種基本的歧義性與拉岡的「真實」有關：「真實」指定了一個先於並抗拒表象的實體硬核，於此同時也指定了表象本身定立或「生產」的剩餘物。不過我們無論如何都必須避免的是，將這個剩餘物設想為僅是次要的，彷彿我們先有「真實」的充盈，再有「排空」絕爽的表象過程，然後並非全然地遺留了個別的殘餘物、享受的孤島、小對體。倘若我們屈服於這種想法，便會失去拉岡學說中「真實」的悖論：享受的實體無法沒有、先於享受的剩餘。實體是由剩餘回溯引起的幻象。（《邅延的否定》〔*Tarrying with the Negative*〕，37）

這兩種對於「真實」的精神分析概念表達，大致上符合《餘生》中想像「真實」的兩種不同方法。前者在敘事者推測出草儀式的系譜時已勾勒出輪廓。在敘事者的陳述中，這種原始的儀式指陳的是一種出神的經驗，「真實」在這種經驗中得以展現其充盈的光輝。就這種說法而言，「真實」的特色是基本的激情、本能的衝動、無限制的性滿足，以及其他類似的經驗，全部都暗示著重回母體或與大自然合為一體。這樣將「真實」理解為原始而實體的經驗，同樣也充斥於「姑娘」的絕望當中，因為她還未能體驗最強烈的性愉悅，那種以火山爆、洪水流為譬喻（見章節題詞）的高潮狂喜。又一次地，拉岡早期學說中的「真實」邏輯，在此發揮了作用。正如敘事者所言，在「姑娘」的挫折背後，假設的便是在山水深處藏有性慾的黑洞，只是因為文明的喧囂而不顯、被抑制了（168/193）。在「姑娘」的不滿中，我

們可以聽到對於出草這儀式帶來的非人道「絕爽」的相同欲望。但到
頭來敘事者依然惋惜這種原始的「真實」無法直接追求；但這一點卻
可以透過「以心會心」間接企及。

　　有趣的是，就在論述達到極致性滿足（或「真實」之為「絕爽」）
不可能的段落前，敘事者省思了絕美與精緻之間的差異，再次提出了
對「真實」的另一種理解，相當程度地削弱了將「真實」等同於原始
實體的初始概念：

> 　　絕美是不可能的，那是人的意識架構的幻覺，精緻是可能的人
> 極喜愛精緻但人心無能長時忍受精緻，精緻與精緻之間需要粗率
> 的對比休歇、或空的餘地，精緻才可能持續下去成為文明的主
> 流，原是自然的「意志」或「無心」。（165/187tm）

　　我們很難無視這個段落中的精神分析識見，原初的豐饒（此處指
的是美感的完滿）是一種反溯的定立，抑或「真實」以這種解釋而
言，同時可作「文明的主流」與「大自然的（無）意志」理解，因此
不再定義為抗拒象意之物。[23]然而敘事者在這裡所做的，並非在理解
達成絕美不可能後，退而求其次接受了單純的精緻。這段文字的要旨
在於，在使精緻自我斷裂的「細微差別」中定位大自然的意志（或應
該說「無心」）。同樣的精神分析識見，在敘事者說到打斷（關於過去
的）說話與（為了研究的）傾聽行為的間隙時再度被提起。我主張這
種間隙就是餘生的空間──一種純然懸置的間隙：

> 　　說話和傾聽都需要個逗點，逗點是一個空的間隙，純然的止
> 靜，並不為過去而思考也不為未來而準備。（187/222-223tm）

23　要對照人類的求知意志與大自然的意志或無心，請見描述雞啼的段落（75-76/47）。

這裡我們可以提出兩個相關的理論論點。首先，倘若大自然的意志不再等同原始的富饒，而為去實體化的虛空，那麼用來取代原始出草的文化實體，便只能建立於沒有根基的基礎上，也就是說，必須認可自由與尊嚴並不存在於對兩者的主張而是在於兩者的懸置中（從身分認同的固定性到其他種類的主權認定）；並非透過盡興體驗人生或性愛達到「出神」（ecstasy），而是透過將自我從原地移置，並且成為非我的他者來達到「出神」；或說這為文化所帶來的增潤並無法充滿其內在意義，反而撤銷了任何意義的主張。從最終分析的結果看來，說也矛盾，這種另類的文化實體，只能以非實體的詞彙來進行確認，如間隙、虛空、停頓，或沉默。

其次，上述關於大自然意志的描述，書中稱為「無心」，也類似海德格「無為」（Gelassenheit）的觀念，意思可譯為「放任」或「泰然任之」。「無為」的理念可以理解為「將自身從超驗表象中釋放」或「自制不涉入視域的意志」（《鄉徑對話》〔*Country Path Conversations*〕，92）。換言之，「無為」是一種意願自我分解的意志或是一種無意志方式的意志。在《餘生》一書中，對存在本質有類似的根本識見，都發生在敘事者去散步或鎮靜沉著地凝視欣賞大自然的寧靜時，這時他不僅自「當代」強迫性的質問中獲得釋放，同時所有俗世的煩憂變得微不足道，任何憂傷的痕跡也消弭於無形：

> （我）凝視著部落在如此的境地度過多少歲月，這才是真實的餘生吧，至少是餘生的支柱，消泯了憂傷、不安與惶亂。（173/201tm）

漫步在山徑上，敘事者宛如置身超乎思維與歷史之境，超乎憂傷與不安，成為真正的「當代」，因為他獲得了凌越自身時代的能力，

得以直視自己所處時間的虛空。

《餘生》中的道德僵局

　　這部小說的基進之處，在於開放了表意的過程，這一點達成於兩個截然不同的面向：「當代」與散步的哲學。不同於不斷增殖觀點以致難以決斷的「當代」，由散步的哲學所賦能的論述顛覆則是另外一回事；散步哲學指向了一個先驗且非認知性的本體領域，在歷史性的中心安置了非歷史性（即餘生）。換句話說，從「當代」到散步的哲學，我們見證了從認識論的多重性過渡到本體論僵局的轉變。雖然這種轉變不該被認為是以此換彼的取代，這兩條主要脈絡之間依然存在著根本的分裂。也就是說，從「當代」到散步的哲學，我們同時也見證一種從社會導向且脈絡為本的批判轉身的背離，取而代之者則是對形上學的確定性更廣泛而一般論的棄絕。因此為果，由「當代」所揭露的特定社會政治問題，被一種普遍且唯我論的倫理學給遮蔽了。

　　此外，小說的這個部分似乎洩漏出一種偽裝的神學，其奠基的根本在於個體與大自然間的神聖感通（communion）。這種感通既非言說也非溝通，只能透過「以心會心」企及，或是透過一種幾近神祕的內在經驗——立刻教人想起維根斯坦（Wittgenstein）在《邏輯哲學論》（*Tractatus Logico-Philosophicus*）中提出的最後命題：「凡不能言說之物，必須保持沉默。」

　　的確，「寂」與「靜」是定義散步哲學的兩項特徵（180/211）。這種朝向不可言說經驗的轉移，必須的並非言語而是無語的沉默，光是這一點便足以見證餘生。如費爾曼所言，見證是「一種極端獨特、不可交換且孤獨的負累」（15）。敘事者在最後的沉思中，也確認了見證餘生的孤獨負累，並坦承自己無法分享在散步過程中達成的透徹識見與內在心境，而這些也是不可能被分享的：「有種感受只能自覺自知」（211/260-261）。

　　若考慮到「畸人」（Weirdo/Deformo）被說是「部落中唯一懂得散步的人」（91/72）[24]，這一點便變得特別明顯，而且某種程度上來說也教人不安。在敘事者與畸人的互動中，兩者間無疑存在著某種感通。然而這種極微人際層次上的感通，要如何擴展到社會性的領域，實在令人存疑。大多數的時候，兩人的互動要不是導致彼此無法理解，便是以疑惑收場；若要說有任何有意義的互動，那也只有一場為時六小時的沉默競賽（92-94/73-75）。無論兩人之間發展出怎樣的感通，都太過微小、無法提供足夠的「共同」感。因此，小說中含蓄地提到這位基本上微不足道的人物，僅強化了一種概念，即倫理脫落的代價，是摧毀了建立一種新社會性所帶來的轉化的可能性。[25]

　　有一路的批評試圖從極端被動（radical passivity）的立場中提取出模範性的倫理姿態。若順著這條脈絡，敘事者拒絕參與主流的表象體制，並且採取一種非工具性且非功利性立場的決定，必然挫敗了資本主義的生產邏輯，破壞了社會組織中人各有本分並貢獻於整體社會順暢運行的有機論觀點。這的確是一種基進主義，但這種論點中經常被忽略的是，這種基進主義的條件是主體從當權者手中覺醒的啟悟。也就是說，唯有既得利益者妥協接受了散步哲學所提供的識見，極端被動的立場才有可能發揮其宣稱的解放功效。就這世上的可憐人而言，疏離不涉入並非他們得以選擇的道路。對原住民來說，要變得非工具性、非生產性、非功利性根本不費吹灰之力。他們已經在主流論述及大眾想像中被再現成這種模樣了。這種狀態未能顛覆主流的表象體制，反而強化了既有的權力關係。接著這樣會變得有問題、甚至在倫理上不誠實——自顧自地將餘生定立為倫理通則，彷彿敘事者與川中

24　要對照人類的求知意志與大自然的意志或無心，請見描述雞啼的段落（75-76/47）。

25　在這一點上，敘事者同樣認可的其他小角色包括了宮本先生和瘋癲的叔公。這些角色的共通點在於他們都被斷絕於群體與關係之外，不論原本即如此或刻意所為。

島居民間的心理關聯，便足以讓這樣的倫理規範獲得普世皆然的有效性。[26]

讀者因此有權利質問，倫理疏離究竟到什麼程度有助於那些過著餘生的人想像一種另類的創傷後處境；或者倫理疏離是否在疏離的過程中也棄絕了客體，讓邊緣人過著屈辱的生活，使他們餘生中墮入麻痺失望的境地。那種讚頌懸置或減除之力的文學批評，誠然提供了看待世界與認知周遭事物的另類方法，但我們依然觀看著同樣的世界，擁有同樣的主流結構，而且說來諷刺，後者——在社會與制度的層次上——依然餘留在餘生當中。

雖然《餘生》並未處理上述難題，但那並不表示本書就怠忽這些議題。上述論點無視於這本小說其實維持著一種生產性的歧義，促進了倫理疏離的立場，與此同時並指向自身的限制。敘事者在小說中一度宣稱自己也曾經歷過那種貫穿靈魂、深入歷史化外之境的鹿瞳凝視：「我也凝視過鹿瞳，近兩年在深山泰雅，當時只覺得有一種『異質』的美麗的鹿瞳，原來，心靈化身的鹿瞳已不在意歷史。」（108/99tm）但於此同時，他也很清楚，不管他們有多純真與世無爭，歷史總是會追上來，因為他們生存的狀態難以避免遭受歷史力量的干涉：

> 我所以在內心憐惜甚而珍視姑娘、小達雅、黑Ｖ以及鹿瞳少年少女，給他們一個正當經濟的家庭、良好的教育成長環境，他們的天生資質及外表幾年後極可能遠勝過平地都市的年輕人……幾十年來，島國半吊子的政治社會故意漠視或歧視他們的潛力與權

26　我指的是那些將王德威有條件的「努力做個無用的人」（見〈拾骨者舞鶴〉，頁17）提升為倫理通論的人，彷彿所有決定性的難題拜這種極端被動的立場所賜，皆會奇蹟般變得無關緊要甚或不復存在。

利，等到既得利益階層有了反省大罵自己或別人是「大漢沙文主
義豬」時，他們已淪落社會底層多年了翻身近乎不可能。
（155/166-167tm）

　　另外一個例子則是發生在敘事者與「老人」之間小說結尾的簡短
對話。老人敘述自己打算過著無思無想的無憂生活大計時，無意間透
露出餘生就這麼過有多脆弱難行。老人在言談中提到自己大兒子住在
台中市區，周遭處處都是商業化的符號（例如7-11及麥當勞等），這
難免教人想起「當代」所喚起的倫理政治輸入的議題，比方說快速同
化的過程、資源與工作機會的不平等分配，以及最後一點很重要的是
敘事者未竟的承諾，他說自己要研究漢人與原住民於戰後的互動
（132/137）。

　　此外，老人對於部落血仇和解的敘述，也與部落長老講述的版本
相差甚遠，後者宣稱賽德克族人彼此諒解，因此一開始便無血仇可
言。事實上這當中的恩怨向來就不如長老希望的那麼微不足道。根據
老人的說法，求親一議被拖延了三天。而且將聯姻視為真正的和解也
是有問題的，因為這項協議背後的理由是基於敵人的敵人便是朋友的
可疑邏輯。就這項觀點而言，聯姻協議終究被接受了並非因為雙方達
成全面和解；他們結合的方式相當負面──也就是說，那是基於雙方
有共同的敵人：「而且不是血仇血報的時代了，在我們的山谷外有更
大的力量約束著我們」（250/323）。倫理疏離與實際涉入間的張力又再
度於表面下醞釀發作，而讀者也被提醒了，生者奉行散步哲學的餘
生，在象徵與制度的層面若無相對應的改變，終究等同生活在一個脆
弱而隔離的空間裡，正如「表丈」所言，會一直生活在「被打擾」（言
外之意為「侵入」）的威脅底下，而打擾他們的人沒有這樣做的權
力，也於此不相干（124-125/124-125）。

結論

　　且回到阿多諾提出的起始問題：寫作如何得以超驗自身可能性的條件，並有效批判自身所源出的文化？面對此挑戰，《餘生》的表現是否恰如其分？我認為舞鶴的寫作表現極佳，而且或許有點太好了。的確，揭露支配結構的底層機制是必須的，自身並且須從這種壓迫性的結構中疏離。但小說中呈現的這種道德疏離，不論在思想層面有多基進，同時也切斷了任何參與物質條件與制度架構轉型的可能性，這樣的轉型持續促成了「極度的傾斜」現象。倘若造成原住民邊緣化與剝削的客觀條件依然存在，主觀的啟蒙怎能夠改正這種處境？難道那些直入靈魂的鹿瞳凝視不也是求助的眼神嗎？因此這本小說的倫理宇宙中所欠缺的，即是想像新的象徵一致性，抑或想像一種比較不帶歧視或剝削的新社會性的可能，並且讓自己為人們的生存所用。這似乎就是舞鶴所傳達出的重點，縱使執著於其散步的哲學。我會說這本小說本身就包含了自我批判的元素，雖然執行的方法間接而迂迴。倘若有人對《餘生》如何提出倫理議題有所疑慮，那都不會在於作者對既有議題的無知，而是在於他不願意將責任感與社會性視為倫理學內在本質的元素。但是沒有了責任感，倫理學即可能淪為自私自利；沒有了社會性，倫理學便變得瘖啞無語。

參考書目與文獻

英文書目

Adorno, Theodor W. "Commitment," *Aesthetics and Politics*. Trans. Francis McDonagh. London: Verso. 177–195.

——. *Negative Dialectics*. Trans. E.B. Ashton. New York: Routledge, 1973.

——. *Prisms*. Trans. Samuel Weber and Shierry Weber. Cambridge, Mass: The MIT Press, 1983.

Agamben, Giorgio. "What is the Contemporary?" *What Is an Apparatus? and Other Essays*. Trans. David Kishik and Stefan Pedatella. Stanford: Stanford University Press, 2009.

Benjamin, Walter. "Critique of Violence," *Walter Benjamin: Selected Writings*, Vol. 1: 1913–1926. Trans. Edmund Jephcott. Ed. Marcus Bullock and Michael W. Jennings. Cambridge, MA: Harvard University Press, 1996. 236–52.

Berry, Michael. *A History of Pain: Trauma in Modern Chinese Literature and Film*. New York: Columbia University Press, 2008.

Chen, Chun-yen. "Being-in-Common in Postcolonial Taiwan," *Interventions* 14.3 (2012): 443–461.

Davis, Bret W. *Heidegger and the Will: On the Way to Gelassenheit*. Evanston, Illinois: Northwestern University Press, 2007.

Düttmann, Alexander García. "For and Against the Contemporary: An Examination," *Art and Contemporaneity*. eds. Ruda, Frank, and Jan Yoelker. Zürich: diaphanes, 2015. 9–22.

Felman, Shoshana. "Education and Crisis, or the Vicissitudes of Teaching," *Trauma: Explorations in Memory*. Ed. Caruth, Cathy. Baltimore: The John Hopkins University Press, 1995. 13–60.

Foucault, Michel. *The Archaeology of Knowledge*. Trans. A M Sheridan Smith. London: Routledge, 2002.

——. "Nietzsche, Genealogy, History," *Language, Counter-Memory, Practice: Selected Essays and Interviews*. Ed. Donald F. Bouchard. Trans. Donald F. Boucahard and Sherry Simon. Ithaca: Cornell University

Press, 1977. 139-164.

Gros, Frédéric. *A Philosophy of Walking*. London: Verso, 2014.

Hamilton, Paul. *Historicism*. 2nd ed. New York: Routledge, 2003.

He, Wu. *Remains of Life*. Trans. Michael Berry. New York: Columbia University Press, 2017.

He, Wu. Remains of Life《餘生》, Taipei: Maitian, 1999.

Heidegger, Martin. *Country Path Conversations*. Trans. Bret Davis. Bloomington: Indiana University Press, 2010.

LaCapra, Dominick. *History and Its Limits*. Cornell University Press, 2009.

—— . *Writing History, Writing Trauma*. Baltimore: The John Hopkins University Press, 2001.

Lee, Yu-lin. "The History of Chuangchungdao: Time and Immanent Ethics in Wu He's Remains of Life," 川中島的歷史：論舞鶴《餘生》中的時間與內蘊倫理. *Router: A Journal of Cultural Studies* 16 (2013): 7-46.

Oliver, Kelly. *Witnessing*. Minneapolis: University of Minnesota Press, 2001.

Wang, David Der-wei. *The Monster That Is History*. Berkeley and Los Angeles: University of California Press, 2004.

—— . "Bone Collector Wu He." 拾骨者舞鶴. *Remains of Life*《餘生》. Taipei: Maitian, 1999. 7-40.

Yang, Kai-lin. "Hardcore Writing and Chinese Heterotopia in Wu-He's Works: Toward a Minor Literature of the Chinese," 硬蕊書寫與國語異托邦：台灣小文學的舞鶴難題. *Router: A Journal of Cultural Studies* 10 (2010): 7-36.

Žižek, Slavoj. *The Parallax View*. Cambridge, Massachusetts: The MIT Press, 2006

—— . *Tarrying with the Negative*. Durham: Duke University Press, 1993.

前塵與前程：
舞鶴的小說與湯湘竹的紀錄片的兩種「餘生」

石岱崙（Darryl Sterk）

摘要

　　本文旨在比較兩部紀念霧社事件倖存賽德克族族人劫後餘生的作品。兩者皆以「餘生」命名，顯然彼此間有互文關係。湯湘竹2014年上映的紀錄片《餘生：賽德克・巴萊》背後隱藏舞鶴於1999年出版的實驗小說《餘生》。兩部作品有諸多相似之處，皆以探索歷史創傷和英雄主義為主題，並以尋根之旅收場；其間亦有相異之處，特別是對於「英雄」所抱持的態度。舞鶴解構英雄主義，湯湘竹則將倖存者視為英雄，彰顯其活下去的勇氣。因此，紀錄片中尋根之旅結束之際，族人們心中的創傷得以紓解；反觀小說的反高潮帶來的卻是難以平復的失落，創傷似乎沒有得到療癒的跡象。從這方面來看，湯湘竹拍這部片的用意在於向舞鶴致敬，同時也對小說有所批判。

序

　　每有霧社事件相關的作品面世，不免點出一連串問題：該作是否讓人感動？是否把持歷史上或文化上的正確性？對事件本身及其後續

有無任何新發現？背後是否有政治意涵或商業目的？會問最後一個問題，是因為白睿文教授在一篇重要的專書論文（Berry，2011）論及中華、台灣建國主義者各自將心目中的國家建立在莫那‧魯道的決死精神上。這些問題的答案如此明顯，不禁令人懷疑導演或作家是否還能再有任何新意？學者是否還能再有白睿文教授未曾論及的新研究？

　　白教授專書出版以來，共有三部取材於霧社事件的影片，片長總計長達八小時。首先是電影《賽德克‧巴萊》（魏德聖，2011年，片長4.5小時），之後另有兩部紀錄片，分別為《霧社‧川中島》（比令‧亞布，2013年，片長1小時）及《餘生：賽德克‧巴萊》（湯湘竹，2014年，片長2.5小時）。三部皆受到學者青睞。魏導的史詩鉅片已有一本英文學術論文選集（Chiu等人，2017）探討；比令‧亞布（Pilin Yapu）導演的紀錄片則有中文碩士論文（鄭，2013）研究；然而，直到目前為止，湯湘竹的紀錄片僅有一篇發表於學術部落格的中文觀影心得。人類學家邱韻芳看過魏導的「一元大歷史觀」之後，似乎更欣賞湯導的「多元小歷史觀」（邱，2014），顯然《餘生：賽德克‧巴萊》的定位不止於《賽德克‧巴萊》的宣傳配套，應值得學者更多關注。

　　原定於《賽德克‧巴萊》上映幾個月之後上檔的《餘生：賽德克‧巴萊》，後來延至2014年才上映，此時紀錄片導演兼教育家比令‧亞布的紀錄片《霧社‧川中島》（2013年）早已問世，贏得了先機。比令‧亞布在片中批評魏導的電影，而隔年湯湘竹的紀錄片上映，對於魏導的電影卻隻字未提。湯湘竹身為《賽德克‧巴萊》錄音師，而他的《餘生：賽德克‧巴萊》製片公司亦是果子電影公司，湯導是否因為這層關係，致使立場無法獨立？本文目的之一即在於回答這個問題。不過，令筆者更加感興趣的是平行於紀錄片外的比較對象，即舞鶴的實驗小說《餘生》。對於看過《餘生》的人來說，《餘

生：賽德克・巴萊》的敘事手法似乎顯得老套，然而湯將紀錄片如此命名，不就是意味著歡迎將兩者進行比較嗎？

　　筆者希望透過比較舞鶴的小說與湯湘竹的紀錄片，來回答白教授指出的一個關鍵問題：「但是，〔賽德克族〕的創傷在哪？（But where is the trauma?）」（Berry，2011：100）。舞鶴與湯湘竹皆於各自的作品中處理賽德克族的創傷，然能設法平復創傷的族人只出現在湯的紀錄片中。儘管舞與湯兩位的作品同樣視現代賽德克族人仍活在霧社事件的陰影下，但舞鶴反對英雄主義，因而自始至終無法讓自己或族人走出陰影，活在陽光下；而湯鏡頭中的族人則是承擔做為英雄的任務，傳承賽德克文化，走過一百年來的傷痛，彷彿歷史創傷唯有英雄才能面對。

　　本論點或許在歷史創傷（historical trauma）研究上有更廣泛的意義。一般創傷研究取法於佛洛伊德（Sigmund Freud）的精神分析理論，假定創傷經驗會因為「重演衝動（repetition compulsion）」反覆上演，不過反覆紀念卻是治療的關鍵，患者透過記憶來了解、化解傷痛。照理來說，歷史創傷的「紀念義務（obligation to remember）」（Lin，2007：46）遲早能讓人了解、化解歷史事件帶來的傷痛，然而，令人遺憾的是，根據研究台灣二二八與白色恐怖再現的林麗君（Sylvia Lin）教授，「暴行的烙印（imprints of atrocity）」是「永不磨滅的（everlasting）」（Lin，2007：13），倖存者有如被囚困於創傷經驗之中，永遠無法獲得救贖。筆者理解為何林教授會提到紀念義務，如果真的忘記，可能無法預防類似事件再度上演，不過倖存者該怎麼辦呢？倖存者心裡帶有暴行的烙印，即暴行留下的創傷（Berry，2011：2）。雖然林教授認為暴行的烙印永不磨滅，可是她也比較了佛洛伊德心理分析中的兩個狀態：創傷者在病態中會持續「演出（acting-out）」，但透過治療學會「處理（working through）」自己的創傷（Lin，2007：67）。對此，筆者要提出面對創傷的另類處理創傷途徑

——將自己視為克服萬難的英雄。湯湘竹紀錄片中的族人為自己設計了如此創傷療法，而他們對英雄的定義就是立下活下去的決心，進而獻身於賽德克文化的傳承。

　　本文探討的作品光是片名就涉及中英賽三種語言，因此進入正文之前應該先對此做出說明。湯湘竹的紀錄片《餘生：賽德克・巴萊》包含了中文的「餘生」與賽德克語音譯成漢字的「賽德克・巴萊」，後者羅馬拼音為*seediq bale*，意思是「真正的」（*bale*）「人」（*seediq*）或賽德克族（Seediq），為何湯湘竹要將舞鶴實驗小說的書名與魏德聖史詩電影的片名結合起來做為自己紀錄片的片名？答案必須從湯湘竹紀錄片的官方英文名稱*Pusu Qhuni*來探討，*pusu qhuni*的意思應該是「樹」（*qhuni*）「根」（*pusu*），*pusu*是本文標題「尋根之旅」的「根」，*qhuni*是「樹」，*Pusu Qhuni*是湯湘竹紀錄片中尋根之旅的目的地，中文稱之牡丹巖，位於白石山坡上。至於「餘生」，白睿文教授譯為*Remains of Life*（Wu，2017），筆者個人認為該英文譯名較適合冠於舞鶴的小說作品，至於湯的紀錄片，若將「餘生」譯為*The Survivors*更為恰當。

　　探討《餘生：賽德克・巴萊》之前必須事先鋪陳紀錄片製作前後的歷史脈絡，即台灣原住民運動與1990年到2013年霧社事件的相關作品之間的關係。

解嚴後霧社事件大眾再現的英雄主義與歷史創傷

　　1982年，一位名為邱若龍的青年優游於埔里東面的群山之間，在廬山溫泉結交了一位原住民朋友。當時政府將這原住民朋友歸類為泰雅族，如今已正名為賽德克族。無論當時族名為何，邱氏1984年自復興美工畢業以後，因這份友誼而決定定居該地。

　　設立在霧社的莫那・魯道雕像坐落於上山必經之地，國民政府追尊莫那・魯道為殉國烈士，入祀忠烈祠，豎立雕像紀念其抗日事蹟。

當時莫那‧魯道似乎成了中國的抗日烈士，但是對邱若龍來說，莫那‧魯道是賽德克族的英雄。於是，他開始從事關於霧社事件的研究，前後花費五年的時間完成講述霧社事件的漫畫——《霧社事件》，終於1990年問世。漫畫裡對於都達（Toda）人受雇於日本人之事輕描淡寫，畢竟邱若龍的賽德克族朋友裡面也有都達人士，不過對於莫那‧魯道與其他德固達雅（Tgdaya）的英勇事蹟則是毫無保留地稱頌讚揚。邱的漫畫可以說重新定位了莫那‧魯道，視其為賽德克族英雄，其他族人更將莫那‧魯道捧為「泛原住民」（Pan-Indigenous）英雄。1988年，原住民運動分子占領中正紀念堂廣場高喊「還我土地」，1990年原運青年宣言「莫那‧魯道精神不死」，莫那偉大的反抗事蹟替原運戰士注入一股原動力，鼓舞原運戰士向國家爭取歷史正義。

　　不過邱若龍還是獨鍾賽德克族。1990年之後，他對事件的文化背景醞釀出更濃厚的興趣，於是拍攝紀錄片《Gaya：1930年的霧社事件與賽德克族》。拍片當時尚存有親身經歷霧社事件始末的當事人及目擊者，從1930年的十多歲到1990年代，走過一甲子，老邁的他們都還健在，除了花岡二郎的遺孀高山初子（Obing Tado）外。高山初子原是邱若龍的預定採訪對象，可惜不幸於1996年過世。無論如何，邱的紀錄片有一清楚的論點，就是霧社事件的動機是為了捍衛賽德克族的Gaya，即祖先傳承下來的傳統。在紀錄片中，邱採訪代表不同觀點的人物。負責採訪長者的沈明仁（Pawan Tanah）與黃玲華（Iwan Nawi，後來成為邱的妻子）分別屬於德路固（Truku）與都達，他們採訪的對象有賽德克族三支系的倖存者及其子孫。採訪時，他們詢問賽德克族文化及霧社事件相關問題，其中，他們問了都達人一個關鍵問題：究竟為何都達人會願意受雇為日本人的傭兵？他們得到的回答是：因為莫那‧魯道討厭他們，如果都達族人不先發制人，就會被莫那‧魯道殺死（1:15:23）。紀錄片並未明顯呈現都達與德固達雅

的和解，然而片尾卻以一場在獵寮舉辦的烤肉宴作結，人們歡欣地飲酒作樂。

　　幕後的邱若龍，一如他畫漫畫時一般，是個英雄崇拜者。當年魏德聖曾跟隨《Gaya》劇組走訪，他憶及邱若龍拜訪霧社事件年邁的倖存者時，受訪耆老的孫子問他：「你找我的阿公要幹什麼啊？」邱若龍回答：「因為你的阿公是個英雄啊！」（2002：271）邱將一名步入垂暮之年的老人視為英雄，是因為他能夠想像這位老人家在1930年事件發生當時的英勇形象。

　　邱拍片的同一年，反英雄主義的小說家舞鶴也搬到了川中島，此地於戰後重新命名為「清流部落」，賽德克族語稱之為Alang Gluban。1997年冬天，加上1998年的秋冬，這九個月的時間，舞鶴待在川中島[1]。《餘生》的敘事者乃作家舞鶴的化身。敘事者認為自己是現代文明的受害者，一再強調他所遭受的創傷，以及對於超越創傷的渴望。俗話說：「物以類聚」，深受創傷的小說家來到部落跟一群深受創傷的族人聚在一起，其中讓他印象最深刻是一位女性，她自稱是莫那‧魯道的孫女[2]，舞鶴則稱她為「姑娘」。

　　「姑娘」是一位深受創傷的女人，她曾一度誤入風塵，敘事者拜訪部落時她還尚未完全復原。她與自己的族人相處不洽，特別是部落裡的男性，因此她透過與部落男人性交的高潮做為和解儀式，藉此療癒這些部落男人從霧社事件以來種種挫敗所導致的創傷。當儀式一完成，姑娘便將敘事者帶回莫那‧魯道家族創傷的根源，亦即馬赫坡社旁的密林。敘事者先前曾遐想獵頭者在成功馘首之後與心愛的姑娘激

1　編註：這九個月的部落生活經驗，是後來寫成《餘生》的重要經驗。

2　莫那‧魯道有個女兒Mahung Mona，Mahung搬到川中島之後領養了一個女兒，此外沒有其他孫女。白睿文透過電郵表示這位女孩應當是莫那‧魯道精神上或者象徵意義上的孫女，身負著痛苦的歷史。

情性愛。敘事者儼然是個原始主義者，彷彿認為「原始」人類活得比現代人更燦爛，好似「原始」遠勝於現代。舞鶴是否如同原始主義者一樣，想透過「原始」的幻想來批判現代？某種層面看來確實如此，不過舞鶴也將批判之矛尖瞄準了賽德克族人的英雄情結。誠然，《餘生》企圖解構所有英雄主義，無論是在前現代或在現代社會之中。聽族人說莫那‧魯道是英雄，舞鶴說：「『當代』是反英雄的」（舞，1999：117），聽族人說霧社事件是出草儀式，舞鶴說：「尊重生命」（舞，1999：119），無論是誰的生命。

因此，儘管某種程度上出草儀式可以說是賽德克族的傳統習俗，舞鶴的敘事者仍然難以接受莫那‧魯道的行為，更難以接受國家以中華民族的大義去塑造、挪用其原始英雄形象。舞鶴的批判現在讀起來理所當然：莫那‧魯道並非站在中華民族或者原運的立場而反叛，也不是為了賽德克族而反叛，更遑論自由民主的精神。我們能夠理解為何舞鶴寧願活在一個反英雄的自由民主時代，更能了解他為何會解構莫那‧魯道的英雄形象，畢竟正是崇尚英雄的專制國家脅迫他受教育、服兵役，解嚴前的國家是他個人創傷的來源，他，是國家與英雄主義的受害者。

然而舞鶴解構了英雄主義之後依舊活在創傷中，他認識的族人也是如此。姑娘的和解儀式看似無解，和敘事者到馬赫坡社的尋根之旅也不了了之，而霧社事件的倖存者依舊臥床度日，無所事事。小說結尾處，舞鶴的敘事者拜訪一位垂死的老人，聽老人如此說：「至少不破壞人家現代專家什麼，至少醉眼看山水看幾十年了，也不會想到什麼過去破壞現在破壞將來，餘生就這麼過——無思無想床上過。」（舞，1999：250）這段文字看來也不大可能真的是全然出自臥床的賽德克族老人之口，反而更像是舞鶴自己的情感與話語，舞鶴似乎與自己所憎恨的國家如出一轍，將賽德克族人當作傳聲筒，表面看似賽德

克人說話，實際卻是說出自己的心聲。

　　無論如何，他的小說毫無疑問是一部傑作，是當代華語文學最重要的作品之一。其寫作風格全然拋棄小說的傳統敘事手法，句子也無止無盡地往下延續：整篇小說僅有六處句點。如此敘事風格，用意或許在於呈現劫後餘生那樣錯綜複雜、綿延不絕的思辨以及作家內心的掙扎，掙扎到最後，他終於有了感情。若說敘事者和姑娘到馬赫坡社的尋根之旅有任何結果，那便是他微妙的心理轉變：這名自稱是冷冷的自由愛好者，終於對人萌生情感，因此變得更像一個人，這樣一來，即便這些角色在敘事者筆下是多麼教人不可置信，尤其那位姑娘，但卻更能讓讀者產生同情，同情的對象也包括敘事者本身。

　　《餘生》為許多人留下極為深刻的印象，湯湘竹亦在其中之列。筆者於2014年出席紀錄片《餘生》放映活動，湯導表示舞鶴的《餘生》是他最喜歡的小說。因此，本文的主旨係探究湯湘竹紀錄片與舞鶴小說的關係。但在此之前，必須先處理兩位並未受到舞鶴影響的霧社事件敘事者：鄧相揚與魏德聖。

　　鄧相揚本業是一名醫檢師，經營向陽醫事檢驗所之餘，他廣泛涉獵本土歷史，特別有關霧社事件。早在1980年代，他已成為當時著名的霧社事件達人。鄧探究霧社事件的過程不能說不欣賞賽德克族歷史上最知名的英雄莫那‧魯道，他後來與邱若龍於2006年合作出版童書《莫那‧魯道》，書中莫那‧魯道是「領導原住民反抗日本統治、最後壯烈犧牲的英雄」。不過，在鄧個人著作中，更能把英雄放在複雜的歷史脈絡來了解，他知道當時所有人都活在高壓環境下，後代應該給予最大限度的理解跟同情。更重要的是，他不只欣賞莫那‧魯道一人，事實上，讓他印象最深刻的人物是高山初子，《風中緋櫻：霧社事件的真相與高山初子的故事》（2000a，由萬仁導演改編成公視連續劇 *Dana Sakura*，2004年播放）裡的主角就是她。雖然在鄧筆下她不是「英雄」，但她卻因為一輩子的堅持而展現出女英雄的能

耐。

　　1998年的**魏德聖**尚未成名，當時他只是渴望要寫一部劇本，進而拍出一部電影，來歌頌莫那‧魯道的偉大事蹟，讓賽德克族族人以及全台灣人感到驕傲。因此他追隨邱若龍，當邱導的助理，之後他在《小導演失業日記》一書中表達自己的原始浪漫情懷。與舞鶴的保留態度不同，**魏導**似乎非常投入，寧可窩在數百年前的原始部落裡似的。書中的**魏導**厭倦現代生活，他覺得都市太過嘈雜繁忙，索然無味，令人疲憊！這不是一個英雄該住的地方！**魏導**認為原始人類的生活純粹，他甚至想像自己裸身站立在四百年前的大地上，在原始叢林裡獵取敵方人頭，獲得文面資格，讓臉皮證明自己的英雄身分。書中形容他和邱若龍去拜訪的老人為「真正真正的英雄啊！」**魏導**感嘆道：「我真希望我能成為他。」（**魏**，2002：272）這是**魏德聖**「彩虹之上」（somewhere over the rainbow）的時刻。

　　魏導的《賽德克‧巴萊》堪稱台版的《英雄本色》（*Braveheart*，吉勃遜執導，1995），此片處理歷史上的抗殖民事變，帶有鮮明英雄崇拜色彩。為了將莫那‧魯道轉變為英雄，**魏導**必須在史實上做某種程度的修改。他將莫那‧魯道放進了本尊未曾參與的人止關事件（1902年）和姊妹原事件（1903年），對於1920年的薩拉矛（Slamo）事件卻隻字未提——莫那‧魯道當時參與一場攻擊薩拉矛泰雅族部落的行動。**魏導**對此略過不談，係因該事件恐怕有損莫那‧魯道英雄形象[3]。電影中對於Pihu Sapu煽動攻擊日方的描寫點到為止，其中幾個場景刻意凸顯莫那‧魯道做為整個事件的首腦，避免Pihu Sapu被視為反抗者中最關鍵的人物。

3　《賽德克‧巴萊》中對於薩拉矛事件僅僅（非常晦澀不明地）提及關於Pihu Walis和日本員警奈須野之間的友誼（《太陽旗》2:09:42）。2004年出版的電影小說中解釋，他們是薩拉矛事件的戰友（嚴，2011：205）。

　　然而，《賽德克·巴萊》處理歷史道德，絕對比《英雄本色》或邱若龍的漫畫還要來得細膩。莫那·魯道不是這部片唯一的英雄，片中也沒有一個完全的壞人。魏導將都達頭目 Teymu Walis 塑造成一個極為令人同情的角色。Teymu Walis 懷抱復仇心為日本人效命，不為報酬，他將與日人的合作看作一場與祖靈的和解祭典。當他發現德固達雅的女性和孩童在楓香樹林集體上吊自殺後，想從撻伐德固達雅的行動中抽身，卻已經太遲了。魏德聖也誘導觀眾同情 Teymu 的日本員警友人——小島源治。小島提供賞金，利誘都達人追殺德固達雅人。片中的小島所有家人都命喪霧社，但是真實歷史中他只失去了一個兒子。再者，導演對於反抗的贊同，也並非全然不帶反省。部落男人在學校殘殺日本人的時候，部落年老的母親責問起義戰士「Laqi kana, ganamu hmuwa?（孩子們呀，你們在做什麼？）」(《太陽旗》2:06:40)。其他幾位女性角色也對反抗行動表示批判意見，包括莫那·魯道的妻子 Bakan Walis，她對兒子說，家裡所有男人都「mkuni（瘋了）」。

　　因此，比令·亞布的紀錄片《霧社·川中島》指控《賽德克·巴萊》視角單一，且對都達人帶有偏見，似乎不太公平。比令·亞布紀錄片特殊之處在於其廣角的歷史視點：導演回溯1920年薩拉矛事件，當時日本人強迫莫那·魯道參與攻擊行動，片中旁白表示1930年末至1931年初日本人慫恿都達戰士，令其攻擊德固達雅來復仇，此為薩拉矛事件的重演。無論如何，筆者支持比令·亞布想替都達辯護的好意，都達與德固達雅必須要說話、要溝通，才能找到和解的方式。同時也十分樂見導演能夠拍攝2010年及2011年舉行的都達與德固達雅 dmahun（和解）慶典，也認為片中敘事者講得非常正確：另一位女性之聲，向我們娓娓道來，1930年和1931年敵我雙方的後代子孫「以原有解決紛爭的 Gaya 進行消弭〔仇恨〕之後」，事件應該「由族人的觀點自主詮釋」(53:13)。

湯湘竹的《餘生》

　　德固達雅與都達兩者之間的和解，湯湘竹處理得較為含蓄，不過和解在《餘生》算是一再出現的主題。影片 1:19:39 處，鏡頭以「搖鏡」（pan shot）帶過一面旗幟，上頭宣傳事件發生八十週年的和解儀式。在魏導的史詩電影中扮演莫那・魯道父親 Rudo Luhe 的 Pawan Nawi（曾秋勝）也在紀錄片中強調和解。當 Pawan Nawi 的兒子詢問都達人於 1931 年春第二次霧社事件中攻擊手無寸鐵的「保護蕃」，究竟是否合乎族人的 Gaya 時（1:28:17），Pawan Nawi 先是沉默不語，接著又答非所問地表示他們雖然是德固達雅的子弟，可是祖先卻是來自都達，德固達雅與都達本是同「根」生。此修辭無論對台灣的觀眾有無說服力——人家不一定要用根來定義自己、解決問題——應該會讓賽德克族產生共鳴，而且毫無疑問地是 Pawan Nawi 嘗試尋找德固達雅與都達的交集處，做為和解的基礎。不過紀錄片提醒觀眾，和解之所以難，不只是因為都達曾經攻擊過德固達雅，問題的另一層面在於獵場。事件之後，德固達雅部落的獵場配給了都達與德路固。

　　對此，紀錄片贊成獵場歸屬應依據當事人對於獵場的熟悉程度，而非祖先是否居住過。馬赫坡社曾屬於德固達雅，事件後馬赫坡獵場歸德路固所有。馬赫坡社後代 Dakis Pawan（郭明正），也是《賽德克・巴萊》主要譯者，坦然接受此一現狀，這點影片中透過動人的一幕呈現：一位名喚 Tanah Nawi 的德路固人帶領 Dakis Pawan 來到馬赫坡社上方的岩洞。Dakis Pawan 向祖靈致上敬意，獻上米酒。當晚，在營火旁，德路固嚮導表示，儘管這裡曾是德固達雅的獵場，如今卻是德路固的獵場，德路固嚮導在這裡永遠也不會迷路，不像 Dakis，根本不知道方向。Dakis 說「*ini huwa ka kiya*（這個沒問題）」（2:16:03），就讓過去的成為過去。兩人互相敬酒，對彼此表達敬意，就這樣和解了。紀錄片另一幕，Dakis 則表示第二次霧社事件能有這

麼多人倖存，是因為都達人對德固達雅人的手下留情（1:18:08）。

　　雖然《餘生》跟《霧社・川中島》一樣以族群和解為主題，但不同於比令・亞布，湯湘竹沒有批判《賽德克・巴萊》，為什麼？因為湯曾擔任《賽德克・巴萊》的錄音師，受邀於魏德聖才拍出《餘生》？筆者認為並非如此。筆者猜測湯湘竹原本就想拍這樣的紀錄片，況且，湯在比令・亞布的《霧社・川中島》發行之前，便已經近乎殺青。筆者也不認為跟比令・亞布的作品相較之下，湯的紀錄片會相形見絀。《霧社・川中島》確實有其優點，然而湯湘竹更能在論述與敘事之間取得平衡。

　　《餘生》的鋪陳乃根據鄧相揚的三本報告文學作品（1998、2000a及2000b），將其中的三個故事串接在一起：講述反抗部落劫後餘生的命運，模範蕃人試驗失敗的後果，以及一段日本殖民者的家族故事。湯湘竹擅長運用敘事或畫面細節來呈現這三段故事。譬如，於1930年10月27日去世的日本警官佐塚愛佑的女兒後來成為歌手，每次上台表演前都會從皮包拿出父親的遺物——一張沾有血跡的「名刺」——看一下，這一意象呈現遺族對過去的不捨。再如，高山初子，在大雨中挺著八個月大的孕肚向川中島前進，這一意象凸顯劫後餘生生存下去的勇氣。高山初子的姪子在回顧初子生平時表示：「女人心，相當地堅強」（1:10:40）。霧社事件倖存者中，初子看起來是最像英雄的一位。以筆者的論點而言，問題在於初子的力量源自於女性生命本身的強韌，似乎與賽德克文化無關。

　　雖然筆者的論點不適用於初子，但絕對適用於她的孫子Tado Nawi。Tado Nawi在湯湘竹的紀錄片中，以導遊身分首度現身。Tado Nawi站在霧社事件紀念公園裡的莫那・魯道抗日紀念碑前面，熟練地詳述賽德克族文化在事件中扮演的角色。Tado Nawi的任務和紀錄片的任務一致：他也要對不清楚事件發生經過的觀眾講述。他的目的，與湯導的目的相同，是要讓我們明白這座紀念碑背後的意義。它

是紀念「抗日英雄」，不過Tado Nawi強調賽德克文化，而不是某位歷史上的英雄，賽德克文化畢竟不是「屬於」某位歷史上的英雄，而是每一位賽德克·巴萊的共同傳統。更準確地說，任何人願意肩負傳承賽德克文化的任務，那個人就是英雄。本文論點也適用於Dakis Pawan。Dakis Pawan於1990年因在向陽醫事檢驗所做肝病檢測而結識鄧相揚，自此踏上了一場自我探索的文化尋根之旅。他發現離開家鄉前往另一個世界追尋成功之後，長久活在外面那個世界的標準之下，已然忘記自己從何而來。他認識鄧之後展開尋根之旅，某方面來說，在2008年的正名運動時達到巔峰，當時官方認證賽德克族和泰雅族是兩個不同的原住民族，這點由片中43:15處，Dakis書架上一本書的書名《賽德克正名運動》（郭，2008）可以看出端倪。

　　此論點也同樣適用於莫那·魯道的後代子孫，尤其是他的女兒Mahung Mona與他的曾孫女Mahung Pawan。Mahung Mona在事件中失去丈夫與兒子，日本人安排她的第二段婚姻，她從此沒有再生育，後來收養了一個女兒。1970年為事件發生四十週年，那年前後Mahung Mona在報紙上讀到報導說反叛行動由花岡一郎領導，而非她父親所領導時，感到憤怒不已。當歷史學家指出這項錯誤時，她深表欣慰，對於政府頒發獎章認證父親的成就時，也感到十分驕傲，她家族的名聲從此不再動搖，但遺憾的是，在她有生之年未能親見父親遷葬至清流部落的家族墓地，過世前告誡家人務必完成的她的遺願。不過，她的孫女Mahung Pawan沒有將祖母的遺願當作人生目標，她關注的焦點不是自己的家族，而在於整個民族。一開始她並不想背負「民族」的重責大任，後來在研究所的指導教授鼓勵下，她開始研究自己的部落族群，將賽德克族與國外其他原住民族做比較，開啟了屬於自己的文化尋根之旅。

　　林麗君教授分析二二八紀錄片《我們為什麼不歌唱？》，認為這部片「回顧過去的同時也展望未來（simultaneously backward—and forward—looking）」（Lin，2011: 39），此評論也貼切形容了湯湘竹的《餘生》。《餘生》的確回顧過去，但「過去」在片中並非陰魂不散，除了Mahung Mona以外，生者沒有被親戚的鬼魂糾纏。湯湘竹在影片中運用燭光照映歷史圖像的賽璐璐片，讓Mahung Mona、莫那‧魯道以及其他人物，看上去都相當溫暖而良善。那些曾經發生在他們身上的驚濤駭浪之事，那些說來令人痛苦萬分的回憶，則以黑白新聞報導呈現。與一般再現霧社事件的作品不同，《餘生》強調的並非過去發生什麼事，而是過去人們靠著什麼力量來生存下去，現代人理應能憑藉同樣的力量勇於邁向未來。根據紀錄片，這種力量的來源之一就是對民族文化的信念，每一個賽德克族人都能尋找文化的根，進而成為英雄，即seediq bale。這就是Pawan Nawi前往Pusu Qhuni之旅的意義。

　　這趟旅途中，Pawan Nawi向兒子轉述族人的神話。他述說的第一則故事，是射日英雄的故事，事實上，射日英雄不是單一個人，而是一對父子。天上曾經有兩個太陽，一位勇士志願背著嬰兒前往，射下

圖一：射日英雄（1:31）

其中之一，讓族人免於災難，勇士年老之後，成年的兒子接續完成了這個英雄任務。故事講完之後，Pawan Nawi 提出自己的解讀，英雄的任務是傳宗接代也是傳承文化，是緬懷過去也是走向未來。「過去」是個溫暖的所在，Pawan Nawi 故事的畫面為邱若龍的手工木刻作品，與歷史圖像的呈現手法相同，湯將木刻版畫翻印成賽璐璐片，用燭光營造出一種溫暖安詳的氛圍，給人的感覺正是緬懷過去，更能走向未來。

　　湯湘竹的紀錄片在行旅者穿越樹林後站在 Pusu Qhuni 之下時結束。正如上述，*pusu qhuni* 字面的意思是「樹根」，然而 Dakis Pawan 在字幕上譯成「聖石」，實際上它就是一顆巨石，直挺挺地矗立在山坡旁邊，像樹也像人，據說其底部有個洞穴，一個孕育所有生命的岩石子宮。Pawan Nawi 就是在這巨石底下講述賽德克族人最初從哪來的故事：「祖先們說，很久很久以前，有一棵很大的樹，在白石山區那裡，祂的根部是岩石，旁邊是樹木，祂們融合在一起，在那裡誕生了小孩，一位男孩和一位女孩，祂被稱為神石，後來，他們繁衍了很多

圖二：瑪紅・莫那（Mahung Mona）（40:48）

小孩，然後又生了很多小孩，那裡就是我們，賽德克族祖先由來的地方。」所有片中人物鏡頭和「樹葉」的空鏡頭交替出現，無論是榕樹、楊梅或油桐樹，都象徵著賽德克族人綿延繁茂的生命力。

　　Pawan Nawi 以一段沉思為影片作結，教導兒子與所有賽德克族的觀眾：「從今天起，所有我們住的土地，不是平地人，也不是大陸人的，你們知道嗎？是我們賽德克族的……，雖然我們部落人數很少，都很努力地讓孩子受教育，你們一樣要教育孩子，教導他們做人的道理，不要讓別人看不起，要知道，我們是賽德克‧巴萊。」時代真的不一樣了。儘管 Pawan Nawi 和兒子們前往 Pusu Qhuni 的尋根之旅的訴求跟 1930 年的莫那‧魯道或 1988 年喊「還我土地」的青年一樣，都是主張原住民應有的主權（sovereignty），唯時空脈絡完全不同。1930年，日本人認為自己有權利教化野蠻人，或以教化之名行剝削之實。1988 年，解嚴不久的國民政府開始「讓步」，但不可能這麼快「退出」。到了 2007 年，隨著《聯合國土著人民權利宣言》（the United Nations Declaration of the Rights of Indigenous Peoples）通過，如台灣這般墾民政權（settler state）必須——更傾向於——對原住民族的主權宣言釋出善意，做出實際回應。無論政府將如何回應，到了 Pawan Nawi 這一代，族人們已在重挫之後捲土重來，捍衛賽德克族人的土地與尊嚴，將文化傳承下去。

　　就某方面而言，湯湘竹透過《餘生》所述說的故事，和他的前作《海有多深》（2001）主題雷同。《海有多深》的主角是一名來自蘭嶼的青年，到台灣本島工作，想闖天下卻落了空，中風後回到蘭嶼，然而歸鄉之後，男子重新振作，和朋友蓋了間房子並從事漁業。他漂浮在海上的一幕，象徵對於肉體歡愉以及自由的憧憬。這是一則小小的英雄故事，表現出任何一個凡人都可能冀求的生命力。

　　不同於舞鶴的敘事者，湯湘竹在講述族人成為英雄的故事時，完全沒有提及自己。儘管導演本人出席紀錄片宣傳活動，卻未在片中露

面。湯湘竹是紀錄片的幕後推手，他當時《餘生：賽德克·巴萊》的參考資料目前存放在位於台北市區由果子電影公司所經營的特有種咖啡館，資料上寫滿關於霧社事件的研究筆記，可見他投入極高的熱忱。和舞鶴不同的是，湯湘竹浸淫於霧社事件的歷史文獻中，述說霧社事件後代子孫努力達成不同人生目標的故事，其中也包括了一些極端的政治目標，比如宣稱賽德克族握有台灣中央山脈的主權。兩者不同之處可能代表了橫亙於1990年代和2010年代之間的鴻溝，或者體現了湯湘竹和舞鶴之間截然不同的氣質。無論原因為何，這兩部講述賽德克族「餘生」的作品，乃是族人未完故事的兩種不同版本。

結論：創傷之外

霧社事件無疑給倖存者帶來難以抹滅的創傷，倘若佛洛伊德的理論足以採信，創傷涉及所謂「重演衝動」，係人性中一種難以抗拒的驅力，迫使我們一再重複體驗創傷歷程，不過弔詭的是，重返創傷現場可能具有療癒的效果，或許，歷史創傷也可以用同樣的方式處理，藉由紀念來理解過去、化解傷痛。這種歷史創傷的理論並非不適用於湯導《餘生》的賽德克族。最受比令·亞布矚目的德固達雅與都達兩族的dmahun（和解）儀式，用意在於透過紀念來化解歷史傷痛。不過湯湘竹的重點不在此。雖然湯拍到了2010年的dmahun的宣傳旗幟，更令他感興趣的是每一位賽德克人如何透過自己的紀念方式來化解族人的傷痛，走出歷史陰影，進而成為文化傳承的英雄，就如同Dakis Pawan的案例。

走訪馬赫坡社上方岩洞時，Dakis Pawan說他並不想談論霧社事件，因為這一切對他來說是痛苦的。然而，最後他還是開始滔滔不絕地說了起來，為什麼？筆者認為不是來自重演衝動，畢竟Dakis Pawan沒有親身經歷霧社事件，從小未曾聽說過霧社事件，直到二十多歲才知道事件與自己的祖先有關，四十多歲開始著手霧社事件研究，他投

入研究時沒有受到任何逼迫，紀念歷史事件是後代的自主選擇，
Dakis Pawan選擇去了解家族的過去、化解族群的傷痛。為什麼他要
這樣做？筆者認為，不僅僅是身為霧社事件倖存者後代的他身肩「紀
念義務」，更是因為對他、對族人來說，紀念有其療效，最重要的
是，透過紀念讓Dakis Pawan得以了解自己。三十年來不斷叩問：「我
是誰？」在尋求解答的過程中，他擔下文化傳承的英雄任務，從此成
為seediq bale。

　　湯導對於英雄的態度正是與舞鶴形成最尖銳的對比之處。崇拜莫
那‧魯道為英雄可能被國族主義者挪用，舞鶴因此懷疑莫那‧魯道，
進一步懷疑任何歷史人物的英雄身分；反之，湯湘竹則沒有特別表示
對莫那‧魯道的看法，似乎不在乎莫那‧魯道是否算是英雄，湯心目
中的英雄就是在困境中堅持下去的賽德克族人。湯借用舞鶴小說標題
《餘生》當作自己紀錄片的標題，然後加上《賽德克‧巴萊》，即「英
雄」，顯然欲傳達成為一名英雄是每個賽德克族族人「餘生」的任
務。賽德克族族人也許需要像舞鶴那樣解構英雄主義才能理解自身的
歷史，但或許也需要將自己視為英雄，才能承擔現在、迎向未來，而
迎向未來的方式並非僅限一種。

　　紀錄片呈現多種成為*seediq bale*的方式，其多樣性完全符合台灣
社會追求自由民主的價值觀。Mahung Pawan的尋根之旅的目的有別
於祖母Mahung Mona，Dakis Pawan做研究，Tado Nawi當導遊，各自
以自己的方式去傳承、推廣賽德克文化。簡言之，每一位賽德克族的
英雄在他／她的個人尋根之旅中，只要他／她願意仔細傾聽Pawan
Nawi的諄諄勸戒——捍衛族人的尊嚴——都有權去定義*seediq bale*的
內涵。

參考書目與文獻

參考影片

Braveheart. Dir. Mel Gibson, 1995.

《Gaya：1930年的賽德克族與霧社事件》。邱若龍指導，1998年。

《餘生：賽德克‧巴萊》。湯湘竹指導，2014年。

《賽德克‧巴萊》。魏德聖指導，2011年。

《霧社‧川中島》。比令亞布指導，2013年。

英文書目

Berry, Michael. "Musha 1930," *A History of Pain: Trauma in Modern Chinese Literature and Film*. New York: Columbia University Press, 2011. 53–107.

Chiu, Kuei-fen, Gary Rawnsley, and Ming-yeh Tsai Rawnsley, editors. *Taiwan Cinema: International Reception and Social Change*. U.K.: Routledge, 2017.

Lin, Sylvia. *Representing Atrocity: The 2/28 Incident and White Terror in Fiction and Film*. New York: Columbia University Press, 2007.

——. "Recreating the White Terror on the Screen," Sylvia Lin and Tze-lan D. Sang, editors. *Documenting Taiwan on Film: Issues and Methods in New Documentaries*. U.K.: Routledge, 2012. 38–59.

Wu He. *Remains of Life*. Translated by Michael Berry. New York: Columbia University Press, 2017.

中文書目

邱若龍，《霧社事件》，台北：時報文化，1990年。

邱韻芳，〈餘生：賽德克巴萊之後〉，《芭樂人類學》，2014年。
　　https://guavanthropology.tw/article/6194

郭明正，《賽德克正名運動》。花蓮：東華大學原住民民族學院出
　　版，2008年。

舞鶴，《餘生》。台北：麥田，1999年。

鄧相揚，《霧社事件》。台北：玉山社，1998年。

——，《風中緋櫻：霧社事件真相與花岡初子的故事》。台北：玉山
　　社，2000年。

——，《霧重雲深：霧社事件後，一個泰雅家庭的故事》。台北：玉
　　山社，1998年。

鄭勝奕，〈原住民的影像觀點研究：以比令‧亞布的紀錄片為討論對
　　象〉，中興大學碩士論文，2013年。

魏德聖，《賽德克‧巴萊》。台北：行政院新聞局，2000年。

——，《小導演失業日記：黃金魚將撒母耳》。時報文化，2002年。

嚴云農，《賽德克‧巴萊》。台北：皇冠，2011〔2004〕年。

視覺震撼、改寫與再現：《賽德克・巴萊》的分析

劉俊雄

緒論

Ma namu mspayis⋯ ma namu mspayis⋯

（為什麼要出草……為什麼要出草……）

《賽德克・巴萊》（簡稱《賽》片）的開場伴隨著賽德克人的歌聲，映入觀眾眼前的是獵人頭的「視覺震撼」場景。一群在山林追逐奔跑山豬的賽德克人，誤闖干卓萬社的獵場。青年莫那及族人在河的對岸伺機反擊，莫那游過河對岸，先將已被擊斃的布農族人頭砍下。青年莫那背起山豬游回途中，遭干卓萬社人反擊。在族人火力掩護下，終於脫離險境。莫那與族人返回部落，鳴槍告知族人，晚間全部落族人慶祝莫那成功的獵人頭行動。

導演魏德聖在電影序幕，即運用這場獵人頭行動的緩慢動作，呈現賽德克族人從追逐敵人到揮刀砍下人頭的那一瞬間，讓觀眾產生強烈的視覺震撼感。對於台灣原住民與其他非原住民的觀眾而言，獵人頭行動從口傳、書寫、影像到連續影像與聲音結合的真實場景。對於

《賽》從影片放映至今，出現的評論從台灣到中國、日本等國家的歷史學、社會及文化研究者相當多，卻仍未有研究者質問：原住民（台灣及世界）為何獵人頭？人類學的文獻，我們不乏看到從生態、衝突、心理（動機）、宗教（宇宙觀）、社會地位及象徵等不同面向的解釋。[1]魏德聖在《賽》片選擇以青年莫那的獵人頭行動為序幕製造視覺震撼，讓我們看到獵人頭不只是台灣史前文化遺址出土、舊社人頭骨架與神話傳說，而是以影像的方式活生生展演在觀眾面前。導演在《賽》片中一再地重複運用緩慢鏡頭交代每一位獵人頭者的動作，展現在賽德克族人與布農族人的戰役、賽德克族人與日本員警的衝突，以及賽德克族人內部保護與味方的衝突。每一次重複獵人頭的動作，讓我們產生疑惑：為何原住民行動者獵取的不是手、腳及其身體某一部位，而是在獵人頭（headhunting）？至今《賽》片的電影評論與研究，幾乎多數研究者們多未論及獵人頭與食人俗（canabalism）的命題。

　　魏德聖《賽》片的放映分為：上集《太陽旗》與下集《彩虹橋》。上集《太陽旗》，以青年莫那‧魯道的獵人頭揭開序幕，電影敘述依循歷史時間的軸線。從清代治理、清日甲午戰役政權交替，日本軍隊接收台灣，日軍與賽德克族人的多場戰役，其中最為重要的人止關之役。青年莫那‧魯道在人頭骨堆中被日本員警壓制，莫那‧魯道仰天長嘯象徵日軍正式治理霧社。時序進入1930年代，現代化的霧社街景。上集故事敘述結束在賽德族人在霧社公學校操場的血祭祖靈行動。下集《彩虹橋》，延續霧社事件爆發地點霧社公學校操場，日本軍、警與參與的賽德克族人的游擊戰地點，從霧社街道向外延伸到各

1　例如台灣人類學者林徐達（2009）從儀式面向探究獵人頭的研究。

部落。日軍有鑑於多場戰役一再潰敗，開始運用山砲、甚至運用非法的潰爛性毒氣，對付對抗的賽德克族人。日本以蕃制蕃的戰略運用，以金錢利誘鐵木‧瓦歷斯等群參與戰事。霧社事件即將結束前，日本員警多次派莫那‧馬紅等拿酒給巴索‧莫那等人希望出面投降，最終未能接受。莫那‧魯道獨自一人前往山上岩洞內自殺身亡，經賽德克族獵人在打獵過程，無意發現一具屍骨。故事結尾，在戰死族人集體唱著賽德克古調，從彩虹橋的一端走向另一端，祖靈們在彩虹橋的另一頭迎接族人的到來。

　　從《賽》片的電影敘述，我們一再看到導演魏德聖以重複地、緩慢地鏡頭敘述獵人頭行動時，多數評論者忽略台灣原住民的獵人頭（漢人稱出草）口傳與書寫，不斷出現在漢人移民歷史、西方殖民史，成為台灣原住民的文化想像來源。他運用視覺影像改寫霧社事件歷史、文化的策略，是以賽德克人神話、傳說為基礎，建構獵人頭的文化真實性（cultural authenticity）。

　　這樣的觀點有別於台灣教科書對於霧社事件的描繪：霧社事件並非一場原住民的抗日事件，而是兼具文化與政治意義的獵人頭行動。[2] 多數觀看過《賽》片的觀眾，心中必然產生的疑惑：賽德克人甚或台灣原住民，真的有獵殺人頭的習俗嗎？這種疑惑在原住民菁英與外人談論獵人頭行動時，原住民菁英以嘲諷口吻說：「如果你在一個世紀之前，以外人身分來到這裡，我們就會砍下你的頭。」（Simon，2012：170）[3] 多數觀眾猜測導演魏德聖拍攝《賽》片的動機，倘若只

2　有關獵人頭的相關文獻討論可參考Rosaldo（1980）、George（1996）、Hoskin（1996）、Metcalf（1996）、Dreau（2000）、Zou（2005）、Roque（2010）。

3　研究者從民族史的角度，檢視賽德克獵人頭儀式及其記憶，與當代大洋洲、東南亞比較有許多共同的政治意義（Simon，2012）。研究者以花蓮原住民菁英的研究為例，說明獵人頭融入儀式。筆者田野調查發現，部分漢人的應公廟宇，可能與原住民獵人頭有關。筆者與耆老訪談時，多數人談及獵人頭習俗的反應，與Simon（2012）的研究接

是以奇風異俗的態度提供觀眾認識原住民的獵人頭行動，那麼，觀眾（特別是台灣觀眾）在這場視覺震撼之後，是否讓觀眾對於台灣原住民文化、歷史有著更多的認識？霧社事件在台灣社會、歷史的定位，歷經不同政治權力的更替，不斷地被不同政權挪用為合法化的教育工具。以戰後初期為例，中國國族主義教科書將霧社事件描繪為「抗日」事件，卻未提及第二次霧社事件的以蕃制蕃，即是最佳的例子。[4]

在霧社公學校操場上，當賽德克男人高喊：Utux Gaya！多數觀眾依循譯者郭明正（Dakis Pawan）的中譯文「血祭祖靈」是否適切？霧社事件與 mgaya、血祭祖靈與 mgaya、獵人頭與 mgaya 之間如何進行跨文化的翻譯？從 "Utux Gaya" 在賽德克社會，它涉及群體關係、空間領域與超自然信仰等層面。"Utux Gaya" 是賽德克人構成的賽德克性。決定賽德克男性獵人頭的動機，包括儀式（祖靈祭、豐收祭）、群體衝突（仇恨）、爭奪獵場等。（中村勝，2003）從獵人頭行動與宇宙觀的關係來看，賽德克族人的獵人頭行動，是建立在彩虹橋的神話傳說。獵人頭行動，決定賽德克人的性別社會化。當我們把 "Utux Gaya" 直譯成「血祭祖靈」時，忽略日本殖民治理前、後與霧社事件前、後，賽德克性的跨文化脈絡轉換過程。[5]

近。有的人說是過去祖先的習俗，現在沒有了。有的人則笑笑說：「我們應該沒有獵人頭習俗吧！」

4　相關討論可參考周婉窈（2010）的研究。

5　日本殖民初期的調查報告，將台灣原住民獵人頭與婆羅洲、菲律賓比較，歸納為復仇、侵略他人土地（鳥居龍藏，1897：205-6）。北部泰雅的個案來看，獵人頭與社會組織、規範、法律相關（McGovern，1922：110）。此一說法與森丑之助（1917）、佐山融吉（1917）的看法接近。在獵人頭行動，由個人夢占決定，行動成功凱旋回部落則會邀請族人一起喝酒、載歌載舞。研究者指出以筆者訪談的泰雅人Tali敘述，南洋戰場是另一個無數限寬廣的新獵場，在戰場運用獵人頭本能求生存。新技術、空間重新詮釋泰雅人Tali的獵人頭意義，不必然依循文化建構的基礎。高砂義勇隊的研究參考Ching（2001）。

本文歷史改寫（編），不同於過去以霧社事件做為文學、電影、音樂及電視的創作題材。[6]

針對《賽》片的分析，擬分為三個部分。第一部分日本人與賽德克族人的說法，企圖瓦解二元論，達到歷史和解的目的。第二部分改寫策略，聚焦在文化真實性與文化混雜的分析。導演魏德聖結合邱若龍與郭明正的看法，運用影像重複、緩慢的拍攝技術轉換成新的文化想像。象徵分析，說明外來、新的概念與物質如何融入賽德克文化的過程。最後，再現分析，說明《賽》片如何將歷史不在場的賽德克女性、虛構巴萬及其同伴的聲音，歸返歷史舞台的可能。

視覺震撼[7]

> 「如果你的文明叫我們卑躬屈膝，那我就帶你們看見野蠻的驕傲！」（莫那‧魯道）
>
> 「叫你們文明，你們卻逼我野蠻！」（鎌田司令）

在霧社國小的操場上，當賽德克族男人手中握著刀、槍，高喊著：「血祭祖靈！」（"Utux Gaya!"）時，一場場人類的暴力、血腥的鏡頭一再出現在觀眾面前。有評論者注意到魏德聖重複運用緩慢的鏡頭的暴力、血腥鏡頭，企圖帶給觀眾的視覺震撼是：讓觀眾重新思考文明與野蠻在殖民者（鎌田）與被殖民者（莫那‧魯道）的口中，究竟有何不同的意義？

這群原本是日本殖民官員眼中已接受文明教化的「霧社模範

6　有關霧社事件改編的小說，有鍾肇政的《馬赫坡風雲》（1973）、舞鶴的《餘生》，音樂有閃靈的《霧社一九三零》，電視劇有公視的《風中緋櫻》（陳怡宏，2010：16-17）。

7　視覺震撼來自 Chou（1995）對於中國電影的評論。她以魯迅幻燈片事件的經典例子，說明魯迅企圖以精神改造中國社會。筆者以為電影以青年莫那獵人頭的視覺震撼開場，提供觀眾思考台灣原住民的文化想像議題。

村」，獵下人頭的瞬間，返回人類野蠻的狀態。在霧社國小操場上，
一個個被賽德克男人獵下人頭的日本員警、官員，在事件後開始發動
一系列的反擊行動。自許文明的日本帝國，開始運用最新的大砲、糜
爛性毒氣等現代化武器，反擊賽德克族人的部落。日本軍隊與賽德克
族人的戰役中，大規模的賽德克族男人戰死、女人自殺。日本帝國的
暴力、血腥手段，何嘗不是戴著文明面具的野蠻人手段嗎？

　　在試圖回答莫那・魯道與鎌田司令各自對於野蠻與文明的說法
前，我們必須先行釐清日本殖民主義的性質為何？做為日本的第一個
殖民地台灣，日本當局對台灣殖民地治理分兩派不同立場：一者師法
西歐在美洲治理原住民的經驗，採取同化主義的策略；另一派則主張
以英國在印度的自治主義經驗。日本師法歐洲的現代科學、技術的知
識，企圖發展成為現代化、文明化的國家。日本在師法歐洲、又能走
出獨特的日本殖民主義，進而脫亞入歐，邁入歐洲文明國的行列，台
灣殖民地治理經驗則是重要關鍵。[8]日本殖民政策論者挪用歐洲的「文
明─野蠻」二元對立模式，運用在台灣殖民地的治理。（野村明宏，
2012：156）以後藤新平的生物學原則運用在台灣殖民治理的經驗來
看，日本的醫療雖然學自西歐，但非單純學自西歐而來，凸顯日本在
台灣殖民地治理的特殊性。由此來看，後藤新平運用曖昧的兩義性、
價值轉換，重新編織「內（東洋）外（西歐）精華」的場域。（野村
明宏，2012：192）

　　日本殖民者以現代化運用在霧社，希望藉由文明化的手段，將霧
社賽德克族人帶離野蠻的情境。從跨文化交換、流通的角度來看，日
本的文明化策略，從歐洲到日本、台灣原住民的傳播過程，夾雜著日

8　台灣原住民的治理被視為日本模仿西方帝國主義的重要指標，例如原住民被視為「純
　　真無垢」、「混沌未開」（山路勝，2004：87）。居住在山洞、吃生肉的習俗，扭曲獵人
　　頭及食人俗的不文明行為（Eskildsen，2002：400-2）。

本武士道精神。《賽》片中的「模範蕃」花岡一郎與花岡二郎，被視為日本文明化、現代化的成功典範。他們在《賽》片中的文化認同的困惑。片中文化認同的困惑充分展現在賽德克族人面對文明化、現代化的跨文化轉換。

　　日本軍部歸順儀式中，日本員警以眾人的力量，壓制青年莫那·魯道的行動，象徵日本帝國征服霧社的開始。對於賽德克人來說，男性權力是以個人能力、表現來決定誰是領導者，接近平權社會。日本帝國員警的權力，開始介入、瓦解賽德克族人既有的權力結構。對於青年莫那·魯道來說，跨文化脈絡之下的衝突、失去既有的權力，是他的生命經驗中最難以接受的事實。歸順儀式中，莫那·魯道與一旁的族人說：「我們祖先再怎樣都沒有失去過獵場，而我們竟然讓異族人在這裡稱王。我不甘心……我不甘心……」（38'02"）這樣的不甘心，是來自他過去的權力基礎，被新的、外來的日本殖民者取代。青年莫那·魯道被一群日本員警壓制在人頭骨堆的那一刻，象徵傳統賽德克文化已經瓦解，莫那·魯道及其族人已降服於日本帝國。[9]

　　魏德聖運用青年莫那·魯道仰天長嘯的長鏡頭，將時間快速跳到1930年代文明化、現代化的模範部落——霧社。導演為了讓觀眾認識到日本帝國與賽德克族人對於文明化、現代化的感受，以不同場景、對話來呈現。為了凸顯日本殖民治理與霧社賽德克族人之間的上、下權力階序關係，魏德聖運用員警佐塚先生站在駐在所山丘上的鏡頭，望著山下的霧社整齊街道說：

　　教育所、醫療所、雜貨店、郵局、旅館、宿舍，整個霧社地區的蕃族，都已經被我們給文明化了！真是不容易啊！很難想像這裡曾經

9　Darryl Sterk（2011）認為莫那被眾多員警壓制的動作相當具有原創性，象徵日本與賽德克人關係改變。參考http://savageminds.org/2011/12/29/seediq-bale-as-a-primitivist-film/對於青年莫那在人頭骨坑被員警壓制的鏡頭，學者解讀族律Gaya知識在殖民活動造成的災難不再適用（廖朝陽，2013：7-8）。

是這島上最黑暗的心臟地帶呀！（40'10"）

佐塚以文明優越感，從高處往下凝視著霧社的街道與秩序的建立。從帝國眼中來看，霧社曾經是台灣島嶼最黑暗的心臟地帶，在日本殖民治理之下，已經從黑暗逐步地邁向光明、模範的霧社。為了興建現代化的公共建築物，日本員警要求賽德克族男性到山上伐木、運送木頭等工作。賽德克女性也被分派到日本員警及官員的家庭中分擔家務工作。族人未能分享現代化的成果，卻不斷地被剝削勞動力，甚至危及生命，引發霧社賽德族人的不滿情緒。

從賽德克族人對於文明化、現代化經驗來看，不同世代的族人徘徊在抗拒與接受之間。

從花岡一郎與莫那・魯道的對話來看，花岡一郎回問莫那・魯道說：「頭目，被日本統治不好嗎？我們現在文明的過生活，有教育所，有郵局，不必像從前一樣得靠野蠻的獵殺才能生存。被日本人統治不好嗎？」（1'19'20"）從花岡一郎的立場來看，他們是日本扶持的新一代原住民菁英──「模範蕃」。他們（花岡一郎與花岡二郎）從小的教育過程，被日本人特意挑選出來，並且安排回到部落內工作。從一般賽德克族人的眼光來看，莫那・魯道的頭目地位與花岡一郎的員警工作，都是日本殖民治理的受益者。當莫那・魯道說：「賽德克男人被迫彎腰搬木頭，女人被迫跪著幫傭陪酒，該領的錢全進了日本員警的口袋。我這個當頭目的，除了每天醉酒假裝看不見、聽不見還能怎麼樣？郵局？商店？學校？什麼時候讓族人的生活過得更好？反倒讓他們看見自己有多貧窮了！」（1'19'36"）[10]挑起莫那・魯道氣憤的情緒，是他失去的傳統、權力及社會地位之後，眼睜睜地看著男性族人的勞力剝削與女性被迫幫傭陪酒的處境，卻無力改變現狀。這些不是日本殖民者口中，帶給霧社部落的現代化、文明化的美麗新世界。從莫那・魯道是對抗日本帝國的經驗來看，「野蠻的驕傲」是過去的歷史與傳統狩獵生活。對於傳統賽德克男性來說，一個男人在部落內

的地位及權力是以狩獵、獵人頭的能力、表現來決定。莫那‧魯道的抵抗策略，是在過去與現代、傳統與文明的夾縫中求生存。花岡一郎是在日本殖民治理下成長，從小進入蕃童養習所、學習日本語言、穿著日本和服，被教育（養）成為日本帝國的子民。花岡一郎被日本人特別挑選出來，接受師範學校教育、安排婚姻，成為現代、文明賽德克人的模範蕃。

　　花岡一郎與莫那‧魯道兩個世代，對於日本殖民生活經驗的差異，反映在對抗與接受的實踐策略。一郎跟莫那說：「我們再忍二十年好嗎？」莫那則氣憤地回覆花岡一郎說：「再二十年就不是賽德克？就沒有獵場！孩子全都是日本人了！」對於花岡一郎來說，他已經接受現代化、文明化的生活，傳統狩獵、獵人頭不必然是生活選擇之一。莫那‧魯道與花岡一郎兩人對於過去與現在的時間感、傳統與現代的生活方式，已有著顯著的不同。莫那‧魯道認為日本以現代化的物質條件、現在時間感，讓賽德克人失去靈魂（utux），就算是身著和服、講日語，也同樣有著不被文明接受的臉。花岡一郎則是以開放、多元的態度來面對新的、外來的改變，靈魂（utux）並非永遠固著於賽德克內心。

　　導演運用視覺震撼的效果，試圖讓觀眾重新思考殖民者與被殖民者、善與惡二元論。從日本殖民者的角度來看，殖民者與被殖民者之間不存在模糊的中間地帶。一旦出現模糊的中間地帶，日本殖民者便無法從被殖民者（賽德克族人）身上獲取最大利益。導演一再地以花岡一郎與花岡二郎的文化認同，重新詮釋殖民二元論的矛盾。例如他們（一郎、二郎）對族人治理及其小孩的教育，用日本人態度與要求教育族人，可是他們兩人也深知：「我們不想當野蠻人，但不管怎樣

10　郭明正將「pira」一詞在不同的對話脈絡，翻譯成薪水、郵局（郵便局）等現代用詞的
　　翻譯策略，值得進一步探討「pira」成為賽德克語及道卡斯語的共通語彙之關聯性。

努力裝扮，也改變不了這張不被文明認同的臉。」（1'12'19"）。[11] 他們的例子讓我們看到被殖民者努力接受文明教化、成為帝國子民過程的痛苦與掙扎。一郎與二郎雖然是在日本帝國眼中的模範蕃，文明教化要他們努力脫離野蠻性，但他們在實際的工作待遇上，終究存在著日本人與賽德克族人的差別待遇。

　　筆者在本節開始引述莫那‧魯道與鎌田司令兩人對於文明與野蠻看法，凸顯他們對於說明霧社事件中各自的立足點的差異。莫那‧魯道對於文明的不滿，來自族人被迫接受外來的概念與物質。族人為了抵抗外來的文明，採取野蠻的手段——獵人頭回應日本殖民者。從日本殖民者鎌田司令口中的文明，是一種強迫、命令式的口吻，從未考量過賽德克族人的感受。當賽德克族人的不滿達到極限，採取極端的、原初的暴力手段時，日本殖民者也以野蠻的暴力手段予以回應。視覺震撼引發人們重新思考究竟誰是文明的？誰又是野蠻？魏德聖運用視覺震撼的策略，成功的重新詮釋霧社事件歷史，不只是西方好萊塢的暴力美學技巧的再現，更是運用視覺震撼挑戰二元論思維。《賽》片不是歸返歷史文化的事實與真相，而是讓霧社事件中的賽德克族人（如莫那‧魯道）與日本殖民者（鎌田司令）雙方重新站上歷史舞台，各自敘說他們的故事，藉以達到歷史和解的目的。[12]

改寫 [13]

　　先從第一層次文化真實性改寫（編）成視覺文化的想像來看，

11　有關花岡一郎與二郎文化認同的討論，參考 Wu（2014）的研究。

12　魏德聖在《賽德克巴萊》(上)、(下) 放映期間，接受媒體訪問時，多次提及和解的想法。

13　筆者在本小結有關重寫的討論，主要來自 Lefevere（1992）的討論。對 Lefevere 來說，翻譯是多種改寫（編）策略之一，它包括新的概念、新的文類（vii）與改寫的形式（9）兩個層次。改寫包括詮釋、批評、選編與翻譯。改寫企圖跨越電影、戲劇、小說、評

《賽》片（上、下）放映期間，導演魏德聖接受訪問多次提到邱若龍與郭明正兩人的重要性。[14] 二十多年前，魏德聖提到準備拍攝《賽》片前，曾閱讀到邱若龍以田野調查及考究史料繪製漫畫，啟發他拍攝霧社事件（邱若龍，2011：17）。再從邱若龍的《漫畫》與魏德聖的《賽》片的比較發現，魏德聖將邱若龍漫畫中莫那・魯道與兩個兒子的對話，改寫成莫那・魯道與花岡一郎的對話。邱若龍漫畫中莫那・魯道與兩個兒子的對話，針對日本帝國的形容：

　　你們沒有去過日本，不知道日本人的數目比溪裡的石頭還多，還有專門教殺人的學校！（邱若龍，2011：125）

　　邱若龍將歷史檔案轉化成為漫畫情節，避開讀者閱讀歷史檔案的煩悶，以漫畫視覺想像取代文字想像。以溪裡的石頭數量之多，比喻日本帝國的人數眾多。這個比喻的用法來自賽德克語將人的頭 "tunux"，轉譯成石「頭」而來。對於賽德克語彙中未能找出適切對應軍校的語彙，邱若龍將它翻譯成專門教人殺人的學校。魏德聖在電影中莫那・魯道與花岡一郎的對話，談及日本帝國與賽德克的人口與軍事力量比較，對於日本人數眾多的形容，改寫為森林中的樹葉、濁水溪的石頭。由此可見，魏德聖的電影改寫（編），把邱若龍漫畫中的對話人物及比喻改寫成電影的人物與情節。

　　從兩者故事敘述的比較發現，邱若龍的漫畫採取倒敘策略，魏德聖的電影則採取直敘策略。邱若龍的敘述時間，以1929年霧社的街景開場，再將時間、場景拉回到日本治理前，賽德克族人傳統燒田開墾、授獵為生的生活。邱若龍的倒敘、非線性時間鋪陳故事敘述，是以霧社事件發生前，賽德克人的殖民剝削情境，返回清、日政權交替

　　　論等不同形式文類，類似小說改寫（編）成電影的版本。參考Sherrif（2006）印度文化改寫的研究、Sureci（2015）Instanbulua改寫的例子。

14　本文指的文化真實性（cultural authenticity），是指將文化視為靜態，忽略文化與文化之間的互動、交換及流通的動態觀點。

的過程。魏德聖的電影敘述，採取線性時間觀念。電影敘述以青年莫那的獵人頭行動開啟，族人從孤立、隔離的傳統生活開始與外在世界接觸。接著，以甲午戰爭後，清、日政權交替，賽德克人與日本人歷經多場戰役。邱若龍與魏德聖對於霧社事件的詮釋，將血祭祖靈與彩虹橋神話連接，建構獵人頭的文化想像。神話敘述，跳脫直敘的線性時間與倒敘的循環時間。對於賽德克族人來說彩虹橋神話，是人死後跨越彩虹橋見到祖靈們在彩虹橋的另一頭等待著他們到來。面對祖靈的當下，黥面（ptsan）是死者與祖靈之間的連接與認同。決定一位賽德克族的男人或女人，可以進行黥面的條件是：他（她）必須遵守賽德克人的 "Utux Gaya" 規範、禁忌的性別社會化過程。對於賽德克男人而言，男性從小跟隨男性長輩打獵、參與獵人頭行動，當一位青年男子親手獵下人頭那一刻，就可以接受正式黥面的儀式。賽德克女性，則是學習織布、耕作等。由此來看，彩虹橋神話建構，是一套賽德克族人的宇宙觀與世界觀。

接著，我們從郭明正對於魏德聖《賽》片的視覺改寫影響來看，導演為了讓電影中人物的對話，以賽德克語發聲，在電影劇本改編完成後，邀請郭明正協助翻譯成賽德克語，並且聘請郭明正擔任電影總顧問的角色。郭明正在多次場合談到電影開拍的過程，他堅持還原歷史現場，經歷幾場戲後，慢慢轉而接受《賽》片的視覺改寫形式。從郭明正的轉變與魏德聖的電影改寫（編）過程，說明文化真實性的重要影響。從他的翻譯觀點來看：

> 最初完成的譯本幾乎是逐字、逐句翻譯而成，也大量使用較艱難的語詞，這是我謹守翻譯者的立場、也是「忠於原著者」的一貫信念。（郭明正，2011：84）

「忠於原著者」的翻譯觀點，反映在賽德克文化是真實存在的、

既與的、不可改變的、靜態的看法。譯者的角色與任務，是如實地將中文翻譯成賽德克語。此一觀點即是以文化真實性進行跨文化翻譯。以 "mgaya" 為例，郭明正以為進行獵人頭行動必須嚴格遵守Gaya的戒律，進行的過程不能出聲，獵得人頭族人會舉辦歡迎歸來的儀式，部落族人一起唱歌飲酒等情景。以《賽》片中描繪青年莫那‧魯道初次獵人頭的場景，如實地照著郭明正對於 "mgaya" 的詮釋。從長時段歷史來檢視時，日本殖民治理初期五年理蕃（撫綏行動）、霧社事件到高砂義勇隊，對於外人來說這些看似不同的獵人頭行動、目的，結合新工具（槍枝使用、流通）、新的技術。對於賽德克族男人來說，這些獵人頭行動具有文化與政治的意義。[15]對於郭明正所謂「忠於原著者」的說法，究竟是經過魏德聖改編過的電影腳本、日本殖民初期的蕃族調查報告，還是郭明正的Gaya詮釋。對於研究者來說，賽德克族人的Gaya意義，不是根深柢固在每一個賽德克族人身上的「先驗本質」。Gaya的意義，會隨著行動者在不同歷史經驗，不斷賦予新的意義。由此意義來看郭明正的文化翻譯策略，他假定賽德克族人處於靜態、封閉的群體，即是忽略賽德克與非賽德克文化間的互動、文化流通及文化交換。

　　對於導演魏德聖來說，改寫（編）自邱若龍與郭明正的賽德克文化真實性，這樣的策略對於一般觀眾與評論者有何影響？筆者相當肯定說：沒有。對於觀眾來說，它就只是一部電影，它不過是結合歷史與戰爭的娛樂。誰會去細究改編（寫）後的賽德克文化，或是日本殖民文化？有些電影評論者們，以日本殖民文化遺緒或是台灣國族主義

15　許多評論者都一再提及魏德聖導演運用緩慢鏡頭呈現獵人頭，是受到製片吳宇森的影響。以電影中的獵人頭行動與個人田野調查比較發現，電影中的獵人頭行動與實際略有差別。槍枝是源自於台灣原住民與帝國遭遇的重要交換。（陳宗仁，2005）日本警部將槍枝使用的列入控制，只有在偶爾打獵需要才能使用。槍枝運用在獵人頭的過程，多以埋伏在敵人活動的路線，等待近身接觸時，方才出手砍下對方的首級。

的視角，檢視魏德聖的台灣電影三部曲《海角七號》、《賽德克・巴萊》及《KANO》。這種將第三世界的文化現象視為「國族寓言」（national allegory）的論調，閃避評論者對於台灣乃至東南亞島嶼原住民獵人頭認識的缺乏。回顧獵人頭的文獻，我們發現從十九世紀西方人類學者已有相當多的討論，從文化傳播論、生態論、宇宙論及象徵論，學者企圖探究人類社會普遍的獵人頭習俗，其背後的動機、因果關係等。對於獵人頭行動者，該如何下刀，人頭最有可能一次就取下人頭來的倫理學思考卻是鮮少人提及這類的討論。

　　為何魏德聖導演要挑戰觀眾的接受度，全片運用賽德克語及日本語交替？此即筆者無法面對與接受的是《賽》評論者們，聚焦在電影的拍攝技術、說故事方式及《賽》片的當代意義。我們質疑：他們是否認真逐字地閱讀賽德克語翻譯、認識賽德克人以及普世性的獵人頭。

　　對於導演魏德聖來說，故事主軸以賽德克文化真實性，連接賽德克族男人獵人頭之必要與彩虹橋神話傳說的關係。邱若龍與郭明正的文化真實性，幾乎不討論服飾與櫻花等，這些新的、外來的文化融入為賽德克文化的一部分。和服與櫻花象徵日本文化的精神所在，但它們在《賽》片中有著不同的意義轉換。以霧社公學校操場的場景來看，族人展開血祭祖靈（Utux Gaya）的行動，會場上的花子與初子，被突如其來的獵人頭行動衝散在人群之中。懷身孕的初子在運動場尋找花子，身著和服的川野花子（歐嬪・那威）則抱著小孩喊著：「初子⋯⋯初子⋯⋯人在升旗台彈奏日本國歌的花岡一郎大聲喊著：快逃！快逃呀！花岡一郎立刻脫下員警服裝，換上準備好的傳統服飾。當一郎喊著初子的名字時。賽德克男人一刀突然砍下，花岡一郎及時將賽德克傳統服飾緩緩落在花子身上。」（2'2'30）

　　導演在這一幕巧妙地運用緩慢的鏡頭，處理花岡一郎將身上的傳統賽德克衣服落在花子（著和服）身上。前一刻原本可能誤殺花子的

賽德克族人，在披上傳統服飾的那一刻，族人的獵人頭對象瞬間轉向日本員警。衣服的轉換，避開族人誤殺的可能。相較於穿著和服的初子與其他日本婦女，害怕賽德克族人的血祭祖靈行動，躲進密閉空間內。傳統賽德克服飾與日本和服成為賽德克族男人判斷誰是獵人頭的對象。

　　服飾轉換的例子，我們從耆老口述歷史也看到類似的看法。事件發生時，在場的族人紛紛逃離，賽德克男性獵人頭的主要對象為日本人（內地人），有些賽德克族人為了拯救日本員警避免被追殺的命運，給他穿上賽德克族人的傳統服飾、披上蕃布，追殺日本員警的族人，也就沒有識破他（日本員警）的身分。（姑目，2004：100）

　　在花岡一郎與花岡二郎的自殺場景，導演再一次運用衣服的象徵。花岡一郎與妻子穿著日本和服面對面坐下，花岡一郎從衣襟拿出日式糖果（あみたま）餵著剛出生不久的小孩。花岡一郎割斷妻子花子的頸部、再以襁褓悶死小孩。花岡一郎身穿著和服切腹自殺。身穿傳統賽德克服飾的花岡二郎，選擇上吊自殺結束生命。[16] 從花岡一郎與花岡二郎的穿著及其選擇自殺的方式來看，花岡一郎在電影中被詮釋為身著日本和服，以蕃刀切腹。和服與切腹是日本人的文化認同。花岡二郎身穿傳統賽德克服飾與選擇上吊自殺，則是依循賽德克族人歸返祖靈。事件後，許多婦女為了提供賽德克男人對抗日本軍隊的糧食與無後顧之憂，選擇以集體吊在樹上自殺，是源自於賽德克族人的

16　花岡一郎與花岡二郎兩人並非親兄弟。花岡一郎的賽德克名字為 Dakis Nomin，花岡二郎的賽德克名字為 Darkis Nawin。此段自殺情節，電影與高彩雲的口述略有不同：「一郎夫婦與二郎穿著去年結婚時的日式禮服。打開和服仔細觀察，始知一郎以蕃刀自殺腹部，大腸流出，妻子（花子）及幸男用蕃刀砍了頸右動脈切斷。確定是一郎自己下手了斷妻、子的生命。一郎將刀子沒有放入鞘內。縊死的人都用新毛巾蓋上臉，唯有二郎沒有蓋上臉部。」（高永清，2011：30）筆者以為魏德聖在影像與口述的差異，希望以象徵轉換說明文化轉變。也有評論者以穿著、死亡的方式的選擇，討論文化認同。

起源神話傳說。魏德聖運用視覺技巧，將傳統衣服與和服詮釋為賽德克與日本的文化認同。

　　櫻花如果被視為日本的象徵，那櫻花在台灣，特別是賽德克族人的眼中有著特殊的意義。[17]日治初期，日軍多次征討霧社的戰役，櫻花隱喻雙方交戰的死傷。櫻花緩緩落在死傷者的身體，臨死前能再見到祖國日本的櫻花緩緩落在自己身上，戰士在死前說：多麼美麗啊！殖民初期的櫻花，象徵日本帝國征服台灣的過程，再現的櫻花是一種淒絕的美感。[18]霧社事件後，日本軍隊開始撤離霧社，櫻花在鎌田司令與小島員警的對話，則是日本武士精神的再現：

　　　　三百名戰士抵抗數千名大軍，不戰死便自盡。為何我會在這遙遠的台灣山地，見到我們已經消失百年的武士精神？是這裡的櫻花開得太豔紅了嗎？員警小島回說：不！今年得花開早了，現在不應該是櫻花的季節。（1'58'02"）

　　當鏡頭聚焦在櫻花慢慢落下，鎌田司令看著櫻花說出賽德克族人體現出日本武士的精神。從日本帝國的眼中所見的櫻花，象徵征服與馴服。櫻花在賽德克族人眼中，象徵族人對於日本帝國的抵抗精神，進而將櫻花融入成為賽德克文化的一部分。

　　導演多次以緩慢鏡頭再現獵人頭行動，連接賽德克的彩虹傳說，意圖塑造獵人頭的文化真實性。這些新的文化想像來源，是導演魏德聖改寫自邱若龍的漫畫與郭明正的口述而成。對於導演魏德聖與漫畫家邱若龍、文史工作者郭明正三位男性來說，他們深知影片中不斷交

17　櫻花與日本殖民治理的關係，請參考顏杏如（2007）的研究。

18　影評提到魏德聖運用櫻花落下的鏡頭，是受到製片吳宇森拍攝手法的影響。個人以為櫻花的象徵，不同歷史時期則有不同的意義。

替出現櫻花、和服與武士刀等日本文化的象徵。這些日本文化的象徵
在霧社事件前，即已成為賽德克族人的文化。

再現 [19]

父親（Dama），為什麼要出草？（歐嬪）

在歷史改寫（編）的層次，**魏德聖導演**在《賽》片中加入日本殖
民檔案幾乎未曾出現的賽德克女人、小孩的聲音。

先從**魏德聖導演**的電影來看，賽德克人的性別社會化過程，男性
生活空間以家屋外的公共空間為主，如獵場。賽德克女性空間，以家
屋為中心。以賽德克男性們策畫霧社事件的行動，馬紅‧莫那即便已
警覺男性們行動怪異，幾乎無法介入（干涉）、甚至參與。馬紅‧莫
那跟丈夫薩布‧巴萬說：「你以為我看不出來，你們男人在計畫什
麼？我是頭目的女兒，不管你將來去哪裡，我和小孩一定都要在你身
邊。薩布‧巴萬回馬紅說：你儘管守好火盆，別讓火熄了。該離開的
時候，我不會丟下你們。」（1'46'30" – 1'47'50"）薩布‧巴萬依循賽
德克人的性別分工，認為女人要守著家屋，不要讓家屋內的火熄了。獵
人頭行動是家屋以外的公共領域，是賽德克男人的事。對於賽德克族
人來說，從家庭到部落的公共領域與私領域（家屋），是建立在性別
社會化的基礎。

觀眾從馬紅‧莫那與薩布‧巴萬的對話，必然會產生疑問是：賽
德克女人對於男人們策動的血祭祖靈，沒有發言權嗎？《賽》片中的
賽德克女性雖沒有正面批評賽德克男人的行動，而是選擇以歌謠形式

19　許多電影評論者多提及《賽》片中充斥著血腥暴力的男子氣概，忽略掉賽德克女性的聲
　　音。個人以為評論者應先認識賽德克人的性別分工，再從視覺進行分析。Yang（2012）
　　從後殖民的角度，認為賽德克女性在霧社事件中的靜默、沒有發言位置，與Spivake的
　　底層發聲的觀念接近。

唱出她們焦慮的聲音。巴崗・瓦歷斯與莫那・馬紅的對唱歌謠，唱出她們對於賽德克男人的憂心：

「你們男人為何要這樣欺負女人……別忘了所有你們自誇的驕傲，都是來自我們女人，是我們女人為你們所編織的呀！是女人成就男人英勇的圖騰呀！」（1'43'30"-55"）

她們悲傷地唱著男人氣概、成就男人的圖騰，都是由女人親手編織、孕育出來的。當歐嬪與其他日本婦女躲在小房間內，隔著木板一再呼喊花岡二郎快點救的聲音。歐嬪・塔道哭喊著：「父親（Dama）……為什麼要出草！……」這句話令所有觀眾為之動容的話語，感動所有的人。她正是質疑父親、賽德克男人為什麼要發動這場血祭祖靈的行動？這樣的質疑，在霧社事件的官方歷史或教科書的描繪中，從未出現過。歐嬪・塔道的哭喊，翻轉日本殖民檔案與賽德克男性觀點，未被揭露出來的賽德克族女性（們）聲音。

再來看《賽》片中巴萬及其同伴的出場，讓觀眾在冗長的戰爭場面，增添趣味、感人的情節之外，提供觀眾思考：賽德克小孩在霧社事件中的角色與地位為何？他們的聲音何以在歷史中沒有被聽見？從賽德克（男）人的社會化過程來看，男性從小追隨父親或男性長輩學習打獵及其生態、空間的知識。女性則是追隨母親或女性長輩，學習織布、耕作等。鐵木與兒子的對話，挑戰血祭祖靈與成為真正賽德克人的關係。鐵木的兒子疑惑地說：我們是不是要不斷地相互戰鬥，才能向祖靈證明自己是真正的賽德克？[20]

再從歷史考掘來看，究竟霧社事件中有無巴萬及其同儕共組的「少年隊」？從日本殖民檔案中，幾乎看不到賽德克小孩參與霧社事件的描繪。連巴萬（巴望）等人組成少年隊的說法，也受到族人的質疑：「這些都是他親身的經歷嗎？還是聽自當時部落長輩們的傳述？」（郭明正，2011：171）巴萬及其同伴成為歷史不在場的人物（們）。巴萬為了證明自己是真正的賽德克（男）人，在莫那家屋前一

起喝酒時，他提到希望跟隨族人上山打獵，學習成為真正賽德克男人。在追趕山羌到溪水中捉住獵物向莫那證明：我的獵場在這裡呀！賽德克人對於的獵場有清楚的我群與他群區分，一旦任何一方越過，就會立即遭受到另一方的回擊。巴萬及其同伴組成的少年隊，以手中的竹槍追隨賽德克男人進行血祭祖靈行動。國小操場之役後，他們在賽德克長者們的祝福之下，在臉上黥面成為真正的賽德克（男）人。

　　電影中的賽德克女性、巴萬及其同伴在官方歷史中是一群不在場、沒有聲音的人。被魏德聖《賽》片運用電影視覺再現進行改寫，重新躍上歷史的舞台為自己說話。

　　從賽德克女性觀點的口述歷史研究，也提到電影中靜默的女性與小孩的觀點。研究者指出：

> 凡是所有無端被捲入這個戰爭的婦女和她們的小孩，她們在霧社事件發生過程，處身在無聲的婦權的歷史情境中，她們無言的抗議仍然無法阻止男性們展開抗日的行動，無論她們是來自不同立場、部落或是族群屬性，但是她們**共同經歷**了戰爭帶來的各種災難。（姑目，2004：10-11）

　　對於研究者來說，她將女性與小孩，重新放到「共同經歷」事件

20　鐵木‧瓦歷斯的定位，多數評論者視為負面的角色。導演魏德聖在訪談特別提到：我希望藉由影片來翻轉鐵木‧瓦歷斯被定位在歷史的負面角色，特別找馬志翔正面價值的人來演出。影片中鐵木‧瓦歷斯的參戰，親眼目睹賽德克族人婦女一一上吊自殺的場景，受到驚嚇。鐵木回到部落後，開始懊悔自己參戰的正當性。鐵木在家屋前一再氣憤地說：不打了……小島員警見到鐵木的情緒反應，對著鐵木‧瓦歷斯罵：混蛋！你說不打是什麼意思？（重複說）鐵木說：我們戰鬥……是為了血祭祖靈，不是替你死去的家人報復！（1'11'30"）日本殖民者的以蕃制蕃策略，巧妙利用莫那‧魯道與鐵木‧瓦歷斯的衝突，以及金錢的利誘。《賽》片對於鐵木‧瓦歷斯角色的改寫，將鐵木‧瓦歷斯的戰鬥，由賽德克部落間的衝突轉換成血祭祖靈，不是被日本人收編。

的脈絡重新思考霧社事件。這樣的歷史觀點與魏德聖電影中女性、巴
萬及其同伴的角色、戲劇效果相同。對於魏德聖導演來說，《賽》片
不是追尋歷史的真相，而是藉由戲劇效果讓觀眾與台灣社會重新反
省，我們對於賽德克人，或是台灣原住民的認識有多少？

　　對於賽德克族人男性與女性而言，獵人頭與黥面之間不必然有關
聯。以賽德克女性研究者的觀點來看，

> 　文面是自我族群認同的標記，凡是身為賽德克部落的族人，無
> 論男女到了一定的年歲，都要施與文面，並不必然一定非要等到
> 有獵首的經驗之後。（姑目，2004：357）

但從賽德克男性報導人的說法，多數男性認為獵過人頭才是真正
的男人。以其中一位男性受訪人為例，

> 　獵人頭是我們以前部落之間的習慣法則，獵過人頭的人一定要
> 給他們施予文面，凡騙人的人不能施予文面。（姑目，2004：
> 357）[21]

從前賽德克男、女的觀點來看，他們對於獵人頭與黥面的看法差
異，並未在前述諸位男性邱若龍、郭明正及魏德聖等人的文化真實性
的視覺呈現出來。對於賽德族男人而言，蕃刀出鞘必須遵守的倫理原
則：

> 　最令人忌諱的事情，就是沒有將人頭一刀斃命，因為這樣會留
> 給一息尚存的人機會，施咒那個獵取他人頭的人。（姑目，

21　此位受訪人 Iyung Wasaw 為男性，84歲，賽德克 Toda 人。

2004：391）

　　根據口述者說法與筆者在泰雅族耆老訪談說法相近。一位有經驗的獵人頭者，會以最佳的獵人頭方式與角度是從人後腦關節縫砍下，人頭比較容易離開身體，獵人頭者才能立即帶走。以賽德克Tkdaya人Obin Nawi的口述例子來看，「沒有被一刀斃命的男人在臨死之前有下過詛咒說『你的孩子也會像我這樣的死去。』他的小孩也像他父親所殺的那個人，一個一個發生意外或死於非命。」（姑目，2004：392）對於獵人頭行動的人來說，事件的發生不是從外在與內在來解釋行動的動機、原因，更重要的是應該從人與人、群體與群體之間的倫理關係來思考。

　　賽德克族人對於參與獵殺日本人的行動，並未有一致的看法。先從個人與集體的倫理學觀點來看，以莫那‧魯道為首的主戰派，他們認為日本人的治理不符合、也無法將日本人納入賽德克族人的倫理原則，例如日本人與賽德克女性的關係。再從反戰派賽德克族人的觀點來看，他們深知彼此戰力相當懸殊，即便力戰日本軍警到底，賽德克族人最終也只有戰死的命運。以巴蘭社Walis Lbuni為例，他認為：「我的部落不同意參與殺害日本人的行動。」（姑目，2004：100）在決定參與之前，他考量的是：「日本像樹葉（螞蟻）一樣多，我們招惹不起。」（姑目，2004：100）事件發生後，日本對於賽德克餘生的處置，Tkdaya女性Habaw Bawah口述提到：「日本人本來要將遷移到清流的人全部殺死，經由理蕃課的阻止才日本人才放手，不是Walis Lbuni的權利。」（姑目，2004：138）Bawah Watan的口述也提到曾祖父Walis Lbuni與日本人溝通說：「放了他們吧！不要再殺害他們，好讓他們可以繁衍後代，因為我們的人數越來越少了。」（姑目，2004：148）

　　巴蘭社Walis Lbuni的立場，除了站在日本人與賽德克人間的戰力

的不對等之外，藉由他與日本人的關係出面，希望讓賽德克的餘生活下來。

我們從多位賽德克族人的口述也提到，戰爭期間幾個部落的賽德克族人如何營救日本人（員警、婦女及小孩）。例如Tkdaya的Walis Takun提到石川員警躲過Gungu部落的追擊（姑目，2004：100）。Walis Cumeyq提到自己的妹妹Away Cumeyq背著Kujimasan的小孩逃亡經過Mriqi地區換穿賽德克人的衣服，才沒有被識破（姑目，2004：144）。最為特別的是我們以為參與霧社事件的Tkdaya人，只要見到日本人就殺，在Pawan Nawi口述提到他的父親及其族人則非如此：「我的父親當初想要殺那個日本小女孩，有人對他說：『為什麼要殺小女孩？』他就將那個日本小女孩交給日本人。」（姑目，2004：154）

從前述幾位賽德克人的口述，霧社事件中為何有賽德克族人仍甘冒生命危險營救日本人？我們在賽德克人的獵人頭倫理，確實有許多文獻提到獵人頭對象，避免獵取婦女、小孩的人頭。不過，我們從日本官方霧社事件的調查發現，死傷者的人數以學齡兒童居多。我們以為電影做為歷史事件的再現，其中必然涉及創作者魏德聖本人如何再現的課題。誠如，我們在事件發生當下歐嬪大聲地嘶吼著：父親（Dama），為什麼要出草？的質疑。讓所有觀眾為之動容的一幕場景，已經提醒所有電影評論者，這是在賽德克文化及歷史檔案當中不存在的一段記錄，也是電影創作者魏德聖帶給我們的反省：獵人頭之必要性做為普遍生存倫理學或是特殊生存倫理學的一環？同樣，歷史事件當中不存在的小孩巴萬串起戰場間的聯繫工作、賽德克族人不獵小孩人頭的倫理（Gaya）等，一再說明電影文本的再現不必然回歸歷史事件的真相或事實，而是讓我們從電影中尋求和解的可能。

討論與結論

對於《賽》片的觀眾或研究者來說，電影以獵人頭緩慢鏡頭帶來

的視覺震**撼**，究竟得到什麼樣的啟示與反省？過去研究者對於魏德聖電影的相關評論，從打破台灣電影史票房紀錄的《海角七號》開始，出現兩極化的現象。一部分評論者從台灣國族想像切入，另一部分評論者則從（後）殖民鄉愁（懷舊）切入。這兩種評論，在某種程度呈現出台灣社會的後殖民憂傷。當電影開場，字幕出現一行字：「本片根據霧社事件史實改編」時，多數觀眾開始回顧霧社事件的認識——台灣原住民的抗日事件。當我們看完魏德聖《賽》片後，《賽》片不只是霧社事件史實的「改編」，它運用視覺震**撼**，將獵人頭的文化想像再現在觀眾面前，改寫了霧社事件的歷史。它不再是重複錯誤、仇恨，而是藉由視覺影像達成和解的目的。

從跨文化脈絡來看，研究者必須先行解決霧社事件與mgaya、血祭祖靈與mgaya、獵人頭與mgaya的跨文化翻譯的問題。如果，我們把mgaya限定在族人必須遵守的戒律、規範與儀式的脈絡，恐忽略獵人頭行動的跨文化與政治的意義。從日本帝國與賽德克族人的衝突來看，雙方尚未能從衝突中跨越或跳脫自身文化的限制，找尋彼此文化之間可以共通之處，那麼，下一次人類更大規模的衝突，恐怕無法避免。有鑑於此，導演的視覺震撼再現，提供我們思考跨文化和解的可能。對於賽德克人來說，日本在霧社的殖民治理未能將族人的" Utux"、" Utux Gaya" 進行跨文化轉換，找尋新的" mgaya" 出口，或說創造出新的文化形式與內涵。普遍人性概念，可否適切地加諸在賽德克族人的獵人頭行動，將此行動視為惡的，藉以消除、限制，似乎需要重新思考的地方。同樣地，對於賽德克族人或說台灣原住民來說，我們也必須面對：獵人頭的本體論與倫理學的難題。[22]

從後殖民台灣社會脈絡來看，魏德聖《賽》片的電影敘述，提供

22　舞鶴的《餘生》（2000）對於霧社事件有著相當深刻的反省。可惜這樣的難題，尚未開始對話。

我們解決跨文化翻譯困境的可能。《賽》的血腥暴力場景，帶給我們耳目一新的視覺震撼，不是人類的暴力本質的反省與批判，而是如何運用新的視覺文化想像，將歷史不在場的聲音再現出來，避免文化之間相互的不諒（理），而落入「歷史的牢籠」。（Naokao Eki Pacidal，2013）

參考書目與文獻

英文書目

Brown, Steven. "Parasite Logic," *Journal of Organizational Change Management* 17.4 (2003): 383–395.

──── . "In praise of Parasite: The Dark Organizational Theory of Michel Serres," *Informatica na Educacao: teoria & practica* 16.1 (2013): 83–100.

Ching, Leo. *Becoming Japanese: Colonial Taiwan and the Poiltics of Identity Formation*. Berkerley: University of California Press, 2001.

Chow, Rey. *Primitive Passions: Visuality , Sexuality , Ethnography in Contemporary Chinese Cinema*. New York: Columbia University Press, 1995.

Clifford, James. *Return: Becoming Indigenous in the Twenty–First Century*. Cambridge: Harvard University Press, 2013.

Dureau, Christine. "Skull, Mana and Causality," *Journal of Polynesian Society*, 109.1 (2000):71–97.

Eskildsen, Robert. "Of Civilization and Savage: The Mimetic Imperialism of

Japan' s 1874 Expedition to Taiwan," *American Historical Review* (2002): 388–418.

George, Kenneth. *Showing Signs of Violence: The Cultural Politics of Twentieth–Century Headhunting Ritual.* Berkeley: The University of California, 1996.

Hoskins, Janet (ed.). *Headhunting and the Social Imagination in Southeast Asia.* Stanford: Stanford University Press, 1996.

Lefevere, A. *Translation, Rewriting and The Manipulation of Literary Fame.* New York: Routledge, 1992.

McGovern, Janet B. Montgoery. *Among The Headhunter Of Formosa.* Boston: Small Maynard and Company Publishers, 1922.

Rosaldo, Renato. *Ilongot Headhunting 1883–1974: A Study In Society and History.* Stanford：Stanford University Press, 1980.

——. *Grief and Headhunting' s Rage, Culture and Truth：The Remaking of Social Analysis.* Boston: Beacon Press, 1989.

Roque, Ricardo. *Headhunting and Colonialism: Anthropology and The Circulation of Human Skulls In Portuguese Empire, 1870–1930.* New York: Palgrave Macmillan, 2010.

Santos, Goncalo. "The Birth of Physical Anthropology in Late Imperial Portugal," *Current Anthropology* 53.5 (2012)：33–45.

Sherrif, K.M. "Toward A Theory of Rewriting: Drawing From The Indian Practice," *Translation Today* 3.1, 2 (2006): 176–182.

Sterk , Darryl. Seedeq Bale as Primitivist Film, 2011. (http://savageminds.org/2011/12/29/seediq–bale–as–a–primitivist–film/)

Sureci, Yayin. "Rewriting A Literary Work Through Translation: A Case Study of Instanbullu," *International Journal of Social Science*, 36 (2015):

489-497.

Tierney, Robert Thomas. *Tropics of Savagery: The Culture of Japanese Empire in Comparative Frame*. Berkeley: University of California Press, 2010.

Wu, Chia Rong. "Reexamining Extreme Violence: Historical Reconstruction and Ethnic Consciousness in Warrior of Rainbow: Seedeq Bale," *ASIA Exchange* 21.2 (2014):24-32.

Yang, Che Min. "The Postcolonial Paradox in (Self-)Orientalization of Taiwan History in Wei Te-Sheng Action Saga," *Theory and Practice in Language Studies* 2.6 (2012):1114-1119.

Zou, David Vumlalliam. "Raiding the Deaded Past: Representation of Headhunting and Human Sacrifice in Northeast India," *Contributions of Indian Sociology* 39.1 (2005):75-105.

中文書目

Naoko Eki Pacidal，《中間者之臉：〈賽德克・巴萊〉中原住民研究者映像》，《文史哲學報》77：177-97，2012年。

吳俊瑩，〈莫那・魯道遺骸歸還始末〉，《台灣與海洋亞洲研究通訊》，5：12-21，2011年。

周婉窈，〈試論戰後台灣關於霧社事件的詮釋〉，《台灣風物》第60卷第3期 (2010): 11-57。

姑目・荅芭絲(Kumu Tapas)，《真相藏在雜質微音中：霧社事件的口述證言》。台中：國立中興大學歷史學系，2004年。

邱若龍，《漫畫・巴萊》。台北：遠流，2011年。

郭明正，《又件真相：賽德克族與霧社事件》。台北：遠流，2012年。

高永清記錄，潘美信譯，周婉窈校注，〈訣別的悲劇，高彩雲口述〉，《霧社事件專號》。台灣與海洋亞洲研究通訊，5:26-31，2011年。

——，〈我的回憶〉，《霧社事件專號》。台灣與海洋亞洲研究通訊，
　　5:32–34，2011年。

陳宗仁，〈近代台灣原住民圖像中的槍枝〉，《台大歷史學》36：53–
　　106，2005年。

陳怡宏，《聞眾之聲：霧社事件的多元觀點呈現》。台南：國立台灣
　　歷史博物館，2010年。

陳偉智，〈自然史、人類學與台灣近代「種族」知識的建構：一個全
　　球概念的地方歷史分析〉，《台灣史研究 》16（4）：1–35，
　　2009年。

野村明宏，〈殖民近代化統治中的社會學：從後藤新平的台灣統治談
　　起〉，《近代化與殖民：日治台灣社會史研究文集》。頁153–
　　190。台北：台大出版中心，2012年。

鳥居龍藏，〈關於台灣東部諸蕃族〉，原載《地理雜誌》9（104、
　　105），收入《探險台灣：鳥居龍藏台灣人類學之旅》，頁191–
　　229。台北：遠流，1897（1996）年。

森丑之助，〈生蕃對於台灣導的影響及台灣蕃族學術調查〉，原刊
　　《東洋時報》（179），〈生蕃行腳：森丑之助的台灣探險〉，頁
　　505–553。台北：遠流，1913（2000）年。

溫奇（編譯），《台灣蕃政志》。台北：台灣省文獻會，1957年。

廖朝陽，〈災難與密嚴：《賽德克‧巴萊》分子化倫理〉，《文山評
　　論：文學與文化》6（2）：1–33，2013年。

舞鶴，《餘生》。台北：麥田，2000年。

顏杏如，〈日治時期在台日人植櫻與櫻花意象：「內地」風景的發
　　現、移植與櫻花論述〉，《台灣史研究》14(3)：93–138，2007年。

魏德聖，《賽德克巴萊(上)太陽旗、(下)彩虹橋》。台北：果子電影
　　公司，2011年。

日文書目

中村勝『台灣高地先住民の歷史人類學』東京：綠蔭書房，2003年

山路勝彥『台灣の植民統治』東京：日本圖書，2004年

森丑之助『台灣蕃族志・卷一』台北：臨時台灣舊慣調查會，1917年

佐山融吉『蕃族調查報告書（第四冊）』台北：中央研究院民族學研究所，1917年（2011年）

中間者之臉：
《賽德克・巴萊》的原住民歷史研究者映像[1]

Nakao Eki Pacidal

有解的問題有若廣大不可判定命題之洋上的小島。

Solvable problems are like a small island in a vast sea of undecidable propositions.

—— John Casti, Vienna University of Technology（2001）

　　本文以號稱「台灣影史上第一部史詩電影」的《賽德克・巴萊》為出發點，探討原住民歷史研究者在今日學術界所面臨的處境。我稱這些原住民歷史研究者為某種特定形態的「中間者」（inbetweener），而《賽德克・巴萊》雖與此類中間者並無直接關聯，但做為台灣第一部以排山倒海般的力量席捲全台的成功的商業電影，它在各方面所引發的話題，卻意外暴露出一些與此類中間者處境相關的課題。由於我本人也屬於此種特定形態的中間者，故本文可謂是以一種接近作者自白的方式來呈現一些「非中間者」可能鮮少慮及的問題，是一名中間者在嘗試與非中間者展開對話。而為了便利讀者進入文章情境，我在

1　此文原刊登在：《文史哲學報》77：177-97，2012。

此先就本文的結構安排及撰寫方式做一大略的說明。

按常理而論，一篇談論「中間者」的文章應當先清楚界定「中間者」此一主題概念。但我選擇在本文後段才正式處理這個問題，在此只先指出，我以「中間者」一詞來廣泛指涉現代社會中的原住民，其中有各種類型，並非均質的整體，而本文的焦點又限縮於原住民歷史研究者這一類型的中間者。在正式談論此類中間者在學術場域的處境之前，我以文章的前三節來為這個討論「鋪路」。在第一節中，我以人類學家林開世對《賽德克・巴萊》的評論為例，分析這些看法是如何深受歐洲思想的影響甚至綑綁。第二節則以熟悉賽德克文化的人類學家邱韻芳對電影提出的質疑為例，試圖點出某些歷史問題的出現，可能是論者在不自覺間以客觀性（objectivity）來包裝自身所關切的倫理或道德問題的結果。第三節是對現今學術界所稱的歷史（academically practiced history）的反思，並討論將電影《賽德克・巴萊》視為「歷史」來理解的可能。在前三節中，我都單純以一名歷史研究者的角度而發言，唯有在末尾的第四節，我才真正以原住民歷史研究者的身分來討論：在前三節所描繪的背景之前，身為原住民的歷史研究者在學術場域上，究竟面對何種不同於其他人的困難，又為何必須明確要求自己做為中間者的身分被正視和承認。

其次必須說明的是，雖然學術論著通常都以明確的線性方式展開，盡量在文中清楚呈現論證軸線，我卻刻意選擇了一種「印象派」的寫作方式來呈現本文的課題。本文前三節談論的內容、行文方式及其所附的標題（天真與感傷、善惡的彼岸、歷史的囚徒），乍看之下似乎各不相干，但其實背後存在著哲學上的關聯。我並未在文中點明三者之間的關聯，一方面因為本文並非哲學論文，但主要還是因為我認為這些觀念及其彼此間的關聯雖能言傳，但終究不若意會為佳。這些沒有以文字清楚交代的關聯，是作者刻意留給讀者的思索空間。學術上的模糊曖昧或許惱人，但我不以為這是學術研究之必然，

只是學界習慣了清晰的論述，才壓縮了我所謂heartfelt understanding 的空間。誠如Michel de Certeau所言：*Penser, c' est passer.*[2] 思考的本身，就是一個經歷的過程，而這個過程屬於讀者個人，即便作者本人也未能參與。細心的讀者在閱讀與思索的過程中，很可能會發現作者對於許多問題都沒有解答，這也是我在本文開頭引用數學家John Casti之言的原因。數學家或許只能將無解之題棄之一旁，但在humanities的領域，我們都還是享有思索領悟的自由，而且知識問題無解的事實本身，並不必然阻礙身處不同文化位置者之間的溝通。當然，這一點建立在我們對「表達」和「溝通」必須有個更寬廣定義的前提之上。故而在進入正文之前，容我以一個非學術常態的例子來就這一點做最後的說明：正如文字的表達有精確和模糊之別，音樂的表達亦然，已故的法國指揮家Georges Prêtre便是模糊型指揮的代表人物。他在2009年指揮法國國家交響樂團演奏歌劇《鄉村騎士》（*Cavalleria Rusticana*）著名的間奏（"Intermezzo"）時，顯然沒有給予樂團多少技術性的指示，反而幾乎自始至終閉著雙眼，以其面部表情和肢體動作來提示這段演奏應該具有的情緒張力，具體的技術問題顯然都留給樂團成員自行處理。[3] 同樣的道理，我認為關於中間者的討論固然能夠以學術性的文字來表達，但若作者和讀者都失於留意文字之外的情緒張力，即便本文是抱著展開對話的期待而書寫，最終恐怕也只能是一則作者獨白而已。

天真與感傷

　　整部電影的敘事是以一種全知的歷史框架，嘗試重建編導心目

2　引自Roger Chartier（Lydia G. Cochrane trans），*On the Edge of the Cliff: History, Language, and Practices*（Baltimore and London: The Johns Hopkins University Press, 1977），p. 46. Print。

3　"Cavalleria Rusticana-INTERMEZZO-Georges Prêtre-Chorégies d' Orange 2009." Youtube. com. 04 August 2009. Web. 07 May 2012.

中所謂的「在地」觀點，來合理化一場基本上可能是無法也不需要被合理化的殺戮。[4]

　　林開世在〈賽德克・巴萊觀後感〉中如是說，而我認為他的這段評論一方面可謂徒費空言，另一方面則點出了一些重要的問題，大有助於我們對《賽德克・巴萊》可能展開的多樣化思考。上引的這段評論中比較「徒勞」的部分，在於《賽德克・巴萊》——誠如林開世本人所言——是一種「敘事」（narrative），既然如此，做為敘事創作者的導演魏德聖在構思劇本之時、開拍電影之前，必然體驗過Louis O. Mink所謂對歷史的「構形式理解」（configurational comprehension），亦即歷史事件（在本文的脈絡下則為《賽德克・巴萊》的電影情節）雖有其客觀和敘事上的先後順序，但「領悟這時序意味著要在同一時間對這些時序進行雙向思考，於是時間不再是我們隨波之流，而是一道鳥瞰之河，上游和下游都在俯視中一覽無遺。」[5]這種構形式理解的要點在於將個別事件在腦中相互關聯起來，將之做為「一個單一複雜的整體」（a single complex whole）[6]來掌握。依Mink的看法，這種構形式理解是掌握敘事的要件，敘事究竟是事實還是虛構，對理解的本身並無影響，且這種理解形態對敘事創作者與觀看者均同樣為真。換句話說，在能夠提筆評論《賽德克・巴萊》之前，做為觀影者的林開世必然也已獲致此種「構形式理解」。

　　此外，對於電影透過詮釋賽德克族的Gaya[7]而建構了一個所謂的

4　林開世，〈賽德克・巴萊觀後感〉，《人類學視界》第7期（2011年10月），頁40。

5　Louis O. Mink, "History and Fiction as Modes of Comprehension" in *New Literary History* 1:3（Spring 1970）, pp. 541-558. Print. See quotation in pp. 554-555.

6　Louis O. Mink, "History and Fiction as Modes of Comprehension," p. 548.

7　雖然如今Gaya可能也如bale一樣，成為國人所熟悉的賽德克字彙，在此還是引述電影顧問郭明正（Dakis Pawan）在其書中所提出的解釋：「Gaya是賽德克族的律法、祖訓及

「賽德克觀點」，林開世對編導的評論為：「他們認為這整件事件，從賽德克人的觀點來說，就是延續祖先們出草的傳統。要活得像個男人，殺戮是必須的，獵頭也是必然的。」[8]整體而言，《賽德克‧巴萊》可謂是林開世所稱全知觀點下「合理且具有心理深度的歷史觀」，[9]以強烈的影像為媒介將霧社事件成功的歷史化，石計生甚至將此讚譽為「寫實主義的勝利」。[10]但林開世感到不安，因為他在看完這長達四個半小時的電影之後，相當無力的感覺到《賽德克‧巴萊》的目的似乎只在於「合理化一場基本上可能是無法也不需要被合理化的殺戮」。也就是說，林開世不安感的來源主要是血腥、暴力、野蠻、殺戮等電影中反覆呈現的主題。

設若 Hayden White 所言不虛，「所有歷史敘事都具有一種潛在或明確的渴望，要將所處理的事件予以道德化」，[11]則林開世認為相對於早期將莫那‧魯道塑造成「抗日民族英雄」的版本來說，《賽德克‧巴萊》只不過是「另一個馴化版本的詮釋」，[12]此一看法可謂再精確不過。White 所謂「將處理的事件予以道德化」和林開世所稱的「將過去合理化」基本上是一樣的作為，正是林開世影評中雖未明言但已隱含的一個課題，也就是許多當代西方史學哲學家都探討過的，十九世

社會規範：Gaya 很難找出單一的漢語詞彙與之對應。農獵時代，舉凡農耕、狩獵、出草、治病、親屬關係、個人與部落之間的關係等等，均有嚴謹的 Gaya 規範。簡言之，賽德克人是以 Gaya 立族的民族。」見：郭明正（Dakis Pawan），《真相‧巴萊：《賽德克‧巴萊》的歷史真相與隨拍札記》（台北：遠流，2011），頁 23 註 7。

8　林開世，〈賽德克‧巴萊觀後感〉，頁 39。

9　林開世，〈賽德克‧巴萊觀後感〉，頁 40。

10　石計生，〈賽德克巴萊：寫實主義的勝利〉，後石器時代 The Poststoner 部落格（2011 年 10 月 28 日），2012 年 1 月 31 日引用。

11　Hayden White, "The Value of Narrativity in the Representation of Reality" in Hayden White, *Content of the Form: Narrative Discourse and Historical Representation* (Baltimore and London: The Johns Hopkins University Press, 1987), p. 14. Print.

12　林開世，〈賽德克‧巴萊觀後感〉，頁 40。

紀歐洲「歷史學科化」（the disciplinization of history）此一本身即為歷史事件的現象。Hayden White稱此一現象為「歷史的政治馴化」（the domestication of history），發生於十九世紀「歐洲鞏固（布爾喬亞）民族國家」的時期。[13]在此之前，歷史只是「美文（*belle-lettres*）的一個分支，是適合紳士學者的一種活動，其中『品味』（taste）是為理解的指導原則，『風格』（style）則是成就的衡量標準。」[14]在將歷史學科化的過程中，想像（imagination）是首先要被規訓（discipline）的對象，自此虛構與想像必須與歷史和真實區隔開來。這導致歷史書寫的根本性改變；歷史變成一種法學習作（moot），受證據的統轄（rule by evidence），且被圈禁在「歷史紀錄」（historical record）之內，[15]其後果之一便是檔案（archives）自此成為被規訓的歷史學中之必要。誠如White所精確觀察到的，歷史書寫風格的改變，自然也限制了歷史可以探討的內容，神蹟或所謂荒誕不經（grotesque）的事件等等，自此便被排除在被規訓的史學之外。[16]但White認為這「歷史的去修辭化」（de-rhetoricization）不過是個表象，事實上歷史的修辭性格並沒有被除去，只不過歷史可容許的題材（其內容）和可容許的書寫形態（其形式）受到明確的限制而已。[17]換句話說，當十九世紀歐洲歷史學家在探討被規訓的歷史學其體裁本質（the nature of a disciplined historical style）究竟為何之時，他們討論的其實是個十八世紀歐洲文人如Edmund Burke、Friedrich von Schiller等人所辯論過的、關於「美麗」（the beautiful）與「崇高」（the sublime）的美學課題，只不過探討的形

13　Hayden White, "The Politics of Historical Interpretation" in Hayden White, *Content of the Form*, p. 61.

14　Hayden White, "The Politics of Historical Interpretation," p. 71.

15　Hayden White, "The Politics of Historical Interpretation," p. 66.

16　Hayden White, "The Politics of Historical Interpretation," p. 66.

17　Hayden White, "The Politics of Historical Interpretation," p. 66.

態與用語業經轉換，使後人不容易一眼看穿其「一脈相承」之處。[18]換句話說，在考慮是否要將過去視為無理、是否要視歷史為一種將過去合理化、馴化的作為，歷史學家所面對的，其實是必須在「美麗」與「崇高」之間做出美學抉擇的難題。[19]根據 F. R. Ankersmit 的說明，「美學理論中，美麗與『秩序』、『理智、意義、有意義的行動』有關」，[20]但崇高與此完全相反，不但拒絕被賦予意義，甚至還破壞這些賦予意義的努力。Ankermit 引述深入探討美麗與崇高的 18 世紀詩人 Schiller 的話來描述我們面對崇高時的處境——那是一個「將一切毀滅了、重新創造了、又再次毀滅的可怖場景。」[21]

　　林開世對歷史的基本看法為：「我們賦予了過去一個個解釋的框架，將那些難以理解的事件，轉變為可以被評價的歷史的同時，我們建構了一個排除非『合理』的世界觀，也讓我們距離事實越來越遠。」[22]而當我們了解到在歐洲的史學傳統下，對於歷史本質看法的歧異，基本上是個個人的美學偏好問題，我們便不妨說在美麗與崇高之

18　關於十八世紀就美麗和崇高所做的討論，可參考：Burke, Edmund. *A Philosophical Enquiry into the Sublime and Beautiful*（1757）（Abingdone, UK and Madison, USA, Routledge and Kegan Paul, 2008）. Print。本書不同於其他十八世紀著重討論「美麗」的美學作品，著墨較多在「崇高」，而 Burke 的看法也一如 Schiller，視崇高為一種恐怖的情境。只是兩人雖然都同意崇高具有的恐怖性格，對崇高的評價卻並不相同。Burke 有就美麗而棄崇高的傾向，Schiller 從道德（對他來講就是美學）教育的觀點出發，則認為兩者互補，故而在美學教育中缺一不可，見：Friedrich Schiller, "Über das Erhabene"（1793）. Projekt Gutenberg—De. *Der Spiegel*. 27 January 2003. Web. 4 July 2012.

19　Hayden White, "The Politics of Historical Interpretation, p. 66. 另可參考：Herman Paul, *Hayden White: the Historical Imagination*（Cambridge UK and Malden USA: Polity, 2011）. Print。與此處所討論尤其相關的是第五章："Masks of Meaning: Facing the Sublime," pp. 109–127。

20　F. R. Ankersmit, *History and Tropology: The Rise and Fall of Metaphor*（Berkeley, Los Angeles, London: University of California Press, 1994）, p. 15. Print.

21　F. R. Ankersmit, *History and Tropology*, p. 15.

22　林開世，〈賽德克・巴萊觀後感〉，頁 40。

間，林開世似乎是放棄了美麗而選擇面對崇高。而美麗與崇高的不同
選擇，似乎也就是魏德聖與林開世之間的差別。

從美學角度而言，魏德聖的歷史觀屬於「美麗」一派，而《賽德
克‧巴萊》做為一部影像創作，細思之下確實頗有一點追求「美麗」
的十九世紀歐洲歌劇的味道，令人聯想起義大利導演 Franco Zeffireilli
的一部紀錄片，其中他介紹自己如何詮釋 1985 年為紐約大都會歌劇
院製作的普契尼悲劇《托絲卡》(Tosca)。他在影片中將觀眾帶入令人
屏息的聖安德肋聖殿 (Sant' Andrea della Valle)，在高大的穹頂下強調
《托絲卡》的悲劇性建立在一種規模之上：

> 普契尼在歌劇一開始就清楚的告訴你：這就是羅馬！管絃樂團
> 的第一擊就讓你馬上搞清楚自己在哪裡：這就是羅馬的巨集偉音
> 量！在這之後，你再就也不能給人家那種小鼻子小眼睛的東西，
> 你得大開大闔……。《托絲卡》的角色和羅馬的本身，就在於無
> 比宏偉 (grandiosità)。一切都無比宏偉 (everything is larger than
> life)。Cavaradossi 的熱情是宏偉的，Tosca 的愛與嫉妒是宏偉的，
> Cavaradossi 獻身使命，有如史詩、充滿英雄氣概，而 Scarpia，則
> 是史上最大的壞蛋。[23]

同樣的，魏德聖想要拍攝的既然是「史詩」，便說明了他想要藉
電影而訴說的，雖然具體上是霧社事件，基本上卻是一種特定的美學
意念。從最後的成品看來，在他腦海中盤旋的是人止關的峭壁天險，
高山陰冷蕭殺的氣氛，暗無天日的叢林中悄無聲息的賽德克腳步，日
兵死去時飄散的緋櫻與賽德克人赴死時落下的白雪……，這一切都始
自簽訂於 1895 年的日清下關條約，由東亞兩個重要政治體高強度碰

23　"Tosca, Zeffirelli & Rome." YouTube.com. 25 August 2008. Web. 31 January 2012.

撞的結果為故事做了開場。因明治維新的成功而擊敗傳統強權的日本，堅持著他們自白人手中不易掙得的尊嚴，和終於將清帝國踩在腳下的驕傲，於是對於文明——事實上是混雜著西方資本主義文明的日本文明——抱有一種超越個人價值的信念，那是一種時代本身大過一切的思維。而劇中主要賽德克角色所要凸顯的人格特質和情感，也都遠遠超越個人的層次：生之堅持和死之勇氣、因認同衝突所受的內心煎熬、族群尊嚴抑或命脈延續的兩難，種種情緒都超越了一人一身的格局，豈不正如 Zeffirelli 所言——everything is larger than life——？「史詩」的悲劇性建立在一種被刻意製造的放大效應上，但在規模被放大的同時，敘事的內容和手法便顯得天真而直截了當。關於這一點，Zeffirelli 的紀錄片也有提及，頗有助於我們理解林開世對電影的批評。Zeffirelli 指出與歌劇演員討論劇中人物的情感有一定的困難：「歌手想知道的一定是基本的元素，他們圍繞著這些基本元素建立起來的詮釋有時候是很複雜的，但他們必須要知道那些感受的本質。因為歌劇是本質性的（essential）。歌劇不能複雜（sophisticated）。」[24] 而正因為魏德聖選擇（或傾心）的是同樣的美學觀點，捨美麗而就崇高的林開世會評論道：「觀看過程中，我主要的抱怨還是導演那種高中文藝青年般的傾向，炫耀又重複使用『象徵性』的符號，例如血紅的櫻花與通往祖靈的彩虹橋，彷彿擔心觀眾看不懂他所營造的『深層意涵』。」[25] 林開世的看法自然有其道理，同意者也很多，但若從追求美麗的魏德聖的角度來看，則 grandiosità 的本身就是那「深層意涵」——即便最繁複的美麗也是本質性的，不可能如崇高那般複雜難解。

　　林開世顯然同意有一種東西稱為「事實」，但這事實是否真實可知（authentically knowable）、是否可以做為現實（reality）而呈現，則

24　"Tosca, Zeffirelli & Rome."

25　林開世，〈賽德克‧巴萊觀後感〉，頁38。

又是另一回事。於是當《賽德克‧巴萊》被當作一種已知的現實而以
美麗的形式呈現在大銀幕上，他認為這種作為真正的內涵，其實是
「利用一個異文化的傳奇，來製造出一個可供消費的道德想像空
間。」[26]這固然是十分深刻的反省，但它同時也是個只進行了一半的反
省（如果沒有任何理由阻止我們對於處理過去的手法展開反省，我們
也同樣沒有任何理由不繼續已展開的反省）。於是當我們延續林開世
的思路邏輯續想下去，我們會發現他拒絕對異文化「採取脈絡化與心
理動機（的）解釋」，以求避免「一步步持續的……合理化那些邪惡
與殘暴的行為」，[27]其實是在對異文化持續做出道德判斷。而他反對
「利用一個異文化的傳奇，來製造出一個可供消費的道德想像空間」，
等於站上道德的制高點，透過道德檢驗的手段，反而將自己身處的現
代文化（modernity）除排在道德的檢驗之外。換句話說，這些思索與
反省在不知不覺間將思考者推入了一個困窘的處境。

　　從旁觀者的角度來看，〈賽德克‧巴萊觀後感〉中高度自省的林
開世的形象，與諾貝爾文學獎得主Orhan Pamuk筆下的Schiller並沒有
很大的差別（而Schiller也正是「美麗」與「崇高」討論的重要參與者
之一）。Pamuk認為，Schiller的著名論文〈論天真與感傷之詩〉（"Über
naive und sentimentalische Dichtung"）[28]在某程度上已超越詩論的範疇，
而是一篇談論人性的哲學文章：

　　　　據德國文學史學家們所言，當席勒說「人性有兩種類別」的時

26　林開世，〈賽德克‧巴萊觀後感〉，頁39。

27　林開世，〈賽德克‧巴萊觀後感〉，頁40。

28　Friedrich Schiller, "Über naive und sentimentalische Dichtung"（1879）. Projekt Gutenberg –
　　De. *Der Spiegel*. 04 August 2001. Web. 31 January 2012。席勒所謂的sentimentalisch與英語
　　中的sentimental語意有別，而是與童真的心境（naïvité）相對，充滿自我意識與自省的
　　態度。

候，他其實也想說：「有天真者如歌德，有感傷者如我！」席勒
羨慕歌德不只是因為他的詩才，也是因為他……能夠做他自己；
因為他的單純、樸素與天才；也因為他自己對此渾然不覺，完全
像個孩子。相反的，席勒自己則遠為自省而智識，較為錯雜且深
受自己文學活動的折磨，對自己的文學手法更加有意識，對此充
滿了疑問與不確定──而且還覺得這些態度和特質比較「現
代」。[29]

今日多數人都與林開世一樣，生活在可概稱為 modernity 的一種
「文化」裡，而 Schiller 所欣羨的那種「天真」並非這個文化所推崇的
特質，「感傷」（或自省）則似乎受到較多的尊敬。十八世紀的歐洲詩
人 Schiller「深受自己文學活動的折磨」，而（理論上應該）比他更
「現代」（甚或後現代？）的林開世及我們其他許多人，在觀看頗受歐
洲美學傳統影響的《賽德克・巴萊》時，是否意識到自己或許也同樣
受到歐洲美學傳統的影響，因為自己所具有的「現代性」甚或「後現
代性」，而「深受自己學術活動的折磨」？

善惡的彼岸

邱韻芳在芭樂人類學共筆部落格中寫道，她在觀賞《賽德克・巴
萊》之後與學生在課堂上有所討論，而「那一門課的五個研究生裡，
三個是賽德克族，但其中一個是清流莫那・魯道的 Tgdaya（德克達
亞，或譯作德固達雅）後裔，一個是祖先未參加霧社事件之中原部落
的 Tgdaya，一個是平靜部落的 Toda（道澤），……但其中 Toda 的那位

29　Orhan Pamuk（Nazim Dikbas trans）, *The Naive and Sentimental Novelist*（London: Faber and Faber, 2011）, pp.17–18. Print.

同學在我們的討論中幾乎總是沉默的。」[30]這裡所稱的沉默，自然是來自霧社事件期間，曾以「味方蕃」的身分協助日軍的道澤群後裔所背負的眼光。

邱韻芳所提到的問題確實曾經引起族人的關切。據擔任該片歷史與文化總顧問的郭明正（Dakis Pawan，本人為霧社事件的遺族）所言，早在電影開拍之前，他應邀擔任翻譯而首度閱讀劇本時，[31]便曾向導演就劇情有所反應，於是而有《真相・巴萊》書中所述，魏德聖至埔里與賽德克三語族人面晤之事。[32]郭明正歸納當日族人的關切要點，在於「族群關係的詮釋以及是否符合史實」兩方面：

> 德克達亞人與道澤人交惡與衝突的緣由，是否應於片中有所交代？而在「霧社事件」中，道澤人與托洛庫人的角色或立場為何？能於影片中呈現嗎？此外，瓦旦・吉洛牧師特別提問：「劇終本族的德克達亞人走過『祖靈橋』，不知道我們道澤人是否也一樣行過『祖靈橋』？」[33]

道澤群和德克達亞群長久以來的關係究竟如何，本身似乎是個相當複雜的問題，賽德克人彼此之間意見也未見相同。例如郭明正提到，「若依賽德克族姻親之間的關係，莫那・魯道可說是〔鐵木・瓦力斯所屬的道澤群〕奇萊家族的女婿」，[34]這也牽涉到「莫那・魯道起

---

30 邱韻芳，〈在眾「巴萊」之間沉思〉，Guavanthropology.tw芭樂人類學共筆部落格（2011年11月07日），2012年1月31日引用。

31 事在2009年，見：郭明正，《真相・巴萊》，頁18。

32 郭明正，《真相・巴萊》，頁86-90。

33 郭明正，《真相・巴萊》，頁89。

34 這層「女婿」關係從現代城市生活形態的角度看來似乎有點遠，但在多數原住民部落中都還算平常：「莫那・魯道的妻子巴干・瓦歷斯是托洛庫人，她的父親是托洛庫地區布西達亞部落的頭目，與道澤群的奇萊家族有姻親關係。」見：郭明正，《真相・巴

事前是否曾遊說道澤群及托洛庫群共襄盛舉」[35]此一連清流部落遺老都沒有共識的問題。一名郭明正訪問過的耆老說：「鐵木‧瓦力斯於『霧社事件』中協助日方，與德克達亞群起義六部落的族人對戰於土布亞灣溪，不幸於戰役中犧牲。」[36]就族人所關切的「史實」而言，郭明正並不爭議某些道澤群族人接受日本人的提議而與霧社事件參與者之間有過衝突，也在書中同意鐵木‧瓦力斯確實在「土布亞灣溪之役」中彈身亡，[37]但他對此事的評價卻與一般所謂「道澤群是親日蕃」的看法不同，他寫道：

> 　　我今天要告訴大家：「我德克達亞人與道澤人何仇之有？」今坊間的論述或陳述都寫道，德克達亞與道澤是「世仇」。什麼叫做「世仇」？誰能告訴我？事件之前，我們兩群的關係真的是如此嗎？大家說「道澤族人是『親日蕃』」，我要說「答應人家的事，Seediq 就要做到底」，這就是「Seediq Bale」的精神。[38]

　　換句話說，郭明正認為道澤人的行為不應使他們背上「親日」的惡名，而且正是因為他們將「答應人家的事……做到底」，所以這些道澤人之為 Seediq bale 根本毋庸置疑。此外他也相應的認為，「若以土布亞灣溪之役的結果，來指稱我起義六部落族人『殺害』道澤群屯巴拉部落的頭目鐵木‧瓦力斯，我們認為有失公平，且會扭曲歷史的

萊》，頁104。

35　郭明正，《真相‧巴萊》，頁104。

36　郭明正，《真相‧巴萊》，頁103。

37　見：郭明正，《真相‧巴萊》附錄三〈什麼是「土布亞灣溪」（Ruru Tbyawan）之役？〉，頁234–238。

38　郭明正，《真相‧巴萊》，頁222。

真相。」[39]他認為這一切悲劇都應當歸咎於日本人一向以來「以蕃制蕃」的策略，爭論族人之間誰是誰非，只是「模糊了殖民統治者對我台灣原住民族一貫的殘暴行徑」。[40]

雖然郭明正一人並不能代表其他的賽德克人，但顯然他對於「史實」的概念並不是那麼素樸。他所謂的「史實」超出單純的事實追尋（facts finding），而進入到歷史詮釋（historical interpretation）的範疇，用今天的流行語來說，就是他清楚知道詮釋本身便是史實的一部分。他在《真相‧巴萊》的自序中提到：「至今世人對（莫那‧魯道）的歷史定位依然撲朔迷離、難以定論，究竟他是民族英雄呢？還是民族罪人？端視詮釋者是誰而定。」[41]而他「不禁捫心自問：『本族Gaya反撲的「霧社事件」，就任其詮釋權再飄零在外八十年嗎？』」[42]接受顧問的繁重工作，並且撰寫《真相‧巴萊》，顯然也是他想要對「史實」採取主動的具體表現。

郭明正對電影中莫那‧魯道和鐵木‧瓦力斯的個人關係和鐵木‧瓦力斯的作為沒有多少討論，[43]以上所述或許是原因之一。但魏德聖本人卻非常介意鐵木‧瓦力斯的負面形象，想要藉《賽德克‧巴萊》將此反轉。關於這一點，《電影‧巴萊》書中提到：

起初，馬志翔聽到自己飾演的是鐵木‧瓦力斯，心中非常抗拒，因為在後來幾十年統治者的詮釋下，鐵木‧瓦力斯已經被牢

39　郭明正，《真相‧巴萊》，頁237。

40　郭明正，《真相‧巴萊》，頁237。

41　郭明正，《真相‧巴萊》，頁21。

42　郭明正，《真相‧巴萊》，頁22。

43　他提到的是劇本中的第十場戲，少年鐵木‧瓦力斯與青年莫那‧魯道之間互撂狠話的部分，他認為這類對白即便在獵首盛行的當年也不太可能出現，尤其是莫那‧魯道對一個小孩子（鐵木‧瓦力斯）揚言不會給他長大的機會，「有違賽德克的倫理（Gaya）觀念。」見：郭明正，《真相‧巴萊》，頁156-157、87。

牢貼上「親日」標籤，即使馬志翔身為賽德克族道澤群之子，也無法完全認同這位祖先。

　　「我找你來，就是要以馬志翔正面的形象，來扭轉鐵木‧瓦力斯負面的形象，」針對馬志翔的疑慮，導演這樣說明，「因為鐵木‧瓦力斯成為『味方蕃』（即受日人脅迫襲擊族人的原住民），所以他就是壞人嗎？這部電影要談的是不同立場所面臨的不同抉擇。」[44]

　　魏德聖對於道澤人與德克達亞人的淺溪大戰這場戲非常重視，在《導演‧巴萊》書中提到，他想要「讓觀眾在看族人相互殺戮的過程中……了解到，雖然是彼此獵殺，但其實雙方的角度一樣。」[45]此外他也認為自己「讓鐵木‧瓦力斯死得壯烈，扭轉了他在歷史上給人的負面形象。」[46]這顯然是一種浪漫主義、英雄主義式的思考，也呼應我在上文對他美學立場的分析。對魏德聖來說，電影敘事中所呈現的「悲壯」，其本身便是一種正面的歷史評價。但未見得抱持同樣歷史觀（美學觀）的邱韻芳則不能理解：「以馬志翔來飾演鐵木‧瓦力斯就可以扭轉負面形象嗎？」[47]此外她也不能認同要讓觀眾了解鐵木‧瓦力斯「在當時一定有屬於自己的立場及說法」，[48]其方式竟然是從上集便開始鋪陳他與莫那‧魯道的私怨，以便到下集他「死前腦海中還不停出現之前莫那‧魯道對他說的這些狠話」。[49]她認為既然賽德克人最

44　黃一娟、游文興，《電影‧巴萊：《賽德克‧巴萊》幕前幕後全紀錄》（台北：遠流，2011），頁70。

45　魏德聖、游文興，《導演‧巴萊：特有種魏德聖的《賽德克‧巴萊》手記》（台北：遠流，2011），頁248。

46　魏德聖、游文興，《導演‧巴萊》，頁248。

47　邱韻芳，〈在眾「巴萊」之間沉思〉。

48　魏德聖、游文興，《導演‧巴萊》，頁248。

49　邱韻芳，〈在眾「巴萊」之間沉思〉。

在意的就是電影要妥善處理族群關係，而且不能違反Gaya，那麼又怎麼能夠用郭明正早已指出過不合賽德克Gaya的情節安排，[50] 而讓「Toda頭目鐵木‧瓦力斯似乎是因和莫那‧魯道的個人恩怨而和日軍結盟？這些都只是為了更鞏固莫那‧魯道的英雄形象？對於對莫那‧魯道有不同認知的族群而言，面臨《賽德克‧巴萊》幾乎成為全民運動的風潮之下，如何向孩子解釋這段相關的歷史成了難題。」[51]

邱韻芳的強烈質疑非常有道理，且有道理的程度一如郭明正對這些情節之輕描淡寫——因為這類問題本來就沒有單一解答。[52] 而更重要的是，邱韻芳在意的顯然並非上述這些關於「史實」的問題，而是道澤群族人的感受，例如她課堂上沉默著的那位同學。但這感受要如何能夠顧及呢？我們可以很容易的設想，就算魏德聖想出了不同的方法來解釋鐵木‧瓦力斯的作為，令邱韻芳難受的情況也不會改變，因為有道澤人與日本人合作的確是眾所不爭的事實。就算將莫那‧魯道描述成「民族罪人」，再將鐵木‧瓦力斯等與之立場不同的族人刻畫為英雄，也只是製造一個方向相反但性質相同的問題，想必也非邱韻芳所能同意。而且細思之下，「歷史」似乎也並非邱韻芳一貫的思考判準。例如她提到：

50　如上：他提到的是劇本中的第十場戲，少年鐵木‧瓦力斯與青年莫那‧魯道之間互撂狠話的部分，他認為這類對白即便在獵首盛行的當年也不太可能出現，尤其是莫那‧魯道對一個小孩子（鐵木‧瓦力斯）揚言不會給他長大的機會，「有違賽德克的倫理（Gaya）觀念。」見：郭明正，《真相‧巴萊》，頁156-157、87。

51　邱韻芳，〈在眾「巴萊」之間沉思〉。

52　既然《賽德克‧巴萊》是一部電影，要將之當作歷史看待，還是單純視之為一個與史事有關的戲劇故事，是個人的選擇，而且同一個人還可以有時將之當作電影來評析，有時又將之當作歷史而研討，又或者意識自己可以身處兩者之間，獲得不同的視角，林秀幸就是一例，見：林秀幸，〈賽德克‧巴萊：在兩種「真實」之間〉，Guavanthropology.tw芭樂人類學共筆部落格（2011年12月05日），2012年1月31日引用。

　　我可以接受電影創造出虛擬的少年英雄「巴萬・那威」，以及從馬赫坡部落的角度觀之，莫那・魯道的確是英雄；但不能理解為何要竄改歷史，讓莫那・魯道出現在其未曾參與的「人止關」與「姊妹原」事件？[53]

　　了解到邱韻芳在意的其實是個人類學倫理問題之後，我們也就不難了解，在將《賽德克・巴萊》當電影看的前提下，為何邱韻芳有時連完全虛擬的人物都可以接受，有時卻不能容忍歷史事件和人物被張冠李戴，甚至相當嚴厲的以「竄改史實」稱之──因為一旦同意編導這種「移花接木」的手法，也就等於同意以鐵木・瓦力斯為鮮豔的顏料，在莫那・魯道的英雄肖像上再添璀璨的一筆。

　　邱韻芳面對的顯然是郭明正所說的情境，即誰是英雄誰是罪人，端視詮釋者是誰而定；也正如林秀幸所指出，發言的「角度」決定了言語最終會是「對話」還是「對立」，[54]重點終究不在於將倫理問題改裝成歷史問題。[55]而在另一方面，周婉窈以歷史學家的身分為《真相・巴萊》作序，反而不若邱韻芳那樣在意電影是否符合「史實」，而是強調要去注意那些不曾被呈現的觀點、追求那些尚未被披露的真相。

53　邱韻芳，〈在眾「巴萊」之間沉思〉。

54　林秀幸，〈賽德克・巴萊：在兩種「真實」之間〉。

55　我認為邱韻芳在文中是將她對人類學倫理的關切，以歷史問題的形式表述出來。不過這不表示我認為兩者之間有著清晰的界線。基本上我同意前一節所引 Hayden White 的看法，即所有的歷史敘事都有將所處理的事件予以道德化的傾向。歷史的書寫從來都不是非目的性的，上一節提到歷史之被規訓，有一大部分乃是十九世紀歐洲新興民族國家的發展所造成，那正是一種以書寫來將民族國家的作為及價值在道德上合理化的行為。事實上，同樣的現象早在十七世紀歐洲便已發生，這一點在下一節談到歷史學的「文化本質」時還會再提及。

用她的話來說，「『真相』容或是人世正義的第一步」。[56]《賽德克·巴萊》做為一部改編自「史實」的電影，並不屬於周婉窈所定義的「真相」，而她之所以肯定這部電影，也不是因為電影呈現了「真相」，而是因為電影可能吸引更多人去認識原住民文化。她在文末寫道：「台灣原住民族在自己祖先的土地上流離失所，試問：要他們為你唱歌跳舞，歌頌你自認為的精采，不是文明的假溫柔暴力，又是什麼呢？」[57]

　　從萬沙浪身著族服高唱〈娜奴娃情歌〉[58]的1970年代到今天，周婉窈所稱「自認為的精采」和「文明的假溫柔暴力」，幾乎可以用在所有地方。只要願意那樣去想的話，《賽德克·巴萊》可以被視為「自認為的精采」；林開世說處理原住民題材的電影應當「保持尊重的距離，抗拒深度詮釋的欲望」，[59]可以被當成是「文明的假溫柔暴力」；邱韻芳的關切──甚至周婉窈本人在文中提到，「霧社事件值得很多部好電影」、「那原本的素樸的悲壯或許更感人」等等[60]──都可以被視為「文明的假溫柔暴力」。不過，我倒並不認為以上這些是「文明的假溫柔暴力」，因為所謂的假溫柔暴力，就像陷阱一樣，是看不到的，像空氣一樣，是摸不著的，像死人一樣，是不會說話的。

　　我在文末還將再度回到這個「文明的假溫柔暴力」的問題上來，但在那之前，我們不妨思考一下尼采於1866年《善惡的彼岸》（*Jenseits von Gut und Böse*）劈頭提出的質疑：

56　周婉窈，〈英雄、英雄崇拜及其反命題〉，《真相·巴萊》，頁5。

57　周婉窈，〈英雄、英雄崇拜及其反命題〉，《真相·巴萊》，頁8。

58　目前在YouTube上可見一段影片，其中萬沙浪穿著卑南族服，與其他舞者跳著阿美族式的舞蹈，演唱帶有〈高山青〉情調的〈娜奴娃情歌〉，對應影片開始時台下鼓掌欣賞的漢人觀眾，頗令人意會當年某種（還算是比較溫和型的）「自認為的精采」。見：〈娜奴娃情歌──萬沙浪〉，YouTube.com（2010年2月20日；實際表演時間不詳，應在萬沙浪走紅的1970年代），2012年1月31日引用。

59　林開世，〈賽德克·巴萊觀後感〉，頁40。

60　周婉窈，〈英雄、英雄崇拜及其反命題〉，《真相·巴萊》，頁7、8。

假設真理是個女人——所以呢？難道沒有理由去懷疑，既然所有的哲學家都是教條主義者，他們一定無法了解女人——既然他們談論真理時通常都嚴肅得可怕又蠢笨強求，要贏得女人，難道那不是既拙劣又不得體的方法？[61]

尼采的主題當然並非女人，而是真理與哲學態度之間的關聯。教條主義式的思考無法使人接近真理，因為，正如該書書名所示，善與惡同處一岸，真理則位於善惡的彼岸。故而任何關切真理的人若不能自善惡的迷宮中抬起頭來，其對真理的探求（至少在尼采看來）終將徒勞無功。由這個角度來思考本節中邱韻芳所關切的倫理問題和周婉窈文中的道德暗示，我們似乎還是可在難解課題的黝暗森林中恍惚瞥見一條模糊的思路。

歷史的囚徒

《賽德克‧巴萊》在台灣之所以受到如此注意，殺戮與暴力的刺激可能並非主因，電影可能影響到賽德克族的「內部關係」，應該也只是相對少數人的關切。電影之所以受到重視，我認為或許有相當大部分是因為人口比例上以漢人為主的台灣人，還沒有真正準備好要面對台灣的過去——儘管霧社事件跟漢人幾乎一點直接關係都沒有。[62]

61　Friedrich Wilhelm Nietzsche, *Jenseits von Gut und Böse*（1866）. Project Gutenberg Ebook. *Project Gutenberg*. March 26 2003. Web. 31 January 2012.

62　所謂霧社事件與漢人幾乎一點關係都沒有，當然也僅僅是就「事實」的角度而言是如此。姚嘉文的小說《霧社人止關》中集結了與日本人混血的泰雅人（賽德克族於2008年自泰雅族「獨立」，較姚嘉文創作晚了數年，因此書中還是將當地原住民稱為泰雅族人）、已定居台灣多年的漢人（小說中所謂的台灣人）、來自中國的其他漢人（各省籍的政府官員、記者等），甚至還有來自滿洲而可與日泰混血兒以日語溝通的「外省」教師或員警等多族群的角色，藉由地緣關係而將族群衝突回溯至清治時期的林爽文事件（1786）和日治時期的霧社事件（1930），於是將小說主訴的二二八事件（1947）編織進

魏德聖在威尼斯影展的記者會上（2011年9月2日）回答華爾街日報記者Dean Natolitano的詢問時說：「我必須要回到仇恨的原點，才能化解仇恨。」他認為《賽德克‧巴萊》「具有一種心理治療的功能」，可以提供「台灣人一個情感化解的基礎」。[63]這所謂的「心理治療」，我認為指的應該不只是台日關係的「歷史復健」，毋寧更指向台灣島內居民基於種種原因而不斷在迴避的某些課題。而不論當下毀譽如何，《賽德克‧巴萊》顯然已經將一切攤在陽光下，逼著我們正視了。一如Rosenstone在談到歷史電影的強大渲染力時所言：「坐在電影院裡，一時之間，我們都成了歷史的囚徒。」[64]

　　成為歷史囚徒的我們，應該都沒有錯過那段Darryl Sterk所稱《賽德克‧巴萊》全片中極具原創性的情節：日本人沒收族人出草獵得的人頭，忍無可忍的莫那‧魯道一拳將日警揮下滿是頭骨的深坑，與之扭打起來，當他終於被一群日警壓服的時候，他的面孔和身體是被迫背離著那些人骨——在按照Gaya所行而得的一切之上，他發出了撕心裂肺的吶喊。Sterk寫道：「當時的日本人比野蠻人更野蠻，工業現代化的鋼鐵之心裡原有野蠻性存在。」[65]現代化的腳步走到今天，可能存在的問題已經不再是文明與野蠻的衝突，而是衝突似乎已經消弭之

　　一個想像的歷史脈絡裡。雖然和魏德聖著重霧社事件本身和賽德克人的《賽德克‧巴萊》迥異，但同樣都是漢人將原住民「泛台灣化」的作品。《霧社人止關》與漢人的關聯在故事之內和之外同樣明顯，電影《賽德克‧巴萊》和改編自魏德聖電影原著劇本的同名小說，與漢人的關係則隱藏在故事之外。見：姚嘉文，《霧社人止關》（台北：草根，2005）；嚴雲農（改編自魏德聖原著劇本），《賽德克‧巴萊》（台北：平裝本，2011）。

63　"VENEZIA 68—Conferenza stampa di *Seediq Bale*"（02 September 2011）. YouTube.com. 04 September 2011. Web. 31 January 2012.

64　Robert A. Rosenstone, *Visions of the Past: The Challenge of Film on our Idea of History*（Cambridge MA and London: Harvard University Press, 1995）, p. 27. Print.

65　Darryl Sterk, "*Seediq Bale* as a Primitivist Film." Savage Mind: Notes and Queries in Anthropology: A Group Blog. 29, December, 2011. Web. 31 January 2012.

後可能存在的偽善。看過《賽德克‧巴萊》並受到電影情節震撼的人可能都會同意：如今我們不能再容許壓迫另一個莫那‧魯道的行為；任何文化的成員都應該有權利去面對、定義自己的現在和過去，並以他自己選擇的方式，就自己的過去和今日建立一個密不可分的連結。然而，今日有哪些人的處境接近電影中受困吶喊的莫那‧魯道？如果這樣的人確實存在的話，他們的昨日與今天之間的關聯又是何如？

　　在回答這些問題之前必須說明的是，我個人並不認為《賽德克‧巴萊》是賽德克人以其自己的方式就過去與現在所建立起的關聯。《賽德克‧巴萊》是魏德聖的電影，雖然他堅持一切必須由賽德克Gaya的角度來理解，對於這一點他畢竟還是無能為力的。這並不是因為魏德聖可能如外界所質疑的，對賽德克Gaya認識不清或理解有誤，而是因為身為原住民，我深知語言本身便是進入一個世界的視窗，不能打開那扇窗的話，就看不見那個語言所獨有的世界觀，當然也就無法透過那個世界觀去重新審視世界。故而儘管魏德聖已經盡力揣摩賽德克文化多年，他始終都不是一個賽德克語的使用者，就注定了他的《賽德克‧巴萊》不可能是賽德克世界觀成員以他們自己的方式就過去和現在所建立起的關聯。郭明正在《真相‧巴萊》中多次提到翻譯劇本的困難就是明證（其中最廣為人知的，就是電影中非常重要的「血祭祖靈」的概念，在賽德克的理解中並不存在）。[66]這還不只是個翻譯或表達的問題，而是一個更深層的、自我和外在世界如何相互連結的問題。

　　要了解這個語言及其所決定的「世界觀」的課題究竟有多重要，我們必須暫時離開歷史學，而轉向語言學上著名的Sapir–Whorf hypothesis。這個假說認為語言決定了一個人的思考模式，此一主張也開啟了語言學上關於語言決定論（linguistic determinism）迄今無解的

66　郭明正，《真相‧巴萊》，頁83。

辯論。[67]1940年，Benjamin Lee Whorf在他極具影響力的文章「科學與語言學」（"Science and Linguistics"）中分析了屬於猶他阿茲特克語系（Uta-Aztecan languages）的Hopi語的內部邏輯，指出印歐語系中數學性時間（mathematical time）的思考在Hopi語中並不存在。他以「零向度」（zero-dimensional）來描述Hopi語的時間觀，指出Hopi語使用者所具有的是一種「單位不能大於一」的心理性時間（psychological time），受言者和聽者心理效度（validity）的規制。他在文中邀請讀者去設想，這種語言所孕育出來的文化若是發展起一種科學（即對自然世界的系統性描述），則這種科學必然不具時間性（timeless），於是我們當代科學中的許多概念在Hopi的科學世界裡都會「自然蒸發」。我們物理學上「速度」（velocity, V）的概念絕無出現在Hopi科學中的可能，這首先是因為速度以Hopi語中不存在的數學性時間概念為基礎，其次則是Hopi語中甚至沒有相對應於速度之類的字彙，舉凡印歐語系中與速度或快慢有關的觀念，都是以「強烈」（intense）或「非常」（very）之類的詞彙來表達。故而Whorf認為，我們可以想像這種Hopi科學中，很有可能會發展起一種「強度」值（intensity, I）的概念，每個事件或物體都有其各自的I值，化學反應（在Hopi觀念下未必會被稱為化學反應）的觀察將會以事件強度而非反應速率來表達。[68]於是我們不難設想，當代科學家和Hopi科學家相遇時，雞同鴨

67　Sapir-Whorf hypothesis之所以被稱為假說，是因為它無法以語言學本身的方法來證明，只能仰賴心理學和腦部科學等其他領域的實證研究。而根據美國語言學學會網站上的共筆文章〈語言學領域〉中「語言與思想」一節所言，確實也有科學實驗支持Sapir-Whorf hypothesis，而這個假說在未來被其他科學研究確證，也並非不可能之事。見：Dan Slobin, "Language and Thought" in "The Domain of Linguistics." LSA. *Linguistic Society of America*. 1997. Web. 4 July 2012。

68　Benjamin Lee Whorf, "Science and Linguistics" (1940) in John B. Carroll ed., *Language, Thought and Reality: Selected Writings of Benjamin Lee Whorf* (Cambridge MA: The MIT Press, 1956), pp.207-219. Print.

講勢不可免，因為這兩者實在正是Thomas Kuhn所稱「不可共量性」（incommensurability）的活例。

　　做為一名接受強版Sapir–Whorf hypothesis的歷史研究者，我認為《賽德克‧巴萊》的「賽德克性」終究還是魏德聖的建構（雖然確實是建立在相當程度的知識和自我要求上），是一部沾染著吳宇森的暴力美學、以十九世紀歐洲的浪漫文學為敘事藍本、以好萊塢主流歷史改編劇情片為模範的商業電影（而不是歷史學定義下的歷史）。[69]但與身為人類學家的林開世和邱韻芳都不同的是，我不擔心支撐著電影的歷史觀，也不甚關切電影內外的道德或倫理問題。我所在意的反而是一項我早就知道的事實，也是電影所傳達的眾多訊息當中最簡單明確的一個：賽德克是一群人的自稱，是一種語言和以這語言為載體的文化，賽德克語使者用有其特有的世界觀。奇怪的是，這對多數原住民而言根本連常識都稱不上，對非原住民來說也很容易一語道破的事實，在學術場域中卻直指一個很困難的問題：歷史學家在研究的「歷

69　林開世認為應該積極的用影像去處理與原住民有關的題材，但「當我們面對謎團、疏離、矛盾與空白時，應當保持尊重的距離，抗拒深度詮釋的欲望，讓觀眾嘗試用自己的想像與困惑填補那些裂縫。」（林開世，〈賽德克‧巴萊觀後感〉，頁40）林開世這個看法比較後現代，或許正是Rosenstone所稱的「做為歷史的實驗電影」（history as experiment）；這當然是一種以影像處理歷史的方式，而且合乎Rosenstone做為歷史學家對發展以影像為媒介的歷史的期待（see: Robert Rosenstone, *Visions of the Past*, pp. 45-97）。但如果我們對處理台灣「歷史」的某些期待比較是魏德聖式的，那麼就目的而論，便不得不說好萊塢路線確實比較「明智」。Discovery Channel紀錄片《台灣無比精采：電影大復興》的開頭便毫不避諱的指出：「台灣電影在本土已經掙扎了幾十年。……現在新一代的電影人展開反擊，但他們面對了一個不可能的任務：要重新打動看慣好萊塢電影的台灣觀眾，在自己的土地上拍出賣座鉅片。」換句話說，要在劇場上立刻「贏回」大量的台灣觀眾，引發社會對電影題材的注意，最快的方式就是「單挑」那長年以來打敗台灣本土電影的好萊塢手法。該紀錄片於2011年10月30日在台灣首播，旁白為英語，上引文直接採用播出時的中文字幕。見：《台灣無比精采：電影大復興》，*Discovery Channel*，YouTube.com（2011年10月31日），2012年1月31日引用。

史」到底是什麼？今日歷史學界所謂的歷史，是一套具有普適性
（generalizable）和普世性（universal）的知識嗎？若說歷史基本上是文
字傳統的文化（cultures of literate tradition）處理過去的手法（treatment
of the past），那麼我便很難想像霧社事件如何能夠被視為賽德克人的
歷史，說它是將現代文明帶入賽德克社會的日本人的歷史或許還比較
恰當一些。

　　於是《賽德克・巴萊》究竟是電影還是歷史的爭論，至此可以由
另一個方式來思考：若我們認為「歷史」具有普適性和普世性，是以
科學（scientificity）和真實（authenticity）為梁柱的殿堂，是專業歷史
學家追求的「高貴的夢想」，那麼《賽德克・巴萊》當然不是歷史。
但若我們將當今學術界所認定的歷史（academically practiced history）
視為人世間許多世界觀中的一個，是一個以猶太基督教傳統（Judeo-
Christian traditions）為核心、在歐洲文化中發展起來的價值體系，那
麼每個文化都可能具有（或創造出）自己所定義的「歷史」，將《賽
德克・巴萊》視為歷史也就沒有什麼不恰當之處了。奇異的是，採取
這種觀點的時候，《賽德克・巴萊》──儘管如前所述，既十九世紀
歐洲又二十世紀美國──竟真的在二十一世紀以影像為媒介，以賽德
克人和日本人的遭遇為題材，創造出了一部以漢人為人口主體的「台
灣人」的歷史！今日的台灣是一個族群混雜但認同恆為禁忌話題，於
是顯得自我意識不清的島嶼，但這一切發展至今，卻也造就了「混
搭」風十足的所謂的「台」。《賽德克・巴萊》以一位漢人導演對賽德
克Gaya的理解和想像為基礎，採取了台灣人廣泛接受的好萊塢電影
表達形式，訴說一個會激起台灣人多方且多樣回響的故事，不正是以
一種很「台」的方式在處理這島嶼的過去？觀看過《賽德克・巴萊》
並深受啟發的人類學者林秀幸似乎也有類似的看法。她提到在某國際
研討會上必須對一位歷史學家的評論有所回應，而她舉《賽德克・巴
萊》為例，說明台灣儘管面對嚴酷的國際現實，但台灣真正的價值和

資產就在於「不會放棄尋找一種真正的人的精神」。她寫道：「正如那位歷史學家說的，他竟然在這裡碰到一個正面的民族主義。我們費了許多唇舌想告訴那些懼怕民族主義如蛇蠍的人，台灣民族主義是這麼不一樣，答案在這裡。」[70]《賽德克・巴萊》是台灣民族主義的一部分（或者說，它想必會對台灣民族主義的發展做出相當的貢獻），故而我認為對「歷史」採取上述第二種定義時，《賽德克・巴萊》之「台」，反而使它比許多台灣史的學術著作更接近一種史學哲學意義上的台灣史。

　　或有論者認為，自從所謂的 linguistic turn 之後，史學界至少已經修正了「歷史是受科學性和真實性支配的知識領域」的僵化立場，當今的歷史學已不再是 Leopold von Ranke 當年所想像的歷史。然而歷史學在二十世紀後半葉發生了相對於十九世紀而言堪稱翻天覆地的變化，在比較上雖毋庸置疑，但就像 Hayden White 認為歷史的去修辭化不過是個表象，已被良善規訓的歷史學的「活化」也只是另一個宜人的表象。誰都難以否認 1960 年代以來非洲研究的成果，使史學的眼界與包容性都大為開展；Hayden White 自 1970 年代起開始挑戰傳統史學在史實（historicity）與虛構（fictionality）之間所畫下的界線，影響了迄今至少兩個世代的歷史學家；後現代主義者的眼中不再有客觀存可供重構的歷史，只有被主動建構的歷史……，凡此種種皆為事實，但這與被規訓的歷史學是否依然以科學性和真實性為最高判準，卻是全然不同的兩回事。前文提到 Hayden White 稱歷史是一種法學習作，受證據統轄且不能自外於歷史紀錄（更精確的說即 archival sources），這一點至今並未有根本上的改變。歷史觀與 White 頗不相同的 Carlo Ginzburg 也指出，歷史雖然與受伽利略典範（Galilean paradigm）規制的自然科學不同，但也只不過是內容不同而已，歷史

70　見：林秀幸，〈賽德克・巴萊：在兩種「真實」之間〉。

就像心理學和醫學一樣，還是臣服於他所謂的證據典範（evidential paradigm）。[71]或者，我們甚至不用引經據典，只要詢問自己是否可以在史學上運用非科學性的解釋，便已足夠回答這個問題，例如：「二次戰後以色列之建國，儘管有其複雜的國際政治背景及因素，但最主要的原因，還是因為以色列人乃是上帝的選民之故」，顯然是個不會被任何歷史學家接受的解釋（心裡怎麼想是一回事，但至少不會以歷史學家的身分公開接受）。

　　雖然歷史的成熟（被規訓）發生於十九世紀，但正如 Michel de Certeau 所言，其誕生卻早在十七世紀政教分離之際。歷史之所以有必要被書寫，正是因為脫離了信仰的新政治體需要一個合理化自身權力的基礎，而這在宗教改革、宗教戰爭的年代之前全然沒有必要，因為萬事萬物皆在上帝之內尋得其合理性。[72]在史學哲學與史學方法方面都與 De Certeau 大相逕庭的 Hayden White，在分析中世紀編年史（annals）的邏輯時，所提出的說明其實也指向相同的看法：在編年史中，左欄是永不中斷的年份，右欄則有以今日標準看來既無邏輯也不完整的記載。編年史家不會覺得自己的記錄有何不全之處，因為「主的年份」（years of the Lord）永不匱乏，「自耶穌化身（Incarnation）以來便規律而降，且將不斷向前滾動，直至其潛在的終點，也就是最後的審判（the Last Judgment）為止。」[73]編年史家不會像今天的歷史學家一樣，覺得有將右欄填滿的必要，因為在政教合一的世界裡，並不存

71　Carlo Ginzburg, "Clues: Roots of an Evidential Paradigm" in Carlo Ginzburg（John and Mary Tedeschi trans.）, *Clues, Myths, and the Historical Method*（Baltimore: The Johns Hopkins University Press, 1992）, pp. 97-125. Print.

72　Michel de Certeau（Tom Coneley trans.）, *The Writing of History*（New York: Columbia University Press, 1975）. Print.

73　Hayden White, "The Value of Narrativity in the Representation of Reality," p. 11.

在對「社會中心的意識」（consciousness of a social center）。[74]當時的社會中心就是信仰和上帝的本身，而這一點在永不匱乏的年份欄中已全然實現了。我們只要以這個非常直觀的角度來思考便會發現，事實上，當今學界所有被規訓的知識領域（disciplines），都是以科學和真實為最高判準的，其間差距不過是程度之別而已——科學在當今學術世界的位置，就是上帝在中世紀歐洲（即 Robert Bartlett 稱為 Christendom 的那個世界）的位置。[75]

　　也可能有人認為，將歷史學單純視為歐洲文化的產物，認為每個文化都可以創造出自己的歷史，有推翻現今學界對歷史的定義之虞，似乎失之輕率。關於這一點，我們不妨借鏡於科學史上著名的「李約瑟問題」（The Needham Question）來思考。專研中國科學史的 Joseph Needham 曾經詢問，科學革命為何發生在歐洲，而不是發生在早先科技發展遠優於歐洲的中國。這個難題於 1969 年提出之後始終無人能解，直到 1982 年才被 Nathan Sivin 一勞永逸的解決。Sivin 說明道，這個李約瑟大哉問其實建立在幾個邏輯謬誤（或者也可以說是文化偏見）上，亦即每個文明都應該發展出歐洲發展出的那種科學，而且都應該會經歷科學革命，而科學革命都應該對該文明產生重大的影響，換言之，「李約瑟問題」顯然是已將歐洲文明預設為所有文明的「理想型」之後才可能產生的疑問。Sivin 認為，如果科學是被定義為一套描述自然世界的知識體系的話，中國確實有其科學，而且確實在十八世紀發生過科學革命，只是這套科學既不被中國人稱為科學，內容也與歐洲的科學迥異，且其科學革命未曾在中國引發歐洲的科學革命對

74　Hayden White, "The Value of Narrativity in the Representation of Reality," p. 11.

75　Robert Bartlett, *The Making of Europe: Conquest, Colonization and Cultural Cahnge, 950–1350*（London, New York, Camberwell, Austrailia, Toronto, New Delhi, Auckland, New Zealand, Rosebank, South Africa: 1993）, p. 254. Print.

歐洲造成的深遠影響。[76]由這個科學史上重要案例的啟發，「科學」（Science）乃是歐洲文化的產物這一點，基本上是毋庸置疑的。再證諸前文 Benjamin Lee Whorf 所點出，不同語言所孕育的文化可能發展出不可共量的科學，奉「科學」理想為圭臬的主流歷史學之為歐洲文化的產物，就算不是自明之理，至少也是一點即破了。[77]

　　既然歷史大體上是歐洲文化的產物，任何文化是否要接受這套歷史觀和價值觀，便是一個對實然可做出的選擇，而不是應然的問題。我在上文提到將《賽德克·巴萊》視為一種歷史的可能，便全然繫於這個選擇。《賽德克·巴萊》對於台灣的意義也在這裡。它引發人去思考：台灣要以怎樣的方式來處理這島嶼的過去和現在？是要接受以歐洲文明為主幹的歷史學觀點嗎？還是要以台灣文化的特性本身出發，從現在開始「發明」自己面對、處理過去的「傳統」？如果要這麼做的話，我們是否要將尚待興建的「傳統」稱為歷史？而不論是否將之稱為歷史，這套價值體系的基礎何在？台灣有屬於文字傳統（且本身也非均質）的漢文化，以及基本上仍屬於口述傳統的多種原住民文化（現在更有高比例的東南亞人口加入），這些文化如何能夠創造出一個共用的價值體系？

　　或許有人會說，如果《賽德克·巴萊》的意義（之一）在此的話，賽德克人是否果然就像某些人所說的，終究是被消費了？我個人不作如是觀，而這個問題牽涉到我所提出的「中間者」（inbetweener）的概念。以最粗略的方式來講，身處多種高差異性文化之間的人，大體上就是我認為的文化上的「中間者」，而台灣的原住民大概都屬於

76　Nathan Sivin, "Why the Scientific Revolution Did Not Take Place in China – or Didn't It?" in *Chinese Science* 5（1982），pp. 45–66. Print.

77　說科學或歷史或當今存在的任何學門基本上是歐洲文化的產物，並不表示我認為這些知識領域是在孤立狀態下發展形成的。歐洲當然在長久的時間裡與異文化有各種各樣的接觸，這些都對其知識體系的發展有著十分重要的影響。

這一類，年長一輩的許多都是本族和日本文化的中間者，而今日年輕的一輩則至少是本族文化和漢文化的中間者。以這個最基本的定義來看，今日的賽德克人也是文化上的中間者。必須在此特別說明的是，中間者有種種類型，由於現今台灣原住民身分認定採純粹的血統主義，所謂的「血統」便是個重要的影響因素，因此一般所謂的「原漢混血」經常又比出身「純」原住民家庭者更「中間」。例如在《賽德克‧巴萊》中飾演花岡二郎（族名Dakis Nawi）的蘇達（Soda Voyu），祖父母輩分屬賽德克族和鄒族，父親又是漢人，使他的人生帶有一種特殊的中間性（inbetweenness）。他在電影的官方版幕後花絮訪問中說：「我很清楚我可以把我的生命經驗，移植過來這個角色上。就是，我到底是哪一族的？我到底是漢人呢？還是我是原住民？」對於不是「原漢混血」或「原原混血」的人來說，這可能是一種很難體會的迷惘，但這同時也是中間者與生俱來的潛質、一個別人無法擁有的視角。於是蘇達說：「我很慶幸我演到這個角色，因為它對我來說是一個生命的──出口。」[78]

若我們將蘇達當作某類型中間者的「見證」來看，則他的話似乎暗示著文化上的中間者不必然困頓迷惘。例如今日的賽德克人也是文化上的中間者，這中間性固然可能使他們感到困惑，但也向他們開啟了選擇的自由──他們可以選擇上述不論哪一種意義的「歷史」，選擇他們與時俱變的Gaya，或是在那之間偶爾或經常變換遊走，甚至還可以拋棄自己中間者的認同。從這個角度來看，這種文化上的中間性似乎代表著「擁有選擇自由」的幸福，而意識到自己「可以有所選擇」的中間者，在精神上也大可是自由的──如果那個場域允許的話。

78　見：〈幕後花絮：花岡一郎／花岡二郎〉，賽德克‧巴萊官方部落格（2011年8月16日），2012年1月31日引用；另參見《電影‧巴萊》仲介紹花岡二郎及蘇達的部分：黃一娟、游文興，《電影‧巴萊》，頁64-65。

中間者之臉

　　Linda Tuhiwai Smith 寫道：「『研究』這個字本身，大概是所有原住民語彙當中最骯髒的一個。」[79]她在太平洋島民解殖民的脈絡下談論原住民與「研究」的關係，認為「研究」是西方帝國主義、殖民主義的一種延續，故而在政治上的解殖民後，方法學的解殖民也是必要的。然而，正如 Emma Jinhua Teng 所言，台灣的問題在於從來沒有明確討論過被她所稱的中國帝國主義殖民的經驗，故而也就使台灣（的漢人）無由解殖民起，更遑論發展出後殖民理論。[80]從這個角度來看，則台灣原住民之間常見的、將漢人視為殖民者（之一）的看法，指的其實是一種被被殖民者殖民的經驗，且這被殖民者本身對自己的被殖民經驗尚且有諸多盲點。[81]換句話說，台灣原住民的被殖民經驗和太平洋島民十分不同，對於「研究」的經驗也不相同。對於有被西方帝國直接殖民的經驗，且被當成異類研究的太平洋島民來說，在政治上的解殖民之後，帝國主義還是藉由科學研究的形式而延續，以一種隱晦的方式持續在文化上殖民世界。但台灣原住民的被殖民經驗除了十七世紀以外，與西方殖民者的關聯較少，反而是到了十九世紀末、二十世紀初，才又經由日本人之手而被西方學術研究觸及，並因為日本帶來台灣全島的現代化，而在不知不覺間也被西方的科學研究思想和

79　Linda Tuhiwai Smith, *Decolonizing Methodologies: Research and Indigenous Peoples*（London and New York: Zed Books, 2001）, p.1. Print.

80　Emma Jinhua Teng, *Taiwan's Imagined Geography: Chinese Colonial Travel Writing and Pictures, 1683-1895*（Cambridge MA and London: Harvard University Asia Center, 2004）, pp. 249-258. Print.

81　故而由一般殖民主義論述的角度來談論時，台灣是個格外複雜且令人困惑的案例，這也顯示出台灣必須要發展出自己的歷史觀，才有可能有效解釋這同一片土地上各族群同中有異、異中有同的經驗。在這一點上，也等於是在呼應上文提到的林秀幸對「台灣民族主義」的正面看法。

方法隱晦的「殖民」了。故而我認為雖然台灣原住民的經驗與 Smith 就太平洋島民所述者頗有不同，但時至今日，兩者卻分享著被西方科學研究「殖民」的經驗。

　　既然「研究」的本身就已經帶有殖民性格，「從事研究」當然就不只是學習一套專業語彙和方法而已。對一個原住民來說，從事「研究」就像進入一個帶有高度壓迫感的異文化，而從事「歷史研究」則比從事其他研究還要更糟。因為一個原住民歷史研究者在經歷了進入研究世界初始的文化震撼後，還會面臨一個無可逃躲的問題：究竟要不要放棄自己原生文化中的世界觀，而去擁抱 Rosenstone 所稱的「學術的、科學的、可衡量的」歷史觀？[82] 我在前一節就《賽德克·巴萊》提出個人評價時，已說明過這個「世界觀」問題的重要性，以下則要以原住民歷史研究者的身分，進一步討論這個看似簡單的「世界觀」問題，在原住民研究者實際從事歷史研究時造成的影響。

　　正如語言學家 George W. Grace 所指出，Benjamin Lee Whorf 在〈科學與語言學〉一文中所提出的觀點，其實是關於語言與感知（perception）的一種假設，而這所謂的感知，在 Grace 的理解下，指的無非就是一種「世界觀（world view）或思想（thought）或文化（culture）。」[83] Grace 本人所抱持的語言觀點與主流語言學的看法不同，他不認為不同的語言只是對同一個客觀世界的不同描繪（他稱此為 the mapping view of language），而是如 Whorf 一般，認為個人所認知的現實世界（reality）本身便是語言的建構（他稱之為 the reality-construction view）。[84] 但多數歷史學家都很少注意到語言對於思考所設

82　Robert A. Rosenstone, *Visions of the Past*, p. 23.

83　George W. Grace, *The Linguistic Construction of Reality*（North Ryde, Australia and New York: Croom Helm, 1987），p. 3. Print.

84　George W. Grace, *The Linguistic Construction of Reality*. 對於這兩種語言觀差異的討論，請見該書第一章（pp. 3-15）。

下的限制，即便有所注意，通常也採取主流語言學（也是世上大多數人所持）的觀點，認為不同語言既然只是對同一客觀世界的不同表述方法，彼此之間應有可互譯性（intertranslatability）存在。但這可互譯性顯然是有限度的，否則郭明正也無庸大費周張的以中文解釋Gaya的意義。而在另一方面，雖然與賽德克語分屬不同語系的中文裡沒有可對應到Gaya的單一詞彙，我卻能在和賽德克語同屬南島語系的阿美語中輕易指出與Gaya意義相近的字彙（likakawa，大體而言可謂是一種具有傳承性的規範，但在阿美族社會中並不具有賽德克Gaya那樣重要的地位），而賽德克語和阿美語尚且分屬南島語系的不同支系，其間差異不會小於德語和西班牙語之別。換言之，可互譯性與語言的親疏遠近顯然大有關聯，若肯定絕對或高度的可互譯性（即採取Grace所稱的 mapping view），則必然導致輕忽「世界觀」的後果。而確實，不同的世界觀對認知可能造成巨大的影響，並非主流歷史學會輕易接受的論點。許多歷史學家都會指出，「世界觀」一詞起源於康得所創造的字彙 Weltanschauung，故而在其他語言中使用翻譯自該德文詞彙的對應字詞時（例如英語的worldview或中文的世界觀）自然不能將之去脈絡化。這個問題對於歷史學家（或史學哲學家）之重要，甚至到了David K. Naugle要以專書討論該詞彙「歷史」的地步。[85] 而在Naugle近四百頁的專論中，沒有一言半語提及歐洲哲學和基督宗教之外的他種思想，這與原住民研究者的論著當中動輒將worldview一詞「去脈絡化使用」恰成鮮明的對比。

　　Grace認為，之所以要深究語言和思想之間的關聯，是因為這直接影響到我們對於什麼問題具有實質可問性（effectively askable）的看法；不同的語言及其所孕育的文化，對於「什麼大有問題，什麼理所當然」

85　David. K. Naugle, *Worldview: The History of a Concept*（Grand Rapids, Michigan and Cambridge UK: Wm. B. Eerdmans Publishing Co. 2002）. Print.

的看法可能很接近，也可能相距甚遠。[86]以身為原住民歷史研究者的我為例，我所抱持的世界觀與非原住民的歷史研究者大不相同，這一點若從我的角度來看，就是 Grace 所謂「理所當然」之事，但對非原住民的許多歷史學家來說，這一點通常「大有問題」。在被主流學界質疑為「大有問題」時，我做為學術研究者自然必須對此提出說明，然而這一點之困難，可能超乎一般人的想像。首先，如上文已經再三提及，這個「世界觀」的問題基本上是個語言學問題，而且還是語言學本身所無法獨立解決，必須仰賴其他學門實證研究成果的課題。當一般的歷史學家發現自己對「世界觀」一詞的簡單提問，竟被導向語言學甚至心理學和腦部科學時（如上：Sapir-Whorf hypothesis 之所以被稱為假說，是因為它無法以語言學本身的方法來證明，只能仰賴心理學和腦部科學等其他領域的實證研究。而根據美國語言學學會網站上的共筆文章〈語言學領域〉中「語言與思想」一節所言，確實也有科學實驗支持 Sapir-Whorf hypothesis，而這個假說在未來被其他科學研究確證，也並非不可能之事），第一個反應往往便是抗拒，其次則是要求這個問題必須要在歷史學範疇內解答。然而歷史學範疇內所談論的「世界觀」（如 Naugle 書中所列種種），與我在本文中談論的「世界觀」，只是名稱相同而已，內容卻大相逕庭，且兩者根本不處於同一層面。再者，即便詢問者接受有這個「世界觀」差距的存在，通常下一步便是想要知道我所謂的不同的世界觀究竟是何內容，且認為提出這個問題乃是「理所當然」。不幸的是，我卻認為這次一步的詢問還是「大有問題」：多數歷史學家都會同意，要研究古埃及歷史，學習古埃及文（甚至其他的古代近東語文）是必備要件，因為古埃及文是通向古埃及世界的大門，但為何同樣的邏輯卻沒有被應用在了解原住民歷史研究者所稱

86　George W. Grace, *The Linguistic Construction of Reality*, p. 7. 此處所引的原文為："…what is regarded as problematic and what is taken for granted."

的「世界觀」上？若是同意我在上文所述，了解賽德克世界觀以通曉
使用賽德克語為前提的話，那麼想要了解阿美族、賽夏族或排灣族世
界觀的任何人，又何能期待自己可以不學習該種語言便獲得解答？詢
問者或許有了解的意願，卻沒有採取了解所必須的行動的意願，被詢
及的原住民歷史研究者如我，要如何才能夠令提問者滿意？[87]在另一方
面，理解到這個困境之後，我也同樣反問自己：到底是要選擇放棄，
接受歷史學對這個問題的基本立場，還是要想方設法讓其他的歷史學
家也願意去思考這個問題？是要以比較務實的態度直接偎大邊的西
瓜，還是要誠實面對自己做為中間者的事實？

　　就跟許多其他原住民研究者一樣，我選擇了後者。我的心態一如
Margaret Kovach的自述：「我不將自己定位為知識的看守者——這從
來都不是我的道路——我的角色比較像是促進者（facilitator）。我有
一種責任，要創造出讓原住民知識可以通過的出入口。」[88]套用Kovach
的話來說，我也清楚意識到，「我有一種責任，要讓中間者的困境被
看見」，因為不先將這一點辯明的話，其他的相關問題都會失去對話
的基礎，即便有對話之形，也不會有對話之實。不論要面對的質疑有
多麼夾纏難解，我都必須始終堅持的指出，原住民歷史研究者所面對
的，是歷史學研究通常根本不予考慮的內心衝突，就跟《賽德克・巴

87　關於這種困難，可參見以阿美族為例的嘗試：Nakao Eki Pacidal, "An Amis Place and
　　Historical Writing as a Performing Art" in Sonja Peschek ed., *Die Indigenen Taiwans. Vorträge
　　zur Geschichte und Gesellschaft Taiwans*（*The Indigenous Peoples of Taiwan: Lectures on History
　　and Society of Taiwan*）（Frankfurt am Maim, Berlin, Bern, Bruxelles, New York, Oxford, Wien:
　　Peter Lang Verlag, 2012）, pp. 103-129. Print. 該文的分析指出，阿美語具有空間性強烈的
　　特徵，故而要透過阿美族的世界觀來審視世界、探討與時間向度有關的問題（如歷史）
　　時，時間會自動被轉以空間來表述。雖然這樣的論點容易為人類學家所接受，在歷史
　　學家之間的接受度如何，依然是被打問號的。
88　Margaret Kovach, *Indigenous Methodologies: Characteristics, Conversations, and Contexts*
　　（Toronto, Buffalo, London: University of Toronto Press. 2010）, p. 7. Print.

萊》中的花岡一郎和花岡二郎「被困在現代化的日本和賽德克的傳統之間」一樣。[89]如 Sterk 所言，「衝突觸發了認同，因為它迫使人選邊站，彷彿你選的邊就代表了你的人。花岡兩人想要同時認同賽德克和日本，但不受任何人的允許。對他們來說，衝突成了心理的、內心的問題。」[90]他們兩人是文化上的中間者，但這個角色被否定了，或者說，從未被任何人公平地意識到。在電影中，花岡二人在武德殿練習完劍道，感嘆自己的身世而說：「不想當野蠻人，但不管怎麼努力裝扮，也改變不了這張不被文明接受的臉。」做為一名中間者，我對這句台詞感受殊深，因為它恰正訴說著長伴我研究旅程的那種感受。做為一名原住民歷史研究者，我並不完全分享學術界普遍接受的數學性的時間觀和科學性的歷史觀，故而常有在歷史學界幾乎寸步難行的困頓感。即便是在屬於 liberal arts 的歷史學門裡，「科學性」依然是最高的判準，而符合或不符合科學性學術研究標準的命令（imperative），與當年日本人面對賽德克人時，在文明和野蠻之間所畫下的界線，並沒有本質上的差別。在這樣的現實之下，原住民歷史研究者同時認同研究工作和母體文化世界觀的事實便輕易被忽略了，我們的中間者角色及中間者的自我認同都是透明的，理所當然的不會被非中間者看見。

　　在本文近尾聲的此處，容我引用自己切身最常遭遇的質疑，對中間者的困境做一總體性的說明。我最常被詢及的問題略謂：「如果你不同意這些西方哲學，又認為歷史是歐洲的文化產物，那麼又要如何合理化自己引用西方學術理論，在歷史學門內從事研究的行為？」這類問題經常使我感到非常窘迫——不是我回答不出來，而是因為若非

89　Darryl Sterk, "Mona Rudao's scars: epic identity in *Seediq Bale*." Savage Mind: Notes and Queries in Anthropology: A Group Blog. 01 January 2012. Web. 31 January 2012.

90　Darryl Sterk, "Mona Rudao's scars."

萬不得已，我總不願意違反阿美族迂迴講話的傳統，將不甚中聽的實情說出口：學術現狀正如法學上所稱的「既成事實」（*fait accompli*），由不得我不接受。學術論述根本上是個以文字進行的權力遊戲，所有參與者至少都得在某程度上遵照遊戲規則行事。而「以子之矛，攻子之盾」不只是原住民研究者在學術界求生存的工具，更是唯一能夠令非原住民學者正視原住民觀點的方法。[91] 從原住民的角度來看，這無非是一種智識上的暴力（intellectual violence，也就是 Linda Smith 所指稱，依然繼續在作用著的 imperialism）。而當我做為一名原住民研究者，試圖遵照這套遊戲規則，使用比較可能被接受的學術語言來與外界溝通對話，而被詢及如此作為的合理化基礎何在時，總難免生「今夕何夕」的感嘆——難道，我還能像八十年前的莫那·魯道一般，將暴力訴諸暴力嗎？

　　或許，在學院的門牆之內，學者的心裡某處，至今都還存在著一條文明的隘勇線，一道心理的人止關。對於中間者來說，那就彷彿奧妙的重力，不論實際上多麼微弱，卻牢牢將我們繫泊於地，以科學定律的姿態，否定了我們在連結自我與過去時飛向天空的可能。如果到了今天，原住民歷史研究者所面對的最大困境，竟是因為身為中間者的事實沒有被看見並接受，那麼與《賽德克·巴萊》中同樣不能忠於自己中間者角色的花岡兄弟又有何不同？八十年後的今天，在一個完全不同的場域，中間者所擁有的是否依然是一張不被文明接受的臉？這看不見、摸不著、不會說話的，是否才真正是「文明的假溫柔暴力」？

91　這也是許多原住民研究者選擇直接著手處理根本問題（方法學）的原因。原住民研究者的著作幾無例外的都強調方法學上的複數性，除了 Linda Smith 著名的 *Decolonizing Methodologies*，Margaret Kovach 索性直接以 *Indigenous Methodologies* 為書名，Bagele Chilisa 的著作也以複數方法論為名，而且簡直就像是一本教科書，甚至還附有大量習作供讀者揣摩。見：Bagele Chilisa, *Indigenous Research Methodologies*（Los Angeles, London, New Delhi, Singapore, Washington DC: Sage, 2012）. Print。

後記

　　今日的台灣原住民各族之間，存在著一種相互調侃、嬉鬧的相處方式，表現出一種「泛台灣原住民族的認同」。但在嬉笑之外，我本有一個個人的原則，即不以阿美族人的身分輕易談論泛泰雅事務，並稱之為我內心的「片面沉默公約」。這是因為就我知識所及，「泛阿美」的日本經驗整體而言似乎較「泛泰雅」平順，使我常感覺一種非保持沉默不可的精神官能症。本文應是我有生以來第一次公開對泛泰雅相關事務有所言論。就像林秀幸因為《賽德克‧巴萊》而在研討會上「頓悟」一樣，我也突然間了解到沉默的本身並無道德上的意義與作用，也唯有不再做「歷史的囚徒」，將自己由昨日的道德中解放，才有可能觸及「善惡的彼岸」，自此跨越「天真與感傷」的分野，掙脫束縛著他人文化的「美麗或崇高」，而擁抱自己今日的 inbetweenness。——謹以本文向我的泛泰雅友人們致意。

參考書目與文獻

參考影片

〈幕後花絮：花岡一郎／花岡二郎〉，賽德克‧巴萊官方部落格（2011年8月16日），2012年1月31日引用。（中文）

〈那奴娃情歌──萬沙浪〉，YouTube.com（2010年2月20日；實際表演時間不詳），2012年1月31日引用。（中文）

《台灣無比精彩：電影大復興》，*Discovery Channel*（台灣首播2011年10月30日），YouTube.com（2011年10月31日），2012年1月31

日引用。（英文）

"Tosca, Zeffirelli & Rome" in two parts. YouTube.com. 25 August 2008. Web. 31 January 2012.（英文、義大利文）

"VENEZIA 68 – Conferenza stampa di *Seediq Bale*" (02 September 2011). YouTube.com. 04 September 2011. Web. 31 January 2012.（義大利文、中文）

"Cavalleria Rusticana-INTERMEZZO-Georges Prêtre-Chorégies d' Orange 2009." Youtube.com. 04 August 2009. Web. 07 May 2012.（音樂）

英文書目

Ankersmit, F. R. *History and Tropology: The Rise and Fall of Metaphor*. Berkeley, Los Angeles, London: University of California Press, 1994.

Bartlett, Robert. *The Making of Europe: Conquest, Colonization and Cultural Change, 950–1350*. London, New York: Princeton University Press, 1993.

Burke, Edmund. *A Philosophical Enquiry into the Sublime and Beautiful*. (1757) UK and Madison: Routledge and Kegan Paul, 2008.

Chartier, Roger. *On the Edge of the Cliff: History, Language, and Practices*. Lydia G. Cochrane, trans. Baltimore and London: The Johns Hopkins University Press, 1977.

Chilisa, Bagele. *Indigenous Research Methodologies*. Los Angeles, London: Sage, 2012.

De Certeau, Michel. *The Writing of History*. Tom Conley trans. New York: Columbia University Press, 1975.

Ginzburg, Carlo. "Clues: Roots of an Evidential Paradigm," *Clues, Myths, and the Historical Method*. John and Mary Tedeschi trans. Baltimore:

The Johns Hopkins University Press, 1992. 97-125.

Grace, George W. *The Linguistic Construction of Reality*. North Ryde, Australia and New York: Croom Helm, 1987.

Kovach, Margaret. *Indigenous Methodologies: Characteristics, Conversations, and Contexts*. Toronto, Buffalo, London: University of Toronto Press, 2010.

Mink, Louis O. "History and Fiction as Modes of Comprehension" in *New Literary History* 1:3 (Spring 1970): 541-558.

Naugle, David. K. *Worldview: The History of a Concept*. Grand Rapids, Michigan and Cambridge UK: Wm. B. Eerdmans Publishing Co, 2002.

Nietzsche, Friedrich Wilhelm. *Jenseits von Gut und Böse* (1866). Project Gutenberg Ebook. Project Gutenberg. March 26 2003. Web. 31 January 2012.

Pacidal, Nakao Eki. "An Amis Place and Historical Writing as a Performing Art" in Sonja Peschek ed., *Die Indigenen Taiwans. Vorträge zur Geschichte und Gesellschaft Taiwans (The Indigenous Peoples of Taiwan: Lectures on History and Society of Taiwan)*. Frankfurt am Main, Berlin, Bern, Bruxelles, New York, Oxford, Wien: Peter Lang Verlag, 2012. 103-121.

Pamuk, Orhan. *The Naive and Sentimental Novelist*. Nazim Dikbas trans. London: Faber and Faber, 2011.

Paul, Herman. *Hayden White:Tthe Historical Imagination*. Cambridge, UK and Malden, USA: Polity, 2011.

Rosenstone, Robert A. *Visions of the Past: The Challenge of Film on our Idea of History*. Cambridge, MA: Harvard University Press, 1995.

Schiller, Friedrich. "Über naive und sentimentalische Dichtung" (1879). Projekt Gutenberg – De. *Der Spiegel*. 04 August 2001. Web. 31 January

2012.

──. "Über das Erhabene" (1793). Projekt Gutenberg – De. *Der Spiegel*. 27 January 2003. Web. 4 July 2012.

Sivin, Nathan. "Why the Scientific Revolution Did not Tale Place in China – or Didn' t It?" in *Chinese Science* 5 (1982): 45–66.

Slobin, Dan. "Language and Thought" in "The Domain of Linguistics," LSA. *Linguistic Society of America*. 1997. Web. 4 July 2012.

Smith, Linda Tuhiwai. *Decolonizing Methodologies: Research and Indigenous Peoples*. London and New York: Zed Books, 1999.

Sterk, Darryl. "*Seediq Bale* as a Primitivist Film," Savage Mind: Notes and Queries in Anthropology: A Group Blog. 29 December, 2011. Web. 31 January 2012.

──. "Mona Rudao' s scars: epic identity in *Seediq Bale*." Savage Mind: Notes and Queries in Anthropology: A Group Blog. 01 January 2012. Web. 31 January 2012.

Teng, Emma Jinhua, *Taiwan' s Imagined Geography: Chinese Colonial Travel Writing and Pictures, 1683–1895*. Cambridge, MA: Harvard University Asia Center, 2004.

White, Hayden. *The Content of the Form: Narrative Discourse and Historical Representation*. Baltimore and London: The Johns Hopkins University Press, 1987.

Whorf, Benjamin Lee, "Science and Linguistics" (1940) in John B. Carroll ed., *Language, Thought and Reality: Selected Writings of Benjamin Lee Whorf*. Cambridge, MA: The MIT Press, 1956. 207–219.

中文書目

石計生，〈賽德克巴萊：寫實主義的勝利〉，後石器時代 The Poststoner

個人部落格（2011年10月28日），2012年1月31日引用。

林秀幸，〈賽德克‧巴萊：在兩種「真實」之間〉，Guavanthropology.tw 芭樂人類學共筆部落格（2011年12月05日），2012年1月31日引用。

林開世，〈賽德克‧巴萊觀後感〉，《人類學視界》，第7期（2011年10月），頁38-40。

邱韻芳，〈在眾「巴萊」之間沉思〉，Guavanthropology.tw 芭樂人類學共筆部落格（2011年11月07日），2012年1月31日引用。

姚嘉文，《霧社人止關》。台北：草根，2005年。

郭明正（Dakis Pawan），《真相‧巴萊：《賽德克‧巴萊》的歷史真相與隨拍札記》。台北：遠流，2011年。

黃一娟、游文興，《電影‧巴萊：《賽德克‧巴萊》幕前幕後全紀錄》。台北：遠流，2011年。

魏德聖、游文興，《導演‧巴萊：特有種魏得聖的《賽德克‧巴萊》手記》。台北：遠流，2011年。

嚴云農（改編自魏德聖原著劇本），《賽德克‧巴萊》。台北：平裝本，2011年。

數位時代的歷史記憶：
三個霧社事件平台的史學研究課題

邱貴芬

（陸棲雩 譯）

　　本文旨在探討維基書寫及數位再現如何影響霧社事件的歷史呈現。繼1930年代初的創傷性歷史事件發生以來，對霧社事件的文化呈現逐漸形成了一個複雜的歷史脈絡（Berry，2008）。正如荊子馨（Leo Ching）、白睿文（Michael Berry）以及本書中其他章節的作者所表明，至今對於這些文化呈現的研究覆蓋了廣泛的文類和媒介，其中包括戲劇、史書、報告文學、小說、詩歌、虛構電影、攝影、紀錄片、漫畫、重金屬歌曲表演等等（Ching，2000；Berry，2008）。然而霧社事件的數位平台的重要性卻尚未被研究。本章節將探討三種數位再現所涉及的新的歷史學問題：進行式的中文霧社事件維基百科條目，在2011年發起的「台灣多樣性知識網」上對事件的數位展覽（http://knowledge.teldap.tw/focus/001005/ws1.htm），以及2014年建立的歷史圖釘（historypin）網站（https://www.historypin.org/en/person/52793#pins）。

　　我們將對比這些數位從而回答以下問題：在數位環境中，「歷史文本」（historical text）由什麼構成？「歷史敘述」（historical narrative）的形式在這些數位平台中如何變化，以及其中的變化如何影響霧社事

件這樣的歷史事件的追尋？數位呈現如何重塑「集體歷史」的概念？數位呈現做為一種新的歷史呈現形式有哪些優勢和局限性？最終，在不斷演進的科技時代，歷史記憶如何被搜集、保存，並集體呈現？

歷史呈現的數位時代中的歷史學（Historiography）

在對印刷品或電影的話語的研究中，以霧社事件為主題的討論都通常專注於敘事的意識形態基礎。敘事性（narrativity）的問題也被做為核心的史學問題提出。以荊子馨著名的文章〈野蠻的建構與文明的製造：殖民地台灣的霧社事件以及原住民的再現〉為例。荊子馨認為後霧社時期的國策電影《沙韻之鐘》與霧社前廣泛流傳並編入日本小學課本的《吳鳳的故事》之間的差異體現了殖民敘事為了應對霧社事件的影響而產生的轉變。如果說《吳鳳的故事》講述了原住民做為野蠻他者的故事，《沙韻之鐘》則策略性地將曾經的「野蠻他者」納入日本的國族身體政治之中（Ching，2000：815）。

荊子馨將霧社事件理解為體現殖民敘事的轉變的一個歷史事件，而白睿文則通過分析對事件的文化再現來揭示作家、藝術家，或歷史學家闡述此事件的敘事方式，例如人物刻畫、敘事結構，以及對事件中兩次屠殺的歷史暴力的處理。他的分析嘗試去揭露歷史呈現中隱藏的政治、文化，以及歷史動機。荊子馨和白睿文所共同關心的是人物描寫及情節設置背後的意識形態。兩人也都認為對於霧社事件這一歷史事件的重要性以及再現來說，敘事性是關鍵。歷史性（historicality）與敘事性是不可分的。

在史學實踐中對敘事性的關注有其傳統，其中海頓·懷特（Hayden White）無疑是最著名的人物。懷特認為歷史呈現有三種基本類型——年代紀（annals）、編年史（chronicle），以及所謂的「歷史」（history proper）。他將前兩者視為因缺少敘事性而不完美的歷史呈現模式（White，1987：4）。對於懷特來說，歷史一詞專屬於表現

出敘事性特徵的歷史呈現。在他看來，敘事性意味著以透過組合的順序來形成某種敘述結構的方式來講述歷史事件，而不是將它們「僅僅做為結果」呈現（White，1987：5）。因此，「情節設置」（emplotment）被看作典型的史學實踐的關鍵（White，1986：397）。歷史學家被理解為說故事的人，主要的工作在於將歷史素材構建為某種故事類型，從而使陌生的過去變得熟悉且可以理解。

　　儘管影響深遠，懷特的史學理論產生於以印刷品及電影為主要歷史呈現的社會脈絡。隨著數位平台對歷史知識的產生與傳播越發重要，二十一世紀對於史學實踐顯然是一個截然不同的環境。在嘗試獲取歷史訊息時，人們多數造訪的第一站是「谷歌」，而不是圖書館或書店裡的歷史書籍。互聯網與數位科技正在創造新型的歷史認知形態，並深刻影響我們與過去的關係（Fogu，2009：107；Tredinnick，2013：43）。歷史呈現及歷史書寫的新問題正在浮現（Weller，2013：6–7；Rosenzweig，2011：3–82；Dougherty and Nawrotzki，2013：1–18）。

　　在數位時代的歷史呈現中，集體書寫及跨學科協作是最重要的議題之一。由於歷史性與敘事性在歷史呈現中相互交織，當使用數位工具的集體書寫不具備情節連貫的歷史敘事時，敘事性會有何種新的形式？另外，如果說數位環境中，歷史呈現是以伯特蘭德・賈維斯（Bertrand Gervais）所說的「超擴展」（hyperextension）為特徵（2013：191），如今的數位歷史「文本」則表現體現出「多焦點、多原因，及非敘事模式」的特點（Hayles，2012：50）。歷史文本做為基於時間發展的、具有結構連貫的敘事的概念被動搖了。

　　下面我們會通過三個霧社事件的數位呈現來討論這些史學實踐的問題。做為「台灣近代史上最具爭議的、一次又一次地被重新詮釋、重新架構的事件」之一（Berry，2008：56），霧社事件的文化呈現有多種形式及媒介，霧社事件的文化呈現以及對其歷史呈現的爭論為我

們的探討提供了肥沃的土壤。這些不同的呈現引起了對史學實踐的爭論。由台灣導演魏德聖於2011年執導的商業大片《賽德克・巴萊》所受到的爭議是近來最著名的一個案例。其中備受爭議的問題，如虛構與事實的關係、通過電影來獲取歷史知識的利弊，以及電影對霧社事件的講述中的所謂「原住民視角」（Guo，2011；Nakao Eki Pacidal，2012；Chiu，2017），無疑都是相關的史學問題。此部電影及其相關作品所受到的極大關注也證明了霧社事件仍然相關並且重要。對於我們的研究而言，霧社事件分別於2003、2004、2005年在維基百科上出現的日語、英語及中文的獨立條目很值得注意。此外還有兩個對霧社事件的數位再現——一個是收錄在大型國家數位項目「台灣數位典藏與學習計畫」（TELDAP, http://culture.teldap.tw/culture/）中的數位展覽（2011- ），另一個是在數位工具「歷史圖釘」（historypin）上的試驗（2014- ）。底下將討論這三個數位平台所帶出的史學問題。

維基百科上的歷史書寫

維基百科對我們與歷史過去的關係的影響是無法低估的。儘管維基百科作為歷史資訊來源的可靠性遭受種種質疑，維基往往是人們搜索任何話題的第一站。集體作者造成的觀點不連貫（Seligman，2013：127）、業餘撰述者協力共寫的不可靠性（Graham，2013：82）、片面的排斥及邊緣化（Rosenzweig，2011：61-62；Saxton，2013：89）等等，都是維基常常被批評的地方。不過，也有不少正面的觀點。例如歷史學家羅伊・羅森茨維格（Roy Rosenzweig）認為，維基百科開放民主的模式讓大眾理解歷史學家試圖教授的歷史方法（2011：73）。陶德・普雷斯納（Todd Presner）將維基百科視為「一個真正創新的、全球的、多語言的、協作的、創造知識的社群及平台，用作知識的創作、編輯、分享的模型」（2010:11）。儘管各持不同的觀點，這兩方仍有共識：維基這一強大且無處不在的知識生產平台，有

不容忽視的影響。《數位人文宣言2.0版》（Digital Humanities Manifesto 2.0）將維基百科稱做「Web 2.0最重要的創新典範」，讓大眾參與知識的生產與全球傳播（http://www.humanitiesblast.com/manifesto/Manifesto_V2.pdf）。

表面看來，維基寫作與傳統的歷史書寫有許多相似的敘事性特徵，如以文字為主、以敘事方式呈現歷史，以及引用參考文獻等等。在維基上三種語言（英文、中文、日文）的霧社事件基本遵循相同的格式：歷史背景、事件本身的描述、事件的後續、以此歷史事件為主題的文化產品、參考文獻以及外部連接。由文字構成的歷史敘事是條目的主體。如同在印刷文化中一樣，圖像僅僅是次要、補充的性質。

然而這樣的觀察只是表面的。深入來看，維基書寫其實是一種激進的史學實踐。協力共寫（crowdsourcing）的做法，結合能記錄整個共寫編輯過程痕跡數據的應用程式，挑戰了我們對歷史書寫的許多根本性假設。由於中文維基不僅在編輯者的數量上遠遠超過了英文和日文的條目，而且在討論頁面中的激烈爭辯也與我們的史學問題尤其相關，本章討論聚焦於中文的維基條目。在完成這篇文章時，中文維基的修訂歷史統計顯示：條目於2005年7月8日創立以來，共有過1,167次編輯，並且有447位不同的編輯者參與了這一條目的創作。較之截至2017年7月英文維基上猶太人大屠殺條目的4,634位編輯者、中文維基上二二八事件的870位編輯者，抑或是英文維基上六四天安門事件的將近4,000位編輯者，參與霧社事件條目撰述者447位或許是一個小數目。

不過，超過400人在歷史敘事的生產中的合作及參與，展示了「集體歷史」的功效。為了幫助這些來自不同民族身分及意識形態立場的超過400人共同完成集體歷史的書寫，維基為大眾參與者提供了明確的方針與指引。其中核心的方針包括「中立觀點」（neutral point of view）、「非原創」，以及「可供查證」。「普遍接受的知識」而非原

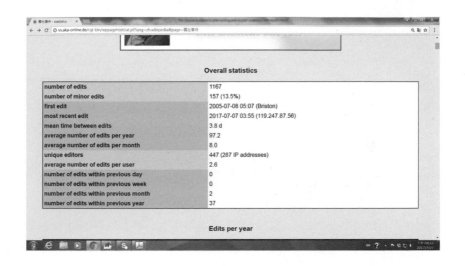

創、合理的條目長度、「可供查證的來源及有來源的陳述」是遊戲的
規則。不符合這些規定的編輯可能會被維基管理員刪除。點開位於霧
社事件條目左上角的「討論」頁面，我們可看到參與者的討論，以及
敘事演變的各階段中編輯的全部過程。撰述者爭論的話題包括「霧社
事件是否應當被理解為反抗日本殖民壓迫的原住民『起義』」，「是否
應當被視為一種『恐怖襲擊』」，「我們應如何看待在事件中原住民戰
士們對婦孺的殺害」以及精確的傷亡人數。這些無疑都是重要的史學
問題。討論頁面還顯示此條目在2007年曾被列為「優良條目」，但在
2012年又被撤銷。撤銷的理由包括不可查證的陳述以及格式問題。

　　雖然維基常常被視為提供錯誤或不準確的資訊，霧社事件敘述的
編寫機制卻顯示，一個維基條目的形成，其同行評審的嚴格程度，其
實並不亞於印刷出版物。如羅伊・羅森茨維格所指出的，維基中以中
立觀點為例的認識論（epistemological）方法遵循了多數歷史學家所採
用的史學方法（2011：73）。同時，維基還有完善的同行評審制度來
評選出「典範條目」或「優良條目」（2011：73-74）。其實在傳統的
歷史書寫中也存在片面、不準確的資訊及不可證的陳述。維基對「普

遍接受的知識而非原創」及「可供查證」的要求為這一公共歷史書寫
的協力共寫平台不被濫用提供了保障。另外，維基的編輯機制以及對
無來源內容的移除，意味著維基上的知識生產這一概念是一個過程，
而非固定的產物。霧社事件的條目可以被進一步地編輯，因此一直處
於「非固定成品」的狀態。與傳統歷史書籍比較，維基開放而民主的
模式不應被視為次等（inferior），而可以說是一種另類的（alternative）
歷史知識的生產及傳播模式。

　　就我們關切的史學課題而言，維基不斷變化的敘述挑戰了「情節
設置」在歷史書寫中的必要性。它使得構建歷史敘事時「製造虛構」
（fiction-making）的問題顯而易見。很重要的一點是，與傳統的歷史
書寫不同，維基上的霧社事件保存了歷史敘事產生過程中，不同觀點
的折衝、協商的痕跡。歷史不再是某一個單一作者透過基本材料的篩
選與整理，建構一個具有連貫情節結構的好故事。相反地，維基上的
歷史書寫是刻意的「未完工程」（work-in-progress），充斥著相互衝突
的觀點及資訊，且可以被進一步修訂。換言之，它揭露了所謂連貫的
歷史敘事的虛構性。

　　或許有人會反駁：對霧社事件的傳統觀點及敘事的解構並不是全新的，而在一些傳統的文化呈現形式中也可以見到。例如台灣小說家舞鶴在《餘生》中對不連貫敘述的試驗（Berry，2008：72–81）。商業大片《賽德克‧巴萊》在屠殺場景中努力營造出畫面與配樂的間隙，從而表明原住民分裂的視角（Chiu，2017：151–153）。原住民紀錄片導演比令‧亞布（Pilin Yapu）在《霧社‧川中島》中通過對比不同族人相互衝突的回憶來打破統一的原住民版本的神話（Chiu，2017：157–158）。這些文化呈現都利用巧妙的形式將固定、連貫、線性的霧社事件歷史紀錄問題化。然而，在這些印刷品及電影形式的歷史呈現中，歷史敘事仍然被等同於歷史文本。維基上的「霧社事件」是不同的。「歷史文本」與「歷史敘事」不再是同義詞。維基的「歷史文本」是一個由無休止的編輯、鏈接及數據構成的不穩定的結構。歷史敘事僅僅是這一個結構的一部分。維基上的歷史文本並非表現為在時間中發展的敘事，而是投入到賈維斯所說的超擴展文化當中，只有在電腦螢幕上伴隨著所有運算的材料支持才能夠被閱讀（2013：190–191）。這樣的歷史文本，如果離開了超鏈接（hyperlink），是無法被正確使用或閱讀的。用賈維斯的話來說，它迫使我們承認「物質的支援是文本的狀態及定義中不可或缺的一部分」（2013：190）。

　　最終，維基書寫的協力共寫展示了「集體歷史」構建中的一種典範。維基上霧社事件的歷史文本成為了一個公共領域，在不斷變化及拓展的過展中，產生「霧社事件」的意義。歷史並不為持有特權的個人擁有、控制或管理，而是在計算的協助下通過合作力去蒐集並追憶。

　　在《數位人文2.0：一份知識的報告》中，陶德‧普雷斯納將維基百科定義為「一個動態、靈活、開放式的知識創造及傳播網絡，注重過程、協作、通道、活動性及創造力，並且具有記錄每一位作者的每一次決定的編輯模式的模型」（2010：11）。正如以上對維基上霧社

事件的討論所顯示的，這一歷史文本的協力共寫特性大大衝擊傳統歷史研究的方式。由於歷史文本不能簡單地被理解為單一作者的歷史敘述，對歷史敘述中意識形態或敘事者身分的批判也將不再是歷史分析的焦點。相反地，歷史文本如何在集體編輯的文化環境中形成？這個關鍵問題成為歷史分析的新方向。也就是說，由於歷史成為了集體撰述實踐，而不再是單一作者的創作，通過揭示歷史敘述中的情節設置來分析歷史學家的意識形態立場的方式也不再是重點。取而代之的核心史學問題是集體歷史如何在互動中產生：這不僅僅是人與人之間的互動，還包括人與機器的互動。

由於數位科技的資源分配並不均衡，這樣的集體歷史書寫的新文化顯然有所謂「數位分層」（digital divide）的問題。由於霧社事件以原住民為主角，這一問題在特別重要。透過這樣的協力共寫，所謂「歷史記憶」生產及傳播的公共平台中，原住民聲音的比例到底有多少？這當然是個重要且需進一步分析的問題。然而，我們其實不必過於悲觀。如果已經有原住民作家及影像工作者發聲，介入原住民歷史的呈現，在數位平台中原住民的聲音應該終究也不會缺席。真正的問題是原住民參與的比例以及力道。我認為維基的民主且參與性的文化呈現形式，其實為資源有限的人群開拓了介入集體歷史書寫的空間。我們已經見到原住民作家們——如泰雅族（Atayal）的瓦歷斯·諾幹（Walis Norgan）以及布農族（Bunun）的砂力浪（Salizan Takisvilainan）——在網路上有力地發聲，因此並沒有理由認為原住民在歷史知識的生產及傳播的新型結構中沒有一席之地。

霧社事件做為虛擬展覽

「台灣多樣性知識網」上的「霧社事件」是在台灣中央研究院的支持下成立的「數位典藏國家計畫」中的分項計畫之一。初創於 2011年，它參與了台灣政府追趕全球數位革命的第一波浪潮。項目網站的

主頁清晰表明，計畫的目的是「將一度封鎖在學術機構中的文化遺產及知識呈現給更多的人」（http://teldap.tw/en/index.html）。這裡所呈現的霧社事件基本上是以展覽為導向的。其中包括七個部分：（1）展覽概述（2）賽德克族神話（3）賽德克族概說（4）霧社理蕃歷程（5）霧社事件原因（6）霧社事件經過（7）結語、參考文獻。

　　由於這次計畫的目的是呈現通常難以見到的文化產物，展示的物件包括了許多國立典藏機構所收藏的圖像以及地圖的電子版。知識產權保護被嚴格地執行，同時任何檔案的下載都是被禁止的。有趣的是，許多在此展出的圖像同時也出現在維基媒體（Wikimedia）的多媒體知識共用（multimedia creative commons）之中。這些拍攝於1930年代的照片現在成為了文化共用（cultural commons），並且可以公共地傳播及重組。不過，此數位展示平台上對於版權的陳述表展現了一種對於展示內容的態度，與注重開放性及知識共用的維基形成強烈的對比。不僅展覽中的每一件陳列物都被仔細地排序，並且創作時間、創作者、藏品類型、物件所屬權等資訊也都提供詳盡。在知識生產方

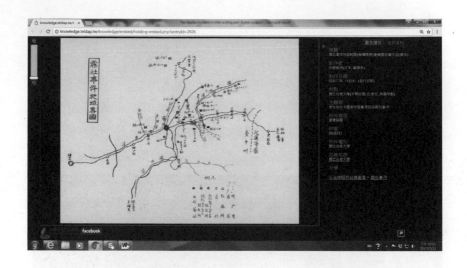

面，策展人與傳統歷史學家的位置類似：篩選、闡釋以及控制檔案。因此、在這一展覽中對霧社事件的歷史呈現與維基的協力共寫、參與性的數位文化大相逕庭。策展人做為歷史知識的發送者而讀者做為知識的接受者這位階關係是保持不變的。

　　這個數位平台的設計與展覽方式，顯示了台灣學者最初如何回應數字革命帶來的影響。雖然與開放、民主、參與性及合作性的維基書寫相比，此數位平台的史學實踐似乎相對傳統，但它同時也幫助我們注意到維基歷史呈現的優勢及局限性。在此我們主要關注三個問題：知識產權，歷史呈現中美學的角色，以及可持續的、參與性的數位項目的物質支援。

　　與維基對知識共用的鼓勵相反、霧社事件的虛擬展覽強調知識產權的概念。這一做法似乎與數字革命中開放的、延展的、無極限的民主化背道而馳。如《數位宣言2.0》的支持者所指出，數字革命在歷史上與1960年代烏托邦式的網絡文化密切相關。然而，對知識產權的強調，提供我們對自由／免費文化（free culture）背後的假設進行一些反思。創意藝術家及運動者阿斯特拉‧泰勒（Astra Taylor）認

為，自由／免費文化並不一定意味著公平文化（2014：146-173）。她指出，主張自由／免費文化的人，往往忽略了數位共用（digital commons）的物質現實，也就是如何能夠讓創作者獲得合理報酬，使其創造力得到經濟上的支持（Taylor，2014：174）。泰勒將把「可持續性」（sustainability）做為反思自由／免費文化的關鍵關鍵（2014：169）。若沒有對勞動的尊重以及處理「網路工作的超貶值（hyper-devaluation）」這一問題的意願，所謂的「自由／免費文化」將是無法持續的。因此，「智慧財產權」不應僅僅被負面地看待，因為它「通過經濟效益激勵人們去擔負創造新作品的風險」（2014：171）。文化共用的使用者及創作者若不能相互尊重及相互支持，自由文化便無法帶來社會公正。如果我們把共用的產生與可行性視為具有同等迫切性，那麼，智慧財產權的問題則也應當得到更加審慎的關注。

在某種程度上，維基上的霧社事件和虛擬展覽可以互為補充。維基對知識共用的重視會不可避免地將有版權的文化產品排除在平台以外。然而，這些作品如對公眾開放，有助於讓大眾了解霧社事件的複雜性。從這一角度來說，虛擬展覽採用的版權原則或許填補了自由文化經濟中的空白。它為仍被版權保護的作品打開了參與當代知識生產及傳播網絡中的空間。這樣一來，白睿文所提到的包括印刷品及電影的許多文化呈現也無需經歷幾十年的等待才能解除版權保護的期限，而是可以立刻出現在數位平台上，參與歷史知識的傳播網絡。政府為數位內容的版權提供的資金在這裡至關重要。

另一方面，虛擬展覽也表現了多媒體在歷史文本構成中的作用。維基百科霧社事件詞條在呈現霧社事件歷史時，是以文字為主的。配合文字的小尺寸圖像顯示它們與文字相比的次要作用。敘述的排版也強調了文字在歷史敘述建構中的主要性。圖像與敘事文字分離，而並沒有整合到敘述當中。相反地，霧社事件的虛擬展覽在呈現上更加多媒體化，在歷史敘述的構建中使圖像、地圖以及文字交織在一起。

　　在虛擬展覽中陳列的視覺圖像大部分出現於1930年或1931年，即事件發生的不久之後。它們顯然具有「歷史見證」的作用，而它們的吸引力也很大程度上來源於高度的紀錄價值。雖然圖像與歷史真相之間的本體論（ontological）關係存在疑問，圖片的意義其實並不穩定，但是，虛擬展覽讓當下的文字敘述與過去的圖像之間的相互作用，呈現了與以文字為基礎的敘述所不同的歷史重建方式。

　　關於霧社事件經過的部分尤其具有說明性：視覺圖像占據了主要的位置，而文字的作用是次要的。文字的作用可以說是為過去的圖像提供解釋。虛擬博物館以底下文字描繪霧社事件的發生：

　　　運動會約於早上八點開始，當日本國歌音樂奏起，斯庫社族人烏干‧巴萬衝入會場，舉刀砍向台中州理蕃課囑託管野政衛，並砍下其人頭，隨即遁去，數名日警前往追捕。不久後，巴索‧莫那率領百餘名族人攜帶槍枝刀械殺往會場，對在場日人進行屠殺，婦女幼童亦不放過，運動會會場頓成修羅場，屍橫遍野。圖十八為事件發生後的會場與霧社郵局，圖十九則是遭槍彈襲擊的

霧社公學校訓導宿舍。自會場逃出的能高郡郡守小笠原敬太郎，
一路往眉溪方向逃去，最後於霧社與眉溪間的一座橋畔遭到殺害
（見圖二十）。另外，順利從會場脫逃的菊川郡視學（督學），則
前往眉溪駐在所，使用員警專用電話向能高郡郡役所通報狀況。
另外，前往襲擊霧社分室的老年組也順利完成任務，並取得大批
槍枝彈藥。圖二十一為霧社分室槍彈倉庫被掠奪後的情形。整個
過程中，有134名日人遇害（一說139人），2名身著和服的漢人
被誤殺。

　　與維基上以文字為主的敘述相反，在虛擬展覽中對多媒體的凸顯
使我們關注到在歷史呈現中被斯科特・麥夸爾（Scott McQuire）稱為
「照片助憶」（photomnemonics）的重要性（1998：108-112）。相機通
常與真相聯繫在一起，照相所展示的「曾發生過」的能力讓照片具有
一種其他記憶形式無可相比的確定性（McQuire，1998：110）。照片
往往被當作「真實的證據」，經常用來佐證經驗的真實性。雖然評論
家已指出照片的語義不確定性（semantic indeterminacy）以及攝影的非
客觀性（McQuire，1998：44；Sturken and Cartwright，2001：16-
19），但是照片的使用仍然影響我們理解一個歷史敘述的方式。文字
以外的東西不再是「可有可無的或無關緊要的」，而是體驗歷史訊息
本身不可或缺的（Kirschenbaum，2015）。在霧社事件的歷史敘述構建
中，照片與文字的交織提醒我們媒體比較研究的重要性。
　　霧社事件虛擬博物館顯示的另一個問題是數位的永續性問題。
「霧社事件知識地圖」原先出現在「展覽概述」部分、但現在已經無
法鏈接。這提醒我們，「原生數位資源」（born digital）所提供的訊息
未來難逃因數位軟體過時，而永久丟失的問題。
　　這為馬修・柯辰保（Matthew G. Kirschenbaum）提出的「文字檔
案境況」（the textual condition）提供了範例（2013）。正如這個展覽表

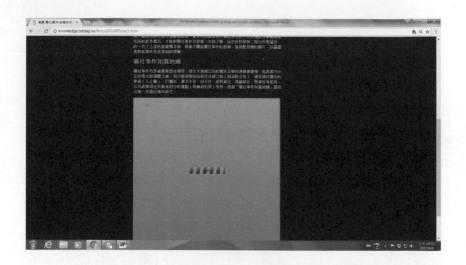

明的，數位歷史呈現同時運用了原生數位資源和歷史的物質遺跡。當然，混用歷史資料並不是新的問題，長期以來歷史學家們都需要處理大量不同格式及材料的歷史紀錄。不過，「文字檔案境況」帶來了新的挑戰以及關於再現的問題。其中最棘手的問題是科技的高速發展導致數位工具在幾年內即被淘汰（Thomas and Johnson，2013：172-176）。的確，一度流行的動畫製作工具 Flash 曾在 2004 年被柯辰保給予「迅速占領大面積網路」的高度評價（Kirschenbaum，2004），然而現在已然被新發明的數位工具所取代。因此，許多通過 flash 建設的電子物件及網站，包括我們討論的「霧社事件知識地圖」，穩定性都有問題，甚或流失而難以恢復。

　　如阿君・薩巴瓦爾（Arjun Sabharwal）所說，保存是「與未來溝通的管道」（Sabharwal，2015：15）。由於數位保存在向未來傳遞霧社事件這樣的創傷性歷史事件的集體記憶中必然扮演重要角色，所謂的「時間互用性（temporal interoperability），即確保現有系統能夠與未來系統相互操作」的問題應當被放在檯面上考慮（Sabharwal，2015：15）。但是，丹尼爾・柯恩（Daniel J. Cohen）與羅伊・羅森茨維格

（Roy Rosenzweig）坦然承認的，歷史學家並不是這一緊要任務中的主要工作者。電腦科學家、圖書管理員，以及檔案員才是（Cohen and Rosenzweig，2006：245）。Miguel Escobar Varela提出了兩個確保數位典藏的可持續性的建議：「公開源代碼並分享收藏品」，以及使用「版本控制系統」（2016）。虛擬展覽中缺失的部分提醒我們在探討數位歷史呈現帶來的挑戰中互用性（interoperability）這一重要問題。

歷史圖釘上的霧社事件

最後，我們將討論數位套件「歷史圖釘」上霧社事件的歷史呈現。與虛擬展覽相比，這是我在擔任中興大學人文與社會科學中心主任時進行的實驗。歷史圖釘上的霧社事件有強烈的視覺轉向（visual turn）。此數位套件讓展出包含一組「遊覽」（tour）、八組「收藏」（collection）等六十多個「圖釘」。「遊覽」中陳列出與霧社事件相關的十二幅寫真。其中大多是歷史遺跡的影像，如1930年10月27日的屠殺地點、捲入事件中的三個部落（德固達雅 Tgdaya、都達 Toda、德路固Truku）的村莊、德固達雅頭目莫那‧魯道（Mona Rudo）的屍首被發現的地點，以及原住民戰士與日本士兵發生衝突的關鍵戰場。這些歷史地點的影像呈現在螢幕的右側，同時它們的位置在左側的谷歌地圖中被用圖釘標誌出來。因此，歷史圖釘上的霧社事件例證了凱瑟琳‧海爾斯（N. Katherine Hayles）討論的最近在歷史知識生產中的一個轉向──「製圖的想像」（cartographic imagination）（2012：33）。傳統歷史敘事的構建強調線性時間，而製圖的想像卻指向一種非敘事模式的歷史呈現（Hayles，2012：33）。歷史圖釘上的霧社事件不再通過沉浸在敘事中的方式將用戶引入歷史過去，而是將他們導向與事件相關的地點。用戶們可以以將地圖放大來識別照片的位置，也可以使用時間軸來對比新舊照片，從而感受這些地點的變化。借用馬克‧桑德爾（Mark Sandle）的話來說，歷史圖釘上的霧社事件通過 Web 2.0 的

科技創新提供了「一種體驗過去的動感」（Sandle，2013：144）。

　　除了遊覽以外，歷史圖釘上的霧社事件還提供了八組「收藏」，分別介紹賽德克文化、與事件相關的文學電影作品，以及口述歷史紀錄短片。其中尤其有趣的是原住民老人在口述歷史的短片中對歷史闡述中關鍵問題的解釋——例如「Gaya」的含意、獵頭及文面在賽德克文化中的意義。我們聽到原住民的聲音，以原住民自己的話語來闡述原住民文化，積極地介入歷史呈現之中。此外，「賽德克文化」的收藏也讓我們領略到重要的文化傳統，例如「口簧琴」、傳統紡織和文面。

　　收藏中對「聲音」（sound）的強調，無論是賽德克人用自己的語言講述目擊經歷，抑或是即將失傳的傳統賽德克音樂演奏，都提醒著我們聲音在原住民文化及社會經歷中的重要性。不僅印刷文化的相關研究忽視了聽覺在文化及社會經驗裡所扮演的角色，這種忽視也存在於大多數人文的研究中（Barber 2016:1）。雅克‧德里達（Jacques Derrida）指出，檔案（archive）的技術結構往往決定了什麼樣的東西可被收藏（archivable）、檔案的結構、內容的結構，甚至是檔案的存

在以及其與未來的關係（1995：17）。存檔的科技在很大程度上決定了什麼是可收藏的。在傳統的歷史書寫中，「聲音」尤其被排除在可收藏及可敘述的範疇以外。然而現在，聲音在霧社事件的歷史重建中贏得了角色。在數位典藏中對原住民口述傳統的再次確立具有倫理政治的意義。它產生了德里達所說的未來的「開口」（opening）（1995：27），復活了原住民社會的過去及丟失的聲音，從而預示了原住民「即將到來的未來」（future-to-come）。因此，歷史圖釘上的霧社事件所蘊含的數位典藏問題不應被理解為一個關於過去的問題，而是一個未來的問題。

數位典藏做為一個未來的問題必須與歷史呈現中物質性（materiality）的問題同時思考。在螢幕上獲取歷史與傳統的閱讀體驗相當不同。做為一種數位呈現，歷史圖釘上的霧社事件與「台灣多樣性知識網」上的虛擬展覽一樣，都呈現了與霧社事件相關的不同歷史材料的混合體。這樣認知文化的方法體現了進一步從以文字為基礎的歷史呈現到注重聽覺及視覺維度的歷史重建的轉向。威廉‧基（William J. Turkel, Kevin Kee）和史賓賽‧羅伯（Spencer Roberts）指出，數位歷史的焦點正從文本朝更加綜合的資訊表達方式轉移（2013：64）。歷史呈現所涉及的物質條件的改變不僅提出了對闡述歷史過去的新方法的訴求，也帶來了新的方法論的問題。

值得關注的是，與其說歷史圖釘上的霧社事件是敘述，它其實更像是一個檔案。它的目的並不是為霧社事件做出歷史闡釋，而是將這一創傷性歷史事件的歷史資料以更多樣的物質形式呈現給大眾。至於闡釋及敘事的任務，同時也是人類在尋求意義中的本質活動（Hayles，2012：180），就交給了用戶們。如果說歷史圖釘上的霧社事件保存了霧社事件的檔案，用戶便被期待以檔案官（archons）的角色來完成闡釋這些檔案資料的任務。用凱瑟琳‧海爾斯的話來說，這說明了數位科技對於以文字為基礎的傳統領域上的衝擊（2012：

197）。歷史圖釘上的霧社事件目前形式相對「簡單」。它未來如何利用數位科技並演化成一種更加複雜的歷史呈現還有待觀察。

尾聲

本文探討了利用網路將霧社事件向公眾開放的新可能，以及其中產生的歷史學問題。我們研究了中文維基上的霧社事件條目、中央研究院對事件的虛擬展覽，以及中興大學數位團隊透過歷史圖釘這個數位套件所實驗的霧社事件數位平台。這三個網站展示了在網路時代對霧社事件相關歷史知識的生產及傳播的新形式。我們認為維基上霧社事件的協力共寫特點擺脫了歷史研究中「情節設置」中心的問題。由於歷史敘事是不固定的，並且在相互衝突的觀點的協商中僅僅呈現出一時的形態，歷史敘事不再表達某一個歷史學家對素材的選擇及其通過「設置情節」所構建的歷史敘事中的觀點。

因此，我們不再像以往一樣關注於印刷品及電影中歷史敘事的情節和人物刻畫，而是提出了一系列新的史學問題：例如，霧社事件如何通過編輯者的協商形成集體歷史？怎樣的機制能起到集體歷史書寫的作用？由於這些問題的答案無法通過簡單地閱讀敘事文本本身獲得，「歷史文本」與「歷史敘述」也不再是同義詞。維基上霧社事件的歷史文本是維基對事件的歷史敘述及所有與條目的相關數據的結合體。它的大眾參與性及開放性體現了「集體歷史書寫」的作用。

中央研究院建立的霧社事件虛擬展覽則是測試數位呈現的潛能。以傳統的博物館展覽為模型，這一數位展覽較之維基書寫更加強調了歷史檔的混合性。把視覺圖像與口頭敘述相互交織來構成歷史敘述，因而凸顯了歷史構建中「照片助憶」的重要性。歷史並不僅僅是歷史「書寫」。在注意到多媒體在歷史呈現中的角色的同時，展覽對版權的強調也表現了與維基的開放文化相反的態度。它引起了對自由文化的可持續性的關注。可持續的知識共用只有在文化共用的用戶與創作者

之間相互尊重、相互支持下才能得以發展。另外，展覽也揭露了現有系統與未來系統間互用性的問題。隨著新時代中數位歷史呈現變得越發重要且普遍，如何防止這些文化記憶及遺產的網站的遺失是當下緊要的問題。

最後，歷史圖釘上的霧社事件展出分類的檔案「收藏」及谷歌地圖上的「遊覽」，表現了非敘事模式的歷史呈現。「數位檔案」代替「歷史敘事」成為了歷史呈現的動力。隨著新型數位科技在歷史呈現中為「聲音」創造了空間，原住民的聲音及口述傳統也可納入「檔案」結構當中。這一個與視覺形式的歷史呈現（包括文字及圖像為主的文本）的區別，對重建霧社事件這樣以原住民為關鍵人物的歷史尤為重要。此類數位檔案與原住民文化和歷史的未來之間的關係顯然需要進一步的研究。另外，現在的檔案在線上對公眾開放，因此原住民能夠從「檔案官」的角度通過這些公開的歷史資源來講述他們過去的故事，從而預示原住民文化的未來。因此數位檔案可以被視為一個未來的開口。

對這些網路上的歷史呈現的研究顯示，檔案的技術科學帶來了新的歷史學問題。我們需要找尋重新構造我們與歷史的關係的方式。本文的形式已經在某種程度上反映了新方向的影響。在說明我們觀點的過程中，我們的論述需含納到截屏（screenshot）。這些截屏與印刷品中的「引用」具有相同的功能。然而由於印刷體論文的物質限制，我們無法利用超連結來進行更加全面的展示。如果說多媒體及谷歌地圖上的歷史遺跡帶來的動感體驗是新歷史體驗的關鍵，對於新體驗的研究則需要利用新的研究方法來闡述歷史呈現中的「新」。因此，印刷出版的物質是此類研究中不可忽視的一個問題。

＊　致謝：本文是由台灣科技部資助的研究項目中的部分成果。最初的版本曾於 2017 年 10 月 9–11 日在 UCLA 舉辦的國際會議「霧社 1930：歷史、記憶、文化」中報告，本中文

版由UCLA博士生陸棲雫（Faye Qiyu Lu）翻譯，由作者本人仔細校訂之後定稿。我很感謝白睿文教授以及全體會議參與者的反饋，也要感謝我的助手黃瓊慧和洪千媚在我研究及寫作的不同階段給予的幫助。尤其感謝國立中興大學資訊管理學系的陳育毅教授和他的助手陳筱渝在歷史圖釘霧社事件的項目合作中給我的耐心指導，以及中文系博士生徐國明協助該數位平台的建置。他們為我打開了數位時代的新視野。

參考書目與文獻

英文書目

Barber, John F. "Sound and Digital Humanities: Reflecting on a DHSI course, 2016," *Digital Humanities Quarterly,* Vol. 10, No. 1.

Berry, Michael. *A History of Pain: Trauma in Modern Chinese Literature and Film.* New York: Columbia University Press, 2008.

Ching, Leo. "Savage Construction and Civility Making: The Musha Incident and Aboriginal Representations in Colonial Taiwan," *Positions* 8.3: 795–818. 2000.

Chiu, Kuei-fen. "Violence and Indingeous Visual History: Interventional Historiography in Kuei-fen Chiu, Ming-yeh T. Rawnsley and Gary Rawnsley Eds., *Seediq Bale* and *Wushe, Chuanzhong Islnd,*" In *Taiwan Cinema, International Reception, and Social Change.* London and New York: Routledge, 2017. 146–158.

Cohen, Daniel J. Roy Rosenzweig. *Digital History: A Guide to Gathering, Preserving, and Presenting the Past in the Web.* Philadelphia: University of Pennsylvania Press, 2006.

Fogu, Claudio. "Digitalizing Historical Consciousness," *History and Theory,*

*Theme Issue*47 (May 2009): 103-121.

Gervais, Bertrans. "Is There a Text on This Screen? Reading in an Era of Hypertextuality," In *A Companion to Digital Literary Studies,* edited by Ray Siemens and Susan Schreibman. West Sussex: Wiley-Blackwell, 2013. 183-202.

Graham, Shawn. "The Wikiblitz: A Wikipedia Editing Assignment in a First-Year Undergraduate Class," In Jack Dougherty and Kristen Nawrotzki eds., *Writing History in the Digital Age.* Ann Arbor: The University of Michigan Press, 2013. 75-85.

Guo, Mingzheng 郭明正. *Truth, Bale: The Historical Truth and Journal about the Film Production of Seediq Bale* 真相‧巴萊：《賽德克‧巴萊》的歷史真相與隨拍札記. Taipei: Yuanliou 台北：遠流, 2011.

Hayles, N. Katherine. "How We Think: Transforming Power and Digital Technologies," In David M. Berry Ed. *Understanding Digital Humanities.* Palgrave Macmillan, 2012. 42-66.

Hayles, N. Katherine. *How We Think: Digital Media and Contemporary Technogenesis.* Chicago and London: The University of Chicago Press, 2012.

Kirschenbaum, Matthew G. "The Textual Condition," In *Comparative Textual Media: Transforming the Humanities in the Postprint Era.* Edited by Katherine Hayles and Jessica Pressman. University of Minnesota Press, 2013. 53-70.

Kirschenbaum, Matthew G. 2004. "'So the Colors Cover the Wires': Interface, Aesthetics, and Usability," In *A Companion to Digital Humanities.* Edited by Susan Schreibman, Ray Siemens, John Unsworth, http://onlinelibrary.wiley.com.ap.lib.nchu.edu.tw:2048/doi/10.1002/9780470999875.ch34/pdf, accessed 23 August, 2017.

Levin, Caroline. "The Great Unwritten: World Literature and the Effacement of Orality," *Modern Language Quarterly* 74.2, 2013: 217-237.

McQuire, Scott. *Visions of Modernity: Representation, Memory, Time and Space in the Age of the Camera.* Sage Publications Ltd, 1998.

Nakao Eki Pacidal. "The Face of the In-Betweener: The Image of the Indigenous History Researcher as Reflected in *Seediq Bale* 中間者之臉：《賽德克‧巴萊》的原住民歷史研究者映像," *The NTU Humanitas Taiwanica* 台大文史哲學報, Vol. 77, 2012. 183-85.

Saxton, Martha. "Wikipedia and Women's History: A Classroom Experience," In Jack Dougherty and Kristen Nawrotzki eds., *Writing History in the Digital Age.* Ann Arbor: The University of Michigan Press, 86-93.

Nawrotzki, Kristen. & Jack Dougherty. "Introduction," In Jack Dougherty and Kristen Nawrotzki Eds., *Writing History in the Digital Age.* Ann Arbor: The University of Michigan Press, 2013. 1-18.

Presner, Todd. 2010. "Digital Humanities 2.0: A Report on Knowledge," https://cnx.org/contents/J0K7N3xH@6/Digital-Humanities-20-A-Report, accessed 30 August, 2017.

Riley, Charlotte Lydia. "Beyond ctrl-c, ctrl-v: Teaching and Learning History in the Digital Age," In Toni Weller Ed., *History in the Digital Age.* New York and London: Routledge, 2013. 149-169.

Rosenzweig, Roy. *Clio Wired: The Future of the Past in the Digital Age.* New York: Columbia University, 2011.

Sabharwal, Arjun. *Digital Curation in the Digital Humanities: Preserving and Promoting Archival and Special Collections.* Chandos Publishing, 2015.

Sandle, Mark. "Studying the Past in the Digital Age," In Toni Weller Ed., *History in the Digital Age.* New York and London: Routledge, 2013.

129-148.

Seligman, Amanda. "Teaching Wikipedia without Apologies," In Jack Dougherty and Kristen Nawrotzki eds., *Writing History in the Digital Age*. Ann Arbor: The University of Michigan Press, 2013. 121-129.

Sturken, Marita. Lisa Cartwright. *Practices of Looking: An Introduction to Visual Culture*. Oxford: Oxford University Press, 2001.

Taylor, Astra. *The People's Platform: Taking Back Power and Culture in the Digital Age*. London: Fourth Estate, 2014.

Thomas, David. Valerie Johnson. "New Universes or Black Holes: Does Digital Change Anything?" In Toni Weller Ed., *History in the Digital Age*. New York and London: Routledge, 2013. 173-193.

Tredinnick, Luke. "The Making of History: Remediating Historicized Experience," In Tony Weller Ed., *History in the Digital Age*. New York and London: Routledge, 2013. 39-60.

Turkel, William J. Kevin Kee and Spencer Roberts. "A Method for navigating the infinite archive," In Toni Weller Ed., *History in the Digital Age*. New York and London: Routledge, 2013. 61-75.

Varela, Miquel Escobar. 2016. "The Archive as Repertoire: Transience and Sustainability in Digital Archives," *Digital Humanities Quarterly* 10. 4 http://www.digitalhumanities.org/dhq/vol/10/4/000269/000269.html#, accessed 21 August, 2017.

Weller, Toni. "Introduction: History in the Digital Age," In Toni Weller Ed., *History in the Digital Age*. New York and London: Routledge, 2013. 1-19.

White, Haden. "The Historical Text as Literary Artifact," In Hazard Adams and Leroy Searle Eds., *Critical Theory since 1965*. Tallahassee: Florida State University Press, 1986. 395-407.

White, Haden. *The Content of the Form: Narrative Discourse and Historical Representation*. Baltimore and London: The Johns Hopkins University Press, 1987.

三、創作者的霧社事件

在被殖民的傷痛中奮勇前進：
關於我的敘事長詩〈霧社〉

向陽

一

　　去年（2017）12月中，收到加州大學洛杉磯分校（UCLA）白睿文教授（Michael Berry）用臉書傳給我的私訊，希望我談談1979年我創作敘事長詩〈霧社〉的過程；以及2016年12月由作曲家林少英以這首〈霧社〉為本推出《霧社交響詩：賽德克悲歌1930》、《霧社：向陽敘事詩×林少英交響曲》兩專輯的心情。

　　白睿文教授長期關注發生於1930年的霧社事件，多年以來寫了不少有關霧社事件的研究論文，也曾英譯小說家舞鶴以霧社事件為背景的長篇小說《餘生》，是我尊敬的學者。收到他的私訊，對於他對拙詩〈霧社〉的關注，既感動也高興，隨即答應了；不過由於諸多原因，卻一直未能下筆而拖延著，有時半夜為之，往往中輟而無法完稿。

　　對出生於1955年的我來說，發生於1930年的霧社事件，吾生也晚，既未親歷，在我受教育的過程中，課本上也從未提及，何以會成為我後來創作的一個主題？並且出以長達340行的敘事長詩？撰寫

〈霧社〉這首詩時，時序已到1979年（霧社事件近半世紀之後），我又如何以有限的歷史知識完成這首長詩？不巧的是，以反抗殖民統治為主要詩旨的〈霧社〉雖然於同年參加「時報文學獎敘事詩獎」獲得優等獎，卻因同年12月10日爆發的「高雄事件」而遭延擱刊登，我當時的心境如何？這些都在我草撰本文之際，讓我陷入歷史與回憶的漩渦之中，無以自拔。

1930年發生的霧社事件，是被殖民者的台灣人共同的傷痛，在日本統治時期最顯著的傷疤；而1979年我撰寫敘事長詩〈霧社〉之後爆發的高雄事件，則是戰後台灣民主運動史上最關鍵的轉捩點，同樣也標誌了被殖民者台灣人的共同傷痛，兩者且都引起國際社會的強烈關注和聲援。

當年二十四歲的我，在台北入秋的夜空下，一行一行書寫〈霧社〉的詩句，感慨1930年10月27日凌晨霧社的泰雅族（今已正名為賽德克族）人發動的抗日行動，攻擊員警駐在所與霧社公學校，結果遭日本政府出動軍警掃蕩，圍堵於馬赫坡絕壁（麻海堡岩窟），甚至發射「糜爛性毒氣彈」襲殺已無退路的賽德克族人的史事，以詩詠歎他們以弱小身軀頑抗日本帝國的悲壯。

當時的我未嘗料及，兩個月後，爭取台灣民主的「美麗島」黨外人士會在國際人權日（12月10日）於高雄的遊行中出事，且於事後遭到執政的國民黨政府全面肅清，眾多黨外領導人並被以「叛亂」之名判罪而鋃鐺入獄。於我個人而言，在時報文學獎敘事詩獎的參賽中，〈霧社〉可能因為它的反抗主題而以評審委員一票之差未獲首獎，其發表更因為高雄事件爆發，一直延宕到次年3月美麗島大審宣判後，方才獲得刊登。

〈霧社〉這首敘事長詩，也因為這樣奇特的時空巧合和演繹，而在我的創作生涯中標誌了刻骨銘心的碑記。

二

　　我寫〈霧社〉一詩，是在1970年代的台灣社會時空，當然無法迴避或摒除那個年代的台灣社會脈絡。

　　1970年代的台灣，在國民黨威權統治下，是被高壓鍋蓋蓋住的土地，就算天空晴藍，悲傷和茫然的眼神也可見於人民的眉間。這主要與1971年聯合國大會第2758號決議文通過，中華人民共和國取代了中華民國的席位，導致其後台灣陷入邦交國斷交的外交困境有關。這個年代，人心惶惶，社會瀰漫一股不安，人們看不到前景，國民黨的統治合法性也開始遭到民間和「黨外」人士的挑戰。

　　到了1978年12月，因為美國與中華人民共和國宣布即將建交，更使台灣社會的緊張氣氛飆升，蔣經國領導的中華民國政府因而立即宣布暫停當時正在進行中的增額國代與立委選舉，這導致要求民主自由的黨外人士的不滿和示威。進入1979年這一年內，黨外人士頻繁發動抗爭，同時也引來國民黨更強烈的壓制。從美國與中華民國斷交之後，從年初到年尾，先後發生了余登發事件、黨外僑頭遊行、桃園縣長許信良遭公懲會休職、林義雄痛批國民黨是叛亂團體、陳婉真發行地下報《潮流》遭扣、中泰賓館疾風鬧場事件，最後就是高雄事件。

　　我撰寫〈霧社〉這首敘事詩的背景，就是在這一連串令人窒息、卻又充滿變化的政治氛圍中。當年8月，我從服役兩年的軍隊退伍，9月，來到台北工作，在一家卡片公司撰寫文案，更有機會接觸當時風起雲湧的「黨外」雜誌。年輕的我，對於台灣民主自由有著強烈的期望，這一年5月創刊的《八十年代》，以及跟隨其後發刊的《新境界》、《鼓聲》、《春風》，還有8月底創刊的《美麗島》雜誌，都成為我必讀的雜誌。黨外雜誌對執政的國民黨的批判，對台灣應該民主開放的主張，都深獲我心，並且讓我開始廣泛閱讀相關台灣歷史、政治

與文化的書籍，儘管這些黨外雜誌和書籍往往出版後就遭到國民黨查禁，我還是能用盡辦法找來一讀。

進入卡片公司後不久，適逢《中國時報》舉辦第二屆「時報文學獎」，獎項中增加了「敘事詩獎」。我當時已出版第一本詩集《銀杏的仰望》，屬於詩壇新人，參加這個創作獎既能和其他寫作者競爭，也能檢測自己的詩藝，因而開始找尋題材，最後決定以發生於1930年的霧社事件做為敘事詩的主題。

在台北的租屋中，我開始細讀手上找到的有關霧社事件的書籍和資料。1930年10月27日，莫那‧魯道、花岡一郎，泰雅族、霧社小學校，日本巡佐、飛機、大砲、毒氣……。我在1979年入秋的台北，一字一句寫下半世紀前曾經震驚國際社會的少數民族抗暴與日本軍國主義血腥鎮壓的舊事；而在撰寫的同時，電視晚間新聞的播報員也每每以傀儡一樣冰冷的聲音撻伐「共匪同路人」的「黨外」，如何如何「暴力」、「無恥」、「不愛國」。我夜裡寫出的詩句，宛然也正在和執政者冷酷的聲音進行著頑抗的辯難。

為了凸顯霧社事件的悲劇性，我將消化過的史料，透過舞台劇的形式來處理。全詩分為六個章節，就是六個場景；我刻意採取「地支」（子、丑、寅、卯……）排序，藉以強化霧社事件的時間性。〈霧社〉因此由「子‧傳說」揭開序幕，接著上場的是「丑‧英雄莫那‧魯道 」，然後是「寅‧花岡獨白」、「卯‧末日的盟歃」、「辰‧運動會前後」，終結於最後一幕「巳‧悲歌，慢板」。這個創作形式，當時擔任評審委員之一的詩人鄭愁予曾給予極大肯定。評審時，人在美國的他透過越洋電話，極力爭取此詩為首獎，但未能說服其他委員，過了五年後（1984），他又特別撰文〈為詩獎拔起高峰的一首詩──向陽的〈霧社〉〉，強調這首詩的「拔高」紀錄，讓我銘感至今。

但我必須說，寫作之際，我的心情其實相當沉重。我逐日書寫，

大概寫了一個月左右。在我詩句起落的同時，打開的電視中，有政府
發言人、電視新聞播報員對「黨外」人士的厲言指控，那指控的尖銳
聲音，彷彿也是對著我所寫的霧社事件的反抗者的指控。我筆下霧社
的泰雅族人的命運，似乎也預演「黨外」人士後來的命運：

> 在殘酷的統治下追求所謂正義自由
> 多像樹葉！嘶喊著向秋天爭取
> 翠綠，而後果是，埋到冷硬的土裡

我以悲鬱的心情，寫下的霧社事件，似乎也是台灣民主運動必須
付出的血淚。是在這樣的心情下，最後終於完成了340行的〈霧
社〉。在一個落葉飄下的秋天早晨，我將這首詩投寄出去，不敢懷抱
期望，在1979年的政治氛圍中，我以「反抗暴政」的霧社事件做為主
題，哪能奢求被國民黨控制著的媒體、文壇接受這樣的詩？

三

1979年12月10日，國際人權日，高雄美麗島事件發生，國民黨
政府展開大逮捕，黨外重要領導人黃信介、施明德、張俊宏、姚嘉
文、林義雄、陳菊、呂秀蓮、林弘宣等八人均遭到國民黨政府以叛亂
罪治罪，次年2月28日更發生震驚社會的「林宅血案」，林義雄的母
親和雙胞胎女兒遭到殺害。種種跡象顯示，國民黨政府要以殘酷的手
段遏止台灣的民主浪潮。

時報文學獎與政治無關，按照慣例，原本應該在年底公布得獎者
名單，不知何故，延到1980年1月才公布結果，並開始刊登得獎作
品。我的〈霧社〉因為五位評審委員中只有兩位支持，只獲得優等
獎，首獎由獲得三票的白靈的〈黑洞〉獲得。白靈的〈黑洞〉隨即刊
出，按得獎順序，第二篇刊出的理應是〈霧社〉，沒想到接下來刊登

的都是其他的優等獎作品，〈霧社〉反而成了幾篇優等獎作品中最後登出的一篇，那已是5月的事了。

〈霧社〉原來也是我年輕時準備撰寫《台灣史詩》的試筆之作。當時二十四歲的我能根據的史料有限，必須依靠想像，模擬並揣想莫那‧魯道和花岡一郎、二郎等年輕人的反抗心境，透過詩來深描被殖民、被統治者的內在心理；撰寫的同時（一如前述）發生的黨外抗爭運動，因而成了我可以參照的鏡子。如今回想起來，我是在不知不覺的認同意識下，以霧社事件的書寫來抒發被殖民者的傷痛、反抗和寧死不屈的前進。一如在「丑‧英雄莫那‧魯道」這一節中，我模擬莫那‧魯道的話語那樣：

> 再乾一杯！沒有未來的孩子們
> 我們將死掉，所有希望幸福
> 來生成子孫的尊嚴和自由
> 我們毫無勝算，但要打勝這場仗
> 我們可以死掉，站著反抗，死掉

這該也是我撰寫〈霧社〉時對照於台灣黨外運動的心境投射吧。

從1980年之後，台灣的黨外運動受到中產階級和知識分子的支持，逐漸闊開來。國民黨以「叛亂罪」打壓黨外運動，反而激起了更大的支持黨外的民意，美麗島事件受刑人家屬（如周清玉、許榮淑、方素敏）、辯護律師（如陳水扁、蘇貞昌、謝長廷……）均在恢復選舉後以各區最高票當選民意代表；1986年9月民進黨在未獲國民黨許可下宣布成立；1987年7月，國民黨解除戒嚴……台灣的民主運動獲得了初步的成果。

而我在這個階段中，也陸續出版了《種籽》、《歲月》、《十行

集》、《土地的歌》（台語詩集）；並於1985年獲邀赴美國愛荷華大學參加為期三個月的「國際寫作計畫」（International Writing Program），回國後又陸續出版了《四季》、《心事》與《亂》等詩集。1979年創作〈霧社〉這首敘事詩的過程和體驗，使我更堅定以詩書寫台灣，她的土地、人民與風物的信念。

2009年2月，日本三木直大教授日譯我的詩集《亂：向陽詩集》一書，由東京思潮社出版，〈霧社〉這首描寫台灣原住民抗日史實的長詩也收入其中。出版兩年後，2011年我應邀到日本早稻田大學以〈騷／亂：我的後殖民書寫〉為題發表演講，提到日譯詩集《亂》收錄的〈霧社〉時，我感慨地說：

　　這樣的詩作，有著我的上一代「身為台灣人的悲哀」的遺緒；也有戰後出生的我這一代對於台灣主權迄今仍然不明不白的焦慮。我的詩作，一直企圖寫出台灣的聲音，這樣的聲音，能因為日譯詩集的出版而被日本社會聽到嗎？我也一樣茫然。

儘管茫然，但我多少還是很高興〈霧社〉能以日文翻譯被日本社會閱讀，我年輕時寫的詩，能在曾經殖民過台灣的日本以日文出版，這聲音雖然看似微弱，但總比不被發出好太多了。

而在台灣，〈霧社〉這首詩在距離1980年發表三十四年之後的2013年終於也被重新聽到了。這年6月8日，書法家董陽孜、作曲家林少英策畫「追魂三」音樂會，在台北誠品書店演出，由詩人陳育虹和我朗讀個人詩作。在林少英的編曲和鋼琴、管絃樂中，我首度以一個小時無間斷地朗讀完〈霧社〉這首340行的敘事詩，獲得觀眾的喜愛與感動。

〈霧社〉來到此際復活了，並且以有聲的方式重生於台灣的土地。三年後，2016年12月，林少英因為對〈霧社〉情有獨鍾，決定

不惜製作成本的高昂，為這首詩創作交響曲，同時也要我以朗讀原音進錄音室錄音，加上她創作的交響曲，由台北延伸有聲出版有限公司出版了《霧社交響詩：賽德克悲歌1930》和《霧社：向陽敘事詩 × 林少英交響曲》兩張專輯。從1980年5月在《中國時報》人間副刊刊登的紙本，到2016年以有聲出版品推出的《霧社交響詩》和《霧社》，三十六年過去，我年輕時的書寫獲得新的生命，並且因為音樂和聲音的加入，重新被這塊土地所聽到。

進入2017年，中華民國筆會出版的《台灣文譯》英文季刊夏季號，又以十三頁篇幅刊出由美國漢學家陶忘機（John Balcom）的英譯版 "Wushe"，到此我書寫少數民族、被殖民者的反抗的詩，或許也能被英文讀者所看到吧。

從1979年秋夜寫在稿紙上的初稿、1980年5月發表在報紙的鉛字紙本，到2013年音樂會的朗讀、2016年音樂專輯的聲音；從2009年的日譯本到2017年的英譯本──我寫的1930年賽德克族反抗日本殖民的壯烈事蹟，能夠在漫長時光中，因為各種機緣，而以不同的詮釋方式出現，我很想跟當年在夜黑中寫作的年輕的自己說：我已無愧於你祈禱台灣邁向民主自由的夢想。

當年我筆下的「泰耶」（泰雅族），如今已正名為賽德克族；當年我在史料欠缺下寫出的〈霧社〉，存有我對台灣脫出殖民命運的期待和想像。在被殖民的傷痛中奮勇前進，「站著，反抗，死掉」，賽德克族桀驁不屈、反抗殖民者暴政的悲壯精神，雖然失敗，卻永誌青史，永被懸念。

2018年7月29日凌晨

「霧社事件」與我

邱若龍

人們如能認識並尊重不同的民族文化，相信可以大大降低甚至避免一些衝突。希望「霧社事件」與莫那・魯道的事蹟也可以感動大家，進而更深刻地認識台灣原住民族——賽德克族的歷史與文化。

發生於1930年代的台灣原住民族抗暴「霧社事件」（日本或寫成「霧社事變」；中國大陸則稱為「霧社起義」），對世人來說似有若無的存在，連在台灣生活的人其實也不是很清楚。不過在2011年，因《海角七號》走紅的魏德聖導演耗資七億台幣將這個「歷史」以《賽德克・巴萊（Seediq bale）》之名拍成電影，在台灣掀起一陣「霧社事件」熱，也許許多人重新認識了這場台灣歷史中最悲壯的抗暴事件。賽德克族（Seediq）人也成了人人稱讚的勇士民族。而我個人則在偶然的因緣下了解了霧社事件並被莫那・魯道及其事蹟感動而參與有關霧社事件史實的發掘與追尋。

二十多年來以漫畫、插畫繪本、紀錄片與動畫片等媒材來表達霧社事件及台灣原住民族的故事。這次「賽德克・巴萊（Seediq bale）」電影也是緣於十六年前魏導因看了我所畫的《霧社事件漫畫書》而決

定將其改拍成電影，故我大概可以來談談由《霧社事件漫畫書》到《賽德克・巴萊（Seediq bale）》電影，以看待歷史的角度與方法。

盧山溫泉之旅

台灣中部溫泉名勝，因蔣介石發現其地形與江西盧山相似而改名，其實這個遊客泡湯與煮蛋之地原名為「馬赫坡」，正是霧社事件領導者莫那・魯道的故社，1980年代台灣政治解嚴前偶爾在報章上，官方以紀念「霧社抗日事件」為名的相關報導，每年至少會出現一次，讓台灣民眾對於「霧社事件」這個名詞並不陌生，但到底是什麼也沒有什麼人有興趣，我也是一樣。直到有一次，無目的的摩托車之旅來到這個舊稱「馬赫坡」之地，認識了好客熱情的賽德克族（當時稱泛泰雅族）朋友，賽德克人樸直善良的性格讓我感到一見如故，有了兄弟般的情感，但腦中浮現出不太清楚的「霧社事件」死傷嚴重的戰爭畫面，怎也無法與眼到的賽德克人聯繫在一塊。因而探討「霧社事件」成了我此中解謎的課題。幸而朋友弟弟太太的姑媽，[1] 就是「霧社事件」倖存者之一——花岡二郎之妻初子女士，其原名歐敏・達道（Obing Toda）的高彩雲女士。[2] 認識高老太太讓當時的我驚覺不已，原本這段「歷史」離我不遠，沒想到僅僅幾十年前而已，賽德克人與日本人竟在此大戰。

可歌可泣的故事就在老人娓娓道來話語之中，一幕幕地呈現在我的腦海裡，剛從美術學校畢業不久的我，大感震撼！心想，如果有什麼可寫或可畫的題材，就是「霧社事件」了。從此，開展我連續五年邊問邊畫《霧社事件漫畫書》的歲月。

1　原住民對親屬關係的講法。

2　在那個年代原住民都有三個名字，光由名字便可道盡其命運。

文獻史料，欠缺族人觀點

投入「霧社事件」歷史搜尋後，我同大多數人一樣，從文獻著手，但看過一些資料後發現，官方檔案來源只有一個；日本政府及日本媒體報導，只是將立場互換罷了。雖然大致上也得到了「霧社事件」的來龍去脈，日本人眼中視為凶神惡煞者轉為英雄豪傑，幫助日本人的成了「漢奸」走狗。雖說從大環境角度來看是如此，但較長時間與賽德克人相處發現，賽德克人相較於官方大力讚揚霧社事件的抗日精神，本族人似乎並不熱中，處於被動狀態；且部落觀點並不一致。由此，我了解到光從文獻資料是難以窺得全貌，相較於日方說法，原住民因傳統上無文字，使得學者們只能從史料來了解，並且在戒嚴時期部落也少有看法，就這樣「霧社事件」仍被官方所歌頌，而族人則是形式上配合而已。

許多故事就在少數老人心中

在部落田野調查中發現，賽德克老人並不稱「霧社事件」，那是日本人的講法，老人稱之為：「從前發生在巴蘭部落（alang Paran）的事」，[3] 原來賽德克人認為那是屬於不祥之事，不知為何政府要每年「慶祝」呢？缺少本民族看法的「霧社事件」不至於不對，但又總覺得少了什麼？文字歷史的搜尋遇到了瓶頸，民族學或文化人類學的方法，也許能補足這個發生於古老民族身上的歷史。

於是展開探訪餘生者居住的清流部落（alang Gluban）逃過死劫的遺老們，或者從當年與日本人合作的部落者的觀點。走訪賽德克各個部落，做口述歷史的記錄工作。我才知道，原住民內部對民族分類上

3　賽德克族人稱「霧社」為巴蘭（Paalan）。

與政府之認定有極大的落差，甚至從服飾、文面與配刀等物質文化都有其不同的分野，這對於以圖像表現這段歷史的我來說，可是重大的「重新」認識。最後，甚至於從其古老的信仰角度來發現過去少被提起的因素。

　　過去曾有日本人形容「霧社事件」是一件不可思議的事件。那是因為他們沒有真正去認識賽德克族的文化，只用自己的價值觀加於他們的身上。自然不從明白賽德克族何以用那麼大的代價反抗他們？我以漫畫表現的「霧社事件」及拍攝的紀錄片《Gaya：1930年的霧社事件與賽德克族》的目的，[4]就是想讓非賽德克族人也能從認識賽德克族文化角度來理解賽德克族人的「霧社事件」。電影《賽德克·巴萊（Seediq bale）》也是朝這個方向來拍攝的。日本人視為「凶蕃」的莫那·魯道及所有犧牲的賽德克人成了所謂的「抗日英雄」與「烈士」，年輕的賽德克族人也認同了。但傳統上的賽德克文化卻無「烈士」的概念，這些「凶死」的族人，被老人所懼怕，再則，如果從成敗來論，「霧社事件」的反抗是失敗的，視死如歸是動人「霧社事件」中大多數的人是自殺，更多婦女在事件發生沒多久就上吊了。

「賽德克·巴萊」，「真正的人」

　　「賽德克·巴萊（Seediq bale）」，在賽德克語是「真正的人」。「賽德克（Seediq）」，「人」也；「巴萊（bale）」，「真正的」。住在台灣中部高山區的賽德克族人過去被日本民族學及官方劃歸為泰雅族，[5]沿用至2008年，是以狩獵及山田燒墾維生的民族，採男女分

4　以16釐米拍攝，片長100分鐘左右，由三個軸線串聯，包括現代賽德克族生活剪影、各族老口述Gaya及其神話，以及霧社事件當事人親身經歷的口述。
5　泰雅族與賽德克族的文化、體質相近，但語言不同。

工，無階級的社會組織，以小部落及部落聯盟組成「支群」的政治組織。從發祥地都魯灣（Truwan）起，發展成三個語群──德固達雅群（Tgdaya、霧社群）、都達群（Toda、道澤群），及德路固群（Truku、德魯固群），各群又分為若干小社。嚴格講，平地人（有人習慣用「漢人」）所稱的「頭目」並不存在於賽德克社會，族人稱之為「alang qbsuran（部落兄長）」，是主持傳統社會公道的見證者，並不是裁判者。賽德克人傳統上認為人是沒有能力裁判是非的，只有交給看不到的「Utux（鬼神／祖靈）」才有資格，也就是「神判」。平權社會的「alang qbsuran」有義務而無權利，他只是個公正人。有爭議的雙方，個別「出草（獵首）」或一方「出草（獵首）」，有無獵獲頭顱是祖靈的判決。賽德克人稱獵首為「mgaya」，也就是「執行祖訓」。因此，執行祖訓不是隨便的事，是何等神聖的行為，是賽德克社會穩定的力量。獵頭不是萬無一失的，心術不正的人或理虧的人，「Utux」不但不會福佑他獵到首級，還有可能會被敵人所獵呢！所以賽德克人是用生命在為自己的清白證明。透過「出草」、「獵首」等儀式取得社會平衡，是自古賽德克社會生存的法則。其規範賽德克族語稱之為「Gaya」，凡是人，「賽德克（Seediq）」都要遵守「Gaya」。

「Gaya」一詞，中文很難找到可以直接對應的名詞，舉例說：如果一個人沒有規矩、無禮、作壞事，這個人就是沒有Gaya的人，賽德克語稱之為「uka Gaya」（沒有規矩的人）。簡單地說，就是賽德克人所遵循的祖訓、法律、習慣，亦是該族的世界觀和價值觀。它告訴賽德克人該做什麼？不該做什麼？人從哪裡來？人死後又會到哪裡去？什樣的人才是好人，什麼又是歹人，猶如宗教信仰般，深深印入賽德克人的腦海裡，它既是思想的，也存在於現實中；它也左右賽德克人的一切行為，從出生到死亡。因而做到不偷不盜、人人平等、分

享資源的社會。賽德克人相信「人是由pusu qhuni所生」。[6]德路固群盧山部落（alang Truku）的Away Pijeh耆老吟唱道出：「我自幽暗的谷地，誕生在此時。我們的祖先！我們的祖先啊！以前呀，我們往何處去？我們往何處去啊？或為人類爬上樹枝樹梢，我們從此樹　生，我們從此誕生為人類……。一個民族有一個明確的來源，而又在離家不遠處的高山雲霧間……是幸福的，死後將走過Hakaw utux（彩虹橋／祖靈橋），走向祖先所住的世界。」而人在世時，必先通過考驗才能成為「真正的人」。

女孩要能織布；男孩則是能殺敵獵首，才有資格在額頭與臉頰上文上印記，有文面才有結婚的資格，也是死後與祖靈相識的標記。文面是每個賽德克人所追求的目標，有文面的人當他過世後，才有資格走過Hakaw utux進入靈界，與祖先見面，這樣才是賽德克巴萊（真正的人）的一生。

這樣的文化信仰以現代觀點來看，固然被視為「迷信」，但要了解過去的賽德克人，卻不可缺漏對該民族信仰本質「世界觀」的認識。「Gaya」世界的賽德克人在日本統治時期，被嚴格禁止，對主流社會來說，嚴禁文面、獵首是安定的，但對賽德克人來說，卻是阻礙了與其祖先之間的聯繫，影響巨大，如果日本政府以平等對待，使其風俗漸進式轉換，或許不致到這樣的境地。

「國家式」的和平雖然帶來安穩的生活，但賽德克的心靈卻失去了依歸。眾所皆知的「霧社事件」、「世俗上的壓迫」之下，賽德克人對於活著不再有希望與意義，而「回歸祖靈世界」成為其重大動機之一！「霧社事件」發生的原因除了反抗暴政之外，族人捍衛信仰層面也是存在的。Away Pijeh是事件現場身歷其境的老人家，我們擷取她在《Gaya》紀錄片中吟唱的經歷與感受：

6　巨石巨木：賽德克族起源地傳說。

他們開戰了！他們開戰了！

戰鬥哦！戰鬥哦！

你是真 Mona Rudo 呀！

孩子要穿越痛苦的幽谷啊！

孩子要穿越沉重的殺戮戰場唷！

他們分散　又分散呀！

在山的頂端　在頂端唷！

令人憐惜的年輕鬥士們！

可惜的年輕鬥士們！

Tanah tunux（日本人）唷！

Tanah tunux（日本人）唷！

分散又分散，凝聚一堆的屍骨呀！

你們將之殺戮！殺戮！

「在我幼小的心靈，我曾經看到此一悲慘啊！當時只是個十五歲的小孩子……」

「真是可憐啊！請指引我們回去的路，我的族人……唷！迎接新生命的感覺，我真正的父親啊！非常欣喜唷！」

「這是霧社事件混戰中我所見所感的想法，我年紀雖小，但我很勇敢，見到日本人的血濺滿自己的身體，也不怕……這是以前的事了，在這裡向你們訴說……」

賽德克人像風一般的意志，強烈的感情與堅實的信仰，就像石頭一樣。曾經在霧社地區炸了開來！如今賽德克人安靜地生活在二十一世紀，這些後代們都因其祖先的事蹟而驕傲。田野調查過程裡，發現有些賽德克人在戰鬥過程中匆匆跑進山林文面，而後無悔地上吊自殺，讓我們不得不深信賽德克人從心靈上相信可與祖先在 Hakaw utux

彼端見面了。如此，他們的生命也許看來縮短了，但卻是完整的。

　　「霧社事件」的歷史研究，前人的成果豐碩，但我和魏德聖希望能加入賽德克族古老信仰角度，補足長期以來文獻所沒有提到的觀點。2008年賽德克族終於經多年爭取正名運動，[7]正式成為台灣原住民族第十四族。《賽德克‧巴萊（Seediq bale）》電影上映，也讓賽德克族成為原住民族最具知名度的民族。台灣的觀眾與讀者也認識到不同文化內涵的價值。人們如能認識並尊重不同的民族文化，相信可以大大降低甚至避免一些衝突。希望「霧社事件」與莫那‧魯道的事蹟也可以感動大家，進而更深刻地認識台灣原住民族——賽德克族的歷史與文化。

7　泰雅族正名為賽德克族。

記錄霧社事件：
紀錄片《餘生》創作談

湯湘竹

2011年7月5日，經過了五天的跋涉，《餘生》紀錄片工作隊伍，和事件餘生後裔Pawan Nawi父子三人，終於抵達了深藏於中央山脈白石山區，賽德克族傳說中的發源地，Pusu-Qhuni（牡丹石）。Pawan Nawi父子，毫不壓抑激動的情緒，請祖靈們不分語群夙怨，共用薄酒。

這或許是迫遷清流以來，餘生及其後裔少數或唯一的一次，造訪親臨祖靈之地。在所有人為之動容的此刻，Pusu-Qhuni報以靜默。

清流部落，關於霧社事件，在抗暴六部落餘生所組成的群體裡，有著各種不同角度且錯綜複雜的記憶拼圖。然而，集體共同承擔且避無可避的，是傷痛。

紀錄片工作隊伍開始進入清流部落後，最強烈的感受，是儘管個人的相處如何融洽，但他們對於工作隊伍，仍保持著若即若離的觀望距離。面對我們，欲言又止；面對他們，陰影隨行。從日治到國府，為了生存，他們噤聲。他們不知道，不久後會再換哪一個政權？每個人心中深藏著祕密，並緊依著祕密繼續生活。

在紀錄片的拍攝尋訪中，Dakis Pawan（郭明正）被我們半強迫的

帶到馬赫坡岩窟，也就是抗暴族人的最後據點。我知道他心裡抗拒著親臨歷史現場。

問：你在這段期間，一直被人問及族群傷痛的歷史，我們帶你來馬赫坡岩窟也是如此。你要怎麼去看待這樣的事情？

答：我們自己發聲的機會很少，也很困難，因為老人家都過世了。而且老人家都講族語，過去也很難有人翻譯。

如果以大中國的想法，或是大台灣的想法去看原住民，我覺得永遠看不到原住民的歷史、人文與文化。

不管用什麼方法去呈現我祖先霧社事件的這段歷史，不管用文字、漫畫、演說或是書、專論等等；對我們來講，傷疤已經結痂了，但每次都重複著挖傷疤的感覺一定有，有時候很痛。

對我來說，很痛沒有關係，但我是很希望……，雖然很痛也會想要抗拒，但這段歷史必須要讓大家知道。

所以我常常會忍痛，我也不願意如此，但我就是有感覺……。

在蒐集資料時，讀到一份霧社事件，日方餘生的口述報告，是一位日籍婦女。她說：

族人起事時，她手裡抱著較年幼的孩子，背著較年長的，隨著人群逃到校長室。族人衝進校長室時，她躺在屍堆血泊中逃過一劫，但背上的孩子已經被刺死了。手裡抱著的很安靜，不知是睡著還昏厥，但還活著。

她知道旁邊放雜物的拉門後還藏著一些孩子。族人再次進校長室，她心中默禱著別推開拉門……。族人推開了拉門，抽走了儲藏的棉被，那些小孩應聲滾落。她手上的孩子似乎驚醒了，開始啼哭起來，族人從她手中拉起孩子帶到門外，她不敢反應，只聽到孩子在門

外氣若游絲的叫著媽媽，叫了幾分鐘後才氣絕。事後發現，她的孩子脖子沒被砍透，仍連著氣管，所以她可聽到孩子微弱的呼喚媽媽的聲音。

　　她躺在血泊中，忽然有人從後面捏捏她的手，她一看是校長夫人，夫人要她別作聲。因為失血，又累又渴，由於都有年幼的孩子，兩人互相吸對方的奶水，但吸不到。直到後來軍隊進來了，才撿回一條命。

　　這真是一場人類的悲劇，對於所有捲入事件的人。事過境遷，Pusu-Qhuni凝立深藏於群山之中，報以一貫的靜默。

湯湘竹 2018 年 6 月 3 日

虛構小說與田野研究：
訪談《餘生》作者舞鶴

白睿文、舞鶴

　　霧社事件為背景的文學作品裡，最獨特的一本長篇小說便是舞鶴
1999 年出版的《餘生》。本書以第一人稱的視角記錄敘述者在川中島
生活期間所見所聞，但除了敘述者的親身經歷，更可貴的是他對霧社
事件的思索，他對歷史的追尋，和他天馬行空的想像力。本書的內容
是邊緣的邊緣：在台灣深山的一個原住民部落半個多世紀前所發生的
一個屠殺和政治壓迫。但本書的形式和結構又是邊緣的邊緣：舞鶴採
取意識流似的敘述、整本書不分段而且標點符號用得跟普通小說不太
一樣。但這些都符合舞鶴的獨一無二文學世界；內容與形式都為霧社
事件展開了一個新的想像空間。本書陸續獲得了台北文學獎等台灣文
壇的各種重要獎項。這次訪談中，難得請作者舞鶴講述《餘生》的創
作背景與過程。——編者白睿文

白睿文：霧社事件第一次進入您的視野是什麼時候？

舞鶴：我在高中的歷史讀本初次讀到「霧社事件」。我成長的 1960 年
　　代，是威權統治的灰色年代，「想像」成為逃離現實的方法。發

生在台灣中部高山上的血腥戰爭，尤其原住民反抗殖民政權的奮
力一擊，我想像這種毫無退路的悲愴，在內在深深觸動了我。我
讀大學時，對在台南發生後來退到玉井的「西來庵」事件，極為
吸引我的關注，除了閱讀史料外，由於身在台南我還做了一些田
野訪查，日本殖民政權在此事件中對平地漢人殺戮殘忍，判死刑
重刑者太多──時為1915年。漢人知識菁英此時認清無能以武
力對抗殖民政權，逐漸改而走向議會請願、成立「文化協會」，
以和平手段進行政治社會運動──料不到十五年後、1930年、
二戰日本潰敗前十五年，在高山發生大規模的武裝抗日，彼此血
腥爭戰甚慘，「霧社事件」不僅是最後的、也儼然是反抗不公不
義政權統治的標竿。我從平地的西來庵仰望高山霧社，不再是少
年時代的夢幻想像，而是熱血汩動的歷史事實。

**白睿文：當兵的時候，您好像就在霧社附近服役。您曾跟我說，當年
您就一個人走到莫那・魯道的墳墓後面的那座小山坡，一個人走
下來思考莫那・魯道和霧社事件。當時是什麼樣的一個情形？然
而為什麼那段歷史和莫那・魯道的人生遭遇會吸引您？**

舞鶴：我服兵役時在埔里郊外山腳下度過一年。星期假日，午飯後，
我習慣走長長的河床道到埔里—霧社公路，剛好有一叫「大湳
橋」的站牌，三點半前到達霧社。我先沿著公路往回走，下了霧
社小學的台階，眺望美麗湖青色的碧湖，穿過教室樓房，到當年
事件發生的小學操場，我繞著操場走了幾圈，時年已近三十歲，
之前幾年閱讀研究過台灣政治社會運動史料，走在事件的現場，
史料記載的點點滴滴自然在我內心、腦海發酵，我充分意識到當
下是走在事件的血腥氛圍中。

　　之後，我回頭循來路，上台階過小小的公路，就是「碧血英

風」的牌坊。時為 1970 年代末，台灣經濟剛剛起飛，莫那·魯道的墓園一片蕭索，不僅沒有觀光遊客，也無後來企業捐贈的鐵雕群像，墓地四周只有高大的樹以及樹下小山坡的黃土地。我靜默的在墓碑前駐立，隨後繞著墓前後且思且走，間或停下來看碑上刻的事件始末。直到黃昏，我坐在墓地右上坡的石塊上，望著墓栱、墓碑以及延伸而去的牌坊、公路、碧湖直到小學操場。我穿著軍服，周遭幾乎沒有人影，我一邊思索一些什麼，關於事件與莫那·魯道，殺戮與悲愴，寂默與悲情。直到黃昏天黑，我下小坡走出牌坊，左轉公路到站牌小市集，吃了一碗麵，搭晚班車回埔里。

　　我不能肯定這是否是一種「假日儀式」，如同我無法明確感知事件與我的生命有所繫連，更不會說出莫那·魯道和我有什麼神祕的……有一年深冬，我走過小學台階時，兩旁的櫻花在風中如雪片飄落，多年後我在《餘生》這麼寫：「當年日本人栽的櫻花，如今都飄給莫那·魯道一人看……」

白睿文：從當兵到重回霧社和川中島做田野，相隔二十年左右。什麼樣的因素使您二十年後到川中島開始深度研究霧社事件？

舞鶴：服兵役後，我給自己自閉的十年，十年期間我用來閱讀、寫作、散步。1991 年我重新發表小說作品。1997 年我在一次浪遊中，無意間到了一個部落，走到部落後見到小小的「餘生紀念碑」，我驚覺身處事件中的川中島──之前，我從未想過書寫「霧社事件」，顯然我無能從有限的史料中轉化成為文學創作──時已日暮，我瞪著那兩字「餘生」，沒有如閃電的亮光、但當下我曉得我可以試著寫事件，就從「餘生」這個角度、視野切入。

　　1998 年秋 9 月，我再度回到川中島，早睡早起，晨起散步到

午後散步，那十年的自閉生活讓我有思考的習慣以及思索的能力，第二天早上我將思索所得以及所見的景象氛圍，記在筆記本上。在此前幾年，我有三年的魯凱族「好茶部落經驗」，我將這個經驗用在川中島：做為一個小說創作者，我沒有「田野計畫」，在部落我不做調查、沒有訪談，我像川中島的居民一般過日常生活，我低調到川中島人不知道這個人來租屋作什麼、但看他日常行徑顯然是無害的。

白睿文：去川中島之前，您做了什麼樣的準備？有蒐集材料嗎？

舞鶴：1997 年我初見「餘生紀念碑」，一星期內就到川中島租屋，是一棟西洋式的平房，有大客廳和大廚房。我沒做什麼行前的準備，只帶了幾本書，兩本有關「霧社事件」的資料，一冊歐姬芙的傳記畫冊，一本 1996 年出版的《思索阿邦‧卡露斯》。當時「霧社事件」的資料多是零散的，後來由川中島人寫的回憶錄才出版，我沒讀過。但我不擔心，我在魯凱好茶部落有三年的「田野經驗」，這屬於小說創作的「田野」，讓我順利寫下《思索阿邦‧卡露斯》，雖然我去好茶之前、之中，並未有任何寫作計畫。「好茶經驗」令我明白資料或多或少只是做為背景的理解，去田野中生活，許多資料帶來的疑惑與不足，會在生活中豁然而解而且補足缺漏。不同好茶，我去川中島租居生活，是為了寫一本有關「霧社事件」的長篇小說，書名就叫《餘生》。

白睿文：到川中島後，您有點「異鄉人」的身分，而且在《餘生》中您非常有知覺地去面對這種身分。在您想融入川中島的生活的時候，這種「異鄉人」的身分提供什麼樣的挑戰？

舞鶴： 我在台灣西部城市長大，對於位居台島中心地帶的川中島以及居住其上的原住民，我當然是個「異鄉人」。急於融入，只會帶來虛假的了解；做為小說創作者，我不急，我入夜不久即睡、破曉時分醒來，清晨和午後各有一回散步，我融入川中島的山水，呼吸其中的空氣，慢慢的，散步中遇到的川中島人會自然與我寒暄、交談，他們卸下心防，不會意識到自己是「受訪者」，很平易的說出交談的話題以及內心的話。所以「異鄉人」我的融入，並非是一種挑戰，它是日常生活的延伸和給予，就像某個午後，有位壯年的川中島男人敲我門，我們坐在客廳從午後到天黑，他向我講述了他的半生。

白睿文： 您在差不多兩年的時間內，斷斷續續地在川中島生活了好幾個月。《餘生》是當時一邊生活一邊寫的？還是離開川中島之後才寫的？整個寫作過程如何？

舞鶴： 我在川中島度過兩年秋冬。1998年9月中旬，我結束了在台南八年的生活，帶著簡單的行李，搬到川中島原先的住屋。我過著如前的日常，生活本身有許多外在逐漸滲透入我的內在，我思考的諸多細節也慢慢清晰成形，在廚房的大飯桌我將所有這些片段片段寫入筆記，每一處用紅筆給它一個簡明的標題。1998年冬離開川中島時，我清楚意識到《餘生》已經在我的內在成形，渾然洋溢著我的身和心。

1999年4月初我啟筆寫《餘生》，在台南，每天午後四時寫到晚上十一時，七個小時沒有中斷，5月25日完稿。《餘生》是我唯一沒有修改的作品，在極為專注的情境中，即使寫錯一個字或年代數字也不願意回頭。

**白睿文：《餘生》的寫作經驗又跟您其他小說的寫作經驗有什麼樣的
　　　　不同？**

舞鶴：《餘生》是我寫得最專注、寫作時間最短的長篇小說。同年八
　　　月寫的《鬼兒與阿妖》延續之前寫作的餘緒，寫得很順，但設定
　　　的題材是小品，往往寫到晚上九點就完成一天的工作量。我每天
　　　寫二千到三千字不等，留有餘裕給隔日接續起筆。

　　　　1991年秋，我告別閉居淡水十年的生活，回到台南。我新
　　　寫的小說〈拾骨〉、〈悲傷〉直到《餘生》，不再像年輕時的寫
　　　作、寫得雕鑿奮鬥掙扎，似乎我在那十年間練好了筆，心境和認
　　　知也有極大的轉變，寫作變成一種從生活出發、水到渠成的事。

**白睿文：《餘生》的形式和結構都很特別：整個一本書都不分段，標
　　　　點符號的用法非常獨特，本書處理的三個主題安排得非常巧妙。
　　　　能否談談《餘生》很有創意性的結構、語法、主題是如何產生
　　　　的？是一邊寫一邊摸索？還是動筆前就設計好了？**

舞鶴：《餘生》必要寫到的三部分內容，是事先在田野就想到的：
　　　1.「霧社事件」及第二次「霧社事件」2.鄰居姑娘的追尋之行3.我
　　　所訪所見的餘生。三個部分不分段，因為它都在「餘生」的同時
　　　性內，它以123123123……的結構連續下去，只在每個部分結束
　　　時才以句點標明。閉居淡水十年時，我每天早上練筆寫一些文
　　　字，因為不發表，這些練習就充滿著實驗性——1991年重新發
　　　表的小說，在形式上或多或少可以發現實驗性的質地：「形式實
　　　驗」成為我小說的特質，直到《餘生》後的《亂迷》才變成一種
　　　追求。

　　　　實驗帶來「書寫的自由」。而，《餘生》中段落與段落的連

結，全靠書寫當下「聲韻」的繫連。每一個字都有聲和韻，一段
文字就是一串聲韻的連綴結合，我在第一篇新寫的〈拾骨〉就發
覺這種「小說之韻」，隨後，在〈悲傷〉中得以確認。書寫《餘
生》時，我清晰覺知有一道聲韻之流，如潺潺不斷的溪水，連綿
在字裡行間：這並非刻意的形式，而是小說文字帶出來的自然。
年少時我也寫詩，也認為詩才有聲韻，直到四十歲出十年淡水
後，才體會到小說也有聲韻，即如長篇小說《餘生》始終不斷的
是「小說之韻」，這是形式上最值得注目的。

**白睿文：生活在川中島和撰寫《餘生》的過程，怎樣改變您對霧社事
件的想法？**

舞鶴：川中島的日常，「餘生」的生活，令我反思莫那・魯道發動事
件的正當性以及適切性：這是身在田野中產生的思索，這思索的
艱難在田野生活中反覆辯證，有了初次的想法，但真正的辯難還
待書寫時次第展開，指向最後的結論──我不否認「正當性」，
但不承認「適切性」。這不是事先預想的結論，它背離一般的歷
史評價：完全正面肯定事件的意義與影響，它避開充滿隱晦與陰
影的「第二次霧社事件」。
　　假使歷史可以重來，莫那・魯道預見十五年後日本的潰敗，
他不會發動霧社事件。所以，我為事件中毫無退路的戰士、倉皇
奔跑密林中的婦人小孩，感到無可言喻的愴痛。

**白睿文：《餘生》出版到現在，也將近二十年。在這段時間裡，原住
民在台灣的社會地位漸漸地在改善，霧社事件也因為您的書，魏
德聖的電影《賽德克・巴萊》，等作品也開始進入很多老百姓的
視野。在這二十年來，您還會思考霧社事件？對當年所發生的事**

情，是否有經過一些改變？

舞鶴：作品一發表實質上就進入了社會，《餘生》是否增多台灣人民
　　對霧社事件的認識及認知，我認為相當有限，畢竟嚴肅的文學創
　　作能接受的讀者本就不多。

　　　　作品本身質地的好壞，幾乎決定了作品的一切。強力為自己
　　的作品做過度的行銷，誤導觀者以為必看，結果看到的是誇張
　　的、平庸的作品：我相信觀眾只記得作品的名稱事關一個霧社事
　　件，很快在變動快速的政經社生活中忘卻了如此的作品，連帶記
　　不起事件的始末及其中的血肉，最後只知道霧社是埔里到清境農
　　場經過的一個地名。

**白睿文：這幾年霧社事件變成一個所謂的「熱門話題」，您覺得最大
　　的誤會是什麼？**

舞鶴：我不清楚霧社事件是否成為「熱門話題」，猶如二二八事件，
　　幾十年後它只變成一個紀念儀式中的空殼子。霧社事件會存在莫
　　那‧魯道女兒馬紅的內心，終其一生，隨著時光輾遞，馬紅的後
　　代對於霧社事件逐漸淡薄，最後只存在模糊的印象。

　　　　書寫能留存什麼？藝術能留存什麼？恐怕只存在創作的當下
　　而已，未來不可靠，未知永遠無法把握。

重金屬出草歌：
訪問閃靈的林昶佐

白睿文、林昶佐

　　台灣重金屬樂團閃靈成立於1995年，主要的成員包括創團人兼主唱林昶佐（Freddy）、貝斯手兼團長葉湘怡（Doris）和吉他手小黑。英文團名「ChthoniC」來自希臘文的「陰間神祇」。自從1999年的第一張專輯《祖靈之流》到2018年的《政治》，閃靈已經漸漸變成全亞洲最成功的重金屬樂團之一。2005年閃靈曾推出概念專輯《賽德克・巴萊》，第二年又發行該專輯的英文版。這張專輯試圖用音樂形式講述「霧社事件」和賽德克人的傳統神話。閃靈赴丹麥錄製《賽德克・巴萊》而專輯推出後，閃靈還參加2007年Ozzfest（最大的外國重金屬音樂節之一）的巡迴演出，便把重金屬式的「霧社事件」帶到一個新的國際觀眾。為了支持魏德聖《賽德克・巴萊》電影的募款活動，閃靈還在〈半屍・橫氣山林〉的MV大量使用了電影預告片的素材。

　　2018年，已當了立法委員的林昶佐來美國巡迴演講，3月18日他在洛杉磯的台灣會館參加「時代力量」的政治活動之前抽空來回顧《賽德克・巴萊》這張有歷史意義的錄製過程。──編者白睿文

白睿文：七〇年代以來，西方有許多搖滾樂團推出不少「概念專輯」
（concept album），從 Pink Floyd 的《牆》（*The Wall*）到 Iron
Maiden 的《權力之奴隸》（*Powerslave*）又到 Queensryche 的《竊
腦計畫》（*Operation Mindcrime*），但在台灣的音樂史裡，幾乎看
不到這種類型。您們當時是受到什麼樣的啟發，才開始試圖創作
台灣本土的「概念專輯」？

林昶佐：我其實一直在聽國外的 Metal 團，尤其是歐洲的團，都會做
concept album。比如說，跟我們風格比較接近的英國樂團 Cradle
of Filth，或挪威的 Dimmu Borgir 都做更多 concept album。所以我
大學的時候就聽了很多的 extreme metal，就是用吼的唱歌這些。
那慢慢地就聽很多歐洲的團，很多都有他們的概念故事。裡面有
一個叫 Viking Metal，都是北歐的神話故事。應該是自小就很喜
歡這種故事。這些都是很龐大的敘述，聽專輯都要從頭聽到尾。
有一點像是在享受一部電影一樣。當然音樂不像電影有這麼多的
detail，但是我覺得是一種聽覺的享受。所以後來組團之後，我
還是用這種方式來寫。

白睿文：閃靈之前，台灣好像都沒有其他樂團試圖用這種概念專輯的
方式吧？

林昶佐：我印象中是沒有的。

白睿文：您是最早什麼時候聽過台灣曾經在 1930 年發生過一場「霧
社事件」？

林昶佐：大概國小的時候，歷史課本就有。但是我不是一個很用功的

學生，所以小時候讀的那些課本也沒有什麼印象。當時就不太去
關心這些。

**白睿文：您們2005年推出概念專輯《賽德克・巴萊》，能否講講這個
專輯背後的故事？它是如何形成的？**

林昶佐：因為小時候不太管課本，只有一些印象，也知道國民黨把這
些故事都當作他們的抗日的故事。但是到了大學的時候，我開始
閱讀很多台灣本土的歷史，然後看很多關於台灣原住民的神話。
我自己本來就很喜歡神話。包括前面提到，我聽那些歐洲的樂
團，很多都在寫歐洲的神話。然後小時候很喜歡像《封神榜》，
中國的神話，還有來自日本的神話和鬼故事。所有我後來開始讀
很多台灣本土相關的東西，發現我就很喜歡原住民的神話。我看
了很多原住民不同族群的故事。然後就慢慢了解裡面的細節，比
如鄒族跟布農族在搶玉山的故事。對我來講，這些故事都很吸引
人。而且這都是在自己的土地上發生過的故事或講過的神話。我
覺得很有意思。

　　那就是因為這樣，我重新接觸到霧社事件，重新用原住民的
角度去看這樣的故事。這個時候感受當然不一樣。因為這個時候
是賽德克族區講這個事情，而不是國民黨。意思就完全不一樣。
看了以後，我當然有很多的衝擊。發現發生過在這個土地上的傷
痛。而且發生在這個土地上的這段歷史，我們過去好像都沒有好
好去了解。所以大概是這樣的感覺，它就成為我想寫的concept
之一。但一開始並沒有覺得我一定要寫這個東西，因為我還有很
多的concept想寫。

　　那2003、2004年那個時候決定要寫的時候，是因為認識了
魏德聖導演。我們變成朋友。我看到他做的那個短片，然後就決

定提早要做這個霧社事件的項目，因為希望可以幫忙 promote 他的 project。

白睿文：因為當時魏德聖製片了一個短的預告片，正在募款。

林昶佐：對，他當時還在募款。所以我們就希望更多的台灣人可以注意魏德聖的 project。

白睿文：前面已提到，《賽德克・巴萊》的部分MV也運用了魏德聖導演《賽德克・巴萊》的短片內容，當然專輯跟電影的標題也都一樣。能否講講《賽德克・巴萊》這張專輯跟魏德聖所拍攝的同名電影之間的微妙關係？應是跟他的互動比較多吧？

林昶佐：是，互動滿多的，但後來他比較忙，所以互動沒有一開始那麼多。我們會經常聊天，討論。選舉之前他也滿幫忙的。他有幾個影片的座談，它都穿閃靈的 Tshirt。（笑）後來我們都很忙，但一開始我們的互動比較多。而且他每次拍新的電影，我都會去月台支持。

白睿文：您當時針對霧社事件做了什麼樣的研究或功課？

林昶佐：看了滿多資料，包括鄧相揚的書，邱若龍的連環畫，等等。但比較重要是當時有一個叫做原住民權利促進會，裡面有一位賽德克族的朋友——因為我大學就已經開始對原住民感興趣，就認識一些原住民圈的朋友——所以那個賽德克族的朋友幫我補充很多關於他們的想法跟故事。

白睿文：專輯裡也運用了不少賽德克語，這又是什麼樣的一個過程？

林昶佐：那就是那位賽德克族的朋友幫我寫的。他回去問他的媽媽和
阿嬤，就一起去把這個想法弄出來。我當時就把一些概念用中文
寫出來，告訴我原住民的朋友，這大概是我要表達的情緒，比如
生氣、憤怒，等等。然後這一段會配合音樂，但用中文會覺得很
奇怪，所以就請我賽德克的朋友翻譯。然後除了寫出來，也請他
錄起來給我。

**白睿文：因為霧社事件主要關係到深山的賽德克族，那麼您身為非原
住民的創作者，面對這樣的題材，會不會有所顧慮？**

林昶佐：對我來說，這一直是一個學習的過程。它不是很快就可以完
成的。我處理原住民的議題和素材的時候，都會很小心。所以這
個顧慮不是針對《賽德克・巴萊》這個作品，而每一次在台灣或
全世界，你一旦觸及到原住民的議題，都需要特別謹慎處理，都
要很小心。所以在這個過程裡面，我都會找賽德克的朋友跟我一
起來，因為他們畢竟在台灣是個受壓迫的民族，幾百年以來都是
這樣，所以你如何用他們的觀點把他們的故事講出來，而且最後
我們這個原住民圈子的朋友都能夠有一個互信，這個是很重要。

**白睿文：這麼多年以來，霧社事件一直是政治宣傳的工具，日治時代
它用來證明原住民的所謂「野蠻」或「非文明」；國民黨時代它
用來宣傳中華民族的「抗日精神」；民進黨時代又用來強調台灣
的「本土意識」。**

林昶佐：對，而不是回到他們本身。所以隨時隨地都要有所顧慮，不

只是這個專輯。包括跟我自己原住民的朋友的交往，怎麼樣幫助他們，因為有很多事情他們不了解。我做為立法委員我可以幫他們什麼？他們希望我在立法院推動的事情，在推動的過程裡面，仍然是以他們為主體，這一點很重要。不是「我是一個外人，所以我要幫他們」，那感覺就是不一樣。所以我覺得從這個專輯的每一件事情，都是一個動態的過程，不斷地在學習，然後一直在思考最對的一個角色。

白睿文：跟「霧社事件」的其他和人敘述不一樣的一個地方是《賽德克・巴萊》非常強調霧社事件背後的賽德克人的傳統神話。當時決定強調神話和傳說這些層面，是什麼樣的一個過程？

林昶佐：我覺得這是因為我自己本來就很喜歡神話了。而且我覺得這是metal的美感。所以很多heavy metal和extreme metal的專輯都是強調很多故事裡面的神話或spiritual的那面或fantasy的部分。

白睿文：雖然在某種層面，您的專輯是跟當時發生的真正的歷史完全不一樣，因為原住民本身就是一種非文字的文化，要依靠口傳、神話、故事來講歷史，《賽德克・巴萊》這張專輯的故事策略就更貼近賽德克族講故事的精神。

林昶佐：對，需要更多想像的空間。不能完全按照教科書那樣的方式。

白睿文：您賽德克的朋友聽了專輯之後，有什麼樣的反應？

林昶佐：我的朋友都還好，因為他們本來也不太聽metal。（笑）他們

就是知道這是metal用的美感的一種表現的方法。年輕人聽得都
很開心，他們比較容易接受metal。但長輩一輩子都沒有聽過這
個，所以他們知道我在幹麼，那還OK，但他們不會是metal的粉
絲。大概就是這個狀態。

**白睿文：推出專輯的時候，海外的朋友大概都沒有聽說「霧社事
件」，但因為這張專輯在國際上還算滿成功的——當時您還參加
Ozzfest全美巡迴演出——突然間許多外國人都可以通過《賽德
克・巴萊》這張專輯走進「霧社事件」。這麼多人通過metal這樣
的一個平台，第一次接觸到台灣的本土歷史，您會不會擔心這種
方法會把歷史給扭曲了？**

林昶佐：回來反問這張專輯的記者，他們主要產生興趣的還是
metal。所以對他們來說，你怎麼去寫你的歌，完成你的
concept，這些比較重要。對大部分的台灣人來講，尤其是賽德克
區的朋友，他們就覺得可以在國際上發聲就好，它是否如教科書
上那麼的精準？我覺得我的朋友沒有那樣的要求，他們都知道這
是一個metal show。他們知道他本來就是這樣的一個東西。事前
我都有保持一個好的溝通。所以大家都很開放的。
　　後來台灣有推動一個法律叫「原住民傳統智慧創作保護條
例」，這個概念就是，你如果要用原住民的文化去做再創作，你
要先得到他們的授權。後來我們就補做這件事情。因為後來有這
樣的一個條例，我就跟他們的民族議會簽了這樣的一個授權書。
本來沒有這個條例的時候，我就保持一個不錯的關係，到後來有
這個條例，我們也把它補簽這個合作的想法。最主要是保持一個
友好的關係，如果他們有任何意見，盡量配合他們的想法。後來
有一首歌的歌名也改了。有一首歌本來叫〈黥面卸〉，從metal的

角度，起那個字比較酷，比較 aggressive，但是他們覺得這個會侵犯他們的文化，所以他們還是希望我們改成「文面」。後來我就直接把它改成〈文面卸〉。所以再版的時候，我一定會改。這都是公開講的，大家都知道，所以以後在台上表演那首歌，我會唱「文面卸」。所以大家保持一個友善的理解就好。

白睿文：在海外演出，國際的歌迷也會漸漸地對霧社事件產生興趣或好奇性？

林昶佐：（笑）不一定！（笑）Metal 本來就這樣。就像當年我在台灣聽 Viking Metal 的時候，大部分的歌，大概不會去管他寫什麼內容。只是因為我個人覺得神話很有意思，有時候會去圖書館研究他們北歐的神話。但這都是少部分。所以海外，我相信一定也有。有一些粉絲會傳短信給我，問我那個時候台灣的歷史怎麼樣？但大部分的觀眾，他們只是聽音樂而已。他們喜歡這個音樂，他們感受你的音樂而已。

白睿文：《賽德克・巴萊》有原來的中文版，另外還有一個英文版。兩種版本是同時做的嗎？除了語言的不同，其他的配樂都一樣嗎？

林昶佐：英文版是後來才做的，大概兩年之後。其他的音樂都是一樣的。其實我們之前的第二張專輯也有翻成英文。總之，我們本來在國際上跟我們國外的 record label 都會討論，你們要用英文，還是用台語，還是用華語。原則上，目前在海外的唱片公司都會希望我們發行英文的版本。所以主要就是這樣的考慮。

白睿文：整個專輯的創作過程多久，從做研究、寫歌到錄製？

林昶佐：至少有兩年，2003年到2005年期間都在做這個項目。

白睿文：整個過程當中，最大的挑戰是什麼？

林昶佐：其實當時最大的挑戰是團員的改變，那個時候我們的鼓手跟鍵盤手都離開了。倒不是創作上的問題，在創作上我只要進入創作的感覺，寫出來就很快。主要的挑戰還是團內的變化。

白睿文：跟您們合作多部 MV 的拍攝是著名導演鄭文堂。鄭文堂剛好也曾經拍了多部關於台灣原住民的紀錄片和劇情片，包括《夢幻部落》。鄭導演給您們對霧社事件的想像和理解帶來什樣的影響？

林昶佐：他比較不會。我跟他是好朋友。但是針對霧社事件，我們這方面的討論比較少。

黃金時段的霧社事件：
萬仁談公視電視劇《風中緋櫻》

白睿文、萬仁

萬仁導演是 1983 年以《兒子的大玩偶》的第三段《蘋果的滋味》出現在台灣影壇，一夜間變成了「台灣新電影」運動的重要角色。往後的十餘年中，從 1980 年代到 1990 年代，萬仁導演又推出一系列頗有社會洞察力的經典電影，包括《油麻菜籽》(1984)、《超級市民》(1985)、《惜別海岸》(1987)、《胭脂》(1991)、《超級大國民》(1995)、《超級公民》(1998) 等片子。其中有不少影片涉及到各種社會問題與歷史事件，包括白色恐怖。但萬仁第一次試圖從電影嘗試電視劇創作是 2004 年在公視播出的二十集連續劇《風中緋櫻》。該劇根據鄧相揚的同名歷史著作而改編的，歷史背景便是 1930 年發生的霧社事件和事件後劫後餘生的悲慘故事。

這次對話 2017 年 10 月在加州大學洛杉磯分校進行的，主要討論的範圍是《風中緋櫻》和萬仁導演對霧社事件的詮釋。——編者白睿文

白睿文：萬仁導演是新台灣電影崛起的時候，就是八〇年代初出現的

一個重要導演，拍攝《兒子的大玩偶～第三段～蘋果的滋味》之後，他後來的電影作品包括《超級公民》、《超級大國民》、《油麻菜籽》等片。萬導演拍攝的第一部電視連續劇就是《風中緋櫻》。我想還是從最初的起點開始，從第一次聽到霧社事件到決定要嘗試這樣的一個歷史劇，又到後來的製作的過程；能否請您介紹《風中緋櫻》的整個創作過程？

萬仁：我是 1950 年生的，從小的教育，教科書都有講到霧社事件，但是除了莫那‧魯道抗日外，其餘談的很少，國民黨政府基本上是把它轉成是一場抗日戰爭（從霧社莫那‧魯道抗日紀念碑前，蓋了一座上面寫著「碧血英風」的中國式牌坊，就能體會到）。我們從小就被教育成霧社事件是抗日，跟在二次世界大戰的那個抗日戰爭連在一起。事實上霧社事件跟漢人沒有一點關係的，他是一個賽德克族原住民與日本統治者抗爭的事件。霧社事件是日本統治台灣五十年，最重要的原住民反抗歷史事件。尤其 1930 年日本已經統治台灣三十五年，自信全台灣的原住民都完全馴服了，甚至把最難馴服的賽德克族霧社，指定為「模範蕃社」。內地日本人到台灣來旅行的時候，是一個典型參觀的樣板部落，竟然會發生這麼大的反抗。我覺得它非常的重要也非常地戲劇化。

白睿文：那這種反抗事件最吸引您的地方是什麼？

萬仁：其中最重要——文化差異是主要原因，這個因素吸引到我。我一直想把它拍成電影。1996 年初電影《超級大國民》上映後，我就開始計畫籌備《霧社事件》電影。我記得有一次我去合歡山拍廣告片，路過埔里、霧社，台北朋友幫我介紹邱若龍和鄧相揚，他們花很多時間跟我談整個霧社事件歷史背景，我發現他們研究

得非常深入。尤其鄧相揚的書《風中緋櫻》，我住到他家的時候，他給我看的資料，不只就這一本書，而是一疊一疊的圖片與文字資料。還有邱若龍的霧社事件漫畫書與本身活靈活現的陳述，都讓我在一旁目瞪口呆又興致勃勃。於是我開始努力請教與學習。多次來往台北與埔里霧社。也多次與電影片商洽談拍攝電影，結論都是當時的觀影條件，原住民的體裁，台灣觀眾沒興趣，加上戰爭場面成本預算太高，票房不樂觀，投資回收困難。最後只好暫停籌備，改拍電影《超級公民》與《傀儡天使》。（其實《超級公民》與《傀儡天使》也是台灣觀眾不喜歡的政治體裁，但因成本不龐大，最後是自己籌款拍攝。）

白睿文：那後來是什麼樣的情況之下讓您重新回到「霧社事件」這個題材，而且決定改用電視劇的形式來拍攝？

萬仁：2002年初我接到公共電視台電話，邀請我拍攝二十集每集五十五分鐘的電視連續劇，根據鄧相揚著作《風中緋櫻》書籍改編。我一直是電影導演，電視連續劇不是我專長。

雖然用電影拍攝，比較精緻，但是公視的戲劇節目比一般商業電視台更講究品質更像電影，而且較有創作空間，不會那麼商業化，另外二十小時電視連續劇的長度比起二個小時的電影，可以把整個霧社事件詳盡地描述。鄧相揚的《風中緋櫻》書的副標題是「霧社事件真相及花岡初子的故事」。花岡初子，賽德克族的名字叫「歐嬪‧塔道」，但是她被日本教育以後，把她做成一個「模範蕃童」，所以她名字被改成叫「高山初子」（霧社事件前她嫁給花岡二郎，改名為「花岡初子」，事件時二郎自殺，她帶著遺腹子，嫁給中山清，改名「中山初子」），二戰後國民黨來以後，她又要被改成漢名「高彩雲」，她的人生經歷非常戲劇化，

我對這個人物很有興趣。以女主角去看大事件與大歷史，會有一種細膩與特別觀點。

白睿文：除了「身分」的問題，您過去的數部電影也都是從女性的視角來講故事。您好像特別擅長處理女性題材的電影、電視劇。

萬仁：我拍電影《油麻菜籽》是拍台灣女性，由台灣女性切入去談台灣時代的變遷。還有身分認同問題，她有三種身分，像我後來拍過的電影《車拼》講在台灣我們阿公的時代，日本統治的時候，有些人去當日本政府「日本兵」打二次大戰，結果戰爭結束，國民黨來台灣以後，他又去當國府「國民黨兵」，後來被派去中國大陸跟共產黨打內戰，被俘虜以後又變中國共產黨「解放軍」，所以他有三種國籍，三種身分。初子也是一樣，一直被統治殖民的命運，這個「身分認同混淆」情節吸引了我。

　　其實這個混淆認同，除了初子之外，還有花子，花岡一郎，花岡二郎，我們2003年拍攝電視劇的時候。在桃園忠烈祠裡面發現有莫那・魯道與花岡一郎的牌位（被當作抗日烈士），莫那・魯道當然沒問題，但花岡一郎，我覺得比較有爭議。就像事件時他穿日本員警衣服，但是事件一發生，他就把它脫掉，套上賽德克族的傳統衣服；事件後花岡二郎是用賽德克族的自殺方式在樹上上吊死的，但是花岡一郎卻用日本式切腹，並在樹幹上留下身不由己的遺言。這個忠奸的衝突掙扎有很多可以探討的。我記得我們當初設計一個海報，很特別，就是一個賽德克的女人，臉上是有文面，但是她穿的是日本純白的新娘禮服，形成強烈的對比。文化混淆與殖民統治，是事件發生一個很主要的因素。而花岡一郎、二郎、初子跟花子被日本統治者塑造成「模範蕃」，相對以莫那・魯道等族人的「不良蕃」又形成了強烈的對比。初

子在事件前後都見證了歷史，事件時她與一郎、二郎、花子一起
逃入樹林，其他三人都自殺身亡，她卻因身懷孩子，活了下來。
事件後她家人與莫那・魯道一群人皆身亡後，她又見證了第二次
霧社事件的屠殺，又活下來。甚至被遷徙至山下的川中島，她又
見證了被日本人屠殺後，僅存的弟弟，長大成人後，竟然自願從
軍參加高砂義勇隊，對日本人效忠，捐軀南洋。之後她又過渡國
民黨政府，活到八十二歲。所以以她為故事主軸，加上莫那・魯
道的事蹟，與日本人的統治就可編織成一個很好的霧社事件故
事。

**白睿文：那除了花岡初子之外，電視劇的人物特別多。您基本上靠了
鄧相揚原著的歷史角色嗎？還是又加了一些虛構人物？因為畢竟
是歷史題材，您處理人物和故事有什麼樣的原則？**

萬仁：因為是戲劇的結構，所以我需要虛構一些人，但是這些人又不
能太離譜，所以畢荷・瓦利斯（王宏恩飾）這個角色就出來了，
事實上他是有根據的，根據傳說，他從小到大都是日本人眼中的
不良蓄，跟一郎、初子他們是玩在一起，但是跟他們不一樣的
是，他沒有受過教育，長大後與當日本員警的一郎亦友亦敵，時
而互嗆，時而衝突，他跟隨著莫那・魯道，參與霧社事件對抗日
本人，也是一位悲劇主角。還有姓巫的（蔡振南飾）雜貨店老闆
（霧社巫金墩商店），他是善良的漢人；相對我們就塑造一對欺侮
原住民的酒店漢人夫妻（夏靖庭、柯淑勤飾）。日本員警也一
樣，當初日本內地日本人到台灣當員警，素質參差不齊，很多人
都是為討口飯來的，有人還帶著油漆、水泥工具，萬一不適合，
還能做別的工作。應徵時只要留鬍子，就可以優先錄取，上任後
對待高山上的原住民，更是用殘酷歧視的手段與態度。日本員警

政策性娶原住民女性為妻，又拋棄；隨意鞭打侮辱原住民，更是時有所見。但是在戲劇裡面，我們塑造一個村田（石塚義高飾），他是一個講究人權、人道的好員警。相對多數粗暴自大的眾多日本山地員警，他至少平衡一下，不會為戲劇效果，完全醜化日本人。

白睿文：在霧社事件的歷史脈絡，所謂「第二次霧社事件」總是一個特別引起爭議的話題，能否談談您如何處理「第二次霧社事件」？

萬仁：很少人知道並關注第二次霧社事件，但是日本人的個性就是他報仇報復到極點，事件後的賽德克族人除了戰死與自殺外，其餘全部被捕或投降。日本人懷疑裡面還有人曾殺了日本人，沒有被報復到。所以二次霧社事件就是，「以蕃治蕃」的策略，利用親日的「味方蕃」去屠殺「反抗蕃」，二次霧社事件又死了216人，後來餘生者被移居到了川中島，為了報復又暗中篩選屠殺幾十個人，我覺得這是很殘忍的，它製造了兩個同族群的屠殺，這個仇恨到現在還在，我覺得第二次霧社事讓人最痛心的地方就在這裡。在我的感覺可能比第一次霧社事件更恐怖。當然更恐怖的就是那些受害者的子弟後來長大了，到了1940年代，這些人竟然參加高砂義勇隊，去替曾經殺過他的父親輩的日本人打仗，百思不解，我們只能歸咎於斯德哥爾摩症了，這個也是一種時代悲劇。

　　最後我們講，女主角初子，快過世之前，她告訴訪問她的人，死後她最怕的是上了彩虹橋，碰到她的前夫花岡二郎，她要自稱什麼，高山初子？花岡初子？中山初子？最後她希望她還是叫歐嬪。我覺得每一個種族都有他自己獨特難懂的文化背景，我

跟邱若龍最常談的就是你們剛才講的 Gaya，他說你要了解霧社事件一定要知道 Gaya，我開始當然不懂，但是慢慢慢就了解賽德克族的全部傳統文化信仰就繫於 Gaya 上，霧社事件會發生，就是 Gaya 的問題。第二個是談到彩虹橋，彩虹橋對他們人生意義非常大，他們所有的信仰都是寄託在祖靈，生前他們之所以文面、獵首，都是為了死後能上彩虹橋與過世的家人與祖靈相聚。所以最後我安排這一家人全部在彩虹橋上迎接高山初子，迎接歐嬪。導演的用意就是，我覺得這麼殘忍的事件裡面，我們最後給一些溫暖與慰藉。這是戲劇的一個功能。

白睿文：那製作的過程順利嗎？跟您過去拍劇情片又有什麼不同的拍攝經驗？

萬仁：最後講製作方面，剛才看這個五十六分鐘的「幕後花絮」，是十四年前拍的，我自己都沒有這個 copy，這是從公共電視拿出來。看完有點心酸，因為預算不足，拍攝與製作環境相對困難，我把大部分的預算除了龐雜的服飾與刀槍道具與主景外，主要花在拍攝工作天上，我們拍的時間很長，拍了六個月（一般是三～四個月），幾乎全在花蓮取景。主景在鳳林、林田山山上蓋了兩個大的賽德克族部落，也把林田山日式建築群改造成霧社街市，日本警察局內部在花蓮市舊日本鐵路所改建；外景遍及各地，以銅門山區樹林溪谷為主。整個做完是 overbudget（超出預算）。這個 budget 跟《賽德克‧巴萊》比起來大概二十分之一不到，所以我很多東西不能做太大做太多，就是戰爭與打鬥場面，那是非常花錢的。還有一點最不足的地方是語言的問題。今天一開始看著莫那‧魯道在對祖靈講話，他假如是用賽德克語去唸的話，那會很感人。但是公共電視當初有一個決定是說，他們為了收視率，

與為了讓一般的台灣觀眾比較能夠理解，決定是要用國語發音，不用賽德克族語。

另一原因是，電視二十集，二十小時是電影的十倍，尤其電視劇的對白非常多，沒有辦法像電影那麼精簡。現場錄音演員沒辦法勝任賽德克語，事後找賽德克族人配音也被否決，我們最後做了一個決定就是盡量用歌、用歌詞，對白裡面夾幾句賽德克族語，戲裡語言一直是我拍這部電視劇最大的缺點，但是這個是公共電視的一個policy（規定）。假如是電影，我們導演就可以堅持到很多，但是電視我覺得比較難，這是我認為比較遺憾的地方。

另外一個就是我剛才講到的一個族群衝突的問題。其實我最初構想影片開場是2004年、霧社，一位Tgdaya霧社的男生想和一位Toda道澤社的女孩子結婚，結果雙方家長都反對，他們很不解（他們父母長輩絕口不提這一段歷史），最後跟著戲發展，他們才明白兩個族群，因為當年日本人的設計，引出來歷史的仇恨，一直延續到現在。但是邱若龍跟我講，你這樣拍的話會引起第三次霧社事件！最後我當然尊重他們，把劇本改掉。電視劇開鏡地點選在霧社，在莫那‧魯道銅像紀念碑前舉行儀式，幾位台北來的記者不停地問當地人莫那‧魯道的偉大，我看他們面露尷尬，記者們不知道很多當地人的祖先前輩，被日本人煽動利用屠殺莫那‧魯道等「反抗蕃」，最後還把反抗蕃的土地賜給他們。而國民黨政府把莫那‧魯道的墳墓與紀念碑蓋在霧社街頭，而不建在莫那‧魯道的老家馬赫坡社（今廬山溫泉）。歷史的傷痛是否已癒合免疫，這要再次尊重當事人。假如我拍電影，我可能會希望從剛才提到Toda跟Tgdaya之間的這種仇恨去探討以往歷史，因為只有這樣才能夠顯現更深刻的意義。

從田野、文學到舞台

鄧相揚

摘要

　　水沙連（邵語拼音：katuru Sazum a kataunan）位於台灣中部地區，自然生態環境相當優沃，自古以來就吸引泰雅、賽德克、邵、布農諸族來此建立家園，清道光年間，中部地區的道卡斯、巴宰、拍瀑拉、洪安雅、巴布薩等平埔族群亦持續移入，清光緒年間，清廷厲行「開山撫蕃」政策，閩、粵地區福佬、客家陸續移入，形成此一地區多種族，以及多元文化的特色。

　　本文作者出生於水沙連地區的埔里鎮，因生於斯、長於斯，自小就感受平埔族群文化遞嬗的過程，後來在埔里基督教醫院實習及執業向陽醫檢所後，結交許多原住民摯友，開始投入田野調查與族群文史撰寫工作，族群涉及泰雅、賽德克、邵、布農、平埔族群、福佬、客家等，其中以賽德克族「霧社事件」的研究投入最深，成果之一的《風中緋櫻》一書經改編為電視連續劇在公視播出，獲得許多回響；為了推展族群文化與藝術教育，近十年來，與台中市青年高中舞蹈科、台灣青年舞團合作，將台灣優沃的自然環境，與多元族群文化的

風貌，成為創作的元素，並以歷史進程為主軸，從橫向的自然生態陳述、到縱向的人文與族群特色，經由文化創意、舞劇創作與演出，來詮釋台灣的自然與人文之美；無數的普羅觀眾亦藉由欣賞舞劇，聆賞歌謠，感動心扉，進而了解台灣的多元族群歷史與文化。

人間舞台──水沙連

　　「水沙連」一名的由來乃係分布於彰化地方山邊的平埔蕃（熟蕃、受漢文化影響之台灣原住民族）、Arikun，對該方面內山生蕃（未受漢文化影響之原住民族）之地稱 Tualihen 或 Soalian，譯音訛「沙連」，同地因有日月潭之湖水，而加添「水」字所稱呼者。[1] 唯居住在日月潭周遭地區的邵族，則認為「水沙連」一詞係由邵語的「水」轉譯而來，[2] 邵語稱「水」為「s'aðum」，音譯為「沙連」，而漢譯則為「水社」，「水沙連」名稱則由「水」加「沙連」重疊而來。[3]

　　水沙連位處於台灣全島的軸心地帶，其垂直高度是多層位的，自海拔約 350 公尺至 3,605 公尺之間，故其動植物群落，包括有從熱帶、溫帶雨林區及高山寒帶的生物種屬。由於雨量豐沛、濕度大，氣候適中，故其對於動植物繁殖適宜，因此種類繁多。[4]

　　水沙連區域由於是由連聳的山脈，起伏的丘陵，平坦的盆地，以及蜿蜒的河川所構成，這種豐富且多姿的生態自然環境，提供了各族群的人類，從採集、狩獵、漁撈，到農耕所應有的生存要件，這種環境的優越，及資源的豐富，吸引各族群樂於遷來棲息定居，逐漸孕育

1　伊能嘉矩，《台灣文化志》下篇（台灣省文獻會中譯本，1991），頁 159。

2　鄧相揚，《日月潭史話》（交通部觀光局日月潭國家風景區管理處出版發行，2000），頁 3。另詳見 Robert Blust, *Thao Dictionary*。

3　簡史朗，《水沙連埔社古文書選輯》，頁 13。

4　同上註。

歷史上多元族群，以及創造豐美的文化特色。[5]

多元族群與文化的牛眠山

　　水沙連地區的族群有泰雅、賽德克、布農、邵，以及平埔族群道卡斯、巴宰[6]、拍瀑拉、洪安雅[7]、巴布薩等族，以及福佬、客家、新住民等。[8]

　　「牛眠山」是一村莊名稱，隸屬南投縣埔里鎮牛眠里，因村落後方之山崗似牛臥狀，猶如牛隻在睡眠般，故得名「牛睏山」，亦名「牛眠山」。此一村落由巴宰、噶哈巫、洪安雅、巴布薩各社群的族人，於道光、咸豐年間以平埔族群「跨社群」拓墾集團所建立。光緒年間客家、福佬，陸續移入，形成多元族群混居的村落。1872年（同治十一年）設立基督教長老教會牛眠山禮拜堂，[9]日治中期，牛眠山為埔里街全境「九月迓媽祖」的策源地，[10]組有北管、[11]武館等陣頭。[12]

5　同上註。

6　巴宰族（Pazeh）有岸裡、烏牛欄、阿里史、樸仔籬（Kahabu）等社群；分布於今台中市豐原區、神岡區、潭子區、石岡區、新社區、東勢區，在歷史進程中，有岸裡、烏牛欄、阿里史、噶哈巫（Kahabu）諸社群，清道光年間，舉族遷徙到埔里盆地。今之噶哈巫族（Kahabu）為巴宰族（Pazeh）社群之一，2000年經民族自我認定運動，自稱為「噶哈巫族（Kahabu）」，其民族邊界與認定，有待族人與學者的進一步研究。

7　洪安雅（Hoanya）包括羅亞族（Lloa）、阿立昆族（Arikun）二支族。其民族邊界與認定，有待學者的進一步研究。

8　「新住民」是1949年隨國民政府自中國大陸撤退來台灣的外省籍軍民，以及1990年代後經過跨國通婚或其他原因取得中華民國國籍者的稱呼。

9　台灣基督長老教會〈牛眠教會沿革〉。http://www.pct.org.tw/churchdata.aspx?strOrgNo=C05060。

10　「媽祖」被中國沿海地區民間視為航海之神，亦是民間信仰的崇信之神，隨著閩粵福佬、客家的移墾台灣，亦成為台灣民間信仰所崇祀的神祇。每年農曆3月間抑或農事秋收之後，民間進行「迓媽祖」的廟會活動。埔里的「迓媽祖」的廟會活動於每年農曆的9月間舉行，由境內各村莊輪值舉行，為期近лял，1970年代改為五天，之後改為農曆9月1日舉行。

二次大戰戰後建有鸞堂之寺廟。[13]

筆者於1951年出生於埔里鎮牛眠山，及長後受父親鄧阿僯影響，感受到平埔族群語言的流失與文化的遞嬗，約於1970年左右見到台灣大學考古人類學系衛惠林（1904-1992）教授，帶領研究生在牛眠山進行巴宰族的田野調查，筆者目睹並受此影響，萌發對家鄉人文的關懷與研究興致。

醫療與公益

筆者就讀台中市中台醫專時，[14]寒暑假期間在埔里基督教醫院實習，同工除了洋人的醫師、護理師、宣教師以外，護士、埔里基督教醫院護理學校（1958-1970）的護生、伯特利聖經書院的學生大多為原住民；在台北仁愛醫院實習時，寄宿於基督長老教會台北山地學生中心，同宿者係來自台灣各族的原住民大專學生，因而結交許多原住民朋友。

取得國家醫檢生、醫檢師、放射技士執照後，1974年在埔里街上開設「向陽醫事檢驗所（Shian-Yang Clinical Laboratory）」，就檢的

---

11 「北管」為中國閩南與台灣流傳廣遠的傳統音樂，歌曲及戲劇表演。其音樂仍常見於迎神賽會、陣頭、傳統或現代布袋戲表演上。借用中國北方音樂戲劇元素與官話（就是京劇稱為中原音韻、中州韻的湖廣話）而得名的「北管」，https://zh.wikipedia.org/wiki/%E5%8C%97%E7%AE%A1

12 武館是指教授和學習各種武術的組織機構，牛眠山的武館以傳授舞獅及打拳技藝為主。

13 鸞堂是以扶鸞（扶乩）為主要儀式進行神人溝通的宗教組織及團體。以扶鸞問事在華人文化中有悠久的歷史。在台灣許多鸞堂與儒家義理的關聯較為密切，因此以「儒宗神教」或「聖教」自居，被視為是一種民間儒家的宗教組織。詳見內政部《全國宗教資訊網》。https://religion.moi.gov.tw/Knowledge/Content?ci=2&cid=222。

14 「中台醫專」於1966年3月在台中市北屯區原逢甲大學舊址創立，1998年7月奉准改制為「中台醫護技術學院」。2005年8月1日起改名為中台科技大學（Cental Taiwan University of Science and Technology）。http://www.ctust.edu.tw/files/11-1000-663.php?Lang=zh-tw。

病患除了埔里鄉親外，還有原住民，包括泰雅、賽德克、布農、邵，以及平埔族群道卡斯、巴宰[15]、拍瀑拉、洪安雅、巴布薩等族，醫檢所成為鄧相揚結交原住民與聊文化歷史的空間。執業期間，投入埔里的公益社團，參與埔里國際聯青社、基督教青年會、社區衛生促進委員會等社團，組織了埔里捐血隊，因而促成了台中捐血中心在埔里設立了埔里捐血站，對救護急症病患做出貢獻。

埔里鄉情雜誌

1978年埔里籍的南投縣議員黃炳松[16]，邀請埔里鎮藝文人士、各國際社團社長、旅外菁英，成立「埔里鄉情雜誌社」，出版《埔里鄉情雜誌》，主要的內容為報導埔里、魚池、國姓、仁愛等鄉鎮（即水沙連地區，或稱大埔里地區）的社教、歷史、史蹟文物、山水景點、在地人物、藝文導覽，和未來發展等，於當年7月創刊，採季刊形式發行。之後筆者被邀加入成為社務委員，深受黃炳松、王萬富、梁坤明等前輩的影響，開始撰寫地方文史，「霧社事件」的研究與撰寫為筆者最為投入的功課之一。

走進田野

1980年正逢霧社事件五十週年，埔里鄉情雜誌社出版《霧社事件五十週年紀念專輯》，筆者以父親的二本日文藏書《霧社事件實記》[17]、

---

15 巴宰族分布於今台中市豐原區、神岡區、潭子區、石岡區、新社區、東勢區，在歷史進程中，有岸裡、烏牛欄、阿里史、噶哈巫諸社群。今之噶哈巫族為巴宰族社群之一，2000年經民族自我認定運動，自稱為噶哈巫族，其民族邊界與認定，有待學者的進一步研究。

16 黃炳松是為埔里的客家人，他用「政治獻金」創辦《埔里鄉情雜誌》；蒐羅霧社事件舊照片，成為電影《賽德克‧巴萊》素材；為素人藝術家林淵創立牛耳石雕公園，園區設桐花宴賞四月雪，成為客家桐花季的濫觴。

17 小池駒吉、五十嵐石松，《霧社事件實記》。

《霧社討伐寫真帖》[18]為基礎研究資料。之後與事件當事人之一花岡二郎遺孀高彩雲（Obing Toda、高山初子）結識，開始進行口述歷史採集，進行文獻的比對，然後撰寫她傳奇一生的生命史，又經她介紹到仁愛鄉互助村清流部落（川中島），認識高友正（Awi Tado）、曾少聰（Awi Tado）、蔡茂琳（Pawan Nawi）、溫克成（Tado Walis）、傅阿友（Tiwas Pawan）、邱寶秀（Bakan Walis）、黃阿笑（Lubi Pawan）等耆老，後來又認識林光明（下山一、Shimoyama Ichi），他是日本警官下山治平和泰雅族（Atayal）馬力巴群（Malepa）頭目之女貝克・道雷「和婚」的後代，因而採擷更多的口述資料。此後，在醫檢工作之餘，行走於霧社（Wushe）、清流部落（川中島）等地，集結成果，並開始撰文於報章雜誌上刊載。此外，**鄧相揚**在埔里家鄉平埔族群的田野工作並未中斷，更邀得中央研究院民族所、歷史語言所、台灣田野工作室的學者，共同投入水沙連地區族群、語言、考古等領域的調查與研究，各學術領域學者對於水沙連地區的研究，**可謂成果非凡。**

初試啼聲

　　1990年正逢「霧社事件」六十週年紀念，筆者協助南投縣政府、仁愛鄉公所舉行紀念活動，並出版《碧血英風》一書，同年自費出版《霧社事件初探》。1991年筆者獲台灣省文獻委員會聘任為特約編纂，1995年逢「霧社事件」六十五週年，筆者協助南投縣政府、仁愛鄉公所舉行「霧社文化祭」紀念活動，與黃炫星合作出版《合歡禮讚》乙書，並向統一企業集團募款豎立莫那・魯道（Mona Rudo）銅像，及抗日群像於南投縣仁愛鄉霧社抗日紀念園區。

18　海老原興（耕平），《霧社討伐寫真帖》，1931年2月10日。

「霧社事件」三部曲

「霧社事件」是賽德克族德固達雅（Seediq Tgdaya）六部落族人，犧牲近千人，以鮮血所寫下的歷史；筆者長年行走於霧社山區、清流部落（川中島），曾有一位耆老劉忠仁（Pawan Neyung、莫那‧魯道的孫女婿）告訴筆者說：「我們原住民沒有文字，期待你用漢文寫下來就可以留傳。」另一耆老楊明鏡（曾任仁愛鄉長）也說：「人會死，文字不會死，你用你們的漢文寫下這段歷史，讓『霧社事件』不能死。」在進行田野調查期間，亦獲得邱建堂（Takun Walis）、郭明正（Dakis Pawan）、程士毅、賴力行的大力協助，筆者在賽德克族耆老及族人的期待下，終於完成了「霧社事件」三部曲。

《霧社事件》於1998年出版，當年獲台灣筆會選為「台灣本土十大好書」之一，1999年教育部評為原住民教育及語言研究得獎著作。

《霧重雲深》曾於1993年獲得中國時報第十六屆報導文學的首獎，經編輯後，於1999年與《霧社事件》乙書同時出版。當年獲得中國時報開卷版評為年度好書之一。

《風中緋櫻》於2000年10月霧社事件七十週年出版，文建會亦在台北舉行國際學術研討會、及史料照片展。此外文建會（現文化部）為推展兒童文學，於2006年出版文化台灣繪本書，其中之一的《莫那‧魯道》由鄧相揚撰文、邱若龍繪製。

邁向國際

「霧社事件」是台灣原住民史、台灣史，也是日本殖民台灣史，是之，筆者的研究與報導，不僅受到台灣學術、文學界的重視，也引起日本的學界與文藝界的注目；日本機關紙協會是日本戰後所成立的組織，總部設於大阪，全日本各地設有支部，其宗旨為「反對戰爭、追求人類和平」，每年在大阪通天閣（つうてんかく，Tsutenkaku）舉

行「和平與戰爭展」，1994年、2000年，及2002年先後邀請鄧相揚前往日本展覽「霧社事件」及演講，影響深遠。

筆者撰寫有關「霧社事件」的三本著作，《霧社事件》、《霧重雲深》、《風中緋櫻》在台灣出版後，受到學術界與文學界的矚目，被譽為「霧社事件」三部曲，並且獲得日本機關紙協會的垂愛，聘任日人學者下村作次郎（Sakujirō Shimomura）、魚住悅子（Etsuko Uozumi）將這三本書翻譯為日文，並在日本出版。[19]此後，許多日本的學者、讀者組團來到霧社、清流部落（川中島）踏查，他們表示對台灣原住民有許多的愧疚之心。

公視《風中緋櫻──霧社事件》電視連續劇

2003年文建會與公共電視台共同籌拍電視連續劇，以鄧相揚的報導文學著作《風中緋櫻》為藍本，由萬仁導演，並以原住民籍演員為主體進行拍攝。此片於2004年春季在公共電視台及原住民族電視台頻道播出。說明了政府尊重原住民歷史、文化的一面，其目的乃期待國人從戲劇當中去了解台灣的歷史文化，藉以不忘根本，並重視台灣多元族群文化的多樣面貌。

「霧社事件──風中緋櫻」電視連續劇係由原著《風中緋櫻──霧社事件真相與花岡初子的故事》一書所改編，係經由原作者長期文獻解讀、田野調查、採集口述歷史，再經報導文學形式轉化而成，涉及人類學、民族學、歷史學、文學等領域；以影視的製作來說，這齣悲愴的歷史，是一部相當困難拍攝的戲劇，經由文字轉製為影像戲劇，要從歷史長河轉化成為二十集可以感動觀眾的戲劇故事，更增加

---

19 《霧社事件》日文版《抗日　霧社事件の歷史》（大阪：日本機關紙出版センター，2000）。《霧重雲深》日文版《日本人警察官の家族たち》（大阪：日本機關紙出版センター，2000）。《風中緋櫻》日文版《抗日　霧社事件をめぐる人人》（大阪：日本機關紙出版センター，2001）。

拍攝角度上的困難，耗費相當大的毅力和技巧始能完成。

在工作團隊鍥而不捨的製作下，《風中緋櫻——霧社事件》電視連續劇，於2004年入圍金第三十九屆金鐘獎，[20]最佳戲劇節目獎、最佳戲劇類導演（導播）獎，及最佳技術獎。

台中市青年高中舞蹈科與台灣青年舞團

戰後台灣的藝術創作有著非凡的成就，但在大型舞劇的創作和展演上並不多見；由於大型舞劇的舞者動輒百人，耗費更是龐大，因而充滿變數；另外也有人認為台灣沒有好的題材，所以只能表演一些脫離社會實象與生活經驗的肢體抽象舞蹈而已，顯然這些說法有待商榷，其實台灣的自然環境、歷史、族群、文化……，蘊涵了無數的藝術創作元素。

近十年來，台灣的舞劇創作與展演蓬勃發展，這其中又以原住民文化為主題的數量居多，除了原住民族的專業團體外，各級學校的藝術科系，亦積極地走進原住民部落，向長老請益，藉以了解族群的歷史與文化，透過研究與整理，將原住民的風華文化，展現在觀眾面前，而無數的觀眾亦藉由欣賞舞劇，聆賞歌謠，感動心扉，進而了解台灣的多元族群文化。

台中市青年高中舞蹈科成立於1973年，為中部地區各高中職最先設立之藝術相關類科。並培育出傑出的舞蹈人才，歷年來參與全國性的舞蹈比賽連續榮獲多項優等獎，並經常應邀在國家慶典、政府單位頒獎典禮及地方慈善活動的演出，成果輝煌。台中縣青年高中舞蹈科與台灣青年舞團，近年來以《2007印象水沙連——邵族原鄉》、

20　金鐘獎是台灣傳播媒體的官方榮譽獎項之一，與金馬獎、金曲獎並列為三大娛樂獎項，稱為「三金」。金鐘獎更成為台灣演藝人員追求的榮譽目標。維基百科：https://zh.wikipedia.org/wiki/%E9%87%91%E9%90%98%E7%8D%8E。

《2008發現福爾摩沙──平埔詩歌》、《2009賽德克之歌──風中緋櫻》、《2010舞漾西拉雅》、《2011千鷺之歌》、《2014墾台之歌──客家張達京》、《2017大里杙之歌──藍興堡傳奇》等作品，做為年度的公演舞碼，不僅突破了台灣表演藝術的藩籬，更將台灣的多元族群與文化，透過大型舞劇的創作形式將它展演出來，由於舞劇有歌有舞，有血有淚，因而獲得各界的喝采與讚譽。

2009年《賽德克之歌──風中緋櫻》大型舞劇

2009年青年高中舞蹈科與台灣青年舞團，與多位耕耘台灣本土文化多年的藝術家再度攜手合作，創作了《賽德克之歌──風中緋櫻》，以完整的文學腳本、原創舞劇編舞、量身訂做的大型音樂製作，一百多位舞者共同演出一齣賽德克原住民族的民族誌與「霧社事件」的歷史舞劇，並從一番風土、一番人情的土地感情，娓娓道來賽德克的故事。主題：彩虹聖橋、合歡百合，及歷史舞劇「風中緋櫻」，幕序為霧社春陽、霧重雲深、風起雲湧、風中緋櫻。

《賽德克之歌──風中緋櫻》堪稱以大型舞劇的形式，融會傳統與現代的肢體美學，忠實呈現了「霧社事件」的史實，更充分地演繹《風中緋櫻》一書的劇情及精髓，是一齣強而有力的史詩舞劇。

結語

歷史書寫方式不只一種，文化的發覺與傳遞也不是一成不變的，「霧社事件」是深具普世價值的歷史教育題材，不僅文學界以漢詩、新詩、俳句、散文、小說、劇本、報導文學、漫畫等文本發表或出版，也是藝術界、影視界亟欲演繹的題材，做為一個民間的霧社事件研究者，更想以不同的媒材來詮釋歷史，是之，《風中緋櫻──霧社事件》電視連續劇，以及《賽德克之歌──風中緋櫻》大型歷史舞劇的演繹，就是以常民的角度來說歷史，同時也是從口述歷史到通俗文

化的一種實踐。

參考書目與文獻

台中市青年高中舞蹈科、台灣青年舞團演出《賽德克之歌：風中緋櫻》節目冊、DVD。台中：青年高中舞蹈科出版，2009年。

曾毓芬《賽德克族與太魯閣族的歌樂系統研究兼論其音樂即興的運作與思唯》。國立台北藝術大學博士學位論文，2008年。

鄧相揚《霧社事件》。台北：玉山社，1998年。

——，《霧重雲深：霧社事件後，一個泰雅家庭的故事》。台北：玉山社，1998年。

——，《風中緋櫻：霧社事件真相與花岡初子的故事》。台北：玉山社，2000年。

——，《日月潭史話》。南投：交通部觀光局日月潭國家風景區管理處出版發行，2000年。

——，〈Gaya與義理：花岡一郎與花岡二郎的族群認同〉，高一生（矢多一生）研究会『高一生（矢多一生）研究』9/10號，2008年4月，頁24-38。

鄧相揚、許木柱合著，《邵族史篇》。南投：台灣省文獻委員會出版發行，2000年。

簡史朗、曾品滄，《水沙連埔社古文書選輯》。台北縣：國史館台灣文獻館出版發行，2002年。

郭明正，《又見真相：賽德克族與霧社事件》。台北：遠流，2012年。

潘乃德（Ruth Benedict）著，黃道琳譯，《菊花與劍》。台北：桂冠，1974年。

新渡戶稻造著，吳容宸譯，《武士道》。台北：先覺，2003年。

無好人亦無壞人：
訪《賽德克・巴萊》導演魏德聖

托尼・雷恩（Tony Rayns）、魏德聖
（白睿文 譯）

在霧社事件過後將近九十年，在事件被「再現」的漫長歷史裡，沒有任何作品的影響力能夠跟魏德聖導演2011年的鉅片《賽德克・巴萊》相比。自從中影在1970年代製作的一系列歷史戰爭片（包括《八百壯士》、《梅花》等）之後，高成本的歷史鉅片幾乎從台灣的影壇消失已久，但這樣的一部傳奇性的電影一下子征服了台灣電影票房，又使得霧社事件重新進了許多觀眾的視角，也讓新一代人第一次認識霧社事件。《賽德克・巴萊》的創作時間非常漫長，在拍攝《海角七號》之前，魏德聖早已開始撰寫《賽德克・巴萊》的劇本，後來為了fundraising拍了當時台灣電影最貴的預告片。

《賽德克・巴萊》即將推出的時候，資深影片人和策展人托尼・雷恩跟魏德聖做的一個訪問。從內容可以了解魏導演當初如何走進「霧社事件」的歷史世界，又如何預備這部未來鉅作的各種細節。
——編者白睿文

托尼・雷恩：您第一次知道「霧社事件」是什麼時候？

魏德聖：應該是 1996 年，而且就在同一年我完成了電影劇本的第一
稿。我在無意中看到一個電視新聞報導，內容講述原住民的一個
抗議活動，他們在抗議台灣政府徵用原住民的一塊土地來蓋工
廠。我看到那些原住民抗議者的畫面，感到非常震撼：如此強壯
和結實的身體穿的只有雨衣。我馬上被吸引，很想多了解他們的
情況。接下來又看到一個新聞，報導香港回歸，內容在討論香港
的未來。香港應該按照原來的計畫回歸大陸？還是跟台灣達成一
種新的協議？我一聽，慢慢地意識到，這跟原住民的情況一樣，
基本上都是土地所有權的問題。

　　土地是種實物，失去它有它實在的意義。但我開始反省，我
就想到那些見不到摸不到的東西，也將遺世。

　　第二天我在逛書店，找到邱若龍的《霧社事件》連環畫。我
覺得很有趣，所以就跟作者聯絡。邱若龍的太太是一位原住民，
她後來也為《賽德克‧巴萊》擔任藝術顧問。那麼，邱若龍大約
三十餘年前就知道霧社事件。當時最吸引他的問題，也是最吸引
我：就是起義背後的英雄人物（莫那‧魯道）不是為了他的自由
而戰，而是為了他死後的靈魂的自由。那麼，我就很快進入狀
態，把劇本寫出來。

**托尼‧雷恩：在當時霧社事件是否被壓？有沒有人做過霧社事件研
究？有哪些歷史記錄？**

魏德聖：沒有被壓，但我一開始做這個案子，很快就發現原住民本身
一般不太願意談這件事情。他們可能覺得面對霧社事件有點太複
雜。等到我意識到這一點，我覺得壓力滿大，一定要在電影裡把
它表現得正確。我說的不只是事件本身的對和錯，我也知道有一
種可能性，就是拍霧社事件可能會使得不同部落的族人多年以來

被壓下的張力，重新再爆發——雖然表面上有種「假的和解」。所以需要跟很多不同部落的族人溝通，讓他們放心。我一直強調，我不想造成不同族之間的矛盾。我告訴他們，我主要是想從一個俯視的角度看整個霧社事件：我想探索好人怎麼會做不好的選擇，壞人又怎麼會做好的選擇。我對典型的「好人」和「壞人」毫無興趣。我更想探索人的複雜性。

托尼・雷恩：你沒有把日本人當作敵人嗎？

魏德聖：一開始絕對沒有意圖用這個片子來攻擊日本人。電影中的兩個日本主角的性格完全不一樣，而且他們在電影中都有滿大的變化。一開始，Kojima 是站在原住民的那一邊，但等到他太太被殺了之後，他的態度就完全改變了。另外有個日本將軍，一開始對待原住民有個非常明顯的敵意，但後來不得不尊重他們。其他人本角色的性格塑造，我也思考很久。比如說，有一位非常殘忍的日本員警，很明顯地他是在補貼自己的缺陷，觀眾可以意識到，這種人大概一輩子都是被其他的日本人欺負的。但有一點，歷史考究可以證明，被派遣到原住民部落的日本員警是最爛的。派到深山的部落，生活條件不太好，好一點的員警都留在城市內的漢人社區。

托尼・雷恩：說到漢人，電影中幾乎見不到漢族人……

魏德聖：那個時候，很少有漢人住到山上的部落。少數的漢人一般都當作原住民和日本人之間的中間人，幫他們溝通。你可知道，電影中有個漢人開的小賣部，真正的店主有個兒子，那個兒子現在就是我小孩的老師！

托尼·雷恩：您可花了很多時間在做研究吧？

魏德聖：有，而且非常艱苦。早在1996、1997年，沒有很多關於霧社事件的書籍或研究成果。所以我就跟著邱若龍。他當時正在拍一個關於霧社事件的紀錄片。我們這樣一路照資料，後來發現的文件越來越多。後來寫劇本，越來越覺得我整個視角太典型了，所以就停下來。當時就覺得需要做更多的研究才能找到一個比較個人化的視角。整個霧社事件的經過，參加事件的主要人物，這些都比較清楚，但我需要了解當時的國際關係和1930年代的社會狀態。我從1910年代追尋到1940年代，慢慢的研究這一塊歷史來塑造更加完整和有實感的人物。有一點給我非常大的幫助，就是賽德克族的很多習俗、生活和文化上的習慣，現在在賽德克的部落裡都保存了下來。

托尼·雷恩：您當時怎麼找演員？

魏德聖：在某一個程度上，這應該是最難的一件事。我們先公布一個徵演員廣告，誰都沒來！後來就請負責選派角色的工作人員到部落去找，他們就這樣一戶戶的敲門，找合適的人選。我告訴他們，需要找那種有特別眼神的演員，需要獵人的眼神。他們也請一些長輩把家裡的照相冊拿出來看看，就這樣找！看那些老照片，就會問，「你這個兒子，怎麼找到他呢？」大部分的年輕人大概都搬到城市去了。最容易找到他們就是要去一些原住民集中的婚禮、葬禮、運動會和教會的活動。我們去這些地方，拍了幾百張照片，然後討論有誰會感興趣，後來就教一些基本的演技，最後就做出我們的決定。

　　演莫那·魯道的那位先生，其實在教堂工作。他的眼神是對

的，而且他的性格就是天生的領導——就是說他盛氣凌人。後來發現他不太好相處，不是那種隨和的性格——就覺得對了，莫那・魯道應該就是這種性格。如果搬到城市裡，他肯定會變成黑幫的一個老大！

托尼・雷恩：您之前的片子《七月天》跟《海角七號》都算小製作。當然《海角七號》在全台拍攝，後來在票房也很成功，但相對來講，跟《賽德克・巴萊》比，製作的規模小很多。從小成本的電影跳躍到這種大製作是什麼樣的一個經驗？

魏德聖：拍這個片子的理由其實很簡單，因為故事好。因為《海角七號》的成功，有機會找到資金，那我就去做。一邊拍電影一邊學我需要的東西。現在不用 CGI 就拍不了這種電影，所以其中還需要學習電腦做的特效和其他的特技。

托尼・雷恩：《賽德克・巴萊》在台灣有上下集發行，中間擱了三個星期，但海外會發行一個鎖版。您對這兩個不同版本有什麼樣的看法？

魏德聖：老實講，我非常遺憾有這兩種版本。但製片人說服我，海外的觀眾會希望看到的內容會跟台灣本土的觀眾有點不同，他們需要一種更直接的敘述，這樣比較容易理解。所以我完全接受「國際版」的需要。還好我還可以在台灣發行原來的上下集版本。

延伸閱讀

白睿文（Michael Berry），《痛史：現代華語文學與電影的歷史創傷》，台北：麥田，2016年。

蔡明原等，《賽德克：莫那‧魯道》，台北：聯經，2011年。

春山哲明等，《霧社事件日文史料翻譯》（上下冊），台北：國立台灣歷史博物館，2010年。

鄧相揚，《霧重雲深：霧社事件後，一個泰雅家庭故事》，台北：玉山社，1998年。

鄧相揚，《霧社事件》，台北：玉山社，1998年。

鄧相揚、邱若龍，《莫那‧魯道》，台北：台灣東華書局，2006年。

鄧相揚，《風中緋櫻：霧社事件真相及花岡初子的故事》，台北：玉山社，2000年。

郭明正，《又見真相：賽德克族與霧社事件》，台北：遠流，2012年。

郭明正，《真相‧巴萊：《賽德克‧巴萊》的歷史真相與隨拍札記》，台北：遠流，2011年。

海老原興等。《霧社討伐寫真帖：以攝影記錄霧社事件戰場實況》（電子書），南港山文史工作室，2017年。

江明珊、趙小菁等，《聞眾之聲：霧社事件80週年特展展覽專刊》，台北：台灣國立歷史博物館，2010年。

康豹（Paul Katz），《染血的山谷：日治時期的噍吧哖事件》，台北：三民書局，2006年。

Kumu Tapas（姑目‧荅芭絲），《部落記憶：霧社事件的口述歷史》（二冊），台北：翰蘆圖書，2004年。

邱若龍，《漫畫‧巴萊：台灣第一部霧社事件歷史漫畫》，台北：遠

流，2011年。

萬仁、鄧相揚等，《風中緋櫻：霧社事件劇本影像書》，台北：玉山社，2004年。

王擎天，《賽德克‧巴萊：史實全紀錄》，台北：典藏閣，2011年。

舞鶴，《餘生》，台北：麥田，2000年。

吳叡人，《中心到邊陲的重軌與分軌：日本帝國與台灣文學‧文化研究》，台北：台大出版中心，2012年。

許介鱗、阿威赫拔哈、林道生，《阿威赫拔哈的霧社事件證言》，台北：台原，2000年。

許瑞芳、尤巴斯瓦旦，《彩虹橋》，台北：國立台灣歷史博物館，2009年。

Yabu Syat、許世楷等，《霧社事件：台灣人的集體記憶》，台北：前衛，2001年。

姚嘉文，《霧社人止關》，台北：草根，2006年。

嚴雲農、魏德聖，《賽德克‧巴萊》，台北：遠流，2011年。

游文興、魏德聖，《導演‧巴萊：特有種魏德聖的《賽德克‧巴萊》手記》，台北：遠流，2011年。

鍾肇政，《川中島》，台北：蘭亭書店，1985年。

鍾肇政，《戰火》，台北：蘭亭書店，1985年。

朱惠足，《帝國下的權利與親密：殖民地台灣小說中的重責關係》，台北：麥田，2017年。

巴克萊（Barclay, Paul D.），《帝國棄民：日本在台灣「蕃界」內的統治(1874-1945)》，台北市：台大出版中心出版：台大發行，2020年。

海老原興，《霧社討伐寫真帖》（電子書），台北：南岡山文史工作室，2017年。

松田京子，《帝國的思考：日本帝國對台灣原住民的知識支配〉，衛

城，2019年。

江明珊、趙小菁、陳怡宏、張淑卿、張瀛之、黃瓊儀、黃英雅，《聞
　　眾之聲：霧社事件80周年特展展覽專刊》，台北：國立台灣歷史
　　博物館，2010年。

戴國煇，《台灣霧社蜂起事件研究與資料》（上下冊），國史館，2002
　　年。

中川浩一、和歌森民男合編，《霧社事件：台灣原住民的蜂擁群
　　起》，台北：武陵，1997年。

鈴木質原，《台灣蕃人風俗誌：探尋原住民的歷史》，台北：武陵，
　　1991年。

金島佑子，《太過野蠻的》，台北：印刻，2008年。

魏德聖，《賽德克巴萊》，台北：新聞局，2000年。

魏德聖，《導演‧巴萊：特有種魏德聖的《賽德克‧巴萊》手記〉，
　　台北：遠流，2011年。

編者小傳

白睿文（Michael Berry），1974年於美國芝加哥出生。美國哥倫比亞大學現代中國文學與電影博士。現職美國加州大學洛杉磯分校（UCLA）亞洲語言文化教授兼中國研究中心主任，主要研究領域為當代華語文學、電影、流行文化和翻譯學。

著作包括《光影言語：當代華語片導演訪談錄》（哥倫比亞大學出版社，2005；麥田，2007；廣西師範大學出版社，2008）、《痛史：現代華語文學與電影的歷史創傷》（哥倫比亞大學出版社，2008；麥田，2016）、《鄉關何處：賈樟柯的故鄉三部曲》（英國電影學院，2009；廣西師範大學出版社，2010）、《煮海時光：侯孝賢的光影記憶》（印刻，2014；廣西師範大學出版社，2015）、《電影的口音：賈樟柯談賈樟柯》（廣西師範大學出版社，2020）。編著包括《重返現代》（麥田，2016；學林，2019）、*Divided Lenses*（夏威夷大學出版社，2016）。

中英譯作包括王安憶《長恨歌》、葉兆言《一九三七年的愛情》（2003）、余華《活著》（2004）、張大春《我妹妹》與《野孩子》（2000）、舞鶴《餘生》（2017），以及方方《武漢日記》（2020）。2009年獲得現代語言協會（MLA）最佳翻譯獎的榮譽提名，曾擔任金馬電影節（2010、2018）、紅樓夢獎（2012，2014，2016，2018）和香港「鮮浪潮」國際短片展（2013）評審。也曾為《新京報》和「中國電影導演協會」撰寫專欄。

個人網站：www.alc.ucla.edu/person/michael-berry/
豆瓣小站：site.douban.com/108600/
新浪微博：www.weibo.com/bairuiwen

本書作者小傳（依文章順序）

華哲安（**Toulouse-Antonin Roy**），加州大學洛杉磯分校歷史系博士候選人。他從事研究台灣日據時代的原住民。

保羅・D・巴克萊（**Paul D. Barclay**），拉法葉特學院教授。著作包括《帝國棄民日本在台灣「蕃界」內的統治（1874–1945）》，堯嘉寧譯（加州大學出版社，2017；台北市：國立台灣大學出版中心，2020）。巴克萊教授也是《東亞畫面》http://digital.lafayette.edu/collections/eastasia的總編輯。

鄧相揚（**Shian-Yang Deng**），南投縣埔里鎮人，中台醫專畢業，執業醫檢所二十五年，專研台灣原住民與「霧社事件」田野調查，為資深文史學者。著有《霧重雲深》、《霧社事件》、《風中緋櫻》、《邵族史篇》、《邵族風采》、《日月潭史話》、《日月潭世紀顯影》、《台灣的心臟》、《愛在福爾摩沙》、《逐鹿水沙連：日月潭傳說故事》、《尚樸・素顏・林淵》等二十餘本專書，其中有關「霧社事件」三本著作，經翻譯為日文，並在日本出版。曾獲第十六屆時報文學獎報導文學首獎、公視《風中緋櫻》電視連續劇原著等殊榮。

北村嘉惠（**Kitamura Kae**），北海道大學教授。研究的範圍包括教育歷史、台灣原住民的近代史、殖民地主義的歷史等。專書包括《日本殖民地下的台灣原住民教育史》等著。編著包括《內海忠司日記1940–45》、《內海忠司日記1928–39》、《吉田巖的「台灣學事視察旅行」關係資料》、《戰爭與教育》等。

巴干・巴萬（**Bakan Pawan**），國立政治大學民族學系。專研「霧社事件及莫那・魯道直系家譜」。目前無任何著作發表，僅參與「原住民

族重大歷史事件——大豹社事件」兼任研究助理。

邱建堂（Takun Walis），賽德克族德固達雅群，國立台灣大學經濟系畢業。在台灣南投縣仁愛鄉公所歷任村幹事、課員、課長和祕書等職二十五年。又在台灣南投縣仁愛農會擔任總幹事四屆十六年。

郭明正（Dakis Pawan），國立台灣師範大學工業教育系畢業（學士）。曾任埔里高工機械科專任教師（自1978年7月任教至2004年7月退休）。著作包括：《真相‧巴萊：《賽德克‧巴萊》的歷史真相與隨拍札記》（台北：遠流，2011年10月初版）；《又見真相：賽德克族與霧社事件（66個問與答）》（台北：遠流，2012年11月初版）。

林瑞明（1950-2018），台灣歷史和文學研究者，曾任國立成功大學歷史系教授，於2015年退休。著作包括《晚清譴責小說的歷史意義》、《台灣文學與時代精神：賴和研究論集》、《台灣文學的本土觀察》、《台灣文學的歷史考察》。創作作品包括《失落的海》、《流轉》等作。

丁若柏（Robert Tierney），伊利諾伊大學厄班納—香檳分校教授兼系主任。研究的領域為現代日本文學。主要的著作包括《二十世紀的怪獸：幸德秋水與日本的第一個反殖民運動》（2015）與《熱帶地區的野蠻：從比較的框架觀看日本帝國文化》（2010）。

荊子馨（Leo Ching），加州大學聖地牙哥分校博士，專攻日本文學及日本文化研究，目前為美國杜克大學亞非語文學系副教授。著作包括《成為「日本人」：殖民地台灣與認同政治》（麥田，2006）與《反日：後殖民東亞的感情政治》（杜克大學出版社，2020）。

廖炳惠（Ping-hui Liao），台灣雲林人。美國加州大學聖地牙哥校區比

較文學博士，歷任清華大學文學研究所所長、中華民國比較文學會理事長、普林斯頓大學與哈佛大學訪問學者、哥倫比亞大學客座教授等，目前為加州大學聖地牙哥校區文學系教授。著有研究論文近百篇，散見於國內外學術期刊，專書已推出《解構批評論集》（1985）、《形式與意識形態》（1990）、《里柯》（1993）、《回顧現代》（1994）、《另類現代情》（2001）、《關鍵詞200》（2003）、《吃的後現代》（2004）、《台灣與世界文學的匯流》（2006）等著。在學術方面，曾連獲國科會優良獎三次，1994年至1996年、2004年至2007年國科會傑出獎得主，代表東亞參與各項重要國際文化政策研討會議，並於2003年榮獲第五屆五四文學評論獎。其研究工作大致針對歌劇與文化思想、後殖民理論、亞太社群想像與環球文化經濟、新英文文學等。

吳建亨（Chien-heng Wu），台灣國立清華大學外文系助理教授。研究興趣包含台灣研究、比較文學、後殖民研究、歐陸哲學以及精神分析，聚焦於抗拒與解放等相關議題。過去的研究探索巴迪烏（Alain Badiou）和法農（Franz Fanon）理論之間的關係。近期的研究計畫以跨領域觀點探索政治和時間之間的可能配置，同時強調文本分析、歷史脈絡、理論探索及政治承諾。於台灣研究、後殖民研究及哲學領域有多種著作，亦中譯了史書美華語語系研究的兩篇論文。

石岱崙（Darryl Sterk），嶺南大學翻譯系副教授。2009年獲得多倫多大學博士學位，從事研究台灣原住民在電影和文學的表現。也是多部華語文學作品的英文翻譯者，包括吳明益的《複眼人》和《單車失竊記》。

劉俊雄（Jun Shong Lao），現職總統府原住民族歷史正義與轉型正義委員會副研究員。2007年取得國立台灣大學人類學研究所博士。台灣原住民道卡斯族新港社人，部分族親遷徙小埔社、北港溪與清流

部落賽德克族人為鄰。主要研究領域：台灣原住民歷史、文化研究，研究成果〈不同漢俗不同域：晚清台灣熟蕃文人的個案研究〉、〈當代原住民身分認同之研究：以苗栗後壠社、新港社為例〉、〈Mata：語言、書寫與實踐的比較研究〉、〈我們的口味跟他們不一樣：以新港社的食物民族誌為例〉、〈文化資產與地方發展：苗栗古窯事件的公共對話〉、〈馬卡道書寫及其認同的形成〉、〈論李喬《寒夜》中的客家史事傳說與原住民所說的分歧〉等。

Nakao Eki Pacidal，出身太巴塱部落的阿美族人，在荷蘭Leiden大學從事歷史學博士研究，此外從事翻譯和文學創作，是2017年台灣文學獎原住民短篇小說金典獎得主，出版有原住民小說《絕島之咒》。

邱貴芬（Kuei-fen Chiu），台灣國立中興大學教授，美國華盛頓大學比較文學博士。研究興趣涵蓋後殖民歷史學、台灣當代紀錄片，及台灣現當代文學。著作除了中文期刊論文和專書之外，亦刊登於知名國際學術期刊。從2014年開始，她與中興大學跨領域數位團隊合作，建置了數個台灣重要作家的網站，包括楊牧、李昂、王文興、施叔青、路寒袖、甘耀明等，目前正在進行「台灣文學大典」計畫（http://twlit.blogspot.tw/）。此計畫由詩人楊牧命名，於2014年開始執行，為一個數位台灣文學史的實驗性計畫。

向陽（Hsiang Yang），本名林淇瀁，台灣南投人。美國愛荷華大學International Writing Program（國際寫作計畫）邀訪作家，政治大學新聞系博士。曾任《自立晚報》副刊主編、《自立》報系總編輯、《自立晚報》副社長兼總主筆。現任台北教育大學台灣文化研究所教授。獲有吳濁流新詩獎、國家文藝獎、玉山文學獎文學貢獻獎、榮獲台灣詩人獎、台灣文學獎新詩金典獎、教育部「推展本土語言傑出貢獻獎」等獎項。著有學術論著、詩集、散文集、評論集、時

評集等四十多種；編譯作品三十餘種。

邱若龍，台灣漫畫家、紀錄片導演。漫畫作品包括《廬山小英雄》、《霧社事件》、《無名小英雄》、《泰雅神話傳說》、《台灣怪談》、《漫畫巴萊》等。也為多部書籍提供插圖，包括《莫那·魯道》和《畫說二二八》。參加的影視作品包括《Gaya：1930年的賽德克族與霧社事件》（導演）、《風中緋櫻》（美術指導）、《賽德克·巴萊》（美術指導、顧問）。

湯湘竹（Tang Shiang-Chu），台灣紀錄片導演，電影同步錄音師。國立台灣藝術專科學校戲劇科畢業。參加錄音的電影作品包括《獨立時代》、《甜蜜蜜》、《雙瞳》、《你那邊幾點？》、《賽德克·巴萊》。導演作品包括《海有多深》、《山有多高》、《路有多長》、《尋找蔣經國：有！我是蔣經國》和《餘生：賽德克·巴萊》。

舞鶴（Wu He），台灣台南人。作品結集《悲傷》、《思索阿邦·卡露斯》、《十七歲之海》、《餘生》、《鬼兒與阿妖》、《舞鶴淡水》、《亂迷》（第一卷）。2011年，《餘生》法文版 *Les Survivants* 由巴黎 ACTES SUD 出版公司出版；2017年，英文版 *Remains of Life* 由美國哥倫比亞大學出版社（Columbia University Press）出版。曾獲吳濁流文學獎、賴和文學獎、中國時報文學獎推薦獎、台北文學獎創作獎、東元獎台灣小說獎等。

林昶佐（Freddy Lim），台灣第九屆立法委員，國際搖滾樂團「閃靈」主唱，獲金曲獎、總統文化獎。積極參與本土、人權、環保、文化政策等議題運動，曾任國際特赦組織台灣分會理事長，2015年參與創組新政黨「時代力量」。2005年閃靈發行的概念專輯《賽德克·巴萊》是以霧社事件為歷史背景。

萬仁（Wan Jen），導演，1980年代與侯孝賢、楊德昌等台灣導演共創「台灣新浪潮電影」。他的作品以關注及批判台灣政治與社會為主，被視為台灣新電影重要導演之一。導演作品包括：《兒子的大玩偶》（第三段：《蘋果的滋味》）（1983）、《油麻菜籽》（1984）、《超級市民》（1985）、《惜別海岸》（1987）、《胭脂》（1991）、《超級大國民》（1995）、《超級公民》（1998）、《傀儡天使》（2002）、《風中緋櫻：霧社事件》（公視二十集電視戲劇連續劇）（2004）、《亂世豪門：台灣甲午風雲》（公視二十集電視戲劇連續劇）（2008）、《車拼》（2014）。

托尼·雷恩（Tony Rayns），製片人、評論家、策展人，對亞洲電影有著特殊的情感。他曾成功策畫溫哥華電影節和倫敦電影節，並參與釜山電影節、鹿特丹電影節的電影工作。他撰寫過多部有關於中國、日本及韓國電影的書籍，並曾執導電影《張善宇變奏曲》及《新中國電影》。托尼·雷恩於1996年獲得第一屆釜山國際電影節「韓國電影功勞獎」以及2004年Kawakita獎。

魏德聖（Wei Te-sheng），1969年生，台南人，2004年為籌拍《賽德克·巴萊》創立果子電影有限公司。2008年執導《海角七號》，成為台灣電影史上最賣座的台灣電影，獲得金馬獎年度台灣傑出電影、觀眾票選最佳影片、最佳男配角等獎項。《海角七號》的肯定促使他籌畫多年的《賽德克·巴萊》得以完成，上映後破八億票房，改寫台灣影史新紀錄，亦榮獲第四十八屆金馬獎最佳影片、觀眾票選最佳影片等大獎。2014年的《KANO》一片轉任監製，由馬志翔執導。之後重執導演筒，以2017年的《52Hz, I love you》一片打造全新台灣音樂電影新品種。

本書譯者介紹（依文章順序）

門泊舟，加州大學聖塔芭芭拉分校比較文學系博士。現為復旦大學博士後研究員。

陳姿瑾，加州大學洛杉磯分校博士候選人。

侯弋颺，加州大學洛杉磯分校博士候選人。譯作包括《公民凱恩》、《楊德昌》等書。

李美燕，曾任教於成功大學外文系。譯作包括《人行道的盡頭》、《小公主的風箏》等作。

陳湘陽，台師大翻譯研究所博士候選人。譯作有十餘本，包括《Kiss！吻的文化史》與編作《愛情的52種面貌》。

林芳如，加州大學洛杉磯分校博士候選人。

梁嘉俊，加州大學洛杉磯分校博士候選人。

周翠，加州大學洛杉磯分校博士候選人。

陸棲雰，加州大學洛杉磯分校博士候選人。

國家圖書館出版品預行編目資料

霧社事件：台灣歷史和文化讀本 / 白睿文(Michael Berry)
主編. -- 初版. -- 臺北市：麥田, 城邦文化出版：家庭
傳媒城邦分公司發行, 2020.12
面；　公分. -- (人文；15)
ISBN 978-986-344-838-9((精裝)

1.霧社事件 2.歷史 3.文化研究 4.文集

733.2857　　　　　　　　　　　　　　　109015440

人文 15

霧社事件：台灣歷史和文化讀本

| 主　　　編 | 白睿文（Michael Berry） |
| 校　　　對 | 吳淑芳　侯弋颺 |

版　　　權	吳玲緯
行　　　銷	巫維珍　蘇莞婷　何維民
業　　　務	李再星　陳紫晴　陳美燕　葉晉源
副 總 編 輯	林秀梅
編 輯 總 監	劉麗真
總　經　理	陳逸瑛
發 行 人	涂玉雲
出　　　版	麥田出版
	城邦文化事業股份有限公司
	104台北市民生東路二段141號5樓
	電話：(886)2-2500-7696 傳真：(886)2-2500-1967
發　　　行	英屬蓋曼群島商家庭傳媒股份有限公司城邦分公司
	104台北市民生東路二段141號11樓
	書虫客服服務專線：(886)2-2500-7718、2500-7719
	24小時傳真服務：(886)2-2500-1990、2500-1991
	服務時間：週一至週五09:30-12:00・13:30-17:00
	郵撥帳號：19863813　戶名：書虫股份有限公司
	讀者服務信箱E-mail：service@readingclub.com.tw
	麥田部落格：http://ryefield.pixnet.net/blog
	麥田出版Facebook：https://www.facebook.com/RyeField.Cite/
香港發行所	城邦(香港)出版集團有限公司
	香港灣仔駱克道193號東超商業中心1/F
	電話：852-2508 6231
	傳真：852-2578 9337
馬新發行所	城邦(馬新)出版集團〔Cite (M) Sdn Bhd.〕
	41-3, Jalan Radin Anum, Bandar Baru Sri Petaling,
	57000 Kuala Lumpur, Malaysia.
	電話: (603) 9056 3833
	傳真: (603) 9057 6622
	E-mail：services@cite.my

封 面 設 計	許晉維
印　　　刷	沐春行銷創意有限公司
初 版 一 刷	2020年10月27日

定價／599元
ISBN：978-986-344-838-9

城邦讀書花園
www.cite.com.tw